COMO STAR WARS CONQUISTOU O UNIVERSO

Chris Taylor

COMO STAR WARS CONQUISTOU O UNIVERSO

Tradução
André Gordirro

ALEPH

COMO STAR WARS CONQUISTOU O UNIVERSO

TÍTULO ORIGINAL:
How Star Wars Conquered the Universe

CAPA:
Pedro Inoue

COPIDESQUE:
Balão Editorial

PROJETO GRÁFICO E DIAGRAMAÇÃO:
Desenho Editorial

REVISÃO:
Pausa Dramática
Ana Claudia de Mauro

DIREÇÃO EXECUTIVA:
Betty Fromer

DIREÇÃO EDITORIAL:
Adriano Fromer Piazzi

EDITORIAL:
Daniel Lameira
Katharina Cotrim
Mateus Duque Erthal
Bárbara Prince
Júlia Mendonça
Andréa Bergamaschi

COMUNICAÇÃO:
Luciana Fracchetta
Felipe Bellaparte
Pedro Henrique Barradas
Lucas Ferrer Alves
Renata Assis

COMERCIAL:
Orlando Rafael Prado
Fernando Quinteiro
Lidiana Pessoa
Roberta Saraiva
Ligia Carla de Oliveira
Eduardo Cabelo
Stephanie Antunes

FINANCEIRO:
Rafael Martins
Roberta Martins
Rogério Zanqueta
Sandro Hannes

LOGÍSTICA:
Johnson Tazoe
Sergio Lima
William dos Santos

COPYRIGHT © 2014, 2015 BY CHRIS TAYLOR
COPYRIGHT © EDITORA ALEPH, 2015

(EDIÇÃO EM LÍNGUA PORTUGUESA PARA O BRASIL)
TODOS OS DIREITOS RESERVADOS.
PROIBIDA A REPRODUÇÃO, NO TODO OU EM PARTE, ATRAVÉS DE
QUAISQUER MEIOS.

EDITORA ALEPH
Rua Lisboa, 314
05413-000 – São Paulo – SP – Brasil
Tel.: (55 11) 3743-3202
www.editoraaleph.com.br

DADOS INTERNACIONAIS DE CATALOGAÇÃO NA PUBLICAÇÃO (CIP)
(ANGÉLICA ILACQUA CRB-8/7057)

Taylor, Chris
Como Star Wars conquistou o universo / Chris Taylor ;
tradução de André Gordirro. – São Paulo :
Aleph, 2015.
616 p. : il., color.

Bibliografia
ISBN 978-85-7657-279-4
Título original: How Star Wars Conquered the Universe

1. Star Wars (Filme) 2. Entretenimento I. Título II. Gordirro, André

15-1085   CDD 791.4395

ÍNDICES PARA CATÁLOGO SISTEMÁTICO:

1. Star Wars (Filme)

Para Jess,
a verdadeira escolhida.

SUMÁRIO

INTRODUÇÃO À EDIÇÃO DE 2015 9

INTRODUÇÃO: UMA ESPERANÇA NAVAJO 13

1 / GUERRA EM MARTE 29

2 / A TERRA DA VELOCIDADE 43

3 / HOMENS DO ESPAÇO DE PLÁSTICO 61

4 / PASSEIO DE HIPERDRIVE 77

5 / COMO SER UM JEDI 97

6 / BUCK ROGERS NO SÉCULO 20 117

7 / *HOME FREE* 141

8 / MEU PEQUENO PROJETO ESPACIAL 151

9 / GUERRA DE PARÓDIAS 181

10 / *STAR WARS* TEM UMA MILÍCIA 199

11 / O PRIMEIRO ROLO 225

12 / LANÇAMENTO 247

13 / O IMPÉRIO ACIDENTAL 263

14 / LÁ VÊM OS CLONES! 277

15 / COMO SE DAR BEM COM SEQUÊNCIAS 299

16 / SENDO BOBA FETT ... 329

17 / O FIM DE JEDI? ... 337

18 / ENTRE AS GUERRAS ... 353

19 / O UNIVERSO SE EXPANDE ... 369

20 / O RETORNO DE ESCRITOR ... 381

21 / ADIÇÃO ESPECIAL ... 395

22 / A FILA ... 409

23 / OS PRÓLOGOS CONQUISTAM *STAR WARS* ... 421

24 / CONSTRUINDO PERSONAGENS ... 443

25 / COMO EU PAREI DE ME PREOCUPAR E APRENDI
A AMAR OS PRÓLOGOS ... 453

26 / USANDO O UNIVERSO ... 471

27 / OLÁ, DISNEY ... 485

CONCLUSÃO: DO OUTRO LADO DO UNIVERSO ... 501

EPÍLOGO: UM DESPERTAR ... 525

AGRADECIMENTOS ... 539

NOTAS ... 543

ÍNDICE ... 577

INTRODUÇÃO À EDIÇÃO DE 2015

Yoda diz: "Sempre em movimento o futuro está". Mas o passado também está em movimento.

Pablo Hidalgo, Grupo de Enredo da Lucasfilm

Meu primeiro encontro com a história que hoje chamamos de *Star Wars* foi quando eu era criança, em 1978. Era algo intrigante, interativo, viciante... e estava no verso de uma caixa de cereais, não no cinema.

Na época, minha pequena cidade no nordeste da Inglaterra passava por um momento economicamente instável. Tentando lidar com a perda de sua última mina de carvão, a cidade mal podia fornecer emprego a seus residentes, quanto mais trazer filmes para o cinema. Eu cresci vagamente ciente da existência de filmes. Histórias em quadrinhos e televisão, especialmente reprises de *Flash Gordon conquista o universo*, eram tudo o que eu conhecia.

Lembro-me vagamente de alguns pôsteres na parede da sala de aula: um homem dourado e uma lata de alumínio azul em um planeta desértico. Era um visual estonteante, e eu me lembro da sensação de estar no limiar de algo mágico. Certa manhã, pouco tempo depois, uma caixa de cereais no café da manhã me mostrava o interior de um "pequeno cruzador galáctico", que, de acordo com a caixa, estava "tentando, em vão, escapar da gigantesca nave imperial do malvado Darth Vader, Lorde Sombrio dos Sith".

Dentro, com o cereal, havia uma folha de adesivos de decalque mostrando o seguinte: um homem dourado, uma lata azul de alumínio e uma mulher de branco armada e usando coques, todos sendo perseguidos por soldados parecidos com esqueletos, e uma figura de trajes pretos que só podia ser um Lorde Sombrio dos Sith. "Lute sua própria Guerra nas Estrelas nesta grande batalha", a caixa sugeria.

Eu desafio qualquer criança de 5 anos a não se sentir curioso em uma manhã como aquela, ou nas quatro semanas seguintes e suas respectivas caixas de cereal. Quantos milhões de nós se envolveram com as histórias de *Star Wars*, com as grandes batalhas em nossa imaginação, antes mesmo de podermos assistir aos filmes?

Este livro traz histórias de muitas pessoas que lutaram sua própria Guerra nas Estrelas. O primeiro deles, é claro, foi o próprio Criador, George Lucas, que se esforçou para levar sua vasta visão de grandes batalhas dos séculos 20 e 21 não apenas ao cinema, mas a livros, quadrinhos, programas de TV, videogames, navegadores de internet e telefones.

Star Wars, como veremos, foi uma franquia transmídia desde o princípio. Portanto, este não é apenas um livro para amantes do cinema. Tampouco é uma biografia de Lucas; já existem muitas delas, e até demais, no que diz respeito a esse homem conhecidamente tímido.

Em vez disso, esta é uma biografia daquilo que, nas palavras de Lucas, "chegava de surpresa, me pegava e me jogava longe" sempre que ele pensava ter se livrado dela. Como a criatura espectral do filme favorito da infância de Lucas, *Planeta proibido*, essa entidade saiu do controle de seu criador. E também chegou de surpresa para muitos, muitos de nós.

Dos fãs fervorosos que se unem em uma grande legião de stormtroopers ou se autodeclaram Jedi até o fã casual que assiste ao trailer de *O despertar da Força* no YouTube pela primeira vez, *Star Wars* continua nos pegando e jogando longe. Mas, dessa vez, conta com todos os recursos e com o apoio da maior empresa de produção de mídias do mundo.

Escrever a história completa da franquia *Star Wars*, especialmente quando seu futuro ainda está em movimento, é como manejar sabres de luz. Você pode chegar próximo a algo genial, mas também pode acabar perdendo um dedo.

Enquanto eu escrevia este livro, em 2013, após a aquisição da Lucasfilm pela Disney, o panorama para *Star Wars* parecia relativamente estático. Nós sabíamos que haveria novos filmes, mas não tínhamos nenhum detalhe a respeito deles. (E com um bom motivo: mais tarde, J. J. Abrams revelou que ele e Lawrence Kasdan sequer tinham começado a escrever o primeiro desses filmes, *O despertar da Força*, até novembro de 2013.)

Em 2014, quando este livro estava pronto para ser impresso, tudo parecia mudar. A Lucasfilm declarou que décadas de livros, quadrinhos e jogos de *Star Wars* não eram mais parte da história original, colocando uma estaca no coração de meu capítulo sobre o chamado Universo Expandido. De uma mera curiosidade no capítulo 24, o Clube de Montadores de R2 tornou-se o lugar de montagem da nova versão cinematográfica do droide favorito de todos.

E só depois que este livro já tinha sido lançado o mundo ouviu os seguintes nomes e títulos: John Boyega, Daisy Ridley, Oscar Isaac, BB-8, *O despertar da Força*. Todos esses nomes são discutidos no epílogo atualizado.

Mesmo a história há muito consolidada de *Star Wars* está em movimento. Algumas de suas testemunhas visuais me procuram até hoje com versões muito diferentes dos mesmos eventos; eu me sinto como se estivesse assistindo a uma espécie de trilogia de *Rashomon*. Dois ex-executivos da Fox, após lerem o livro, insistiram que o direito de produzir uma continuação de *Star Wars* permaneceu com a Fox até que Alan Ladd Jr. o cedeu em 1979. Lucasfilm e Ladd insistem que esse direito fundamental foi negociado em um contrato assinado em agosto de 1976. Como não tenho acesso a esse antigo documento, vou dar esses pontos à Lucasfilm.

Este livro está cheio de decisões difíceis como essa, sobre qual história deve ser contada, e de que maneira. Parece que quase todo mundo tem algum nível de opinião pré-concebida sobre esse crescente fenômeno. O produtor de *Star Wars* Gary Kurtz adora contar a história de quando apresentou o filme pela primeira vez na França, onde os críticos consideraram o longa fascista; ele então o levou à Itália, onde o filme foi declarado uma fábula comunista.

Meu objetivo era escrever sem qualquer tipo de intenção, registrando o que eu encontrei e fazendo meus julgamentos sem preconceito, atualizando a obra quando necessário. Sou grato às almas entendidas que perceberam pequenos erros na primeira edição. Esta versão está revisada, atualizada e completamente operacional.

Agora, vamos virar a página e começar nosso relato com a história de um herói montanhês que conheceu *Star Wars* sem nenhuma impressão prévia... ou pelo menos era o que parecia.

Que a Força esteja com ele, e com todos nós.

Chris Taylor
Berkeley
Maio de 2015

INTRODUÇÃO

UMA ESPERANÇA NAVAJO

George James Sr. tinha 88 anos quando o conheci em julho de 2013, mas, no tom escarlate do sol que se punha, ele parecia quase atemporal. James usava um chapéu branco de caubói e tinha a pele curtida, uma compleição magra e olhos fundos e escuros como carvão; ele mancava um pouco por causa do estilhaço que tinha nas costas desde 1945. James é Tohtsohnnii, integrante do Grande Clã da Água do povo navajo, e nasceu onde ainda vive, nas montanhas perto de Tsaile, Arizona. Aos 17 anos, James foi convocado para servir e tornou-se aquele tipo mais raro de veterano da Segunda Guerra: um codificador. Ele foi um dos cinco codificadores que invadiram as praias de Iwo Jima e transmitiram mais de oitocentas mensagens vitais em sua língua nativa entre a ilha e o posto de comando em alto mar. O código era virtualmente indecifrável porque havia menos de trinta falantes de navajo no mundo inteiro que não eram nativos. Para completar, James e seus 75 quilos ajudaram a salvar a vida de um colega recruta ao carregar seus 90 quilos pelas areias negras de Iwo Jima até uma trincheira. Sua calma sob fogo ajudou a determinar o rumo de uma batalha horrível, e possivelmente a guerra. "Se não fosse pelos navajos", disse um major da divisão de George, "os fuzileiros navais jamais teriam tomado Iwo Jima".

A história de guerra de James foi suficiente para fazer meu queixo cair quando o conheci. Mas havia outra coisa sobre ele que era quase tão incrível quanto isso. George James foi a primeira pessoa que conheci, após um ano de busca, que parecia genuinamente não saber nada a respeito do filme que estávamos prestes a assistir: algo chamado *Star Wars*.

"Quando eu ouvi o título, pensei, 'as estrelas estão em guerra?'" disse James e depois deu de ombros. "Eu não vou ao cinema."

Não há nenhum cinema aqui em Window Rock, Arizona, a ensolarada capital da nação navajo, desde que o último fechou em 2005. Window Rock é uma cidade com apenas um semáforo que tem um McDonald's, uma loja de "1,99", dois hotéis, o arco de pedra natural que dá nome ao lugar e uma estátua em homenagem aos codificadores. Há muitas telas aqui, mas todas pessoais: adolescentes mexendo em smartphones nos estacionamentos; há iPads, TVs e Wi-Fi em Window Rock, como em qualquer cidade ocidental do século 21. Mas não existe nenhuma grande tela pública onde o povo – eles são chamados de diné, navajo, ou apenas o Povo – possa se reunir e compartilhar um sonho projetado.

Mas, por uma noite em 2013, essa situação mudou. No dia 3 de julho, o primeiro filme dublado em um idioma ameríndio foi exibido na área dos rodeios em uma tela gigante presa a um caminhão de três eixos. Bem do lado de fora da cidade, na Rodovia 49, ficou o único pôster que anunciava esse evento histórico, em um outdoor no meio do mato que por um tempo tornou-se a atração de beira de estrada mais falada na fronteira do Arizona com o Novo México. "*Star Wars – Episódio IV: Uma nova esperança* traduzido na língua navajo", dizia o outdoor, juntamente com um pôster de 1977 do filme.

Eu devo ter visto aquele pôster de *Star Wars* um milhão de vezes, mas naquela rodovia de Gallup, fora do meu ambiente e cercado por mesas cobertas por arbustos, eu quase consegui me fazer enxergá-lo com novos olhos. O moleque de robe branco parece estar apontando uma espécie de lanterna para o céu; uma jovem com coques estranhos segura uma arma e faz pose ao lado dele. Atrás dos dois, surge um rosto gigante com máscara de gás, olhos sem vida e um capacete de samurai. Que sonho estranho deve ser esse filme.

Dentro da cidade fica o Museu da Nação Navajo, que passou os últimos três anos persuadindo a Lucasfilm a colaborar com essa adaptação de *Star Wars*. Eu fiquei curioso por que eles persistiram por tanto tempo em vez de escolher outro projeto de tradução – e aí entrei no gabinete do diretor do museu, Manuelito Wheeler, e vi uma prateleira cheia de estatuetas do Boba Fett em lugar de destaque. Manny, como ele é conhecido, é um ursão com uma expressão impassível e fios grisalhos no rabo de cavalo negro. Ninguém jamais esperaria conhecer um diretor de museu mais tranquilo e despretensioso. Ele me chamou de "cara" no primeiro telefonema. Disse que adorava a trilogia original desde que assistiu em VHS aos vinte e poucos anos. Ele mais do que se garante no ritual nerd tradicional de citar frases de *Star Wars*. (Quando eu me atrasei para um encontro subsequente com ele, nós trocamos SMS com diálogos do corredor da Estrela da Morte: "fique no alvo", "eu não consigo manobrar!", "fique no alvo".)

Wheeler era capaz de falar com muito entusiasmo sobre o objetivo da sessão, que o museu concebera como uma maneira de promover e preservar a língua navajo, mas ele também compreendia que, para a campanha ter maior efeito, essas questões precisavam ser abordadas da mesma forma que *Star Wars* em si exige ser abordado: com exuberância e leveza.

Não que a necessidade de preservar a língua navajo não seja urgente. A língua-mãe do povo, também conhecida como diné, está morrendo. Menos da metade dos 300 mil integrantes do Povo da Nação sabem falá-la de algum modo; menos de 100 mil são fluentes. Menos de um em cada dez sabe ler diné. Na época de George James, as crianças aprendiam inglês nas escolas da reserva e falavam diné em casa. Hoje em dia, a língua diné é ensinada em escolas, mas as crianças do século 21 não se importam em aprendê-la. Por que perder tempo, se o inglês preenche os smartphones, tablets e TVs? "Somos sabichões agora", suspirou Wheeler. "Precisamos nos reinventar."

O que a próxima geração de dinés precisava, calculou ele, era exatamente o que George Lucas achou que a juventude dos anos 1970 precisava: aventura, emoção, o bem contra o mal, um conto de fadas completamente afastado no espaço e no tempo do aqui e agora, mas simultaneamente baseado em temas e mitos conhecidos. A história em que Lucas trabalhou por anos era, sob vários aspectos, um produto do seu tempo e das eras que o precederam, mas o sonho que ele capturou em celuloide revelou-se completamente maleável e exportável. *Star Wars* talvez realmente tenha o poder de tornar diné uma língua descolada novamente.

Mas isso não é simplesmente uma forma de imperialismo cultural americano, em que povos ameríndios se rendem às forças de Hollywood? Wheeler tem três palavras para esse argumento: "Ora, vamos, cara". *Star Wars* não é Hollywood. É o fruto da imaginação de um cineasta de Marin County, firmemente independente, que odeia Hollywood e que recrutou um bando de jovens da contracultura especialistas em efeitos especiais para trabalhar em um armazém em Van Nuys. O vilão desse conto de fadas, o Império, foi inspirado nas forças armadas americanas no Vietnã; os Ewoks, nos vietcongues; o imperador, no presidente Nixon. O conto de fadas tinha um charme suficientemente inocente para mascarar esse fato, e agora toda a cultura no planeta, seja combativa ou merecedora, se enxerga como a Aliança Rebelde. Mas a história subversiva estava lá desde o momento em que Lucas se sentou para escrever o primeiro tratamento do roteiro. "*Star Wars* é baseado em um contexto político, emocional e social muito, muito elaborado", disse Lucas em 2012. "Mas, é claro, ninguém estava ciente disso."

E há outra razão para os navajos aceitarem *Star Wars* mais do que a maioria das culturas. "Há alguma coisa espiritual acontecendo ali", diz Wheeler.

Ele salienta que Joseph Campbell, o gigante da mitologia global, mergulhou na cultura navajo. Esse foi o tema do primeiro livro de Campbell, *Where the Two Came to Their Father* (1943), publicado três anos antes de *O herói de mil faces*. Se George Lucas foi tão influenciado pelo livro como ele alega, Manny argumenta, "então *Star Wars* dublado em navajo volta ao ponto de partida".

Eu perguntei a Wheeler o que os anciãos – idosos são muitíssimo conceituados na cultura diné – achariam do filme. Ele levantou um dedo, sacou o celular e me mostrou fotos da sessão com o elenco e a equipe, um evento mais íntimo para o qual Wheeler convidou uma centena de anciãos. Ele passou por fotos de senhoras em vestidos em tons berrantes de azul-celeste e vermelho. "É uma cultura matriarcal", disse Manny, "portanto, quando a princesa Leia surge na tela como aquela figura poderosa, elas entendem". Ele riu e apontou para sua avó. "E ela realmente adora Obi-Wan."

Eu fiquei emocionado pela avó de Wheeler, mas minha decepção era palpável. Ele não tinha como saber, mas, ao convidar os anciãos para uma sessão fechada com o elenco, Wheeler praticamente destruíra minha última esperança real de encontrar alguém, qualquer pessoa, que fosse um verdadeiro inocente em termos de *Star Wars*.

A estrada que me levou a Window Rock começou logo antes do aniversário de 35 anos de *Star Wars* em 2012. Durante uma reunião para planejar a cobertura desse marco no *Mashable*, o site no qual trabalho, descobrimos que um de nós – a articulista Christine Erickson – de alguma forma jamais havia visto *Star Wars*. Nossa reação imediata: como ela sobreviveu tanto tempo assim? Durante a vida inteira, Christine ouviu frases incompreensíveis como "Que a Força esteja com você" e "Estes não são os droides que vocês procuram". Como se recorda Christine: "Eu costumava simplesmente perguntar às pessoas o que elas estavam dizendo". A reação dos amigos sempre se situava "entre desdém e risos".

Uma familiaridade com *Star Wars* – ou pelo menos com o filme de 1977, que gerou um número suficiente de sequências, prólogos, adaptações televisivas, e outros derivados, capaz de dar um nó na mente e justificar o livro que você agora tem em mãos – é condição *sine qua non* de nossa cultura global moderna dominada pela mídia. Vergonha e repúdio são o mínimo que alguém como Christine pode esperar. "Eu ouvi gente dizer para mim: 'não podemos mais ser amigos'", disse Natalia Kochan, uma formanda que de alguma maneira conseguiu não ver o filme, apesar de frequentar a instituição de ensino na qual George Lucas se formou, a University of Southern California.

Eu comecei a notar como a vida moderna é saturada por *Star Wars*; as referências surgem nos lugares mais estranhos. Fui a uma aula de ioga; a forma rápida de o professor explicar a técnica ujjayi de respiração foi "simplesmente respire como Darth Vader". Fui à sede do Facebook para uma coletiva de imprensa sobre o algoritmo que decide quais artigos nós vemos no feed de notícias; o executivo explicou mostrando como Yoda vê postagens diferentes de Luke Skywalker comparado às postagens que Darth Vader e a princesa Leia veriam nos feeds deles, por causa dos relacionamentos familiares diferentes. Ninguém na sala pestanejou. *Star Wars* tornou-se a única série de cinema na qual é perfeitamente aceitável discutir spoilers na sociedade moderna. (Vader, por falar nisso, é o pai de Luke.)

Talvez isso seja de se esperar no QG do Facebook; o fundador, Mark Zuckerberg, é tão nerd que seu bar mitzvah teve tema de *Star Wars*. Mas basta examinar aqueles feeds de notícia para ver a frequência com que memes e referências a *Star Wars* permeiam as mídias sociais. No momento em que este livro foi escrito, o filme original tinha recebido 268 milhões de curtidas dos usuários do Facebook.

Ou se você quiser ser mais à moda antiga, apenas ligue a TV. Praticamente não importa o canal. *30 Rock, Archer, The Big Bang Theory, Bones, Community, The Daily Show, Everybody Loves Raymond, Uma família da pesada, Friends, The Goldbergs, House, Ink Master, Just Shoot Me, O rei do pedaço, Lost, Myth-Busters, NewsRadio, The Office, Os Simpsons, Saturday Night Live, South Park, Scrubs, That 70's Show* – todos esses programas e outros mais fizeram referências casuais a *Star Wars*, escreveram tramas baseadas em *Star Wars* ou produziram episódios especiais de *Star Wars. How I Met Your Mother*, uma sitcom popular de nove temporadas, falou em nome de gerações inteiras sobre sua obsessão pela trilogia original de *Star Wars*. O herói do seriado aprende a nunca namorar uma mulher que não tenha visto *Star Wars*; o conquistador do seriado mantém um uniforme de stormtrooper em destaque no apartamento. Houve um tempo, entre as trilogias, em que *Star Wars* viveu nas periferias nerds da sociedade. Não mais. Agora, ao que parece, a sociedade está nos dizendo que *Star Wars* faz a pessoa transar e se casar.

Star Wars é tão importante em outros cantos do mundo quanto é nos Estados Unidos. No Reino Unido, há um reality show famoso de TV e rádio em que os convidados precisam fazer alguma atividade que vergonhosamente admitam nunca terem feito; o título é *Nunca vi* Star Wars. O Japão é especialmente maluco por *Star Wars*; em Tóquio, eu conheci um americano que havia se mudado para o país para poder ficar com o namorado e ainda sofria, anos depois, um deboche quase constante da parte dos pais japoneses tradicionais do namorado – não por causa da orientação sexual, mas porque o pobre sujeito nunca tinha visto *Star Wars*. "Eles não param de citar diálogos para mim", reclamou ele.

Nós do *Mashable* não podíamos permitir que esse estado de ignorância e vergonha continuasse com um de nós. Fizemos planos para um blog ao vivo. Nós mostraríamos o filme original para Christine. Ela tuitaria a respeito; todos contribuiríamos. A hashtag do Twitter para o evento era "#starwarsvirgin". A comunidade do *Mashable* estava ouriçada. Como era *Star Wars* visto por novos olhos? Será que Christine ficaria impressionada? Será que conseguiríamos capturar o espírito fugaz de 1977, só por um momento?

Bem, não exatamente. Christine foi envolvida pela ação, com certeza, mas... bem, muito de *Star Wars* parecia estranhamente conhecido. Todos os filmes de efeitos especiais de grande orçamento desde *Star Wars* usaram elementos do filme original – tanto que todos agora são clichês reconhecíveis. (Por exemplo, o "universo usado" – aquele estilo em que a tecnologia e roupas futuristas parecem reais, usadas e acolhedoras – foi uma inovação de *Star Wars*. Praticamente todo filme de ficção científica desde o início dos anos 1980 pegou esse elemento emprestado, de *Blade Runner* e *Mad Max* em diante.) E os virgens de *Star Wars* também não foram protegidos do mundo da publicidade, que contém um número explosivo de homenagens à série. A Verizon produziu um anúncio de Halloween em 2013 em que famílias inteiras se vestem como personagens de *Star Wars*, e ninguém menciona o fato, porque, afinal, todo mundo faz isso, não é? A reação de Christine ao ver os droides R2-D2 e C-3PO pela primeira vez foi: "Ah, então é daí que vem o smartphone." (A Verizon e o Google licenciam o nome "droid" da Lucasfilm.) Ela reconheceu R2-D2 como um cooler da Pepsi que costumava ficar ao lado das arquibancadas do colégio. Darth Vader? Christine conhecia a fantasia: foi a roupa usada por aquele moleque no comercial da Volkswagen no Super Bowl de 2011. E sim, ela até já sabia que Vader era o pai de Luke.

Todo suposto virgem de *Star Wars* na verdade sabe um número extraordinário de spoilers – essa era a minha hipótese. Tentei testá-la em uma experiência maior. No dia 4 de maio – o Dia *Star Wars*, um evento sugerido pela primeira vez em 1979 por uma brincadeira de um parlamentar inglês com "May the Force" (Que a Força) e "May the Fourth" (4 de maio), mas que realmente virou uma data comemorativa em 2013 –, o *Mashable* pediu à Lucasfilm e ao site de petições Change.org para colaborar em uma sessão do filme original para #StarWarsNewbies* (nós decidimos que "virgem" era uma palavra muito polêmica), no quartel-general da Change.org em São Francisco.

---

* Algo como #NovatosdeStarWars. [N. do E.]

A primeira coisa que descobrimos foi como é difícil encontrar alguém em São Francisco no século 21 que nunca tenha visto qualquer um dos filmes de *Star Wars*. Ali era, afinal de contas, o ponto de impacto da primeira bomba cultural; bastou apenas o fim de 1977 para o número de pessoas que compraram um ingresso para ver *Star Wars* na cidade ultrapassar sua população de 750 mil habitantes. Mesmo com os esforços combinados de recrutamento do Mashable, StarWars.com e Change.org, nós conseguimos desenterrar apenas trinta novatos, juntamente com um número bem maior de amigos e parentes que simplesmente queriam vê-los assistir ao filme pela primeira vez.

Antes da sessão, os novatos foram entrevistados para determinar o quanto eles sabiam. Novamente, eles nos surpreenderam. "Eu sei que está fora de ordem", disse Jamie Yamaguchi, 32 anos, uma mãe de Oakley, Califórnia, sobre o conjunto de seis filmes. "Eu achei isso um pouco estranho." (Para começo de conversa, as rígidas normas religiosas dos pais fizeram com que ela tivesse assistido a poucos filmes.) Jaime conhecia os personagens: princesa Leia, Obi-Wan Kenobi, R2, Luke, "o sujeito dourado, e aquele cara irritante que fala engraçado. Ah, e Darth Vader".

Muitas respostas seguiram a linha dessa (também verdadeira) reação: "Ah, eu realmente não sei qualquer nome de personagem – a não ser por Luke Skywalker, Han Solo, princesa Leia, Darth Vader, Obi-Wan Kenobi e Yoda. É tudo o que eu sei".

"Eu sei a grande revelação", disse Tami Fisher, uma professora do curso de direito da Universidade da Califórnia e ex-escrevente da Suprema Corte da Califórnia. "O relacionamento pai-e-filho entre sei lá quem."

"Meu filho me perguntou se Luke e Leia sabiam que eram irmãos", falou Yamaguchi. "Eu perguntei, tipo, 'eles são?'"

É cada vez mais difícil evitar spoilers de *Star Wars*. Nós somos bombardeados por eles desde o nascimento, quer os procuremos ou não. Muitos pais me abordaram durante o processo de escrever este livro e me perguntaram como os filhos mais novos sabiam todos os nomes de todos os personagens e planetas em *Star Wars* e eram capazes de recitar os detalhes históricos mais obscuros por trás de quase todos os aspectos da série, apesar do fato de esses filhos serem jovens demais para ter visto qualquer um dos seis filmes ainda. Eu respondi perguntando: "De onde veio Luke Skywalker?" ou "Como são chamadas aquelas criaturas tipo ursinho de pelúcia em *O retorno de Jedi*?". Quando os pais respondiam "Tatooine" ou "Ewoks", eu dizia: "Pronto. Aquele planeta nunca recebeu um nome no *Star Wars* original; aquelas criaturas nunca receberam um nome em um filme de *Star Wars*. Você aprendeu os nomes em outro lugar." (Eu descobri o nome de Tatooine aos 4 anos de idade em 1978, anos antes de ver *Star Wars*, quando li na parte detrás de uma caixa de cereais; a revelação sobre os Ewoks veio em um álbum de adesivos colecionáveis em 1983, meses antes de *O retorno de Jedi*.)

Até onde se espalhou essa infecção cultural benigna? Será que existe alguém no planeta que não carregue um pequeno trecho do código de *Star Wars* na cabeça? "Nós não sabemos quantas pessoas individualmente assistiram a um filme de *Star Wars* em um cinema", respondeu um porta-voz da Lucasfilm, "mas sabemos que houve aproximadamente 1,3 bilhão de ingressos vendidos para os seis filmes, mundialmente". Isso parece uma estimativa conservadora, e seria igualmente conservador adicionar mais um bilhão de espectadores de vídeo doméstico, a julgar pelos 6 bilhões de dólares que a série arrecadou em vendas de VHS e DVD ao longo dos anos. Isso nem sequer começa a contar o número de locações em locadoras ou o enorme mercado de cópias piratas. Quantos bilhões a mais assistiram na TV, ou viram um anúncio, ou pegaram uma pequena peça das mercadorias licenciadas de *Star Wars* no valor de 32 bilhões de dólares que entulha o planeta? Ou, para encarar a questão de modo contrário, quantos bilhões, ou milhões, de pessoas conseguiram evitar até o último desses derivados da série *Star Wars*? E quem *são* essas pessoas exatamente?

Eu fui inocente ao achar que simplesmente poderia chegar a um lugar como Window Rock e flagrar inocentes assistindo a *Star Wars* de olhos arregalados pela primeira vez. Mas aquela esperança foi apagada no momento em que os batalhões de Albuquerque e Salt Lake City da 501st Legion, uma organização de cosplay de vilões de *Star Wars* voltada para caridade, entraram em Window Rock após longas viagens épicas, vestiram os uniformes, e marcharam na área dos rodeios durante o pôr do sol. Eles foram recebidos por aplausos entusiasmados das arquibancadas lotadas – uma recepção maior do que qualquer uma que eu já vi a 501st receber em uma Comic-Con ou convenção *Star Wars* Celebration. O batalhão marchou ao longo das filas de espectadores que estiveram se formando por horas sob um calor de 41 °C – um stormtrooper, um snowtrooper, um biker scout, um guarda imperial, um caçador de recompensas e, é claro, um Lorde Sombrio dos Sith em pessoa. Darth Vader foi cercado, mães empolgadas enfiaram bebês nos braços dele enquanto batiam fotos nos iPads.

Eu também notei um bando de moleques empreendedores vendendo sabres de luz. Eles usavam camisetas de stormtrooper com a legenda "Esses não são os dinés que vocês procuram". Eu perguntei a Wheeler se as camisetas eram coisa dele, mas ele deu de ombros. Manny apenas fez tops com a frase "*Star Wars* em Navajo" brilhante para a equipe.

Ajudem-me, anciãos, pensei eu. *Vocês são a minha única esperança.*

E então, quando as mesas trocaram o tom escarlate do pôr do sol para o azul-violeta do crepúsculo e uma tempestade de raios começou a estalar ao longe, eu conheci George James Sr., veterano de Iwo Jima e virgem de *Star Wars*. Foi como se eu tivesse acabado de ser apresentado a um unicórnio pulando sobre um arco-íris duplo. Só podia ser bom demais para ser verdade. Eu passei uma lista de nomes: Skywalker. Solo. Lucas. Wookiee.

James fez que não com a cabeça para todos eles, sem compreender.

Eu apontei para o cara alto de capacete preto, que agora encarava uma fileira de sujeitos apontando e batendo nas gargantas: todos queriam tirar uma foto para o famoso meme da internet chamado *vadering*, em que a pessoa pula no ar e finge ser sufocada por meio da Força pelo Lorde Sombrio. James estava perplexo. Ele genuinamente não fazia ideia de por que as crianças da tribo estavam brigando com bastões luminosos. Quando Wheeler subiu ao palco para apresentar os dubladores navajos, eu tive que informar James que não, aquele não era o sr. Lucas de quem eu estava falando.

Então, exatamente antes de os refletores se apagarem e a logomarca da Twentieth Century Fox aparecer na tela, algo ocorreu a James. Ele se lembrava de certa vez ter visto alguma coisa na TV de alguém, um clipe de um filme ambientado no espaço. "Eu vi pássaros silvestres", comentou James.

Pássaros silvestres no espaço? O que poderia ser isso? Eu pensei por um segundo. Ergui os braços e depois dobrei em um ângulo de 45 graus. "Assim?"

James concordou com a cabeça; o olhar ficou animado com o reconhecimento.

"Pássaros silvestres."

Caças X-wing.

Até mesmo George James Sr., de 88 anos, que vive nas montanhas e dorme embaixo de pele de carneiro em uma casa tão remota que fica isolada pela neve por meses seguidos, carregava na cabeça um trecho do código de *Star Wars* – exatamente como eu e você, e basicamente todas as outras pessoas no planeta.

A fanfarra da Twentieth Century Fox acabou, a tela ficou preta, e o público soltou uma ovação animada. As conhecidas letras azuis surgiram na tela – mas, dessa vez, e pela primeira vez na história, a frase "Há muito tempo, em uma galáxia muito, muito distante" estava escrita em palavras tão estranhas que antigamente foram banidas pelo governo dos Estados Unidos, tão desconhecidas do resto do planeta que foram usadas na criptografia da Segunda Guerra Mundial:

Aik'idaa' yadahodiiz'aadaa,
Ya' ahonikaandi…

Bastou apenas isso. O público rugiu tão alto que eu mal consegui ouvir a explosão do acorde inicial do tema. E *Star Wars*, como quem não quer nada, conquistou mais uma cultura terráquea.

Este livro é uma biografia da série que transformou o planeta Terra em planeta *Star Wars*.

Há dois objetivos. O primeiro é contar a primeira história completa da série, das origens fantásticas até a aquisição da Lucasfilm – o estúdio que criou os filmes – em 2012 pela Disney, ao preço de 4,05 bilhões de dólares. O segundo objetivo, e talvez mais interessante, é explorar o outro lado do relacionamento: como *Star Wars* tem afetado seu planeta de fãs, e como tem sido afetado por ele.

A história da série *Star Wars* em si mostra uma criatividade das mais poderosas. É a saga de como algo chamado O Diário de Whills, algumas páginas de uma impenetrável fan fiction de *Flash Gordon* escritas a lápis e depois abandonadas por seu criador, metamorfoseou-se em um vasto universo que vendeu 32 bilhões de dólares (e contando) de mercadorias no globo inteiro. (Levando em consideração a venda de ingressos, licenciamento, e outros fluxos de receita, é provável que *Star Wars* tenha gerado mais de 40 bilhões de dólares entre 1977 e 2013.) Muito desse sucesso tem a ver com o trabalho árduo de um pequeno grupo de dedicados fiéis cujos nomes não são George Lucas. Mas *Star Wars* tem milhões de acólitos extremamente devotados que vão muito além dessa panelinha inicial: colecionadores, coletivos de cosplay, construtores de droides, fãs de sabres de luz, satiristas e comediantes – e a maioria desses grupos tornou-se, de maneiras inesperadas, parte da série em si.

Até o próprio Lucas, no auge do messianismo, reconheceu que foi responsável por, no máximo, um terço daquilo que conversamos quando conversamos sobre *Star Wars*. "Eu sou o pai do nosso mundo cinematográfico de *Star Wars* – o entretenimento filmado, os longas-metragens e séries de TV", disse ele em 2008. "Eu defino como serão, treino as pessoas e supervisiono todos eles. Eu sou o pai; esse é o meu trabalho. Aí temos o grupo de licenciamento, que faz os games, brinquedos e todas as outras coisas. Eu chamo isso de o filho – e o filho faz basicamente o que bem quiser. Então temos o terceiro grupo, o espírito santo, que são os blogueiros e fãs. Eles criaram o próprio mundo. Eu me preocupo com o mundo do pai. O filho e o espírito santo podem seguir o próprio caminho."

Desde que Lucas falou essas palavras, o pai também seguiu o próprio caminho. Lucas aposentou-se após a venda da Lucasfilm, e embora novos longas-metragens de *Star Wars* estejam voando na direção dos multiplexes da Terra, eles estão vindo sob o olhar vigilante da madrasta da série, a veterana produtora de cinema Kathleen Kennedy. Quando o próximo filme de *Star Wars* chegar à telona, será o primeiro a surgir sem os cuidados de superpai do Criador* em pessoa.

Com *Star Wars* prestes a entrar em uma nova fase da sua longa história, esse é um momento apropriado para fazer uma pausa e refletir sobre a sua criação. Em especial, vale salientar que, nos bastidores, o mundo de *Star Wars* jamais foi tão unificado quanto sugere a metáfora de Lucas sobre a santíssima trindade. Parece que, quanto mais a pessoa se apaixona pela série, mais percebe a fragilidade das fundações de fantasia espacial. Os maiores fãs do Universo Expandido (o nome coletivo para as centenas de romances de *Star Wars*, milhares de gibis de *Star Wars*, e inúmeros videogames e outras mídias que têm personagens e narrativas desenvolvidas fora dos filmes de *Star Wars*) são os primeiros a admitir que muito daquele material se contradiz ou simplesmente é uma merda. E muitos fãs de *Star Wars* tomam partido intensamente dos filmes em si – e os protegem. Fãs da trilogia original (*Episódios IV* a *VI*, lançados entre 1977 e 1983) têm esquentado a cabeça obsessivamente sobre cada mudança nas versões melhoradas de Lucas (ajeitadas para relançamentos em 1997, 2004, 2006 e 2011) e permanecem fortemente divididos sobre a trilogia prólogo (*Episódios I* a *III*, lançados entre 1999 e 2005). Essas paixões gêmeas, amor e ódio, são companhias tão constantes dos fãs de *Star Wars* quanto Jedi e Sith, ou os sóis gêmeos de Tatooine.

Em 2005, um rapaz de 20 anos de Vancouver chamado Andrey Summers testemunhou as enormes dissidências dentro da comunidade de fãs de *Star Wars* quando compareceu a uma sessão à meia-noite de *Episódio III*. A exibição foi precedida de um concurso de fantasias, e Summers ficou chocado

---

* Esse é um apelido que Lucas se deu em 2007, depois que o presidente George W. Bush notoriamente se referiu a si mesmo como "o Decididor". Ao responder a uma pergunta de Conan O'Brien sobre o questionamento dos fãs, Lucas salientou que ele é outro George W. e disse ao apresentador: "Eu sou mais do que o Decididor. Eu sou o Criador!".

quando, durante o evento, fãs mais velhos começaram a vaiar as roupas feitas à mão dos fãs mais jovens. "Foi quando eu me dei conta", disse Summers para mim, "que esses putos não gostam de diversão. Eles gostam de fidelidade canônica". Ele foi para casa e escreveu uma coluna para uma revista on-line chamada *Jive*, com o título "A realidade complexa e assustadora da comunidade de fãs de *Star Wars*." Como a maior parte de *Star Wars* em si, a intenção foi meio humorística, mas a coluna foi escrita com seriedade.

O conceito era que Summers estava com dificuldade para explicar a comunidade de fãs para a namorada, porque os verdadeiros fãs odeiam tudo a respeito de *Star Wars*, desde a atuação lamuriosa de Mark Hamill como Luke Skywalker às trapalhadas em computação gráfica de Jar Jar Binks nos prólogos. "Se você esbarrar com alguém que diz que acha que a série era bem fácil de curtir, e que gosta dos filmes originais tanto quanto dos prólogos, e até mesmo possui tudo em DVD e alguns dos livros, esse impostor *não é um fã* de *Star Wars*", escreveu ele.

A revista *Jive* não existe mais agora, mas a coluna de Summers viralizou; traduzida em várias línguas, ela pulou de fórum em fórum na internet. Ele foi bombardeado por e-mails de fãs que acharam graça e entenderam o argumento e por fãs furiosos que não entenderam. Summers com certeza estava no caminho certo quando observou que amor e ódio são virtudes gêmeas de todo verdadeiro fã de *Star Wars* – e embora ele não soubesse, a coluna foi um eco de algo que era dito nos salões da própria Lucasfilm.

"Para fazer *Star Wars*, você tem que odiar *Star Wars*" – essa é uma máxima que ouvi de mais de um veterano do departamento de design da Lucasfilm. O que eles querem dizer é que, se a pessoa for reverencial demais a respeito do que veio antes, ela está perdida. É preciso ser rebelde e questionador. A série precisa se renovar constantemente ao tirar itens incongruentes de um saco de surpresas cheio de influências externas, como o próprio Lucas fez no começo. Da mesma forma, a comunidade de fãs precisa se renovar constantemente com novas gerações de espectadores trazidas pelos prólogos, por acréscimos mais recentes ao cânone como os desenhos animados televisivos *The Clone Wars* e *Rebels* – e, em breve, pelas continuações das duas primeiras trilogias.

Da mesma forma que novos fãs são essenciais para manter *Star Wars* vivo e saudável, fãs calejados também devem se renovar ao voltar àquilo que lhes deu alegria originalmente. "Para ser um fã de *Star Wars*", disse Summers na coluna, "é preciso possuir a habilidade de enxergar um milhão de fracassos e derrocadas diferentes, e depois, de alguma forma, montá-los em uma imagem maior de perfeição. Todo verdadeiro fã de *Star Wars* é um Luke Skywalker que olha o pai malvado e corrompido e quer de alguma forma enxergar o bem".

"Nós odiamos tudo a respeito de *Star Wars*", concluiu Summers, antes de escrever uma frase com que todo fã no mundo concordaria. "Mas a *ideia* de *Star Wars*... a ideia, nós amamos."

Em Window Rock, os relâmpagos caíram nos morros distantes, mas poucos na plateia pareceram notar ou se importar. As pessoas estavam vibrando como loucas com o texto corrido no início do filme, a cada palavra em diné. Assim que o diálogo começou, houve risadas pelos primeiros quinze minutos seguidos – não risos direcionados ao filme ou às atuações, mas a risada alegre de um povo vendo um filme na própria língua pela primeira vez.

Para um espectador que cresceu vendo *Star Wars* no original em inglês, uma quantidade surpreendente do filme soou igual. Lucas gostava de sons bacanas, música arrebatadora e o burburinho do diálogo mais do que se importava com o diálogo em si. Grande parte do filme não tem diálogo ou é repleto de falas estranhas de alienígenas e droides. Pense em R2 ou nos Jawas: intencionalmente ininteligíveis, e nós os amamos por causa disso. Pense na quantidade de tempo preenchido pela troca de tiros de armas de raios ou o rugido de caças TIE (na verdade, um berro de elefante desacelerado) ou o zumbido dos sabres de luz (uma TV quebrada, um projetor velho). Quando eu soube que a equipe de tradutores de Wheeler conseguira traduzir o filme do inglês para o navajo em apenas 36 horas, aquilo pareceu um feito super-humano. Na verdade, não há tanto inglês assim em *Star Wars* como você possa se lembrar.

Algumas palavras são intraduzíveis e permanecem em inglês. A "princesa Leia" tem exatamente o mesmo título, uma vez que o diné não contém nenhum conceito de realeza. O mesmo aconteceu com "Senado Imperial" e "Aliança Rebelde". (Os navajos são tão inerentemente igualitários que o governo americano teve que forçá-los a instituir um conselho administrativo com que pudesse dialogar.) E embora o diálogo traduzido seja uma espécie de mistureba – os tradutores falam três diferentes dialetos de diné –, isso na verdade não interferiu em nada. Afinal de contas, não parece estranho aos falantes do inglês, já que metade dos atores no filme eram britânicos e a outra metade, americanos. (Carrie Fisher parece usar ambos os sotaques, mas passamos a aceitar isso também.)

O humor é interpretado de forma diferente, é claro. O público aparentemente ria de cada palavra dita por 3PO. Até certo tempo, talvez tenha sido porque o droide é um número de drag queen: a dubladora Geri Hongeva-Camarillo

INTRODUÇÃO: UMA ESPERANÇA NAVAJO   **25**

faz o mesmo tom afetado perfeitamente. (Alguns meses depois, contei para Anthony Daniels, o 3PO original, sobre a troca de sexo. "Os navajos devem ser uma raça muito confusa", disse ele no melhor jeito sem-noção de 3PO, antes de piscar e me lembrar que o artista conceitual Ralph McQuarrie – um dos heróis basicamente desconhecidos de *Star Wars* – originalmente imaginara o personagem de Daniels como um robô fêmea magricela.)

A maior risada da noite, porém, vai para o diálogo de Leia a bordo da Estrela da Morte. "Governador Tarkin, eu já esperava encontrá-lo segurando Vader pela coleira. Eu reconheci seu fedor quando fui trazida a bordo." Ao que parece, há uma espécie de indecência na frase que soa especialmente hilariante em navajo, embora Fisher tenha considerado um dos diálogos mais difíceis de dizer de forma convincente no filme: Peter Cushing, que interpreta Tarkin, "na verdade tinha cheiro de roupa de cama e lavanda", disse ela.

Como é estranho assistir a *Star Wars* em uma língua estrangeira e ainda assim ser atraído. Eu novamente fiquei maravilhado pela condução perfeita da história. Aí vieram os monstros de computação gráfica de Mos Eisley, o tiro dado por Greedo, a aparição incongruente de Jabba computadorizado, e eu torci o nariz. Fui lembrado de que, ao aprovar essa adaptação, a Lucasfilm exigiu que Wheeler usasse a Edição Especial, a versão mais recente e de maior qualidade de *Star Wars*.

O filme começa a se arrastar um pouco na cena do compactador de lixo. As crianças em especial pareciam distraídas, preferindo brincar com os sabres de luz nos corredores; eles estavam mais envolvidos com a ideia de *Star Wars* do que por *Star Wars* em si. Famílias se levantaram e foram embora antes da cena da corredor da Estrela da Morte, pois 11h da noite era muito além da hora de dormir das crianças. Mas para as centenas que permaneceram quando as luzes se acenderam, o filme criou um pequeno culto próprio à celebridade, assim como o fez em todas as outras culturas que já invadiu. Houve uma sessão de autógrafos com os sete principais dubladores, e a fila para cumprimentá-los deu a volta no estádio. Os atores eram todos amadores (Darth Vader, por exemplo, foi interpretado pelo técnico esportivo local Marvin Yellowhair) e foram escolhidos entre as 117 pessoas que fizeram testes para os papéis; eles foram selecionados pelo entusiasmo na interpretação, não pelo conhecimento de diné. Deu certo: a exuberância deles, mais a familiaridade com o material, levou a melhor.

Eu procurei por reações dos poucos anciãos que vi na fila. Aquilo era o mais próximo que eu jamais chegaria de uma experiência completa de um novato adulto de *Star Wars*. Cada um dos anciãos com quem falei compartilhava a confusão de George James a respeito do título: por que as estrelas estavam em guerra? Os anciãos também repetiram uma das principais reclamações feitas contra *Star Wars* em 1977: era rápido demais. (A plateia moderna, obviamente, considera o filme lento demais; o espírito de *Star Wars* ajudou a gerar o espírito da MTV.) Alguns ficaram confusos pelo que exatamente cada lado lutava. É possível traduzir "fitas de dados roubadas" para o navajo, mas é impossível fazer com que isso tenha sentido.

Então eu descobri algo espiritual com aquele grupo de anciãos: Manny estava certo sobre a conexão com Joseph Campbell trazer *Star Wars* ao ponto de partida. "Que a Força esteja com você" revelou-se uma tradução quase literal de uma prece navajo. "A Força", como eles dizem, pode ser melhor descrita como uma espécie de campo de força positiva e cheio de vida que os cerca. "Nós a invocamos para ter força, para ter proteção contra a negatividade", disse Thomas Deel, 82 anos, para mim por meio de um tradutor.

Alguns dos anciãos vislumbraram o próprio sistema de crenças na criação de George Lucas. "O bem estava tentando vencer o mal e pediu proteção para conseguir", resumiu Annette Bilgody, 89 anos, em um vestido tradicional de avó diné. Ela também fez o maior elogio da noite: "Eu gostei tanto quanto a minha neta".

Annette Bilgody não foi a única. Nos meses seguintes, Wheeler encarou a estrada com a versão traduzida do filme e exibiu para comunidades ameríndias em festivais de cinema por todos os Estados Unidos. Um DVD de *Star Wars* em navajo esgotou várias vezes nos Walmarts do sudoeste. A Twentieth Century Fox e a Lucasfilm ficaram com todo o dinheiro, mas isso não era o importante para Manny. O que era importante, segundo ele, era que "o conceito está florescendo". Wheeler andou ouvindo uma pergunta sendo feita constantemente dentro da nação: que filmes deveríamos fazer em navajo a seguir? Houve até um interesse em construir outro cinema em Window Rock.

E quanto a George James Sr.? Ele pediu licença e saiu com dez minutos de filme e nunca mais voltou. Talvez, como um veterano de Iwo Jima, James não quisesse ver pessoas trocando tiros com armas baseadas em pistolas militares da Segunda Guerra Mundial. Talvez, como um codificador, ele não gostasse de uma história que gira em torno de uma inocente caçada pelo crime de levar uma mensagem. Mas eu prefiro pensar que, ao sair mais cedo, James conseguiu preservar um pouco do mistério que ele trouxera para aquela noite e que ele ainda está lá fora, na casa das montanhas, pensando a respeito de pássaros silvestres e estrelas em guerra.

1 / GUERRA EM MARTE

Obviamente, *Star Wars* é um grandioso épico mitológico de dimensões galácticas. Só que não, espera, é um conto de fadas tamanho família em uma terra muito, muito distante. A não ser que seja uma história de samurai, ou possivelmente uma aventura ao estilo da Segunda Guerra Mundial.

Desde o primeiro filme em 1977, fãs e críticos têm se contorcido em todo o tipo de direção para explicar o apelo de *Star Wars* por meio de referências a uma dezena de gêneros diferentes. Ninguém é mais adepto disso do que George Lucas, que já comparou a saga a um faroeste-espaguete, magia e espada, *2001: Uma odisseia no espaço*, *Lawrence da Arábia*, *Capitão Blood*, e toda a série *James Bond* – e isso foi tudo antes de o longa-metragem original sequer ser filmado. Saindo desse campo de asteroides de influência, o que se encontra no centro de *Star Wars* é um subgênero simples e curioso: fantasia espacial.

A fantasia espacial está para o gênero que o criou, a ficção científica, como Luke Skywalker está para Darth Vader. George Lucas chegou perto da ficção científica com seu primeiro filme, *THX-1138*, e depois a abandonou por ser realista demais, deplorável demais, e impopular demais nas bilheterias. A ficção científica projeta uma imagem do futuro através da lente do presente. O foco está na tecnologia e em suas implicações. Há algum esforço para respeitar as leis da física do universo. É uma ficção sobre ciência, na qual a fantasia espacial é, bem, fantasia ambientada no espaço.* A ficção científica reflete o nosso mundo, a fantasia espacial transcende o nosso mundo. Ela é nostálgica e romântica, e mais livremente aventurosa, e pega a tecnologia como um mero

---

* Possivelmente, todo filme que Lucas fez na vida ou teve grande influência na produção era alguma espécie de fantasia ou nostalgia, como *American Graffiti: loucuras de verão*. O gênero que ele certa vez sugeriu para *THX* foi "fantasia documental".

ponto de partida. Joga fora as leis da física em nome da diversão. "Eu tive medo que os fãs de ficção científica dissessem coisas como: 'Você sabe que não existe som no espaço'", disse Lucas em 1977. "Eu simplesmente queria esquecer a ciência." No espaço, todo mundo pode ouvir suas armas de raios.

Essa grande linha divisória na ficção especulativa, o possível contra o meramente divertido, remonta à rivalidade do fim do século 19 entre o pioneiro francês da ficção científica Júlio Verne e seu contemporâneo britânico surgido do nada, H. G. Wells. Verne declaradamente não era um cientista, mas queria ser cientificamente plausível. Em *Da Terra à Lua* (1865), Verne envia exploradores lunares em uma cápsula disparada por um canhão gigante; ele inclui páginas de cálculos precisos em uma brava tentativa de provar que tal coisa seria possível.* Wells, como Lucas, sempre foi mais interessado no funcionamento da sociedade e do indivíduo do que nas mecânicas da ciência. Quando finalmente escreveu seu próprio romance lunar, *Os primeiros homens da Lua* (1901), Wells fez o cientista criado por ele declarar que jamais tinha ouvido falar do livro de Verne. A seguir, o protagonista descobre uma substância antigravitacional chamada "cavorita" que simplesmente faz sua cápsula flutuar, com ele e um executivo visitante no interior, na direção da Lua. Verne trabalhou tão duro nos detalhes que as aventuras só chegam à Lua na continuação do livro; Wells queria despachar os heróis para lá o mais rápido possível de maneira que eles pudessem explorar a extravagante civilização lunar que ele inventou. (Isso irritou Verne ao ponto de fazer uma exigência debochada e um tanto quanto fora de propósito a Wells: "Eu posso lhe mostrar a pólvora; mostre-me a cavorita!") Quando Lucas decidiu fazer sua versão do espaço sideral com barulhos de disparos de laser e jatos guinchando, ele estava se estabelecendo na tradição de H. G. Wells.**

Eles estavam em desacordo sobre o método, mas o que uniu Verne e Wells foi uma necessidade flagrante de expandir o cenário da imaginação humana. Mitos, como Lucas uma vez comentou, são invariavelmente ambien-

---

* Brava, mas no fim das contas equivocada. Não é possível se projetar para a Lua via tiro de canhão. Não tente fazer isso em casa.

** Esse cisma entre Verne e Wells pode ser visto também nos primeiros curtas-metragens mudos de ficção científica. Dessa vez, a linha divisória foi o Atlântico, em vez de o Canal da Mancha. George Méliès fez *Uma viagem à Lua*, em 1902, e disparou seus exploradores com um canhão. Thomas Edison fez *Uma viagem a Marte*, em 1910, no qual um cientista se cobre de pó antigravitacional e flutua até o planeta vermelho.

tados "naquele lugar logo atrás do morro" – a próxima fronteira, real o suficiente para provocar interesse, mas inexplorada o suficiente para ser misteriosa: ilhas gregas distantes na era dos clássicos, a floresta sombria nos contos de fada medievais, as Américas depois de Colombo. No século 20, com a maioria do planeta explorada, o espaço tornou-se o último lugar que sobrou logo atrás do morro. E um canto do espaço em especial fascinou autores e leitores, e solidificou a linhagem que levou a *Star Wars*: Marte.

A loucura por Marte espalhou-se em ritmo constante após um astrônomo italiano, Giovanni Schiaparelli, ficar notório por observar sulcos (*canali*) no Planeta Vermelho em 1877. Os jornais britânicos e americanos, sem entender ou se importando pouco com a diferença entre *canali* e canais, adoravam publicar grandes artigos ilustrados e especulativos sobre a civilização marciana, especialmente depois que o astrônomo amador Percival Lowell escreveu uma trilogia de livros de "não ficção" detalhando como aquela civilização deveria ter sido. Escritores sem nenhum conhecimento científico começaram a escrever romances sobre exploração marciana. Os métodos para chegar ao planeta vermelho variavam loucamente. Em *Across the Zodiac* (1880), o jornalista inglês Percy Greg despachou seus exploradores em um foguete antigravitacional chamado *Astronauta* (ele criou o termo). Gustavus Pope, um médico de Washington, cujo livro anterior abordava Shakespeare, escreveu *Journey to Mars*, em 1894. No livro, um tenente da marinha americana encontra marcianos em uma pequena ilha perto do polo sul; mais à frente, eles o levam de volta ao planeta em um "carro etervoltaico" antigravitacional. (Enquanto isso, Wells derrubou gêneros ao fazer seus invasores marcianos no clássico *Guerra dos mundos*, de 1897, chegarem por meio de cápsulas disparadas por canhões de Marte – Verne ao contrário.)

Mas onde Marte encontrou a fantasia espacial pela primeira vez foi no livro que é o improvável bisavô de *Star Wars*. Um escritor inglês, filho de um magnata dono de jornal, Edwin Lester Arnold, decidiu dispensar completamente uma aeronave: em *Lieutenant Gullivar Jones: His Vacation* (1905), ele pega outro tenente da marinha americana e despacha para Marte em um tapete persa mágico. O planeta Marte de Arnold é surpreendentemente medieval. O povo de Hither, indolente e embriagado por vinho forte, é acossado pelas hordas bárbaras de Thither. Os hitheristas têm uma classe de escravos, um rei e uma linda princesa. Quando a princesa é levada como tributo para Thither, Jones parte em uma jornada pelo planeta inteiro para libertá-la. Ele é um protagonista estranhamente detestável, dado a longos discursos: cínico demais para ser um herói, certinho demais para ser um anti-herói. Ele entalha "EUA" na lateral de uma montanha durante a jornada. Arnold parece dividido entre uma história de aventura e uma sátira antiamericana, e o romance foi um fracasso. Desanimado, ele desistiu de escrever. (O livro não seria publicado nos Estados Unidos até 1964.)

A ideia de um planeta Marte de fantasia imaginada por Arnold foi resgatada cinco anos depois por um salvador improvável: um gerente de 35 anos de vendedores de apontadores de lápis em Chicago. O cara do lápis tinha muito tempo livre, muitos papéis de carta no escritório e um desejo por grandeza que não desistia. Ele lia revistas de ficção barata, e ao notar que a maioria das histórias eram "bobas", ele tentou escrever uma. Como a história de Arnold, ela é narrada por um oficial americano que é magicamente transportado para Marte – desta vez num piscar de olhos, por pura força de vontade. Sem cavorita, sem tapetes, apenas um homem "atraído pelo pensamento repentino através da imensidão imensurável do espaço". Como Jones, o protagonista criado pelo cara do lápis encontra personagens exóticos parecidos com humanos e homens-macacos e luta heroicamente pela mão de uma princesa. O cara do lápis achou a história infantil e ridícula. Ele pediu que fosse publicada sob um pseudônimo com a intenção de indicar sua sanidade: Normal Bean. Ele considerou seu nome verdadeiro inadequado para um autor. Era Edgar Rice Burroughs.

A série que se tornou *Uma princesa de Marte* foi publicada pela primeira vez em fevereiro de 1912 em uma revista mensal de ficção barata chamada *All-Story*. Foi um enorme sucesso. O capitão John Carter, o exagerado herói (e tio fictício) de Burroughs, encontrou um número de fãs que Gullivar Jones jamais sonhou. Não havia sátira confusa; na obra de Burroughs, o bem e o mal estavam claramente definidos. Carter fala bem menos – não há uma frase de diálogo no primeiro terço do livro – e entra em perigo com maior frequência do que Jones. Desde o primeiro capítulo, quando ele é atacado por (quem diria?) ameríndios no Arizona, Carter é acossado por lanças, espadas, rifles e garras. A gravidade mais baixa de Marte (que Burroughs chama de "Barsoom") dá a Carter uma vantagem suficiente em força para ajudá-lo a superar essas adversidades consideráveis. Ele é capaz de pular sobre prédios com um único salto. Além de dar a partida no gênero da fantasia espacial, Carter tem uma pretensão justa em ser o primeiro super-herói: ele é o progenitor tanto do Superman quanto de Luke Skywalker.

Burroughs largou o emprego do lápis, lançou mais três sequências, se mudou para Los Angeles, escreveu *Tarzan dos macacos* e vendeu os direitos do primeiro filme *Tarzan* antes mesmo de *Uma princesa de Marte* ser lançado como livro. Durante o resto de uma vida produtiva e abastada, Burroughs retornaria a Barsoom em mais onze livros. Barsoom é um planeta fascinante, e inédito ao misturar conceitos de passado e futuro. É um mundo moribundo e em grande parte bárbaro, mas uma fábrica de atmosfera mantém o planeta respirando. Barsoom tem máquinas militares voadoras, pistolas de rádio, telepatia, cidades sob domos, e uma medicina que faz a expectativa de vida ser de mil anos, mas também conta com muitas lutas de espada, refinados códigos de honra, um bestiário medieval de criaturas, e uma sucessão de líderes tribais portando lanças em montarias. O cenário exótico de deserto saiu diretamente de *As mil e uma noites*. As histórias em Barsoom seguem uma fórmula confiável. Fugas, resgates, duelos e guerras são a atração principal, mas no meio disso tudo, Burroughs revela aspectos desse mundo curioso com a confiança de um bom jornalista de turismo. Os territórios são claramente delineados. Os Tharks verdes são bárbaros nômades, em sua maioria; os habitantes vermelhos de Hélio são aristocratas racionais. No segundo livro, *Deuses de Marte*, nós descobrimos Barsoomianos louros e de pele branca que são assassinos malvados e decadentes, que exploram os habitantes do planeta com uma promessa falsa de paraíso.

Burroughs foi modesto e cauteloso ao falar que escrevia apenas por dinheiro. Mas isso é dizer pouco. Quem o lê hoje em dia é facilmente infectado pela mesma satisfação poderosa, pura e infantil que envolvia o autor enquanto escrevia. Barsoom oferece atos heroicos moralmente definidos com tanta profundidade mitológica quanto o leitor desejar investir em seus mistérios. A emoção da exploração e o deslumbramento de um mundo capaz de nos fazer suspender a incredulidade são traduzidos com o mesmo espírito que Lucas mais tarde descreveria em seus filmes como "vertigem dinâmica". É possível encontrar esse espírito em artistas tão diferentes quanto o são J. R. R. Tolkien e Stan Lee: ideal para a mentalidade adolescente, sim, mas acessível a todos e capaz de ser importante. A epígrafe de Arthur Conan Doyle para *O mundo perdido* (1912) explicaria tão bem esse princípio que mais tarde ele abrilhantaria o material de imprensa do *Star Wars* original:

> *Eu fui bem-sucedido em meu simples atino*
> *Se dei uma hora de alegria*
> *Ao menino que é meio homem*
> *Ou ao homem que é meio menino.*

Essa declaração estava errada em um aspecto: logo se percebeu que as mulheres e as meninas também curtiam esse tipo de coisa. Dejah Thoris, a esposa Barsoomiana de John Carter, que põe ovos (como isso é possível, nós não sabemos, mas reiteramos: é uma fantasia espacial), está longe de ser uma heroína dona de si pelos padrões do século 21. (Carter tem que salvá-la de estupro implícito dezenas de vezes em onze livros.) Mas a princesa epônima do primeiro livro é uma cientista, uma exploradora, uma negociadora; os famosos desenhos de Dejah com peitões feitos pelo artista de fantasia Frank Frazetta nos anos 1960 a transformaram em um ícone sexual, mas não a representam bem. Pelos padrões de sua época, Dejah Thoris foi uma sufragista. A princesa Leia tem uma longa linhagem de antecessoras, que remontam a Dejah.

Burroughs publicou suas últimas histórias sobre Barsoom em 1943, e a última de uma série similar ambientada em Vênus em 1942, oito anos antes de morrer. Na ocasião, o gênero era conhecido alternadamente como fantasia espacial, novela espacial, romance planetário, e espada-e-planeta, e fora assumido pelos vários sucessores de Burroughs. A mais memorável era sua colega conterrânea Leigh Brackett, conhecida posteriormente como a rainha da novela espacial. Ela surgiu do nada em 1940, aos 25 anos de idade, quando vendeu uma série assombrosa de 26 histórias para revistas de ficção barata em quatro anos. Todas eram ambientadas no que se tornou conhecido como o sistema solar Brackett. A concepção de cada planeta era bastante derivativa – os planetas Marte e Vênus de Leigh Brackett pareciam muito com as versões de Burroughs –, mas ela se destacava na descrição do conflito interplanetário entre eles. A esfera aumentou, de guerra em Marte para guerra solar. A esfera de Brackett também aumentou, e ela começou a trabalhar em roteiros de Hollywood como *À beira do abismo*. Brackett não foi capaz de unir as duas carreiras até 1978, quando foi escolhida como roteirista do primeiro tratamento de *O Império contra-ataca*.

O marido de Brackett, Edmond Hamilton, também contribuiria com *Star Wars*, embora de uma forma mais nebulosa. Sua história de 1933 para a revista de ficção barata *Weird Tales*, "Kaldar, Planeta de Antares", continha a descrição pioneira de uma arma empunhada pelo herói – um sabre feito de luz:

> Em um primeiro momento, a espada parecia com uma simples rapieira comprida, feita de metal. Mas ele descobriu que, ao apertar com força o cabo, o gesto pressionava uma lingueta que soltava uma força terrível armazenada no cabo para a lâmina, que brilhava com luz. Quando qualquer coisa era tocada por essa lâmina reluzente, ele descobriu, a força da espada aniquilava aquilo instantaneamente.
>
> Ele descobriu que a arma era chamada de uma espada de luz.

A história de Hamilton foi republicada como livro de bolso em 1965, oito anos antes de um jovem cineasta chamado George Lucas começar a devorar todas as histórias de revistas de ficção barata em que conseguisse meter as mãos.

Juntamente com Burroughs, as revistas de ficção barata que publicaram Hamilton, Brackett e outros do tipo foram, sob vários aspectos, os outros avós de *Star Wars*. Duas das histórias mais importantes na pré-história da série apareceram no mesmo número de agosto de 1928 da *Amazing Stories*. A capa mostrava um homem com uma mochila voadora. Ele era o astro de "Skylark do espaço", uma história escrita por E. E. "Doc" Smith, um químico de alimentos que escrevia ficção como hobby quando não estava tentando criar a rosquinha perfeita. Smith tinha o entusiasmo enérgico de Burroughs, além do desejo de ir mais longe no espaço. Os heróis pilotam uma espaçonave propulsionada por um "elemento X" – uma cavorita anabolizada – que os dispara para fora do sistema solar na direção das estrelas pela primeira vez na história da ficção. Eles pulam de planeta em planeta como se estivessem em um passeio dentro de uma lata-velha; uma guerra de alcance planetário causa menos transtorno aos heróis do que o casamento duplo e a cerimônia de entrega de medalhas que ocorrem a seguir. Toda a velocidade, romance e humor de *Star Wars* estão em "Skylark". Smith acabaria escrevendo a série Lensman – contos de cavaleiros interestelares místicos que influenciariam o conceito de Jedi de Lucas. Smith expandiu a dimensão do conflito para uma galáxia inteira.

Aquele número de *Amazing Stories* foi ainda mais importante por causa de outra história, "Armageddon 2419 AD". O nome do herói, que acidentalmente dorme sob o efeito de um gás no século 20 e acorda no 25, era Anthony Rogers. Ele só recebeu o agora lendário apelido quando o criador, o colunista de jornal Philip Nowlan, abordou um sindicato nacional de tiras para fazer uma tira regular sobre o personagem. Bem, respondeu o sindicato, "Anthony Rogers" soava muito careta para as páginas de quadrinhos. Que tal alguma coisa mais ao estilo caubói, digamos, Buck?

Buck Rogers é, essencialmente, John Carter no futuro: um corajoso e heroico peixe fora d'água. Mas simplesmente ter cinco séculos de idade não lhe confere superpoderes. E isso dá uma chance para sua versão de Dejah Thoris, Wilma Deering. Wilma é um soldado, como todas as mulheres americanas no século 25, em que a América do Norte foi invadida por hordas mongóis. Ela é mais inteligente e competente do que Buck. Em uma das primeiras tiras, o autor mostra Wilma montando um rádio a partir de uma pilha de peças eletrônicas, para o espanto de Buck. Capturada e forçada a usar um vestido pelo imperador mongol, ela exclama: "O que é isso, uma comédia musical?". Que diferença fez o sufrágio.

Buck perdura e evolui. Após alguns anos, os mongóis foram substituídos como inimigos pelo traidor Killer Kane. Buck e Wilma ganham um foguete e rumam para o espaço – a primeira vez que essa fronteira foi mostrada nos quadrinhos. A tira ganhou nova dimensão com piratas marcianos, realeza de Saturno e monstros interestelares. Em 1932, *Buck Rogers* virou um seriado de rádio da CBS, transmitido quatro vezes na semana. Desta vez, a trama dos mongóis foi apagada completamente, e Buck é simplesmente ressuscitado após cinco séculos de sono pela Corporação Espacial.

Outros sindicatos de quadrinhos não deixaram de notar o lucrativo sucesso crossmídia de *Buck Rogers*. Na distribuidora de tiras King Features, cujo proprietário era o maior magnata dos jornais do mundo, William Randolph Hearst, os artistas foram informados de que a empresa procurava por um rival para *Buck Rogers*. Um jovem artista chamado Alex Raymond respondeu ao chamado. Sua contribuição para o gênero da fantasia espacial levaria, com o tempo, a *Star Wars*. Como Lucas nos primeiros anos, Raymond teve que retrabalhar a ideia várias vezes, mas, quando acertou, a popularidade explodiu de um dia para o outro. Novamente, uma recauchutada derivativa da ideia da fantasia espacial iria mais longe e mais rápido do que o original.

Buck Rogers estava prestes a encontrar um rival à altura em Flash Gordon.

Flash Gordon foi tão vital para *Star Wars*, e uma sensação tão grande na geração de Lucas, que é surpreendente que haja tão pouco estudo sobre o personagem. A tira de quadrinhos e os seriados gerados por ela formaram uma ponte vital entre a fantasia espacial literária e visual, mas se Flash é conhecido de algum modo pela maioria dos fãs modernos de *Star Wars*, é por sua encarnação cinematográfica burlesca de 1980. Flash Gordon é brega, por muitas boas razões, mas apesar disso merece um reconhecimento maior. Ele foi, afinal de contas, o primeiro homem a conquistar o universo.

Flash estreou em 7 de janeiro de 1934, exatamente cinco anos depois de Buck Rogers, determinado a superar o rival em todas as áreas. Buck era uma tira diária em preto e branco; Flash era uma tira colorida de domingo. *Buck Rogers* tinha um ritmo lento; Raymond pisou fundo logo no primeiro quadrinho. Astrônomos descobrem um estranho planeta vindo em direção à Terra (exatamente como no romance famoso de 1933, *Quando mundos colidem* – esse era um gênero que gostava de reciclar tramas). Nós encontramos Flash Gordon em um avião transcontinental atingido por meteoros do estranho planeta; ele salva outra passageira, Dale Arden, da morte certa ao pular da aeronave com ela nos braços. Os dois aterrissam perto do observatório do dr. Hans Zarkov. Sob mira de arma, Zarkov força Flash e Dale a entrarem em um foguete que ele pretende fazer um pouso forçado no planeta que se aproxima. Lá, nosso trio é capturado por Ming, o Impiedoso, imperador do Universo, que aparentemente nunca teve a intenção de colidir com a Terra afinal de contas (ou pelo menos Raymond parece ter se esquecido dessa parte da trama; as primeira tiras tinham uma lógica difusa e onírica no estilo de *Pequeno Nemo*). Assim começaram décadas de aventura no planeta Mongo, apenas com brevíssimas paradas na Terra durante a Segunda Guerra Mundial.

Oito décadas se passaram desde a estreia, e Flash Gordon não envelheceu bem. Um uso casual de racismo e sexismo permeou a tira desde o início. O segundo quadrinho da primeira tira mostra as florestas africanas onde "rufam atabaques" e "negros esperam a destruição uivando". Flash é apresentado como um "bacharel de Yale e jogador de polo famoso no mundo inteiro" – um código dos anos 1930, como observou Roy Kinnard, coautor de *The 2Serials*, para o fato de que Flash é "um branco anglo-saxão protestante de boa reputação". Ming, o Impiedoso, é um tirano mongol mal disfarçado com um bigode de Fu Manchu e de pele amarela. (Ming tornou a tira atraente para Hearst, fornecedor de histórias sobre o "Perigo Amarelo".) Dale Arden, enquanto isso, não é nenhuma Dejah Thoris – e certamente nenhuma Wilma Deering. Jamais descobrimos a ocupação de Dale. Sua única motivação é ficar ao lado de Flash. "Homens devem se aventurar", escreveu Raymond em uma das primeiras tiras, parafraseando um poema do século 19, "e as mulheres devem chorar".

Apesar dos aspectos retrógrados, *Flash Gordon* criou o modelo de excelência para a fantasia espacial visual. Se conseguir passar pelos primeiros anos da tira, durante os quais Flash passa muito tempo de cueca lutando contra várias criaturas que Ming joga contra ele, o leitor tem como recompensa a representação cada vez mais confiante de Raymond a respeito de Mongo e seus habitantes. Ele começa desenhando os personagens em close, e os rostos extenuados lembram pinturas de Norman Rockwell. Raymond passa a se dedicar a construir um mundo, com sua tecnologia e cenário: foguetes parecidos com submarinos e cidades que antecipam a Feira Mundial de 1939 misturados com torres e castelos arturianos. Em Mongo, assim como em Barsoom, ciência e códigos de cavalaria, passado e presente, conto de fadas e ficção científica se misturam perfeitamente.

As tramas novamente seguiam uma fórmula confiável, feita para criar um gancho toda semana. Flash, Dale e Zarkov estão sempre sofrendo quedas de naves.

Flash e Dale constantemente declaram seu amor, sem nunca consumá-lo. Os dois correm para resgatar um ao outro do perigo. Flash sofre mais contusões do que um jogador de futebol americano (que foi o que ele se tornou retroativamente, quando o polo começou a parecer esnobe demais). Ele diz para Dale ficar para trás porque é arriscado demais; Dale diz que seu lugar é ao lado dele. Rainhas e princesas se apaixonam por Flash aonde quer que ele vá. Dale está sempre flagrando cenas comprometedoras e "naturalmente considerando-as como um mal-entendido". Traidoras estão inseridas em cada flerte; Flash está sempre caindo nas traições, sobrepujando os golpes e perdoando os crimes, apenas para deixar que as traidoras escapem novamente. É a fantasia espacial como se fosse uma novela.*

Flash Gordon é um personagem heroico ainda mais artificial que John Carter ou Buck Rogers. Nós jamais o vemos cair em tentação ou deixar de perdoar. (Apenas uma vez, quando a Rainha Fria, do norte gelado de Mongo, convence Flash que Dale o despreza, ele dá um beijo extracurricular de bom grado.) É possível chamá-lo de um similar do Superman; o super-herói chegou à cena dois anos depois, e os primeiros artistas do personagem claramente foram influenciados por Raymond. Mas pelo menos o Superman passava metade da vida disfarçado como o atrapalhado repórter Clark Kent. A única vez que vemos a vulnerabilidade de Flash é quando ele está inconsciente. Ainda assim, o mesmo heroísmo implacável que tende a tornar Flash Gordon entediante para o público adulto moderno ainda faz com que as crianças gostem dele – e certamente fez com que os adultos do fim dos anos 1930 gostassem de Flash, uma época em que tanto o heroísmo implacável quanto o escapismo se tornaram urgentemente necessários.

Flash Gordon rapidamente ofuscou Buck Rogers na velocidade com que entrou em outras mídias. O seriado de rádio *Flash Gordon* estreou um ano depois da tira, durou 36 episódios e manteve-se fiel à história de Raymond por toda a duração. Uma revista de ficção barata – *Flash Gordon Strange Adventure* – foi lançada no ano seguinte. A Universal Pictures rapidamente adquiriu os direitos cinematográficos por 10 mil dólares, e a produção do primeiro seriado *Flash Gordon* começou em 1936: treze episódios de 21 minutos com um orçamento de 350 mil dólares. (Isso seriam 6 milhões de dólares hoje em dia em valores atualizados.) Esse foi um recorde para um seriado e mais do que o

---

*　　O termo "novela espacial" entrou no idioma em 1941, usado como termo pejorativo por escritores esnobes de ficção científica. Mais tarde, Brian Aldiss retomaria o termo na seminal antologia de 1974 *Space Opera* – justamente quando George Lucas estava construindo a própria novela espacial.

orçamento de um grande longa-metragem da época. A produção foi encerrada em dois meses, após ter filmado incríveis 85 cenas ao dia.

O astro do seriado cinematográfico *Flash Gordon*, Larry "Buster" Crabbe, um ex-nadador olímpico, era pessoalmente um grande fã das tiras antes de assumir o papel. "Quando chegava em casa à noite, eu pegava o jornal e descobria no que o velho Flash tinha se metido com Ming", declarou Crabbe anos depois. Ao saber da seleção de elenco para o seriado na Universal, onde ele tinha amigos no departamento de elenco, Crabbe foi lá por curiosidade: quem seria capaz de interpretar esse herói? Acabou sendo o próprio Crabbe, assim que o departamento de elenco o convenceu a pintar o cabelo de louro. Não foram poupadas despesas com o figurino, feito para combinar com as cores da tira de Raymond – embora o seriado tenha sido filmado em preto e branco. (Apenas considere a questão por um segundo. Eram outros tempos.)

Quando *Flash Gordon* foi lançado, a sequência do filmes - assim como a tira em quadrinhos - foi um sucesso imediato. Cinemas que normalmente não transmitiam sequências exibiram Flash em sua sessão principal da tarde. A sequência ostentou efeitos especiais de ponta: miniaturas de foguetes de madeira de sessenta centímetros com barbatanas de cobre, pinturas foscas e sobreposições de filmagem que permitiram que Flash lutasse contra um lagarto gigante. A cidade dos Homens Falcão flutuava entre nuvens brancas. A série também mostra alguns dos trajes mais reveladores vistos até então nas telas, principalmente a roupa estilo Dejah Thoris usada pela cobiçada filha de Ming e eventual aliada de Flash, a princesa Aura. O Hays Office, que estabelecia uma série de padrões morais acordados com os estúdios para passar pelas censuras governamentais de filmes, comunicou seu desgosto. Em sequências posteriores, Aura e Dale pareceriam definitivamente modestas, e Flash pararia de ficar só de shorts.

Um segundo seriado, *Flash Gordon no planeta Marte*, veio a seguir em 1938, baseado em outra trama de Raymond. Historiadores de cinema geralmente presumem que a ambientação foi mudada de Mongo para Marte para tirar vantagem da sensacional transmissão de rádio de Orson Welles para *Guerra dos mundos* naquele ano. Mas as datas não batem: o seriado foi lançado em março, a brincadeira amedrontadora de Welles foi uma apresentação de Halloween. Marte continuava a empolgar a imaginação popular, não importava o mês. Além disso, Buck Rogers esteve lá, e tudo o que Buck podia fazer, Flash podia fazer melhor.

Dito isso, *Flash Gordon no planeta Marte* é provavelmente o mais fraco dos seriados do personagem. Ele adiciona um alívio cômico na figura azarada de Happy Hapgood, um fotojornalista que vem junto na viagem de foguete. O seriado é mais notável pelos inimigos marcianos de Ming, o Povo de Argila, que são transmorfos assustadores capazes de sumir dentro de paredes de caverna.

Em 1939, surgiu o seriado *Buck Rogers* que sacramentou a posição relativa das duas séries: ele tinha um orçamento menor e usou sobras de *Flash Gordon*. Também realizado pela Universal, também estrelado por Crabbe (com o cabelo natural desta vez), o seriado reutilizou cenários e figurinos marcianos de *Flash Gordon*. Naquela época, os fãs de seriados praticamente consideraram como se fosse um quarto *Flash Gordon*. Em algum lugar no asilo para personagens aposentados de fantasia espacial, Buck e Wilma devem estar furiosos.

Finalmente, em 1940, saiu *Flash Gordon conquista o universo*. O mais lento e mais barato de todos os seriados *Flash Gordon*, ele também foi o mais maduro. Obviamente, maduro é um termo relativo em uma história que começa com os foguetes de Ming pulverizando a atmosfera da Terra com um "pó de Morte Púrpura". Mas Ming, agora vestido com toda a realeza de um soberano europeu, não era mais o estereótipo de Fu Manchu: ele era o substituto dos tiranos de verdade que conquistavam a Europa enquanto as câmeras rolavam. Descobrimos que os dissidentes de Mongo estão presos em campos de concentração. Embriagado pela própria ambição louca, Ming foi além de se declarar imperador do universo; ele agora alega *ser* o universo. Portanto, do último diálogo do seriado sai o título, quando Zarkov comunica para a Terra o resultado da titânica luta, via rádio: "Flash Gordon conquista o universo".

Planos foram feitos para um quarto *Flash Gordon*, mas a Segunda Guerra Mundial se intrometeu. A produção de todos os seriados foi interrompida, e o formato saiu de moda quando a paz voltou. Alex Raymond largara a tira de quadrinhos para se alistar nos fuzileiros navais; quando voltou, ele se concentrou em outros heróis cartunescos, como Jim das Selvas e Rip Kirby. Flash Gordon, que foi continuado sob a tutela dos artistas Austin Briggs e Mac Raboy, acabaria durando mais do que todos eles – incluindo seu criador. A vida de Raymond se encerrou prematura e tragicamente, graças ao seu amor por carros velozes. Infeliz com o casamento, em que a esposa se recusava a conceder o divórcio para que ele pudesse se casar com a amante, consta que Raymond conseguiu se envolver em quatro acidentes automobilísticos em um mês em 1956. O último o matou. Raymond tinha 47 anos.

Quando encontrou o fim, Raymond não fazia ideia que sua criação mais famosa estava reverberando na cabeça de um garoto de 12 anos de idade na despretensiosa cidade de Modesto, Califórnia. O garoto também tinha amor por carros velozes e estava a apenas seis meses do próprio encontro fatídico com um acidente automobilístico. A tocha flamejante da fantasia espacial estava prestes a ser passada para outra geração – e, dessa vez, ela iluminaria o mundo.

2 / A TERRA DA VELOCIDADE

Modesto é conhecida mundialmente como o berço de George Lucas, mas até 2013, a maioria dos habitantes da cidade jamais o tinham visto. Mesmo em 1997, quando Modesto inaugurou uma estátua dedicada ao filme extremamente popular sobre a passagem para a maioridade que fez a primeira fortuna de Lucas, o filme baseado em sua adolescência ali, *American Graffiti: loucuras de verão*, o cineasta se recusou a comparecer. Não foi uma esnobada; foi apenas George sendo George. Ele tinha mais filmes para produzir, três filhos para criar, e um mundo para voar em torno. Além disso, apesar de toda a fama, Lucas nunca se sentiu muito à vontade em frente a uma plateia. "Ele é um cara dos bastidores, não fica no centro das atenções", disse para a cidade, em 2012, a irmã caçula de George, Wendy, que ainda vive em Modesto. "As pessoas confundem isso com ser indiferente."

Finalmente, para o aniversário de 40 anos de *American Graffiti: loucuras de Verão*, Wendy persuadiu o irmão mais velho a ser o mestre de cerimônias do décimo-quinto desfile anual de carros clássicos de Modesto. No dia 7 de junho de 2013, a multidão encarou o calor de 40 graus que marca o ápice de um verão em Modesto e ficou perfilada pela rota do desfile três horas antes de ele começar. Aqui e ali, os moradores de Modesto conversavam sobre o visitante VIP e tentavam recontar sua história verdadeira. Era possível esperar uma lorota ou duas dos contemporâneos de George Lucas, agora com sessenta e tantos anos, mas os colegas de turma do Colégio Downey tinham pouco a oferecer. "Um nerd, mas ele era muito bonzinho", lembrou um. Outro se recordou de Lucas lendo gibis entre as aulas. Uma terceira colega, MaryAnn Templeton, mal conheceu o menino frágil que se escondia atrás da câmera nos jogos da escola. "Nós sempre o chamamos de mané", disse ela. "Mal sabíamos o quão errados estávamos." Dentro do espaço refrigerado do Centro de Artes Gallo estava Lucas em pessoa, de camisa de flanela, calça jeans e botas de caubói características. Normalmente, quando esse homem muito reservado vai a público em um evento de imprensa, ele faz uma cara que é melhor descrita pelo editor-chefe da *Variety*, Peter Bart, que o comparou a um banqueiro de cidade pequena: "Impecavelmente educado e implacavelmente distante, como se tivesse medo que a pessoa fizesse uma pergunta inconveniente ou pedisse um empréstimo". Mas, naquele dia, reunido com as irmãs, George Lucas parecia quase eufórico. O humor durou mais ou menos uma pergunta de um repórter, e foi possível vê-lo se deteriorar nas seguintes. O que o trouxe de volta? Sua irmã, "a caçula", que lhe torceu o braço. Ele tinha uma lembrança preferida de dar umas voltas de carro? "É como pescar", respondeu George Lucas. "Na maior parte do tempo ficamos sentados conversando, nos divertindo." As pessoas ali falam com ele na maioria das vezes sobre *American Graffiti: loucuras de verão* ou sobre os outros filmes? "Na verdade, eu não falo com pessoas na rua."

Finalmente, o repórter do *Modesto Bee* fez a pergunta que a maioria dos moradores estava ansiosa para indagar: Modesto influenciou *Star Wars*, de alguma forma?

Lucas deu um sorriso que era um terço careta de sofrimento e dois terços educação ensaiada. "Não, na verdade não. A maioria dessas coisas saiu da imaginação."

Sendo assim novamente acossado pela criação mais famosa, Lucas saiu para a rua. Surgiu um grande rugido, e uma multidão de adolescentes que anteriormente estava dissecando o último rumor sobre um filme paralelo do Boba Fett se espremeu contra barreiras policiais para pegar um autógrafo de George Lucas. Ele assinou os pôsteres e carteirinhas de fã-clube, com o rosto novamente na configuração de banqueiro de cidade pequena.

Certamente, os filmes de *Star Wars* não foram concebidos na cidade natal de Lucas; aquilo aconteceu 150 quilômetros a oeste, em San Anselmo, onde ele escreveu os roteiros para os filmes na mansão que a fortuna de *American Graffiti: loucuras de verão* lhe proporcionou. Modesto realmente inspirou o filme que permitiu que Lucas comprasse o lar onde *Star Wars* nasceria. (O *Star Wars* original, como veremos, foi o capricho de um diretor multimilionário que realmente jamais precisou escrever uma palavra, ou dirigir um filme, novamente.)

Modesto deu a Lucas o filme que foi o ponto de partida e muito mais do que isso; também foi a locação física para as primeiras inspirações a respeito de *Star Wars*. Mas todas aquelas coisas visionárias tecnicamente aconteceram dentro da cabeça de um menino. Portanto, quem quiser vislumbrar as primeiras ideias vagas do universo de *Star Wars*, é melhor ler sobre a Segunda

Guerra Mundial ou pegar uma pilha de gibis da metade da década de 1950, ou (melhor de tudo) pular em um foguete para Mongo, do que dar umas voltas de carro em Modesto.

Um lugar que Modesto não é: Tatooine. A analogia com o planeta natal de Luke Skywalker, coberto por deserto e iluminado por dois sóis, foi feita muitas vezes ao longo dos anos por jornalistas que claramente não vivem no norte da Califórnia. A comparação parece bastante razoável, dado que Luke é um personagem baseado no lado inocente da personalidade de Lucas. Mas se a pessoa procura vivenciar Tatooine na Terra, ela encontrará um candidato melhor na cidade desértica de Mojave, a centenas de quilômetros ao sul: literalmente um espaçoporto, ela também oferece um equivalente barra-pesada da cantina de Mos Eisley, com nativos de aparência curiosa e areia que entra em todos os lugares.

Não, Modesto é verdejante. O clima é certamente mediterrâneo. A cidade fica no topo do vale central da Califórnia, o cesto de frutas, castanhas e vinhos do mundo. Há muita colheita lá, mas não dá para chamar de colheita de umidade – a não ser que se goste da umidade cheia de uvas fermentadas. A vinícola Gallo foi fundada ali em 1933 por dois irmãos que eram tão certinhos que eles esperaram pelo encerramento oficial da Lei Seca para desenterrar velhos panfletos sobre a produção de vinhos da biblioteca da cidade. No século 21, a Gallo detém 25% do mercado de vinho dos Estados Unidos. Ainda é uma empresa familiar. Com um pouco de educação e muito trabalho pesado, é possível construir um império global: Lucas não deixou de notar o exemplo, e ele por acaso cria uvas de *pinot noir* na própria vinícola, a Skywalker Vineyards.

Outro equívoco sobre Modesto: que a cidade é extremamente remota. "Se existe um centro radiante do universo, você está no planeta mais distante dele." Esse foi o comentário de Luke sobre Tatooine. Mas a Baía de São Francisco fica a menos de 150 quilômetros a oeste de Modesto. Se o trânsito na I-580 estiver bom e a pessoa pisar fundo, é possível estar em São Francisco em uma hora e uns trocados. Sacramento fica a menos de uma hora ao norte; o parque Yosemite, a mesma distância a leste. É possível chegar mais rápido a Hollywood saindo de Modesto do que da Baía.

Isso não quer dizer que seja fácil sair de Modesto. A cidade exerce uma forte atração gravitacional cultural. Só que, para ver o que mais o mundo tem a oferecer, é preciso ser determinado e é preciso gostar de carros velozes – duas qualidades que o jovem George Lucas tinha sobrando.

* * *

Quando George Walton Lucas Jr. nasceu, no início da manhã de 14 de maio de 1944, uma massa de bombardeios alemães estava atacando Bristol. O general Rommel preparava uma trama para assassinar Hitler. Os criptógrafos da Grã-Bretanha desvendavam o plano de Göring para enganar a RAF a bombardear campos de aviação abandonados. Caças japoneses acossavam bombardeios americanos no atol Truk a caminho da ilha Wake. O Oitavo Exército Britânico consolidava uma cabeça de ponte sobre o rio Rapido, o que ajudou a abrir o caminho para Roma. Em um saguão de uma escola em Londres, trabalhadores preparavam um mapa gigante da Normandia conforme o general Montgomery se aprontava para explicar para Churchill e o rei como exatamente ele e Eisenhower pretendiam libertar a Europa.

O planeta estava pegando fogo, mas Modesto era o lugar mais distante possível daquele incêndio. O pai de Lucas Jr., George Walton Lucas Sr., havia se oferecido como voluntário, mas fora recusado – era magro demais e casado. Os Lucas estavam ainda mais protegidos dos horrores da guerra do que poderiam estar. Ainda assim, a guerra não deixou ninguém incólume, e os efeitos colaterais – a empolgação acalorada da vitória, o estresse pós-traumático – duraram décadas. Lucas mais tarde contou como foi crescer em um mundo onde a guerra estava "em todas as mesinhas de centro" – na *Time*, na *Life*, no *Saturday Evening Post*, em vívido technicolor.

Os anos 1950 e 1960 foram cheios de filmes de guerra, cada um deles uma maquiagem de atos heroicos lendários em terra e – cada vez mais – no ar. *Labaredas do inferno* (1955), *Inferno nos céus* (1964), *Tora! Tora! Tora!* (1970), esses foram os filmes que Lucas gravaria e editaria para criar o combate aéreo definitivo, um material de referência de 25 horas que formaria a base de todos os efeitos especiais de *Star Wars* (que seria filmado pelo mesmo diretor de fotografia que realizou *Labaredas do inferno*).

Quem olhar com atenção consegue ver as influências da guerra na série inteira. Elas estão nos caças individuais, nos capacetes e botas dos rebeldes, nas submetralhadoras UK Sterling modificadas usadas pelos stormtroopers, na Mauser C96 semiautomática alemã usada por Han Solo, no fascista alto de máscara negra de gás. "Eu gosto de dizer que *Star Wars* é o meu filme favorito da Segunda Guerra Mundial", diz Cole Horton, que administra o site *From World War to* Star Wars (Da Guerra Mundial a *Star Wars*), que já documentou centenas de referências. "A história vem do mito. As coisas físicas e tangíveis vêm da história."

As consequências da guerra não foram apenas diversão de mesinha de centro para o jovem Lucas. Outro conflito, esse na península da Coreia, irrompeu um mês após ele completar 5 anos. O noivo de sua irmã Ann foi mandado para a guerra e morreu em combate quando George tinha 9 anos. Mesmo diante dessa tragédia, Lucas foi assombrado pelo espectro de uma guerra ainda mais assustadora. Sua turma de estudantes foi a primeira a ver o filme de treinamento de defesa civil *Duck and Cover* (1951). Imagine assistir a isso com cinco anos: não apenas um desenho sobre uma tartaruga esperta que se esconde no casco quando a bomba atômica cai, mas também sobre dois estudantes que, "não importa aonde vão ou o que façam, *sempre* estão tentando se lembrar do que fazer se uma bomba atômica explodir na mesma hora".

A guerra do futuro assumiu formas aterrorizantes embaixo das carteiras da Escola de Ensino Fundamental John Muir. "Nós fazíamos exercícios de simulação de explosão nuclear o tempo todo", contou Lucas quando mais velho. "Sempre ouvíamos falar sobre a construção de abrigos nucleares, o fim do mundo, a quantidade de bombas sendo construídas." Não é surpresa, então, que certa vez George Lucas tenha chamado a infância de "assustadora" e dito que estava sempre "de olho no monstro malvado que espreitava na esquina". Não ajudou o fato de que ele era um menino franzino, às vezes alvo dos garotos maiores e mais velhos na John Muir que gostavam de jogar seus sapatos nos irrigadores do jardim. Mais de uma vez, Wendy teve que intervir para resgatá-lo.[*]

Tirando o medo de guerra e os valentões, Lucas estava longe de sofrer. Ele era o filho de um pequeno empresário cada vez mais rico e bem-sucedido, George Walton Lucas Sr., que conhecia todo mundo e fornecia material de escritório para todos na cidade. Ele estava na loja às sete da manhã, de segunda a sábado. À noite, jogava golfe pelo Rotary Club; aos domingos, ele e Dorothy, a esposa e namorada de colegial, faziam as contas.

George Sr. antigamente sonhou em ser um advogado, e a carreira poderia ter lhe caído bem. Magro e aprumado, adepto a fazer citações de Shakespeare durante o jantar, ele podia ter sido um Lincoln dos tribunais. Mas estava contente por ter um emprego em uma loja de material de escritório em 1933,

---

[*] Um dos garotos mais velhos e maiores em Modesto na época era chamado de Gary Rex Vader. Nenhuma conexão foi feita ainda com o Vader da infância, mas Lucas uma vez disse que primeiro teve a ideia do nome "Darth" e depois tentou "muitos sobrenomes, Vaders e Wilsons e Smiths". Há muitos Wilsons e Smiths em Modesto, mas apenas um punhado de Vaders.

quando o desemprego chegou a 20%. George Sr. se convenceu a comprar 10% das ações da empresa L. M. Morris, cujo dono epônimo fundara em 1904. George progrediu até ter 50% das ações e depois assumiu e rebatizou a empresa quando Morris se aposentou. Em 1950, a Lucas Company arrecadou respeitáveis 30 mil dólares anuais (cerca de 300 mil em valores atualizados). George Sr. conseguiu tudo isso com material de escritório e – crucialmente para *Star Wars*, como se saberia mais tarde – brinquedos.[*]

George Lucas Sr. não era nenhum Darth Vader, apesar da insinuação do biógrafo de Lucas, Dale Pollock, de que o relacionamento com o filho inspirou a revelação paternal em *O Império contra-ataca*. Na verdade, o jovem Lucas – Georgie, como era chamado afetuosamente – parece ter sido mimado. Lucas tinha o melhor trenzinho elétrico de Modesto, um Lionel Santa Fe com três locomotivas, e todos os conjuntos de montar Lincoln Logs para combinar. Georgie tinha uma ótima mesada para a época: 4 centavos por semana aos 4 anos, que subiu para 4 dólares por semana (isso é equivalente a 94 em dólares de 2013) aos 11 anos. Em julho de 1955, George foi colocado em sua primeira viagem de avião – para Anaheim, para a grande inauguração da Disneylândia. Ele perdeu por pouco Walt Disney em pessoa inaugurando o parque, mas chegou a tempo para o segundo dia. "Eu estava no céu", comentou Lucas sobre a viagem. No reino radiante da Terra do Amanhã, o monstro sem nome que o assombrava lá em Modesto foi banido. A família Lucas voltaria à Disneylândia de dois em dois anos.

Certamente, George Sr. exerceu uma influência poderosa sobre os filhos quando estava vivo. "O pai era severo", diz Patti McCarthy, uma professora da Universidade do Pacífico na vizinha Stockton, Califórnia, que pesquisou profundamente a vida de Lucas para o tour *American Graffiti: loucuras de verão*, por uma série de vídeo-quiosques espalhados pela cidade. "Mas os pais eram severos naquela época. Wendy Lucas sempre diz: 'ele era um homem severo e um bom pai'." Georgie e suas irmãs tinham que fazer tarefas domésticas; o menino detestava cortar grama com o velho cortador surrado da família. Seu jeito de cuidar do problema foi economizar a mesada, pedir 25 dólares

---

[*]   Com o tempo, George Sr. virou o representante distrital da corporação 3M e se concentraria nos clientes corporativos, o que o fez rebatizar a empresa como Lucas Business Systems. Depois vendida para a Xerox, ela sobrevive até hoje em Modesto, com cinco filiais no norte da Califórnia. O site alega que a empresa funciona com o nome de Lucas desde 1904.

emprestado à mãe e comprar um novo cortador. Dale Pollock pintou esse incidente como rebeldia. Longe disso: era típico de um gênio comercial embrionário – uma sensibilidade que Lucas certamente absorveu do pai empreendedor. "Meu primeiro mentor foi meu pai", diria Lucas para Bill Moyers anos depois. (Ele citou Francis Ford Coppola como o segundo e Joseph Campbell, o terceiro.)

Na verdade, a mãe de Lucas era uma figura mais misteriosa do que o pai. Dorothy, a filha de um magnata de imóveis de Modesto, passou a maior parte da infância de Lucas acamada com dores de estômago inexplicáveis. Aos 10 anos de idade, Lucas aproximou-se dela com sua primeira pergunta existencial: "Por que há apenas um único Deus, mas tantas religiões?". Não veio nenhuma resposta satisfatória, e Lucas passaria um bom pedaço dos vinte anos seguintes desenvolvendo um novo nome para Deus que foi adotado da mesma maneira por religiosos e não religiosos.

Antes de Lucas Sr. enriquecer o suficiente para transferir a família para um rancho de nogueiras isolado nas cercanias da cidade, George Jr. aproveitou a casa de vila modesta na avenida Ramona, 530. A característica mais importante era o beco nos fundos, que Lucas compartilhava com a panelinha de amigos de infância: John Plummer, George Frankenstein e Mel Cellini. Os amigos depois chamaram aquilo de "cultura do beco". Eles entravam e saíam correndo das casas uns dos outros, sempre envolvidos em algum projeto criativo, construindo ferrovias para os trenzinhos elétricos e parques de diversões de quintal. Aos 8 anos, eles fizeram uma montanha-russa a partir de uma bobina de fio de telefone. "Eu gostava de construir coisas", contou Lucas em 2013: "oficina de marcenaria, casas de árvore, tabuleiros de xadrez". Ele construiu fortes e cenários 3D com montanhas de papel machê. Encheu o quarto de desenhos: cenários eram a maioria, com pessoas adicionadas como algo secundário. Se perguntassem o que George Lucas queria ser, ele teria sugerido "arquiteto". Houve uma exceção para as criações artísticas impessoais de Lucas: em uma aula de artes na escola, ele desenhou – e recebeu uma bronca do professor – imagens de "soldados espaciais". Tal reprimenda não o deteve nem por um segundo.

As habilidades de direção e roteiro de Lucas tiveram que ser adquiridas mais tarde na vida com grande esforço e sofrimento. A infância gerou poucos exemplos que fossem um presságio de ambas as atividades. Mas uma das histórias que sobreviveram, da terceira série, prenuncia seu amor por velocidade, o constante sentido de urgência, e a insistência em levar as coisas adiante, apesar das dificuldades: as qualidades que levariam Lucas a completar todos os projeto criativos que começou na vida. A história é chamada de "Lenta Cutucada", mas a ambientação é a "Terra da Velocidade" – em retrospecto, um nome perfeito para os cromados anos 1950.

> Era uma vez na Terra da Velocidade, onde havia um garotinho que era sempre lento. Todas as outras pessoas na Terra da Velocidade eram velozes.
> Uma vez, o garotinho andava por uma trilha quando encontrou um cavalo. Ele queria falar com o cavalo, então começou a se sentar em uma pedra onde uma abelha estava sentada.
> Assim que se sentou, ele soltou um grito e ficou de pé, e correu pela trilha.
> A partir dali, ele nunca mais foi lento novamente.

Tirando a brevidade, isso é Lucas por excelência: um garoto sonhador, lento na escola, motivado por súbitos momentos de medo para ser rápido, um cientista maluco inveterado procurando incansavelmente por algo maneiro na Terra da Velocidade. "Ele estava entediado com a escola; ele precisava de uma picada de abelha", disse a professora McCarthy. "A picada de abelha foi o acidente. É quase um presságio."

Quanto aos filmes, o foco da vida adulta? Ele ia ao cinema uma vez a cada duas semanas, se tanto, e, embora gostasse dos filmes da Disney – *Vinte mil léguas submarinas* era um favorito em especial –, ele disse que na adolescência foi aos dois cinemas de Modesto apenas atrás de garotas. Cinema foi apenas um dos muitos passatempos alegres que ele tentou com Mel Cellini durante os anos no beco. O par tentou escrever e editar um jornal quando Lucas voltou da Disneylândia, impresso na loja de George Sr.; a publicação durou dez números. O pai de Cellini tinha uma câmera Super 8, que podia ser usada para fazer animação stop motion. Os meninos brincavam de muitos jogos de guerra com soldadinhos de brinquedo e resolveram filmar quadro a quadro o pequenino exército verde cruzar o beco. Como efeitos especiais, Lucas acendeu pequenas fogueiras. "Era muito importante para ele que tudo estivesse perfeito", contou Cellini. "Tinha que parecer real." Mesmo como um jovem autor, Lucas estava aprendendo a unir arte com lucro. Em um outono, ele e Cellini construíram uma casa mal-assombrada na garagem do amigo. Era um negócio sofisticado, com ghouls caindo do teto e luzes estroboscópicas. A garotada da vizinhança pagou um níquel para ver a atração. "Temos que mudá-la completamente para que seja diferente", disse Lucas quando o público começou a diminuir; a seguir, ele relançou o empreendimento como uma casa mal-assombrada nova e melhorada. "Ele fez isso umas duas ou três vezes; eu ficava admirado", disse Cellini. "Assim que as vendas caíam, George voltava, refazia e retocava, e a garotada voltava novamente." Foi um truque que ele repetiria muitas vezes com *Star Wars*.

Lucas fez 10 anos em 1954 – um ano transformador, ao qual ele se remontou em várias ocasiões. Foi o ano em que George Sr. comprou uma televisão. (Ele não foi o primeiro pai na cidade a fazer isso, e Lucas andava tomando sua dose de *Flash Gordon* na casa de John Plummer há anos.) Foi o ano em que Lucas declarou pela primeira vez a intenção de se tornar piloto automobilístico. E foi o ano em que ele se deu conta de uma coisa que só revelou publicamente anos depois, no primeiro curta-metragem promocional.

Em 1970, com 26 anos, Lucas levaria o filme de dez minutos *Bald* para promover seu filme distópico de vanguarda *THX 1138*. O filme começa com Lucas e seu segundo mentor, Francis Ford Coppola, apresentados em tom extremamente sério como "dois integrantes de uma nova geração de cineastas", discutindo o que influenciou o filme. Lucas poderia ter mencionado várias influências sombrias que teriam sido compreendidas por sua geração, como *Admirável mundo novo* e os discursos de Richard Nixon. Em vez disso, ele plantou bandeira no terreno nerd. *THX* "na verdade surgiu da leitura de histórias em quadrinhos quando eu tinha mais ou menos 10 anos de idade", disse Lucas. "Eu sempre fiquei impressionado pelo fato de que estamos vivendo no futuro. Se a pessoa quer fazer um filme sobre o futuro, o jeito é usar coisas reais, porque estamos vivendo no futuro."

Aos 10 anos, Lucas já era um leitor voraz de quadrinhos. A coleção dele e da irmã Wendy cresceu tanto que Lucas Sr. dedicou um aposento inteiro para os gibis dos filhos no barracão da família – mais de quinhentas revistas em quadrinhos no total. Mesmo esse espaço não foi suficiente. Aos domingos, enquanto os pais faziam a contabilidade, ele visitava a casa de Plummer e lia uma pilha de gibis que o pai do amigo conseguia de graça na Nickel's News, a banca de jornal de Modesto. Todas as capas tinham sido arrancadas, portanto as revistas não podiam ser revendidas. Lucas, no entanto, não julgaria um gibi pela ausência de capa.

O ano de 1954 foi a rabeira do apogeu do pós-guerra conhecido pelos historiadores de quadrinhos como a Era de Ouro. Superman e Batman estavam no ápice de suas segundas décadas. Os temas eram diversificados – gibis de caubói, de romance, de horror, de humor, de ficção científica. Essa era a sopa em que Lucas nadou: extremamente visual, louca, horripilante, hilariante, inovadora, desafiadora de autoridade e sobrenatural.

O herói dos quadrinhos que Lucas comentaria nas primeiras entrevistas foi um personagem em grande parte esquecido: Tommy Tomorrow dos Planeteers. Por décadas, Tommy agarrou-se tenazmente às páginas da *Action Comics*, o título que deu origem ao (e, na infância de Lucas, ainda era dominado pelo) Superman. Em termos de histórias em quadrinhos, esse era o equivalente a abrir para os Beatles.

Tommy Tomorrow ganhou vida em 1947 como um cadete no que o gibi chamava de "Academia West Point do espaço". Depois, ele virou coronel em uma força policial chamada os Planeteers que atuava no sistema solar. A princípio jovem e inocente, Tomorrow em pouco tempo ganhou a assistência de uma espevitada personagem feminina, Joan Gordy, e um mentor espadachim mais velho, o capitão Brent Wood. A reviravolta mais chocante na tira: Wood descobre que um notório pirata espacial, Mart Black, é na verdade seu pai.

Pensa que isso foi chocante? Se você realmente quer ficar chocado, havia a *EC Comics*. O impetuoso iconoclasta William Gaines herdou a empresa do pai em 1949 e imediatamente instituiu uma longa série de títulos que se aprofundavam em temas inteligentes e assustadores, do horror (*Tales of the Crypt*) a *Weird Science* e *Weird Fantasy*, que publicavam quatro contos de ficção científica por número, cada um com uma reviravolta na história. "A *EC Comics* tinha tudo", Lucas escreveu depois em um prefácio de uma coleção da *Weird Science*. "Foguetes, robôs, monstros, raios laser... Não é coincidência de que tudo isso esteja também nos filmes de *Star Wars*." O estilo narrativo da *EC Comics* também foi inspirador: "Minifilmes que conseguiam manter a pessoa fascinada e querendo mais até a última página... A pessoa lia com os olhos arregalados, com a boca aberta e o cérebro a mil para absorver tudo".

Mas a *EC* não viveu por muito tempo. De abril a junho de 1954, enquanto Lucas estava sentado em um cobertor no quintal lendo quadrinhos, um subcomitê do Senado interrogou Gaines por causa de um título da *EC Comics* – uma edição que teria estado nas bancas no décimo aniversário de Lucas – que mostrava a imagem pavorosa da cabeça decepada de uma mulher. Gaines falou com entusiasmo em defesa de seus gibis, mas nos bastidores ele estava fatalmente ansioso para ceder. Ele ajudou a fundar a Comics Magazine Association of America, criadora da Comics Code Authority, que visou especificamente a distribuição da *EC*. O distribuidor de Gaines faliu no ano seguinte.

No entanto, uma das publicações de Gaines sobreviveu incólume e provaria ser bem mais prejudicial à ordem estabelecida das coisas do que a *EC*

Comics. A *Mad*, tão antiquada hoje, antecedeu os grandes comediantes dos anos 1960. "A *Mad* assumiu todos os grandes alvos", escreveu Lucas em 2007:

> Pais, escolas, sexo, política, religião, grandes empresas, propaganda e cultura pop usando humor para demonstrar que o rei estava nu. Isso me ajudou a reconhecer que, só porque uma coisa é apresentada de certa forma, não quer dizer que seja realmente assim. Eu me dei conta de que, se quisesse ver uma mudança no *status quo*, eu não poderia confiar que o mundo fizesse aquilo por mim. O impacto que isso teve na minha visão de mundo foi enorme. Eu passei grande parte da minha carreira contando histórias de personagens que lutam para mudar o paradigma dominante... Por isso, Alfred E. Neuman tem pelo menos um pouco da culpa.

Carl Barks, um artista veterano da Disney que criou o Tio Patinhas e deu-lhe a primeira revista em quadrinhos em 1952, também foi parcialmente responsável por aguçar a sensibilidade contestadora do jovem George Lucas. A primeira obra de arte que Lucas comprou na vida, no fim dos anos 1960, foi uma página de *Tio Patinhas* de Barks. Os gibis do artista passaram de mão em mão na primeiríssima filmagem de *Star Wars* no deserto da Tunísia.

Uma das primeiras e mais sofisticadas tiras de *Tio Patinhas*, uma paródia de 1954 do romance utópico e do filme que apresentou Xangri-lá, *Horizonte Perdido*, teria similaridades com a vida adulta de Lucas. A tira abre com o pato bilionário sendo assediado por telefonemas, cartas, pedidos de caridade, compromissos de palestras e pelo cobrador de impostos. À procura de um alívio, ele e os sobrinhos decolam para a mística terra nos Himalaias chamada de Tra-la-lá. O Tio Patinhas está eufórico por ter encontrado uma sociedade em que a amizade é a única moeda. Tudo dá hilariantemente errado quando um nativo encontra a tampinha do remédio para os nervos que o Tio Patinhas jogou fora. Uma onda gigantesca de cobiça passa por Tra-la-lá, a tampinha da garrafa vira a moeda padrão da região, e os patos são forçados a fugir novamente quando o mercado é saturado.

O Lucas de 10 anos não tinha como adivinhar que essa tira seria um presságio da vida adulta. Ele também conheceria o assédio isolador bem típico que advém de ser um bilionário famoso. Lucas também usaria a riqueza para fugir da riqueza, ao construir sua própria extravagante Tra-la-lá no Rancho Skywalker. No entanto, a necessidade de sustentar essa utopia, e as pessoas contratadas para operá-la, levaria a uma vida que estava longe de ser despreocupada – e com o tempo ele venderia o principal empreendimento para a mesma empresa proprietária do Tio Patinhas.

Tio Patinhas, Tommy Tomorrow, *EC* e Alfred E. Neuman foram influências-chave na mente em formação de Lucas, mas nem se comparam a Flash Gordon. Edward Summer podia atestar isso. Summer era um cineasta e escritor novaiorquino e ex-proprietário da loja de quadrinhos Supersnipe, em Nova York; ele tornou-se amigo e sócio de Lucas no início dos anos 1970, quando foram apresentados por amigos em comum e criaram um vínculo por causa de *Flash Gordon*. Lucas estava procurando por desenhos originais de Alex Raymond, e Summer tinha o contato. Em 1974, ele conseguiu entrar de mansinho com Lucas pela porta dos fundos da King Features, onde dois amigos de Summer receberam a missão de escanear as tiras originais de Raymond para microfilmá-las. Depois, eles deveriam destruí-las, mas para a sorte da posteridade, Summer e seus amigos conseguiram criar uma rota clandestina que arrumou novos lares seguros para as tiras.

Ver essas tiras de novo – bem como pegar emprestado os rolos de filmes dos seriados para a própria sala de exibição particular – fez Lucas perceber que a série favorita era "horrível"; ele ainda amava *Flash Gordon*, mas chegou à conclusão que esteve sob uma espécie de feitiço quando era criança. George Lucas começou a compreender como eram frágeis as fundações da fantasia espacial. Para o público moderno, o apelo daqueles antigos seriados ordinários e granulados permanece um tanto quanto misterioso. Mas eles faziam uma forte conexão com a mente das crianças pelo menos até o fim dos anos 1970 (que foi quando eu vi pela primeira vez). "*Flash Gordon* tem que pegar a pessoa quando ela é uma criança", disse Edward Summer. "Quando ele pega na idade certa, o efeito é indelével."

A popularidade de *Flash* com a primeira geração da TV teve muito a ver com o formato de seriado em si. Nos anos 1950, as estações de TV recém-nascidas espalhadas pelos Estados Unidos estavam desesperadas por conteúdo. Havia muitos programas ao vivo, e uma quantidade surpreendente de ficção científica ao vivo para TV (tudo isso perdido para a posteridade, o que é uma tristeza): *Captain Video and His Video Rangers* (1949–1955), *Tom Corbett, Space Cadet* (1950–1955), *Space Patrol* (1950–1955), *Tales of Tomorrow* (1951–1953). As pessoas por trás desses programas não eram bobas: a lista de roteiristas convidados de *Captain Video* parecia uma reunião dos melhores nomes da ficção científica dos anos 1950 (Arthur C. Clarke, Isaac Asimov, Walter Miller, Robert Sheckley). Mas embora os talentos fossem de primeira, os programas tinham muito tempo para preencher – trinta minutos por dia, cinco dias por semana – com quase nenhum orçamento. "Eles tinham roupas espaciais realmente maneiras e cenários realmente estúpidos", dizia Summer. "A produção era muito pobre. Então, quando começaram a reprisar o seriado *Flash Gordon*, foi como se caísse um raio."

Os seriados tinham tido uma popularidade enorme no rádio durante anos. Aquela foi uma era de programas semanais com misteriosos combatentes do crime como *The Falcon* e *O Sombra*. Portanto, não foi surpresa alguma que as versões cinematográficas fossem exatamente o que as emissoras de TV estavam procurando. Cada capítulo tinha cerca de vinte minutos. Em um segmento de meia hora, isso deixava espaço para um desenho, ou para um apresentador local recapitular a história até ali, ou, mais importante, para os comerciais do patrocinador. (A Coca-Cola foi uma frequente patrocinadora de *Flash Gordon*.) Contando com o seriado original de 1936, e as sequências de 1938 e 1940, havia quarenta episódios de *Flash Gordon*. Era possível exibir de ponta a ponta por dois meses de segunda a sexta sem repetir e depois voltar para o início – o que foi exatamente o que muitas emissoras fizeram.

Flash Gordon não foi a produção mais bem feita e bem recebida da era de ouro dos seriados cinematográficos, entre o fim dos anos 1930 e o início dos anos 1940; *As aventuras do Capitão Marvel* (1941), um seriado de super-herói de doze episódios da Republic Pictures, geralmente detém esse título. Mas *Flash Gordon* tinha 28 episódios a mais, tinha muito mais ação, e a garotada ficou louca por ele. Todos os aliados de Lucas no set de *Star Wars* lembravam com carinho do seriado. O produtor Gary Kurtz, quatro anos mais velho do que Lucas, pegou a rabeira da exibição de *Flash Gordon* nas matinês de cinema aos sábados antes que o seriado sequer fosse para a TV. "*Flash Gordon* definitivamente teve o maior impacto de todos os seriados", disse Charley Lippincott, o diretor de marketing de *Star Wars*, que assistiu a *Flash Gordon* projetado na lateral de uma biblioteca em Chicago. Howard Kazanjian, amigo de Lucas e produtor de *O retorno de Jedi*, disse que visitar Mongo em um foguete era seu sonho de infância, ao ponto de ele e o irmão terem tentado uma vez construir a própria cabine de foguete feita com tampinhas de creme dental. Don Glut, amigo de faculdade de cinema de Lucas e autor de *The Great Movie Serials*, diz que Flash parecia mais vivo do que os protagonistas dos outros seriados. "Buster Crabbe estava anos-luz à frente de quaisquer outros atores nos seriados. Ele era bonito, tinha o físico, tinha carisma. Na maioria dos seriados, não havia ligação entre herói e heroína. Flash tinha personalidade, caracterização e uma dinâmica sexual incrível. Quando Dale diz para a princesa Aura 'eu faria qualquer coisa por Flash', fica bem evidente o que ela está falando."

O mundo dos efeitos especiais mal tinha progredido desde 1936; apenas não havia muito apelo para isso. "Hoje em dia você consegue perceber que as naves estão penduradas em fios, e aquilo parece meio trapalhão, mas eram efeitos de ponta", disse Summer. "E na televisão, a resolução era tão baixa que não dava para ver os fios, de qualquer forma." Durante anos, Summer sonhou em fazer a versão cinematográfica de *Flash Gordon*. Ele não estava sozinho; como descobriremos, Lucas só foi em frente tentando oferecer *Star Wars* após não ter conseguido comprar os direitos para cinema de *Flash Gordon*. Um dos primeiros tratamentos de *Star Wars* usava um quadrinho de Alex Raymond, em que Flash e Ming duelavam com espadas, na capa.

Lucas jamais se absteve de se referir a *Flash Gordon* como a inspiração mais direta e destacada para *Star Wars*. "O seriado original da Universal era exibido na TV às 18h15 todos os dias, e eu era simplesmente doido por ele", disse Lucas após filmar *Star Wars,* em 1976. "Eu sempre tive um fascínio por aventuras espaciais, aventuras românticas." O seriado era o "verdadeiro evento de destaque" da juventude, disse o cineasta no set de *O Império contra-ataca*, em 1979. "Por amá-los tanto, mesmo quando eram tão ruins", falou Lucas, "me fez pensar o que aconteceria se eles fossem realmente bem feitos. Certamente a garotada ia amá-los ainda mais". Lucas fez uma homenagem direta com o texto de abertura – as palavras que sobem no início de cada filme de *Star Wars*, assim como acontece em *Flash Gordon conquista o universo*.* As complexas transições também são reconhecidamente inspiradas pelo seriado. Na verdade, o fio que liga *Flash Gordon* e *Star Wars* é tão óbvio para a geração *Flash Gordon* que às vezes ela enxerga conexões que não são muito corretas historicamente. Por exemplo, Howard Kazanjian, amigo de Lucas, acredita que Luke Skywalker é Flash, a princess Leia é Dale Arden, Obi-Wan é o doutor Zarkov e Darth Vader é Ming, o Impiedoso.

Na verdade, as origens desses personagens são mais complicadas, como veremos. Mas há um tipo de personagem mascarado de *Star Wars* cujas origens realmente podem remontar a *Flash Gordon*. Em 1954, outro seriado *Flash Gordon* foi produzido diretamente para a televisão. Feito na Alemanha Ocidental por uma produtora internacional, ele diferia expressivamente do original: Flash, Dale e Zarkov trabalham para o Bureau Galáctico de Investigação no século 33. Não há Ming, apenas uma sucessão de vilões em roupas pratea-

---

* *Star Wars* replicou o mesmo ângulo do texto de abertura de *Flash Gordon* e acabou com as mesmas quatro elipses incomuns.

das. Embora essa versão de *Flash* tenha durado apenas uma temporada, ela havia licenciado os direitos televisivos do nome "Flash Gordon", que reverteram da Universal de volta para a King Features. Isso significava que o seriado *Flash Gordon* da Universal, do fim dos anos 1930, aquele autorizado por Alex Raymond, não podia se chamar *Flash Gordon* nos anos 1950. Portanto, quando o seriado *Flash Gordon* original foi exibido na TV, ele apresentava um intertítulo substituto que chamava o programa de *Soldados espaciais*.* Aqueles soldados espaciais que Lucas desenhou na aula de arte, então, podem ter sido seus primeiros tributos a *Flash Gordon*. E, de certa forma, eles também são a chave – a primeira de muitas – para entender o motivo de George Lucas ter feito *Star Wars*. A mente de uma jovem criança é atiçada pela história de um seriado; ele é atraído pelo vilão covarde, pelo interesse romântico, pelo velho sábio, e, mais especificamente, pelo herói bem definido. Está viciado em aventuras com foguetes em ambientes completamente diferentes, com monstros por toda parte e perigo sempre a minutos de distância, com um gancho no fim de cada rolo. Mas ele certamente se pergunta, como a maioria das crianças com um raciocínio literal se perguntaria, por que o intertítulo sempre diz "Soldados espaciais", "Soldados espaciais no planeta Marte" ou "Soldados espaciais conquistam o universo". Quem são esses soldados espaciais? Aparentemente, eles não estão em lugar algum no seriado. Há os guardas de Ming, que andam de um lado para o outro com elmos de centurião romano com estranhas viseiras. Mas nunca parece haver mais do que um ou dois deles por ali, a qualquer momento. Tommy Tomorrow? Ele está mais para um policial espacial. Há soldados em todas as revistas e livros sobre as mesinhas de centro – soldados heroicos e carismáticos, um soldado que se tornou presidente –, mas eles ainda não estão no espaço.

Então chegou o dia em que Lucas pegou um exemplar de 1955 de *Clássicos ilustrados*, o número 124: "Guerra dos Mundos", de H. G. Wells. No pé da página 41 há um quadrinho mostrando o futuro que os humanos sobreviventes da invasão marciana temem: ser caçados por um exército futurista que sofreu lavagem cerebral, e foi treinado e equipado pelas máquinas de guerra marcianas. Os soldados usam reluzentes elmos redondos e portam armas de raios. Anos depois, Lucas folhearia os desenhos originais daquele gibi na casa de Edward

---

* Ironicamente, "Soldados espaciais" teria sido um título bem melhor para a série da Alemanha Ocidental, que envolvia muito mais viagem interplanetária do que o seriado original.

Summer, viraria naquela página e diria "é isso" – aquele quadrinho é de onde saiu muita coisa de *Star Wars*.

Soldados espaciais também surgiram em *Planeta proibido*, o filme que Lucas viu no aniversário de 12 anos, em 1956, no State Theater de Modesto. Leslie Nielsen era o bravo capitão de um disco voador todo cheio de soldados espaciais em visita ao misterioso planeta de Altaria IV, com seu hilariante robô sem emoção, Robby, e um interior cavernoso similar à Estrela da Morte.

"Ele foi realmente atraído pelo filme", contou Mel Cellini sobre aquela sessão de aniversário, à qual Lucas levou um pequeno grupo de amigos. "Nós apenas estávamos curtindo o momento. Ele estava aprendendo."

Lucas continuou desenhando soldados espaciais na aula de artes, aparentemente mesmo depois de o professor ter implorado que ele "parasse de fazer gracinha". Anos depois, na University of Southern California, de acordo com o colega de dormitório, Lucas preferia "ficar no quarto e desenhar tropas estelares" do que ir a festas. A primeira esposa, Marcia, contou que ele falava de soldados espaciais na telona desde o dia em que ela o conheceu. Mal sabia qualquer um deles o impacto que aqueles esboços de soldados espaciais teriam, não apenas nos filmes em si, mas na infantaria que se mostraria fundamental em espalhar a visão de Lucas pelo mundo.

Afinal de contas, no que lutam os soldados espaciais, se não em guerra nas estrelas?

3 / HOMENS DO ESPAÇO DE PLÁSTICO

Star Wars era a última coisa na mente de Albin Johnson no dia nublado e úmido de verão em 1994 quando derrapou e bateu em uma van em Columbia, Carolina do Sul. O outro sujeito não pareceu ter sofrido nenhum dano, mas Johnson saltou para verificar, de qualquer forma. O capô tinha levantado, e a grade havia quebrado. "Vamos deixar como está", disse o motorista da van. Johnson, aliviado, entrou entre os carros para abaixar o capô. Foi quando um terceiro veículo apareceu repentinamente, aquaplanou e bateu na traseira do carro de Johnson, e praticamente o dividiu ao meio.

O cirurgião contou para Johnson que ele perdera quase todos os tendões da perna esquerda e tinha uma amputação pela frente; as palavras exatas, de acordo com Johnson, foram: "Nós vamos jogar a sua perna em um balde de carne". Johnson o demitiu. Ele passou por vinte operações na perna e depois passou um ano em uma cadeira de rodas enquanto músculos eram removidos, pele era enxertada e ossos de outra parte do corpo eram lascados e inseridos no ferimento. Em dado momento, Johnson quase sangrou até a morte na mesa de operação.

Um ano depois, deixado com o que ele chamava de "pé de Frankenstein", Johnson finalmente escolheu a amputação e uma prótese. Vieram dias sombrios a seguir, e até mesmo o fato de sua esposa na época, Beverly, ter dado à luz a primeira filha não conseguiu tirá-lo exatamente do baixo astral. "Eu meio que me escondi em casa e me sentia uma aberração", diz Johnson.

Johnson manteve o emprego de segunda a sexta na Circuit City – "fazendo bom uso do meu diploma em psicologia", diz ele –, e foi lá que, no fim de 1996, um colega chamado Tom Crews tomou como missão animar Johnson. Eles conversaram sobre interesses em comum: caratê, rock'n'roll. Depois, falaram sobre *Star Wars*. Ei, será que Johnson sabia que os filmes voltariam aos cinemas, nas supostas edições especiais? Johnson ficou radiante. "Tudo o que conversamos naquele dia foi a cena de abertura na qual os stormtroopers chegam derrubando a porta da *Tantive IV*. Não conseguíamos parar de pensar naquele conceito."

Memórias voltaram aos borbotões. Memórias de *Star Wars*.

Johnson nasceu em um lar pobre nas montanhas Ozarks, em 1969. Nos anos 1970, seus pais foram chamados a uma igreja pentecostal nas Carolinas. O professor de catecismo disse que George Lucas havia assinado um acordo com o diabo e obrigou os atores a assinar contratos dizendo que eles idolatrariam a Força. Mas Johnson foi assistir ao primeiro filme vinte vezes, mesmo assim. Toda vez que saía do cinema, ele corria pela parede de tijolos e imaginava que os vãos entre os tijolos eram o corredor da Estrela da Morte, e ele mesmo era o piloto dentro de um X-wing. Johnson corria tão rápido, e tão perto dentro do corredor, que às vezes batia com a cabeça nos tijolos, de maneira dolorosa. Não importava – valia a pena para ser Luke Skywalker.

Johnson lamenta ter crescido sem se tornar parecido com Luke, e depois ri. "Ei, pelo menos, nós dois somos amputados." Mas aí haviam os soldados espaciais, os stormtroopers que entravam aos montes pela porta dentro de todo aquele radiante plástico moldado. Enquanto ele e Crews se recordavam dos numerosos ícones de *Star Wars*, os dois se deram conta de que, desde que o detalhamento na roupa fosse perfeito, qualquer pessoa poderia encarná-los. Quando se é um stormtrooper, ninguém sabe se a pessoa é amputada. É de se esperar que a pessoa se camufle, seja dispensável – perfeito para um sujeito tímido e envergonhado.

Johnson tornou-se obcecado pela fantasia como "um passaporte para o universo de *Star Wars*". Ele começou a esboçar ideias para montar a própria armadura, enquanto Crews pesquisava na nascente internet, apostando que conseguiria encontrar uma fantasia autêntica de stormtrooper – quer dizer, uma que fosse igual à versão da tela em todos os detalhes, fosse ou não licenciada pela Lucasfilm – a tempo para as edições especiais. Essa foi a era pré--Google, mas de alguma forma ele esbarrou com uma postagem na Usenet em que um sujeito alegava estar vendendo uma fantasia original usada no filme em uma "venda de inventário" por 2 mil dólares. O vendedor na verdade estava tentando evitar ser processado pela Lucasfilm por vender a reprodução de uma fantasia sem autorização, sem Lucas receber uma parte. Aquilo era arriscado, e reproduções naquela época eram raras. "Foi como descobrir um jato 747 na época dos homens das cavernas", comenta Johnson.

Ele persuadiu Beverly, a verdadeira chefa da família, a comprar a fantasia em troca dos presentes de Natal pelos próximos dez anos. Em pouco tempo, estranhas peças de plástico moldado chegaram via correio. Johnson montou nervosamente com um Dremel e uma pistola de cola quente. Era horrível: o capacete ficou solto; a roupa era constritiva. Ele se sentiu ridículo: um homem do espaço de plástico com uma perna de metal. Não havia viseira dentro daquele capacete. Não era de espantar que os stormtroopers fossem tão péssimos atiradores.

Ainda assim, Johnson usou a fantasia no único cinema local para as sessões da edição especial de *O Império contra-ataca*. O público o cutucou e riu. "Eu ouvi um cara atrás do outro dizendo: 'Seu mané, não gostaria de ser capaz de comer alguém?'", conta Johnson.

Mas então Crews encontrou uma fantasia on-line – outro modelo caro e difícil de montar – e se juntou a Johnson algumas semanas depois para a exibição de *O retorno de Jedi*. Dessa vez, o público parecia espantado e com um pouco de medo enquanto o par patrulhava o salão com um andar confiante. "Foi aí que a ficha caiu", diz Johnson. "Quanto mais stormtroopers, melhor o efeito. Eu resolvi que, de alguma forma, durante a minha vida, eu conseguiria juntar até dez stormtroopers no mesmo lugar. Esse era o tamanho da minha ambição."

O par montou um site e postou fotos das façanhas – em lojas de quadrinhos, feiras estaduais, formaturas de pré-escola, e quaisquer apresentações que eles conseguissem. Johnson escreveu lendas sobre dois stormtroopers que estavam sempre se metendo em encrencas com Darth Vader. Ele deu ao trooper o nome TK-210,[*] um habitante do bloco de detenção 2551 na Estrela da Morte. Após semanas, mais quatro stormtroopers mandaram e-mails com as próprias fotos. Isso foi antes do Facebook, antes dos flash mobs, antes que a era de ouro da nerdice surgisse no século 21. A internet mal havia se tornado um local de reunião para os fãs de *Star Wars*, quanto mais de donos de fantasias de stormtroopers. Ainda assim, de alguma forma, lá estavam eles.

Johnson agora imaginou uma legião inteira de stormtroopers. Ele lembrou-se de quantas vezes tentou, no ensino fundamental, formar uma espécie de exército juvenil com os amigos; após o lançamento de *Star Wars*, Johnson batizou uma tentativa de Ordem dos Cavaleiros Espaciais. Obviamente, aquele nome não funcionaria com stormtroopers. Ele tentou pensar em nomes que

---

[*]   A única vez que um stormtrooper recebe um nome em *Star Wars* é na Estrela da Morte, onde um comandante pergunta a TK-421 por que ele não está em seu posto. Johnson adotou essa nomenclatura e usou o aniversário para os números. O 501st desde então usou todas as combinações possíveis de números com três e quatro dígitos para nomenclatura TK.

lembrassem o esquadrão de pilotos de caça do pai, na Segunda Guerra Mundial – "algo cheio de energia, algo maneiro" –, adicionou um pouco de aliteração e criou a Fightin' 501st. Johnson escreveu um antecedente que resolvia a pergunta que ele se fez ao assistir aos filmes: por que Darth Vader sempre parecia ter um destacamento de stormtroopers por perto sempre que precisava deles? A 501st, decidiu Johnson, era uma legião secreta, sem registros, sempre de prontidão: o Punho de Vader.

Aquela era, concordaram os amigos, uma ideia muito bacana. Eles o ajudaram a distribuir panfletos em convenções. "Você é leal? Trabalhador? Completamente dispensável? Junte-se à Legião Imperial 501st!" Em 2002, Johnson amealhou mais ou menos 150 pessoas fantasiadas de stormtroopers em Indianápolis na Celebration II, a segunda convenção oficial de *Star Wars*, e ofereceu seus serviços à cética Lucasfilm para deixar que a 501st ajudasse a controlar a multidão quando a segurança do evento provou ser completamente inadequada para os 30 mil presentes. A Lucasfilm foi conquistada pelos incansáveis e superorganizados troopers e começou a usar a 501st como voluntários para todos os seus eventos. Empresas licenciadas da Lucasfilm vieram a seguir. Se você já esteve alguma vez em um dos Dias de *Star Wars* que acontecem em dezenas de estádios de beisebol por todos os Estados Unidos, se você já viu vários stormtroopers, ou Darth Vader ou Boba Fett em uma loja, cinema ou shopping center, é praticamente certo que você tenha visto as forças da 501st.

A ideia de Johnson também não parou nas fronteiras americanas. A Legião 501st é reconhecida agora como uma das maiores organizações fantasiadas no mundo.[*] Tem integrantes ativos em 47 países em cinco continentes, divididos em 67 guarnições locais e 29 postos avançados (unidades que contenham menos do que 25 integrantes). Mais de 20% dos troopers são mulheres. A 501st absorveu uma guarnição britânica até então independente e estabeleceu uma guarnição perto de Paris, embora alguns stormtroopers franceses tenham seguido por conta própria com a Legião 59ème. Os alemães, enquanto isso, têm uma guarnição com cinco esquadrões que são todos grandes o suficiente para serem guarnições por conta própria – mas são avessos a passar por qualquer tipo de divisão.

---

[*] A Sociedade para o Anacronismo Criativo, uma organização dedicada a celebrar os períodos medieval e renascentista através de atividades como reprodução de figurinos e armaduras históricos, tem mais de 30 mil integrantes pagantes – e 31 anos de vantagem inicial para a 501st.

A 501st elege comandantes locais e da legião inteira a cada ano. Para a tristeza de Johnson, os comandantes estão impondo exigências cada vez mais rigorosas para filiação – o cinto de stormtrooper tem que ter seis bolsinhas, e não quatro –, o que significa que nem mesmo os uniformes "autênticos" (mas não tecnicamente fiéis ao que é visto na tela) licenciados pela Lucasfilm e vendidos on-line garantem a entrada no clube. A maioria dos integrantes faz a própria fantasia, martelando chapas de estireno em mesas de vácuo, gastando milhares de dólares e centenas de horas em uma única armadura.

Mesmo com tanto rigor, a Legião 501st está começando a forçar os limites do nome. As legiões romanas, as maiores da história, raramente tinham mais do que 5 mil integrantes; Júlio César cruzou o Rubicão com 3,5 mil homens. A 501st, na ocasião em que escrevi o livro, agrega 6.583 integrantes ativos fiéis aos stormtroopers da tela. Isso, se você estiver contando, são 6.573 soldados a mais do que Johnson tinha de início.

Mais importante, a criação de Johnson e Crews alcançou aquela galáxia muito, muito distante. Em 2004 foi lançado o primeiro romance oficial de *Star Wars* a incluir a 501st, escrito pelo famoso autor da série Timothy Zahn – que por acaso havia se encontrado com Johnson e sua turma em uma convenção, relaxando em volta de um cooler cheio de cervejas após um longo dia. Johnson manteve-se sóbrio por tempo suficiente para explicar o conceito da 501st. Pensativo, Zahn acenou com a cabeça, foi embora, e prontamente escreveu o romance *Survivor's Quest*, no qual um esquadrão do 501st coestrelou com Luke Skywalker.*

Honras ainda maiores estariam por vir. No ano seguinte, George Lucas incluiu oficialmente a legião em seu último filme de *Star Wars – Episódio III: A vingança dos Sith*. Um destacamento de clonetroopers, antecessores dos stormtroopers, acompanha o recém-cunhado Darth Vader dentro do Templo Jedi enquanto ele se prepara para massacrar os moradores. No roteiro, eles são designados como a Legião 501st. Mas Johnson não tinha noção disso até que um integrante da guarnição de Tóquio lhe enviou um bonequinho de *Star Wars*. No meio do texto em japonês na caixa havia um número: 501. Desde então, a Hasbro produziu continuamente impressionantes 5 milhões desses integrantes de plástico da 501st. Fãs mal-informados come-

---

*   Foi nessa convenção, segundo Timothy Zahn, que ele se tornou um dos primeiros integrantes honorários da legião. "Sim, eu tive um grande incentivo para colocar a 501st no livro", diz ele. [N. do T.]

çaram a alegar que Johnson estava copiando o nome de Lucas, em vez de ser o contrário.[*]

A questão foi resolvida em 2007, quando George Lucas tornou-se mestre de cerimônias do Torneio da Parada das Rosas (associado ao Rose Bowl), em Pasadena. Lucas pediu especificamente pela 501st e pagou para que centenas de integrantes viessem de avião, do mundo todo, e marchassem por nove quilômetros com seu carro alegórico. Lá estavam eles, finalmente reunidos, os soldados espaciais, passando por verdadeiros exercícios de exército dados por verdadeiros sargentos-instrutores. Lucas dirigiu-se a eles na noite anterior ao desfile: "A grande invasão ocorrerá em poucos dias", falou ele, em tom sério. "Eu não espero que todos vocês retornem. Mas tudo bem, porque stormtroopers são dispensáveis." A legião aprovou com urros.

Após um descanso no fim da marcha excruciante, os troopers colocaram os baldes – como eles chamam os capacetes – de volta e posaram para fotos com Lucas. Steve Sansweet, da Lucasfilm, insistiu em apresentar Lucas e Johnson, dois tímidos que preferem comandar as coisas nos bastidores.

– Bom trabalho por tudo isso – disse Lucas.

– Isso tudo foi você! – foi o máximo que Johnson conseguiu gaguejar diante do Criador.

– Não – respondeu Lucas. – Eu criei *Star Wars*. – Ele gesticulou para as fileiras de troopers em armaduras brancas, em rígida posição de sentido e portando as bandeiras de suas guarnições. – Você fez isso. Estou muito orgulhoso.

Foi o suficiente para deixar um sujeito tão cheio de si que jamais caberia dentro de um balde novamente. Mas mesmo depois daquele momento ímpar de aprovação, Johnson mantém a capacidade de avaliação. "Vocês todos aí, se não estão se divertindo, então isso é apenas uma fantasia", diz ele para os comandantes. "Nós somos homens do espaço de plástico. Se alguém no clube estiver ficando sério demais, usaremos esse lema. 'Sim, somos homens do espaço de plástico.'"

Todo exército precisa de alguém para marchar atrás, e a 501st não é exceção. Se o grupo é chamado de Punho de Vader, então naturalmente toda

---

[*]   Por mais que tenha sido um grande elogio, Johnson sente-se incomodado pelo fato de que a 501st entrou no templo para ajudar a matar crianças Jedi – incluindo uma interpretada pelo filho de Lucas, Jett. Isso provocou um encontro embaraçoso anos depois, quando Jett perguntou a Johnson se poderia se tornar um integrante honorário da 501st.

guarnição precisa de mais do que stormtroopers fiéis aos vistos na tela de cinema. Eles precisam andar enfileirados anonimamente atrás do soldado espacial mais famoso e assustador de todos.

Mark Fordham era um atirador de elite de uma equipe da SWAT no Tennessee quando montou uma fantasia tosca de Darth Vader para a festa de Halloween de 1994 da delegacia. Os outros policiais ficaram loucos com aquilo, o que fez Fordham pensar: como as pessoas reagiriam a um Vader fiel ao visto na tela?

Ele ligou para o número principal da Lucasfilm e, de alguma forma, acabou falando com uma boa alma que informou as peças que Fordham precisava: macacão de couro acolchoado com um lençol costurado e uma capa de lã crepe. "Vader é bem confortável", diz ele. "Só é quente demais."

Fordham pagou a estudantes locais de moda 200 dólares para costurarem a fantasia. Agora ele tinha um novo plano: visitar as escolas locais como Vader e dar lições de moral. "Não escolham o caminho rápido e fácil como eu fiz." Mas quando ligou de volta para Lucasfilm para pegar uma autorização para o plano, a pessoa com quem ele falou aleatoriamente dessa vez surtou. Vader é copyright nosso, disseram; nós contratamos atores para interpretá-lo. Você não pode. "Aquilo meio que estragou meu plano", falou Fordham.

Ainda assim, o atirador de elite calculou que não havia nada de errado em usar a fantasia para as estreias do *Episódio I* em 1999 e do *Episódio II* em 2002. Ele obteve o mesmo resultado que Johnson: desfilar sozinho não é divertido. Então ele encontrou alguns integrantes locais da 501st e ficou surpreso ao descobrir que os stormtroopers acolhem entusiasticamente um Vader. (Mais tarde, Johnson tiraria "stormtrooper" do nome da Legião para deixar isso mais claro.) Fordham treinou a entonação de James Earl Jones ouvindo fitas de *Star Wars* a caminho do trabalho. Ele fez uma gambiarra com um microfone e um amplificador na máscara para chegar próximo do som mecânico do arquivilão de capacete. O amplificador consumia duas pilhas de nove volts a cada trinta minutos, mas, para Fordham, não havia nada pior do que ser um Vader sem voz.

Em pouco tempo, Fordham foi eleito o comandante de guarnição e depois comandante de toda a legião global. Ele introduziu prêmios e um sistema de patentes, que promovia os integrantes que mais participavam como troopers. Quando a 501st começou a fazer mais trabalhos de caridade, Fordham achou que era necessário um protocolo comum, então criou um novo estatuto para fazer uma emenda ao "códice do fundador" de Johnson; o objetivo da legião, argumentou ele, precisava ir além de só "se divertir". A 501st deveria ser unificada e identificável, e a melhor maneira de conseguir isso seria atrás de uma operação de franquia. "Se a pessoa vai ao McDonald's em Chicago ou Perth, ela quer reconhecer que está no McDonald's", diz Fordham. "Nós queríamos essa identidade comum. Quando nos convidam para alguma coisa, não é preciso perguntar: 'Bem, *qual* 501st?'"

A filosofia de Fordham sobre a 501st é, em vários aspectos, o contrário da filosofia de Johnson. Ele gosta que a legião seja exigente, padronizada e meritocrática. Há até cinco Vaders em cada guarnição, e naturalmente nenhum evento pode ter mais do que um Vader. Atualmente, a legião oferece oportunidades de apresentação por ordem de antiguidade. Fordham preferiria um teste anual diante dos integrantes para escolher o Vader de cada ano. "Se for eu, ótimo. Se não, eu gostaria que o melhor Vader participasse dos eventos."

Fordham e a esposa, Crickette, uma stormtrooper, se mudaram do Tennessee para Utah no fim dos anos 1990. Aquela era uma viagem de dez horas de carro até a Lucasfilm, mas ele frequentemente ia e voltava do Rancho Skywalker com o dinheiro do próprio bolso, "para mostrar que levamos a sério a marca". Foi em uma dessas visitas que ele soube sobre Lucas e o Torneio da Parada das Rosas. Enquanto Albin Johnson marchou no feliz anonimato de um stormtrooper, Fordham foi o Vader na frente do grupo, o capataz leal de George Lucas.

Durante a cobertura do desfile, um locutor celebridade brincou que os troopers "precisavam de emprego" e deveriam "estar marchando de volta para o porão da casa dos pais". Aquele tipo de comentário causou irritação: os soldados eram PhDs, doutores, técnicos, mecânicos de aviação, bem como muitos militares e policiais como Fordham. ("Nós meio que somos atraídos pelo elemento do uniforme", fala ele.) O locutor mostrou exatamente a percepção da legião que Fordham estava lutando para mudar com o estatuto profissional.

O conflito entre o espírito vocês-todos-aí-se-divirtam e o estilo de Fordham de precisão total com o que é visto na tela e profissionalismo divide a legião. Eu ouvi falar de conflitos dentro das guarnições sobre restrições de altura (Mark diz que preferia ser um stormtrooper, mas é alto demais; Crickette gostaria de ser Vader, mas é muito baixa). Um integrante asiático da legião queria representar Anakin Skywalker antes da transformação em Vader; isso provocou um imenso debate interno se ele deveria usar maquiagem para parecer mais caucasiano. Há até mesmo controvérsias sobre o nível adequado de interação com o grupo rival de mocinhos, a Legião Rebelde; eu conheci dois comandantes da 501st que também comandam os postos avançados locais dos rebeldes. Os rebeldes têm mais ou menos um terço do tamanho dos imperiais e aparentemente preferem continuar em menor número. "Isso meio que reflete os filmes", fala Suzy Stelling, a comandante da base britânica da Legião Rebelde, com cem integrantes. "Os rebeldes são poucos, mas vencemos no fim."

A suprema ironia da 501st é que, para uma organização com uma aparência tão fascista, ela é na verdade profundamente democrática. Há eleições locais e globais para o conselho da legião todo fevereiro, e não eleições marmeladas. Há muito debate saudável e animado nas fileiras. Mas, no fim das contas, são todos irmãos e irmãs por debaixo da malha de lycra; todos já deram sangue literalmente pelos uniformes, uma vez ou outra. A "mordida da armadura", como a pinicada das placas de plástico é conhecida, é sentida por todos. (A não ser pelos confortavelmente quentes Vaders, quer dizer.)

Como se entra para a legião? Enviando várias fotos da fantasia para um oficial de conformidade, que verificará os detalhes para ver se ela é fiel à vista na tela; as seis bolsinhas são um dos vários detalhes. Aspirantes a trooper têm que trabalhar duro para que os trajes fiquem dentro das normas – embora alguns considerem mais fácil do que outros. "Eu ouvi falar de caras que dizem ser capazes de terminar a armadura em uma semana ou duas, trabalhando sem parar com cola rápida", diz Ed da Silva, comandante da guarnição Golden Gate do Norte da Califórnia, que montou a fantasia em dois meses. "Se a pessoa sabe se virar com PVC, encanamento e irrigação, é parecido."

Apesar da enorme pressão econômica, a 501st não sucumbiu a nenhum tipo de fabricação de armaduras no mercado negro. Nem encoraja sequer a compra das réplicas de fantasia de stormtrooper licenciadas pela Lucasfilm. "Por que a pessoa vai querer gastar 800 dólares no eBay", argumenta da Silva, "quando pode gastar 400 dólares e fazer parte de um clube que estabelece padrões de alta qualidade?".

Alguns integrantes vendem peças aqui e ali, mas "nós temos que seguir a regra simples de vender fantasias a preço de custo, para que não haja tentação para comercializá-las", diz Johnson. Ele descreve a legião como "um coletivo eclético e livre que troca dicas e truques para fazer boas armaduras". Há dinheiro em jogo, mas isso não interessa a eles. Simplesmente por aparecer em eventos beneficentes, a 501st ajudou a arrecadar 262.329 dólares para todo tipo de boa causa em 2013, mais ou menos o dobro do valor arrecadado no ano anterior.

Um coletivo livre, democrático, que adora caridade e formado por engenhosos stormtroopers? Por mais difícil que seja acreditar, a legião funciona: a 501st fica cada vez mais forte. Eles recebem muito amor da Lucasfilm – que convida a guarnição local Golden Gate para pré-estreias de novos desenhos animados de *Star Wars* no quartel-general no Presidio –, e eles retribuem com lealdade. Esse grupo animado e democrático une forças quando se trata da empresa do Criador.

Não apenas trabalham em qualquer evento da Lucasfilm de graça, como também aparecem em qualquer comercial aprovado pela Lucasfilm (como um recente comercial da Nissan no Japão, em que aparecia um stormtrooper vermelho na frente de um grupo de brancos).

Geralmente é difícil saber quem está se dando melhor no negócio, se a Lucasfilm ou a legião. Por exemplo, na Celebration Europe II da Lucasfilm, organizada em Essen, Alemanha, em 2013, era possível andar pelo enorme pavilhão e encontrar as maiores filas nas atrações promovidas por vários setores da 501st. A guarnição belga providenciou um caça TIE em tamanho real que eles construíram, e foi o ponto mais popular para fotos da Celebration – seguido de perto por um AT-AT de madeira, com seis metros de altura, também construído na Bélgica e assinado por Lucas ("Que a Força NÃO esteja com vocês, cães imperiais!", escreveu ele). Por um lado, Lucasfilm tem à disposição uma milícia entusiasmada, disciplinada e criativa – o tipo de fã que qualquer empresa mataria para ter – de graça. Por outro, a legião ganha mais valor genuíno e toque de classe por fazer esse tipo de coisa do qualquer outro grupo acumularia, antes de mais nada. Lucasfilm jamais ousaria ofender a 501st, e a legião consegue se sentar na primeira fileira do universo de fãs, exatamente onde quer estar.

A legião fez-se indispensável. Admitiu mais ou menos uma centena de seletos escritores, atores e funcionários da Lucasfilm como integrantes honorários; é possível notá-los nos pavilhões da Celebration usando distintivos metálicos com quadradinhos multicoloridos no estilo dos oficiais imperiais. A legião organizou um jantar extremamente exclusivo, com a presença da maioria dos astros da trilogia original; a mídia não podia chegar sequer perto. Os soldados espaciais viraram a coisa mais popular da série mais popular na Terra.

É estranho, então, que um homem que teve um papel invejável em criar esses soldados primeiramente, há tantos anos, tenha se tornado uma espécie de pária na comunidade de *Star Wars*.

Se você quiser ver onde a icônica armadura de plástico do exército de soldados espaciais de Lucas ganhou vida tridimensional pela primeira vez, é preciso ir a Twickenham, um velho subúrbio cheio de folhas no extremo sudoeste de Londres, descendo pela estrada que sai de Elstree, onde o *Star Wars* original foi filmado. Aqui, atrás de um campo bucólico de críquete, em um prédio que antigamente foi uma loja de doces dickensiana, você encontrará o extremo oposto da 501st: uma empresa de um homem só que produz armaduras de stormtrooper com fins comerciais, mais interessado em reivindicar seus direitos do que no tema de *Star Wars*, e certamente não licenciado pela Lucasfilm.

Você encontrará um homem que venceu Lucas no tribunal, mais ou menos, mas está perdendo seu recurso no tribunal dos fãs. Você começará a desvendar o curioso caso de Andrew Ainsworth.

Ainsworth é um sujeito magro e amigável com cabelo negro meticulosamente cortado e barba branca, e com um brilho nos olhos. Ele é um designer industrial, especialista em mesa de vácuo, e fica especialmente animado ao discutir a qualidade da luz refletida que faz aqueles uniformes parecerem bem mais do que plástico. Nesses momentos, Ainsworth parece um pouco mais jovem que seus 64 anos.

Quando conheci Ainsworth na loja dele, nós ficamos sentados por horas bebendo xícaras de chá entre réplicas de stormtroopers. Ainsworth trouxe para mim o que ele alega ser um dos primeiros capacetes de stormtrooper já feitos. Ele me contou a história por trás do capacete – como seu amigo, o artista Nick Pemberton, fez com que ele se envolvesse na produção de *Star Wars* em janeiro de 1976. Pemberton disse para Ainsworth lhe pagar uma cerveja se saísse algo dali. "Eu não fazia ideia do que era aquilo", diz ele. "Pensei que fosse um programa de bonecos; Nick costumava trabalhar nesse tipo de programa para televisão."

Pemberton trouxe para Ainsworth uma maquete de capacete de stormtrooper que era baseada em pinturas e esboços conceituais da Lucasfilm. Ainsworth tinha uma mesa de vácuo enorme que usava para fazer canoas de plástico e lagos artificiais; Pemberton perguntou se o amigo podia fazer o protótipo do capacete. Ele fez um em dois dias. "Pemberton levou aquilo para Lucas, e Lucas disse: 'Está ótimo; quero mais cinquenta'", conta Ainsworth. Na época, a produção estava correndo para levar cenários e figurinos para a Tunísia. Ainsworth se recorda de uma fila de limusines brancas à toa do lado de fora da loja, cada uma esperando pelo próximo capacete. "O estúdio estava tão ansioso para pegá-los que assim que nós terminávamos um, eles levavam embora de carro", ri ele.

Enquanto contava a história, Ainsworth brincava com a borda do capacete supostamente histórico e causou um pequeno rasgo na lateral. Ele nem pestanejou. O fã de *Star Wars*, o historiador, o preservador dentro de mim, todos quiseram gritar: *não, pare, coloque essa coisa embaixo de vidro!* Essa foi a minha primeira pista que Ainsworth, apesar de se gabar de ter um lugar na história da série – e é, infelizmente, um tanto quanto expansível essa vaidade dele –, não conseguiu captar a *ideia* de *Star Wars*.

Ainsworth e sua sócia, Bernadette, estão juntos desde os anos 1960, quando ele costumava fazer carros em caixotes de transporte, do lado de fora do apartamento no sul de Londres. Depois os dois compraram aquela antiga loja de doces e fundaram a Shepperton Design Studios. Ninguém questiona que a SDS produziu capacetes e armaduras de stormtroopers, capacetes de pilotos de caça TIE, capacetes de pilotos e soldados rebeldes – tudo por fora do sistema de estúdio inglês, que era rigidamente controlado por sindicatos na época. O papel não creditado de Ainsworth lhe valeu 30 mil libras – mais do que a maioria dos nomes que apareceram na tela no fim de *Star Wars*.

E esse foi seu último envolvimento com a série. Ainsworth demonstrou pouquíssimo interesse no fenômeno *Star Wars* quando explodiu mundo afora, e só viu o filme original uma vez na TV, anos depois. No fim dos anos 1990, com o intuito de pagar a mensalidade da escola dos filhos, ele desencavou as velhas formas, fez outro lote de capacetes e tentou vendê-lo no mercado local. Ainsworth conseguiu poucos compradores, e os capacetes acabaram em cima do armário de roupas. Em 2002, Bernadette declarou que iria vendê-los on-line. Ainsworth disse que não achou que conseguissem um centavo; na verdade, quando os capacetes foram listados na Christie's como capacetes "originais", os dois ganharam 4 mil libras cada um. Shepperton Design Studios lançou o site e entrou no ramo de capacetes de stormtrooper em 2003. Após vender dezenove capacetes para clientes nos Estados Unidos por 35 libras cada, Ainsworth recebeu uma ligação de Howard Roffman, diretor do departamento de licenciamento da Lucasfilm, o Lucas Licensing. Ainsworth relata a ligação:

– Quem é você? – exigiu saber Roffman.

– Sou o cara que fez aqueles capacetes de stormtrooper.

– Não, não é. Nós fizemos.

O departamento jurídico da Lucasfilm não brinca em serviço. A empresa prontamente processou e venceu uma causa de danos punitivos de 20 milhões de dólares contra Ainsworth em um tribunal americano. Um oficial de justiça britânico levou a multa para Ainsworth algumas semanas depois. Sempre afável, Ainsworth ofereceu uma xícara de chá ao homem.

Após quatro anos lutando contra a Lucasfilm na Alta Corte de Justiça do Reino Unido, na Corte de Recursos, e finalmente na Suprema Corte, Ainsworth ganhou algo como uma espécie de decisão dividida. A Suprema Corte determinou que o julgamento americano era aplicável no Reino Unido. Ainsworth ainda estava a perigo por 4 milhões de dólares, tudo por ter vendido dezenove capacetes de stormtrooper nos Estados Unidos.[*]

---

[*] Após a Disney comprar a Lucasfilm, a empresa fez um acordo com Ainsworth por meras 90 mil libras. Ainsworth ainda teve que arcar com os custos do processo, por volta de 1 milhão de libras.

Mas o tribunal também determinou que fantasias de stormtrooper eram objetos cênicos – não esculturas, como a Lucasfilm insistira. Essa era uma distinção importante: os direitos autorais sobre esculturas duram 75 anos no Reino Unido; os direitos autorais por objetos cênicos expiram após quinze. Portanto, embora Ainsworth tivesse uma enorme conta legal, ele também estava livre para continuar vendendo capacetes e armaduras de stormtrooper. E é o que Ainsworth faz, por 100 libras cada, juntamente com fantasias "originais de Lorde Sombrio" e "droides R2 originais" – tão originais, aparentemente, que ele não ousa dar o nome completo dos personagens.

Uma das táticas legais de Ainsworth foi processar Lucas, sob a alegação de que ele próprio havia projetado a fantasia de stormtrooper e Lucas estava infringindo seu direito autoral. Essa alegação evidentemente ridícula foi descartada pelo tribunal, mas isso não impediu Ainsworth de repeti-la desde então. Em 2013, ele participou de uma mostra de arte na Galeria Saatchi, em Londres, em que vários artistas receberam capacetes de stormtrooper como telas; Ainsworth foi descrito pelo material impresso da galeria como "o criador do stormtrooper". Eu não me surpreendi ao ler que o juiz da Alta Corte o descreveu como "uma pessoa que enxerga os eventos pela própria visão deturpada".

Ainsworth provocou um certo impacto nos fóruns de *Star Wars* na época do julgamento, mas em pouco tempo os fãs suspeitavam que estavam lidando com alguém que não sabia muita coisa sobre a série e estava disposto a inventar os próprios detalhes. Por exemplo, a explicação dada por Ainsworth em uma entrevista para o motivo de não ter trabalhado em *O Império contra-ataca* ou *O retorno de Jedi* é de que Lucas não voltou ao Reino Unido após a experiência que teve com os sindicatos (o que não é verdade). Ele alega que sua armadura foi reutilizada nos filmes subsequentes e que ela "parecia muito cair aos pedaços no fim"; na verdade, a armadura foi remoldada para *O retorno de Jedi*. Não é surpresa que Ainsworth não soubesse disso, porque ele me disse que só havia assistido a *Star Wars* uma vez na televisão, e a nenhum dos outros filmes da trilogia clássica.

É uma pena, porque Ainsworth realmente desempenhou um pequeno, porém importante, papel na produção do filme original, e em algum ponto sob seu miasma de excesso de explicações e memória ruim está uma história de sucesso de um pequeno empreendimento. O juiz deu crédito a Ainsworth pelo desenho do capacete de piloto de X-wing, por exemplo, porque o capacete de fuzileiro naval que ele deveria usar como base do projeto nunca chegou dos Estados Unidos. Quase quarenta anos depois, entretanto, é de se duvidar que essa história em especial algum dia seja contada de forma objetiva.

Para aumentar a confusão, há o testemunho de Brian Muir, o escultor que trabalhou em Elstree e esculpiu a maquete, ou o modelo em escala, do capacete de Vader, que foi feito de fibra de vidro mais pesada pelos artistas do próprio estúdio. No tribunal, Muir alegou que o capacete de stormtrooper foi esculpido não pelo amigo de Ainsworth, Nick Pemberton, mas por outra escultora, Liz Moore, que também esculpiu o protótipo da fantasia de 3PO. (Moore morreu tragicamente jovem alguns anos depois.)

No tribunal, a declaração de Muir foi rapidamente questionada. O namorado de Moore na época testemunhou que ela esculpiu com um tipo diferente de argila daquele visto na única foto da escultura de um stormtrooper que existe. O juiz considerou que Pemberton, e não Moore, esculpiu o capacete de stormtrooper, o que faz sentido: de que outra forma Ainsworth teria se envolvido, para início de conversa, se não fosse através do amigo Pemberton? Mas isso não impediu Muir de levar o caso à internet – incluindo fóruns do 501st – com ataques veementes contra Ainsworth e uma defesa vigorosa da memória de Liz Moore.

Ao pesquisar mais a fundo a história de Muir, no entanto, fica evidente que ele na verdade não alega ter um conhecimento direto da escultura de Moore – apenas que outra pessoa anônima da produção lhe contou que ela produzira a escultura. Muir me contou, em um e-mail impaciente, a explicação por que não queria ser entrevistado: porque "não importava" quem tinha esculpido o capacete – "desde que não seja Ainsworth".*

O contraste entre essas histórias confusas e as iniciativas mais louváveis de Albin Johnson e Mark Fordham é dramático, mas também instrutivo. Quando fãs de *Star Wars* trabalham de graça, empolgados pelo amor pela série, o resultado é a 501st. Mas quando há negócios em jogo, com uma chance de ganhar dinheiro com o fenômeno, o resultado são brigas inconvenientes como as de Ainsworth e Muir. É o tipo de consequência inesperada que o Criador jamais teria imaginado enquanto esboçava soldados espaciais na aula de arte.

---

*   Em 2011, após a Suprema Corte dar sinal verde para Ainsworth continuar a vender capacetes e armaduras de stormtrooper, outra empresa do Reino Unido chamada RS Prop Masters por acaso começou a vender as próprias fantasias de stormtrooper fiéis às vistas na tela, refeitas a partir de uma armadura do filme original que fora encontrada em um sótão. Muir deu sua aprovação. A filha dele criou uma página no Facebook dedicada a ridicularizar a qualidade das reproduções de stormtrooper de Ainsworth. A briga entre Muir e Ainsworth, ao que parece, foi para o mercado.

4 / PASSEIO DE HIPERDRIVE

Soldados espaciais, nos disfarces de Tommy Tomorrow e Flash Gordon, estavam longe de ser a única obsessão na vida do jovem Lucas. Em pouco tempo, eles sequer eram a principal. Na adolescência, a atenção de Lucas mudou de desenhos e gibis para câmeras e carros. Um acidente automobilístico, o divisor de águas mais importante em toda a história criativa de George Lucas, fez com que ele repensasse a abordagem em relação à faculdade; Lucas descobriu o estudo de ciências humanas e ficou fascinado por fotografia. Só então, tardiamente, ele foi para o cinema, passou a ter aulas fundamentais e a encontrar com pessoas fundamentais que o colocariam no caminho para as estrelas.

Nenhuma dessas outras obsessões jamais abandonaram Lucas completamente, entretanto. Todas elas deram forma ao seu trabalho mais conhecido. Portanto, por mais tentador que seja desviar das curvas de George Lucas como jovem corredor, mecânico sujo de graxa, estudante regenerado de antropologia, e prodígio do cinema alternativo, essa rota com belos cenários na verdade tem muito a nos dizer sobre a história de *Star Wars*. Pura e simplesmente, aquela história não teria se desenvolvido do jeito que foi sem essas doze paradas fundamentais ao longo da estrada.

1. Cultura automobilística

Todo filme de George Lucas apresenta uma perseguição ou corrida em alta velocidade em alguma espécie de carro envenenado ou pod. Os filmes de *Star Wars* pareciam mais rápidos na época do lançamento do que qualquer outra coisa vista na tela, e a velocidade não vinha apenas dos anos que Lucas passou assistindo à TV obsessivamente. Na verdade, a velocidade veio de um senso de ritmo e movimento, de emoção e perigo que alguém só consegue obter atrás do volante de um veículo em aceleração. Em *Star Wars*, Lucas diria que queria "naves espaciais em que as pessoas entrassem e dirigissem como carros". Essa era a versão dele de um tapete mágico para Marte.

Quando Lucas tinha 16 anos, o sempre benevolente pai comprou seu primeiro carro, um minúsculo supermini italiano chamado Bianchina. George Sr. provavelmente calculou que o filho não poderia provocar muito prejuízo com aquele motor de 479 cc feito pela Fiat e velocidade máxima de 25 quilômetros por hora. Lucas chamava o Bianchina de "carrinho estúpido" com um "motor de máquina de costura".

Mas Lucas tinha um talento para extrair o máximo do mínimo. Ele gastava as horas livres e a mesada no Foreign Car Service, uma oficina para carros envenenados com uma pista de kart nos fundos. Ele mesmo fez algumas modificações especiais – adicionou um escapamento direto e uma barra anticapotamento, e um cinto de segurança de um jato da Força Aérea – e aprendeu a fazer curvas em alta velocidade. O carro não parecia muita coisa, mas se garantia no que era necessário. Da primeira vez em que capotou com o carro, Lucas arrancou o teto em vez de consertá-lo. É quase possível sentir o arrepio de horror subindo pela espinha de George Sr., que ainda mantinha esperanças de que o filho pudesse assumir o negócio da Lucas Company algum dia.

Lucas Jr. adquiriu uma identidade falsa que dizia que ele tinha mais de 21 anos; isso o permitiu entrar em corridas de autocross em estacionamentos e áreas de feiras, e ganhar um montão de troféus. Lucas fez amizade com o campeão de autocross de Modesto, Allen Grant, que assumiria brevemente o papel de irmão mais velho para o jovem corredor. Grant descreveu um moleque que era calado até conhecer a pessoa, e aí não parava de tagarelar. Quem sabe que divagações sobre soldados espaciais foram interrompidas quando Grant mandava Lucas calar a boca, como frequentemente fazia. "Ele estava sempre matraqueando sobre uma história, e sobre isso e fazer aquilo, sabe", diz Grant. "Nós não o levamos muito a sério."

Quando George Jr. era um adolescente, a família Lucas, em ascensão social, mudou-se para um rancho de nogueiras nos limites da cidade. Até ganhar o carro, ele era um solitário quieto que ficava no quarto o tempo todo, a não ser na hora das refeições e de ver televisão, quando comia barras de chocolate Hershey's, bebia Coca-Cola, lia gibis, tocava discos de rock'n'roll e jazz, e ocasionalmente dava tiros de chumbinho pela janela. Mas a cultura de dar umas voltas de carro o colocou no agito da cena social de Modesto. Nas noites de sexta-feira, as ruas 10 e 11 eram um fascinante desfile de carros cromados. As cortesias seguiam um ritual: os moleques deixavam os veículos destrancados para que os amigos pudessem se sentar neles; se alguém tivesse uma vaga favorita, os outros garotos guardavam a vaga para a pessoa.

Lucas entrou em uma fase de delinquência juvenil branda. Ele encheu o porta-luvas com multas de excesso de velocidade e apareceu no tribunal após ter sido multado demais. Lucas não entrou para a gangue de verdade mostrada em *American Graffiti: loucuras de verão*, os Faros, mas se tornou seu viabilizador. O trabalho de Lucas, dizem as histórias, era atrair os valentões locais para brigas. Ele e seu físico magricelo se sentavam próximos aos brigões na hamburgueria local, e quando vinha o inevitável desafio, Lucas saía correndo e levava suas presas aos Faros. É uma imagem reveladora: George Lucas, jovem, sem barba, com um corte de cabelo em formato de cuia, 1,68 m de altura com uma camisa de flanela e calça jeans escurecida por graxa de motor, entrando à vontade em perigo, encarando como um mestre zen, confiante por saber que tinha reforços. Ele jamais teve que erguer os punhos.

2. A batida

As rachaduras na fachada da vida cheia de graxa do jovem Lucas apareceram na escola. Durante anos, suas notas giraram em torno de Cs e Ds. Ele só foi salvo de levar Fs pela irmã caçula Wendy, que ajudava nos trabalhos de casa. Lucas sabia que seria um corredor ou mecânico, então, quem ligava para notas? A resposta: George Sr. e Dorothy Lucas, que tinham sido alunos modelo – presidente e vice-presidente de turma na época deles. Os pais tentaram encorajar suas sensibilidades visuais, deram uma câmera Nikon e montaram uma câmara escura. Lucas levou a câmera para pista de corridas.

Mas John Plummer, seu amigo do beco, ia para a University of Southern California estudar administração, e George Jr. se perguntou se a faculdade também era a coisa certa para ele. Sem jamais deixar de incentivar o filho com presentes caprichados, George Sr. concordou em mandar o garoto em um mochilão pela Europa com Plummer, se Lucas se formasse no ensino médio.

Aquele se tornou o objetivo do verão de 1962. Lucas meteu a cara nos livros da biblioteca local. Foi dureza. Ele não estava com vontade. Entediado, ele voltou mais cedo em uma tarde quente e virou à esquerda em local proibido na estrada que levava ao rancho da família Lucas. No mesmo momento, um Chevy dirigido por um colega de turma do Colégio Downey – alguém que Lucas provavelmente não conseguiu ver pelo retrovisor por causa da própria poeira – havia ultrapassado um semáforo vermelho e estava tentando ultrapassá-lo pela esquerda.

A força do impacto jogou Lucas pelo teto que ele tinha feito. Lucas só sobreviveu porque o cinto de segurança da Força Aérea que ele instalou como gambiarra se soltou. Um cinto adequado teria mantido Lucas no carro no momento em que o veículo abraçou uma nogueira.

Houve uma hemorragia nos pulmões de Lucas, mas ele teve uma sorte extraordinária. Teve alta do Hospital Kindred de Modesto em duas semanas, embora com meses de fisioterapia pela frente. A batida destruiu o Bianchina, acabou com as chances do mochilão pela Europa e lhe valeu mais uma multa dada pelos policiais por aquela virada à esquerda em local proibido. Mas também lhe rendeu uma aprovação: o Colégio Downey considerou Lucas formado sem olhar as notas. Ainda assim, uma importante lição foi aprendida. "Ele ficou mais quieto e mais profundo", contou Mel Cellini. O Foreign Car Service tentou animá-lo ao lhe trazer um capacete de corrida com um patim colado no topo. A cabeça de Lucas estava em outro lugar.

A batida mudou tudo; essa é praticamente a única constante quando Lucas conta a história da própria vida ao longo dos anos. O acidente o tornou mais atento e mais destemido. "Aquilo me deu esse ponto de vista sobre a vida que diz que estou operando com créditos extras", disse Lucas para Oprah Winfrey em 2012. "Eu nunca tenho medo de morrer. O que estou vivendo é material bônus."

Se Lucas tivesse morrido na batida, em que tipo de universo alternativo à la *A felicidade não se compra* nós estaríamos? Não apenas um universo sem *Star Wars* e seus imitadores, mas também sem grande parte da indústria de efeitos especiais. Se tivéssemos sucessos de bilheteria de verão em alguma hipótese, eles seriam mais filmes de catástrofes ao estilo de *Tubarão* e menos espetáculos de ficção científica ou fantasia. Provavelmente não haveria *Star Trek* na tela grande, e certamente nenhuma *Battlestar Galactica: astronave de combate* na pequena. É claramente possível que a Twentieth Century Fox falisse após 1977; certamente o padrão de tomada por investidores teria sido diferente, e Rupert Murdoch talvez não a controlasse hoje. Nós teríamos menos multiplexes e menos telas para filmes no todo; também não teríamos *O poderoso chefão* na versão dirigida por Coppola, nem *Apocalypse Now*.

O mais interessante a se considerar, no entanto, é se esse universo sem *Star Wars* ainda assim aconteceria se George Lucas não tivesse virado à esquerda em local proibido primeiramente, não tivesse conseguido se formar, e fosse em busca de glórias no circuito do Grand Prix como quis durante a adolescência inteira. Algumas histórias, ao que parece, exigem um sacrifício de sangue.

3. *21-87*

Muitos meses após o acidente, Lucas entrou no Curso de Tecnólogo de Modesto pelos dois anos seguintes e recebeu um A em antropologia e um B em sociologia. Pela primeira vez, ele estava obtendo uma educação que desejava, uma que o mobilizava, uma em que ele até conseguiu aplicar os rituais da cena de fanáticos por carros ao redor. Lucas passou por aquele rito de passagem para adolescentes inteligentes: leu *Admirável mundo novo* e *1984*. Ambas as versões de futuros distópicos deixaram suas marcas indeléveis de sempre, especialmente em um momento em que o mundo parecia a centímetros do precipício do suicídio – como aconteceu durante a Crise dos Mísseis Cubanos em outubro de 1962. Mas onde estavam aquelas histórias positivas e edificantes para equilibrar e ajudar a compreender aqueles tempos assustadores? Não havia, Lucas diz ter percebido àquela altura, "muita mitologia em nossa sociedade".

Mais importante do que o diploma para Lucas – e para a saga *Star Wars* – foi um interesse crescente em filmes de arte ou "pessoais", despertado em passeios semanais à Berkeley e à São Francisco com Plummer. Foi a primeira prova da cena das cafeterias de North Beach, onde artistas independentes de gola rolê preta penduravam lençóis nos tetos e projetavam seus sonhos mais recentes. De longe, o curta-metragem mais influente que Lucas viu na vida foi *21-87*. As estatísticas vitais do filme fazem parecer que ele estivesse há anos-luz de *Star Wars*, e, no entanto, há uma conexão importante. Com menos de dez minutos, *21-87* foi feito em 1963 por um jovem cineasta perturbado de Montreal, Arthur Lipsett, que usou áudio aleatório e material filmado descartado do National Film Board of Canada.

O que Lipsett criou, no entanto, foi a definição de transcendente. A maioria das imagens em *21–87* são de pessoas olhando para a câmera, de maneira íntima e pessoal, registradas em momentos ingênuos. Homens alimentam pombos e erguem os olhos para a cidade, pensativos de uma forma cotidiana. "Não há segredos, apenas os simples fatos da vida", dizia um homem em *off.* "Por que não podemos revelar essas coisas?" Sobre as faces de idosos, uma mulher declara: "Eu não acredito na mortalidade... Eu acredito na imortalidade". O próprio filme começa com um título sobre a foto de um crânio. É tanto um *memento mori* como um *memento machina*: o título surge de uma discussão sobre a mecanização da socie-

---

*   *Memento mori* é uma expressão em latim que pode ser traduzida como "lembre-se que você é mortal"; é uma reflexão sobre a própria mortalidade. *Memento machina*, uma corruptela inventada pelo autor, sugere algo como "Lembre-se que você é uma máquina". [N. do T.]

dade e como isso satisfaz nossa necessidade de nos enquadrarmos. "Alguém acorda e diz: 'seu número é 21-87'", fala o narrador, duas vezes. "Nossa, aquela pessoa realmente dá um sorriso."

Essa ideia encontraria reflexo em *Star Wars* – pense em quantos seres na saga, de droides a stormtroopers, são identificados por números. Mas essa não foi a maior contribuição de *21-87* para o filme vindouro. Por volta de três minutos de exibição, enquanto pássaros voam sobre a cidade e velhos observam e alimentam as aves, nós ouvimos isso: "Muitas pessoas acham que, ao contemplar a natureza e se comunicar com outras coisas vivas, elas se tornam conscientes de algum tipo de força ou alguma coisa, por trás dessa máscara aparente que vemos na nossa frente, e elas chamam isso de Deus".

Algum tipo de força ou alguma coisa. Anos depois, Lucas salientaria que escritores religiosos vinham usando a expressão "força vital" por milhares de anos. Mas ele também reconheceria uma dívida com *21-87* e declararia que a Força em *Star Wars* era um "eco" do filme de Lipsett. Na faculdade de cinema, ele colocaria *21-87* no projetor mais de vinte vezes.

4. Haskell Wexler

Em 1963, enquanto Lucas ainda era um estudante no Curso de Tecnólogo de Modesto, seus pais lhe deram sua primeira câmera Super 8, igual àquela com que brincou lá no beco. Ele a levou para as pistas de corrida do estado, exatamente como tinha feito com a Nikon que eles lhe deram no colégio.

Enquanto filmava nessas pistas, Lucas trabalhava como mecânico no boxe de um grupo de corrida conhecido como AWOL Sports Car Competition Club.* Se seu destino não era pilotar carros de corrida, Lucas podia pelo menos consertá-los. Foi assim que, durante a tarde de um fim de semana em Laguna Seca, Lucas bateu papo com um cliente que notou a câmera: Haskell Wexler, o famoso diretor de fotografia. Imediatamente, Wexler notou que o moleque tinha um certo olhar, um certo apetite pelo visual.

A amizade de Lucas com Wexler empurraria sua vida com força em uma nova direção. Wexler levou o estudante para uma visita ao seu estúdio comercial; foi a primeira vez que Lucas viu a indústria cinematográfica e ficou

---

*   Lucas também editava a newsletter do AWOL, chamada de BS. (Sério). [BS é a abreviação de *bullshit*: conversa fiada, mentira, cascata, baboseira. (N. do T.)]

ciente de que existiam carreiras no cinema. Wexler disse que teria arrumado um emprego de assistente de produção para Lucas – possivelmente no documentário em que ele trabalhava, *The Bus* –, mas que foi impedido pelos sindicatos da indústria cinematográfica. Lucas disse que aquele foi o ponto em "deu as costas para Hollywood". Na verdade, Wexler continuaria tentando arrumar um emprego para ele no sistema de Hollywood durante o resto da carreira estudantil do jovem, sem grande sucesso.

Na época em que conheceu Wexler, Lucas estava calculando qual seria o próximo passo após o curso de tecnólogo. A primeira faculdade a aceitá-lo foi a San Francisco State, na qual ele teria cursado antropologia. Ele também se candidatou para cursar ilustração e fotografia no Art Center College of Design em Pasadena; o pai acabou com esse sonho ao dizer que o filho teria que bancar o próprio curso. Lucas disse que era preguiçoso demais para sequer considerar a hipótese. Enquanto isso, John Plummer estava curtindo adoidado o período na USC, a University of Southern California, e pensou que Lucas fosse se empolgar com o programa de fotografia do curso de cinema. "É mais fácil do que educação física", disse Plummer para Lucas. Foi tudo que o jovem queria ouvir. Wexler ligou para um instrutor da USC chamado Mel Sloan; a lenda diz que suas palavras foram: "Pelo amor de Deus, fique de olho nesse moleque". Isso pode ter sido o fator decisivo ou a recém-descoberta aptidão de Lucas pode ter brilhado durante a prova. Não importou. A USC aceitou Lucas, e o jovem continuou a ser atraído inexoravelmente para o cinema.

O pai surgiu com uma solução generosa: ele pagaria pela faculdade de George Jr. como funcionário de sua empresa. Lucas ganharia 200 dólares por mês. Lucas Sr. talvez tenha ponderado que a faculdade de cinema daria uma lição valiosa. Afinal de contas, ninguém se formava em cinema e imediatamente encontrava emprego em um estúdio. Eles primeiro eram contratados como estagiários. Se a pessoa chegasse às alturas estonteantes de virar editor assistente após quatro anos de estágio, era preciso esperar mais quatro anos até poder editar filmes.

Hollywood era uma fortaleza fechada de nepotismo, porém sempre houve um lugar onde o nepotismo funcionava a favor de Lucas: Modesto. "Você vai voltar em alguns anos", disse George Sr. para o filho.

"Não, não vou, eu serei um milionário antes dos 30 anos", disparou Lucas. Ou, pelo menos, foi assim que ele se recordou da conversa, como um milionário aos 30 anos.

5. USC

Quando *Star Wars* surgiu pela primeira vez como um conceito cinematográfico? Onde o amor por *Flash Gordon* se metamorfoseou na ideia de levar alguma versão do seriado para o celuloide? A resposta de Lucas é de uma imprecisão frustrante. "Você acaba ficando com uma pequena pilha de ideias para grandes filmes que adoraria fazer", disse ele para a revista *Starlog* em 1981. "Eu tinha essa ideia para fazer uma aventura espacial... Era uma coisa tão óbvia que fiquei surpreso por ninguém ter feito antes."

Nenhum aluno tinha menos probabilidade de virar o astro da turma. Lucas entrou na USC como estudante de fotografia, não de cinema; ele começou com apenas duas aulas no curso de cinema, que não era a disciplina descolada que é hoje, e o departamento havia sido banido para um prédio austero chamado de "estábulo" à beira do campus. No discurso de início de ano, o reitor da universidade falou aos estudantes que ainda havia tempo de pegar a mensalidade de volta. "As instalações estavam lotadas, o material era limitado, e reservar os equipamentos de edição e mixagem era um desafio", conta o colega de Lucas, Howard Kazanjian. "Aprendemos a trabalhar juntos. Criamos a sensação de família. A instalação era velha e mofada, mas eu não queria que fosse de outra forma."

Lucas era cada vez mais atraído pelos "geeks e nerds" das aulas de cinema, apesar de seu status de pária. "Ninguém queria ficar ao nosso redor", contou ele em 2013. "Nós éramos barbudos e esquisitos." Ele comparou os compatriotas aos funcionários do Google e Facebook dos dias hoje. Algo empolgante e novo estava acontecendo dentro do "estábulo", e os jovens percebiam isso.

Lucas evitou a aula de roteiro, dada pelo terrível Irwin Blacker, de onde se sabia que os alunos saíam às lágrimas. Ele não se importava com trama e diálogo. Som e imagem eram tudo o que ele queria aprender. Lucas teve aula de história de cinema com Arthur Knight, cujo entusiasmo era contagiante. Knight exibiu *Metrópolis*, a obra-prima de 1927 de Fritz Lang. O filme imagina uma cidade do futuro onde um "mestre" autoritário é desafiado por trabalhadores rebeldes. O filho do mestre se aventura no submundo em busca da mulher que lidera a rebelião, e o mestre encomenda uma máquina feita à semelhança dela para desacreditá-la. Lucas arquivaria aquele icônico robô dourado na mente, onde ficaria por anos e se tornaria fluente em mais de 6 milhões de formas de comunicação.

6. Clean Cut Cinema

Don Glut entrou na USC no mesmo ano em que Lucas; ele, como George, não começou estudando cinema. Os dois se conheceram quando Lucas e seu colega de dormitório, Chris Lewis, juntamente com o colega de dormitório de Glut, Randal Kleiser, fundaram o Clean Cut Cinema Club, cujos integrantes se revezavam exibindo filmes. Glut entrou para o grupo também, embora não combinasse muito com o espírito propositalmente careta do clube. "Eu era o único no clube com cabelo comprido", diz Glut. "Depois que os Beatles surgiram, todo mundo deixou o cabelo crescer. Era o que as garotas queriam, então foi isso que fizemos. Mas Lucas, Kleiser e Lewis tinham cortes de cabelo perfeitos." (Lucas não ganharia barba até retornar à USC como pós-graduando.) Na verdade, o CCCC tinha uma tendência reacionária voltada para os "beatniks que dominavam o departamento de cinema", aqueles que os aconselhavam a seguir o caminho de Jean-Luc Godard no cinema independente e que diziam que eles não conseguiriam um emprego na indústria. Lucas e seus companheiros tinham um conceito diferente do que aquela indústria poderia ser.

O CCCC costumava evitar a exibição dos trabalhos da Nouvelle Vague do cinema francês, então na moda. Era aquilo o que os professores curtiam, então o CCCC quis ser outra coisa diferente. Glut era um operário arrogante de Chicago que adorava revistas em quadrinhos e super-heróis. Um amigo que trabalhava na Republic Pictures conseguiu para ele rolos de velhos episódios de seriados, que era o que Glut exibia para o clube: *Capitão Marvel, Rocketman, Spy Smashers, Zorro*. Apesar do amor pelo seriado *Flash Gordon*, Lucas estava vendo a maioria desses outros títulos pela primeira vez, como Glut se recorda.*

No segundo ano, Lucas alugou um local por 80 dólares ao mês em Benedict Canyon, cujo nome pode muito bem ter inspirado o Cânion do Mendigo de Tatooine. Kleiser foi morar com ele, e a dupla deu uma festa em que Glut exibiu um episódio de *As aventuras do Capitão Marvel*. Glut adorava aquilo, mas também reconhecia as cenas mais bobas quando as via. Em uma delas, o Capitão Marvel está seguindo um carro cujo motorista ficou incons-

---

* Devo destacar que Glut tem um ressentimento com Lucas, que não o ajudou a sair de um grave problema financeiro com mais trabalho após ele ter escrito a novelização de *O Império contra-ataca*. Glut me deixou entrevistá-lo com a compreensão de que não seria obrigado a dizer qualquer coisa positiva a respeito da Lucasfilm.

ciente. O carro segue descontrolado por uma estrada sinuosa e, de alguma forma, consegue evitar cair do precipício. "Isso é impossível", riu Glut.

Lucas olhou para ele muito seriamente. "Não", insistiu Lucas. "O carro seguiria os contornos da estrada."

Ambos compartilhavam um amor por seriados vagabundos, mas a paixão de Glut o colocou em apuros. Cada sala de aula tinha um projetor de 16 mm; era possível exibir qualquer coisa se não estivesse acontecendo uma aula. Uma noite, Glut estava exibindo os seriados para uma plateia quando foi expulso por Herb Kosower, o professor de animação. Em 1965, Glut teve que refazer a aula de câmera após entregar um filme chamado *Superman vs. the Gorilla Gang* como trabalho de conclusão. O filme cumpria as exigências, mas o professor o reprovou. Por quê? "Porque é um filme do Superman."

Lucas, ao contrário, manteve seu amor por coisas assim fora do ambiente da faculdade, embora aquilo consumisse sua vida extracurricular. Kleiser contou que insistia que Lucas saísse do quarto e fosse às festas, mas Lucas "só queria ficar dentro de casa e desenhar tropas estelares", disse Kleiser. Todos aqueles anos depois da aula de arte e ele ainda desenhava soldados espaciais.

7. *Look at Life*

Como eletiva, Lucas cursou a aula de animação de Kosower. Enquanto Glut odiava Kosower, Lucas sentou-se na primeira fileira, com a intenção de aprender como tudo funcionava, pronto para ter um excelente desempenho. Quase que imediatamente, ele descobriu que tinha um talento para animação – e que talento.

Em 1965, George Lucas fez seu primeiro curta-metragem, nascido de um antigo trabalho de casa que não podia ter sido mais básico. Os estudantes foram instruídos a tirar um minuto de um filme de 16 mm, colocá-lo em uma câmera Oxberry, e fazer algo se mexer. O que Lucas fez com aquele minuto foi extraordinário e ainda se sustenta hoje como se fosse um grande curta-metragem do YouTube (o que ele é agora, efetivamente). É chamado de *Look at Life*. O título faz referência a duas famosas revistas de fotos semanais, *Look* e *Life*. Lucas cortou suas fotos favoritas e as juntou em uma colagem, ao estilo do *21-87* de Lipsett.

Em todos os filmes subsequentes de Lucas, a música estava no banco do motorista: nesse caso, a primeira faixa da trilha sonora do filme brasileiro *Orfeu negro*, que por acaso tem um minuto de duração. *Look at Life* abre com um violão suave, e ao som do instrumento Lucas afasta o zoom da câmera de um olho, de um rosto coberto por uma rede. Então surge um samba urgente, que aparece bruscamente da mesma forma como, anos depois, surgiria o primeiro acorde do tema de *Star Wars*, de John Williams. Vemos cães arreganhando as presas no Alabama, dr. Martin Luther King Jr., integrantes da Ku Klux Klan, Khrushchev, soldados no Vietnã, tudo em uma rápida sucessão. Cinco quadros por imagem: extremamente rápido para 1964, até mesmo um pouco chocante hoje. O curta-metragem termina com o intertítulo "Alguém a fim de sobreviver?" e "Fim?".

Esse último intertítulo pode ter sido um passo agourento muito exagerado, mas tudo estava lá: os Estados Unidos no limite nos anos 1960, a ansiedade sobre a guerra e o racismo, a emoção por trás do grande hino de protesto daquele ano, "Eve of Destruction", tudo dentro de um único minuto de filme. O resultado foi um sucesso entre o corpo docente e acabou ganhando um total de dezoito prêmios em festivais estudantis no mundo todo. A confiança de Lucas explodiu em um instante. "Quando eu fiz aquele filme, percebi que era capaz de dar muitas voltas em torno de todo mundo", disse ele. "Foi quando me dei conta de que aquelas ideias malucas que eu tinha talvez pudessem funcionar."

8. A moviola

Depois de *Look at Life*, Lucas se esbaldou nos projetos de aula. Para a aula de iluminação, ele e o colega Paul Golding produziram um simples exercício de reflexão tendo o capô de um carro como tema. Ao som de "Basin Street Blues", de Miles Davis, o projeto foi chamado de *Herbie*, pela convicção equivocada de que Herbie Hancock tocava piano na faixa. Tomadas hipnóticas de neon se espalhando sobre o cromado foram editadas ao som da música. Na batida de um tambor, via-se, por um segundo, algo parecido com uma galáxia nascendo.

Lucas teve a oportunidade de conhecer e ter uma aula com o poderoso diretor francês Jean-Luc Godard; depois disso, ele parece ter tido o zelo de um convertido sobre o cinema da Nouvelle Vague e a teoria do autor. Em seu terceiro curta-metragem, *Freiheit* – a história de um jovem, interpretado por Kleiser, que foge pela fronteira entre as Alemanhas Oriental e Ocidental, interpretada pelo cerrado do sul da Califórnia –, Lucas foi tão longe na vanguarda que experimentou omitir o prenome. "Um filme de LUCAS", diz o intertítulo.

A principal máquina para editar filmes na época, a moviola vertical, parecia feita sob medida para um jovem que amava carros. Tinha engrenagens e rodas dentadas, precisava receber graxa e roncava. Pedais controlavam a velocidade e o movimento. Lucas tinha que invadir a sala de edição, conhecida na época como "cela", para conseguir pilotar o filme à noite, cortando uma cena bem no limite de se entediar com ela; a sessão inteira era movida a barras Hershey's, Coca-Cola e café. Ele se deu o apelido imensamente nerd de "Supereditor".

Para o projeto de conclusão de curso, *1:42:08: a Man and His Car*, Lucas uniu suas duas maiores paixões: carros velozes e filmes velozes. Era tecnicamente excelente, mas frio: não se via muito do homem. A trilha sonora foi o ronco de um motor. Ele foi inspirado por outro filme da National Film Board of Canada chamado *12 Bicycles*, que usou o mesmo tipo de lentes teleobjetivas de que Lucas se valeria em *1:42:08*.

Ele usou filme colorido, que os estudantes estavam teoricamente proibidos de usar, e levou mais do que um semestre para terminar o projeto, outra regra desrespeitada. Lucas foi repreendido por invadir a cela e editar à noite. O corpo docente pode ter resmungado, mas Lucas era basicamente intocável àquela altura. O jovem prodígio vencedor de prêmios havia atraído um círculo de amigos estudantes, que se tornaram conhecidos – em retrospecto, pelo menos – como os Doze Condenados. Em uma ponta do espectro, estava John Milius: mulherengo, excêntrico, conservador, militarista, um homem que teria entrado para os fuzileiros navais não fosse pela asma. Na outra ponta estava Walter Murch, um refinado intelectual da Costa Leste. Murch conheceu Lucas quando o jovem prodígio disse que ele estava revelando o filme de maneira completamente errada. Esse tipo de abordagem não parecia tolher relacionamentos em um curso no qual tudo girava em torno de meritocracia. "Se você visse um filme empolgante", falou Murch, "você se tornava amigo do cara que fez o filme".

Tanto Milius quanto Murch teriam efeitos indiretos em *Star Wars*, mas o impacto de Milius foi o mais imediato: ele insistiu em levar Lucas para assistir aos filmes de samurai do diretor japonês Akira Kurosawa que passavam no cinema Toho na La Brea, em Los Angeles. Kurosawa mudou a vida de Milius quando ele foi declarado como isento do serviço militar: um festival dos filmes do diretor que durou uma semana convenceu Milius a se candidatar para a faculdade de cinema. Lucas só teve que ver *Os sete samurais* para saber que estava fisgado. Kurosawa tinha a mesma paixão por teleobjetivas e panorâmicas; ele contava histórias irresistíveis que evoluíam lentamente para uma grande conclusão; gostava de alimentar a expectativa da plateia para alguma coisa prestes a acontecer, alguma coisa logo ali, fora do limite da tela.

E havia algo a mais naqueles filmes de samurai, algo que teria sido óbvio para qualquer cria dos anos 1950: Kurosawa amava faroestes. Ao ser perguntado uma vez sobre de onde vinha sua inspiração, o diretor japonês respondeu: "Eu estudo John Ford". Ford, o diretor vencedor de vários Oscars por filmes como *Rastros de ódio* e *O homem que matou o Facínora*, é considerado o antigo mestre do faroeste. Embora nascido em uma família irlandesa no Maine, Ford conseguiu encontrar e enquadrar o espírito do oeste americano. Seus personagens lutavam contra um terreno vasto e acidentado, procuravam por horizontes distantes e falavam apenas quando necessário. Kurosawa traduziu os faroestes de Ford para o Japão medieval. *Star Wars* teria dívidas imensas com ambos os diretores. Lucas pode ter tomado uma rota internacional indireta para chegar às influências que apareceriam em Tatooine, mas estava longe de ter perdido alguma coisa por ter feito isso. Foi como aprender sobre rock'n'roll americano ouvindo Beatles.

9. Trabalho para o governo

Ao se formar em agosto de 1966, Lucas recebeu a carta de alistamento que andava esperando. A Guerra do Vietnã estava sugando uma geração inteira para o grande redemoinho da Guerra Fria. Ele considerou seguir o êxodo para o Canadá; amigos que foram convocados avaliaram aquela opção, mas mudaram de ideia quando ouviram notícias de colegas com saudades de casa. A melhor esperança de Lucas era a escola de formação de oficiais, que talvez o levasse a um posto em uma unidade militar de filmagem.

Quando se apresentou para a inspeção médica, no entanto, Lucas recebeu um choque terrível: ele era diabético. Não apenas aquilo o declarou como isento do serviço militar, mas também tinha que abandonar seus companheiros constantes: barras Hershey's e Coca-Cola. John Plummer comparou o diagnóstico, assim que foi confirmado por seu médico lá em Modesto, a uma segunda batida de carro. Mas aquilo lhe daria uma dose heroica de autodisciplina e uma vantagem sobre os contemporâneos. Desesperado para superar a necessidade de injeções de insulina, Lucas permaneceria livre de substâncias pelo resto da carreira: sem fumar, sem drogas, sem açúcar, praticamente sem beber. Tais escolhas o diferenciariam dos outros cineastas de sua geração, e não no mau sentido. Em 1977, ano em que o primeiro filme *Star Wars* foi lançado, Martin Scorsese admitiu que estava cheio demais de cocaína para encarar o desafio de fazer mudanças muito necessárias no desastroso *New York, New York*; Francis Coppola estava sentado no meio de um fumacê de maconha em *Apocalypse Now*, um filme com orçamento estourado e atraso assustadores, enquanto os amigos temiam por sua sanidade. Enquanto isso, Lucas – o velho e chato sr. Careta – produziu rapidamente o maior filme do ano com um orçamento apertado, depois deu meia-volta e começou sua sequência.

Uma vez que foi poupado do serviço militar, o próximo passo óbvio de Lucas seria a pós-graduação na USC, mas ele se atrasou para se candidatar para o outono. Enquanto esperava pelo processo de admissão do ano seguinte, Lucas se empregou como editor para a Agência Nacional de Informação, enquanto trabalhava na sala de estar da editora Verna Fields.

Esse primeiro gostinho da vida profissional de um cineasta forçou Lucas a repensar suas aspirações. Após ouvir que ele tinha feito uma reportagem sobre a repressão de um tumulto contra o governo na Coreia do Sul parecer "fascista demais", Lucas teve uma epifania: ele não queria ser um editor. Queria ser aquele que dá ordens aos editores.

O ano fora da faculdade também deu outra revelação a Lucas. Fields contratou um segundo editor para trabalhar com ele. O nome da editora era Marcia Griffin. Ela era tão tímida e obstinada quanto Lucas, e ambos nasceram em Modesto. (Griffin era a filha de um militar de uma base próxima.) "Nenhum de nós dois levava desaforo um do outro", disse Lucas. Eles começaram a namorar. E não demorou muito para George contar para Marcia a ideia que ele tinha para uma fantasia espacial. "Aquele maldito filme estava passando pela máquina de edição na cabeça de George no dia em que nos conhecemos", diria ela duas décadas depois, na outra extremidade de um divórcio amargo. "Ele jamais duvidou de que o filme seria feito… Ele passou muito tempo pensando em maneiras de levar aquelas espaçonaves e criaturas para a tela."

Aquelas espaçonaves e criaturas também mudariam a vida de Marcia – e não necessariamente para melhor.

10. *THX 1138 4EB*

O sonho de espaçonaves e soldados espaciais parece ter se enrolado com o sonho de um filme mais fácil de ser feito – mais ficção científica do que fantasia espacial – que passava pela máquina de edição na cabeça de Lucas. Walter Murch e outro colega de turma, Matthew Robbins, tinham criado um tratamento para o que era originalmente chamado de *Breakout*: um homem escapando de um covil subterrâneo em um futuro distópico. Lucas adorou o conceito. Porém, como realizá-lo? Ele não estava na faculdade de cinema naquela época. Não tinha acesso a equipamento, e certamente não poderia bancar a compra de equipamento próprio.

Mas esses obstáculos eram superáveis com um pouco de pensamento lateral. Lucas se deu conta de que se arrumasse um segundo emprego como professor-assistente em uma aula da USC para cadetes da marinha (a USC treinava cineastas militares) em troca do aluguel, ele teria acesso ao filme colorido dos alunos. Lucas organizou os marinheiros em duas equipes e organizou uma competição na aula para ver quem conseguiria filmar com a melhor luz natural. Ele tomou conta de uma equipe. Seus alunos tinham acesso a instalações militares. Ei, pronto: equipe de filmagem instantânea, locações instantâneas. É impossível Lucas não ter se lembrado do estranho filme distópico de Jean-Luc Godard, *Alphaville* (1965), filmado nas locações mais esquisitas e fascistas que ele conseguiu encontrar em Paris.

THX 1138 4EB foi o nome que Lucas deu ao longa-metragem não editado que ele colocou na moviola na casa de Verna Fields, algumas semanas depois. Lucas levaria doze semanas editando tarde da noite para finalizá-lo. A pronúncia em inglês de THX é "thex" e parece ser uma referência jocosa a *sex* (sexo), embora Lucas tivesse dificuldade em convencer outras pessoas a não ser os amigos mais próximos a pronunciar daquela forma. O "EB" queria dizer "earth born" (nascido na Terra). Um ano depois, quando o filme estava surpreendendo o público nos festivais de filmes estudantis, ele fez uma emenda ao título – outra jogada típica de Lucas – e adicionou *Electric Labyrinth*.

O resultado estava anos-luz do típico filme estudantil. Lucas e Murch distorceram o som e tornaram a maior parte do diálogo propositalmente ininteligível. Tudo o que a plateia precisava compreender era que THX 1138 era um homem em fuga de uma espécie de aparato orwelliano de segurança governamental. Não foi necessária muita atuação. THX é visto em close por apenas um segundo. Os sujeitos da segurança que o caçavam deveriam ser frios, o que os marinheiros acharam fácil. Um deles usa um capacete numerado que cobre os olhos enquanto aciona alavancas – o primeiro embrião de stormtrooper que Lucas registrou em película.

A maior inovação em *THX 1138 4EB* foi o que Lucas fez no laboratório óptico: adicionar números e legendas ao filme, quase que aleatoriamente. Ele aponta a câmera para telas de TV. Um órgão emite notas graves e dissonantes ao fundo. Os espectadores se sentem como voyeurs, fantasmas na máquina do governo. Hoje, *THX 1138 4EB* parece estar cheio de clichês de filme estudantil, mas Lucas praticamente inventou esses clichês. Não apenas o curta-metragem lhe rendeu um monte de prêmios, mas também lhe rendeu a primeira aparição na revista *Time*, em fevereiro de 1968. Lucas contou para o entrevistador uma conversa fiada sobre os perseguidores de THX terem toda uma história pregressa, que eles eram de duas raças diferentes de "erosbods e clinicbods".

De repente, Lucas, o esquisito, estava fazendo vários amigos interessantes com esse filme premiado como seu cartão de visitas. "*THX* não foi desse planeta", disse um estudante de cinema de Long Beach que foi apresentado a Lucas durante uma sessão estudantil que incluía seu curta-metragem finalizado, Steven Spielberg. Levaria uma década até que os dois se tornassem colaboradores, mas eles já estavam a caminho de se tornar os maiores fãs um do outro. "*THX* criou um mundo que não existia antes de George projetá-lo", falou Spielberg, entusiasmado.

Isso pode ser um pouco de propaganda exagerada sobre a versão de quinze minutos de *THX*. "É um filme de perseguição", diz Charley Lippincott categoricamente. "É sobre paranoia." Mas não importa como se define *THX*, permanece o fato de que Lucas conseguiu registrar um futuro assustador em filme antes que Hollywood conseguisse fazer a mesma coisa. A indústria cinematográfica produziria uma lista de futuros amargos na ficção científica nos anos 1970, tais como *A última esperança da Terra* em 1971, *No mundo de 2020* em 1973, e *Fuga do século 23* em 1976. Lucas efetivamente lançaria essa lista com a versão de *THX* em longa-metragem e efetivamente daria fim a ela com *Star Wars*.

11. *The Emperor*

Lucas voltou à USC como pós-graduando triunfante, com um filme colorido de quinze minutos na bagagem. Nenhum outro estudante jamais tinha feito uma coisa assim. Ainda por cima, ele realizaria seu primeiro filme da pós-graduação em um cronograma ainda mais apertado e aprenderia a que velocidade conseguiria chegar. *Anyone Lived in a Pretty [How] Town* foi um arranjo de cinco minutos homônimo de um poema de E. E. Cummings. A trama: um fotógrafo faz desaparecer quem ele fotografa. Ponto. Como a maioria dos curtas-metragens estudantis de Lucas, o filme não tinha diálogos e parecia um pouco inumano – e não dava para ter certeza se tudo aquilo era proposital.

O último filme realizado por Lucas como estudante, *The Emperor*, foi diferente. Pela primeira vez, ele voltou a lente para um tema humano: Bob Hudson, o DJ de rádio de Burbank e autoproclamado "imperador do rádio".

Foi uma escolha interessante, e não porque o nome seria refletido no principal agente do mal nos filmes de *Star Wars*.

Hudson era um fantasiador confesso. Ele abre o curta-metragem falando do imperador Norton, um personagem excêntrico da São Francisco do século 19 que se declarou imperador e começou a ser tratado como tal. Hudson levou o exemplo a sério com o título grandioso. Lucas evidentemente se entusiasmou com aquela noção: alguém se tornar exatamente o que queria ser, não importava o quão absurdo aquilo soasse. Como Norton, Hudson declarou o que quis ser e depois encarnou aquilo. Isso também se tornaria a filosofia de Lucas: sonhar um império para si. "Por mais brega que isso soe", declarou Lucas anos depois, "o poder do pensamento positivo ajuda bastante".

Talvez por causa de tamanha grandiosidade excêntrica, Hudson acabou sendo frequentemente demitido de uma série de estações. "Eu sou difícil", diz ele para a câmera, embora só vejamos sua esquisiticc. Naquela época, Hudson era um DJ de rádio AM; ele tinha a aparência e a ausência de papas na língua de um Rush Limbaugh. Mas nos anos 1960, os locutores eram mais benignos: eles tocavam discos, contavam histórias e piadas, faziam companhia ao ouvinte.

Lucas se divertiu com o formato, e os espectadores de seus filmes sentiram um gosto forte de seu humor excêntrico em *The Emperor* pela primeira vez. Ele colocou os créditos no meio exato do filme, logo antes do ponto alto de uma das piadas de Hudson. "É fantasia", fala Hudson no fim do filme, repetindo o intertítulo do início. "Rádio é fantasia." A imagem dele some e deixa uma cadeira vazia.

Cinema era fantasia também – foi o que Lucas aprendeu na USC. Cinema era fantasia; as fantasias de alguém podiam aparecer no cinema. E ele tinha o potencial de dirigir aquilo, de pilotar aquela moviola, como nenhum outro cineasta. Bem, *quase* nenhum outro.

12. Francis Ford Coppola

Após Lucas se formar, ele se refugiou no deserto. Charles Lippincott, seu colega de turma, havia recusado uma bolsa de 200 dólares por semana oferecida pela Columbia Pictures para trabalhar em um faroeste chamado *O ouro de MacKenna*, que estava sendo filmado no Arizona, e Lucas pegou a vaga no lugar dele. Mas ele ficou furioso com a bolsa, que mais tarde chamou de "um golpe para conseguir um bando de documentários vagabundos de bastidores". Lucas embolsou a grana, se afastou da filmagem e fez um filme mudo sobre o deserto em si. Ainda apaixonado por números, ele batizou a obra de *6.18.67*, em nome do dia em que encerrou a filmagem.*

A próxima oportunidade foi outra bolsa – uma que Lucas ganhou (por causa da força de *THX*) e Murch perdeu, mas não antes de eles fazerem um pacto em que o vencedor ajudaria o perdedor. Essa bolsa deu 80 dólares por semana para Lucas durante seis meses na Warner Brothers. Lucas inventaria a fantasia de que o seu primeiro dia no estúdio seria o último de Jack Warner. Na verdade, Warner ficaria por ali, entre idas e vindas, durante anos. Mas o estúdio estava em má situação, fora vendido para um consórcio de empresas, e muitos dos departamentos estavam trancados. Um que estava no processo de fechar era o departamento de animação, lar dos *Looney Tunes: a turma do Pernalonga*, onde Lucas queria ter passado o período da bolsa. Antes da bolsa, ele havia tentado e fracassado em conseguir em emprego na Hanna-Barbera; Lucas tinha brevemente dado assistência ao animador Saul Bass no curta de animação *Why Man Creates*, vencedor do Oscar. Só em 1985, Lucas conseguiria se tornar um produtor de animação – após dar uma grande volta.

Ao contrário, Lucas pegou o telefone no departamento moribundo de animação e fez uma ligação decisiva para Howard Kazanjian, seu colega de turma que por acaso estava no estúdio como diretor assistente do único filme em produção na ocasião: um musical chamado *O caminho do arco-íris*. Kazanjian disse para Lucas aparecer e ser apresentado a Francis Ford Coppola, um autoconfiante prodígio da UCLA, o único estudante de cinema no país cuja estrela brilhou mais que a de Lucas. Após um período trabalhando para Roger Corman, o mestre do filme-B, Coppola conseguiu um trabalho como diretor em Hollywood. Só isso parecia impossível. Mas o fato de que Coppola por acaso estava no estúdio da Warner ao mesmo tempo em que Lucas se desesperava para fazer alguma coisa? Só podia ser o destino.

Coppola encontrou espaço no orçamento para Lucas trabalhar como assistente, e o relacionamento sempre animado dos dois começou. Coppola desafiou Lucas a surgir com uma ideia brilhante para o filme todos os dias. Lucas correspondia, mas Coppola, quatro anos mais velho, ainda provocava seu protegido implacavelmente ao chamá-lo de "moleque asqueroso". O segundo mentor constante de Lucas, depois de seu pai, também foi, disse ele, seu atormentador. Eles eram completamente opostos: ruidoso e quieto, impetuoso

---

* Exatamente uma década depois, Lucas colheria os primeiros frutos de uma filmagem bem mais difícil no deserto.

e cauteloso, mulherengo e friamente devotado. Uma vez, Lucas disse que sua carreira era uma reação à carreira de Coppola, não menos do que outros fatores. Ainda assim, os dois tinham algo crucial em comum: "George desobedeceu às regras da USC", comentaria depois Kazanjian; afinal de contas, ele literalmente desobedeceu às regras ao invadir a sala de edição. "Francis adora desobedecer às regras."

Nos fins de noite, no escritório com Kazanjian, Lucas e Coppola não paravam de falar sobre o ódio que sentiam pela cena de Hollywood e que queriam derrubar a estrutura antiquada de sindicatos e da velha guarda dos chefes de estúdio. Portanto, foi outro golpe de sorte extraordinário quando Coppola recebeu o sinal verde do estúdio para filmar seu roteiro *Caminhos mal traçados*. Ele montou uma equipe de filmagem na estrada com vinte pessoas: uma caravana pelos Estados Unidos com um orçamento magro, só usando câmeras de mão e se hospedando em motéis. A heroína do filme estava dando uma de Jack Kerouac, caindo na estrada. Os jovens cineastas estavam fazendo o mesmo. Lucas veio junto como um faz-tudo: ele gravou som, carregava equipamento, cuidava dos objetos cênicos. Ele filmou um documentário que capturou o quão agitado Coppola era, bem como a diversão e o caos da viagem, com fogos de artifício sendo disparados de carro para carro, cujos motoristas usavam capacetes militares prussianos.

Naquela ocasião, o próprio Lucas foi capturado por câmeras de documentário pela primeira vez, para um trecho de um curta-metragem sobre novos cineastas que era ostensivamente focado em Coppola. Apresentado como o assistente do diretor – não, não, insiste Coppola, seu *sócio* –, Lucas sorri timidamente e abaixa o olho para a própria câmera. Aí o curta-metragem corta para Lucas de óculos de aros grossos, o início de um cavanhaque, e um casaco militar estilo Mao, totalmente na onda revolucionária. "Filmes estudantis são a única esperança de verdade", diz Lucas em tom de sermão. "Acho que eles [os estúdios] estão começando perceber que os alunos sabem o que estão fazendo. Sabe, eles não são apenas um bando de moleques bobos brincando."

O futuro Criador, o autodeterminado imperador do cinema, estava prestes a se tornar muito mais do que um moleque bobo brincando em um beco.

Mas antes, teria que aprender a escrever.

5 / COMO SER UM JEDI

O Deus do Estado é uma mentira. Nosso herói está determinado a encontrar a verdade por trás de todas as religiões.

"Deve haver alguma coisa independente", diz THX 1138. "Uma Força."

Lucas escreveu esse diálogo em 1968, quando estava adaptando *THX 1138 4EB* naquele que seria seu primeiríssimo longa-metragem. O eco do *21-87* de Arthur Lipsett ainda podia ser ouvido. Em algum momento no ano seguinte, ele decidiu cortar a cena da Força do roteiro de *THX*. Mas a Força continuaria a fluir por Lucas, exigindo nascer como conceito. Em 1977, ela explodiria na mente de milhões; posteriormente, Francis Ford Coppola sugeriu para Lucas que os dois realmente lançassem uma religião usando a Força como seu livro sagrado. Lucas temeu pela sanidade do amigo. Mas não era inconsistente com a natureza de Coppola, um homem que uma vez brincou que estava baseando a carreira na ascensão de Hitler ao poder — e quem, disse Lucas frequentemente, tinha o hábito de encontrar um desfile e pular na frente para liderá-lo.

Mesmo que Coppola estivesse ironizando, aquela não era uma ideia sem precedentes. Àquela altura, o escritor de ficção científica L. Ron Hubbard tinha passado três décadas criando sua própria religião, a Igreja da Cientologia. Lucas tinha mais fiéis do que Hubbard jamais poderia ter sonhado. Se ele tivesse deixado o carismático Coppola criar uma Igreja da Forçalogia, parece haver pouca dúvida de que estaríamos vivendo em um mundo diferente.

Mas a intenção de Lucas nos filmes era destilar crenças religiosas que já existiam, e não adicionar uma nova. "Sabendo que o filme foi feito para um público jovem, eu estava tentando dizer que havia um Deus e que há ao mesmo tempo um lado bom e um lado mau", disse Lucas para o biógrafo Dale Pollock. "A pessoa pode escolher entre eles, mas o mundo funciona melhor se ela estiver no lado bom."

A Força é um conceito tão básico que chega a ter apelo universal: uma religião para a era secular que é tão apropriada aos nossos tempos exatamente por ser tão carente de detalhes. Todo mundo pode adicionar as próprias camadas de significados. Lucas, por meio de um longo processo de tentativa e erro, parece ter encorajado de propósito as interpretações singulares dos espectadores. "Quanto mais entrava em detalhes, mais aquilo se afastava do conceito que eu tentava criar", contou Lucas em 1997. "Então a verdadeira essência era lidar com Força, mas não ser muito específico a respeito." Em *Star Wars*, Obi-Wan Kenobi explica a Força para Luke Skywalker em apenas 28 palavras bem escolhidas: "A Força é o que dá poder ao Jedi. É um campo de força criado por todos os seres vivos. Ela nos cerca, nos penetra. Une a galáxia".

Tirando isso, a Força é predominantemente um mistério. Nós aprendemos que ela tem uma forte influência nas mentes fracas; que existe um lado sombrio da Força que seduziu Darth Vader. Sabemos que Vader acredita que a Força seja muito superior ao poder tecnológico da Estrela da Morte e que ele é capaz de usá-la para sufocar pessoas com quem discorde do outro lado de uma sala. Luke é ensinado a "soltar a mente consciente" e "expandir os sentidos". Ouve que a Força "estará com você, sempre". Han Solo acredita que a Força seja "uma religião maluca", que não substitui uma boa arma de raios, mas depois relutantemente deseja que a Força esteja com Luke. Obi-Wan desaparece quando é atingido pelo sabre de luz de Vader; o público pressupõe que isso teve algo a ver com a Força, mas o fato foi deixado sem explicação por mais cinco filmes. Luke foi capaz de destruir a Estrela da Morte porque colocou a mira computadorizada de lado e dependeu da Força – dá para chamá-la de intuição.

E foi tudo o que ele escreveu – Lucas, pelo menos. A explicação dada pelo mestre Jedi Yoda no filme seguinte, escrita em grande parte por Lawrence Kasdan em vez de Lucas, pode ter sido mais poética, mais espiritual ("seres luminosos nós somos, não essa matéria tosca") e mais demonstrativa (Yoda levanta um caça X-wing de um pântano após explicar que a Força é ligada a todas as coisas). Mas aprendemos um pouco mais do que aprendemos com as 28 palavras de Kenobi.

Realmente, as tentativas posteriores de examinar a Força em maiores detalhes pareceram fora de sintonia com as origens na fantasia espacial do filme. O momento em que Lucas decidiu acrescentar uma espécie de componente científico e racional ao conhecimento Jedi da Força, no *Episódio I* – os abomináveis "midi-chlorians", organismos microscópicos que teoricamente ajudam a Força a se unir aos seres vivos –, os fãs de longa data se revoltaram. Não importava que, como a Lucasfilm contestou, os midi-chlorians não devessem ser aquilo de que a Força é feita, na verdade – apenas uma indicação biológica de sua presença. Quem cavoucar bem fundo nos arquivos da Lucasfilm, vai encontrar Lucas falando sobre midi-chlorians já em agosto de 1977. "Dizem que certas criaturas nascem com uma percepção maior da Força do que outras", falou ele em um exercício de representação feito para ajudá-lo a aprimorar os conceitos de *Star Wars* após o filme original. "Os cérebros são diferentes; eles têm mais midi-chlorians nas células." Isso também não importava. O que os fãs realmente querem, ao que parece, é o mínimo possível de detalhes. Eles querem 28 palavras, e nada mais.

Lucas, àquela altura, podia estar tentando usar seus poderes para o bem do ensino de ciências, como bem sugere a semelhança entre midi-chlorians com mitocôndrias, a fonte de energia da maioria de nossas células. Isso é louvável, mas, se quiséssemos ver a Força dos filmes se manifestar na vida real, teríamos que olhar para religião e arte, não para a biologia. A Força é uma prece navajo, um eco de um comentário em um filme de arte, e muitas coisas mais além disso. "A maior forma de força ativa / do Tao emana, sua única fonte", diz *O Tao Te Ching: o livro do caminho e da virtude*. O Tao, como a Força, é a base de uma forma de artes marciais. Assim como são os conceitos de *chi*, ou energia, predominantes na cultura tradicional do budismo chinês, e *prana* na Índia, termo em sânscrito para "força vital".

A Força pode ser todas essas coisas; e ela não é nenhuma delas. A Força foi aceita por judeus, hindus e wicanos. Todos enxergam o que querem nela, especialmente se – como aqueles garotos assistindo a *Flash Gordon* – conheceram a Força na idade certa.

O alcance da aceitação da Força se tornou claro em 2004, quando a dra. Jennifer Porter, uma professora de estudos religiosos Memorial University of Newfoundland, conduziu uma pesquisa em um *Star Wars* Weekend da Disney World. "Quando eu tinha 12 anos, algo a respeito daquela conexão universal com a Força realmente agarrou com força uma coisa dentro de mim", disse um judeu entrevistado. "Isso e o conceito de os Jedi respeitarem e protegerem toda as formas de vida e desenvolverem corpo, mente e alma espelharam meu próprio caminho na vida. Daquele ponto em diante, tomei como jornada pessoal me tornar um Jedi. Eu não contava com ser capaz de mover objetos com a mente, e a ideia de criar um sabre de luz realmente funcional sequer passou pela minha cabeça, mas eu de fato procuro controlar minhas emoções, estar mais ciente das consequências das minhas ações, honrar e respeitar todas as formas de vida, tanto de pessoas quanto de criaturas, e encontrar paz, serenidade e beleza em tudo o que me rodeia."

Esse foi um ponto de vista surpreendentemente representativo. "O tema que surge com mais veemência nos comentários", diz Porter, "é que a Força é uma metáfora para divindade que repercute e inspira dentro deles um comprometimento maior do que a divindade identificada em suas crenças tradicionais". Em outras palavras, a Força é como um filtro do Instagram através do qual se enxerga qualquer religião estabelecida. Não é conflitante o suficiente para sequer aparentar a tentativa de suplantar qualquer religião tradicional, da maneira como John Lennon teve um breve flerte com a ideia de que os Beatles tinham mais partidários ativos do que o cristianismo. A Força é amigável e engrandece todas as crenças. Portanto, a Força conquista todas as crenças.

O cristianismo poderia facilmente ter se colocado em oposição a uma teologia que aparenta abraçar a cultura oriental. Em vez disso, em sua maioria – a não ser em localidades isoladas, como o catecismo de Albin Johnson –, os cristãos abraçaram a Força. Ela era etérea o suficiente para ser interpretada como o Espírito Santo. "Que a Força esteja com você" soava muitíssimo parecido com o *dominus vobiscum* da liturgia tradicional: "Que o Senhor esteja convosco".* Na verdade, a primeira tentativa de passar o verniz de uma religião terrena contemporânea na Força – um dos primeiros livros escritos sobre *Star Wars*, – foi uma tentativa cristã. Em 1977, Frank Allnutt, um ex-assessor de imprensa da Disney (ele trabalhou em *Mary Poppins*) que virou evangélico, lançou às pressas um livro chamado *The Force of Star Wars*. Em vez de ser uma fuga da realidade, escreveu Allnutt, *Star Wars* era uma placa para algo mais real. "O filme diz para o espectador: 'Ouça! Há algo melhor na vida do que chafurdar na lama da pornografia, drogas, materialismo e vãs filosofias. Você tem uma vocação maior – uma vocação para ser alguém, para fazer alguma coisa. Você tem um encontro com o destino. Tem o potencial dentro de si que ainda não começou a desenvolver. Há uma Força no universo a que você precisa se conectar.'" Lucas estava apontando para Jesus, escreveu Allnutt, "talvez sem saber". Ele disse que, quando Kenobi falava a respeito da Força, "seus olhos brilhavam como se estivesse falando de um velho amigo querido, não uma Força impessoal". Ele comparou o sacrifício do momento da morte de Kenobi à crucificação. (Anos mais tarde, Allnutt aprimoraria sua filosofia e argumentaria que "Jedi" podia ser uma contração de "*Jesus Disciple*", discípulo de Jesus.)

---

*   O produtor de *Star Wars*, Gary Kurtz, lembra que essa comparação foi exatamente a intenção.

O livro de Allnutt tornou-se um best-seller instantâneo e teve repercussão tanto entre os fãs quanto na comunidade cristã. Quando mencionei o livro de Allnutt para Albin Johnson, ele deu uma risada nostálgica. "Eu devorei aquele livro", disse ele. "O inglês era suficientemente simples para eu acompanhar; devo ter lido umas três vezes." A obra permitiu que o jovem Albin conciliasse *Star Wars* com a fé cristã dos pais e o fez resolver "levar adiante e manter um amor secreto por *Star Wars*".

O próprio Lucas nunca foi lá muito cristão, por mais que tivesse sido criado como metodista. Ele certamente possuía um conceito de Deus – "Eu estou enfrentando a vida e tentando fazer a vontade de Deus", disse Lucas para Dale Pollock em 1982 –, mas o uso do termo "Deus" diminuiu nos últimos anos conforme as opiniões evoluíram. Em 1999, Lucas ouviu do reitor do curso de pós-graduação em jornalismo na UC Berkeley: "Você me parece muito budista". Lucas respondeu: "Perguntaram 'o que vocês são?' para a minha filha no colégio, e ela disse que nós somos metodistas budistas. Eu falei que essa é uma maneira de descrever". Anos depois, ele desenvolveu a ideia para a revista *Time*. "Eu fui criado como metodista. Agora, digamos que eu seja espiritual. Estamos em Marin County. Somos todos budistas aqui.'"

Muito do que aprendemos sobre os Jedi na trilogia prólogo segue esse tema meio cristão, meio budista. Vemos uma ordem similar aos cavaleiros templários ou aos monges guerreiros celibatários. Ouvimos muito sobre desapego, um princípio chave do budismo. Aprendemos que "raiva leva ao ódio, ódio leva ao sofrimento" – sendo que o sofrimento é o resultado de todo o apego, de acordo com Buda. Anakin Skywalker se torna um anjo caído, o satânico Vader. Mas essa queda bíblica acontece porque ele é muito apegado à ideia de derrotar a morte e salvar a esposa.

Os prólogos complicam nossa noção não apenas da Força, mas dos cavaleiros Jedi em si. Nós vemos os Jedi em repouso, no que parece uma prece ou uma meditação, dependendo do ponto de vista. Mas também vemos uma ordem que é rígida demais, uma ordem destruída, como os templários, porque foram arrastados para uma guerra pelo apego a serem "os guardiões da paz". Tudo na trilogia original nos diz que o modo Jedi é a última esperança para a galáxia. Mas tudo nos prólogos nos diz que os próprios Jedi têm defeitos que

---

* Na verdade, a velha assistente de Lucas, Jane Bay, é uma seguidora dedicada do Dalai Lama e escreveu livros sobre as experiências de viajar ao Tibete, adotar uma filha lá e depois lidar com a dor de perdê-la.

são totalmente humanos. É como se Lucas tivesse criado uma religião por acidente e depois decidido destruí-la pelas fundações.

Na mesma ocasião em que Lucas estava fazendo os prólogos, uma iniciativa básica para criar uma espécie de igreja Jedi estava em andamento, mas de um modo bem menos sério do que se possa imaginar.

Em fevereiro de 2001, a Nova Zelândia estava a uma semana do censo realizado normalmente a cada dez anos. Alguém no país, anônimo até hoje, olhou a pergunta 18, que abordava a filiação religiosa, e viu uma oportunidade de zoar. "Estamos tentando encorajar as pessoas a marcarem a caixa 'outra' e a seguir informar a religião como Jedi", respondeu um e-mail anônimo. "Todos os fãs de *Star Wars* entenderão." O autor ou autora do e-mail alegou, falsamente, que o país seria forçado a reconhecer o Jedaísmo como uma religião oficial. O segundo objetivo dele ou dela: "uma pequena experiência sobre o poder do e-mail".

É garantido dizer que a experiência foi bem-sucedida. Com uma semana de aviso, 53.715 neozelandeses marcaram "outra" na caixa e escreveram "Jedi". O governo se recusou a reconhecê-lo como uma afiliação – mas, não oficialmente, "Jedi" se tornou a segunda maior religião do país.

Para o censo da Austrália em agosto daquele ano, o mesmo e-mail foi reformulado. Desta vez, o texto alegava que 10 mil era a barreira oficial para uma nova religião. Houve um novo incentivo: "Lembre-se, se você é um integrante da religião Jedi, então por definição você é um Cavaleiro Jedi". Em algumas versões, havia um arremate: "Se esse tem sido seu sonho desde que você tinha 4 anos de idade… faça isso porque você ama *Star Wars*. Se não ama, faça por maldade".

O governo australiano contra-atacou e alertou que qualquer pessoa que fosse para o lado sombrio ao colocar uma resposta falsa no formulário do censo seria punível com uma multa de mil dólares. Embora a ideia de o governo multar qualquer um ou todos os autoproclamados Jedi seja difícil de acreditar, as autoridades do censo estavam falando sério. "Para um grupo ser incluído na classificação do Gabinete Australiano de Estatísticas, é preciso provar que haja um sistema de crenças ou filosofia básicos", disse Hugh McGaw, do Processamento do Censo e Atendimento ao Usuário. Cerca de 70 mil australianos arriscaram a multa e preencheram Jedi mesmo assim, talvez na esperança de que surgisse alguém e revelasse aquele sistema básico de crenças. (Ninguém jamais foi multado.)

A Nova Zelândia e a Austrália foram apenas o começo. O Jedaísmo se espalhou até o Canadá por cortesia de uma dupla de DJs de Vancouver; 21 mil canadenses preencheram a religião no censo. Contagens subsequentes na Croácia, República Tcheca e Montenegro descobriram milhares de Jedi vivendo nos países. A Irlanda se recusou a divulgar quantos Jedi viviam na Ilha Esmeralda. Mas o maior prêmio para os e-mails em série foi para o Reino Unido, que registrou mais de 400 mil Jedi dentro de suas fronteiras, após o governo esclarecer que ninguém seria multado por preencher o formulário, e ainda adotaram a iniciativa como um método de aumentar a taxa de preenchimento do censo entre adolescentes e jovens na casa dos vinte anos. Esses 400 mil entrevistados representavam 0,7% da população e fizeram o Jedaísmo a quarta maior religião declarada do Reino Unido, atrás do cristianismo, islamismo e hinduísmo.

Até então, bem divertido. Mas quanto disso representava um reflexo real do avanço do Jedaísmo, em vez de ser apenas uma tentativa de irritar as autoridades ou defender um ponto de vista sobre ter que responder sobre religião no formulário do censo? Na verdade, não representava muita coisa, considerando que, no censo de 2001, 14,7% do Reino Unido preencheu "sem religião". Para ateus e agnósticos que adoram *Star Wars*, "Jedi" pode ser simplesmente uma manifestação pessoal mais interessante do que "sem religião". Considere que as mais altas porcentagens de Jedi no Reino Unido pareciam vir de cidades universitárias: Brighton, Oxford, e Cambridge tinham todas aproximadamente 2% de Jedi. A maior parte da resposta foi essencialmente um trote estudantil.

Ainda assim, veio uma avalanche de manchetes sobre os Jedi. Os políticos descobriram que podiam chamar a atenção ao embarcar na ideia de uma religião Jedi. Em 2006, Jamie Reed, do Partido Trabalhista, usou seu discurso inaugural no Parlamento para se declarar como o primeiro parlamentar Jedi. O gabinete de Reed confirmou que aquilo foi uma piada; ele estava tentando provar que religião, no contexto de uma lei parlamentar sobre crimes de ódio, era uma coisa difícil de definir. Mas as manchetes não o prejudicaram. Também não prejudicaram um parlamentar do Partido Conservador que mencionou uma possível exclusão dos Jedi em uma lei religiosa, em 2009.

Moradores comuns do Reino Unido também apareceram no noticiário ao afirmar que eram afiliados aos Jedi. Um casal londrino se declarou Jedi e entregou uma petição à Associação das Nações Unidas pedindo que o vindouro Dia Internacional da Tolerância das Nações Unidas fosse rebatizado de Dia Interestelar da Tolerância das Nações Unidas; o *Daily Mail* não conseguiu resistir a fazer uma reportagem com fotos. Então, em 2009, em Bangor, North Wales, exigiram que um homem chamado Daniel Jones abaixasse o capuz do casaco em um supermercado da rede Tesco; ele alegou que era o fundador da "Igreja Internacional do Jedaísmo" com "500 mil seguidores no mundo todo". Os jornais publicaram isso sem comentar; na verdade, a igreja de Jones tinha pouco mais de quinhentos seguidores no Twitter. "Na nossa dotrina [*sic*] diz que eu posso usar capuz", falou Jones, após ser levado ao gerente do Tesco com um cartão de visitas da igreja e ser expulso. Um representante da rede Tesco tentou deturpar o incidente da melhor forma: "Se um Jedi entrar em nossas lojas com os capuzes erguidos, vão perder um monte de ofertas especiais".

O mais próximo que alguém pode encontrar de uma Igreja do Jedaísmo é o site Jedichurch.org; esse abrangente grupo internacional atualmente conta com 6,3 mil integrantes no Facebook. Esse pode ser o mesmo tamanho da Legião 501st, mas o grupo não tem nada da coerência da 501st. O conteúdo é praticamente o mesmo de qualquer grupo do Facebook: piadas, notícias, imagens inspiradoras, a causa política ocasional. Um integrante escreve que tatuará o código Jedi. Alguém posta uma citação do Dalai Lama; outro posta um vídeo de manobras com sabre de luz; mais um nos informa sobre um Darth Vader de Portland, Oregon, que anda de monociclo tocando uma gaita de fole que solta labaredas.

Boa sorte para todos eles. Mas ter um grupo divertido no Facebook não constitui uma ordem religiosa. A página na Wikipédia sobre Jedaísmo diz tudo: "O Jedaísmo não tem fundador ou estrutura central". Imagine uma religião sem religião. Como o terceiro mentor de Lucas, Joseph Campbell, disse: "Todas as religiões são verdadeiras. Nenhuma é literal".

O número de Jedi em censos desde 2001 também tem aumentado e (na maioria dos casos) diminuído. Na pesquisa, Jennifer Porter traça uma distinção entre "Jedi realistas", que se chamam de Jedi mas rejeitam o rótulo de religião e preferem considerar o Jedaísmo como uma filosofia de vida, e os Jedaístas, aqueles que afirmam seguir uma crença totalmente nova. Alguns Jedaístas dizem seguir algo chamado os 21 Axiomas (Perícia, Justiça, Lealdade, Defesa, Coragem, e vou poupá-lo do resto) compilados do agora desativado site jediism.org. Porter estima que há pelo menos cinco vezes mais Jedi realistas do que Jedaístas. "Houve uma disputa ideológica de poder", diz ela, "e os Jedaístas levaram uma surra".

Parece fazer sentido. Os Jedi que encontrei são muito pós-modernos sobre toda a situação. As coisas simplesmente são como um entrevistado presbiteriano escreveu na pesquisa de Porter: "Suspeito que todos ou a maioria desses Jedi não estão realmente praticando a fé em que dizem acreditar, de qualquer forma. Eles querem apenas sabres de luz maneiros".

* * *

Aparentemente eu não consigo girar meu sabre de luz para frente. Isso é um problema. Girar o sabre de luz para frente é a primeira coisa que se aprende na aula de sabre de luz. Se eu não conseguir dominar esse gesto básico, meu treinamento será deveras limitado.

Alain Bloch, nosso instrutor, está fazendo o melhor possível a fim de demonstrar para nós. Vestido a caráter no manto, de botas Jedi compridas de couro, e com o cabelo armado à Anakin Skywalker, ele aponta para o que está fazendo nos espelhos do estúdio. "Giro para frente no polegar e indicador. Para frente, abra a palma, de palmas abertas." Meu pulso não quer girar daquela forma. Nem consigo ver como o dele está girando. É um borrão. "Apenas deixe o ímpeto da lâmina levá-lo durante o giro. Agora você pode fazer mais rápido."

Apesar da minha péssima habilidade, a aula segue em frente. Em pouco tempo, estamos praticando girar o sabre de luz para trás, girá-lo formando um oito imaginário com cada mão, e dar um golpe cortante puxando a arma das costas. Bloch colocou as trilhas sonoras de *Star Wars* para tocar no fundo, acompanhadas pelo eco ocasional do baque de um sabre de luz caindo no chão.

Estamos na reunião regular das tardes de domingo dos Golden Gate Knights, uma aula de três horas de treinamento Jedi que ocorre em um estúdio de dança a poucos passos de empresas start-up do bairro South of Market, em São Francisco. Com 2 anos de idade, a aula de Bloch apareceu no site da BBC e do *Los Angeles Times*. Aí a BBC apelou para Bloch a fim de obter uma declaração quando um sacerdote escocês disse ter medo de que a separação do casamento do Estado dentro do Reino Unido levaria as pessoas "a serem casadas por um Jedi". Bloch declinou de comentar: ele é um Jedi realista. "Tudo isso é meio besteira", diz ele sobre os tratados Jedaístas. "Eu digo às pessoas para simplesmente ir à fonte: budismo, taoísmo, hinduísmo, qualquer que seja. Porque toda a filosofia pseudoreligiosa de *Star Wars* é exatamente isso."

Eu encontrei um povo surpreendentemente variado na aula de Bloch – quase tantas mulheres quanto homens, tantos jovens quantos velhos, tantos brancos quanto não. Havia um saudável grupo de casais namorando, gays ou héteros. Toda semana, recebíamos visitas de terras estrangeiras. Um cara veio lá de Madri; acabamos sabendo que ele havia começado uma aula similar lá. Quem quiser um retrato do público de *Star Wars* estava bem ali. Parece com todo mundo.

Sabres de luz, em resumo, são uma obsessão global. Há um concurso mundial que ocorre anualmente no YouTube para o melhor vídeo de sabre de luz, chamado Sabercomp. (Os resultados são espetaculares e valem muito conferir.) Na Alemanha, eu conheci o Saber Project, um grupo grande e determinado de criadores de sabres de luz fluorescentes que realizaram uma demonstração de batalha em massa antes de uma sessão comemorativa do aniversário de 30 anos de *O retorno de Jedi*. Em 2013, cientistas de Harvard e do MIT conseguiram unir minúsculas moléculas feitas de fótons. "Cientistas criam a tecnologia do sabre de luz", berraram as manchetes. Em Xangai, uma empresa chegou ao ponto de vender um laser portátil extremamente poderoso como um "sabre de luz" – ele pode não cortar o braço de alguém ou cauterizar uma ferida, mas certamente arrancará seu olho.

Mas quem não gostaria da chance de, pelo menos uma vez, dar um golpe com algo capaz de convencer que é um verdadeiro sabre de luz? Os sabres que os Golden Gate Knights usam são um enorme avanço em comparação com os modelos telescópicos de 10 dólares encontrados na Toys "R" Us. Bloch oferece sabres à vontade, todos construídos sob medida por grupos similares ao Saber Project, bem como vários indivíduos on-line. Cada cabo tem um estilo diferente, uma pegada diferente, um brilho metálico bem cuidado. Eles emitem exatamente o zumbido certo; alguns são modificados com acelerômetros e sensores de impacto e soltam o famoso som de golpe quando se chocam. Um rígido tubo translúcido contém um facho de um poderoso LED fluorescente; é o suficiente para sentir que há uma lâmina laser diante da pessoa quando as luzes estão ligadas e fazer tudo mundo na aula dizer "óóóó" quando as luzes do estúdio são diminuídas e os espelhos refletem as lâminas ao infinito.

A forma mais fácil de descrever uma aula de sabre de luz é dizer que é meio esgrima, meio ioga. O objetivo é aprender um sistema numerado de coreografia de luta criado por Bloch e o cofundador Matthew Carauddo, que dá a mesma aula em um estúdio no Vale do Silício. Você e eu podemos nos encontrar com nossos sabres de luz pela primeira vez em uma Comic Con, por exemplo, e quando eu dissesse uma sequência de números, você saberia que eu cortaria em volta do seu corpo em uma formação de estrela e apararia o golpe de acordo. Nós até faríamos floreios como o oito imaginário, ou algo mais caprichado que Bloch chama de "Obi-Annie" (mas que é na verdade um golpe chamado "ameixeira europeia" da arte marcial Wushu). Por um momento, nós tiraríamos nossa carapaça nerd; nós pareceríamos descolados.

É uma coisa muito diferente dos jornais enrolados e os barulhos de "zum-zum" que meus amigos e eu fazíamos quando éramos moleques. Fiquei encantado quando soube que todo mundo – até mesmo Ewan MacGregor e Liam Neeson, quando começaram a treinar com pedaços de pau para as batalhas de sabre de luz no *Episódio I* – faz barulhos quando começa. Quando eram crianças nos anos 1980, Bloch e seus amigos brigavam com lanternas em salas às escuras. "Tínhamos regras nossas sobre o combate", diz ele. "Geralmente, tínhamos que parar para decidir se alguém bloqueara a lâmina a tempo. Eu suspeito que passamos mais tempo arbitrando as lutas do que lutando de fato."

Bloch acabou descobrindo o método do sabre de luz após uma experiência estranha no festival anual Burning Man em Nevada, em 2006. Um dos presentes, em um gesto da generosidade bizarra que permeia o evento, distribuiu 10 mil sabres de luz, com instruções para um "encontro ao pôr do sol para uma batalha épica". Dois lados, cada um com centenas de pessoas, avançaram um contra o outro no meio do deserto, na versão nerd de uma gigantesca briga de travesseiros.

A experiência mudou Bloch. Ele se sentiu inspirado a começar a andar pelas ruas de São Francisco vestido como um Jedi. Um dia em Dolores Park, a meca das palmeiras no Mission District, um homem o abordou e disse: "Eu vejo que você tem dois sabres de luz".

Bloch, que realmente portava dois sabres de luz na ocasião – vermelho e azul, Sith e Jedi –, respondeu:

– Tenho sim.

– Bem – disse o homem de forma pensativa –, nós deveríamos duelar então.

E realmente duelaram. Bloch veio armado com regras: se a pessoa tocar no torso da outra três vezes com o sabre de luz, ela vence. Depois, Bloch encontrou outro homem em uma festa que o desafiou para um duelo e perguntou se ele se lembrava da batalha épica no Burning Man. O sujeito era Hib Engler, o doador dos 10 mil sabres de luz antes de mais nada. Eles lutaram duas vezes. Cada homem venceu um duelo. O círculo estava completo.

Bloch tentou melhorar as habilidades com aulas de esgrima, de combate para artes cênicas e artes marciais. Mas nada do que era oferecido era exatamente como ser treinado para usar um sabre de luz. Finalmente, Bloch encontrou Carauddo por meio de um vídeo do YouTube que demonstrava sua técnica e sabres personalizados. Carauddo deu uma aula para Bloch, que disse: "Sabe, tem gente que pagaria por isso". Ele encontrou um estúdio e começou a provar que tinha razão. O sujeito de Dolores Park foi um dos primeiros alunos; dois anos depois, Bloch estima que tenha tido quase mil alunos. A doação sugerida (aham, Lucasfilm) é de 10 dólares.

Após mais alguns exercícios de girar o sabre de luz – fazer o oito imaginário ao contrário nas costas, deixar o sabre pular de uma mão para a outra –, nós avançamos para a coreografia de luta. "Primeiro, recolha o ataque", diz Bloch, o que significa recolher a lâmina para a lateral do corpo, segurando com as duas mãos (sempre segure o sabre de luz com duas mãos, a não ser que esteja girando ou fazendo um floreio), apontadas para cima e de prontidão. Depois, golpeie o oponente, girando o cabo com a mão dominante e mais alta pegando no meio, e use a traseira da lâmina como uma alavanca com a mão mais baixa. Se fizer certo, a arma deve parar imediatamente antes de acertá-lo.

Quando se vê especialistas como Bloch e Carauddo fazerem isso, é um redemoinho maravilhoso e enérgico, muito parecido com o estilo dos filmes; Carauddo, baixo e parrudo, se movimenta como um diabo-da-tasmânia Jedi. Mas quando eu me olho no espelho, tentando lembrar se o ataque 3 ou ataque 4 vai na esquerda ou na direita, eu não vejo um Jedi. Vejo Ghyslain Raza.

Ghyslain Raza é provavelmente a figura mais conhecida no mundo cujo nome quase ninguém sabe. Em novembro de 2002, ele era um adolescente corpulento de 14 anos matriculado no St. Joseph's Seminary, uma escola particular em Trois-Rivières, Québec. Havia uma peça de escola no horizonte, e Raza estava dirigindo um esquete de *Star Wars*. Ele precisava treinar alguns movimentos para os atores.

Raza também estava no clube de audiovisual da escola. Então, um dia ele pegou um coletor de bolas de golfe e uma fita VHS com uma velha partida de basquete gravada nela, e decidiu registrar seus golpes de sabre de luz. O coletor era comprido demais para agir como outra coisa que não fosse um sabre de luz de lâmina dupla, do tipo que o especialista em artes marciais Ray Park usa como Darth Maul no *Episódio I* – golpes muito avançados, em outras palavras. Raza não se importou. Ele brandiu o coletor para todos os lados por cerca de vinte segundos, bufando e grunhindo com determinação, depois parou, pausou o vídeo, e tentou de novo. Na última passagem, ficou tão animado que quase caiu. No total, Raza gravou um minuto e 48 segundos.

"Eu estava apenas brincando", disse Raza para a revista canadense *Maclean* em sua primeira e única entrevista sobre o assunto, onze anos depois. "A maioria dos meninos de 14 anos faria algo parecido naquela situação. Talvez com mais dignidade."

Raza colocou o vídeo de volta na prateleira e não pensou mais no assunto até abril, quando descobriu que um amigo no clube de audiovisual havia retirado um fotograma da filmagem do ensaio e estava usando como imagem de fundo da tela do computador. "Tem um vídeo circulando por aí", explicou o amigo. "Você não sabe?" Um colega de turma encontrou a fita VHS; outro transferiu para formato digital; um terceiro postou na internet. Imediatamente, Raza teve uma sensação ruim, mas não fazia ideia de como ficaria pior.

É difícil calcular quantas pessoas viram o vídeo, agora universalmente conhecido como "Star Wars Kid". Se você visitá-lo no YouTube hoje, verá que amealhou quase 29 milhões de exibições, e que adiciona um milhão a cada seis meses, mais ou menos. Mas o "Star Wars Kid" viralizou em maio de 2003, dois anos antes de o YouTube sequer ser fundado. O vídeo circulou no agora extinto serviço de troca de arquivos Kazaa, onde foi baixado um milhão de vezes no primeiro mês. Ele pegou a nascente blogosfera, que estava exatamente sedenta por esse tipo de conteúdo excêntrico. Um site popular chamado waxy.org postou o vídeo, juntamente com uma versão com Raza brandindo o sabre em supervelocidade, e a partir daí foi compartilhado por e-mail. O *New York Times* fez uma reportagem. Paródias foram ao ar em *Uma família da pesada* e *Arrested Development*.

Hoje, os remixes são tão populares quanto o original. Em "Jedi bêbado" (13 milhões de exibições), uma empresa de efeitos especiais chamada Kalvascorp transformou o coletor de bolas de golfe de Raza em um verdadeiro sabre de luz e mostrou a arma defendendo tiros de armas de raios. Há versões em que Raza duela com Yoda (4 milhões de exibições) e o Agente Smith de *Matrix* (2 milhões de exibições).

Em novembro de 2006, uma empresa de marketing chamada Viral Factory calculou que "Star Wars Kid" tinha sido visto 900 milhões de vezes nos primeiros três anos. Isso faria dele o segundo vídeo mais popular da internet de todos os tempos, atrás apenas do monstruoso sucesso de Psy, "Gangnam Style", de 2013. Em 2014, é justo dizer que "Star Wars Kid", em suas várias formas, foi visto pelo menos um bilhão de vezes – em outras palavras, tantas vezes quanto todos os ingressos vendidos para todos os filmes de *Star Wars*.

Raza passou por tempos muito sombrios. Tantos repórteres ligaram após a reportagem do *New York Times* que a família teve que desconectar o telefone. Na escola, alunos subiam nas mesas para imitá-lo. O lado mais cruel da internet estava em pleno vigor; alguém comentou que Raza era uma "pústula na humanidade"; mais de um sugeriu que ele cometesse suicídio. Raza nunca levou a sugestão em consideração, mas "foi inevitável me sentir um inútil". Ele fez as provas em um colégio associado a um hospital local, o que provocou rumores de que havia sido internado na ala de psiquiatria. A família contratou um advogado que processou os três garotos responsáveis por subir o vídeo. Eles queriam 160 mil dólares por perdas e danos, mas o acordo que conseguiram nem sequer cobriu os custos do advogado.

Raza colocou a vida escolar nos trilhos com a ajuda de um professor particular e conseguiu voltar ao St. Joseph's Seminary para o último ano. Ele estudou direito na Universidade McGill e se tornou presidente de uma sociedade de conservação local. Decidiu se manifestar contra o bullying virtual após outra adolescente canadense ter se suicidado quando fotos do seu estupro foram postadas na internet pelos estupradores acusados – um caso realmente horrível que de certo modo dá outra perspectiva à experiência de Raza. Sua mensagem para a garotada vítima de bullying virtual: "Você vai sobreviver. Não está sozinho. Está cercado por pessoas que amam você. É preciso superar a vergonha e procurar ajuda".

Foi completamente compreensível que Raza ficasse tão atormentado assim. O que ele nunca reconheceu exatamente, ou se importou, é que ele tinha um grupo de defesa. Assim que o vídeo viralizou, antes mesmo de *New York Times* sequer tivesse escrito sobre aquilo, um grupo bem maior de leitores estava se desculpando pelo comportamento da minoria. O waxy.org ficou com remorso e ajudou a organizar doações para Raza, como uma maneira de se desculpar. O blog pediu o suficiente para ele comprar um iPod; 135 leitores imediatamente contribuíram com um total de mil dólares.

Alain Bloch, por exemplo, valoriza Raza e seus gestos. "Nós sequer estávamos rindo dele como estávamos rindo de nós mesmo", diz Bloch. "Todos nós pegamos um cabo de vassoura e sacudimos como se fosse um sabre de luz. É por isso que o vídeo se tornou tão popular: era engraçado e sem jeito, mas, no fim das contas, nós nos identificamos com Raza. Ele nos fez sentir à vontade com nossa própria falta de jeito. Nossos próprios sonhos de sermos um Jedi."

Na fim da aula dos Golden Gate Knights, Bloch reúne todo mundo em círculo. Nós nos sentamos como se fôssemos meditar, com sabres de luz equilibrados pelos cabos diante de nós, pintando os rostos no escuro. Seres luminosos somos nós.

– Respirem fundo – fala Bloch. – Fechem os olhos. Se não conseguem mantê-los fechados, apenas olhem para a lâmina. Nós temos um pequeno juramento Jedi, um mantra. Se quiserem fazer parte disso, repitam comigo.

Foi isso que nós repetimos:

Não há emoção.
Há apenas a quietude.
Não há pensamento.
Há apenas o silêncio.
Não há ignorância.
Há apenas a atenção.
Não há divisão.

Há apenas a percepção.
Não há ego.
Há apenas a Força.

Esse mantra na verdade é o Código Jedi – quer dizer, a versão de Bloch. Parece haver algum desacordo, no planeta *Star Wars*, sobre o que é exatamente o Código Jedi. Na Academia Jedi do Disney World, Orlando, os instrutores dizem aos jovens padawans para repetir o seguinte "Código Jedi" antes de receber os seus "sabre de luz de estagiário":

Um Jedi usa a Força
Para conhecimento e defesa,
Nunca para o ataque.
Se eu desobedecer a essas regras,
Para a plateia eu voltarei.

(A molecada geralmente fica muito quieta na última frase.)

No folclore de *Star Wars*, o Código Jedi supostamente remonta a uma antiga ordem que aceitava tanto o lado sombrio quanto o luminoso da Força, chamada de Je'daii – que significa "centro místico", de acordo com a Wookieepedia, uma enciclopédia on-line de participação coletiva – e, desde então, o código tem mudado com o passar do tempo. Aqui está sua versão mais conhecida, como foi usada na faixa de hip-hop chamada "Jedi Code", de Rapsody.

Não há emoção, há paz.
Não há ignorância, há conhecimento.
Não há paixão, há serenidade.
Não há caos, há harmonia.
Não há morte, há a Força.

Bloch diz que ele mudou a versão do código por dois motivos. Primeiro, a original é material licenciado da Lucasfilm, e ninguém quer mexer com a Lucasfilm em questões de direito autoral. Depois, não faz muito sentido. Você não chamaria a paz como uma espécie de emoção? A falta de paixão também é meio que deprimente; por que se privar disso? Além disso, a frase "Não há morte" pode levar o visitante casual a pensar que tropeçou em um culto religioso. Se há uma coisa que todos aprendemos sobre a Força, é que ela se recusa terminantemente a virar um culto religioso.

* * *

Vários meses depois da minha primeira aula com os Golden Gate Knights, pediram para que eu participasse da Corrida da Força. Uma corrida de revezamento beneficente organizada pelo site Nerdist; ela exigiu que os corredores levassem um único sabre de luz do Rancho Skywalker de Lucas em Marin, no norte da Baía de São Francisco, até a Comic-Con de San Diego, o maior evento do calendário nerd. Toda a arrecadação iria para a fundação Make-a-Wish. Em dado momento, os participantes correriam atrás de uma réplica da barcaça à vela de Jabba, e cada um assumiria um trecho da distância de uma maratona, brandindo um sabre de luz para várias câmeras.

Eu sinto vergonha mesmo nos melhores dias e tremi ao pensar em ser flagrado em vídeo com um sabre de luz. Os espelhos no estúdio de Bloch já eram suficientemente ruins; mas aquilo seria transmitido em um dos canais mais populares do YouTube. Eu teria que *correr* e girar um sabre de luz ao mesmo tempo. Será que estava me preparando para ser o próximo Ghyslain Raza? Eu teria usado aquele velho chavão "Eu tenho um mau pressentimento sobre isso", a fatídica frase que aparece em todos os seis filmes de *Star Wars*, mas ela dificilmente estaria no clima do pensamento positivo de Lucas. A chave para aquela frase é que apenas faz o desastre esperado ser mais provável de acontecer, de acordo com o coautor de *O Império contra-ataca* e *O retorno de Jedi*, Lawrence Kasdan. "Isso certamente tem sido verdade na minha própria vida", diz ele.

Kasdan, na verdade, é uma espécie de São Paulo da teologia da Força. Ele pode ter dado um mínimo de descrições misteriosas sobre a Força nos roteiros, mas tem muitas ideias próprias sobre o assunto. Lawrence Kasdan acredita que a Força realmente exista em termos de ser "uma vibração combinada de todas as coisas vivas", algo com que nós humanos contribuímos. Sua religião pessoal, até certo ponto, é acreditar que haja "tanta coisa acontecendo que possamos ver ou perceber que não estamos sozinhos nesse espaço, que tudo que aconteceu ainda está aqui". Foi Lucas e Kasdan que criaram juntos a frase imortal "Não tente; faça ou não faça, não há tentativa" – o fato de que essas palavras saíram da boca de um boneco verde não diminui o fato de que formam uma máxima profundamente útil que casa determinação e atenção plena, e gruda no cérebro para sempre.

Muitos dos pronunciamentos na filosofia de Lucas têm esse tipo de opinião sobre se recompor e seguir em frente. Ele nos alertou sobre o egoísmo e a autodestruição dos Sith, os inimigos mortais dos Jedi. Há anos ele chama atenção sobre a importância da empatia e nossa responsabilidade uns com os outros. O tratado cristão de Frank Allnutt estava certo em um aspecto: Lucas evita o mergulho no simples prazer, em troca de uma vocação superior – a alegria de fazer o bem pelos outros. Mas ele faz isso em uma linguagem muito humanista. Considere esse sermão secular que Lucas deu na Academy of Achievement em Washington, em 2012:

> Aqui está algo que aprendi pelo caminho: felicidade é um prazer, e felicidade é uma alegria. Ela pode ser qualquer uma das duas coisas. O prazer tem vida curta. Dura uma hora, um minuto, um mês, e atinge um ápice muito alto. É como as drogas, como qualquer coisa – quer você esteja fazendo compras, envolvido em alguma atividade prazerosa, tudo tem a mesma qualidade. A alegria não atinge o ápice do prazer, mas permanece com você. É algo que você pode se recordar. O prazer, não. Portanto, a alegria durará mais tempo. As pessoas que obtêm prazer dizem: "ah, se ao menos eu ficasse mais rico, eu poderia ter mais carros…". Você jamais se recordará do momento em que comprou o primeiro carro. Aquele é o ápice…
> O prazer é divertido, mas apenas aceite o fato de que ele some num passe de mágica. A alegria dura para sempre. O prazer é puramente egoísta. Tudo gira em torno do seu prazer. Gira em torno de você. Uma emoção egoísta e egocêntrica criada por um momento egoísta para você.
> Alegria é compaixão. Alegria é se doar para outra coisa ou outra pessoa. É muito mais poderoso do que o prazer. Se você se viciar no prazer, está perdido. Se correr atrás da alegria vai encontrar a felicidade eterna.

Isso, como a maioria de nós sabe, é uma regra difícil de seguir: há tentações demais para o prazer. Mas Lucas está certo: os momentos que queremos nos lembrar são os alegres, as coisas que fizemos com e para os outros. Veja, por exemplo, a ocasião em que corri atrás da barcaça à vela de Jabba com robe Jedi completo, empunhando um sabre de luz no alto para caridade, com várias câmeras na barcaça registrando cada segundo para o Nerdist. E tudo em que consegui pensar foi que precisava fazer um giro frontal com o sabre de luz sem errar enquanto corria. Eu me senti tão sozinho quanto Ghyslain Raza. Aí me dei conta de que não estava sozinho, porque estava correndo com o núcleo dos Golden Gate Knights, que se ofereceram para largar tudo na manhã de um dia útil e correr na bruma fria de São Francisco, acompanhando-me numa violação das regras.

Eu pensei na alegria de fazer coisas estúpidas por uma boa causa; pensei no garoto que perdeu a dignidade, e no bilhão de pessoas que riu com e dele. Eu torci para que Raza também, um dia, vivesse um momento de alegria por ter sido o Star Wars Kid. Após dar golpes a esmo com aquela coisa, finalmente executei um giro frontal perfeito com o sabre de luz e pensei: essa é para você, Ghyslain.

6 / BUCK ROGERS NO SÉCULO 20

O fato de que George Lucas escreveu, datilografou e depois apagou uma cena de "Deve haver uma Força" em *THX 1138* era apenas um sinal do turbilhão pelo qual passava seu verdadeiro e único filme de ficção científica dentro da cabeça. Ele cortou qualquer coisa que soasse como fantasia espacial: aquela seria uma estreia sombria, em uma ambientação ao mesmo tempo futurista e conhecida. Mas traduzir tudo aquilo, das imagens fluidas na cabeça para palavras estáticas, seria uma das mais dolorosas operações de sua vida – juntamente com a parte de escrever praticamente todos os filmes de *Star Wars*.

"Eu sangro na página. É horrível." Foi assim que o cineasta descreveu o próprio estilo de escrever, do primeiro roteiro em diante. A página sangrenta começou em 1968, quando Coppola convenceu a Warner Brothers a comprar os direitos de uma versão longa-metragem do premiado curta de Lucas, *THX*. Os cheques semanais de 150 dólares também serviriam como salário de Lucas em *Caminhos mal traçados*. Isso lhe daria tempo para sangrar.

Lucas estava ansioso para levar as ideias à tela, mas desesperado para terceirizar a parte do roteiro. Coppola, no entanto, insistiu: um diretor tinha que aprender a escrever. Lucas mostrou-lhe um manuscrito. "Você está certo", disse Coppola, horrorizado. "Você não sabe escrever." Eles tentaram escrever um manuscrito juntos. Tentaram contratar um roteirista experiente, Oliver Hailey. Nenhum dos resultados traduziu adequadamente as imagens na cabeça de Lucas para as páginas. Então Lucas prosseguiu com dificuldade, sozinho, como faria tantas vezes ao longo da carreira. O talento de Lucas, repetidas vezes, seria resumido a essa devoção absoluta às ideias inexpressáveis, essa oposição obstinada a qualquer coisa que não se parecesse com elas. *THX* não seria feito até que o roteiro estivesse até 70% da forma que ele imaginara, de acordo com a própria estimativa de Lucas. Foi o segundo valor mais alto que ele alcançaria na carreira como roteirista, após os 90% que ele produziu para *A ameaça fantasma*.

Lucas escreveu em quartos de hotel de beira de estrada todas as manhãs e noites durante as filmagens de *Caminhos mal traçados*. Mona Skager, a supervisora de roteiro de Coppola, foi a datilógrafa designada para os primeiros tratamentos de Lucas. Uma noite, disse ela, ele estava assistindo à televisão e começou a balbuciar sobre "hologramas, naves espaciais e a onda do futuro". Será que isso era *THX* tentando revolver seus problemas sozinho ou outra coisa qualquer?

É possível perceber uma moeda girando na cabeça de Lucas. De um lado estava uma distopia de ficção científica: um filme pesado e significativo sobre quem somos e o que fizemos com o mundo. Do outro lado, aquela utopia de fantasia espacial aparentemente perdida com foguetes e espadachins. "Eu realmente adorava aventuras no espaço sideral", diria Lucas anos depois, em resposta à lembrança de Skager. "Eu queria fazer algo naquele gênero, que é de onde *THX* parcialmente veio. [Mas] *THX* realmente é Buck Rogers no século 20, em vez de Buck Rogers no futuro."

Lucas foi bem literal a respeito daquela conexão com Buck Rogers. Ele abriria o filme com um trailer de *Buck Rogers*, o seriado de 1939. A entonação do locutor para "Buck Rogers no século 25" era conhecida do público, que ficou famosa pelo seriado anterior do rádio. (O diretor Chuck Jones parodiou a chamada em um desenho do Patolino de 1953, um favorito de Lucas e Spielberg, que foi exibido antes de todas as cópias de 70 mm de *Star Wars* em 1977: "Duck Dodgers no século 24 e meio!")

Mas nos segundos de abertura de *THX*, um locutor redublado pode ser ouvido dizendo claramente: "Buck Rogers no século 20!". A maioria dos espectadores não deu a mínima para a data. Eles simplesmente presumiram que o trailer fosse uma justaposição irônica com o pesadelo distópico que vinha a seguir. Não pela última vez, o significado de um filme de Lucas estaria enterrado à vista de todos.

Lucas finalmente terminou o roteiro de *THX* com a ajuda de Walter Murch. Ele não contratou Murch apenas para honrar o pacto de que o vencedor da bolsa da Warner ajudaria o perdedor; Murch estava na mesma vibração esquisita, disse ele. Os dois imaginaram cenas e as embaralharam como cartas. O resultado foi decididamente anti-história, cheia de momentos desconjuntados e trechos de diálogo. O roteiro se recusava a explicar qualquer coisa para o público. "O problema que George e eu tínhamos com filmes de ficção científica é que eles achavam que tinham que explicar esses rituais estranhos", falou Murch. "Um filme japonês simplesmente teria o ritual e a pessoa teria que solucioná-lo sozinha."

Eis o que eles solucionaram: THX 1138 é um cidadão em uma sociedade subterrânea sem nome que foi drogado e levado a uma felicidade assexuada pelo Estado. Essa versão de distopia está mais para *Admirável mundo novo* do que *1984*. Ninguém diz que a população é infeliz, Lucas depois comentou; a questão é apenas que eles estão em uma jaula. Policiais com rostos robóticos estão por toda parte – o soldado espacial mascarado ganhando forma aos poucos –, bem como confessionários com o rosto de Jesus saído de uma pintura de Hans Memling; essa é a divindade do Estado, OMM. THX passa as noites diante de hologramas, drogado, se masturbando enquanto vê dançarinas eróticas e curtindo espancamentos policiais. Sua companheira de quarto, LUH, corta a dose de drogas dos dois, e eles despertam. THX e LUH começam um relacionamento sexual carinhoso.

Um colega de trabalho, SEN, quer que THX seja seu colega de quarto e dá um jeito de LUH ser transferida. THX e SEN denunciam um ao outro por crimes contra o Estado. Julgados e torturados, eles se veem com outros párias em uma prisão de pura brancura. SEN tenta organizar o grupo com uma retórica: "uma ideia pode nos tirar daqui!"; THX simplesmente vai embora andando. SEN o acompanha. A dupla encontra um homem que alega ser um holograma, e eles saem do limbo branco para um trânsito humano de hora do rush. SEN não consegue ir adiante. Embora queira ser levado embora, ele fala emocionado com crianças e fica maravilhado ao perceber como são pequenos os tubos de aprendizado que injetam drogas hoje em dia. THX e o holograma descobrem que LUH está morta, e seu nome agora foi reutilizado para um embrião em um jarro.

Carros, obviamente, providenciam a rota de fuga. THX é perseguido por robôs policiais em motos. Ambos batem. THX escapa para a estrutura da cidade, se defende de ataques de estranhas criaturas anãs, e depois começa a subir por uma longa escotilha na direção da luz. Um policial robótico o persegue, mas é desligado quando a perseguição excede seu orçamento limitado. Na última tomada, THX surge em um mundo desconhecido, uma silhueta contra o pôr do sol.

Por mais deprimente que seja assistir, THX agora parece visionário, um lúgubre presságio do consumismo medicado e sedentário dos Estados Unidos. Ninguém diz que *nós* não somos felizes também – apenas que estamos passando a maior parte da vida dentro de casa, com uma variedade de telas interativas, em vez de hologramas. O comentário social foi feito sem sutileza, como era de se esperar de um jovem de 24 anos vindo de uma cidade pequena que morava em Los Angeles em 1968. Aqui estava um homem irritado com a cultura de drogas (controladas e ilegais), com um mundo que virou estéril e de plástico, com figuras de autoridade obcecadas em restringir sexo, dinheiro e poder.* Chame o filme de *Admirável mundo novo* encontra *A primeira noite de um homem*.

Um mês após o discurso da posse de Nixon em janeiro de 1969, enquanto Lucas e Murch ainda ajustavam o roteiro de *THX*, Marcia Griffin e George Lucas se casaram em uma igreja metodista logo ao sul de Monterey (ele fizera o pedido de casamento imediatamente antes da viagem de *Caminhos mal traçados*). A família Lucas veio de carro de Modesto para comparecer. Coppola veio, bem como os amigos mais próximos de Lucas na USC: Walter Murch, Matthew Robbins, Hal Barwood. Como lua-de-mel, o noivo e a noiva desceram a costa californiana de carro até Big Sur, até dar meia-volta para São Francisco e cruzar a ponte Golden Gate. Lucas queria que a esposa visse os charmes de Marin County. Ele tinha um bom motivo: Marin foi onde Lucas havia vislumbrado o futuro recentemente. No fim da produção de *Caminhos mal traçados*, em junho de 1968, Coppola tinha se livrado do compromisso de dar uma palestra em São Francisco sobre cinema e escrita mandando Lucas em seu lugar. Lá, Lucas ficou fascinado por outro cineasta participante da palestra, John Korty. Durante os quatro anos anteriores, Korty realizara três filmes independentes premiados a partir de um celeiro alugado por 100 dólares ao mês na Stinson Beach. Sua despesa total era de 250 mil dólares, e ele estava obtendo lucro.

Assim que viram o celeiro, Lucas e Coppola se converteram. Eles não continuariam a ser engrenagens no sistema dos estúdios; os dois se tornariam independentes. Coppola se convenceu mais ainda quando visitou uma comunidade de cineastas em uma viagem à Europa. Ele quase faliu ao comprar e enviar para os Estados Unidos equipamentos de edição de última geração. As instruções estavam em alemão. Para consertá-los, um mecânico tinha que vir de avião de Hamburgo. Ainda assim, agora eles tinham tudo de que precisavam.

Era difícil não se enamorar por Marin, mesmo em fevereiro, quando os Lucas chegaram. A vista de São Francisco pelos promontórios de Marin, as trilhas de nível internacional, o olhar gentil do monte Tamalpais sobre toda a região – aquilo era tão atraente que uma construtora bancada pela Gulf Oil

---

*   Parte da retórica de SEN – "Nós precisamos de discordância, mas de discordância criativa!"– foi tirada textualmente dos discursos de campanha de 1968 de Richard Nixon.

planejava construir uma cidade inteira nos promontórios, chamada Marincello. "É provavelmente a localidade mais linda nos Estados Unidos para uma nova comunidade", disse a construtora. Os moradores odiaram a ideia. Quando os Lucas chegaram, Marincello estava atolada em processos e burocracia. Jamais seria construída.

Em contraste gritante com Los Angeles, Marin era perfeita para um moleque de cidade pequena. Tudo girava em torno de pequenas cidades bucólicas, como Sausalito, onde os hippies moravam em casas flutuantes (Murch e sua esposa se mudariam para uma). Havia Mill Valley, eternizado em uma canção de Rita Abrams (Coppola dirigiria o clipe idílico). Em San Rafael, o Marin Civic Center de Frank Lloyd Wright havia acabado de ser construído. (O prédio futurista com sua torre altiva apareceria em *THX* e, mais tarde, nos anos 1990, no filme de ficção científica *Gattaca*; ele também abriga a papelada do divórcio de Lucas.)

Ao sul de Mill Valley fica uma vizinhança minúscula chamada Tamalpais-Homestead Valley, cheia de estradas sinuosas, sebes malcuidadas e cercas brancas. Ali os Lucas alugaram uma casa vitoriana com apenas um quarto e um sótão grande por 120 dólares ao mês. Eles se mudaram naquela primavera. Um malamute-do-alasca chamado Indiana, que Marcia prendia no banco do carona, completava a cena doméstica. Marcia queria filhos, mas Lucas era contra: eles ainda não tinham estabilidade financeira.

Um nascimento, pelo menos, aconteceu no novo lar de Lucas nas colinas. Enquanto editava o documentário sobre *Caminhos mal traçados*, *Filmmaker*, em uma moviola no sótão, Lucas declarou o lar como o quartel-general de uma empresa fictícia, Transamerica Sprocket Works. Mas na tela, por questões de direitos autorais, ele usou um nome mais prosaico: Lucasfilm. Esse, também, ainda era tecnicamente fictício. Lucas não daria entrada na papelada corporativa até 1971.

No mês seguinte, Coppola e sua equipe chegaram para começar a procurar um lugar para a empresa de cinema deles, que estava se arrastando na direção de São Francisco para nascer. Lucas os levou em um passeio por Marin como um ansioso guia turístico. Coppola fez ofertas por duas mansões diferentes em Marin, mas não conseguiu juntar o dinheiro do sinal com rapidez suficiente. O tempo estava apertado; o equipamento de edição estava prestes a chegar. Korty, quem diria, o idealista de Stinson Beach, descobriu um antigo estúdio de gravação em SOMA, o bairro mais urbano e repleto de armazéns em São Francisco. Lucas foi contra – a ideia era ter um refúgio *fora* de uma grande cidade –, mas Coppola ainda dava as cartas. Foi mal, George, e, falando nisso, o nome da empresa será American Zoetrope, e não Transamerica Sprocket Works.

American Zoetrope era o ápice do que era descolado em 1969. A sede da *Rolling Stone* era logo na esquina. Jerry Garcia era um visitante frequente. Woody Allen passou por lá, bem como o mítico Akira Kurosawa em pessoa. Até mesmo Stanley Kubrick, o recluso diretor que acabara de fazer *2001*, ligou de um exílio autoimposto no Reino Unido, querendo aprender mais a respeito desses moleques malucos e a máquina de edição de ponta deles. O mercado obviamente estava do lado deles; *Easy Rider*, um filme feito por um grupo heterogêneo de contemporâneos de Lucas e Coppola, estava a caminho de arrecadar 55 milhões de dólares na bilheteria, em cima de um orçamento de 400 mil dólares. De repente, todos os estúdios queriam participar da revolução do jovem cineasta. A Zoetrope era a revolução. Ninguém mais pensava que eles eram apenas moleques idiotas brincando por aí. Coppola estava recebendo 2,5 mil dólares semanais como capital da Warner Brothers para fundar a nova empresa, parte de um acordo proposto de 3,5 milhões de dólares. A Warner distribuiria o primeiro filme da Zoetrope, com opção de distribuição de vários outros, sem vê-los. A Zoetrope seria capaz de produzir o filme sem a interferência da Warner, pelo menos até estar feito. Foi um grande negócio para a época, feito em um único e breve momento brilhante quando os grandes estúdios se viram perdidos e desesperados atrás de jovens cineastas que lhes indicassem o caminho. Mas o problema estava incluso no contrato desde o início. O dinheiro na verdade era um empréstimo; Coppola teria que pagar de volta se a Warner não gostasse do que ele produzisse. Ainda assim, o contrato incluía um orçamento para *THX*, o primeiro filme da empresa. O número da sorte de Coppola era o sete, então ele decidiu ironicamente fixar o orçamento em 777.777,77 dólares – um valor baixo para um longa-metragem, mesmo naquela época.

Naquele verão, enquanto homens andavam na lua, Lucas reuniu o elenco. Robert Duvall, de *Caminhos mal traçados*, interpretaria THX; a atriz de São Francisco, Maggie McOmie, faria LUH. Não pela última vez, Lucas usou um renomado ator inglês mais velho – nesse caso, Donald Pleasence como SEN. A equipe de Lucas varreu o Tenderloin* atrás de viciados em programas de reabilitação que tinham sido forçados a raspar a cabeça como sinal de comprometimento. Eles seriam úteis como figurantes.

---

*   Bairro de São Francisco famoso pela presença de sem-teto, prostitutas e usuários de drogas. [N. do T.]

As filmagens começaram em 22 de setembro de 1969 e terminaram dois meses depois. Lucas e a equipe cumpriram um cronograma frenético de cenas dentro e nos arredores da cidade. Ele teria adorado filmar no Japão, para dar a *THX* a sensação ainda maior de estranheza (para o público americano) que ele e Murch desejavam. Mas o orçamento não daria sequer para uma viagem de pesquisa de locação. Em vez disso, foi um filme de guerrilha, filmado em grande parte sem permissão nos ainda vazios túneis do metrô de São Francisco. O ritmo foi intenso, e o trabalho, estressante. Lucas disse que "o ponteiro voou para o vermelho" no primeiro dia e ficou lá. Ele viu a equipe colocar o filme ao contrário na câmera e teve uma epifania: equipes profissionais podiam ser tão sem noção quanto estudantes de cinema. Lucas montou os próprios efeitos especiais com modelos de carrinhos e fogos de artifício baratos. Quanto aos atores, ele deixou que interpretassem da forma que quisessem, como se estivesse filmando um documentário. Uma noite, em um set fechado, Duvall e McOmie foram com tudo em uma cena de sexo que era indecente mesmo em 1971.*

Lucas queria que seu mundo subterrâneo parecesse um pouco gasto, sujo e habitado. Os atores não usaram maquiagem. A brancura nos uniformes costumava encobrir esse visual, mas Lucas esperava obtê-lo nos próximos filmes. Ele já estava pensando na sequência de *THX* – afinal, Lucas passara todo aquele tempo criando aquele mundo, que seria uma vergonha limitá-lo a um único filme. Havia uma vaga cena que ele tinha em mente para a continuação: seu herói estaria preso em algum tipo de triturador gigante de lixo.

Por mais avassalador que tudo aquilo tenha sido, e por mais dificuldades que Lucas tenha tido com a equipe, ele estava abrindo novos caminhos, e a experiência o revigorou. "Foi o único filme que eu realmente gostei de fazer", disse Lucas uma década depois. A foto no crachá do set de *THX* mostrou algo muito incomum na história de retratos de Lucas: um sorrisão rasgado no rosto.

A American Zoetrope foi oficialmente fundada em novembro de 1969. Lucas foi nomeado vice-presidente, mas o cargo não era remunerado. Para se sustentar, ele e Marcia pegaram uma série de frilas. A inspiração e os bicos ocasionais vieram de Haskell Wexler, que recentemente chegara à Zoetrope, vindo do lançamento em agosto do filme *Medium Cool*, um drama/documentário filmado na convenção nacional do Partido Democrata de 1968, em Chicago. Lucas e John Milius planejaram fazer algo similar, em estilo de documentário, sobre o Vietnã. Milius, debochando de um bóton hippie que

---

*   Tanto que o filme mereceu uma resenha na *Playboy*.

dizia "NIRVANA NOW", sugeriu chamá-lo de *Apocalypse Now;* ele queria basear o filme em *O coração das trevas,* de Joseph Conrad, após ter ficado furioso com a afirmação de um professor lá na USC de que o livro era impossível de ser filmado. O projeto passaria por dez manuscritos. Lucas seria o diretor, embora, como Milius disse depois, George não sabia diferenciar Conrad de *Mary Poppins;* ele apenas queria fazer um filme de Vietnã em estilo de documentário. Em breve, Coppola ofereceria o projeto para a Warner sem pedir a Lucas ou Milius. Ele havia encontrado um outro barco para entrar.

O próximo trabalho de Wexler era filmar um documentário sobre um show grátis em um autódromo em East Bay. Organizado pelos Grateful Dead, o show teria Jefferson Airplane, Crosby, Stills, Nash & Young e os Rolling Stones. Wexler andava tentando filmar os Stones há anos. Será que Lucas o ajudaria a captar imagens da multidão? Rock'n'roll em um autódromo com uma câmera, e ele seria pago? Devia ter parecido um sonho realizado.

A pista de corrida era Altamont. O show foi mal planejado e horrivelmente lotado. Os Hells Angels fizeram a segurança. Durante a apresentação dos Stones, um estudante de Berkeley chamado Meredith Hunter começou a brandir uma arma de fogo no palco. Os Angels o derrubaram e o esfaquearam. A multidão drogada surtou. Até hoje, Lucas diz que não se lembra do que filmou. Mas Albert Maysles, o diretor do documentário *Gimme Shelter* que usou as imagens um ano depois, fala que Lucas foi responsável por momentos sombrios dos presentes em silhueta, em pânico, tentando encontrar uma saída. Disse Mayseles, com um orgulho meio estranho: "Parece uma cena de ficção científica".

Lucas passou a maior parte do tempo nos anos 1970 no sótão em Marin, recolhido na própria fábula de alerta sobre sexo, drogas e fuga. "É um tipo de terapia", foi como ele descreveu o ato da edição. Tudo bem – ele desprezava o tipo normal de terapia. Lucas até se irritou quando Coppola tentou convencê-lo a se reunir com a equipe e discutir dificuldades durante a filmagem de *THX*.

Coppola apareceu para uma visita e apresentou Lucas a Gary Kurtz, um veterano mais velho da USC que acabara de retornar de três anos como documentarista dos fuzileiros navais no Vietnã, de quem Coppola tinha sido colega na época em que trabalhou com Roger Corman. Kurtz, um quaker pacato com uma barba ao estilo amish, era agora produtor associado em um filme de estrada chamado *Two-Lane Blacktop.* Lucas tinha filmado *THX* com uma película incomum, Techniscope; por um monte de motivos técnicos, Techniscope facilita fazer com que um rolo de filme dure vinte minutos em vez dos dez costumeiros. "Para filmes de baixo orçamento, aquilo era perfeito", diz

Kurtz. "Especialmente filmes com carros." Coppola tinha um motivo velado para apresentar os dois; Kurtz era o único cineasta que ele conhecia que tinha participado de combates no Vietnã, o que o tornava um produtor perfeito para *Apocalypse Now*.* Dado que os assuntos eram cinema, carros e a guerra, Kurtz e Lucas criaram um vínculo instantaneamente. Lucas propôs tornar Kurtz o produtor de seu próximo filme, qualquer que fosse – mas com uma forte suposição de que seria *Apocalypse Now*.

Por enquanto, Lucas tinha todo o apoio de que precisava. Marcia ajudou a editar *THX*, embora ela tivesse achado o filme emocionalmente frio mesmo após terminá-lo. À noite, Walter Murch compôs um audacioso panorama sonoro de vanguarda: era mais música eletrônica flutuante, barulhos distorcidos e retorno do que trilha sonora. Para as cenas da prisão, enquanto Duvall era torturado na tela, Murch chamou atores de improvisação para gravar diálogos criados na hora como se fossem controladores de tráfego aéreo entediados e casualmente sádicos. Uma das vozes pertencia a Terry McGovern, um DJ local e ator que, durante a sessão, criaria involuntariamente o nome para uma das mais famosas criaturas do universo *Star Wars*. McGovern era reservista do exército na época e estava correndo atrasado para o treino mensal do fim de semana. Portanto, ele foi de carro ao estúdio com o melhor amigo e colega de reserva, o recruta Bill Wookey.

McGovern e Wookey estavam bem ridículos naquele dia. Era 1970, e como todo mundo na casa dos vinte anos, os dois amigos usavam cabelos compridos, mas, por causa do exército, eles enfiaram a cabeleira em perucas de cabelo curto. "Nós estávamos com cabeças enormes", se recorda Wookey. "Devíamos estar parecendo alienígenas." Wookey era um cara bastante peludo no geral (ainda é, e começou a crescer uma barba comprida para combinar com o cabelo assim que saiu da reserva em 1972). Ele tinha cachos desgrenhados marrom-arruivados e 1,92 metro de altura. Acredite se quiser, tudo isso é pura coincidência. Wookey jamais conheceu George Lucas. Tudo o que aconteceu foi que, durante a sessão de improviso, McGovern disse uma fala em homenagem ao amigo: "Acho que acabei de atropelar um Wookey lá atrás". As memórias são vagas com essa distância de quatro décadas, e ninguém sabe se Wookey realmente estava no estúdio na ocasião. Havia uma boa chance de a dupla estar chapada: "Nós fumávamos muita maconha na

---

*   Kurtz também tinha um motivo velado: ele queria pegar emprestadas as sofisticadas câmeras francesas Éclair de Coppola.

época", se recorda Wookey. McGovern diz que "provavelmente apenas citou o nome por bobagem".

A fala maravilhosamente boba quase não é percebida em *THX 1138*. Mas Murch achou graça, assim como Lucas quando ouviu. O cineasta arquivou o nome no caderno, onde ganhou um par extra de vogais e se tornou "Wookiee". McGovern continuou trabalhando como dublador ocasional para Lucas. Um dia, no início de 1977, ele receberia não menos do que 200 dólares para gravar outro conjunto de falas que não faziam muito sentido na ocasião: "Esses não são os droides que procuramos", mandaram que ele dissesse em uma voz ligeiramente confusa. "Vocês já estão dispensados." Foi só quando ele viu *Star Wars* muitos meses depois que ficou maravilhado com o resultado. "Eu fiquei paralisado de alegria", diz McGovern. "Estou em uma cena com Alec Guinness, porra!"

Da mesma forma, Bill Wookey também ignorava completamente o que aconteceu até ver *Star Wars* com todo mundo em 1977. Na época, ele tinha um emprego fixo como vendedor de roupas em San Rafael e levou os dois filhos para ver o filme em que o tio Terry havia trabalhado. Então ele ouviu o sobrenome da família na tela pela primeira vez: "Porque droides não arrancam o braço de ninguém se perderem; os Wookiees são famosos por fazer isso", diz Harrison Ford sobre seu grande amigo peludo, que de repente pareceu estranhamente familiar. "Na hora eu pensei que era maneiro, com certeza", falou Wookey. "Só nas próximas semanas e meses que eu comecei a ficar um pouco incomodado com as pessoas fazendo referências e supondo que eu fui o modelo para Chewbacca." Mas a vergonha em pouco tempo virou orgulho – especialmente pelos filhos, que começaram uma coleção de bonequinhos de *Star Wars* que agora enche o porão da família. "Quando meus filhos foram para a escola, eles simplesmente acharam que era a coisa mais bacana do mundo", se recorda o hirsuto vendedor de roupas, agora com 70 anos. "Eles eram Wookiees."

Quando *THX* ficou pronto, Lucas teve medo de que seu primeiro longa-metragem também fosse o último. Ele sabia que o filme era inusitado. Em novembro, Coppola passou para coletar o produto final. Após Murch exibir um rolo para ele, Coppola deu de ombros: "ou é uma masturbação ou uma obra de arte". Mas se George estava feliz, Francis estava feliz. Ele empacotou o filme para a jornada até a Warner, juntamente com caixas de roteiros da Zoetrope prontos para produção, incluindo *A conversação* e *Apocalypse Now*. O pequeno e excêntrico *THX* deveria ser o tira-gosto. Mesmo que não gostassem, os executivos da Warner não recusariam o prato principal. Será?

Na verdade, eles se recusariam e se recusaram. O dia em que Coppola levou *THX* para o sul – 19 de novembro de 1970 – foi tão desastroso que os funcionários da Zoetrope passaram a chamá-lo de "Quinta-feira Negra". Os executivos detestaram tanto *THX 1138* que sequer olharam os outros roteiros. Eles eram os proprietários do filme, quer gostassem ou não, mas também não pretendiam dar apoio. Na hora, eles cancelaram o acordo inteiro e cobraram o empréstimo de Coppola. De repente, ele devia 400 mil dólares à Warner.

O filho de Lucas virou refém de Hollywood. Essa foi a metáfora que ele repetiu várias vezes sobre aquele momento formativo: a pessoa cria um filho por dois ou três anos, aí vem alguém e corta um dos dedos. Tudo bem, diz o cara, ele está bem – ele vai sobreviver. "Mas, quero dizer, aquilo dói."

Warner forçou Lucas a cortar quatro minutos de *THX 1138*. Lucas ignorou as súplicas do estúdio para editar mais. O estúdio lançou o filme em março com pouco alarde. Os grandes cinemas não exibiram. Recebeu boas, porém minúsculas resenhas na *Time* e *Newsweek*. "Algum talento, mas 'arte' demais", esnobou a *New Yorker*, que chamou a distopia de roupas brancas de "soturna e ofuscante".

O filme deixou Lucas em uma situação financeira ruim, e a Zoetrope em uma situação ainda pior. O estúdio começou a gerar um pequeno lucro alugando as máquinas de edição para realizadores de comerciais, mas não foi o suficiente para tirar Coppola da dívida. Então ele recebeu uma ligação da Paramount, que ofereceu 150 mil dólares; Coppola foi a terceira opção de diretor para a adaptação de um livro caça-níqueis de Mario Puzo, lançado em 1969 e chamado *O poderoso chefão*. Coppola recusou as primeiras vezes que a Paramount pediu. Aquilo era a velha coisa de Hollywood. Mas Lucas o convenceu. "Nós precisamos do dinheiro", argumentou ele. "O que você tem a perder?"

E lá se foi Coppola para seu encontro com o destino. Ele deu uma colher de chá para Lucas ao deixá-lo filmar closes do jornal onde Michael Corleone descobre que o pai levou tiros. Lucas devolveu o favor ao editar outra cena-chave de *O poderoso chefão*, no hospital, para adicionar mais tensão.

Lucas precisava muito de um novo projeto. A Columbia Pictures bancaria *Apocalypse Now*, mas ficou insegura no último minuto. Ele e Marcia só tinham 2 mil dólares na poupança. Em dado momento, Lucas e Kurtz discutiram sobre a adaptação de um filme de Kurosawa, exatamente como *Sete homens e um destino* havia recentemente refilmado *Os sete samurais*. *A fortaleza escondida*, talvez. Por que aquele filme de Kurosawa em especial, que não era o favorito de nenhum dos dois cineastas? "Porque é uma aventura bem franca em um território hostil", diz Kurtz. "Tem um punhado de personagens e uma narrativa elegante" – perfeito para um filme de baixo orçamento. Não que Lucas e Kurtz não sonhassem com obras de orçamento maior. Uma noite, os novos amigos estavam em uma lanchonete e olharam o jornal para ver o que estava passando nos cinemas locais. Não havia nada que quisessem ver. Eles se entusiasmaram ao imaginar como seria ótimo ver *Flash Gordon* na tela grande, em cores.

Ninguém consegue se lembrar com um distanciamento de quarenta anos o que foi dito naquela conversa ou quem começou. (Lucas e Kurtz eram ambos fãs de *Flash Gordon*.) Kurtz diz que eles estavam falando em termos mais gerais que os filmes de ficção científica realmente não eram legais desde *Planeta proibido*, em 1955. "Todos pareciam descer a ladeira para o gênero horror, filmes do tipo *A criatura da lagoa negra*, ou invasões alienígenas, ou simplesmente histórias distópicas sobre sociedades apocalípticas", fala Kurtz. "E nada disso era divertido. Foi apenas a ideia de realmente capturar a energia da novela espacial ao estilo *Flash Gordon* e *Buck Rogers*, que não era feito há tanto tempo."

Seja lá o que foi dito na lanchonete parece ter acendido um fogo embaixo de Lucas. Em uma visita a Nova York no início de 1971, "sem mais nem menos", afirma ele, Lucas foi visitar a King Features a fim de perguntar sobre os direitos cinematográficos de *Flash Gordon*. Os executivos da King Features concordaram em recebê-lo porque também estavam pensando nos direitos cinematográficos; eles mencionaram Frederico Fellini como um possível diretor. O mestre italiano também era um conhecido fã de *Flash Gordon.* Não havia como Lucas competir com Fellini naquele ponto da própria carreira.

Aquele parece ter sido o momento em que a lâmpada se acendeu sobre Lucas. A ideia vaga de um filme espacial que ele ficou passando no projetor da cabeça por anos – não havia motivo para aquilo não ser *melhor* do que *Flash Gordon*. Após a reunião na King Features, Coppola e ele comeram no restaurante Palm em Manhattan, e Coppola sentiu a decepção do amigo – mas também seu novo enfoque. "Ele estava muito deprimido", contaria Coppola, em 1999, sobre o almoço com Lucas e o produtor Saul Zaentz. "E aí ele disse: 'Bem, eu simplesmente vou inventar o meu próprio.'"

---

*   Na verdade, dizem que Fellini desenhou um substituto de *Flash Gordon* para um jornal italiano durante a Segunda Guerra Mundial quando Mussolini proibiu *Flash*. Jamais apresentaram tiras que comprovassem esse rumor. Edward Summer, especialista em quadrinhos e *Flash Gordon*, duvida.

Coppola fez uma pausa para considerar. "Que limitação se eles tivessem lhe vendido *Flash Gordon*."

"Estou feliz que não tenham vendido",* concluiu Lucas. Anos depois, ele refletiu sobre o motivo. "Em *Flash Gordon*, tudo o que você faz já está estabelecido. Você começa sendo fiel ao material original, mas no fim das contas isso se intromete na criatividade... Eu teria que colocar Ming, o Impiedoso, no filme, e eu não queria colocar Ming. Eu queria pegar temas mitológicos antigos e atualizá-los – queria ter algo completamente livre e divertido, da maneira como eu me lembrava da fantasia espacial."

Enquanto isso, entretanto, Lucas precisava de um filme mais negociável. Se Fellini fosse pegar *Flash Gordon*, talvez Lucas pudesse pegar algo de Fellini – por exemplo, a ideia por trás do filme *Os boas-vidas*, sobre quatro adolescentes de uma cidade provinciana que falam sobre ir embora para Roma, mas que nunca vão. Por que não acompanhar um bando de caras, na véspera de ir embora de uma cidadezinha, e segui-los por uma noite dando voltas de carro – um ritual que havia morrido na década passada?

Lucas ambientaria sua versão no verão de 1962, o momento em que tudo mudou para ele, e terminaria com uma batida de carro. Ele bolou um nome meio italiano: *American Graffiti*. Soava estranho aos ouvidos da época. A palavra italiana ainda não havia entrado em circulação. Os trens do metrô de Nova York estavam a um ano de serem cobertos por graffitis feitos com spray. De qualquer maneira, a intenção de Lucas não era o significado aviltante da palavra; ele queria a palavra inventada em Pompeia em 1851, que significa gravuras nostálgicas. Ele queria gravar o legado de uma década perdida: uma Pompeia americana, congelada no tempo para sempre.

Tirando o título, a intenção era que *American Graffiti: loucuras de verão* fosse um projeto bem comercial e convencional. Lucas estava determinado a lutar contra a percepção de que ele era um nerd sem emoção da ficção científica. Ele tinha virado o alvo das piadas na Zoetrope. "Todo mundo pensa que você é um bloco de gelo", disse Coppola para o amigo. "Por que não faz algo com emoção?" Lucas murmurou ao escrever: "Eu vou lhe dar emoção". Ele

---

*   Especialmente porque, naquele exato momento em 1971, sem que Lucas e a King Features soubessem, uma produtora em LA estava filmando uma paródia pornô exagerada chamada *Flesh Gordon*, que acabaria sendo lançada em 1974. O nome da produtora era outra estranha coincidência: Graffiti Productions, como em *American Graffiti: loucuras de verão*.

produziu um tratamento de quinze páginas com outro par de amigos da USC, Willard Hyuck e a esposa, Gloria Katz. Lucas colocou a palavra "MUSICAL" em letras maiúsculas na folha de rosto; foi uma forma confusa de enfatizar a trilha sonora rock'n'roll que imaginara para o filme.

Enquanto isso, o mundo começa a chamá-lo. Naquela primavera, Lucas apareceu na *Newsweek* e em um documentário da PBS em que criticava o sistema de Hollywood enquanto andava embaixo do letreiro de Hollywood. Seu primeiro perfil para um grande jornal, publicado no *San Francisco Chronicle* pela mesma época, acertou na primeiríssima frase: "Aqueles que conhecem George Lucas dizem que ele tem o temperamento de um artista que trabalha sozinho no sótão, somado a um tino comercial apurado e voltado para a preservação de seu trabalho". Essas duas facetas essenciais de sua personalidade agora estavam unidas e não mudariam pelo resto da carreira.

Então, em maio de 1971, Lucas soube que *THX* fora selecionado oficialmente para o Festival de Cannes. Ele era o beneficiário das circunstâncias: uma revolta de jovens cineastas europeus que exigiam que mais filmes de pessoas com menos de 30 anos fossem exibidos no festival. George e Marcia limparam a poupança – ninguém estava pagando para ele comparecer ao evento – e decolaram para a Europa. Pararam em Nova York por uma semana e ficaram na casa de Coppola (que estava na maré mais baixa enquanto filmava *O poderoso chefão*) e sua resignada esposa, Eleanor, que estava grávida de nove meses. Os Lucas dormiram na sala de estar dos Coppola e por acaso partiram para o aeroporto JFK na mesmíssima manhã em que Sofia Coppola nasceu.

Mesmo antes de chegar a Cannes, Lucas pôde ver a sorte mudando. Enquanto esteve em Nova York, ele se encontrou com David Picker, presidente da United Artists, para vender *American Graffiti: loucuras de verão*. Ao chegar em Londres no seu aniversário de 27 anos, Lucas ligou para Picker de um orelhão na esquina do apartamento imundo que custava menos de 5 dólares por noite. Picker fez uma oferta de 25 mil dólares por *American Graffiti* na hora.

Eufóricos, os Lucas tomaram uma balsa para a França e o trem para Cannes com os passes do Eurail. Os dois tiveram que entrar escondidos em uma das duas sessões de *THX*, que estavam esgotadas. Não apareceram para uma coletiva de imprensa organizada às pressas; ninguém sabia quem eles eram. Não teve problema; apenas uma reunião em Cannes, com Picker, teria alguma importância. Eles se encontraram na suíte de Picker no Carlton – a "primeira experiência nos escalões superiores do cinema" de Lucas, uma boa mudança em relação aos gabinetes dos subalternos. Picker confirmou a oferta por *American Graffiti* e perguntou se Lucas tinha mais alguma coisa para a UA.

Lucas viu a brecha e aproveitou. "Eu ando maturando uma ideia para um filme de fantasia espacial no estilo de *Flash Gordon*", disse ele. Picker concordou em ter uma opção de compra para esse projeto também.

Foi a primeira vez que Lucas propôs seu filme dos sonhos e ficou chocado ao vê-lo se transformar de fantasia para realidade tão rapidamente. "Aquele foi realmente o nascimento de *Star Wars*", contou Lucas depois. "Era apenas uma noção até então; naquele momento, virou uma obrigação."

Picker, infelizmente, não se lembra de nada sobre o encontro. Para ele, foi uma das muitas reuniões para fechar negócios ou não que teve naquele hotel. "Você é capaz de imaginar quantas reuniões eu tive naquele terraço", fala Picker. "Mais negócios foram feitos, mais corações foram partidos do que em qualquer nível da indústria cinematográfica, em qualquer lugar." O que ele se lembra foi que Lucas jamais deixou que Picker se expiasse pela futura desistência de investir no projeto. O cineasta tem provocado o executivo em todos os encontros subsequentes da seguinte maneira: "Ei, David, você podia ter tido *Star Wars*".

Em 3 de agosto de 1971, a United Artists registrou oficialmente o nome "The Star Wars" como marca comercial junto à Motion Picture Association of America. O artigo definido "the", por mais estranho que soe aos nossos ouvidos, permaneceria estranhamente atrelado àquelas duas palavras mais famosas pelos próximos cinco anos.

A origem desse nome histórico – se remontava aos soldados espaciais ou se foi inspirado por um fenômeno mais recente, *Star Trek* – é frustrantemente confusa. Tudo o que sabemos com certeza é que Lucas tinha o nome muito antes de ter o menor sinal de uma história. "A discussão sobre [o título] foi que era parecido com *Flash Gordon*, um tipo de aventura e novela espacial sobre guerras no espaço sideral", diz Kurtz, "e aí isso meio que se desenvolveu em *The Star Wars*". Patrick Read Johnson, um cineasta que se tornou o primeiro garoto no mundo a ver o filme quando fez uma cobertura sobre a produção como um foca de 15 anos da *American Cinematographer* em 1977 – Gary Kurtz chama Johnson de "fã 1" – está convencido que não há como escrever sobre aquele título e não pensar sobre a série de ficção científica mais velha. "O nome, antes de ser lançado, sempre fez meus amigos rirem", contou Johnson para mim. "Parecia bobo. Como se alguém tivesse tentado fazer *Star Trek*, mas apenas adicionou a palavra 'wars' no último minuto."* Kurtz afirma que essa foi "uma reação bastante comum" na época.

Lucas certamente era um fã de *Star Trek*. Ele fazia pausas às tardes, durante os longos anos em que escreveu *Star Wars*, para ver reprises de *Star Trek*. "Eu gostava da ideia de era possível dar passeios pela galáxia", disse Lucas para o filho de Gene Rodenberry, o criador de *Star Trek*, em 2004. Ele sentia atração pelo seriado porque *Star Trek* "se livrou da ação chata e enfadonha do espaço real e disse: vamos sair logo e ir aonde ninguém mais ousava ir". (Roddenberry Jr. foi, ironicamente, um fã bem maior de *Star Wars* do que de *Star Trek* quando era criança.)

O seriado original de *Star Trek* estreou na televisão em 1966. Foi cancelado em 1969 após durar 79 episódios, menos do que os cem episódios normalmente necessários para distribuição – mas, em 1972, a Paramount havia distribuído *Star Trek* para 125 estações locais nos Estados Unidos. Executivos da emissora o chamavam de "o seriado que não morre". Em janeiro de 1972, cerca de 3 mil fãs ansiosos lotaram a primeira convenção anual de *Star Trek* em Nova York e adquiriram dicionários de vulcano, livros de canções vulcanas, e mais de cem fanzines. Em 1975, os fãs organizaram duas convenções anuais na cidade, que atraíram 14 mil visitantes somados; em 1976, havia quatro convenções de *Star Trek* por ano no país, com o elenco arrancado do esquecimento para o superestrelato. O lendário escritor de ficção científica Isaac Asimov escreveu sobre uma dessas convenções como se estivesse escrevendo sobre a Beatlemania, descrevendo "garotas adolescentes berrando por Spock".

Lucas foi a uma dessas primeiras convenções de *Star Trek*, em um momento crucial em que lutava para transformar *Star Wars* em realidade. "Ele realmente falou muito sobre *Star Trek*", se recorda Gary Kurtz. O seriado foi "de certa forma inspirador. Ele liberava a mente para pensar em como seria viajar para galáxias distantes e encontrar novas espécies".

Antes que os fãs de uma ou da outra série fiquem furiosos demais, deixem-me esclarecer: obviamente seria um exagero dizer que *Star Wars* é apenas *Star Trek* após uma plástica. Os conceitos por trás de ambas as séries são diametralmente opostos. *Star Trek*, como todos sabemos pela sequência de abertura,

---

* No início dos anos 2000, Johnson transformaria a experiência de ter visto *Star Wars* antes de qualquer pessoa em um filme independente chamado *5-25-77* (a data de lançamento de *Star Wars*), no qual Gary Kurtz atuou como produtor. Ele ainda não foi lançado.

fala de uma nave espacial em uma missão de exploração de cinco anos. Muitas das tramas são fantásticas, mas a série é de ficção científica, não de fantasia espacial. É a nossa própria galáxia, no nosso próprio futuro, usando as ferramentas da ciência para levar adiante o progresso de uma Federação racional. "*Star Trek* é mais intelectual", falou Lucas. "Não era voltada para ação."

Ainda assim, há mais do que uma leve semelhança entre Flash Gordon e capitão Kirk – e entre Lucas e Roddenberry. Ambos os criadores usaram ficção especulativa para passar mensagens políticas. "Se eu fosse para um planeta entranho, eu podia falar sobre guerra, raça e todas as coisas que não era possível falar na televisão", disse Roddenberry para a Associated Press em 1972. "A garotada de hoje está crescendo em uma época em que as pessoas dizem que não há amanhã, que talvez tudo acabe em vinte anos. *Star Trek* disse que há um amanhã e que ele pode ser tão desafiador e empolgante quanto o passado. Disse que não deveríamos interferir na vida de outras pessoas. Talvez a garotada tenha visto algo sobre o Vietnã naquilo."

Em 1971, era difícil evitar o Vietnã, mesmo para um casal jovem como os Lucas, passeando a esmo pela Europa usando um bilhete do Eurail após Cannes, na maior parte do tempo visitando autódromos do Grand Prix. O maior disco aquele verão, *Blue*, de Joni Mitchell, tinha uma canção chamada *California* – sobre passear a esmo pela Europa, sentindo saudades da costa oeste americana, porém com medo das notícias que vinham de casa: "mais sobre a guerra e as mudanças terríveis". Mais tarde, Lucas falou entusiasmado sobre como a guerra poderia ter sido evitada: o grande número de americanos decentes que poderiam ter se manifestado contra, mas escolheram não fazer. "Não tomar uma decisão é tomar uma decisão" foi como ele argumentou em 1976. "Por não aceitar a responsabilidade, as pessoas acabam tendo que confrontar o problema de uma maneira mais dolorosa." Ele ficou extremamente transtornado pelo fato de que a guerra tinha desequilibrado o país. Lucas se referiu àquele equilíbrio como "o estado poético".

Ele estava determinado agora a fazer filmes sobre a guerra de três formas: passado, presente e futuro; ausência, realidade e alegoria. *American Graffiti: loucuras de verão* levaria as pessoas a uma época antes de o Vietnã dividir o país. *Apocalypse Now*, que Lucas esperava dirigir antes ou depois de *The Star Wars*, mostraria a guerra no tempo presente. Se *THX* foi o filme que ele esperava que fosse bani-lo para sempre de Hollywood, *Apocalypse Now* era o filme que Lucas achava que levaria o governo a expulsá-lo do país.

A terceira forma que Lucas pretendia usar para representar o Vietnã – a lente futurista e alegórica – estava apenas tomando forma, mas já estava sendo influenciada pelo pensamento de Lucas sobre o tempo presente.* Ele estava fascinado pela noção de que uma nação minúscula poderia superar o maior poder militar na Terra, e isso foi introduzido em *The Star Wars* logo nas primeiras notas, em 1973: "Um enorme império tecnológico vai atrás de um pequeno grupo de guerrilheiros".

De volta à Califórnia após a viagem a Cannes, Lucas oficialmente criou sua própria marca de guerrilheiros: Lucasfilm Ltd., o nome que ele havia registrado lá em 1969. Era apenas uma empresa de fachada, e os amigos ficaram confusos pelo nome ao estilo britânico; por que chamá-la de "ltd.", uma sociedade limitada, e não "inc.", uma sociedade incorporada? A aliteração apenas soava melhor, diz Kurtz – e era mais bonita também, porque a dupla estava esboçando logomarcas no papel e teve a ideia de fazer um desenho grande, ousado, ao estilo Cinemascope, no qual as letras diminuíssem e crescessem novamente. Eles jamais tiveram tempo para terminar isso.

Seja lá como fosse chamada, a Lucasfilm mal era um zigoto naquele estágio, quanto mais um embrião. Lucas e Kurtz contrataram suas primeiras duas secretárias, chamadas Lucy Wilson (que também era contadora) e Bunny Alsup, respectivamente – e era só isso de funcionários. A primeira dor de cabeça legal da Lucasfilm envolveu o manuscrito de *American Graffiti* que Lucas tinha passado para um colega da USC, Richard Walter, que havia crescido em Nova York e não compreendia a cultura de carros. Kurtz já tinha pagado a Walter a maior parte do que Lucas recebera de adiantamento; Walter lutou por semanas para ser pago pelo segundo manuscrito sem propósito. Lucas se resignou a escrever o terceiro manuscrito do zero – era hora de sangrar na página outra vez.

Havia uma saída. O agente de Lucas, Jeff Berg, vinha tentando vendê-lo como diretor de aluguel há meses, e agora havia uma oferta: um filme policial chamado *Lady Ice*. O serviço pagaria 100 mil dólares. Ele poderia pegar o dinheiro, pagar toda a quantia que pegou emprestado do pai ao longo dos anos, ficar famoso e conseguir segurança financeira. Mas teria que adiar o sonho daqueles três filmes. Os sonhos eram simplesmente grandes demais. Ele decidiu ir em frente na penúria.

Em dezembro de 1971, o acordo de produção da United Artists foi lavrado em um memorando. Ele descrevia *The Star Wars* apenas como um

---

* Embora *Star Wars* no fim das contas fosse ambientado em "há muito tempo", o primeiro plano de Lucas foi ambientar o filme no século 3.

"segundo filme" após *American Graffiti*, apesar do fato de que a empresa havia acabado de registrar "The Star Wars" como marca comercial. O projeto da fantasia espacial de Lucas, ao que parecia, estava ainda em um estado tão multiforme que mesmo o nome provisório não era garantido.

A primeira proposta de cinema da Lucasfilm teve uma vida incrivelmente curta. Logo após o memorando da UA ter sido emitido, Lucas enviou para Picker o terceiro manuscrito de *American Graffiti*. Ele pediu dinheiro para um quarto manuscrito e prometeu que iria coescrevê-lo com Hyuck e Katz. Picker disse ter adorado, mas que seu chefe na UA não entendeu a premissa. A proposta por *American Graffiti* estava morta, mas Picker ainda tinha a opção de produzir *The Star Wars* quando Lucas tivesse tempo de escrever o tratamento.

Vieram a seguir quatro meses de reescrever e tentar vender *American Graffiti*. Finalmente, Ned Tanen, presidente da "divisão jovem" da Universal organizada para bancar filmes independentes de baixo orçamento no rastro de *Easy Rider*, concordou em pegar o projeto. Ele era um ex-adepto de passear à toa de carro; ele entendeu essa parte da premissa, mas não o título. Gary Kurtz ainda tinha uma carta de Tanen reclamando que *American Graffiti* o fazia imaginar "um filme italiano sobre pés". A Universal tinha uma meia dúzia de sugestões de títulos. Lucas estava escrevendo sobre a cidade natal; por que não chamá-lo de "Outra noite pacata em modesto?". Lucas e Kurtz acharam isso ridículo. "A maneira como resolvemos isso foi dizer: 'vocês bolam um título melhor, porque não gostamos desse, mas é melhor do que qualquer coisa que tenhamos ouvido'", conta Kurtz. Aquilo provou ser um bom treino; um ano depois, eles usaram a mesma frase com outros chefes de estúdio sobre o título *Star Wars*.

Tanen admitiu a derrota na briga pelo título, mas tinha outra condição: o filme teria que ter um ator ou produtor consagrados. Que tal aquele cara que havia acabado de dirigir aquele filme sensacional, *O poderoso chefão*? Coppola concordou prontamente.

A fantasia espacial de Lucas foi oferecida uma segunda vez. Quando a Universal concordou em produzir *American Graffiti*, Lucas vendeu as outras ideias como parte do acordo: o contrato deu a Universal opções de compra sobre *Apocalypse Now* e *The Star Wars*, embora o estúdio só tivesse a chance de pegar esse último projeto caso a UA abrisse mão de sua opção.

The Star Wars estava agora citado em um contrato legal, e não apenas em um documento de registro de marca comercial. Lucas receberia 50 mil dólares

---

* A sonoridade de *ffiti* é similar à de *feet*, "pés". [N. do T.]

por coescrever e dirigir *American Graffiti* – um corte salarial comparado a *THX*. O orçamento era de 650 mil dólares, também mais baixo do que *THX*. Para suportar a humilhação, no entanto, Lucas receberia 40% dos lucros.

A filmagem de *American Graffiti: loucuras de verão*, em julho de 1972, foi um mês agitado de horário de vampiro, do pôr do sol à alvorada. Aquela única noite em que o filme se passa aconteceria, para o elenco e equipe, sessenta vezes: um *Feitiço do tempo* noturno. Lucas não era uma pessoa notívaga. Nem esteve a fim de arrastar sua equipe até Modesto; em vez disso, ele escolheu San Rafael e depois, quando ficou claro que a cidade era barulhenta demais para ser a substituta da pacata cidade de sua juventude, a pequena cidade agrícola de Petaluma, mais no interior de Marin. De início, Lucas tentou ser o operador de câmera também – ele realmente pensou que pudesse fazer tudo. Mas os resultados foram terríveis. Então Haskell Wexler veio de avião de LA para ajudar, de graça.

A história era simples: dois amigos, Curt e Steve, são alunos de destaque tentando decidir se irão embora para a faculdade de manhã. Seus dois outros amigos são o extremo oposto: um corredor, Milner, que ficou com a incumbência de cuidar da irmã caçula de alguém durante a noite e está sendo perseguido por outro corredor de fora da cidade, e um pobre lambretista, Terry the Toad, que pega emprestado o carro de Steve por uma noite e arruma um encontro com uma menina bonita, mas exigente. Mais tarde, Lucas insinuou que três dos amigos representavam aspectos de sua vida em Modesto. Terry era Lucas, o moleque mané que lia gibis. Milner era Lucas, o garoto corredor de Bianchina. Curt era sua versão calouro de faculdade, o Lucas que arregaçou as mangas e estava seguindo em frente, em direção a coisas maiores e melhores.

Os fios da trama de *American Graffiti* foram unidos por Wolfman Jack – um verdadeiro DJ contemporâneo cuja localização ninguém conhecia (como também não sabiam lá em Modesto – na verdade, Wolfman transmitia de uma torre poderosa ao sul, em Tijuana). As quatro histórias se entrecruzavam, uma ideia fora do comum na época, enquanto a plateia pulava entre os carros e ondas de rádio. O próprio Wolfman aparece no final para ajudar Curt a entrar em contato com uma loura misteriosa que ele vislumbrara pela janela de um carro. É o DJ como uma força benigna, a voz que responde às preces: como *The Emperor*, o filme estudantil de Lucas, mas do ponto de vista dos ouvintes de rádio.

Coppola estava envolvido na divulgação de *O poderoso chefão* na época e mal participou do filme que ele estava produzindo nominalmente com Kurtz. Mas graças a Fred Ross, um amigo de Coppola que também fez a seleção de elenco para *O poderoso chefão*, Lucas foi abençoado pelo que talvez seja o melhor elenco de desconhecidos que qualquer diretor de segunda viagem jamais tenha tido. Ron Howard e Richard Dreyfuss roubaram a cena. E aí teve o cara que interpretava Bob Falfa, o misterioso piloto que desafia Milner. Ele era um ex-ator de papéis pequenos na Columbia que abandonara a carreira e aprendera carpintaria sozinho, que pagava melhor. O nome dele era Harrison Ford, e Kurtz teve uma breve discussão sobre a quantidade de álcool que ele estava bebendo no hotelzinho da equipe em Petaluma antes de filmar a cena crucial de corrida na alvorada. "Não apareça assim de novo", conta Kurtz sobre a bronca em Ford, que permaneceu sóbrio no set dali em diante.

Lucas não estava a ponto de interromper a festa ou dar muita coisa ao elenco em termos de orientações. "O set era muito louco, muito livre", relembra Terry McGovern, que interpretou um professor. "George não é um cara que leva jeito com atores." McGovern recebeu um corte de cabelo horas antes de interpretar uma cena ao lado de Dreyfuss quando alguém observou que professores não tinham cabelo comprido em 1962. Outro integrante do elenco, Charlie Martin Smith, se lembra de Lucas muito mais animado em descrever o próximo filme do que discutir aquele em questão. "O filme me pareceu ótimo", contou Smith. "Uma grande aventura de ficção científica com pequenas criaturas peludas chamadas Wookiees. Richard Dreyfuss e eu não parávamos de implorar a George que nos deixasse interpretá-las... Aí ele mudou de ideia e fez os Wookiees terem 2,10 metros de altura, o que nos tirou do páreo para aquele papel."

Porém, na maior parte do tempo, Lucas desapareceu no fundo de cena como Wolfman Jack. Ele se escondia dos atores na maioria das cenas – enfiado embaixo do balcão de uma lanchonete, deitado em cima de um carro – e deixava as câmeras registrarem o que registrassem. Lucas frequentemente adormecia durante uma tomada. "Eu realmente vou dirigir isso na sala de edição", disse ele para Ron Howard. E foi o que Lucas fez, mas não no sótão dessa vez. Ele convenceu Coppola a comprar uma casa em Mill Valley e transformar o anexo em um estúdio de edição. Verna Fields foi a editora principal, mas Marcia teve um papel importante após Lucas ter implorado: "Eu fiz o filme para você". Foi um osso duro de roer. As histórias entrecruzadas tinham que funcionar perfeitamente, sem jamais perder o clima delicado de nostalgia adolescente. Fazer o som perfeito foi igualmente desafiador. Lucas e Murch passaram horas empurrando alto-falantes de um lado para o outro no jardim da casa de Coppola em Mill Valley, tentando aperfeiçoar o som de uma canção ouvida em um carro passando. (A trilha sonora do filme seria composta por canções que Lucas tinha ouvido em 1962 – todas exceto as músicas de Elvis, que não cedeu os direitos.) Eles passaram por rolos marcados com números para os rolos (R) e diálogos (D). Uma noite, Murch pediu: "Eu preciso do R2, D2". Lucas achou graça; ele ainda era um fã de combinações curiosas de letras e números. "R2D2", repetiram os amigos, rindo. Lucas anotou a combinação em um caderno que havia começado a levar um de lado para o outro.

Em janeiro de 1973, *American Graffiti* estava pronto para a pré-estreia. Os executivos da Universal foram convidados para a sessão, que ocorreu para uma plateia lotada no Northpoint Theatre, no Fisherman's Wharf de São Francisco. A maioria do público amou o filme e riu durante a exibição, mas Ned Tanen, da Universal, odiou. Um maníaco-depressivo confesso, ele genuinamente não viu o afeto ou a comédia. Tanen queria cortes. Ameaçou lançá-lo como filme de TV. Coppola interveio para defender o amigo e se ofereceu para comprar o filme de Tanen na hora, a preço de custo, metendo a mão no bolso atrás de um talão de cheque inexistente.

Por mais valente que tenha sido aquele gesto, ele não funcionou. Tanen se recusou a tomar uma decisão sobre o lançamento do filme; ele parecia determinado a manter *American Graffiti* em um limbo. Lucas estava inconsolável. Novamente, seu filho tinha sido sequestrado por Hollywood. Novamente, ele estava afundado em dívidas com os pais, com Coppola, com todo o mundo. Ele voltou para casa e se recusou a retornar as ligações da Universal. Kurtz, enquanto isso, tinha viajado para pesquisar locações nas Filipinas e na América do Sul para encontrar o país mais adequado como substituto para o Vietnã em *Apocalypse Now*, bem como um país que pudesse fornecer o número máximo de helicópteros. Enquanto esperava, disse Lucas, era melhor começar "a preparar esse tratamento para meu pequeno projeto espacial."

Era hora de sangrar na página como nunca antes.

7 / HOME FREE

Quando Lucas se preparou para esboçar seu filme de fantasia espacial pela primeira vez, ele não estava sozinho. Nos Estados Unidos, no mundo todo, cineastas estavam sonhando com projetos similares. Assim como *THX 1138* esteve longe de ser o primeiro dos vários filmes americanos de distopia em produção no início dos anos 1970, *Star Wars* foi uma dentre uma onda de ideias para filmes espaciais especulativos e com jeito de fábula, muitos dos quais estavam se desenvolvendo conforme a década avançava.

O tiro de largada tinha sido disparado por Stanley Kubrick, em 1968, com o épico de 10 milhões de dólares *2001: uma odisseia no espaço*. O público não entendeu o filme na época, mas os cineastas certamente entenderam. Talentos nascentes como Martin Scorsese, John Carpenter e Steven Spielberg estavam todos farejando o reino da ficção científica à procura de um título comercial que estourasse – algo que fizesse o que Douglas Trumbull fez, o técnico de efeitos especiais de 25 anos que Kubrick contratara para *2001*, mas a serviço de uma história mais acessível.

O sucesso de Lucas nessa corrida não estava garantido, de maneira alguma. Um de seus amigos mais íntimos já havia concebido um filme de ficção científica que poderia muito bem ter sido o sucessor de *2001*. Ele quase pegou Steven Spielberg como diretor. O projeto fracassou, mas não antes de lançar o filme de Lucas no hiperespaço, dando ao jovem diretor a apresentação mais importante de sua carreira.

Era uma vez um bacharel em cinema da USC que mexia no tratamento de um filme de ficção científica sem nome. Ele também estava envolvido com uma linguagem de computação chamada BASIC. Para ajudar a descobrir como o filme deveria se chamar, ele decidiu criar um programa de computador em BASIC. Ele introduziria centenas de palavras que ele e os amigos estavam usando no roteiro, e o computador juntaria as palavras em combinações aleatórias de duas e três palavras.

Star Dancing. Breve em um cinema perto de você. "É maneiro", pensou Hal Barwood. Ele levou o título ao corroteirista, Matthew Robbins, e os dois tentaram usar o nome por alguns meses. No fim das contas, porém, eles decidiram que preferiam um dos títulos que criaram por conta própria: *Home Free*. Foi com esse nome que o agente dos dois vendeu o tratamento para a Universal. Chega de títulos de duas palavras começando com "Star". Humanos 1, Gerador Computadorizado de Nomes 0.

No entanto, o programa de computador de Barwood seria vingado no fim das contas, porque todas as vezes em que esse filme perdido surgia na narrativa da história de *Star Wars*, ele era chamado de *Star Dancing*. Barwood falou comigo com a vontade expressa de que eu corrigisse o erro sobre o nome do filme.

Barwood e Robbins foram testemunhas-chave de todas as etapas da saga de Lucas, o Rosencrantz e Guildenstern do Hamlet de Lucas. Os dois eram amigos dele na USC; apresentaram Lucas ao agente deles, Jeff Berg; alugaram quartos de Lucas nas dependências de sua mansão multimilionária no meio dos anos 1970; e estavam entre os primeiros e poucos leitores dos manuscritos mais antigos de *Star Wars*. Mais tarde, Barwood apareceu no Rancho Skywalker para a segunda carreira, como autor de jogos da LucasArts, embora tenha saído sem manter boas relações com o velho amigo ou a empresa.

Barwoord, que veio da Nova Inglaterra e se casou com a namorada de colégio, era um fã de ficção científica desde a tenra idade. Na USC, ele fez o curta premiado *A Child's Guide to the Cosmos* (1964). Quando se formou em 1965, ele, como muitos formandos do curso de cinema da USC, foi trabalhar com filmes industriais. Mas Barwood estava atormentado por uma ideia de um filme de animação que ele queria fazer chamado *The Great Walled City of Xan*. Barwood conseguiu retornar à USC como professor assistente em 1967, da mesma forma que Lucas fez com a turma da Marinha que filmou o primeiro *THX*. Nos anos seguintes, Barwood consolidou amizades com Lucas, Robbins e Walter Murch.

Depois da formatura, Lucas visitou Barwood e a família em Los Angeles. Os dois tiveram conversas nerds sobre cinema, animação e ficção científica. Eles jogaram um jogo de 1970 chamado Kriegspiel – uma versão de xadrez mais complexa e parecida com a guerra, jogada em hexágonos em vez de quadrados. "Eu o vencia muito regularmente", se recorda Barwood.

O roteiro conhecido depois como *Home Free* foi escrito instigado por um produtor chamado Larry Tucker, que acabara de ter um grande sucesso com o filme de 1969 sobre troca de casais chamado *Bob & Carol & Ted & Alice*. Tucker não sabia o que fazer a seguir, mas sabia que queria que fosse uma ficção científica, e queria que fosse esquisita. "Ele disse: 'talvez tenha um alienígena que pule no ar e desça voando e enfie o nariz no chão como uma flecha'", conta Barwood. "Nós pensamos: 'o que diabos ele está dizendo?'"

Realmente, o quê? A ficção científica em sua forma literária tinha partido em direções maravilhosamente estranhas nos anos 1960: às vezes parecia estar indicando o caminho para a cultura jovem. A década começou com *Um estranho numa terra estranha* (1961), o romance seminal de Robert Heinlein sobre Valentine Michael Smith, um terráqueo criado por marcianos. Devolvido à Terra, Smith se vê como um peixe fora d'água, no entanto seus poderes psíquicos e atitude sexual liberal lhe valem muitos adeptos de sua forma de pensar, ou "grokkar". Ele funda uma igreja e diz a seus seguidores que eles estão prestes a evoluir para uma espécie nova, Homo Superior. O movimento pela liberdade de expressão, o movimento pelos direitos civis, os hippies: todos eles grokkaram.

Quatro anos depois veio outro romance de ficção científica que estourou: *Duna*, de Frank Herbert. Se *Um estranho numa terra estranha* foi um cult, *Duna* foi uma religião global. Ainda se acredita que seja o livro de ficção científica mais vendido de todos os tempos. Herbert criou um universo dentro do espaço de um romance: especificamente, um Império Galáctico a 210 séculos no futuro, no qual computadores são proibidos e grandes casas aristocráticas estão em guerra por uma especiaria mística e viciante que dá ao usuário uma vida mais longa e percepção ampliada.

Duna se passa em Arrakis, planeta desértico onde a especiaria é encontrada, e deu início a uma onda por planetas desérticos. Guerreiros miseráveis chamados Fremen são forçados a coletar umidade da atmosfera. Um jovem aristocrata chamado Paul Atreides foge do massacre da família, entra no deserto, passa por provações, ingere a especiaria e se torna uma espécie aterrorizante de messias – como no romance de Heinlein, o testa de ferro de uma nova religião. (Havia muito disso acontecendo nos anos 1960.) A sequência, *O messias de Duna* (1969), mostrava um lado sombrio de Atreides bem a tempo para os assassinatos de Charles Manson.

Levou um tempo para Hollywood alcançar essa espécie imaginativa de ficção científica na literatura como *Um estranho numa terra estranha* e *Duna*. "Os filmes de ficção científica estão mais ou menos 20 ou 25 anos atrasados em relação à ficção científica escrita", diz Edward Summer, cineasta e amigo de Lucas. Havia razões financeiras sensatas para isso. Por maior que tenha sido o impacto de *Planeta proibido* entre os críticos em 1956 – "Se você tiver um pouco de paladar para humor maluco, você se divertirá à beça", disse o *New York Times* –, o filme levou anos para recuperar seu orçamento de 5 milhões de dólares. Simplesmente não havia público, pensava-se. Pré-adolescentes como

Lucas e seus amigos correram para ver o filme, mas o resto da família, não. Que chance teria qualquer outro filme de ficção científica? "Você acabava com o público no primeiro fim de semana e depois estava enrascado", comenta Barwood sobre o senso comum da época.

A opinião geral sobre cinema de ficção científica era que a pessoa só recuperava o dinheiro se fizesse um filme suficientemente barato. James Bond dava retorno no investimento. *Doutor Jivago* e *A noviça rebelde* podiam dar retorno no investimento. Mas sujeitos em trajes de astronauta simplesmente não podiam. Portanto, os anos 1960 continuam a onda dos anos 1950, com lixo de baixo orçamento no estilo de Roger Corman. Enquanto leitores devoravam *Duna* em 1965, os cinemas ainda ofereciam *Papai Noel conquista os marcianos* (custo: 200 mil dólares). Esse foi um épico de grande orçamento pelos padrões de *Mars Needs Women*, de 1967 (custo: 20 mil dólares). E desde que continuassem a sofrer com a falta crônica de apoio dos estúdios, parecia haver pouca chance de que os filmes de ficção científica ou fantasia um dia mudassem a percepção de que a categoria estava moribunda segundo padrões comerciais e artísticos.

Esse estado das coisas começou a mudar em 3 de abril de 1968, quando, em uma coincidência surpreendente, os dois filmes de ficção científica mais importantes da década foram lançados no mesmo dia. Um foi *O planeta dos macacos*. O outro foi *2001: uma odisseia no espaço*. Tentar imaginar um mundo antes de qualquer um dos dois filmes existir é quase tão difícil quanto imaginar um mundo antes de *Star Wars*. Realmente houve um tempo em que a nossa memória da cultura pop não continha a frase "Tire suas patas fedorentas de mim, seu maldito macaco sujo"? Antigamente, nós conseguíamos ouvir as notas de abertura de "Assim falou Zaratustra" sem pensar em monolitos negros, ou "Danúbio azul" sem ver estações espaciais girando e aeromoças em gravidade zero?

2001 foi essencialmente um filme mais significativo do que *O planeta dos macacos*. O recluso e obsessivo Kubrick – um ídolo de Lucas, pau a pau com Kurosawa – havia dedicado três anos de esforços ao filme, assim como o corroteirista Arthur C. Clarke. Era uma ficção científica visual com muita música e o mínimo possível de palavras. Seu senso de oportunidade foi extraordinário. Os efeitos especiais, que ainda se sustentam hoje, levaram a plateia à lua e além, meses antes de a NASA fazer sua primeira órbita lunar. Aí houve o ato final: a viagem sem diálogos de Frank Bowman no interior do monolito em Júpiter, através da morte e renascimento, um mero ano antes do "Verão de amor" banhado em ácido.

O filme dividiu críticos e público. No Reino Unido, um jovem mímico chamado Anthony Daniels, ao ver seu primeiro filme de ficção científica, saiu antes do final da sessão. Mas o estilo visual de *2001* provocou uma forte impressão em um cineasta americano que preferia contar histórias com o mínimo possível de palavras. "Ver alguém realmente fazer aquilo, fazer um filme visual, foi imensamente inspirador para mim", falou Lucas. "Se ele conseguiu, eu consigo."

Na época, porém, a obra-prima de Kubrick perdeu para o rival de data de lançamento. *2001* não recuperou o orçamento de 10,5 milhões de dólares até voltar aos cinemas em 1975 (desde então, já arrecadou mais de 100 milhões de dólares). *O planeta dos macacos* foi filmado pela metade do preço e arrecadou 32,5 milhões de dólares naquele mesmo ano: mais uma vitória para filmes de ficção científica de baixo orçamento. Os críticos subiram pelas paredes por conta de *O planeta dos macacos*, e a Twentieth Century Fox lançou uma sequência a cada ano, de 1970 a 1973, seguidas por um seriado de TV em 1974. Cada continuação foi mais fraca e mais ordinária e arrecadou menos dólares do que a última.

Mas o original era perfeito e tinha muito em comum com *2001*. Ambos apresentam atores em fantasias de macacos, astronautas atormentados e reviravoltas profundas que alteram o paradigma nos minutos finais. Ambos fazem uma ameaça implícita: nossa tecnologia – sejam computadores autoconscientes ou armas atômicas – será a perdição de todos nós. Mas ambos também contêm a esperança de que evoluiremos, seja para macacos mais espertos ou embriões com destino às estrelas.

Somados, os dois filmes expandiram as possibilidades para o gênero como nunca antes. Bem como os eventos atuais: quando Neil Armstrong e Buzz Aldrin andaram na lua dezoito meses depois, a sensação de deslumbramento foi contagiante. Tudo parecia possível. Talvez realmente *existissem* alienígenas que pulassem no ar e enfiassem os narizes no chão como uma flecha. Ou talvez o filme divisor de águas teria algo a ver com naves espaciais, hologramas, a onda do futuro.

Em 1973, outro bacharel jovem e barbudo da USC chamado John Carpenter filmou uma paródia meio séria de *2001* que abordava o confinamento claustrofóbico dentro de uma nave espacial de viagens longas. A tripulação, enlouquecida pelo tédio, adotou um bizarro alienígena que parece uma bola de praia; ele pula no ar, pelo menos. O filme era *Dark Star*, que mostrou a primeira representação na história do cinema de uma nave entrando no hiperespaço, criada pelo amigo de Carpenter, Dan O'Bannon. Nada mal para um orçamento de 60 mil dólares.

Dark Star chamou a atenção de um frenético cineasta independente que também fizera um par de filmes alucinógenos, o diretor chileno Alejandro Jodorowsky, conhecido como Jodo. Após ter comprado os direitos cinematográficos de *Duna* por uma ninharia, Jodo foi a Hollywood para tentar convencer Douglas Trumbull a fazer os efeitos visuais. Ele queria abrir o filme com a maior panorâmica que conseguiu imaginar – por toda a galáxia sem um único corte – e calculou que o único que conseguiria isso era o mago dos efeitos por trás das naves espaciais de *2001*. Mas Trumbull foi arrogante durante a reunião, interrompendo Jodo várias vezes para receber longos telefonemas. O diretor saiu e foi ver *Dark Star*. Ele ficou tão impressionado que imediatamente armou uma reunião com O'Bannon; após Jodo deixá-lo chapado com uma maconha especialmente forte, O'Bannon concordou em colocar todos os pertences em malas, dizer *au revoir* para a esposa e se mudar para Paris a fim de trabalhar com o diretor chileno no roteiro.[*]

O próprio Jodo, como era bem apropriado para *Duna*, era uma espécie de líder de um culto. Ele persuadiu o grande Orson Welles a atuar como o vilão da obra, em troca de contratar o chef parisiense favorito do diretor, e até conseguiu fazer Salvador Dalí concordar em fazer uma ponta como imperador do Universo Conhecido (por 100 mil dólares por minuto, insistiu Dalí). Ele chamou o artista suíço H. R. Giger, possivelmente a única pessoa na Europa mais estranha do que Jodo e Dalí, para fazer um bando de pinturas assustadoras como desenhos de produção, e recrutou o artista francês de quadrinhos Moebius para fazer os storyboards do filme inteiro em alta velocidade. Ao levar os resultados de volta para Hollywood, em 1975, o cineasta chileno encarou uma oposição implacável dos estúdios – não aos storyboards, ou à ideia do filme de *Duna*, que tinha potencial óbvio, mas ao próprio Jodo. Sua imensa insistência de que o filme poderia ter três horas, ou mesmo doze horas se ele estivesse a fim, provavelmente não ajudou. Ele já havia conseguido juntar 10 milhões de dólares, mas, por querer mais 5 milhões, *Duna* de Jodorowsky foi aposentado, sem jamais ser feito.[**] Mesmo assim, como um monte desses fracassados filmes espa-

---

[*]   Naquele momento, nos subúrbios de Paris, um garoto de 15 anos chamado Luc Besson estava esboçando ideias para o próprio filme de ficção científica. Ele trabalharia diligentemente no roteiro por décadas, que finalmente chegaria às telas em 1997 como *O quinto elemento*. Besson adicionou uma gritante referência a *Star Wars*: uma oficial militar com o penteado da princesa Leia.

[**]   Ele encontraria uma nova vida em um documentário de 2014 sobre o projeto inacabado, *Jodorowsky's Dune*, do qual a maior parte desses detalhes foi tirada. A única bola fora do documentário: ele sugere que algumas cenas de *Star Wars* foram inspiradas pelos storyboards de Moebius. Gary Kurtz insiste que ele e Lucas nunca viram os desenhos, embora mais tarde Kurtz realmente tenha contratado Moebius para fazer os pôsteres do lançamento europeu de *Star Wars*.

ciais dos anos 1970, sua própria existência teria algumas consequências involuntárias interessantes.

Enquanto isso, na Costa Leste, mais um jovem cineasta barbudo, Edward Summer, havia se formado no curso de cinema da NYU com sonhos de fazer um filme de ficção científica. Ele fizera um curta-metragem chamado *Item 72-D*. Como todo mundo não parava de confundi-lo com *THX 1138*, ele adicionou o subtítulo *The Adventures of Spa and Fon*. Enquanto Summer esperava para conseguir financiamento para seus outros roteiros de ficção científica, ele abriu uma loja de quadrinhos em Manhattan. Chamada Supersnipe, em breve ela se tornou a meca para nerds de quadrinhos e cinemas, incluindo Brian De Palma, Robert Zemeckis, Martin Scorsese e o amigo deles, George Lucas.

Anos depois, em 1999, o crítico Peter Biskind escreveu um livro chamado *Como a geração sexo-drogas-e-rock'n'roll salvou Hollywood: easy readers, raging bulls*. Sua tese era que a "geração rock'n'roll" se dividiu em duas nos anos 1970: a de Spielberg e Lucas foi por um caminho, para a fantasia espacial e outros filmes pipoca que mudaram o rumo do cinema e tiraram espaço de obras mais instigantes de diretores como De Palma e Scorsese. Mas Biskind deixou de notar completamente o fato de que esses diretores instigantes passaram uma boa parte da década exatamente como Lucas passou: em lojas de quadrinhos, lendo ficção científica, tentando fazer filmes espaciais decolarem.

"Os anos 1970 foram uma tempestade perfeita para algo como *Star Wars* acontecer", diz Summer. Ele se lembra de Scorsese tentando vender histórias do grande escritor paranoico de ficção científica Philip K. Dick, enquanto De Palma queria fazer um filme baseado em *O homem demolido*, um clássico da ficção científica de Alfred Bester. "Todo mundo, *todo mundo* queria fazer um filme de *The Stars My Destination*", o outro livro de sucesso de Bester, comenta Summer. "Eu estive envolvido com três produções diferentes da adaptação, e ninguém conseguia fazer direito. Os efeitos especiais eram tão difíceis."

A Universal, mais do que a maioria dos estúdios, pegou a febre da ficção científica. O falatório sobre *Home Free* aumentou quando Larry Tucker apresentou Barwood e Robbins para um brilhante diretor de TV chamado Steven Spielberg, que amava ficção científica tanto quanto eles e era um protegido do presidente da Universal. Mas, infelizmente, enquanto Barwood, Robbins e Spielberg conversavam animadamente sobre *Home Free*, a Universal deu para Douglas Trumbull um orçamento de 1 milhão de dólares para fazer o próprio filme. Chamado *Corrida silenciosa*, ele usaria algumas tomadas de efeitos visuais que não ficaram prontas a tempo para o filme de Kubrick.

A trama de Trumbull parecia ter apelo para os fãs nerds de espaço, os doidos por ácido e os integrantes da crescente coalizão ambientalista que havia comemorado recentemente o primeiro Dia da Terra. No ano distante de 2008, toda a vida vegetal do planeta foi erradicada, a não ser por um bando de estufas em globos geodésicos em órbita. O jardineiro das estufas recebe a ordem de destruir a carga e voltar à Terra; em vez disso, ele mata a tripulação e vira um desertor com um par de robôs. Joan Baez canta duas canções completas na trilha sonora. O filme era uma coisa completamente diferente.

Home Free também seria uma coisa completamente diferente. Tinha um pouco de *Planeta proibido* em seu DNA, um pouco de *2001*, e um pouco da geração hippie. Era a história de uma exploração espacial que examina dois planetas em um sistema solar distante. Dois caras estão investigando o planeta menos interessante, cuja atmosfera é minimamente respirável. Eles percorrem as planícies de grama em uma coisa parecida com um trailer gigante. De repente, os computadores do trailer começam a imprimir protocolos para um primeiro contato: eles detectaram vida alienígena nas proximidades. Os protocolos haviam sido planejados há séculos e eram invioláveis. Assim sendo, o sujeito mais graduado parte para o outro planeta e deixa o subalterno para trás como um rato de laboratório.

O subalterno vive uma série de aventuras arqueológicas no planeta – traços de Indiana Jones –, enquanto descobre provas de uma antiga civilização alienígena. Ele não consegue achar nada vivo, a não ser por um bando de misteriosos robôs de limpeza, que traz de volta para o trailer. Eles começam a desmontar o veículo mais rápido do que o homem consegue remontá-lo. Seu oxigênio começa a acabar.

É aí que os verdadeiros alienígenas surgem como uma cavalaria ao resgate. "Eles são criaturas angelicais", explica Barwood. "Eles se comunicam entre si via adesivos luminosos nos corpos. E meio que estão de férias." As criaturas notam que o astronauta está em perigo, formam um círculo em volta da nave, começam a dançar e, "através de poderes além da compreensão humana", erguem o trailer até a órbita, onde o jovem astronauta pode ser resgatado pelos compatriotas.

Quando *Corrida silenciosa* fracassou na bilheteria em 1972 – o filme dava lições de moral demais, o protagonista era insuportável –, a Universal perdeu todo o interesse na ficção científica. *Home Free* foi para o cemitério de projetos perdidos de Hollywood. Barwood lamenta e diz que, de qualquer forma, o filme teria custado caro demais para ser feito, e que provavelmente teria se saído melhor trinta anos depois, como "um filmezinho bacana de computação gráfica".

Barwood foi fazer sucesso com Steven Spielberg, para quem ele e Matthew Robbins escreveram seu primeiro longa-metragem, *Louca escapada*. Depois disso, como veremos, Lucas chamou Barwood para coescrever *Star Wars*, mas ele se recusou. Barwood fez muitos polimentos de roteiro sem ser creditado no próprio filme de Spielberg sobre um primeiro contato, *Contatos imediatos do terceiro grau*, detalhando o início e o fim. Sem crédito também foi o impacto que Barwood teve em *Star Wars*, que jamais poderia ter se tornado o que se tornou se não fosse por uma conexão vital que Barwood deu a Lucas após o próprio sonho espacial ter morrido.

Na época dos filmes industriais, Barwood trabalhou em uma série de filmes para a Boeing. A ideia era promover um rival para o jato Concorde – um projeto em si que jamais se tornou realidade – chamado SST, ou Transporte Supersônico. Na empresa de aviação, Barwood conheceu um artista que tinha feito algumas pinturas a guache sensacionais do SST. O nome do artista: Ralph McQuarrie.

Em 1971, enquanto Barwood ainda trabalhava em *Home Free*, ele descobriu que McQuarrie havia se mudado para Los Angeles. Os dois se encontraram para discutir o filme, e Barwood e Robbins contrataram o artista para criar quatro pinturas conceituais para *Home Free*. Assim que McQuarrie terminou a primeira, ele convidou Barwood e Robbins ao estúdio durante uma tarde para garantir que estava no caminho certo.

A dupla apareceu e trouxe o amigo George Lucas, com quem os dois tinham acabado de almoçar. A reunião que se seguiu literalmente mudaria a história do cinema.

A pintura de McQuarrie – um astronauta ao lado de um trailer em um campo de grama – deixou todos boquiabertos. Sim, eles disseram, o artista estava no caminho certo. "George olhou para Ralph", se recorda Barwood, "e disse: 'sabe, eu vou fazer um filme de ficção científica e vou lembrar de você'".

Antes que pudesse bancar a ajuda de McQuarrie para visualizar sua história espacial, entretanto, Lucas teria que se sentar à mesa da cozinha de sua casa de um quarto em Mill Valley e lutar imensamente para produzir as palavras certas.

8 / MEU PEQUENO PROJETO ESPACIAL

Como se constrói um universo do zero? Era uma pergunta que George Lucas enfrentava em 1973 ao se sentar para discutir do que exatamente se tratava *The Star Wars*. Ele havia feito algo semelhante em *THX* e ainda tinha ideias para uma continuação. Mas fazer um filme *THX* não era realmente contar histórias. Agora, Lucas se arriscaria na fantasia espacial, na narrativa em um âmbito galáctico. E, para isso, ele teria que reaprender a arte de escrever.

Lucas começou rabiscando uma lista de nomes, apenas para ver como pareciam quando anotados. Imperador Ford Xerxes III. Xenos. Thorpe. Roland. Monroe. Lars. Kane. Hayden. Crispin. Leila. Com um livro de nomes de bebês numa mão e livros de história na outra, ele adicionou descrições cujas inspirações do mundo real eram bastante óbvias: Alexandre Xerxes XII, imperador de Descartes. (Supostamente um rei guerreiro-filósofo.) Han Solo, líder do povo Hubble. ("Solo" veio de uma marca de copos de papel, Hubble, do astrônomo.) Ah, e aqui está um bom nome, meio que baseado no próprio: Luke Skywalker, "Príncipe de Bebers".

Esse é o ponto em que a pessoa quer gritar: espere, George, volte para esses dois nomes! Descarte os títulos ridículos, desencave os nomes R2-D2 e Wookiees dos cadernos, e você estará no caminho certo.

Mas o terreno da criatividade raramente é plano. Lucas se concentrou primeiro em outro personagem: Mace Windy, um nobre samurai espacial ao estilo Kurosawa. Windy é um "Jedi-Bendu", um título que vinha em parte do nome dos filmes de samurai, *jidai geki* (que na verdade significa apenas "drama de época"). O sujeito que contará a história de Mace, seu aprendiz ou "padawaan", podia ser tanto C. J. Thorpe ou C. 2. Thorpe (nada soa mais futurista do que um nome com um número). De qualquer maneira, seu apelido seria "Chuie", pronunciado como "Chewy".

Lucas tinha mais ou menos uma cena na cabeça àquela altura, embora não fosse escrevê-la de verdade por três anos. Ele queria ver um combate aéreo no espaço sideral. Em vez de ficarem estáticas ou se moverem com muita simplicidade em uma única direção como as maquetes faziam em *Star Trek*, as naves desviariam e dispariam umas atrás das outras como caças da Segunda Guerra Mundial, como pássaros silvestres. Naquele momento, Lucas se concentrava nas questões importantes. Como dar forma ao filme que vinha dando voltas na sua mente desde a USC? Um filme que ele agora teria que fazer um esforço diário para que existisse, da mesma forma que fez com *THX* e *American Graffiti: loucuras de verão*.

Diário. Era isso. Lucas imaginou uma antiga ordem de guardiões galácticos chamada Whills, que deixara um diário. Nós não os veríamos; eles seriam cronistas no pano de fundo. O filme inteiro sairia de um livro que jamais veríamos, um livro que ele pudesse continuar detalhando por anos se seu pequeno projeto espacial funcionasse. "Diário de Whills", escreveu Lucas. "Parte 1. Essa é a história de Mace Windy, um venerado Jedi-Bendu de Ophuchi, contada para nós por C. J. Thorpe, aprendiz padawaan do famoso Jedi."

Como muitos escritores amadores de ficção científica ou fantasia, Lucas se atolou em nomes, em planetas, espaçonaves e organizações interplanetárias, sem antes encontrar motivos para que seu público se importasse com eles. Thorpe vinha de Kissel. Seu pai era o principal piloto do cruzeiro intergaláctico *Tarnack*. Windy era "comandante militar do presidente da Aliança de Sistemas Independentes". Thorpe tornou-se seu aprendiz na "sublime Academia Interestelar".

Chafurdado em detalhes após alguns parágrafos apenas, Lucas decidiu cortar para a Parte 2, quatro anos depois. Agora, Windy e Thorpe eram "guardiões de uma carga de reatores portáteis de fusão para Yavin" quando foram "convocados a ir ao segundo planeta desolado de Yoshiro por um misterioso mensageiro enviado pelo presidente da Aliança". Essa seria a maior aventura dos dois...

E aí a narrativa acaba. O Criador tinha duas páginas de um resumo bruto do primeiro de uma série de filmes ambientados nesse novo universo, mas não foi adiante. O homem que terminou todo projeto que começou na vida estava hesitando no início da jornada de seu herói. O que é, obviamente, exatamente o que um herói deve fazer.

Enquanto Lucas estancava o sangramento mais recente, a Universal ainda se recusava a distribuir *American Graffiti: loucuras de verão*. William

Hornbeck, um dos editores mais respeitados da indústria cinematográfica, chamou o filme de "completamente impossível de ser lançado". Tanen mandou cortar duas cenas. Ambas debochavam de figuras de autoridade: uma em que Steve, o personagem de Ron Howard, confronta o velho professor no baile e manda que ele "vá beijar um pato", e outra em que Terry, the Toad, é acossado por um vendedor de carros usados. Lucas ficou apoplético – estavam cortando os dedos de seu filho novamente – e, de mau humor, se recusou a participar da mutilação. Kurtz mandou Verna Fields fazer a edição.

No início de 1973, enquanto *American Graffiti* estava preso no limbo, *THX 1138* foi exibido na televisão. O crítico da *Newsday*, Joseph Gelmis, adorou. Autor de *The Film Director as Superstar*, Gelmis naturalmente quis saber mais a respeito de Lucas. Será que ele era um superastro? Gelmis conseguiu ver uma pré-estreia de *American Graffiti* e ficou perplexo que o estúdio não enxergasse o valor de Lucas. Ele levou os Lucas para jantar em Sausalito e percebeu que eles ficaram contentes pela refeição grátis. Gelmis quis saber no que Lucas estava trabalhando a seguir. Talvez com medo que esse importante crítico de cinema risse de uma referência a *Flash Gordon*, Lucas chamou o novo projeto de "novela espacial de 4 milhões de dólares segundo a tradição de Edgar Rice Burroughs". Foi uma tentativa de se forçar a entrar no terreno do enredo, disse Lucas, da mesma forma como *American Graffiti* fez com que ele se forçasse a lidar com personagens.

Na verdade, quando Lucas produziu um segundo manuscrito em abril de 1973, foi meio que uma compensação exagerada por não gostar de enredo todos aqueles anos; um tratamento de dez páginas recheado, coberto e polvilhado de enredo. Não tinha relação com as duas páginas do "Diário de Whills". Em vez disso, o manuscrito encontrou sua estrutura em vários filmes de Kurosawa, mais notavelmente *A fortaleza escondida*.

Aqui nós chegamos a uma afirmação favorita de cinéfilos nerds. Você sabia que *Star Wars* foi baseado em *A fortaleza escondida*? Só que não, não foi baseado realmente. Lucas reconheceu a influência das teleobjetivas e panorâmicas de Kurosawa e teve prazer em ser entrevistado para o lançamento em DVD do filme japonês, no qual oferece um rápido elogio e diz que *A fortaleza escondida* é seu quarto filme favorito de Kurosawa. Mas tanto ele quanto Kurtz, que raramente concordam sobre qualquer coisa a respeito da história de *Star Wars*, dizem que a comparação entre aquele filme e *Star Wars* tem sido exagerada. Embora Lucas tivesse visto *A fortaleza escondida* no ano em que escreveu o tratamento, aquilo era 1973: ele não podia simplesmente alugar o vídeo e fazer uma análise cena por cena. Tudo o que Lucas fez foi copiar o sumário do livro *Os filmes de Akira Kurosawa* (1965), de Donald Richie, que se tornou um parágrafo na apresentação do tratamento.[*]

A fortaleza escondida gira em torno de dois camponeses no Japão do século 16 dividido por guerras civis. Eles deveriam lutar por um clã vencedor, mas chegaram atrasados, foram confundidos com soldados derrotados e então capturados, e depois escapam. Os dois discutem sobre que caminho tomar a seguir, se separam, e ambos são capturados novamente. Escapam outra vez. Após encontrar ouro em um pedaço de madeira flutuante no rio, a dupla encontra a fonte do tesouro: o general do clã derrotado e uma garota supostamente muda escondidos em uma fortaleza nas montanhas, na esperança de levar o ouro para fora do território inimigo. Os camponeses vão junto, torcendo para receber ou roubar uma porção do ouro. Revela-se que a garota é a princesa do clã derrotado, por quem o inimigo ofereceu uma recompensa. Ela e o general usam o ouro para restaurar o território do clã. Os camponeses terminam o filme com uma única moeda como recompensa.

O segundo tratamento de Lucas abria com uma cena de uma história completamente diferente:

> Espaço profundo.
> O misterioso planeta azul-esverdeado Aquilae surge lentamente. Um pequeno pontinho que orbita o planeta brilha à luz de uma estrela próxima.
> De repente, uma reluzente espaçonave parecida com um caça surge de maneira sinistra em primeiro plano, se deslocando rapidamente na direção do pontinho em órbita. Mais dois caças se posicionam silenciosamente em formação de combate atrás da primeira, e a seguir aparecem mais três espaçonaves. O pontinho em órbita é na verdade uma gigantesca fortaleza espacial, bem maior do que os caças que se aproximam.

---

[*] Diz o sumário de Richie: "Estamos no século 16, um período de guerras civis. Uma princesa, com sua família, criados e o tesouro do clã, está sendo perseguida. Se eles conseguirem cruzar o território inimigo e chegar a uma província amiga, serão salvos. O inimigo sabe disso e ofereceu uma recompensa pela captura da princesa". Diz o parágrafo de Lucas: "Estamos no século −3, um período de guerras civis na galáxia. Uma princesa rebelde, com sua família, criados e o tesouro do clã, está sendo perseguida. Se eles conseguirem cruzar o território controlado pelo Império e chegar a um planeta amigo, serão salvos. O soberano sabe disso e ofereceu uma recompensa pela captura da princesa".

Apenas após esse prenúncio é que cortamos para o parágrafo copiado do sumário de Richie. Uma princesa fora da lei, um general ranzinza e o tesouro ("especiaria de aura inestimável", escreveu Lucas, sua primeira referência a *Duna*[*]) estão viajando em "landspeeders" no território inimigo.

Dois burocratas imperiais às turras se ejetam da Fortaleza Espacial, caem no planeta embaixo e são capturados pelo general. O nome do general, um favorito na lista de Lucas: Luke Skywalker. Soava como um velho, um Gandalf ou um samurai veterano, arrastando os pés nas nuvens com uma bengala. Lucas jamais começaria um único manuscrito pensando nele como um nome para um jovem herói.

Em um gesto de reconhecimento da maior influência de Lucas, o tratamento despachou o pequeno bando para um espaçoporto chamado Gordon. Lá eles tinham a esperança de encontrar uma espaçonave que os levasse para um planeta amigável. Enquanto procura abrigo de uma tempestade, Skywalker encontra dez garotos perdidos em um templo abandonado. Ele entreouve que os meninos pretendem atacar o Império para defender a princesa. Aqui o tratamento se afasta completamente de *A fortaleza escondida*: Skywalker treina aqueles garotos perdidos para virarem adultos. "Os meninos ficam furiosos com suas instruções frias e implacáveis, embora passem a respeitá-lo quando começam a enxergar os resultados do treinamento", escreveu Lucas, no que pode ter sido a descrição mais precisa do próprio relacionamento com o pai.

O bando de rebeldes chega a Gordon. Lá vemos a única cena que sobreviveria sem alteração por todos os manuscritos até parar no filme: o grupo entra em uma cantina, na esperança de encontrar um contato que renda uma saída do planeta. "O pequeno covil sombrio com um contingente espantoso de alienígenas exóticos e esquisitos rindo e bebendo no bar", escreveu Lucas. Um grupo de alienígenas repreende um dos meninos, e Skywalker é forçado a sacar sua "espada lazer" da bainha. Em questão de segundos, um braço está caído no chão.

Até agora, bem empolgante. Mas o ritmo continua exaustivo, sem batidas lentas. Os rebeldes são levados a uma armadilha por um mercador, roubam

---

[*]   A primeira, mas certamente não a última. Os fãs nerds de ficção científica vêm notando as semelhanças há anos: *Duna* apresenta a princesa Alia, cuja pronúncia em inglês é "A-Leia"; ambas as obras têm veículos chamados sandcrawlers ["lagartas", em *Duna* (N. do T.)]; os miseráveis habitantes tanto de Arrakis quanto de Tatooine coletam umidade. "Jedi Bendu" pode ter sido em parte inspirado na técnica de autocontrole para combate que vemos em *Duna*, "Prana Bindu".

um caça espacial, batalham com naves imperiais por meia galáxia, se escondem em um asteroide, são atacados novamente, e caem no "planeta proibido de Yavin". E isso em apenas um parágrafo.

Yavin nos apresenta alienígenas montados em pássaros gigantes que capturam a princesa e a vendem para o império. Skywalker e os meninos montam "cajados a jato" com as mochilas de emergência. Uma turba de alienígenas joga Skywalker em um lago fervente. Ele se pendura em um cipó, encontra os garotos perdidos com a ajuda de um fazendeiro alienígena, ataca um posto avançado imperial, descobre que a princesa foi levada ao planeta-natal do Império, e treina os meninos novamente, dessa vez para guiar caças individuais. Eles entram voando no complexo prisional, abrem caminho a fogo até a princesa e a levam para o planeta amigável que era o objetivo desde o início. Há um desfile. Os burocratas veem a princesa "revelar sua verdadeira persona de deusa" e vão embora se embebedar. "O Fim?" escreveu Lucas, deixando a porta aberta para continuações e repetindo *Look at Life*.

Estamos tão longe de *A fortaleza escondida* quanto estamos longe da versão final de *Star Wars*. Lucas fez várias referências aos filmes de Kurosawa: o encontro do general Skywalker com os garotos no templo lembra uma cena de *Yojimbo*; a cena da cantina é inspirada na continuação, *Sanjuro*. É um enredo muito denso, mesmo para um fã veterano de *Star Wars*, lendo em retrospecto. Para alguém que não está em sintonia com a ficção científica, é um enredo basicamente impenetrável. O agente de Lucas, Jeff Berg, considerou o tratamento incompreensível. Ainda assim, ele não tinha escolha a não ser mostrá-lo para a United Artists e Universal.

Se Lucas estivesse tentando escrever um tratamento que o livrasse da obrigação com ambos os estúdios, ele não poderia ter feito melhor. Obviamente, aquele filme custaria mais de 4 milhões de dólares. David Picker na UA, que ainda tinha a primeira opção para realizar o filme, o rejeitou de imediato. (O estúdio levaria mais alguns meses para abrir mão do registro do nome *The Star Wars*.) Em junho, Berg enviou o tratamento para a Universal, que ainda detinha a segunda opção, acompanhado por um bilhete conciso: se a empresa quisesse, tinha dez dias para dizer sim. Na verdade, a Universal nunca recusou *Star Wars*, apenas não respondeu.*

---

* A Universal faria as pazes com Lucas em pouco tempo, ao ter a opção de compra sobre o outro tratamento que ele queria desenvolver, chamado *Assassinatos na Rádio WBN*.

Após a UA e Universal terem dispensado *The Star Wars*, Lucas estava liberado para oferecer o tratamento para outros estúdios. Ele levou o manuscrito para a Disney, mas o estúdio era um castelo atrás de muralhas que produzia poucos filmes grandes na época – o *Robin Hood* de 1973 foi a exceção –, e começava o que se tornaria uma década de declínio. "A Disney teria aceitado esse filme se Walt ainda estivesse vivo", insistiu Lucas. Ironicamente, a Disney jamais meteria as mãos no filme, nem mesmo após ter comprado a Lucasfilm cerca de quatro décadas depois; o filme original é o único filme *Star Wars* a ser distribuído por outro estúdio eternamente.

O estúdio sortudo, é claro, seria a Twentieth Century Fox. Em 1973, ela era o lar da última aventura de ficção científica de grande orçamento que teve sucesso, *O planeta dos macacos*. Mais importante, o estúdio tinha um caçador de talentos na forma de seu novo vice-presidente de criação, Alan "Laddie" Ladd Jr., que era filho de um astro de Hollywood, um ex-agente e ex-produtor. Laddie estava agitando as coisas dentro da Fox com sua capacidade contratual de aprovar o início da produção de filmes usando o dinheiro do estúdio – ou "dar o sinal verde", como Hollywood chama. O primeiro filme de Laddie a receber o sinal verde foi *O jovem Frankenstein*. O segundo foi *A profecia*. Ambos seriam sucessos estrondosos. Para que Laddie se interessasse por Lucas, Berg conseguiu lhe dar uma cópia de *American Graffiti*. Laddie gostou tanto do filme que perguntou a Berg se havia alguma maneira de a Fox comprá-lo da Universal. Berg comunicou essa intenção a Tanen, o que o incentivou a finalmente marcar um lançamento de verão para o pobre filme.

Um bom número de boatos falsos giram em torno do papel de Laddie em *Star Wars* ao longo dos anos. Um mito é que ele era o presidente do estúdio na época; na verdade, ele sequer estava no conselho de administração. Outro é que Laddie não entendeu o que Lucas estava falando quando o jovem diretor tentou explicar *Star Wars* e simplesmente decidiu bancá-lo baseado em seu entusiasmo pelo projeto. Não foi verdade, diz ele. "Eu entendi completamente", se recorda Laddie, agora com 76 anos. "Ele explicou *Star Wars* para mim em termos de outros filmes." *Flash Gordon* não foi um deles. Evidentemente, Lucas já tinha firmado seu hábito constante de falar sobre *Star Wars* de maneira diferente, dependendo da pessoa com quem conversava. Para Laddie, suas influências foram as velhas aventuras de Errol Flynn como *O gavião do mar* e *Capitão Blood*.

Star Wars se apropriaria do senso de aventura daqueles filmes, das mortes sem sangue, do conflito claramente delineado entre bem e mal. Até mesmo hoje, Laddie continua notando sinais do filme na velha Hollywood – como na versão de Gene Kelly de *Os três mosqueteiros* (1948), que termina com uma cerimônia de entrega de medalhas bem similar à entrega de medalhas em Yavin IV.* "Como todo mundo, ele roubou do que amava", diz Laddie. Mas havia coisas em que Lucas era claramente excepcional. "Ele era um ser humano muito inteligente. Fiquei muito impressionado com seu cérebro. Eu acreditei nele completamente."

Em 13 de julho de 1973, Laddie colocou *The Star Wars* em um memorando de contrato que dava a Lucas 150 mil dólares para escrever e dirigir. O memorando também deu à Lucasfilm um orçamento de 3,5 milhões de dólares e 40% dos lucros do filme. O documento estipulava que os direitos da continuação, trilha sonora e merchandising seriam negociados antes de a produção começar. A lenda sobre *Star Wars* diz que essas eram coisas irrelevantes, conhecidas pelos advogados de Hollywood como "o lixo". Poucos filmes geravam continuações; cada vez menos continuações geravam dinheiro. As trilhas sonoras não vendiam a não quer que fossem de musicais. Merchandising para cinema? Impossível. Dito isso, o fato de que os advogados continuaram a lutar sobre esses detalhes exatos pelos dois anos seguintes mostra que a Fox não estava dormindo no ponto tanto quanto fomos levados a acreditar.

Até mesmo transformar o memorando de contrato em um contrato de verdade levou alguns meses. Enquanto isso, em agosto, *American Graffiti* foi lançado, e a vida de Lucas jamais seria a mesma novamente. O filme foi um sucesso – e não apenas um daqueles sucessos independentes que levam tempo para acontecer, mas o tipo de sucesso para o qual a *Variety* reservava seus melhores neologismos, como "socko" e "boffo".** *American Graffiti* teve uma estreia forte em Nova York e Los Angeles e não perdeu ímpeto quanto se espalhou pelo país. Era verão nos Estados Unidos, ainda havia cinemas drive-in, e aquele era o filme de drive-in perfeito para as noites quentes de verão. Quem via se sentia com 17 anos novamente.

American Graffiti arrecadaria 55 milhões de dólares naquele ano. Quando foi relançado em 1978, após *Star Wars*, arrecadou mais 63 milhões de dólares. No século 21, a arrecadação passaria dos 250 milhões de dólares. Conside-

---

*   Outros veem a cerimônia e enxergam uma semelhança com o documentário nazista de Leni Riefenstahl, *O triunfo da vontade* (1938), que Lucas disse ter visto no final dos anos 1960, mas desconsiderou qualquer conexão.

**   Neologismos traduzidos como "extremamente impressionante" (*socko*) e "extremamente bem-sucedido" (*boffo*). [N. do T.]

rando que o orçamento foi de 600 mil dólares, o filme deu a Universal e a Lucas um dos maiores retornos de investimento da história do cinema. O agente de Lucas sabia que ele conseguiria receber mais meio milhão adiantado por *The Star Wars*, no mínimo, se renegociasse o honorário com a Fox. Em vez disso, seu cliente quis forçar a questão sobre os direitos ao lixo.

No fim de 1973, para a própria grande surpresa, George Lucas era um pequeno empresário milionário. Descontados os impostos, *American Graffiti: loucuras de verão* rendeu 4 milhões de dólares para a Lucasfilm naquele ano. Em dólares de 2014, isso são 16,5 milhões de dólares. Foi uma reviravolta impressionante para um casal que morava em uma casa de um quarto em Mill Valley, que sobrevivia com menos de 20 mil dólares ao ano com ambos trabalhando.

Mas os Lucas não estavam prestes a copiar Coppola, que se mudou para uma enorme mansão em Pacific Heights e passou a alugar um jatinho após o sucesso desenfreado de *O poderoso chefão*. Para início de conversa, eles tinham que pagar as dívidas com praticamente todos que conheciam, inclusive Coppola e George Lucas Sr. Depois o casal gastou cautelosamente. Eles se mudaram ainda mais para o interior de Marin e pagaram 150 mil dólares em uma mansão vitoriana de um andar na Medway Road, em San Anselmo. A partir de antigas fotos da casa, Lucas reconstruiu uma torre no segundo andar com uma lareira, janelas envolventes e uma vista do monte Tam. Lá dentro, ele fez uma mesa usando o material de três portas. Os manuscritos de todos os seis filmes *Star Wars* seriam escritos em sua superfície.

Em outubro de 1973, Lucas começou a emprestar dinheiro para uma empresa de fachada, a Star Wars Corporation. Marcia estava em Los Angeles e Tucson, editando *Alice não mora mais aqui* para Martin Scorsese. Ele visitou Tucson algumas vezes, se sentindo um pouco protetor – Scorsese tinha uma reputação de farrista. Lucas trouxe consigo livros pesados: *Isaac Asimov's Guide to the Bible* e um gigantesco estudo de mitologia chamado *O ramo de ouro* do antropólogo do século 19, sir James George Frazer. *O ramo de ouro* estava passando por uma espécie de retomada nos anos 1970. O livro pretendia reduzir todos os rituais e crenças religiosos a seus elementos comuns, mas a prosa de Frazer exige um pouco de esforço para seguir em frente. Scorsese perguntou para Lucas:

– Por que toda essa leitura pesada?

– Estou explorando o inconsciente coletivo dos contos de fadas – explicou Lucas.

De volta ao lar, ele se recolhia à torre para escrever todas as manhãs, às oito. O objetivo eram cinco páginas todos os dias; quando terminava, a recompensa era ouvir música na jukebox Wurlitzer. Geralmente, ele terminava uma página às quatro da tarde e completava o objetivo motivado por puro pânico na próxima hora, a tempo de ver o *CBS Evening News* apresentado por Walter Cronkite.

O noticiário lhe oferecia pouco alívio. O mundo parecia estar desmoronando. O cessar-fogo fracassara no Vietnã. As tropas americanas estavam a caminho da saída. O escândalo do Watergate envolveu a Casa Branca de Nixon. As nações árabes atacaram Israel novamente. A Opep estava retendo o petróleo; de repente, até milionários como Lucas estavam tendo dificuldade em encher os carros.

Lucas deu vazão às notícias nas anotações. Com *Apocalypse Now* em suspenso até que Coppola, até então apenas o produtor, conseguisse persuadir um estúdio a bancá-lo, *The Star Wars* se tornou o único lugar onde ele poderia comentar sobre a política atual. Portanto, o planeta Aquilae virou "um pequeno país independente como o Vietnã do Norte", escreveu Lucas no fim de 1973. "O Império é como os Estados Unidos daqui a dez anos, após os gângsteres assassinarem o imperador e terem sido levados ao poder em uma eleição fraudulenta... Estamos em um momento crítico: fascismo ou revolução."

A política se misturou ao escapismo. Lucas comprou um monte de gibis novamente. Jack Kirby, o mais amado artista de quadrinhos nos Estados Unidos, havia acabado uma série chamada *Os novos deuses*. O herói usa um misterioso poder chamado a Fonte. O vilão é chamado de Darkseid, um personagem em armadura negra; ele por acaso é o pai do herói Órion. Lá se foram essas influências para o arquivo dentro do cérebro de Lucas.

Lucas nunca tinha sido um leitor especialmente ávido de romances de ficção científica. Mas ele fazia um esforço sério agora. Havia um autor dos anos 1960 para quem Lucas sempre abriu uma exceção: Harry Harrison, um ex-ilustrador e ex-roteirista de tiras de *Flash Gordon*. Harrison produzia histórias que podiam ser lidas em dois níveis: aventuras espaciais rocambolescas e sátiras ao gênero ficção científica. *Bill: the Galactic Hero* (1965) parodiava as histórias masculinas de Robert Heinlein sobre soldados espaciais. *The Stainless Steel Rat* era uma série de livros cujo protagonista, Jim diGriz, era um malandro charmoso e golpista interestelar, que entra em ação por pura diversão: um proto-Han Solo.

Quando *Star Wars* foi lançado, Harrison estava na Irlanda, tentando ganhar a vida com seus livros sem pagar impostos. Os direitos para cinema de seu clássico de 1967 *Make Room! Make Room!* haviam sido vendidos para a MGM por 1 dólar por um advogado inescrupuloso; a MGM transformou o livro em *No mundo de 2020*. No início dos anos 1980, Harrison leu em um artigo que Lucas adorava seu trabalho e ficou apoplético. "Eu pensei: 'bem, por que diabos você não me escreveu e mandou que eu fizesse a porra de um roteiro para você, sabe, se é assim que você se sente, meu rapaz. Eu ficaria muito feliz de ir aí e ganhar dinheiro nessa área desgraçada'. Ó, não há justiça."

Quando escreveu *Star Wars*, no entanto, Lucas não pensou realmente em ganhar dinheiro naquela área desgraçada. Ele estava apenas absorvendo os clássicos da ficção mais barata. Embora soubesse há muito tempo que Burroughs foi uma influência primária para *Flash Gordon*, Lucas apenas leu *Uma princesa de Marte* de cabo a rabo em 1974. Ele pegou a série *Lensman* de E. E. Doc Smith, que apresenta uma raça de policiais interestelares super-humanos. Os Lensmen viajam pela galáxia em busca de indivíduos especialmente inteligentes para se juntar a eles usando a Lente, um misterioso cristal que entra em sintonia com a "força de vida" e transforma seus portadores em telepatas.

Lucas parece ter misturado influências no cérebro como se estivesse fazendo uma salada. "*The Star Wars* é uma mistura de *Lawrence da Arábia*, dos filmes de James Bond e *2001*", declarou ele para a revista sueca de cinema *Chaplin*, no outono de 1973, que estranhamente aparenta ser a primeira entrevista publicada sobre o filme em qualquer língua. "Os alienígenas espaciais são os heróis, e os *Homo sapiens* naturalmente são os vilões. Ninguém fez algo assim desde *Flash Gordon conquista o universo*." A frase sobre os *Homo sapiens* não condiz particularmente com qualquer manuscrito que ele tenha terminado, mas mostra a amplitude de possibilidades com que Lucas trabalhava. Ele também conseguiu criar uma metáfora mais dramática sobre o processo cinematográfico: "É como alpinismo", comparou Lucas para o repórter sueco. "É um frio congelante, a pessoa perde os dedos, mas aí ela chega ao topo e vale a pena."

Em maio de 1974, Lucas fez 30 anos, a idade em que ele prometera ao pai que seria um milionário; Lucas já havia atingido aquele objetivo várias vezes. Ele também tinha chegado ao topo da montanha do primeiro manuscrito, e era uma tremenda altura que havia escalado. O primeiro manuscrito completo de *The Star Wars* tinha 191 cenas e 33 mil palavras de altura. Nos filmes do início dos anos 1970, a cena média durava dois minutos; mesmo que Lucas planejasse fazer cenas com um minuto de duração em média – uma tarefa absurda, dado o peso do diálogo –, *The Star Wars* teria durado 3 horas e 10 minutos. Mesmo assim, Lucas fez quatro cópias e mandou para Coppola, Robbins, Barwood e Willard Huyck – que, juntamente com a esposa, Gloria Katz, tinha providenciado a reescrita humorística essencial para o quarto manuscrito de *American Graffiti: loucuras de verão*.

Nenhuma dessas primeiras leituras faria resenhas elogiosas ao roteiro de *Star Wars*. Assim como o tratamento de dez páginas inspirado em *A fortaleza escondida*, o primeiro manuscrito transbordava enredo, embora um enredo completamente diferente. A trama andara na direção certa em determinados aspectos – ela não mais se passava no século –3, mas em algum tempo sem nome. E o conflito eterno de Jedi contra Sith, a queda dos Jedi e a ascensão do Império, que formam a base de toda a história dos seis filmes *Star Wars*, eram mencionados desde o início. Em um texto de abertura ao estilo *Flash Gordon* – as palavras que sobem –, nós descobrimos que os Jedi Bendu eram os guarda-costas do imperador e os "principais arquitetos da Força Espacial Imperial". Então uma seita de guerreiros rivais, os Cavaleiros dos Sith, caçaram e mataram os Jedi Bendu para o "Novo Império". Cortamos para uma lua, onde um jovem de 18 anos chamado Annikin [*sic*] Starkiller vê uma espaçonave passar voando no céu e corre para um foguete a fim de alertar o pai, Kane, e o irmão de 10 anos, Deak, que havia recebido um problema de filosofia.

Isso mesmo: o primeiro roteiro de *The Star Wars* não começa com explosões, droides e Darth Vader, mas com lição de casa.

> *ANNIKIN: Pai! Pai!… Eles nos encontraram!*
> *Deak tira os olhos de um pequeno cubo que estava estudando. O pai bate no ombro com um cabo de conexão trançado.*
> *KANE: Continue com o problema. Sua concentração é pior do que a do seu irmão. (para Annikin) Quantos?*
> *ANNIKIN: Apenas um dessa vez. Um Banta Quatro.*
> *KANE: Ótimo. Talvez a gente não precise consertar essa lata velha afinal de contas. Prepare-se.*
> *DEAK: Eu também!*
> *KANE: Você sabe a resposta?*
> *DEAK: Acho que é o ditado de Cobert: "Aquilo que é, é sem".*
> *Kane sorri. Aquela é a resposta certa.*

Deak é prontamente morto por um cavaleiro Sith de 2,10 metros, e o personagem, esquecido. Se o texto de abertura tem um protagonista, provavelmente é Annikin Starkiller. Kane o leva de volta ao planeta-natal Aquilae, agora ameaçado por uma invasão imperial. Ele pede ao velho amigo, o general Luke Skywalker, para treinar Annikin como um Jedi, enquanto Kane visita outro amigo – um alienígena de pele verde chamado Han Solo. O líder de Aquilae, com o nome improvável de rei Kayos, discute com seus senadores se o império realmente planeja invadir. Ele os despacha com uma benção: "Que a Força dos Outros esteja com todos os senhores". Para o general Skywalker, algumas cenas depois, ele diz: "Eu sinto a Força também". A Força não é mais mencionada nem explicada pelo resto do roteiro. O conceito que Lucas explorou primeiro ao escrever *THX* hesitou tanto em se revelar no novo texto quanto no primeiro roteiro há quatro anos.

Annikin tem um encontro amoroso em um closet com uma ajudante de ordens. O general Skywalker fica tão furioso com isso que ele e Annikin lutam com espadaslazer.* Mas não há tempo para duelos: uma gigantesca fortaleza espacial está a caminho. Annikin pula em um landspeeder para salvar a filha do rei, a princesa Leia, imediatamente antes de o planeta ser atingido por duas explosões atômicas. Pilotos atacam a fortaleza espacial em retaliação. "Tem muita coisa acontecendo, Chewie!", diz um piloto para outro. Os leitores costumavam concordar.

Na metade do roteiro, há um corte para a fortaleza espacial e um par de robôs de obras, "ArTwo Deeto", um "trípode armado com uma garra", e "SeeThreePio", que tem uma "superfície completamente metálica com um design *art déco*" – em outras palavras, o robô de *Metrópolis*. O que é notável a respeito do diálogo: é *diálogo*. ArTwo fala:

ARTWO: *Você é um filósofo estúpido e inútil... Ande! Vamos voltar ao trabalho; o sistema está funcionando.*
THREEPIO: *Sua bolha gorda de graxa. Pare de me seguir. Vá embora. Vá embora.*

Acontece outra explosão, e os robôs se abraçam, aterrorizados. Eles encontram uma cápsula de fuga e rumam para o planeta abaixo, onde Annikin e a princesa Leia os encontram. ArTwo fica mudo, tamanho o choque. Darth Vader, um general humano imperial, pousa em Aquilae, preparando o terreno para Valorum, um cavaleiro dos Sith. Luke e Annikin vão ao espaçoporto de Gordon, onde lutam de espadalazer em uma cantina. Eles se encontram com Han Solo, que os leva a Kane. Kane se mata ao energizar a nave de Han arrancando uma bateria do próprio peito de ciborgue. Perseguida pelo Império, a

---

*   A grafia da arma continuaria mudando entre os manuscritos, de "espada lazer" para "espadalazer" para "espada laser". Apenas se tornaria "sabre de luz" no quarto manuscrito.

nave se esconde em um cinturão de asteroides e faz um pouso de emergência no mundo florestal de Yavin. Lá eles encontram os gigantescos "Wookees" [*sic*] liderados por Chewbacca – não, não o mesmo Chewie que aparece como piloto na cena anterior. A princesa é capturada e levada para a fortaleza espacial. Annikin entra escondido a bordo, mas é capturado e torturado por Darth Vader. Ao ver isso, Valorum decide mudar de lado e salvar Annikin e Leia. O trio cai em um duto de lixo, onde são quase esmagados, mas eles conseguem escapar um pouco antes de os Wookees – treinados pelo general Skywalker – destruírem a fortaleza em caças individuais. Leia volta a Aquilae, é coroada rainha e nomeia Annikin como lorde protetor. Confuso? Perdido? Sobrecarregado? Você não é o único. "Era um universo que ninguém conseguia compreender a partir dos roteiros", disse Huyck. "Não até George interpretá-los." Mas quando ele interpretava, o entusiasmo com a cena ajudava a comunicá-la. Lucas conseguia facilmente pintar imagens com palavras, pelo que todos dizem, mas apenas quando as enunciava.

Lucas dependeu muito de Huyck e Katz durante os primeiros estágios do processo de escrever os manuscritos. Toda vez que ia a Los Angeles, visitava o casal, mostrava o manuscrito em desenvolvimento, e saía com anotações para consertá-lo. Para a versão que enviou a Laddie na Twentieth Century Fox alguns meses depois, Lucas mudou um monte de nomes – novamente, do nosso ponto de vista, ele foi na direção errada. Annikin Starkiller tornou-se Justin Valor. Os Jedi, surpreendentemente, viraram Dia Noga.

O horror de escrever um segundo manuscrito pareceu quase insuportável. Lucas andou tendo dores estomacais por causa da tensão de escrever. "Você bate com a cabeça na parede e diz 'por que eu não consigo fazer isso funcionar?'", ele se recordou uma década depois. "Por que não sou mais inteligente? Por que não consigo fazer o que todo mundo consegue?" Em março de 1974, ele disse para a *Filmmakers Newsletter* que contrataria "outra pessoa para reescrever".

Hal Barwood se recorda de que Lucas, em uma de suas viagens a Los Angeles após *American Graffiti*, tentou convencê-lo a escrever um manuscrito. "George se aproximou de mim de uma maneira indireta para ver se eu poderia ser um colaborador da escrita de *Star Wars*", diz ele. Barwood é modesto sobre isso hoje. "Eu teria sido o cara errado para escrever um filme como esse", fala ele. "Eu me interesso por ficção científica em vez de novela espacial, então teria sido um grande problema para mim. Eu não me dei conta do quanto gostava de cinema de aventura. Eu era muito interessado em coisas mais artísticas. E era um enorme fã de *Star Trek*."

Então Lucas se arrastou novamente à mesa feita de portas para mais um assalto nesse combate. A secretária de Kurtz, Bunny Alsup, se recorda que Lucas ficava tão infeliz com o roteiro que arrancava os cabelos – cortava um cacho rebelde por vez e enchia um cesto de lixo com eles. "A pessoa enlouquece escrevendo", falou Lucas, décadas depois. "Fica psicótica. Fica tão entusiasmada e vai a direções tão estranhas na mente que é de surpreender que os escritores não sejam internados em algum lugar. De tão envolvida com o que está pensando, a pessoa fica deprimida, insuportavelmente deprimida. Porque não há uma orientação, não sabe se o que faz é bom, ruim ou indiferente. Sempre parece ruim quando se está fazendo. Parece terrível. É a coisa mais difícil de se suportar."

Em janeiro de 1975, o segundo manuscrito estava pronto. Agora com o título *Adventures of the Starkiller, Episode One: The Star Wars*, o texto era cerca de 5 mil palavras mais leve do que o antecessor. Lucas colocou em uma pasta com relevos dourados, como que para enfatizar a seriedade com que encarava o manuscrito.

A primeira coisa que qualquer leitor que estivesse prestando atenção notaria sobre o segundo manuscrito: o *Diário de Whills* está de volta. O filme abre com uma profecia meio bíblica, supostamente tirada das páginas do diário: "E no momento de maior desespero, virá um salvador, e ele será conhecido como: O FILHO DOS SÓIS". *O ramo de ouro* parecia ter penetrado na mente, porque declarações religiosas – e a religião da Força – estão em primeiro plano desta vez. No texto de abertura, lemos que os Jedi Bendu "aprenderam os caminhos da misteriosa Força dos Outros", até que foram erradicados quando o Império assumiu. Mas há um único Jedi ainda lutando por uma causa justa, conhecido apenas como Starkiller.

O texto de abertura pode ser mais sério do que o antecessor, mas a cena de abertura é bem mais voltada para a ação: um pequeno caça espacial rebelde está sendo perseguido não por um, mas por quatro gigantescos destróieres estelares imperiais. A nave rebelde devolve tiros e destrói um deles. Há um corte para os droides, agora chamados de R2 e 3PO, dentro da nave menor; eles agora estão do lado dos rebeldes. R2 "faz uma série de sons eletrônicos que apenas um robô conseguiria entender".

A localização desses droides dá crédito a uma história normalmente duvidosa que Lucas conta sobre a criação das trilogias *Star Wars*. Desde 1979, dois anos após o lançamento do primeiro filme, o cineasta tem tentado nos convencer de que seu processo para escrever foi alguma variação do seguinte:

pegar o primeiro manuscrito de *Star Wars*, dividi-lo ao meio, escolher a segunda metade, depois cortar a história resultante em três partes, que se tornaram a trilogia original. Mas essa alegação se torna duvidosa assim que a pessoa lê os primeiros três manuscritos, que são três histórias diferentes por completo e contendo algumas cenas similares praticamente na mesma posição. "Isso não é verdade", diz Kurtz sem meias palavras sobre a afirmação de Lucas. "Havia muitas coisinhas que eram ideias razoavelmente boas e acabaram no manuscrito final." Depois disso, "não havia material suficiente para fazer outros filmes". O produtor admite que tanto ele quanto Lucas deram entrevistas pós-*Star Wars* em que falaram sobre o filme ser "uma seção retirada do meio" de uma história maior, mas que isso era no sentido ficcional à *Diário de Whills* de uma história maior. "É muito fácil em retrospecto tornar as coisas mais simples do que foram na verdade", acrescenta Kurtz.

Se há alguma prova da historinha de Lucas sobre as frações do enredo, é esta aqui: os droides que apareceram na metade do primeiro manuscrito agora estão no início do segundo. A nave de R2 e 3PO é abordada por stormtroopers – a primeira aparição real de soldados espaciais em qualquer manuscrito até agora. O líder ainda muito humano dos stormtroopers é o general Darth Vader, ainda apenas o braço direito de Valorum, o cavaleiro Sith. Deak – um dos filhos de Starkiller – se livra rapidamente dos stormtroopers. Deak, um Jedi, usa uma arma de raios, enquanto os stormtroopers empunham espadas laser. Vader derrota Deak porque "o Bogan é forte nele" – o nome inicial do Lucas para o lado sombrio da Força.

Os droides escapam para o planeta desértico abaixo, onde R2 recebe ordens para entrar em contato com um tal de Owen Lars. 3PO o segue apenas porque sua "diretriz principal é sobreviver". Quando Lucas imaginou 3PO falando, ele ouviu um sujeito de relações públicas ou um sórdido vendedor de carros usados, talvez como aquele que a Universal cortou de *American Graffiti: loucuras de verão*. Os droides são capturados por anões encapuzados que roubam robôs, "às vezes chamados de Jawas". (Coincidentemente, Steven Spielberg, o amigo de Lucas, estava prestes a fazer um filme baseado no livro *Tubarão* – em inglês, *Jaws*. Lucas passou algum tempo em Los Angeles para ver o tubarão mecânico defeituoso de perto e ficou brevemente preso na mandíbula cinza gigantesca dele.) Há uma revolta dos robôs dentro do carroção dos Jawas. Os droides escapam de maneira parecida com os camponeses de *A fortaleza escondida*. Ao chegar a um "pequeno rancho de umidade", os dois encontram Lars, os sobrinhos Biggs e Windy, a sobrinha Leia, e o nosso herói, Luke Starkiller, de 18 anos.

Lucas perdera o interesse em escrever sobre um velho general ranzinza. Ele preferia Luke como um jovem herói: filho de Starkiller, irmão do recém-derrotado Deak, ele próprio um Jedi treinado pelo tio Owen. Nós o encontramos no deserto, treinando espadalaser e refletindo tiros de uma bolha de beisebol cromada e flutuante. Luke agora é uma espécie de artista sensível, um historiador que preferia muito mais "catalogar os antigos" do que lutar em uma guerra galáctica. "Eu não sou um guerreiro", diz ele. (Então por que estava treinando?) R2 reproduz um holograma de Deak que informa Luke que "o inimigo construiu uma arma poderosa" – não sabemos qual –, para usar contra o pai deles e que Luke deve levar o "cristal Kiber" para ele em Organa Maior.

Após um jantar de "molho thanta" e "extrato de bum-bum", Luke dá uma explicação comprida, tediosa e cheia de jargões para os irmãos mais novos sobre a Força dos Outros. Originalmente descoberta por um homem chamado Skywalker, a Força é dividida em uma metade boa, "Ashla", e a paraforça, chamada de "Bogan". Para evitar que pessoas "mais fracas" descubram o Bogan, Skywalker treinou apenas os filhos, que passaram o conhecimento adiante para os deles. E pronto: como foi inicialmente concebida, a Força era um culto exclusivo e aristocrático.

Luke não acabou. Como um tio chato em um jantar de família, ele fala sem parar sobre política: que o Senado ficou grande demais, que está sob o controle dos sindicatos de Energia e Transporte, e que então "secretamente instigou guerras raciais e apoiou terroristas" com a ajuda de Darklighter, um Jedi sob a influência do Bogan que transformou um bando de piratas em cavaleiros Sith.

Na manhã seguinte, Luke e os droides rumam para Mos Eisley e sua cantina. Lá, eles encontram Han Solo, agora um "garoto parrudo e barbudo, mas com uma beleza rústica, vestido em um conjunto espalhafatoso de roupas extravagantes" – Coppola, basicamente. Han anda com um "macaco gálago cinzento com presas tipo um babuíno" de 2,5 metros – Chewbacca, aqui usando short de tecido – e um oficial de ciências chamado Montross.

Acontece a briga no bar. Luke e sua espadalaser vencem facilmente. Han o leva para a nave, após uma parada para comer uma tigela quente de "mingau Boma" (há muita comida nesse manuscrito) e exigir "um milhão certinho" pela passagem para Organa Maior. Luke vende o speeder como sinal; o pai Starkiller pagará o restante. (O momento em que um Jawa baba pelo speeder, que deixa 3PO horrorizado – "belo zum-zum" –, é a fala mais engraçada desse manuscrito difícil.)

Solo se revela um grumete que estava contando vantagem. Sua nave não tripulada é propriedade de um bando de piratas, entre eles um chamado Jabba, o Hutt. Os piratas estão chapados pela especiaria, que aqui parece ser apenas uma droga recreativa viciante, como as pílulas de *THX*, em vez da substância química misteriosa que expande a longevidade encontrada em *Duna*. Isso permite que Solo crie uma distração, roube a nave e leve os passageiros para Organa Maior. O planeta foi destruído, mas eles não sabem pelo quê. Então rumam para Alderaan, uma cidade nas nuvens – parecida com a cidade dos homens-gaviões em *Flash Gordon* – onde Deak é mantido como prisioneiro. Eles libertam Deak se disfarçando como stormtroopers e usando Chewbacca como prisioneiro.

Quando começam a fugir dando tiros, Han é tomado por um misterioso ataque de depressão.

> *HAN: Não adianta. Estamos perdidos.*
> *LUKE: Não, não, existe um duto de detritos. É a força do Bogan que está fazendo você se sentir assim. Não perca a esperança. Lute contra isso!*
> *HAN: Não adianta. Não adianta.*
> *LUKE: Bem, nós vamos de qualquer forma. Pense em coisas boas. Expulse o Bogan de sua mente.*

É surpreendente a quantidade de vezes em que a palavra "Bogan" surge nesse manuscrito: 31 menções no total contra 10 da Força Ashla, do lado luminoso. Não é difícil imaginar o roteirista deprimido, procrastinando por horas intermináveis na mesa feita de portas, tentando tirar o Bogan da mente.

Lá se foram nossos heróis pelo duto para o interior da barriga do monstro, para lutar com uma criatura chamada Dia Noga em um compactador de lixo que os droides conseguiram desligar antes que os esmagassem. O grupo foge de Alderaan no estilo clássico das aventuras de seriados, levando um bando de vilões como reféns. Na nave, revela-se que Deak está gravemente ferido. 3PO não consegue fazer nada por ele. "São ferimentos espirituais", explica ele. "As artes do Bogan muitas vezes correm na direção contrária dos métodos da ciência e lógica."

Também contrária à lógica é a certeza repentina de Luke sobre seu pai estar na quarta lua de Yavin (Yavin IV), no limite da galáxia. No caminho, eles passam por uma coisa enorme e misteriosa – "tão grande quanto uma pequena lua", diz Montross – indo na mesma direção que eles. Na quarta lua de Yavin, Luke e Han encontram os aliados de Starkiller, incluindo o grão-moff Tarkin

– "um comandante magro, parecido com uma ave". A coisa enorme e misteriosa que se aproxima é finalmente identificada como a Estrela da Morte. Mais um terror espiritual do que tecnológico, ela contém "toda a força do Bogan". Mas Starkiller detectou a fraqueza dela, uma pequena saída de exaustor térmico no polo norte da Estrela da Morte. Finalmente conhecemos Starkiller: um velho encarquilhado com uma longa barba grisalha e olhos brilhantes azul-acinzentados, cuja "aura de poder... quase derruba Tarkin".

Tarkin teme que o Bogan seja forte demais e que Starkiller seja velho demais – quer dizer, até Luke entregar o cristal Kiber para o pai, o que parece restaurar sua essência vital. Tudo o que Starkiller diz para o filho perdido há tanto tempo é: haverá um momento para o treinamento Jedi completo depois. Luke põe o uniforme e se junta ao ataque à Estrela da Morte. Han recebe sua recompensa: 8 milhões em "barras de cromo cunhadas com esmero". (Obviamente, um fanático por carros criaria uma galáxia cuja moeda é cromo.)

Estranhamente, não houve um vilão no roteiro por duas horas. Não até Darth Vader, ao sentir a presença da Força Ashla, liderar uma equipe de caças TIE para fora da Estrela da Morte. Ele destrói todas as naves rebeldes, exceto a de Luke, antes de ele próprio ser destruído pelo retorno de Han. Vader colide com a nave de Han. Ele e Chewie se ejetam em uma cápsula de fuga. E quem dá o tiro fatal que destrói a Estrela da Morte? Não Luke, mas 3PO, de carona. De volta a Yavin IV, Starkiller dá agradecimentos – nenhuma medalha ali – e anuncia que "a revolução começou".

Antes dos créditos de encerramento, temos outro texto que promete uma continuação: *The Adventures of the Starkiller, Episode II: The Princess of Ondos*, na qual a família Lars é sequestrada, os Sith retornam e os filhos de Starkiller passam por mais provações.

E lá se foi a ideia de fracionar o enredo do primeiro manuscrito; mesmo a essa altura no processo de escrever os tratamentos, Lucas já planejava entrar em território desconhecido com uma continuação.

Note o nome da suposta sequência – e como Lucas estava pronto para abandonar o nome *Star Wars* para a série como um todo. Ele talvez honestamente tivesse preferido *Adventures of the Starkiller*, que realmente soa mais ao estilo *Flash Gordon*. Mas pode ter havido um raciocínio diferente em ação ali.

As conversas sobre orçamento com a Fox estavam paralisadas. Ninguém fazia a menor ideia de quanto um filme como aquele custaria. Lucas continuava insistindo que aquele era "o primeiro filme tipo *Flash Gordon* multimilionário". Kurtz tentou dar um preço, mas admitiu que os valores eram arbitrários. Um dos orçamentos foi de 6 milhões de dólares, outro de 15 milhões. Em dado momento, o departamento moribundo de efeitos especiais da Fox estimou que somente as tomadas de efeitos custariam 7 milhões de dólares. "Aquele certamente foi um momento de achismo."

No entanto, houve progresso na parte do contrato sobre o "lixo" que se revelaria como crucial. Lucas obteve os direitos das continuações, desde que começasse a produzir uma nos dois anos seguintes ao lançamento do filme.

E havia o merchandising. Ao contrário da lenda, o contrato não deu à Lucasfilm direitos exclusivos sobre todos os produtos relacionados ao filme; a Fox podia vendê-los também. Foi mais um casamento do que uma doação. Mas o contrato deu à empresa de fachada de Lucas controle completo sobre o nome: "A Star Wars Corporation deve ter o direito único e exclusivo de usar o nome The Star Wars em conjunto com pontos de venda de atacado e varejo para o comércio de itens de merchandising".

Dado que o título principal desse e dos filmes subsequentes no segundo manuscrito era agora *Adventures of the Starkiller*, o controle de Lucas sobre o nome *The Star Wars* pode não ter parecido muito importante para os advogados na época. E, pelo que se sabe, essa pode muito bem ter sido a intenção. Se Lucas trocasse o nome da série de filmes por motivos de negociação contratual, essa teria sido uma das mudanças de roteiro mais astutas da história.

Lucas mostrou o segundo manuscrito para sua panelinha de confiança. Ele promovia churrascos nas noites de sexta-feira, durante os quais levava Barwood, Robbins e um elenco rotativo de amigos para o escritório a fim de ler pedaços do roteiro e gravar suas reações. O segundo manuscrito provocou mais entusiasmo do que o primeiro. "Todo mundo que lia aqueles manuscritos dizia: 'o que você está fazendo aqui? Isso é uma baboseira absoluta'", conta Kurtz.

Coppola, sempre o incentivador, não entedia por que Lucas "tinha descartado o [primeiro] roteiro e recomeçado". Mas Barwood salienta que Coppola sempre pensou que ele estivesse escrevendo sozinho como Lucas, embora ele invariavelmente tivesse ajuda. "Com todo o devido respeito a Francis, ele nunca foi capaz de descobrir como contar direito uma história sem uma pequena ajuda. Mario Puzo salvou a pele dele." Ainda assim, mesmo Barwood, o fã de ficção científica, teve dificuldade em compreender a história de Lucas. Se ele não entendia, a Fox não teria a menor ideia. Lucas precisava de imagens, rápido. Felizmente, ele decidira ligar para aquele artista que Barwood havia lhe apresentado.

Lucas contratara Ralph McQuarrie em novembro de 1974, antes de completar o segundo manuscrito. McQuarrie terminou a primeira pintura de *Star Wars* em 2 de janeiro de 1975, no dia seguinte após Lucas terminar oficialmente o roteiro manuscrito. Embora McQuarrie não tivesse um roteiro completo para se apoiar, suas primeiras artes conceituais dariam uma forma indelével não apenas ao primeiro filme, mas a toda a saga *Star Wars*.

A pintura de McQuarrie mostrava os dois personagens que as pessoas tinham mais dificuldade de imaginar: os droides, perdidos no deserto de Utapau (um planeta árido que com o tempo seria superado no roteiro por Tatooine; o nome teria que esperar trinta anos para encontrar seu lugar na saga). Os olhos humanoides de 3PO encaram diretamente o observador com uma expressão suplicante. (Eu perguntei a Anthony Daniels se ele teria interpretado 3PO sem a pintura de McQuarrie para lhe explicar o personagem. "Absolutamente não", respondeu ele.) Foi McQuarrie que criou o laço emocional instantâneo com 3PO do qual Daniels não consegue se livrar até hoje.

Como uma orientação para R2, Lucas mencionou os robôs atarracados, com rodas e pernas de molas de *Corrida silenciosa*: Huguinho, Zezinho e Luizinho. Como eles eram quadrados, McQuarrie decidiu fazer R2 redondo. Em um dos muitos esboços, decidiu fazê-lo como um trípode, então McQuarrie o imaginou como um trípode que joga a perna central à frente ao se apoiar nas laterais, como se estivesse de muletas.

Para a segunda pintura, completada no mês seguinte, McQuarrie encarou o duelo de espadas laser entre Deak Starkiller e Darth Vader. Lucas deu para McQuarrie um livro sobre a cultura militar do Japão medieval e sugeriu que Vader pudesse usar um capacete largo no estilo samurai. Também providenciou ilustrações de revistas baratas em que o vilão usava uma capa. Mas Lucas ainda imaginava Vader como um ser completamente humano e com o rosto "parcialmente escondido" por um pano, no estilo beduíno.

McQuarrie passou apenas um dia na pintura de Vader. Ele considerou que Vader tivesse acabado de sair do vácuo do espaço, então lhe deu uma máscara de gás de rosto inteiro, no estilo militar.

Máscara de gás e capacete samurai escuro juntos: o efeito foi imediatamente impressionante. Vader é mais alto do que o jovem Deak, e a perspectiva dá a impressão de que ele é um gigante parecido com a criatura de Frankenstein. Mas esse é, na verdade, o equívoco mais fortuito na história de *Star Wars*. McQuarrie, na verdade, imaginou Vader como um vilão baixo, um "sujeitinho desprezível" nas palavras de Paul Bateman, um artista com quem McQuarrie colaborou depois. A decisão sobre a perspectiva naquela única pintura mais tarde inspiraria Lucas a escalar para o papel o fisiculturista Dave Prowse, de 1,96 metro de altura, fazendo de Vader um dos vilões mais altos na história do cinema.

Dentro de dois meses, Ralph McQuarrie completou mais três pinturas. Agora Lucas tinha auxílio visual para explicar a Estrela da Morte, a Cidade nas Nuvens em Alderaan e a cena da cantina. Na última, um stormtrooper é visto no "uniforme branco fascista" pela primeira vez. Luke Starkiller ainda não tinha sido imaginado, mas aquilo era o suficiente. "Elas foram feitas como substitutos para gestos" nas negociações de orçamento, disse McQuarrie modestamente sobre as pinturas. Mal o artista sabia que substitutos eficazes elas seriam.

As artes conceituais ajudaram a esclarecer um pouco da confusão sobre a visão de Lucas, mas havia mais um fator complicante: o segundo manuscrito de Lucas estava vergonhosamente apinhado de homens. Ele já tinha sido muito criticado pelo fato de que *American Graffiti* terminava com um texto na tela informando sobre os próximos dez anos nas vidas dos personagens masculinos, mas nada sobre as mulheres. Com o movimento feminista se fortalecendo mais a cada mês que passava, *Star Wars* parecia estar no caminho de sofrer críticas similares. Em março de 1975, Lucas decidiu resolver isso num golpe só: Luke Starkiller tornou-se uma mulher de 18 anos. Afinal de contas, ele andou lendo muitos contos de fadas como pesquisa sobre a mecânica de narrativa, e é muito difícil ignorar a convenção de que as protagonistas de contos de fadas são quase sempre mulheres. (Pense em Cinderela, Rapunzel, Branca de Neve, Chapeuzinho Vermelho e Cachinhos Dourados – por mais que elas tenham sido salvas por príncipes e lenhadores, ao menos vemos a história pelos olhos delas.)

A troca de gênero durou uns dois meses, o suficiente para a versão feminina de Luke aparecer em uma pintura de McQuarrie sobre os protagonistas. Em maio de 1975, quando Lucas escreveu uma sinopse crucial de seis páginas para os executivos da Fox – uma sinopse não do segundo manuscrito, mas de uma história completamente nova –, Luke voltara a ser um garoto. Mas a princesa Leia retornara do purgatório do primeiro manuscrito, e em um papel muito mais proeminente. Agora ela era uma líder da rebelião desde o começo e substituiu Deak Starkiller na cena de abertura e da prisão em Alderaan. (Essa última parte significava que ela seria torturada de forma visível por Vader; Lucas levaria mais um manuscrito para desenvolver uma aversão por colocar uma mulher machucada e espancada em seu filme.)

O próprio Starkiller estava ausente na sinopse. Agora, como se revela, ele morrera em batalha há muitos anos. No lugar dele, Luke é orientado por um velho general chamado Ben Kenobi, que se tornou um eremita no planeta-natal de Luke.

Armado com esses novos personagens, Lucas pulou em um terceiro manuscrito. O processo de escrita começou a acelerar. Um ano se passara entre o tratamento e o primeiro manuscrito. O segundo demorou nove meses. Lucas escreveu o terceiro manuscrito em sete meses. Era ligeiramente mais curto do que o anterior, com mais ou menos 27 mil palavras. Se alguém ler e apagar qualquer cena ou diálogo que não tenha sido filmado no fim das contas, o que sobra são cerca de 17 mil palavras. Isso significa que Lucas tinha a maior parte de *Star Wars* nas mãos em agosto de 1975.

O terceiro manuscrito ainda abria com aquela citação do *Diário de Whills* sobre o filho dos sóis; era uma frase muito inteligente para Lucas deixar de lado. O texto de abertura ainda era muito longo. Mas uma mudança chave aconteceu no diálogo: havia menos dele. Lucas, o editor, tomou as rédeas. Onde anteriormente ele havia balbuciado sem parar por parágrafos, agora 3PO abria o filme com quatro frases curtas, a primeira das várias falas daquele manuscrito que chegaria ao filme pronto. "Você ouviu isso? Eles desligaram o reator principal. Seremos destruídos com certeza. Isso é loucura!"

O número de efeitos especiais exigidos pelo roteiro foi cortado também. Lucas estava ciente do orçamento e mais realista sobre os custos. Em dado momento durante o processo de escrita do roteiro, a Fox fechou todo o departamento de efeitos especiais – na verdade, dos grandes estúdios, apenas a Universal tinha um departamento de efeitos especiais sobrando. Então Lucas e Kurtz contrataram o próprio responsável pelos efeitos especiais: o brilhante e difícil John Dykstra. Ele era um protegido de Douglas Trumbull, o guru das naves espaciais de *2001* e *Corrida silenciosa*, que foi a primeira escolha de Lucas, e que sugeriu Dykstra. Em um parque industrial no decrépito distrito de Van Nuys em Los Angeles, Dykstra começou a montar uma jovem equipe ansiosa para trabalhar por horas intermináveis e por pouco dinheiro (20 mil dólares por ano, na média) em troca da oportunidade de levar espaçonaves incrivelmente realistas para a tela. Lucas deu ao grupo um nome adequadamente sensacional: Industrial Light and Magic. Por mais baratos que fossem, no entanto, no total eles já estavam custando ao diretor 25 mil dólares por semana, do próprio bolso. Não admira que ele tenha ponderado que um único destróier estelar imperial assustadoramente grande podia ser tão eficaz na perseguição de abertura quanto quatro.

O terceiro manuscrito pula da batalha espacial para a superfície do planeta abaixo, onde Luke Starkiller está tentando convencer os amigos de que viu duas naves, através do "electrobinóculo", trocando disparos de raios. Um deles, Biggs Darklighter, havia acabado de retornar da Academia Imperial e sussurra para Luke que pretende abandonar o barco para se juntar à rebelião.

A força Ashlan sumiu no novo manuscrito, mas Lucas manteve o nome da maligna força Bogan, ansioso para que nós entendêssemos o termo. "Como tempo Bogan ou época Bogan", diz Luke quando aprende sobre o Bogan com Ben Kenobi. "Eu pensei que isso fosse apenas um ditado." O Bogan surge apenas oito vezes nesse manuscrito, entretanto.

Ainda há uma cena em que um veterano grisalho bate com a mão na mesa em tristeza ao revelar que é parte ciborgue. Esse papel passou de Kane para Montross, e depois para Kenobi. O velho general Jedi com quem Luke havia estudado – ele sabe o "Diário das Guerras Clônicas" de Kenobi de cor –, é um guerreiro muito mais relutante do que acabaria se tornando. Luke tem que arrastá-lo para se aventurar pela galáxia, em vez do contrário. Ben Kenobi realmente está ficando velho demais para esse tipo de coisa.

Ainda assim, Kenobi traz com ele um novo elemento ao roteiro: comédia. Luke é atacado por nômades Tusken imediatamente antes de encontrar Ben; eles o deixam algemado a uma roda gigante. Kenobi se aproxima com um:

– Bom dia!

– O que você quer dizer com "bom dia"? – pergunta Luke. – Você quer dizer que é um bom dia para você ou deseja que eu tenha um bom dia, embora seja óbvio que não estou tendo um bom dia, ou você considera que os dias sejam bons, no geral?

– Tudo ao mesmo tempo – responde Kenobi.

É um ótimo diálogo engraçado. Também foi copiado, palavra por palavra, de *O Hobbit*. A obra de J. R. R. Tolkien era tão conhecida nos anos 1970 que Lucas não poderia ter escapado com o roubo; o diálogo desaparece no quarto manuscrito. Ainda assim, o diálogo revela a origem de Obi-Wan Kenobi, bem como a de Yoda, muito claramente. Essa versão de Kenobi é o pai confesso de ambos e é um Gandalf galáctico que dá risadinhas.

Tolkien morrera em 1973, no momento em que Lucas começava a trabalhar no primeiro manuscrito, e os livros da Terra-Média nunca foram tão populares. Houve uma quantidade surpreendente de coincidências entre o terceiro manuscrito de *Star Wars* e a trilogia de *O senhor dos anéis*, de Tolkien. Ambos são cheios de criaturas estranhas que balbuciam línguas meticulosamente inventadas. R2 e 3PO são Frodo e Sam, os inocentes fora de casa, estejam carregando fitas de dados roubadas ou o um anel. Ambos os pares de inocentes são guiados ou guardados por um grande elenco. A Estrela da Morte, a máquina de guerra infernal, é Mordor. Stormtroopers são orcs. O grão-moff Tarkin, agora no lado do mal, é idêntico a Saruman. Darth Vader, o Lorde Sombrio dos Sith, é Sauron, Senhor do Escuro de Mordor. Gandalf –

Kenobi – porta uma espada mágica e acaba se sacrificando apenas para voltar em uma forma ligeiramente alterada e mais mágica.

Houve um outro livro que era importante na mente de Lucas na época e que ele citaria frequentemente em entrevistas posteriores: *Relatos de poder*, de Carlos Castaneda, parte da série supostamente autobiográfica do autor sobre as provações filosóficas e reveladoras que ele enfrentou para ganhar poderes parecidos com feitiçaria. O relacionamento entre Luke e Ben seria um reflexo do relacionamento entre Castaneda e o místico Don Juan, da tribo yaqui.

Estamos muito longe de *Flash Gordon* agora. Misturamos fantasia espacial com fantasia clássica e "alta", colocamos uma camada de misticismo e polvilhamos com algumas piadas e personagens cômicos. Então adicionamos apenas uma pitada precisa de algo a mais: antecedentes.

A alusão de Luke ao "Diário das Guerras Clônicas" de Ben Kenobi no terceiro manuscrito é a primeira menção a um conflito que se tornaria uma grande parte da história de *Star Wars*. Foi por volta dessa época que Lucas começou a fazer anotações sobre os antecedentes de seu universo – não mais do que sete ou oito páginas de notas, pelas contas de Lucas, quando surgiu o manuscrito seguinte (o quarto). Mas foi o suficiente para lhe dar confiança para jogar duas referências às Guerras Clônicas – uma de Luke e outra na mensagem holográfica da princesa Leia. Descobrimos que Kenobi serviu ao pai de Leia durante o conflito. Entendemos a mensagem. As Guerras Clônicas eram uma Segunda Guerra para aquela guerrilha atual ao estilo do Vietnã contra o Império (que, no terceiro manuscrito, Luke chama de "Guerras de Oposição"). Lucas guardaria os detalhes das Guerras Clônicas com mais ciúme do que qualquer outro ponto do enredo; nos próximos anos, elas seriam proibidas até mesmo para escritores licenciados pela Lucasfilm. Nós não descobriríamos quem eram os clones, ou de que lado lutaram, por quase três décadas – durante as quais um milhão de versões imaginárias do conflito ocorreram em um milhão de mentes.

Chewbacca vem à frente no terceiro manuscrito também. Os esboços de Ralph McQuarrie para a criatura, baseados em uma imagem que Lucas providenciou para ele, tirada de uma revista de histórias de ficção científica (McQuarrie acrescentou a bandoleira), pareciam deixar o personagem mais claro na mente de Lucas. Havia uma outra influência na frente da cara de Lucas todos os dias, é claro. Wookiees podem ter ganhado o nome de espécie de Bill Wookey, e Lucas pode ter pensado sobre Wookiees desde que conversou sobre eles no set de *American Graffiti*. Mas Chewbacca em especial – e a ideia dele como copiloto de Solo – veio do enorme cão de Lucas, Indiana, preso com cinto de segurança no banco da frente do carro de Marcia. Lucas estava tão fascinado pelos Wookiees na etapa de filmagem que, de acordo com Mark Hamill, uma vez cogitou a ideia de adicionar uma espécie de artifício narrativo parecido com o *Diário de Whills* – um artifício em que a narrativa inteira da história fosse contada por uma mãe Wookiee para seu bebê.

E aí temos Han Solo, que no terceiro manuscrito se torna um pirata completo em vez de um grumete. Ele está cada vez mais parecido com Coppola, um mercenário charmoso que escapa de qualquer situação usando a lábia, um contraste com o Luke de Lucas.

Enquanto Lucas encara o terceiro manuscrito na metade de 1975, Coppola estava bem presente em sua mente. Àquela altura, Coppola estava insistindo com o protegido para colocar em banho-maria sua fantasia espacial, aquele filme de hobby, e dirigir o filme forte de Vietnã do qual falara por tanto tempo: *Apocalypse Now*. Depois de *O poderoso chefão: parte II*, Coppola podia se dar ao luxo de impor condições. Ele queria ser o produtor e levar Lucas para as Filipinas imediatamente.

Para os amigos de Lucas, essa parecia a jogada inteligente. Lucas era, afinal de contas, um cineasta independente. Era sua vez de se afirmar, de fazer algo sombrio e pesado: seu *Chinatown*, seu *Taxi Driver*. Kurtz passou mais tempo pesquisando locações para *Apocalypse Now* do que para *Star Wars*. Lucas esteve planejando o filme do Vietnã por quatro anos e escrevendo *Star Wars* por apenas dois. Os últimos helicópteros americanos partiram dos telhados de Saigon em 30 de abril de 1975, exatamente quando Lucas estava entre o segundo e o terceiro manuscritos de *Star Wars*. Se fizesse *Apocalypse Now*, Lucas poderia ajudar a escrever o primeiro manuscrito da história do conflito.

Teria sido fácil adiar a dor de *Star Wars*. Uma palavra para Coppola teria feito isso. Ainda não havia acordo com a Fox sobre o orçamento. Na verdade, a Fox adiara o projeto em outubro, aguardando a decisão de uma reunião com todo o conselho administrativo em dezembro. Laddie ainda era um forte defensor, mas mesmo ele estava nervoso sobre gastar mais de 7 milhões de dólares no projeto. A chance de *Star Wars* ser feito nunca pareceu tão remota.

Então o que impediu Lucas de se afastar do projeto? Por que Lucas implorou que Coppola esperasse e então, finalmente, frustrado, disse para ele ir em frente e fazer *Apocalypse Now* sozinho?

Segundo Lucas conta, foi tudo pelos jovens. Ele andava recebendo cartas de fãs adolescentes de *American Graffiti: loucuras de verão*. Eles estiveram envolvidos com drogas. Aí viram o filme, pularam nos carros, foram atrás de garotas – eram praticamente apenas homens que escreviam para Lucas –, e "*American Graffiti* realmente endireitou alguns deles", contou Lucas. Aquilo fez o cineasta pensar o que um bom filme de aventura das antigas poderia fazer por garotos mais novos que, àquela altura, não tinham nada para ver a não ser *Kojak, O homem de seis milhões de dólares* e o que Lucas chamava de "filmes sobre insegurança". Garotos como os filhos de Coppola, Roman (10 anos) e Gian-Carlo (12 anos). Lucas falou com eles sobre *The Star Wars*. Eles entenderam, enquanto os adultos, não. (Roman depois se tornaria o primeiro integrante oficial do fã-clube de *Star Wars*.)

Mas Lucas estava envolvido demais para desistir naquele momento. Ele não esteve suando sangue pelo roteiro de *Apocalypse Now* como pelo roteiro de *Star Wars*; *Apocalypse Now* era a obsessão de roteiro de John Milius. O interesse de Lucas por *Flash Gordon* precedia o interesse pelo Vietnã. Realmente, sua visão de como *Apocalypse Now* deveria ser era completamente diferente da visão de Coppola. A versão de George Lucas seria "mais homem contra a máquina do que qualquer outra coisa", declarou ele em 1977; "tecnologia contra a humanidade, e como então a humanidade venceu. Teria sido uma visão bem positiva." Mas não lhe escapou da atenção o fato de que ele já estava lidando com cada um desses temas em *Star Wars*, embora envolvidos em uma forma mais alegórica.

Além disso, Lucas tinha esbarrado em um livro fascinante sobre contar histórias por meio de alegorias, uma obra escrita em 1949. Ele tinha digerido centenas de contos de fadas em 1975, enquanto tentava resumir alguns elementos básicos da trama para o roteiro de *Star Wars,* e aquele livro concordava com um monte de coisas que Lucas estava fazendo ao decompor história, mito e ritual religioso. Era *O ramo de ouro* como manual do usuário. O autor alegava que todos os contos podiam ser resumidos a uma única história com um arco definido. Pegando emprestado um termo de James Joyce, ele chamava essa história de "monomito".

O livro era *O herói de mil faces*. O autor era Joseph Campbell.

A influência do livro de Campbell no *Star Wars* original tem sido exagerada; ele foi bem mais influente ao esboçar os dois filmes seguintes. Kurtz nega a influência do livro e "toda a ideia de que *Star Wars* é uma coisa mitológica" porque "todas as histórias de rito de passagem para a maioria se encaixam naquele modelo, e Hollywood tem feito esse tipo de história desde o começo". Ele salienta que a conexão com Campbell não tinha sido mencionada em entrevistas até depois de Lucas ter conhecido o autor em 1983. Mas o livro de Campbell realmente ajudou Lucas a firmar o enredo e pode tê-lo encorajado a deixar mais clara a conexão do primeiro filme com contos de fadas. Conforme 1975 chegava ao fim, Lucas decidiu que não estava mais escrevendo uma história bíblica interestelar. Ele cortou a frase "filho dos sóis" da abertura. No lugar disso, acrescentou:

> Há muito tempo, em uma galáxia muito, muito distante, ocorreu uma aventura fantástica.

No fim das contas, Lucas foi simplesmente guiado por tudo o que gostava. "*Star Wars* é uma espécie de compilação", diria ele para um entrevistador, "mas isso nunca foi posto em uma única história antes, nunca foi filmado. Há muita coisa retirada de faroestes, mitologia e filmes de samurai. É tudo o que é bacana colocado junto. Não é um único sabor de sorvete, mas sim um enorme sundae".

Em 1º de janeiro de 1976, Lucas terminou o quarto manuscrito. Tirando mais uma revisãozinha, uma boa dose de diálogos espirituosos reescritos por Willard Huyck e Gloria Katz, e algumas cenas cortadas, essa versão foi basicamente o que o público viu no ano seguinte. Em 13 de dezembro daquele mesmo ano, o conselho administrativo da Fox tinha finalmente e oficialmente concordado em um orçamento de 8,3 milhões de dólares. Outro golpe de sorte vital: *2001* fora relançado em 1975, e o filme finalmente se pagou no mesmo mês em que o conselho administrativo da Fox se reuniu. "Não teríamos feito *Star Wars* sem o sucesso de *2001*", afirma Charley Lippincott, o guru de marketing do filme.

Outro fato curioso: *Star Wars* poderia nunca ter sido bancado sem o consentimento, ou pelo menos o consentimento calado, de Grace Kelly. A princesa de Mônaco havia sido nomeada para o conselho administrativo da Fox em julho de 1975, supostamente para se afastar do marido opressor e voltar para Hollywood com a maior frequência possível. "Ela ficou razoavelmente calada sobre tudo aquilo", respondeu Laddie quando perguntei se ele se lembrava da opinião da falecida princesa sobre aquela história de uma princesa galáctica. "Eu não acho que ela realmente gostou muito daquilo, mas não me lembro de ela dizer algo negativo." Em um conselho que estava fortemente dividido sobre o filme que Laddie aprovara, o silêncio da princesa Grace pode ter sido o suficiente para virar o jogo a favor de financiá-lo. Seja como for, ela recebeu a recompensa em janeiro de 1978, quando um sorteio manipulado deu à princesa Grace e seus filhos o primeiríssimo conjunto de pré-produção de bonequinhos de *Star Wars*.

Até então, Lucas tinha gastado 473 mil dólares do próprio dinheiro em *The Star Wars*. Ele sabia que essa sobremesa precisaria de muito mais ingredientes do que poderiam ser comprados por 8,3 milhões de dólares. Aquele era um valor bem baixo; uma comédia comum de estúdio na época, sem efeitos especiais, custava por volta de 20 milhões de dólares. Como é que Lucas concretizaria sua visão com aquele orçamento? Ele cortou a cena da prisão em Alderaan do roteiro e colocou aquela sequência inteira a bordo da Estrela da Morte, puramente para poupar dinheiro. Em vez disso, ele fez a Estrela da Morte destruir Alderaan de longe como uma demonstração de poder. Para nós, em retrospecto, pode parecer como uma solução natural; na época, pareceu mais como ter que tirar a banana do sundae.

Ainda assim, estava quase na hora de servi-lo.

9 / GUERRA DE PARÓDIAS

Nós temos a tendência de passar dos limites quando examinamos em retrospecto a história de algo bem-sucedido. Inventamos mitos de criação sobre a criação de um mito. O próprio criador, à procura de uma solução simples para as perguntas que tem que responder sem parar, geralmente está mais do que disposto a ajudar nesse engodo.

Mas *Star Wars* não foi feito em um encontro celestial com as musas; o filme não chegou em tábuas de pedras. Foi bem mais uma coisa diáfana e nebulosa. Por mais tentador que seja pensar que a série inteira é uma espécie de feito predeterminado de gênio, é bem mais revelador encará-la como uma fan fiction* de *Flash Gordon* misturada com conto de fadas, feita por um nerd de cinema que, ao se ver subitamente com muito tempo e dinheiro nas mãos, estava mais fazendo experiências do que qualquer outra coisa. "Ele age agora como se soubesse que seria um grande sucesso", diz Charley Lippincott. "Ele não sabia. Está apenas de sacanagem."

Quando Lucas acertou na fórmula? Quando ele adicionou um senso de humor na velha mistura obsoleta de fantasia espacial. As piadas começaram a entrar de mansinho no terceiro manuscrito, com o Ben Kenobi dado a risadinhas, e realmente se acumulam no quarto (com uma pequena ajuda dos amigos). Quem ouve a maneira como Lucas fala sobre *Star Wars* e responde às perguntas capciosas sobre mitos e lendas, percebe uma notável sensação de frivolidade nas respostas. Na época das primeiras entrevistas pós-*Star Wars*, ele falava a respeito da forte noção de "leveza animada" que havia percebido ao

---

*   Fan fictions, ou apenas fanfics no jargão, são obras de ficção escritas por fãs sobre algum universo ou personagem preestabelecidos, como *Harry Potter*, *Star Trek* ou mesmo *Star Wars*. [N. do T.]

rever *American Graffiti: loucuras de verão* e *Star Wars* um atrás do outro. Depois, ele faria a brincadeira de que escreveu *Star Wars* para dar material para a revista *Mad*. Eu ouvi mais de um fã expressar essa opinião: "George Lucas está caçoando de todos nós".

Em 2010, no palco com o seu entrevistador favorito, Jon Stewart, nós vimos o jeito gaiato com que Lucas gosta de brincar com a série até mesmo hoje. Stewart fez uma pergunta que o incomodava há anos: em que planeta nasceu Obi-Wan Kenobi?

– Isso foi uma das primeiras coisas que escrevi no primeiríssimo roteiro – respondeu Lucas.

– Sério? – continuou Stewart. – Você não está inventando?

– Não, eu não faria isso. Ele vem do planeta Stewjon.

Lucas estava falando sério e brincando ao mesmo tempo. A parte séria veio quando a Lucasfilm confirmou que sim, o planeta Stewjon, planeta-natal de Obi-Wan Kenobi, havia sido adicionado ao atlas galáctico oficial de *Star Wars*. Obras impressas anteriormente que alegavam que Kenobi nascera no planeta Coruscant, a capital galáctica do Império, não eram mais precisas. O Criador havia se manifestado.*

Será que *Star Wars*, então, pode ser classificado como uma comédia? Certamente um dos três atores principais do filme pensou assim. "Eu ri durante *Star Wars* inteiro", disse Mark Hamill. "Eu pensei que fossem comédias. Era um absurdo ter um cão gigante pilotando uma espaçonave, e esse moleque que era maluco por uma princesa que nunca tinha conhecido, que ele viu em um holograma, e robôs discutindo sobre de quem era a culpa... Eles se juntam a um feiticeiro mágico e pegam emprestado a nave de um pirata... Era uma bobeira dos diabos!" Não é de se admirar que Hamill interpretasse Luke Skywalker com o mesmo entusiasmo durante as participações especiais no programa *Os Muppets* quanto nos filmes – para ele, era praticamente a mesma coisa.

Obviamente, Hamill e seus compadres interpretaram esse humor de maneira impassível, exatamente da mesma forma como Lucas faz suas piadas.

---

* E essa nem foi a primeira vez que o Criador mudou o cânone de *Star Wars* por uma brincadeira na hora para agradar a um apresentador de programa de entrevistas. Ao conversar com Conan O'Brien, em 2007, Lucas alegou que o nome completo do almirante Motti, da Estrela da Morte, o primeiro imperial a ser sufocado pela Força por Darth Vader, era Conan Antonio Motti. O escritor do romance da Lucasfilm *Death Star*, que havia decidido dar o prenome "Zi" para Motti no livro, teve que fazer o ajuste às pressas.

O filme teve atuações sérias; não era para haver nenhuma piscadela para o público. Os espectadores podiam rir, mas também estariam imersos na galáxia que Lucas criara. Venha pela comédia; fique pela criação da ambientação.

De certa forma, Lucas e companhia têm feito uma elaborada comédia de improviso de proporções galácticas há décadas, com a participação de uma imensa trupe de comediantes de improviso. Isso explica por que *Star Wars* tem atraído tantas paródias, esquetes e criações irônicas feitas por fãs ao longo dos anos – e por que quase todas essas sátiras têm adotado uma surpreendente abordagem reverencial em relação ao material original. Parece que todo mundo queria participar da mesmíssima piada que Lucas estava contando de início, rindo com ele em vez de rindo dele. Considere os stormtroopers, que ao mesmo tempo parecem fodões e ridículos. Por mais a sério que os integrantes da 501ˢᵗ levem a precisão dos uniformes, eles não conseguem resistir a satirizar os stormtroopers quando organizam, por exemplo, concursos de camisas havaianas. "Esse é um poderoso aspecto da comédia: humilhar figuras de autoridade", diz Albin Johnson. "Eles são soldadinhos de chumbo modernos."

Um dos mais recentes estudos de caso desse número de comédia de improviso de tamanho planetário é a petição por uma Estrela da Morte para a Casa Branca. Foi assim que a coisa começou. Em janeiro de 2012, um estudante da Universidade de Leicester, na Inglaterra, estava assistindo a *O retorno de Jedi* quando surgiu uma pergunta em sua mente sobre destróieres estelares. Aquelas reluzentes naves de combate triangulares do Império são vistas no início de todos os filmes da trilogia original de *Star Wars*. A maioria de nós olha para elas e pensa *uau*. Sean Goodwin olhou para elas e pensou: "Quanto aço seria necessário para construir essas naves?" e "Será que existe ferro suficiente na Terra para construir uma?".

O questionamento não foi totalmente fútil. Sean tinha um velho amigo de internato nos Estados Unidos, Anjan Gupta, um estudante de economia indiano da Universidade Lehigh que estava se tornando famoso por escrever um blog de economia chamado Centives. No primeiro ano, a grande descoberta do Centives foi provar que era mais barato pagar pelo bufê no refeitório do que participar do plano de alimentação, o que irritou a administração e rendeu algumas centenas de admiradores para o blog. Então Anjan, após ler os livros de *Harry Potter*, sem mais nem menos decidiu calcular o custo de tudo o que era necessário para alguém ir à escola de feiticeiros de Hogwarts. A postagem do blog com o resultado tornou-se viral, foi citada pela CNN e pelo *Daily Show*, e arrebatou mais de 10 milhões de visualizações. Como foi difícil voltar ao jeito universitário de manter um blog depois disso, então Anjan convocou Sean para ajudá-lo a escrever mais artigos econômicos peculiares sobre cultura pop.

A primeira postagem de Sean, um cálculo sobre quantos zumbis seriam necessários para sobrepujar os maiores exércitos da história, atraiu pouco interesse. Talvez destróieres estelares se saíssem melhor? Ou, melhor ainda, que tal uma postagem sobre a maior peça de tecnologia de combate no universo *Star Wars*: a própria Estrela da Morte destruidora de planetas? "Porque se a pessoa vai perguntar sobre o impossível, vamos encontrar a coisa mais ridiculamente impossível", ri Sean.

Goodwin decidiu se concentrar na Estrela da Morte original, também conhecida como EM-1, cujas dimensões são mais fáceis de calcular do que a versão cheia de filigranas, meio-acabada-mas-totalmente-operacional de *O retorno de Jedi*. Uma rápida busca no Google depois, a Wookieepedia informou o diâmetro da EM-1: 160 quilômetros, ou cerca de um décimo do tamanho da lua da Terra. Em vez de passar semanas tentando calcular quantos pisos, hangares, elevadores, dutos de ventilação e esmagadores de lixo existiam na EM-1 – como um fã radical faria –, Sean simplesmente presumiu que a distribuição de aço seria mais ou menos similar à de um porta-aviões, porque "eles eram essencialmente sistemas de armas flutuantes".

Então, tudo o que Sean precisava fazer era arrumar um número para a quantidade de aço em um porta-aviões de tamanho médio e calcular o número de porta-aviões que caberia dentro da Estrela da Morte. Quase uma hora depois, ele arrumou esse número: a Estrela da Morte contém um quatrilhão de toneladas métricas de aço.

Havia, descobriu Sean, ferro mais do que suficiente no núcleo da Terra para construir 2 milhões de Estrelas da Morte. Presumindo que se descobrisse uma maneira extraí-lo, no entanto, transformar o ferro em aço levaria 833,315 anos no atual ritmo de produção. Aquilo, ponderou Sean, não daria um artigo muito interessante: "A Estrela da Morte pode ser construída, mais ou menos". Quase como se não fosse importante, ele se indagou: quanto custaria a Estrela da Morte? A resposta, somente por causa do aço, era 852 quatrilhões de dólares, ou 13 mil por cento do Produto Interno Bruto global. Ele escreveu isso no rodapé e mandou para Anjan. Anjan adorou o preço em dólares tanto que transformou o valor em manchete. "Nós nos sentamos e dissemos: 'bem, esse é realmente um número grande. Não precisamos de mais nada'", diz Sean. "Vamos colocar na internet e ver o que acontece."

De início, nada aconteceu. No primeiro dia, o artigo conseguiu algumas centenas de leitores e um comentário: "Sensacional!". No segundo dia, surgiu a pergunta: "Quando começamos?". No terceiro, apareceram perguntas sobre o custo do cobre para toda a parte eletrônica, uma oferta de um carrinho de mão como capital inicial, e uma estimativa da exigência de tripulação baseada na mesma escala: 34 trilhões de tripulantes. Mas o artigo não estava decolando da mesma forma que o artigo sobre *Harry Potter*, e Anjan ficou triste ao dizer para Sean que a postagem sobre a Estrela da Morte não se tornaria viral. A resposta de Sean foi lendária: "Eu não consigo conceber um mundo onde as pessoas não queiram saber disso".

Então, um blog popular sobre economia, *Marginal Revolution*, repercutiu o artigo e fez os leitores comentarem. Um jornal australiano republicou. Os blogs de tecnologia começaram a perceber. A *Forbes* acrescentou a própria análise e salientou que era necessário levar em consideração o Produto Interno Bruto da galáxia inteira, não apenas de um mero planeta. A revista *Mother Jones* esmiuçou o custo do aço e calculou que chegaria perto de 1,3 milhão de vezes o PIB global. Em junho, Paul Krugman comentava na *Wired* sobre o sentido financeiro de construir uma Estrela da Morte de 852 quatrilhões de dólares.

O tráfego do Centives explodiu. O servidor caiu. A Lehig concordou em armazenar a postagem do blog no site da universidade. Anjan começou a levar o laptop para a aula e não ouvia o que o professor dizia enquanto observava as visualizações da página aumentarem em tempo real.

Mas a verdadeira loucura começou em novembro, quando um homem em Longmont, Colorado, que se identificou apenas como John D., começou uma petição no site da Casa Branca, "We The People". John D. exigiu que o governo americano "garantisse financiamento e recursos e começasse a construção de uma Estrela da Morte em 2016" como uma medida de "criação de empregos". Ninguém sabe ao certo se John D. se inspirou na postagem do Centives, mas todas as reportagens sobre a petição mencionavam a estimativa de Sean. O Centives promoveu ativamente a petição, e em apenas duas semanas, ela tinha angariado as 25 mil assinaturas exigidas para obter uma resposta da Casa Branca.

Em janeiro, a Casa Branca respondeu. Não era preciso uma resposta em tempo hábil sob as regras do site. Washington estava em um impasse por causa do orçamento e negociações de dívidas conhecido como "abismo fiscal". Essa petição obviamente frívola poderia ter sido arquivada por anos no equivalente virtual de uma gaveta. Mas o presidente Obama, que brincara com sabres de luz de brinquedo no jardim da Casa Branca com a equipe olímpica de esgrima dos Estados Unidos e que havia sido descrito como um cavaleiro Jedi pelo próprio George Lucas, não conseguiu resistir. Paul Shawcross, do

Gabinete de Gerenciamento e Orçamento, recebeu ordens de escrever uma resposta. A NASA foi consultada. O resultado enfiaria praticamente todas as referências a *Star Wars* conhecidas pelo público em geral.

Com o título "Esta não é a petição que vocês procuram", a resposta veio na forma de uma pergunta: "Por que nós gastaríamos inúmeros dólares dos contribuintes em uma Estrela da Morte com uma falha fundamental que pode ser explorada por uma nave individual?". Shawcross ressaltou que uma fortaleza feita pelo homem chamada ISS já orbitava a Terra – "aquilo não é uma lua, é uma estação espacial!" – e um robô que empunha um laser atualmente perambulava em Marte. Ele comparou a educação da ciência e tecnologia à Força, apenas para poder citar Darth Vader: "Lembrem-se, o poder da Estrela da Morte de destruir um planeta, ou mesmo um sistema solar inteiro, é insignificante comparado ao poder da Força".

Mas para Sean e Anjan, a parte mais importante da carta veio logo no início: "O custo de construção da Estrela da Morte foi calculado como superior a 850 000 000 000 000 000 dólares", escreveu Shawcross, com um link para a página da Lehigh. "Estamos trabalhando duro para reduzir o déficit, não para ampliá-lo." Depois, a Lucasfilm mandou uma resposta irônica do Departamento de Relações Públicas do Império Galáctico. "'Os custos de construção citados por eles foram ridiculamente exagerados, embora eu creia que devamos manter em mente que esse minúsculo planeta não tem os nossos enormes meios de produção', disse o almirante Motti da Frota Estelar Imperial."

Os dois blogueiros entraram em órbita, por assim dizer. "Nós queríamos ver o que o presidente tinha a dizer", fala Anjan, "mas jamais esperamos ser mencionados". Foi um momento histórico, com certeza: um pensamento à toa de um estudante ao assistir a um filme *Star Wars* foi até a Casa Branca no espaço de um ano. E tudo o que foi preciso foi uma referência à Estrela da Morte, um pouco de matemática, e uma noção apurada de gaiatice.

Um observador alienígena que visse a zoeira em torno da petição sobre a Estrela da Morte poderia muito bem ter suposto que nosso planeta enlouqueceu. Milhões de nós, incluindo o líder do mundo livre, foram envolvidos no que parecia ser uma discussão séria sobre a construção de uma "coisa ridiculamente impossível": um laser orbital gigantesco, capaz de destruir planetas, com um décimo do tamanho de nossa lua. O observador alienígena provavelmente teria razão em nos vaporizar por uma discussão desse tipo.

Seria fácil deixar de notar o humor por baixo do tom sério do caso todo. Não houve sátira; não houve alvo. *Star Wars* em si não estava sendo debochado.

O objetivo das pessoas que participaram era se manter fiel ao personagem, como se realmente tentassem trazer a "arma definitiva" de *Star Wars* para a nossa galáxia, aqui e agora. O humor do episódio inteiro foi baseado no conhecimento e na grande importância com os detalhes – alguns deles extremamente minuciosos – sobre os filmes e a mídia relacionada que as pessoas têm.

A seção de comentários na postagem do blog *Marginal Revolution* sobre o cálculo da Estrela da Morte é um bom exemplo. Aqui, mesmo agora, sisudos economistas levantam questões sobre as variáveis: se deveriam incluir o trabalho escravo dos Wookiees (que foram parcialmente responsáveis pela construção da Estrela da Morte, de acordo com o livro *Death Star*). Ou se seria possível bancar a coisa toda a partir de impostos sobre a população de Coruscant (que dizem ter um trilhão de habitantes e que, portanto, financiaria a Estrela da Morte ao custo de mais ou menos 8 mil dólares por pessoa). Ou se um engenheiro de controle de qualidade deveria ter cortado uma saída de exaustor térmico que levava diretamente ao duto do reator principal, e que efeito esse descuido poderia ter tido nas chances de o Império conseguir uma apólice de seguro para a segunda Estrela da Morte.

O que é especialmente curioso é que esses tipos de conversa têm acontecido por anos e não demonstram sinais de desaceleração. Talvez a mais conhecida alusão espirituosa à Estrela da Morte esteja registrada em *O balconista*, o filme de 1994 de orçamento nulo que tornou famoso o diretor Kevin Smith. O balconista do título e um amigo discutem sobre os prestadores de serviço que deveriam ter estado a bordo da segunda Estrela da Morte, que ainda estava sendo construída quando a Aliança Rebelde a explodiu. Eles não teriam sido vítimas inocentes? Um reparador de telhados, que por acaso está escutando a conversa, garante ao balconista que não; pela experiência dele, prestadores de serviço têm que tomar decisões políticas – por exemplo, se aceitam ou não trabalhar para mafiosos de Nova Jersey. Aquelas pessoas na Estrela da Morte sabiam no que estavam se metendo.

A conversa sobre os prestadores de serviço em *O balconista* gerou uma resposta igualmente gaiata, alguns anos mais tarde, da parte de George Lucas. No *Episódio II*, Lucas incluiu uma cena em que vemos os Geonosianos, uma raça insectoide, entregar um holograma do que se tornaria a EM-1. "Provavelmente foram eles os contratados para construir a Estrela da Morte", falou Lucas na faixa de comentário do DVD do filme, informalmente contradizendo a história dos escravos Wookiees. Os personagens de *O balconista*, reconheceu Lucas, "estavam preocupados se eles morreram na Estrela da Morte, mas afinal de contas eram apenas um bando de cupins gigantes".

Há alguma coisa sobre *Star Wars* que faz esse tipo de reflexão nerd aceitável para um público convencional. (Não dá para imaginar um reparador de telhados dizendo a mesma coisa a respeito de um Cubo Borg de *Star Trek*.) Mesmo quando o objetivo é ser completamente bobo, surge uma paixão. Esse padrão estava claro desde o início, na primeiríssima paródia de *Star Wars*: *Hardware Wars*.

O diretor-roteirista de *Hardware Wars*, Ernie Fosselius, viu *Star Wars* na semana de lançamento em 1977 e disse que já estava bolando a paródia dentro do cinema. *Hardware Wars* foi filmado em quatro dias por um bando de jovens de 20 anos sem dinheiro – os Seans e Anjans da época – em locações menos do que glamorosas por São Francisco: fundos de bares e garagens, e uma lavanderia francesa abandonada. O figurinista providenciou os 8 mil dólares do orçamento. Fosselius e o cineasta Michael Wiese criaram o slogan: "Você vai rir, você vai chorar, você dará adeus a 3 dólares".

Hardware Wars era uma versão de doze minutos de *Star Wars* no formato de um trailer. Aparentemente, é possível considerá-lo uma paródia maluca de baixo orçamento e nada mais. Os personagens têm nomes como Fluke Starbucker, Darph Nader, Augie Ben Doggie dos Cavaleiros dos Olhos Vermelhos, princesa Anne-Droid com dois rolos de canela amarrados, Ham Salad e Chewchilla, o Wookiee Monster, um fantoche marrom e peludo do Cookie Monster.

Mas há uma clara sensação de afeto em *Hardware Wars*. Os cineastas estavam realmente tentando, diabos, fazer um ferro a vapor se passar por um destróier estelar enquanto persegue uma torradeira rebelde ou replicar a destruição de Alderaan com uma bola de beisebol explosiva. Fossellius e Weise contrataram o veterano dublador Paul Frees para narrar o trailer inteiro (e quando eles disseram que "contrataram", na verdade eles "concordaram em fazer reparos para ele"). "A voz dele era tão forte que a pessoa realmente pensa que está vendo 'incríveis batalhas espaciais'", diz Wiese, "quando na verdade é apenas uma estrelinha de Dia da Independência".

O mais importante é o pressuposto de que todo mundo que visse *Hardware Wars* teria um conhecimento inerente do assunto da paródia. Foi uma aposta fácil: eles estavam em São Francisco, afinal de contas, a primeira cidade plenamente *Star Wars*, a cidade do criador, seu primeiro passo na conquista do universo.

A aposta vingou. *Hardware Wars* arrecadou 500 mil dólares em um ano. Isso foi um retorno de investimento de 6.250%, o que fez dele um dos curtas-metragens mais bem-sucedidos de todos os tempos.

Lucas não quis processá-los. Ele chamou *Hardware Wars* de "um filmezinho fofo" e mais tarde declarou ser seu tributo de fã favorito. Wiese, tomado pelo sucesso, ganhou uma reunião com Alan Ladd Jr. e "três advogados em ternos caros" na Fox. Eles assistiram ao curta, conta Wiese, sem uma risadinha sequer.

– Bem, garoto – disse Laddie –, o que você quer que a gente faça?

Weise não hesitou.

– Eu quero que vocês exibam isso com *Star Wars*. Sabe, para debochar do próprio filme!

– Eu te darei um retorno sobre isso – respondeu Laddie.

– E tenho certeza de que vai dar – falou Wiese, décadas depois.

O mais perto que a Lucasfilm chegou de abrir um processo por causa de uma paródia foi em 1980. A *Mad* havia se inspirado em *Star Wars* para gerar material, exatamente como Lucas havia previsto. Agora o desenhista Mort Drucker e o roteirista Dick De Bartolo produziram a própria versão para a continuação, *Emperra e contra-ataca*. Talvez por ter havido uma cultura de sigilo tão grande em torno de certas revelações na trama do filme original, o departamento jurídico da Lucasfilm decidiu enviar uma ordem de cessação e exigiu que a *Mad* devolvesse todos os lucros daquela edição. A *Mad* apenas sorriu e retornou com uma cópia de uma carta do fã número 1 da revista: um sujeito qualquer chamado George W. Lucas.

"Oscars especiais deveriam ser dados a Drucker e DeBartolo, o George Bernard Shaw e Leonardo da Vinci da sátira", escrevera Lucas. "A continuação dos dois para a minha continuação foi uma pura maluquice galáctica." Ele não resistiu a apontar uma imensa inconsistência na paródia – Han Solo aparece na *Millennium Falcon* vários quadrinhos depois de ter sido congelado em carbonita. "Isso significa que posso pular o *Episódio VI*?", escreveu Lucas, que provavelmente foi mais um pedido de ajuda do que a revista percebeu. "Mantenham a boa farsa!"

O departamento jurídico da Lucasfilm nunca mais escreveu para a *Mad*. Um dos integrantes, Howard Roffman, disse para a revista muitos anos depois que o incidente aconteceu porque ninguém no departamento jurídico, então em Los Angeles, havia falado com ninguém em San Anselmo sobre o caso. Charley Lippincott, enquanto isso, andou mandando assiduamente piadas sobre *Star Wars* feitas por ele mesmo para a *Mad*. "Eu escrevi para eles e disse que não achava que tivessem ido longe demais", falou Lippincott. Ele riu da audácia do departamento jurídico. "Não dá para processar a *Mad*."

Assim como o próprio *Star Wars*, as paródias pareciam ter praticamente morrido após a trilogia original acabar em 1983. A única exceção notável – o longa-metragem de Mel Brooks, *SOS: tem um louco solto no espaço*, em 1987 – deu a impressão de ser antiquada ao ser lançada. "O filme deveria ter sido feito há muitos anos, antes de nosso apetite por sátiras a *Star Wars* se esgotar completamente", escreveu o crítico Roger Ebert. "Esse filme já foi feito nos últimos dez anos por inúmeros outros comediantes." (Algumas piadas, tal como os coques da princesa serem na verdade aquecedores de orelhas, foram tiradas diretamente de *Hardware Wars*.)

Porém, assim como *Star Wars*, as paródias voltaram com tudo em 1997, maiores e melhores do que nunca. Aquele foi o ano em que um desenhista de personagens da Fox Kids Network chamado Kevin Rubio revelou um filme na San Diego Comic-Con chamado *Troops*. Era uma mistura de *Star Wars* com *Cops*, um reality show de acompanhamento conhecido pela canção-tema "Bad Boys", que Rubio também usou.

Cops, e não *Star Wars*, era o alvo da paródia de *Troops*: observe o stormtrooper com o sotaque de Minnesota que gosta do "jeito de cidade pequena" de Tatooine e que resolve disputas domésticas com a diplomacia indiferente dos policiais de todos os lugares do mundo. Em vez de ser uma sátira a *Star Wars*, *Troops* imita com carinho os filmes com o máximo de precisão possível. Vemos stormtroopers em speeder bikes e breves tomadas de naves imperiais pousando que não estariam deslocadas na trilogia original. A era da computação gráfica havia nascido, e os efeitos eram bem mais possíveis em um orçamento apertado do que na época de *Hardware Wars*.

Na verdade, *Troops* fica mais imersivo durante a narrativa. O curta-metragem de dez minutos vira uma elaborada explicação alternativa para o que aconteceu com o tio Owen e a tia Beru de Luke Skywalker. Sem a camada de *Cops*, *Troops* seria um filme de fã sincero – que, em determinados aspectos, ainda é. "Eu não consegui fazer uma obra séria", lamentou Rubio – por falta de orçamento, ele quis dizer, não por falta de tentativa. "A única pessoa que consegue fazer uma obra séria é George."

Troops foi uma sensação imediata e inspirou centenas de outros cineastas. Em 2010, ficou no topo de uma lista da *Time* sobre os dez melhores filmes de fãs de *Star Wars*. Lucasfilm decidiu apoiar o gênero e estabeleceu o Prêmio Oficial de Filmes de Fã de *Star Wars*; *Troops* ganhou o "Prêmio de Pioneirismo". Outras categorias incluem melhor comédia, melhor pseudodocumentário, e melhor paródia de um comercial. Até mesmo os vencedores do maior troféu, o Prêmio Seleção de George Lucas, tendiam para o lado da paródia.

Enquanto Lucas apoiava as paródias, as paródias também o apoiavam. *George Lucas in Love* foi um curta de 1999 realizado por Joe Nussbaum, um recém-formado pela USC, e seus colegas formandos. Novamente, o alvo do humor era outra coisa além de *Star Wars*: o recente vencedor do Oscar *Shakespeare apaixonado* e o jeito como o filme imaginava as inspirações do dramaturgo estando constantemente bem na cara dele. Ambientado na USC em 1967, e filmado no campus, o curta-metragem mostrava Lucas lutando para escrever uma fantasia agrícola chamada *Space Oats*, enquanto várias influências o cercam sem ser notadas: um rival de dormitório que respira como Darth Vader por causa de um inalador para asma; um amigo mecânico de carros, grande e peludo; um professor parecido com Yoda. Finalmente, há a musa de Lucas, Marion, que lidera uma "rebelião estudantil", usa coques no cabelo e que, em uma reviravolta de trama, revela-se ser a irmã de Lucas.

O curta-metragem lançou a carreira de diretor de Nussbaum após Steven Spielberg meter as mãos em uma cópia e enviá-la para Lucas, que mandou uma carta de aprovação para Nussbaum, elogiando a pesquisa feita (ele notou uma fala de *American Graffiti: loucuras de verão*).

Há uma espécie de caso de amor mútuo entre Lucas e as paródias em que ele é personagem. Lucas nunca é o alvo; ele é o sábio que ninguém trai. Um curta-metragem de 2007 chamado *Pitching Lucas* é estrelado por um sósia de Lucas que recebe três ideias para seriados de TV de *Star Wars* oferecidas por sórdidos executivos de Hollywood (variações de *O homem de seis milhões de dólares, ChiPs* e *As panteras*); Lucas despacha cada executivo em uma variedade de finais sangrentos. "E é por isso", conclui ele, "que eu sempre escrevo meus próprios roteiros". *Pitching Lucas* ganhou o Prêmio Seleção de George Lucas do próprio Criador, bem como o curta-metragem de 2004 *Escape from Tatooine*, que termina com Boba Fett fazendo um pouso forçado em uma Terra alternativa onde Lucas foi entronizado em uma estátua gigante no Memorial Lincoln.

Foi surpreendentemente tarde, no meio dos anos 2000, que os comediantes começaram a explorar as possibilidades de colocar Darth Vader em situações mundanas. Talvez eles estivessem tomando a iniciativa de Lucas, que até lá havia detalhado toda a história pregressa de Vader; talvez estivessem simplesmente esperando pela ascensão do YouTube. Em 2007, os usuários do nascente serviço de vídeo online conheceram *Chad Vader, Day Shift Manager*, no qual um personagem parecido com Vader (dizem que é o irmão do Lorde Sombrio) tem que gerenciar funcionários teimosos em um supermercado bastante terráqueo. O episódio piloto foi visto 12 milhões de vezes; a série durou 38 episódios divididos em quatro temporadas. O comediante britânico Eddie

Izzard imaginou Darth Vader tentando passar pela cantina da Estrela da Morte; uma versão em stop motion do esquete de Izzard, estrelada por bonecos de Lego *Star Wars*, agora tem 21 milhões de visualizações no YouTube.*

Logo se tornou claro que era uma mina de ouro de humor tratar Vader – um homem-máquina que era matador de Jedi, assassino de crianças, torturador de filha e amputador de filho – como um sujeito frágil e comum. "Ele é tipo o cara mais malvado da galáxia, mas existe uma parte dentro de você que quer saber como é essa sensação", diz Jack Sullivan, 32 anos, gerente de recursos materiais e patrimoniais residente de Boston e responsável por @DepressedDarth, uma das contas de paródia de *Star Wars* mais populares do Twitter. Sullivan abriu a conta em 2010 para promover um curta-metragem do YouTube que ele planejava fazer, sobre Vader andando por Boston pedindo esmolas. O curta nunca chegou a ser feito, mas a conta ganhou mais de 500 mil seguidores graças a uma dieta regular de piadas tristes sobre Vader e anedotas de *Star Wars*. Sullivan já está ganhando respeitáveis 5 mil dólares ao mês vendendo anúncios no site Depressed Darth e está considerando se aposentar da indústria financeira para viver de tuitar em tempo integral.

Talvez a paródia de Vader mais significativa para uma geração de pais que estão ficando velhos e cresceram com *Star Wars* seja os livros de Jeffrey Brown, *Darth Vader e filho* (2012) e *A princesinha de Vader* (2013), que se tornaram best-sellers do *New York Times*. Neles vemos Darth Vader nos momentos mais mundanos, encarando os desafios de ser um pai solteiro com Luke e Leia respectivamente, em uma série de cartuns emocionantes. Todo pai e mãe modernos que se identificaram com Luke e Leia nos anos 1970, e que acabaram crescendo e se viram nos Vaders da família, podiam compreender a situação.

Quando todos querem participar da brincadeira, e o material original é tão reconhecido assim, o resultado são infinitas variações de tudo o que a série poderia ser. A primeira paródia de *Star Wars* a ganhar um Emmy – o épico *Star*

---

* O YouTube também oferece algumas montagens maravilhosamente surreais e dadaístas do próprio material original. *The Vader Sessions* (que tem mais de 5 milhões de visualizações) pegou todas as cenas de Vader no *Star Wars* original – que chegam a meros dez minutos – e dublou com diálogos de James Earl Jones de outros filmes, modulados ao estilo de Vader. "Eu sei que o senhor passou por um transtorno e estou disposto a compensá-lo", diz agora Vader para os soldados rebeldes mortos no corredor do *Tantive IV*, em uma fala de *Um príncipe em Nova York*. "Digamos 1 milhão de dólares americanos? Muito bem, então, 2 milhões!"

Wars Uncut – não podia ter sido mais colaborativa. Fruto da imaginação de um desenvolvedor web de 26 anos, Casey Pugh, *Star Wars Uncut* picotou o filme original em 473 segmentos de 15 segundos de duração cada um e depois deixou os fãs se registrarem online para refilmar cada segmento da própria forma – cada um com a mesma paixão de orçamento nulo de *Hardware Wars*, e cada um com o mesmo tempo para filmar seu segmento (trinta dias). O volume de assinaturas foi tão grande que Pugh acrescentou mais um passo: deixou que os fãs votassem nas melhores versões de cada segmento. Ao costurá-los juntos, o resultado são duas horas de humor sem parar, de doer a barriga – humor nascido do choque do reconhecimento (é basicamente o mesmo filme) bem como das recriações divertidas e apaixonadas feitas por amadores encantadores.[*]

Portanto, há certos elementos comuns nessa litania de paródias de *Star Wars*. Elas adicionam algo ao mito de alguma forma sutil e subversiva ou repetem o mito com carinho; elas acrescentam uma camada de algo a mais à cultura pop ou colocam os conceitos de *Star Wars* em situações incongruentes e mundanas. Mas a ideia de *Star Wars* é sempre respeitada. A realidade da série é imaculada; na verdade, é impulsionada pelo elogio. *Star Wars*, como se vê, é uma grande igreja, capaz de absorver todos os risos.

Será que algum comediante é realmente capaz de incomodar *Star Wars*, de destrinchar o filme em vez de se envolver em uma versão dele? Houve algumas tentativas. Em 2007, dois amigos com programas de animação na TV – Seth McFarlane, criador de *Uma família da pesada*, e Seth Green, cocriador de *Frango Robô*, do Cartoon Network – começaram a usar suas plataformas respectivas para produzir algumas paródias épicas totalmente metalinguísticas de *Star Wars*. É justo dizer que Green teve a ideia primeiro (como seu personagem, Chris, reclama na paródia de *Uma família da pesada*, "Blue Harvest").[**]

"Blue Harvest", que teve a maior audiência de todos os episódios de *Uma família da pesada* até hoje, espalha o humor da família Griffin em uma homenagem animada a *Star Wars*. O episódio realmente tem alguns momentos de verdadeira sátira – como o texto de abertura, que consegue ao mesmo tempo dar *spoiler* e depreciar toda a trilogia clássica de uma maneira maravilhosa.

---

[*]   Eu particularmente achei muita graça ao descobrir que um casal de amigos conseguiu entrar no filme. O marido interpretou Han Solo. A esposa, grávida de oito meses, interpretou Jabba, o Hutt.

[**] Batizado com o nome secreto de *O retorno de Jedi*.

É uma época de guerra civil e de parágrafos renegados flutuando no espaço.

Há batalhas espaciais bacanas, e o vilão é o pai do mocinho, mas não se descobre isso até o próximo episódio.

E a gostosa é realmente a irmã do mocinho, mas eles não sabem disso e se beijam. O que é meio esquisito. Tipo, e se eles tivessem transado em vez de apenas ter se beijado?

Depois disso, há a piada ocasional diretamente voltada para os buracos na lógica de *Star Wars*, como os operadores de laser no destróier estelar que deixam a cápsula de fuga de R2-D2 e C-3PO ir embora porque não havia sinais de forma de vida a bordo. "Não atire? Por acaso estamos pagando por cada disparo de laser agora?" Mas McFarlane parece perder o interesse em atacar a série naquele momento e recorre à mistura vencedora usual de humor de baixo calão com citações à cultura pop. Suas referências a *Star Wars* na maior parte do episódio de longa-metragem consistem em homenagens animadas recriadas com amor às icônicas cenas de efeitos especiais do filme, tal como a decolagem da *Millennium Falcon* saindo de Mos Eisley. Na verdade, um dos comediantes irreverentes mais populares de nossa era foi tão incapaz de atacar a série quanto de jogar uma cadeira em um vitral. Para o lançamento do DVD de "Blue Harvest", McFarlane viajou ao Rancho Skywalker e fez uma entrevista puxa-saco fora do comum com Lucas.

O programa de animação stop motion de Green, *Frango Robô*, manteve as garras satíricas longe da série em si por mais tempo do que McFarlane, ainda que a sátira devesse ter sido um único esquete isolado. No "Telefonema do imperador" (3 milhões de visualizações no YouTube), o imperador Palpatine é informado sobre a destruição da Estrela da Morte (cá está de novo, o objeto mais engraçado do universo) através de uma chamada a cobrar de Vader. A conversa a seguir alfineta tanto *Star Wars* quanto *O retorno de Jedi*. "Sinto muito, eu achei que meu Lorde Sombrio dos Sith pudesse proteger uma saída de exaustor térmico que tinha apenas dois metros de comprimento. Aquela coisa nem estava totalmente quitada ainda!", berra o imperador, dublado por McFarlane. "Ah, basta reconstruir? Isso seria original pra caralho!" Foi como se a *Mad* finalmente tivesse ido longe demais para Charley Lippincott.

Para a grande surpresa da Lucasfilm, Lucas − encorajado pelo filho Jett, que assiste ao programa − adorou a paródia do *Frango Robô*. O Criador levou Green e o corroteirista Matthew Senreich para o Rancho Skywalker. A dupla conseguiu que Lucas não apenas concordasse em dois episódios completos de

Frango Robô sobre *Star Wars*, como a participação dele como dublador – o primeiro papel profissional de Lucas como ator. "Não sei no que eu estava pensando", disse Lucas quando seu boneco se reclinou no divã do consultório de um terapeuta, sobre a decisão de permitir que o *Frango Robô* fizesse um especial. Mas a participação de Lucas não impediu que os esquetes apontassem falhas previamente inéditas nos filmes. Veja o momento em que Luke se senta na *Millennium Falcon* após fugir da Estrela da Morte, e Leia coloca um cobertor sobre o ombro dele enquanto Luke chora a morte de Obi-Wan Kenobi. "Não acredito que ele morreu", diz Luke. Em vez de solidariedade, a versão de Leia de *Frango Robô* oferece isso: "Ah, o homem de 80 anos que você conheceu ontem acabou de morrer? Lamento não ter notado. Eu estava ocupada pensando sobre minha família inteira e as outras duas bilhões de pessoas de Alderaan que acabaram de ser vaporizadas e virar pó há cerca de três horas". Leia foi dublada por Carrie Fisher, que leu o diálogo como se quisesse ter dito aquilo por muito tempo.

Por mais que a dupla provocasse, isso não parecia importar. Green e Senreich em breve se viram como os bobos da corte da Lucasfilm Animation. Eles colaboraram em um novo projeto, que os dois e Lucas anunciaram aos fãs durante a convenção Celebration da Lucasfilm em 2011, chamado *Star Wars Detours*, voltado para um público mais familiar. Seis trailers foram lançados online. Os fãs não gostaram. "Parece que o programa é simplesmente o *Frango Robô* castrado", reclamou o *Badass Digest*, um dos poucos sites de notícias a cobrir o projeto. Após a compra da Lucasfilm pela Disney, *Detours* foi deixado de lado. Aqueles seis trailers foram retirados do YouTube. Quase quarenta episódios foram completados, mas, até o momento em que este livro foi escrito, permaneciam inéditos. Disse Green: "Diante da expectativa desses novos filmes que virão, não achamos que fizesse sentido passar os próximos três anos com uma comédia animada como o primeiro contato das crianças com o universo *Star Wars*". Especialmente se o humor daquela comédia fracassasse com os adultos que adoram *Star Wars* e que invariavelmente assistiriam ao programa.

Esse é o perigo de satirizar *Star Wars* – a pessoa está sempre a um passo do escárnio geral se disser algo desagradável ou se não captar exatamente a elusiva leveza efervescente dos filmes. Obama pode ser o presidente *Star Wars*, mas até mesmo ele fez besteira um mês depois da resposta da petição sobre a Estrela da Morte, ao misturar duas séries em um discurso posterior, quando brincou que não "faria uma fusão mental Jedi de forma alguma" no Congresso. Milhões de fãs de *Star Wars* e trekkers subitamente gritaram em agonia: o presidente tinha confundido "truque mental Jedi" com "fusão mental vulcana".

O que nos traz ao desfecho da história do Centives. Em dezembro de 2012, Sean Goodwin tentou uma outra postagem irônica sobre a Estrela da Morte sugerida por um comentário: quanto tempo levaria para esfregar todos os pisos da Estrela da Morte? Sean fez o cálculo do tamanho dos pisos – 359,2 milhões de quilômetros quadrados, mais ou menos a área da Terra – e chegou ao valor de 11,4 milhões de anos em horas para esfregar tudo. Para realizar a tarefa em um ano, seriam necessários 48 milhões de trabalhadores; se todos recebessem salário mínimo, esfregar o chão custaria 723 bilhões de dólares por ano.

O artigo não foi a lugar algum. Ninguém se importava com esfregar o chão da Estrela da Morte. Por que o artigo falhou enquanto o antecessor teve sucesso? "Suspensão de descrença", sugeriu Anjan. "As pessoas querem simplesmente imaginar a construção de uma Estrela da Morte, mas não sua limpeza. Elas presumiram que robôs cuidassem disso."

O contato dos dois com o sucesso intergaláctico havia acabado. Sean e Anjan entregaram as chaves do blog Centives para uma nova geração. Anjan tornou-se consultor gerencial em Nova York, e Sean dá aula de inglês em Bancoc. Eles lembram com carinho da época em que a ideia ridiculamente impossível chegou até a Casa Branca, mas não exigem muito crédito. "Nós fomos inspirados pela Estrela da Morte porque é a Estrela da Morte", argumentou Anjan. "O que realmente desencadeou tudo foi o fato de *Star Wars* ter feito um conceito difícil parecer real."

10 / *STAR WARS* TEM UMA MILÍCIA

Em dezembro de 1975, o mês em que o conselho administrativo da Fox se reuniu para decidir o destino de *Star Wars*, George Lucas tinha todos os conceitos difíceis no lugar. Ele estava terminando o quarto manuscrito e sabia que a maioria das peças se encaixariam. Lucas havia explicado a Força em 28 palavras. Os stormtroopers agora portavam armas de raios, e não sabres de luz (embora os tubos para carregar sabres de luz nas costas dos uniformes permaneceriam e entrariam no filme, como uma cauda vestigial). A Estrela da Morte passou a ser o centro das atenções, sem ser mais ofuscada por cenas longas em Alderaan.

O fluxo de sangue na página estava minguando, e Lucas estava começando a se divertir. "Eu me soltei um pouco," confessou ele para Charley Lippincott. "É mais divertido que as pessoas façam sugestões, assim não é preciso fazer todo o trabalho."

Solto, obviamente, é um termo relativo; em 1976, Lucas se esforçaria mais do que nunca – acabaria doente, no hospital. Ele teria problemas em delegar tarefas simples, como quais luzes seriam ligadas ou desligadas em determinada tomada, o que levaria a atrito com sua equipe britânica mais experiente. Mas, ao mesmo tempo, Lucas superara o instinto de fazer tudo sozinho. Ele solicitaria mais conselhos do que nunca – mais do que em *THX*, coescrito com Walter Murch, ou *American Graffiti: loucuras de verão*, coescrito com Huyck e Katz. Esse era um universo grande, e ele ainda o estava construindo – uma parte com peças sobressalentes. Havia muito espaço para outros artesãos, desde que Lucas confiasse na competência deles.

Star Wars, então, não era mais um roteiro escrito em um isolamento agoniante sobre uma mesa feita de portas. Conforme 1976 nascia, Lucas se viu como um mestre de picadeiro em um circo de gênios, o líder de uma daquelas equipes de fervorosos revolucionários dispostos a provar o próprio valor que só surgem uma vez a cada geração. Como parece apropriado, dada a influência que o filme tirou dos faroestes, *Star Wars* tinha uma milícia – e foi mais vital em produzir o visual, o espírito e o conteúdo do filme do que a história, que procura um único criador, tem lhe dado crédito. O próprio Lucas compreendeu o poder do trabalho em equipe e reconheceu as contribuições de quaisquer colaboradores que já estivessem na sua panelinha. O Criador, disse Ralph McQuarrie, "ficava muito contente se você surgisse com ideias que fossem diferentes".

McQuarrie, que morreu em 2012, permanece o mais amado e mais crucial integrante da milícia de *Star Wars*. As pinturas de produção empurraram o indeciso conselho administrativo da Fox para o lado de Lucas em dezembro de 1975: "McQuarrie vendeu o filme, nem preciso dizer", falou Lippincott, que preparou aquela apresentação crucial. Sem McQuarrie, Lucas talvez nunca tivesse recebido o orçamento necessário para fazer seu "filmezinho espacial". Mas o artista tinha muito mais contribuições para a série.

Já vimos como McQuarrie ajudou a criar a versão mecanizada de Vader e os droides emocionalmente humanos. Ele também ofereceu informalmente uma esfera negra flutuante de um filme de animação em que esteve trabalhando; aquilo virou o robô que tortura a princesa Leia. Os esboços e as pinturas de McQuarrie guiariam o visual de cada personagem e de cada cenário, da feira de droides dos Jawas à Estrela da Morte à quarta lua de Yavin, onde Lucas queria que as naves rebeldes estivessem do lado de fora, na floresta. Mas eles estão se escondendo, argumentou McQuarrie. Os rebeldes deveriam entocar as naves em algum lugar. Que tal dentro de um templo?

Como Lucas, McQuarrie começou a imaginar histórias pregressas que jamais foram parar na tela. Ele gostava de tirar cochilos em um sofá confortável e permitir que as ideias surgissem espontaneamente "como bolhas em champanhe", dizia o artista. Em momentos sensoriais como aqueles, ele viu as naves rebeldes em Yavin IV refugiadas em templos antigos com um tipo especial de pedra que negava a gravidade e permitia que os caças entrassem e saíssem do hangar com mais facilidade.

McQuarrie, modesto até o fim, argumentava que qualquer artista decente teria feito *Star Wars* passar pelo conselho administrativo da Fox. Outros artistas discordam: "Se eu tivesse cem pessoas trabalhando para mim, nenhuma delas teria criado o que Ralph imaginou", diz Paul Bateman, um artista conceitual que colaborou com McQuarrie nos últimos anos. Bateman ajuda a cuidar do imenso arquivo de McQuarrie. "Artisticamente, *Star Wars* é a visão de Ralph, mesmo quando ele achava estar apenas interpretando as palavras."

Star Wars não foi o filho apenas de Lucas e McQuarrie, é claro – nem de longe. Houve o produtor Gary Kurtz, o integrante da milícia com o maior tempo de serviço. Kurtz brigou com a Lucasfim após permitir que *O Império contra-ataca* estourasse demais o orçamento, como veremos, o que explica por que a história oficial da empresa tende a minimizar a sua contribuição. Mas parece justo dizer que Kurtz foi o tipo de caixa de ressonância que Lucas precisava naquela altura da carreira, o tipo que respondia. Por exemplo, Kurtz estudou religião comparativa na faculdade, com um interesse especial em budismo, hinduísmo e religiões ameríndias. Ele ficou genuinamente descontente com a maneira como a Força era tratada naqueles primeiros manuscritos, com a forma como ela parecia obter toda a energia do cristal Kiber. Também não era fã dos conceitos sobre o Bogan e Ashla que permaneceram, mesmo no terceiro manuscrito. Ele mostrou para Lucas um monte dos livros de faculdade. Houve muito tempo, conforme os anos se arrastaram, para o diretor e o produtor refletirem sobre esse tipo de coisa. "Nós realmente tivemos longas discussões sobre várias filosofias religiosas, sobre como as pessoas se relacionavam com elas e como poderíamos simplificá-las", se recorda Kurtz. Se Lucas já estava naquele caminho com os estudos de *O ramo de ouro*, ou se Kurtz o estimulou a seguir a direção correta durante uma conversa tarde da noite sobre karma, *prana*, e a energia universal dos Navajos, é uma questão que provavelmente jamais será resolvida.

O que é preto no branco: se *Star Wars* tivesse ganhado o Oscar de melhor filme ao qual foi indicado, teria sido Kurtz sozinho subindo ao palco para recebê-lo, e por um bom motivo. Ele assumiu as constantes revisões sovinas de orçamento exigidas pela Fox. Ele foi atrás da melhor combinação de trabalhadores experientes e estúdios baratos e escolheu o Elstree Film Studios, que ficava escondido na desolação desmazelada de um subúrbio chamado Borehamwood, bem nos arredores de Londres. Ele fez algumas contratações fora do normal, porém brilhantes, incluindo John Mollo, um especialista em uniformes militares e dramas históricos que ganharia um Oscar pelo figurino de *Star Wars*.

Kurtz também contratou Ben Burtt como sonoplasta, sob a recomendação de Walter Murch. Burtt se tornaria um dos mais significantes e longevos integrantes da milícia de *Star Wars*; ele ainda é até hoje. Novamente, foram as pinturas de McQuarrie que o convenceram. "Imediatamente, eu consegui ver que esse era o tipo de filme que eu tentei fazer quando era criança", disse Burtt, um cinegrafista amador apaixonado. Naquela época, Burtt era a epítome do jovem e ambicioso funcionário de Lucas, recém-formado e brilhante, mas que não era orgulhoso demais para ser um contínuo. Ele levou Carrie Fisher para os compromissos de teste de penteados; foi ao zoológico e pediu que um urso fosse mantido com fome por um dia, depois colocou uma tigela de leite e pão embaixo do nariz do bicho para que pudesse gravar a agonia de fome e produzir o urro que se tornaria, com a aplicação criteriosa de um leão-marinho, o som de um Wookiee. "Ursos em zoológicos são muito satisfeitos", explica Burtt.

Ainda assim, Burtt tinha expectativas baixas, como a maioria da milícia. Era mais um sinal dos tempos do que de humildade, de que era ridículo imaginar que qualquer filme espacial se tornasse popular. Ele imaginou que *Star Wars* teria um bom desempenho por duas semanas. "A melhor coisa que consegui imaginar", falou Burtt, "era que nós teríamos uma mesa na convenção de *Star Trek* no ano seguinte".

Por mais crucial que a milícia por trás das câmeras tenha sido, o filme não teria ido a lugar algum sem a milícia certa diante das câmeras. Isso significou acertar na escolha do elenco, o que foi especialmente difícil, considerando que Lucas estava procurando predominantemente por atores desconhecidos para preencher a sua galáxia. *Star Wars* ostentou um trio de talentosos diretores de elenco – Vic Ramos, Irene Lamb e Diane Crittenden –, mas a voz mais influente na seleção dos atores principais revelou ser de um sujeito que não estava de modo algum nos registros. Fred Roos reunira um conjunto de atores sem igual em *O poderoso chefão*, para Coppola, e em *American Graffiti: loucuras de verão*, para Lucas. Desde então, tornou-se produtor de *O poderoso chefão: parte II* e *A conversação*, ambos filmes de Coppola. Para *Star Wars*, "George apenas me pediu para vir e dar consultoria", lembra Roos. "Eu nunca fui contratado, por assim dizer. Eu era apenas da família."

A primeira contribuição de Roos foi fazer campanha para uma amiga dele, a filha adolescente do ícone de Hollywood Debbie Reynolds e seu ex-marido de longa data, Eddie Fisher, para o papel da princesa Leia. Roos tinha socializado com Carrie Fisher em várias ocasiões e a considerava charmosa e sexy, com uma mente afiada e um talento nascente para escrever. Fisher se prejudicou ao faltar à primeira seleção de elenco; ela estava matriculada na Central School of Speech and Drama em Londres na época e não achou que valeria a pena matar aula. Mas Roos não parava de citar o nome de Carrie Fisher para Lucas, que estava inclinado a escolher a atriz Terri Nunn para o papel.

Lucas finalmente conheceu Fisher quando ela voltou para Los Angeles no feriado do Natal – em 30 de dezembro de 1975. Ele pediu que Fisher lesse a fala de Leia como um holograma que emana de R2-D2. Àquela altura, era uma fala extremamente longa. Muitas atrizes foram derrotadas por ela. Mas Fisher tinha acabado de ter aulas de oratória. Tinha ganhado um leve sotaque britânico e uma predileção por trava-línguas. O favorito dela era e ainda é: "I want a proper cup of coffee from a proper copper coffee pot. If I can't have a proper cup of coffee from a proper copper coffee pot, I'll have a cup of tea".* Ela conseguiu dizer o diálogo.

A segunda contribuição de Roos para *Star Wars* – embora tenha sido mais involuntário – foi trazer Harrison Ford, que ele havia contratado para aquele pequeno papel em *American Graffiti: loucuras de verão*. Lucas bateu o pé para que ninguém que aparecera em *American Graffiti* também aparecesse em *Star Wars*; ele tinha uma ideia teimosa de que aquilo distrairia o público. Mas depois que Roos trouxe Ford para fazer uns serviços de carpintaria no escritório da American Zoetrope em Los Angeles, onde ocorria a seleção de elenco, Lucas decidiu que Ford devia ler o papel de Han Solo diante de uma série de princesas Leias e Luke Starkillers em potencial.

Todas as outras versões dessa história deram crédito a Roos pela esperta manipulação em jogar Ford no caminho de Lucas daquela forma. É uma bela história, diz Roos, antes de admitir relutantemente que não foi sua intenção – o escritório da Zoetrope por acaso precisava de uma porta nova, e ele conhecia um carpinteiro. "Harrison tinha feito um monte de serviço de carpintaria para mim; ele precisava do dinheiro, tinha filhos, ainda não era um grande astro de cinema", fala Roos. "No dia em que Harrison estava trabalhando, George por acaso estava lá. Foi uma feliz obra do acaso." Deem crédito à porta que faltava, então, por um dos maiores cafajestes da história do cinema.

Quanto a Luke Skywalker, Lucas gostava de um ator de TV chamado Will Seltzer. Anteriormente, ele havia dispensado um ator de novelas conhecido por um papel em *General Hospital*, Mark Hamill. Mas os diretores de elenco insistiram que Lucas visse Hamill outra vez e o trouxeram no dia 30 de dezembro, o mesmo dia em que Carrie Fisher finalmente apareceu. Como Fisher, Hamill havia decorado um dos diálogos mais complexos que o personagem tinha no terceiro manuscrito; como Fisher, ele conseguiu dizê-lo.

Ainda assim, a escolha do elenco não estava garantida. Lucas acabou com dois grupos de atores para os três papéis principais: Ford, Hamill e Fisher de um lado, Christopher Walken, Will Seltzer e Terri Nunn de outro. O pri-

---

* Um trava-língua intraduzível, pois o complexo jogo de palavras só faz sentido em inglês. Em português, seria: "Eu quero uma xícara de café decente de uma cafeteira de cobre decente. Se não puder ter uma xícara de café decente de uma cafeteira de cobre decente, aceito uma xícara de chá". [N. do T.]

meiro grupo foi escolhido simplesmente porque eles estavam disponíveis e dispostos a filmar em Londres (e, no caso de Hamill, na Tunísia) naquele março. Todos aceitaram o salário que Lucas ofereceu: mil dólares por semana. Ford exigiu uma mudança no contrato: ele não estava interessado nas continuações das quais George não parava de falar e não queria ser obrigado a aparecer nelas. Seria lógico presumir que elas seriam cópias-carbono do original.

A Fox estava exigindo pelo menos um grande nome no elenco. Consta que Lucas fez contato com Toshiro Mifune, um dos mais famosos atores no Japão e astro de filmes de Kurosawa. Ele interpretara o temível general samurai em *A fortaleza escondida* e um impetuoso aspirante a cavaleiro em *Os sete samurais*. Lucas ofereceu para Mifune o papel de Obi-Wan Kenobi, de acordo com a filha do ator, Mika; mais tarde, ela alegou que o pai também recebeu a oferta de ser Darth Vader. De qualquer forma, aquilo não deu em nada.

Alec Guinness por acaso estava em Los Angeles interpretando um mordomo em uma comédia, *Assassinato por morte*, no fim de 1975. O venerável ator britânico era uma lenda das comédias produzidas pelos estúdios Ealing bem como de papéis mais densos como o obcecado tenente-coronel Nicholson, ganhador do Oscar em *A ponte do rio Kwai*, um filme que Lucas viu e adorou quando era criança. Lucas e Kurtz entraram em contato e enviaram o roteiro para o hotel de Guinness. A primeira reação do ator não foi encorajadora. "Meu bom Deus, isso é ficção científica! Por que estão me oferecendo isso?" O diálogo era "bem medíocre", escreveu ele. Mas Guinness concordou em jantar com Lucas antes de ir embora da cidade, encorajado pelo fato de que seu diretor em *Assassinato por morte* respeitava os trabalhos de Lucas até então: "Existe nele um verdadeiro cineasta".

No diário, Guinness se recorda de um "jovem pequeno e de rosto bonito" com "dentes ruins, óculos e pouco senso de humor". Não houve muita conexão: "A conversa foi dividida culturalmente por 13 mil quilômetros e trinta anos". Ainda assim, Guinness gostou da descrição de Kenobi como um personagem parecido com Gandalf, o que lhe deu algo para trabalhar. E ele poderia se dar com Lucas, pensou Guinness, "se eu conseguir superar a intensidade dele".

Em janeiro, Lucas e Kurtz ofereceram a Guinness uma grande soma para aparecer no filme: 150 mil dólares, tanto quanto Lucas estava recebendo para escrever e dirigir. Guinness também receberia 2% do lucro de Kurtz. O roteiro era um pouco bobo, e a porcentagem no lucro provavelmente não daria em nada, ponderou Guinness, mas o salário pelo menos permitiria que ele vivesse no estilo a que estava acostumado se sua peça mais recente em West End fosse um fracasso.

* * *

Conforme 1976 surgia no horizonte, Lucas corria para cima e para baixo da costa californiana tentando cuidar de uma enorme lista de itens antes de rumar para Londres a fim de começar a filmar. A operação de efeitos especiais de Dykstra em Van Nuys estava muito atrasada de acordo com o cronograma, e Lucas passou a conhecer muito bem o avião da Pacific Southwest Air (PSA), que partia às nove da manhã das segundas-feiras de São Francisco para Los Angeles, com o enorme sorriso pintado embaixo do nariz. Ele gastou mais de 8,2 mil dólares em passagens aéreas e aluguel de carros (que a Fox ainda não havia concordado em cobrir). Em um típico dia em Los Angeles, Lucas levantava às três da manhã para fazer 25 storyboards, terminava o serviço por volta das nove da manhã a tempo do encontro com o elenco, e depois ia para ILM, onde ficava até as nove da noite. Esse cronograma brutal não levou em consideração as obsessivas revisões de Lucas do quarto manuscrito do roteiro. "Um diretor-roteirista acaba trabalhando vinte horas por dia", reclamou com Lippincott; esse foi apenas um pequeno exagero.

Algumas daquelas horas de trabalho foram suficientes para fazer Lucas sentir falta da agonia de escrever. Na ILM, Lucas e Dykstra já entravam em choque sobre o tempo que levaria para montar o sistema de câmera revolucionário Dykstraflex. Apesar do nome, o Dykstraflex era um esforço coletivo entre todos os artistas-engenheiros da ILM. Era um monstro de Frankenstein feito de velhas câmeras VistaVision ligadas a um macarrão de cabos de circuitos integrados de computador. Na teoria, e houve um monte de teorias envolvendo o Dykstraflex, era possível programar a câmera para se mexer nos sete eixos de movimento. Em outras palavras, ela deveria ser capaz de executar um rasante pela frente, em volta, por cima e por baixo de uma maquete de espaçonave, o que daria à maquete a ilusão de um movimento perfeito. E porque era possível simplesmente repetir o mesmo programa para a próxima nave, quando se juntavam as duas na edição, dava para parecer que uma seguia a outra.

A montagem do Dykstraflex fez a nascente ILM se atrasar muito no cronograma, mas Dykstra se mostrou difícil de motivar. Os amigos de Lucas ouviram reclamações que a ILM sob o comando de Dykstra havia se transformado em uma "comunidade riponga", embora o menino prodígio dos efeitos especiais preferisse o termo "country club". Maconha era fumada livremente; aqueles jovens gênios, a maioria com vinte e poucos anos, com frequência estavam pra lá de chapados. Uma pequena "banheira de gelo" foi armada do lado de fora para fugir do calor do armazém. À noite, eles disparavam velhos protótipos de espaçonaves para o céu e assistiam ocasionalmente a um filme pornô. Ainda assim, havia um motivo para tolerar tudo isso: se o Dykstraflex funcionasse, ele poderia cortar o custo dos efeitos especiais pela metade.

Os artistas da ILM sentiam orgulho das maquetes de espaçonaves, mas já havia um grande problema com uma delas. Emissoras locais por todos os Estados Unidos começaram a exibir *Espaço: 1999*, um seriado de ficção científica importado do Reino Unido, no fim de 1975. Ele era ambientado na Lua, que é retirada de órbita e jogada no espaço interestelar por uma explosão nuclear. *Espaço: 1999* tinha sido voltado para o mercado americano, com atores americanos e um orçamento substancial de 3 milhões de dólares para os efeitos especiais da primeira temporada. Já foi bastante ruim que os personagens mencionassem uma "força misteriosa" que supostamente guiava a jornada da Lua ou falassem sobre os problemas de "ir ao lado negro" (da Lua). Pior era que a principal nave da base lunar, *Eagle*, se parecia com a nave pirata comprida e reluzente de Han Solo, que os maquetistas da ILM haviam acabado de completar e que Lucas mal tinha batizado no quarto manuscrito: a *Millennium Falcon*. *Eagle*, *Falcon*: Lucas pareceria um plagiador.

Então a ILM teve que criar um novo desenho ousado e caro,* e a resposta à pergunta de quem recebe o crédito pela recriação é tão cabeluda quanto o copiloto da *Falcon*. O registro oficial da Lucasfilm conta que Lucas criou o conceito em um avião, baseado em um hambúrguer. Mas Joe Johnston, que pintou a primeira *Falcon* e se tornaria um dos mais importantes visionários da série, se recorda que a única instrução de Lucas foi "pense nela como um disco voador"; Johnston achou que aquilo era cafona e anos 1950 demais, e adicionou os outros elementos essenciais, como prender o cockpit da velha nave na lateral e acrescentar aquelas enormes tenazes na frente. Ainda assim, uma terceira história que ouvi de um veterano da Lucasfilm foi que Lucas teve um momento eureca na cafeteria da ILM: ao arrancar o pão de seu hambúrguer – Lucas comia um monte de hambúrgueres naquela época –, ele colocou uma azeitona na lateral e usou os dentes de um garfo para representar a frente. Isso parece um clássico momento de Lucas: construir de leve e sem perceber algo fora do comum usando o que estiver à mão; fazer um esboço da situação e deixar que outros resolvam os detalhes. "Olhe ao redor", disse Lucas uma vez para Howard Kazanjian, seu velho amigo da USC que ele tentou trazer para a milícia de *Star*

---

* A *Falcon* original custou 25 mil dólares, um terço de todo o orçamento de maquetes. Foi reutilizada como a nave rebelde no início do filme, a *Tantive IV*.

Wars, mas que tinha muitos outros compromissos cinematográficos na época. "Olhe ao redor. As ideias estão por toda parte."

Ideias, objetos cinematográficos e acidentes felizes estavam por toda parte em Londres também. Enquanto Lucas preparava a equipe californiana, os equivalentes na Inglaterra estavam estabelecendo as bases para os objetos cinematográficos e os cenários propositalmente sujos e gastos que em breve ganhariam forma em Elstree.

O desenhista de produção John Barry mandou sua equipe varrer ferros-velhos e brechós atrás de lavadoras, canos, partes de câmeras e de armas. Foi tudo feito na melhor tradução britânica, pois seriados de ficção científica no Reino Unido normalmente não tinham orçamentos como *Espaço: 1999*. Os aderecistas tinham que ser criativos: *Doctor Who* tinha literalmente começado em um ferro-velho londrino há treze anos. Lucas não tinha problema com isso, pois ele mesmo procurava uma estética de canibalização de elementos. "Estou tentando fazer objetos cinematográficos que não se destaquem", disse ele para Lippincott. "Estou me esforçando para manter tudo assimétrico. Quero que uma coisa pareça ter vindo de uma parte da galáxia e que outra coisa pareça ter vindo de uma parte diferente."

O universo usado: foi o mesmo conceito que Lucas teve para *THX*. Dessa vez veio com roupas assimétricas, e não com uniformes brancos ofuscantes. John Mollo teve que se virar com um orçamento de 90 mil dólares – menos do que o custo de um único cenário. No caderno de esboços dele, entre números de telefone e listas de tarefas, além de anotações de quanto tinha gastado com estacionamento, é possível ver as primeiras imagens inocentes de Mollo lentamente se transformarem nos personagens que conhecemos hoje. A roupa de Darth Vader, talvez a indumentária de vilão mais deplorável de toda a história do cinema, custou meros 1,1 mil dólares para Mollo criar, predominantemente feita a partir de roupas de couro de motociclistas. A roupa de Luke custou o dobro disso; Mollo montou a partir de um par de calças jeans brancas, botas e um robe ao estilo japonês.

A primeira filmagem de *Star Wars* ocorreu no deserto da Tunísia, com os importantes – e às vezes inesperados – apetrechos providenciados pelas equipes de Barry e Mollo. Quando Kurtz teve que fretar o voo de um Hércules da Lockheed para levar um equipamento esquecido de Londres para Tunísia – gastando 22 mil dólares para levar 5 mil dólares de equipamento essencial –, por acaso sobrou espaço no avião para um esqueleto que a equipe britânica havia descoberto: um diplodoco do filme da Disney *One of Our Dinosaurs is*

Missing, filmado em Elstree alguns anos antes. Alguém gritou: joguem dentro do avião. Aquele se tornou o esqueleto que vemos quando 3PO e R2 fazem um pouso de emergência no planeta desértico. Nos anos seguintes, ele foi batizado de dragão Krayt e, como muitas coisas no universo *Star Wars*, recebeu uma importante história pregressa por outra pessoa que não George Lucas.

A dificuldade daquela filmagem na Tunísia se tornaria lendária. Um caminhão que carregava robôs pegou fogo. Uma tempestade de raios maluca, a primeira naquela locação em cinquenta anos, devastou o set. O R2-D2 por controle remoto não andava da maneira como foi projetado. Kenny Baker, o diminuto ator dentro de uma versão do droide cesto de lixo, não parava de cair. Anthony Daniels, enclausurado dentro de C-3PO pela primeira vez, conseguiu rasgar a perna com a fantasia de fibra de vidro e encharcou as lascas de sangue. Definitivamente nada digno de um droide.

Lucas estava "cedendo a torto e a direito" para conseguir filmar. Ainda assim, mesmo enquanto filmavam, ele continuou mexendo no quarto manuscrito, em uma máquina de escrever francesa cujas teclas estavam todas erradas. Aqui ele teve a última grande revelação sobre o roteiro, que tinha a ver com a Estrela da Morte. Eis o problema como era: a "meia dúzia de condenados",* como Lucas os chamava – Luke, Han, Obi-Wan, dois droides e um Wookiee – chegam na *Millennium Falcon*. A meia dúzia de condenados, mais uma princesa, escapam na *Falcon*. Se todos eles entrassem e saíssem sem problemas, que tipo de ameaça era essa poderosa estação de batalha? Precisava haver algum sacrifício – alguma coisa que deixasse claro que a Estrela da Morte era um perigo a ser levado a sério.

Marcia Lucas, uma relutante integrante da milícia de *Star Wars* desde o início, tinha duas sugestões. A primeira foi matar 3PO, o que Lucas simplesmente não era capaz de fazer. Então ela sugeriu sacrificar outro personagem, um que não tinha nada a fazer após a Estrela da Morte, mas que dava alguns sábios conselhos durante o combate aéreo do final. Em retrospecto, é óbvio: Obi-Wan Kenobi deve morrer durante a luta de sabre de luz com Darth Vader.

O venerável sir Alec e lady Merula Guinness tinham acabado de chegar à Tunísia. Uma festa foi organizada para o aniversário dele. Guinness estava entrando no clima do universo usado: antes da primeira cena, o grande ator rolou com a roupa no chão do deserto. Após ter adulado aquele sujeito famoso

---

*   Numa referência ao clássico faroeste *Os doze condenados*. [N. do T.]

por tanto tempo, Lucas relutava em cortá-lo tão rápido; o cineasta esperaria até que eles voltassem a Londres para tomar a decisão final.

Enquanto isso, Lucas acrescentou duas mudanças a mais ao roteiro revisado. Primeiro, ele queria encontrar um novo nome para o planeta que a Tunísia deveria representar. Para começo de conversa, os fãs de *Star Trek* poderiam apontar que o nome Utapau parecia um pouco demais com T'Pau, uma famosa personagem vulcana. Por um outro motivo, Lucas desenvolvera um hábito útil de falar em voz alta os nomes que escrevia; se em algum momento ele gaguejasse na pronúncia, procurava por alternativas. Felizmente, havia um cidade próxima na Tunísia cujo som ele gostava. Os tunisianos transliteravam o nome do árabe mais comumente como Tataouine. Lucas decidiu escrever Tatooine.

Segundo, Lucas precisava encontrar um novo nome para o personagem interpretado por Mark Hamill, o único protagonista americano que foi à Tunísia para a filmagem. Lucas estava cansado de as pessoas perguntarem para ele se "Luke Starkiller" tinha algo a ver com o assassino fanático Charles Manson, às vezes conhecido como Star Killer. Essa confusão com os dois significados de "star" continuaria a atormentar Lucas; o departamento de marketing da Fox reclamava que as pessoas presumiriam que *The Star Wars* era um filme sobre o conflito entre celebridades de Hollywood. A pesquisa de mercado do estúdio, que consistia em fazer vinte perguntas para transeuntes em um shopping center, também concluiu que as pessoas confundiriam o título com *Star Trek*. E, com mais insistência, a maioria dos entrevistados, cansados do Vietnã, simplesmente não se interessavam em ver mais filmes com "war" (guerra) no título. Lucas e Kurtz postergaram a briga sobre o nome ao remover o artigo definido e pedir aos executivos da Fox para criar nomes alternativos para o filme. Eles não fizeram isso porque "não havia muita gente ali que estivesse tão interessada assim" de uma forma ou de outra, diz Kurtz. No que dizia respeito a Lucas pré-Tunísia, o título completo do filme era *As aventuras de Luke Starkiller, tiradas do "Diário de Whills", Saga I, Star Wars*.

Para o nome do personagem de Luke, pelo menos, Lucas estava preparado para ceder. Ele tirou a segunda opção de nome do primeiro manuscrito: assim Luke Skywalker reentrou no universo *Star Wars*, dessa vez como um jovem herói, e o nome Starkiller foi congelado (até 2008, quer dizer, quando "Starkiller" se tornou o nome do aprendiz de Darth Vader no videogame *Force Unleashed*). Felizmente, nenhum diálogo teria que ser refilmado. O nome completo de Luke não é mencionado no roteiro até ele se apresentar para Leia na Estrela da Morte, uma cena que seria filmada lá em Londres.

A inspiração de Luke, enquanto isso, se enfiou no chão. Lucas se descreveu como "deprimido" e "desesperadamente infeliz". Ele evitou a festa de encerramento das filmagens na Tunísia para dormir. Dias piores o aguardavam em Londres.

Em abril de 2013, falando no Castelo de Windsor diante da rainha e de uma plateia de celebridades do cinema britânico, Lucas passaria um verniz nostálgico sobre as primeiras viagens a Londres: "Eu tenho vindo aqui desde 1975", disse ele, "portanto, para mim, aqui é como um segundo lar". Para reforçar o argumento, ele adicionou um curioso uso do nós da realeza: "A Casa Branca, o governo lá, não apoia a indústria cinematográfica da maneira como nós apoiamos na Grã-Bretanha".

Mas em 1976, durante um dos verões mais quentes já registrados, a experiência de Lucas na Grã-Bretanha – e especialmente com sua indústria cinematográfica – foi medonha. A equipe era publicamente hostil ao "americano maluco" e a seu filme infantil. "Oitenta por cento da equipe do filme original achou que *Star Wars* era uma grande bobagem e disse isso na ocasião", fala Pat Carr, coordenador de produção. "Algumas pessoas do alto escalão, que deveriam ter bom discernimento, foram ouvidas no set dizendo que Kurtz e Lucas não sabiam o que estavam fazendo." O maior ofensor foi Gil Taylor, diretor de fotografia e veterano de *Labaredas do inferno*; mas até mesmo Anthony Daniels, que realmente acreditava em 3PO como personagem, achou que o filme em si era "bobagem". Taylor deu para Lucas luzes de estúdio intensas e incandescentes em vez de uma iluminação mais natural, de documentário, que o diretor pediu. O departamento de limpeza não parava de limpar as superfícies sujas do "universo usado".

Aquilo tudo foi demais para Lucas. Havia mil pessoas na folha de pagamento, comparadas aos quinze integrantes de equipe que ele teve para *American Graffiti: loucuras de verão*. Ele mal falava com a equipe britânica. Sobrou para Kurtz, que também não é a pessoa mais comunicativa do mundo, bancar o intermediário. Elstree era uma fábrica rigidamente sindicalizada; havia duas pausas obrigatórias para o chá (a bebida era servida para viagem, com tias do chá empurrando carrinhos e assistentes levando xícaras para os superiores) e uma hora de almoço. O trabalho acabava às cinco e meia da tarde em ponto – a não ser que eles estivessem no meio de uma cena, caso em que a equipe votava se continuaria ou não por mais quinze minutos. Lucas sempre insistia pela votação, que sempre ia contra ele.

Alec Guinness ficou frustrado com a filmagem "quente, entediante e indecisa". A má notícia de Lucas – ou pelo menos a maneira como o jovem diretor cuidou da situação – não pareceu ajudar. Na versão da Lucasfilm sobre os eventos, Lucas apaziguou Guinness após levá-lo para jantar a fim de explicar a importância do sacrifício de Obi-Wan. Mas, em 12 de abril, uma semana antes de a equipe ter retornado à Inglaterra e os outros astros americanos se juntarem a eles lá, Guinness escreveu em seu diário que Lucas ainda não tinha se decidido se o mataria ou não. "Um pouco tarde para decisões desse tipo", reclamou ele. "Harrison Ford se referindo a mim como Madre Superiora não ajuda." Quatro dias depois: "Eu me arrependo de ter embarcado no filme... não é um trabalho de ator. Os diálogos, que são lamentáveis, não param de ser alterados e melhoram apenas um pouco".

As mudanças nos diálogos foram cortesia de Willard Huyck e Gloria Katz. Lucas convidara o casal à Inglaterra para dar uma polida final ao quarto manuscrito, por um único pagamento de 15 mil dólares. Modestamente, ele estima que os dois mexeram em 30% do roteiro. Isso pode ser um exagero. Ainda assim, pegue uma fala inteligente e espirituosa de *Star Wars*, especialmente uma fala de Han Solo, e ela possivelmente saiu da máquina de escrever de Huyck e Katz. Por exemplo:

> Na cena do xadrez holográfico, na qual 3PO sugere uma nova estratégia para R2: "Deixe o Wookiee vencer".
> Dentro da Estrela da Morte, onde Luke convence Han que Leia tem mais riqueza do que ele possa imaginar, e Han responde: "Eu não sei – eu posso imaginar muita coisa".
> Um pouco adiante na tentativa de resgate, quando Han tem uma conversa nervosa no intercomunicador com um comandante da Estrela da Morte: "Estamos todos bem aqui, obrigado. E você?".
> Quando Leia, frustrada com Han e Chewbacca, pergunta: "Alguém quer tirar esse tapete ambulante do meu caminho?".

Ford, então com 34 anos, e Fisher, então com 19 anos, trouxeram mais leveza aos trabalhos, mas também estavam longe de gostar do diálogo. Notoriamente, Ford disse para Lucas: "Você consegue datilografar essa merda, mas não consegue dizê-la". O jovem trio foi filmado em estilo de documentário, como em *American Graffiti: loucuras de verão*; quer dizer, Lucas deixava que eles interpretassem a cena como se estivessem conversando normalmente, sem nenhuma instrução. Fisher chamava o elenco de "açougue da lábia". Ela e Ford fumavam maconha durante a filmagem, até que ficou claro que a erva de Ford era forte demais para Fisher. Eles tiveram um caso clandestino após Ford tê-la surpreendido se escondendo nua no closet, usando apenas uma gravata.

O diretor mal parecia presente. Ford, quase tão notoriamente, disse que Lucas dava apenas uma ou duas instruções após uma cena: "Repita, só que melhor" ou "mais rápido e mais intenso". O maior sorriso que Fisher arrancou de Lucas foi quando ela lhe deu de presente uma pistola de hélio de *Buck Rogers* na festa de encerramento das filmagens.

A filmagem em Londres acabou em julho de 1976. Mesmo assim, as cenas da multidão na cantina não estavam prontas; Stuart Freeborn, o designer britânico e veterano de *2001* que fazia as fantasias alienígenas, ficara doente. Não havia uma cena que prestasse de R2-D2 rolando por um longo desfiladeiro no deserto. O primeiro corte que Lucas editou para Laddie foi uma bagunça completa, ele admitiu: "Não é o que eu quero que seja".

Caso Lucas soubesse ou não, aquele foi, em especial, um bom momento para ser honesto. Laddie estava sendo perseguido na Fox pelo apoio a *O pássaro azul*, um filme de fantasia romântico estrelado por Elizabeth Taylor e Jane Fonda, uma coprodução com um estúdio soviético. Foi um fracasso de bilheteria, e a Fox, já com o dinheiro apertado, perdeu outros 8,5 milhões de dólares. Esse era exatamente o orçamento de *Star Wars*. Se Lucas não tivesse demonstrado uma dose de honestidade e responsabilidade ao reconhecer que *Star Wars* estava em uma condição confusa, Laddie poderia ter tirado o apoio. Naquelas circunstâncias, Fox adiou o lançamento de *Star Wars*, do Natal de 1976 para a primavera de 1977.

A única luz no fim do túnel para Lucas, perversamente, foi o péssimo estado da economia britânica. A inflação era galopante, e a libra esterlina estava afundando. Em março de 1976, o governo do Reino Unido teve que ir de boné na mão ao Fundo Monetário Internacional. Os investidores entraram em pânico. Quando Lucas teve que pagar os prestadores de serviço, a libra tinha ficado abaixo dos 2 dólares pela primeira vez na história. Kurtz conseguiu cortar 500 mil dólares dos custos do filme. Eles agora tinham estourado o orçamento por meros 600 mil dólares. Em dado momento, Kurtz e Lucas se sentaram e fizeram uma conta de humor negro: baseado nos salários, o par estava ganhando 1,10 dólar por hora.

Ao voltar para os Estados Unidos após o encerramento das filmagens em Londres, Lucas tirou dois dias de pausa na viagem e foi ao Alabama para visitar Spielberg. Ele havia começado a filmagem de *Contatos imediatos do terceiro grau*, com o dobro do orçamento de Lucas, em um enorme set perto de Mobile, e todo mundo (Lucas inclusive) presumiu que o filme venceria *Star Wars*. Poucas pessoas pareciam desesperadas por um *Flash Gordon* moderno – mas o tema de Spielberg, os OVNIS? Era uma febre nacional. "George voltou de *Star Wars* como uma pilha de nervos", contou Spielberg anos depois. "Ele não achava que

Star Wars correspondesse à visão que teve originalmente. George achava que tinha acabado de fazer um filme infantil." A equipe de Spielberg se recordaria de Lucas como magro, pálido, cansado e rouco: um homem à beira de um colapso.

O colapso veio depois que Lucas parou em Los Angeles a seguir, a fim de verificar a ILM. Dykstra havia gastado metade do orçamento na montagem do Dykstraflex. Ele tinha que realizar um número sem precedentes de 360 tomadas de efeitos especiais até a primavera. Lucas olhou para sete tomadas que foram filmadas e considerou que apenas uma era usável. Os ânimos se agitaram. Dykstra foi demitido. No avião de volta a São Francisco, Lucas começou a sentir dores no peito. Enquanto dirigia a San Anselmo, ele decidiu se internar no Hospital Geral de Marin. Na manhã seguinte, os médicos disseram que não era um ataque cardíaco, apenas esgotamento: um tiro de advertência dado pelo corpo. "Minha vida está desmoronando ao meu redor", disse Lucas.

Ainda assim, ele continuou trabalhando com afinco, mantendo a agenda cruel. Ele trouxe Dykstra de volta, mas contratou um supervisor de produção para manter a ILM nos trilhos: chega de comunidade riponga. O primeiro editor havia produzido um primeiro corte desastroso; Lucas o demitiu também e começou a montar o filme enquanto pensava em um substituto. O objetivo era finalizar um primeiro corte até o Dia de Ação de Graças. Na necessidade de substitutos para as tomadas de efeitos especiais e trilha sonora, ele desencavou as cenas de combate aéreo da Segunda Guerra Mundial que andou gravando e editou tudo junto com faixas de seus LPs favoritos de música clássica.

Mas a produção parecia amaldiçoada – especialmente quando o desastrado Mark Hamill capotou com o carro ao tentar pegar uma saída da rodovia, a caminho de uma sessão de gravação. Ele precisou de cirurgia de reconstrução facial e entrou em uma depressão profunda. Enquanto isso, cenas adicionais de Luke no landspeeder em Tatooine tiveram que ser filmadas sem Hamill, de longe.

Ninguém que visitasse a ILM na decrépita vizinhança industrial de Van Nuys, entre as oficinas de desmanche e galpões de distribuição de pornografia, poderia imaginar que sairia algo sensacional dali. "É *aqui* que vocês estão filmando?", exclamou o então jovem ator batalhador Rob Lowe, que foi visitar o tio e a tia na ILM. Lowe escreveu que o armazém parecia mais com um esconderijo do Exército Simbionês da Libertação.* Havia um cheiro terrí-

---

*   Grupo revolucionário de extrema-esquerda nos Estados Unidos que cometia assassinatos e assaltos a bancos. Ficou conhecido mundialmente pelo sequestro e posterior conversão da herdeira milionária Patty Hearst. [N. do T.]

vel da fantasia de Bantha que fora colocada em cima de um elefante para cenas adicionais. O corredor da Estrela da Morte era um pequeno número de pedaços de espuma cobertos por caixas de ovos e peças de brinquedos; a equipe da ILM vivia trocando os pedaços de lugar para criar a ilusão de que a espuma tinha mais de algumas centenas de metros de comprimento. Ocasionalmente, os técnicos, exaustos, tiravam cochilos no corredor.

Muitos elementos ficaram faltando até o último minuto. Phil Tippett, um animador de stop motion com amigos na ILM, foi recrutado para a milícia nos últimos dias de *Star Wars* porque Lucas precisava desesperadamente de alguém que pudesse projetar e atuar dentro de fantasias novas e mais assustadoras para a cantina. "As originais eram um pouco infantis demais para George", conta Tippett. Então, quando Lucas descobriu que Tippett fazia stop motion, ele pediu para o animador criar um jogo de xadrez com monstros móveis para a sala de recreação da *Millennium Falcon*; a intenção original de Lucas era filmar atores mascarados para as peças do xadrez. Aquilo foi tão no fim do dia, que Tippett acabou animando o jogo de monstros à noite, enquanto acontecia a festa de encerramento das filmagens na ILM.

Mesmo após o fim dos trabalhos na ILM, ainda havia o longo pesadelo da mixagem de som. Lucas e Kurtz queriam que o filme empregasse o Sensurround, um sistema de som cheio de graves usado em 1974 para o filme-catástrofe *Terremoto* e muito pouco desde então. Mas o Sensurround era propriedade da Universal, que queria a enorme soma de 3 milhões de dólares logo de saída e 10% de toda a renda de *Star Wars*. Um impetuoso e jovem engenheiro de som da Dolby chamado Stephen Katz se encontrou com Lucas e Kurtz e convenceu os dois de que era possível obter o mesmo efeito muito mais barato usando a então nova tecnologia Dolby Stereo de seis canais. Mas apenas alguns cinemas podiam bancar a instalação do sistema Dolby necessário, então o serviço da Lucasfilm triplicou – o filme teria que vir com uma mixagem de seis canais, uma mixagem em estéreo e uma mixagem em mono, tudo isso até o prazo de 25 de maio. Kurtz reservou um estúdio de mixagem na Warner Brothers, mas a reserva foi cancelada quando o mais famoso astro de ação do mundo, Clint Eastwood, precisou do estúdio para seu futuro filme *Rota suicida*. Kurtz correu de um lado para o outro e descobriu um estúdio de mixagem no Goldwyn Studios, mas apenas o turno da noite – das oito da noite às oito da manhã – estava disponível. Era o pior resultado possível para Lucas e Kurtz: a volta do horário de vampiro de *American Graffiti: loucuras de verão*. Nenhum deles conseguia dormir bem durante o dia naquela época.

Um dia, durante a mixagem, Kurtz recebeu um telefonema inesperado: era Dennis Stanfill, presidente do conselho administrativo da Fox. "O conselho gostaria de ver o filme", disse ele. Entraram em peso – a princesa Grace e companhia – às oito daquela noite para ver um primeiro corte de *Star Wars* pela primeira vez. Saíram em peso às dez sem dizer uma palavra. "Nem aplauso, nem mesmo um sorriso", fala Kurtz. "Ficamos realmente deprimidos." O último a sair foi Stanfill, que ficou para trás a fim de tranquilizá-lo antes de ir embora. "Não se preocupe com eles. Eles não sabem nada de cinema."

Foi um Lucas mais triste e mais maduro que se sentou com Charley Lippincott para dar uma entrevista pós-produção para um livro de "making of *Star Wars*". Nenhum deles esperava um grande número de leitores. "Não foi exatamente o filme que me propus a fazer", declarou Lucas. "Dados mais cinco anos e 8 milhões de dólares, nós poderíamos ter feito uma coisa espetacular." Ele previu uma reação contra seu "filme de história em quadrinhos" e lembrou que Gene Roddenberry disse que foram necessários dez ou quinze episódios de *Star Trek* até que o seriado se estabelecesse: "A pessoa tem que andar um pouco no mundo em que ela criou". Lucas sonhava em fazer outro filme *Star Wars* algum dia, um mais próximo do filme original que enxergava na mente. O mais próximo dessa ilusão a que ele chegou foi quando viu o trailer; com uma edição realmente veloz, o trailer dava a ilusão de que aquele era um filme absolutamente lotado de espaçonaves e alienígenas. Houve um consolo no fato de a Fox ter assinado o contrato final em agosto e dado à Star Wars Corporation completo controle sobre quaisquer continuações até 1979, caso ele conseguisse juntar o dinheiro para fazer uma.

Será que esse filme ainda poderia dar certo? Possivelmente, Lucas admitiu melancolicamente. Talvez a criançada curtisse. Talvez fizesse o mesmo dinheiro que um filme médio da Disney – isso quer dizer, 16 milhões de dólares. Isso significava que a Fox perderia um pouco de dinheiro quando todos os custos de marketing e despesas gerais fossem calculados, mas ele e a Fox poderiam ganhar algum dinheiro com os brinquedos. A quantia de 6 milhões de dólares era um resultado melhor do que qualquer pessoa ao redor de Lucas poderia imaginar, a não ser Spielberg. Até mesmo Marcia acreditava que o filme mais recente de Scorsese que ela ajudara a editar, *New York, New York*, se sairia melhor na bilheteria. "Ninguém vai levar o seu a sério", alertou ao marido.

Marcia também fez um trabalho meticuloso de edição em *Star Wars*, mas não gostou dos resultados. Ela foi às lágrimas após uma exibição: "é o *At Long Last Love* da ficção científica!". (*At Long Last Love* foi outro fracasso famoso da Fox. Por sorte, Laddie, que estava sentado perto, não ouviu.)

Lucas via sinais desanimadores por toda parte, mesmo entre os amigos mais íntimos e defensores mais fiéis. No outono de 1976, ele e Edward Summer abriram a galeria de arte Supersnipe Art Gallery, no Upper East Side de Manhattan, a alguns quarteirões do Empório de Quadrinhos Supersnipe, com a ideia de que aquele investimento pudesse se transformar em uma loja que vendesse arte de *Star Wars*. Lucas imaginou três galerias assim, as outras em São Francisco e Beverly Hills, mas pareceu haver pouco interesse mesmo em Nova York. Seu humor estava em frangalhos; ao cruzar a rua 86 com Lucas e Kurtz um dia, Summer mencionou que acabara de assistir a *Fuga do século 23*, o grande filme de ficção científica de 1976, ambientado em uma sociedade futurista de jovens hedonistas que usavam macacões prateados e não tinham permissão de viver após os 30 anos. "É tipo um filme pipoca", comentou Summer. Lucas fez uma cara de desdém. "Bem, eu não acho que você vá gostar muito de *Star Wars*", disse ele. "É tipo um filme pipoca", contestou Summer: ele tinha lido o roteiro. Ele era da milícia.

Os donos de cinemas certamente não eram da milícia. Fox tinha esperanças de que as garantias de adiantamento para *Star Wars* chegassem a 10 milhões de dólares. Elas chegaram a 1,5 milhão de dólares. Havia um bando de ótimos filmes supostamente sendo lançados em maio de 1977: William Friedkin, que fizera *Conexão França* e *O exorcista*, tinha um daqueles thrillers paranoicos dos anos 1970 que pareciam render tão bem, *O comboio do medo*. Havia um filme sobre a Segunda Guerra Mundial, *Uma ponte longe demais*; um thriller de ficção científica pós-apocalíptico, *Herança nuclear*; uma comédia de dupla que não se bica, *Agarra-me se puderes*; e o principal filme da Fox para o verão, para o qual *Star Wars* era uma mera banda de abertura, *O outro lado da meia-noite*. Baseado em um best-seller de Sidney Sheldon, era uma espécie de romance bem instigante dos anos 1970, com a trama de novela permeada por tópicos polêmicos, como aborto e assassinato.

A Fox estava com tanto medo de *Star Wars* dar um prejuízo em potencial que tentou forçar os cinemas a programar o filme se quisessem *O outro lado da meia-noite*. E, se isso não funcionasse, como não funcionou, os advogados do estúdio cogitavam vender o filme como parte de um pacote para uma empresa na Alemanha Ocidental, então o novo paraíso fiscal favorito de Hollywood. A etiqueta de preço que os advogados da Fox colaram em *Star Wars* foi menos do que o filme acabaria custando ao estúdio: 12 milhões de dólares. Muito apropriadamente, a Fox também fez planos para desovar um filme na Alemanha Ocidental chamado *Fire Sale*.[*]

---

[*]   Um filme dirigido e estrelado por Alan Arkin que não foi exibido no Brasil. O título remete a uma liquidação de preços extremamente baixos, geralmente quando um comércio corre risco de falência ou outro desastre iminente. Daí o autor apontar a apropriada ironia de a Fox tentar desová-lo na Alemanha Ocidental. [N. do T.]

E assim as coisas poderiam ter sido, a não ser pelo fato de que Charley Lippincott também tinha a própria milícia.

Hoje em dia, nem a Lucasfilm sabe como falar com Charley Lippincott. Ele curte uma aposentadoria feliz em uma fazenda em New Hampshire, o estado onde cresceu, depois de ter tido a sua cota de fazer o marketing de filmes hollywoodianos de ficção científica de grande orçamento. "Trinta anos em Los Angeles foram o suficiente", diz ele.

Lippincott era um cinéfilo e nerd de ficção científica e gibis, farinha do mesmo saco que Lucas. Depois que a família de Lippincott se mudou para Chicago, ele assistiu aos seriados de *Flash Gordon* projetados na parede de uma biblioteca local. Lippincott foi conquistado e acompanhou as aventuras de Flash no *Chicago Examiner*, que os pais não compravam por motivos políticos; ele tinha que pegar escondido a página de quadrinhos de uma garota que morava na mesma rua. Um astro em ascensão na USC, ele foi assistente do professor de cinema Arthur Knight e amigo do jovem Lucas. Lippincott foi o responsável por trazer o cineasta autoral francês Jean-Luc Godard para o campus e por garantir que Lucas tivesse uma vaga nos seminários do cineasta.

Após se formar pela USC, Lippincott ficou famoso promovendo filmes na MGM. O sujeito que o contratou, Mike Kaplan, tinha feito a campanha publicitária para *2001*. Lippincott estava ansioso para saber o que ocorrera de errado na venda daquele filme. Ele ficou curioso por que *2001* não tinha se saído melhor. Será que Kaplan tentou entrar em contato com os fãs na, digamos, conferência World Science Fiction? Kaplan suspirou: era exatamente o que ele queria ter feito, mas o filme não estava pronto a tempo. Então Lippincott soube o que faria se um dia tivesse a chance de promover outro filme tão nerd assim: "Eu montaria um panelinha secreta. Eu seria aquele que derrubaria todas as barreiras".

Lippincott manteve contato com Lucas desde a formatura e editou um vídeo promocional para *THX* pelo valor nababesco de 100 dólares. Em 1975, os caminhos deles se cruzaram novamente. Naquele ano, Lippincott teve a sua grande chance na Universal, ao criar a campanha para promover o *Tubarão* de Spielberg, o primeiro filme na história a fazer mais de 100 milhões de dólares na bilheteria. O prestígio de Lippincott estava alto, no mínimo. Kurtz e Lucas mantiveram seus gabinetes na Universal após *American Graffiti: loucuras de verão*; eles foram atrás de Lippincott, e Lucas teve uma conversa de três horas com ele no saguão da MCA Black Tower, o prédio intimidador onde os escritórios da chefia da Universal estão localizados. Naquele fim de semana, Lippincott leu o terceiro manuscrito de *The Star Wars* de cabo a rabo. Ele foi convencido. Ali, finalmente, estava um filme em que Lippincott podia colocar o plano de Kaplan em ação.

Quando começou a trabalhar em *The Star Wars* como o diretor de marketing em novembro de 1975, Lippincott ficou imediatamente interessado na adaptação do roteiro. Lucas queria um romance, e o advogado dele, Tom Pollock, estava prestes a leiloar os direitos para editoras de Nova York. Mas Lippincott conhecia o lar perfeito para o livro: Ballantine Books, a editora de ficção científica mais bem-sucedida nos Estados Unidos. Lippincott levou *Star Wars* para Judy-Lynn Del Rey, editora e esposa do lendário escritor de ficção científica Lester Del Rey. Lippincott saiu daquela reunião após ter vendido não um, mas cinco títulos de *Star Wars*: duas romantizações, dois livros de "making of" e um calendário.

A primeira ideia de Lucas para o autor da adaptação foi chamar Don Glut, um integrante da antiga panelinha da USC. Glut havia ligado para Lucas e dito: "Eu ouvi falar que você está fazendo um filme chamado *Space Wars*. Tem algo que eu possa fazer?". Lucas ofereceu o romance para Glut, mas disse que haveria algumas condições: o trabalho só pagaria 5 mil dólares, não haveria direitos autorais, e a Fox insistia que o nome de Lucas aparecesse na capa. Era um trabalho de *ghost-writer*. "Obrigado", disse Glut, "mas não".

Como plano B, Del Rey recrutou um escritor de ficção científica barata chamado Alan Dean Foster; ela gostou do livro *Icerigger* de Foster e sabia que ele também havia escrito a romantização de *Dark Star* – sem falar nas impressionantes dez romantizações de *Star Trek* baseadas no desenho animado da série. Foster concordou com os termos e teve uma breve reunião com Lucas na ILM. Para puxar conversa, o escritor perguntou ao cineasta o que ele faria quando tudo aquilo acabasse. "Eu vou me aposentar e fazer pequenos filmes experimentais", respondeu Lucas.

Foster foi uma adição natural à milícia. Ele também havia crescido lendo gibis, e aquilo influenciou o seu método de escrever: rápido. "Eu realmente vejo um filme na minha cabeça", diz Foster. "Eu escrevo rápido porque apenas descrevo o que estou vendo." *Star Wars* foi apenas outro serviço, e ele escreveu a romantização do roteiro em menos de dois meses usando o quarto manuscrito não reconstruído como base. Foster fez alguns ajustes pelo caminho, começando com aquele lance do "Há muito tempo, em uma galáxia muito, muito distante". Ele achou que "outra galáxia, outro tempo" funcionava melhor. Escreveu que Mos Eisley era uma "coleção desprezível de vilania e tipos mal-afamados". Foster desde então tem recebido o crédito por ter criado o nome do imperador da galáxia de *Star Wars*, Palpatine, no prólogo. Mas ele alega que não se lembra de ter feito isso; o nome pode muito bem ter vindo das anotações de Lucas.

O livro não é ruim em si, mas é uma relíquia de um tempo em que *Star Wars* ainda era um título que provocava risinhos. Sem ninguém olhando pelo ombro para lembrá-lo de que o livro deveria ser totalmente separado da realidade terrestre, Foster escreveu alguns diálogos que agora soam estranhos aos fãs de *Star Wars*, como "Ele não saberia diferenciar um Bantha de um panda" e "A mente de Luke estava tão turva quanto um lago sujo de petróleo". Ele mencionou um animal especificamente para que pudesse usar uma de suas falas de comédia prediletas: "O que é um pato?", pergunta Luke para Obi-Wan, uma referência ao filme *No hotel da fuzarca*, dos irmãos Marx, no qual Groucho diz "Foi um parto" e Chico ouve errado como "Por que um pato?".

Após vender os direitos de romantização para a Ballantine, Lippincott fez os portfólios para a crucial reunião do conselho administrativo da Fox em dezembro de 1975, que aprovou o orçamento do filme. Depois, foi fazer a mesma apresentação para uma convenção de vendas da Fox em Los Angeles: "26 em 76". (Isso foi quando ainda havia a intenção de que *Star Wars* fosse um dos 26 filmes que a Fox lançaria no ano do bicentenário da independência dos Estados Unidos.) A plateia de donos de cinema não se interessou por *Star Wars*. "Eu entediei aqueles velhos esquisitos com seus charutões", conta Lippincott, "mas os jovens que vieram com eles adoraram". Ele levou os moleques para jantar e manteve contato. A panelinha secreta mal estava começando.

Outra maneira de conquistar a garotada antes do lançamento do filme era pelas revistas em quadrinhos. Novamente, Lippincott fez acontecer. Ele se esforçou ao máximo para conseguir uma reunião na Marvel Comics. O editor, Stan Lee, não atendia às suas ligações, mas Edward Summer conseguiu fazer o barco andar e marcou uma reunião para Lippincott com o editor-chefe Roy Thomas, que havia acabado de escrever a adaptação em quadrinhos da fantasia espacial *Lieutenant Gullivar Jones: His Vacation* (1905), de Edwin Arnold. Thomas insistiu que também escreveria a adaptação de *Star Wars* e convocou uma reunião com Stan.

O acordo que Lippincott firmou com a Marvel foi extremamente fora do comum para a época. Normalmente, um filme seria adaptado para um ou dois números de uma revista em quadrinhos. Lippincott insistiu em um mínimo de cinco números, com dois a serem lançados antes do filme. Beleza, disse Lee, mas a Lucasfilm não veria um centavo de direitos autorais em dada edição até que eles tivessem vendidos 100 mil exemplares. *O espetacular Homem-Aranha*, o título mais vendido da Marvel, vendia 280 mil exemplares por edição. "Aquilo não me abalou nem um pouquinho", diz Lippincott. "Porque ou o gibi daria certo ou dane-se." De volta à Fox, "eles pensaram que eu era o maior tolo do mundo", conta ele. Não por causa da cláusula de 100 mil exemplares, mas porque ninguém dava a mínima para gibis. O que eles tinham a ver com atrair público para o cinema? Quando o primeiro gibi chegou às bancas e não esgotou a edição de 100 mil exemplares, os céticos pareciam vingados.

Ainda assim, Lippincott dobrou o risco em sua estratégia. Ele dava aulas de cinema durante meio período na UC San Diego, e um aluno da turma havia ajudado a fundar uma convenção de quadrinhos chamada Comic-Con – um nome um tanto quanto sem imaginação – há alguns anos. Então Lippincott foi à San Diego Comic-Con 1976 e se preparou para fazer algo que a pequena convenção nunca tinha visto antes: a apresentação de um painel sobre um filme a ser lançado.

Hoje, a Comic-Con é lotada de estúdios e emissoras de TV de Hollywood vendendo seus produtos. É consenso que o público adotante inicial da convenção pode tornar bem-sucedida ou destruir uma série que sequer tenha a mais leve relação com ficção científica, super-heróis, fantasia ou horror. Os estúdios monitoram com atenção a presença do público nos grandes painéis, e pobre do assessor de imprensa que não consiga um bom comparecimento. Quando falei com Lippincott que eu estava prestes a visitar a Comic-Con pela primeira vez, ele pediu desculpas pelo que eu vivenciaria. "O que eu fiz levou a algo que me deixa estarrecido", falou Lippincott.

A apresentação de Lippincott, no entanto, não foi nada parecida com o que se vê hoje. Ele mostrou slides, falou sobre a história e os personagens. Não houve teaser, nem trailer. Os efeitos especiais sequer estavam perto de estar finalizados. Os astros não apareceram. Houve algumas centenas de pessoas na plateia. Ele vendeu pôsteres por 1,75 dólares cada; os cartazes não venderam exatamente como pão quente em seu estande.

Ainda assim, Lippincott persistiu. Ele foi a uma conferência da Sociedade de Ficção Científica e Fantasia em San Fernando Valley, onde foi importunado por um escritor de sucesso por ousar promover um filme. "Os alunos todos adoraram", recorda Lippincott. "Os velhos escritores acharam que eu era um vendedor insignificante." Ele pegou um voo para o Kansas em setembro, a fim de participar da 34ª Convenção Mundial de Ficção Científica, no mesmo hotel em que o Partido Republicano tinha acabado de nomear novamente o presidente Gerald Ford naquela semana, após uma longa batalha contundente com o governador Ronald Reagan. Lippincott levou Mark Hamill, Gary Kurtz e um bando de figurinos do filme a tiracolo, embora mesmo ali ele tenha esbarrado em suspeitas e mal-entendidos. Como nunca tinham visto um filme ser promovido dessa forma antes, os organizadores da convenção tiveram que ser convencidos a deixar Lippincott exibir os figurinos.

Lippincott se informou sobre a história da fantasia espacial. Falou com os fanzines. Estudou *Star Trek* para compreender que aspecto da série havia conquistado fãs tão dedicados (ele mesmo não era um fã). O plano de marketing, no entanto, exigiu que ele se mantivesse bem longe dos círculos de trekkers, por medo de que eles criassem uma reação adversa contra aquele filme surgido do nada com um nome muito similar. Mesmo sem direcionar *Star Wars* para aquele segmento do mercado, porém, Lippincott observou a agitação na comunidade de ficção científica começar a crescer.

A romantização de Foster, com o título *Star Wars: From the Adventures of Luke Skywalker*, foi publicada em dezembro de 1976, seis meses antes de o filme ser lançado. Isso até certo ponto foi resultado de a data de lançamento ter sido alterada do Natal para maio. Mas manter a data de lançamento original do livro foi ideia de Lippincott: a história chegaria às mãos dos fãs de ficção científica mais cedo, até 250 mil fãs (o tamanho da primeira tiragem), para fazer com que todos contassem para os amigos. A romantização (com uma capa surpreendente de McQuarrie) foi lançada em brochura, chegou à lista de best-sellers e ficou esgotada em fevereiro. Estranhamente, Del Rey não quis arriscar uma segunda tiragem tão cedo, mas Lippincott conseguiu que fosse publicada em capítulos no *Los Angeles Times*. O sucesso do livro foi um tremendo reforço para o moral na ILM, onde a equipe de efeitos especiais ainda corria de um lado para o outro a fim de concretizar as cenas que Foster havia descrito tão casualmente.

A panelinha secreta de Lippincott, assim como o público de varejo do livro, estava crescendo conforme a data de lançamento de 25 de maio surgia no horizonte. Na sexta-feira anterior à quarta-feira de estreia, ele organizou uma sessão especial na Fox para o crítico do *Variety* e convidou vinte universitários para assistir também. O crítico acusou Lippincott de tentar influenciar sua reação com um bando de moleques vibrando, mas ele entendeu tudo errado. Os universitários estavam presentes porque começariam em breve uma rede de telefonemas para ligar freneticamente para outros jovens no país e contar tudo sobre aquela coisa maravilhosa que tinham acabado de ver.

Star Wars estrearia apenas em meros 32 cinemas em todo o país, mas graças à panelinha de Lippincott pelo menos um desses locais era premium: o Coronet em São Francisco, com 1 350 lugares, famoso por ter a melhor qualidade de projeção e som na cidade. Gary Meyer era o empresário tanto do Coronet quanto do cinema secundário da United Artists na cidade, o Alexandria. Meyer ficou tão entusiasmado com a campanha de Lippincott durante um jantar que falou com o presidente de distribuição da Fox tudo sobre aquele novo filme-sensação, *Star Wars*.

O executivo ficou incrédulo. O último rumor que ele ouvira sobre *Star Wars* foi que o conselho administrativo da Fox tinha adormecido ao assisti-lo e que o filme seria engavetado. O presidente de distribuição pressionou Meyer: ele colocaria *O outro lado da meia-noite* no Coronet e *Star Wars* no segundo melhor cinema, certo? Ah, sim, respondeu Meyer, e prontamente programou *Star Wars* no Coronet.

11 / O PRIMEIRO ROLO

O dia 25 de maio de 1977 era outro dia nublado em São Francisco. A breve vela da primavera tinha sido apagada pela mesma bruma do Pacífico que fez Mark Twain tremer de frio um século antes. "O inverno mais frio que passei na vida foi um verão em São Francisco." Ninguém sabe se Twain realmente disse isso, mas todo morador da cidade conhece a verdade contida nessa frase.

No jornal de 20 centavos, o *San Francisco Chronicle*, as notícias eram tão ruins quanto o tempo. Um avião de carga havia explodido no aeroporto de Oakland na noite anterior, deixando dois funcionários da manutenção mortos e oito feridos. Terroristas nos Países Baixos ainda mantinham 160 crianças como reféns. O ex-presidente Nixon ainda estava na TV após quatro noites tagarelando sem sinal de parar com aquele entrevistador britânico, David Frost.

Os leitores preferiam esquecer tudo sobre o escândalo Watergate. Também gostariam de esquecer o Vietnã, mas as impressões digitais da guerra estavam por toda parte, mesmo em 1977. O *Chronicle* informava que o Pentágono estava transportando uma carga de Agente Laranja pelo país de trem para que pudesse ser queimada no Pacífico (inofensivamente, diziam as autoridades). Uma pequena nota dizia que o governo acabara de testar a segurança de um barril de transporte de combustível nuclear ao colidi-lo com um trem vindo a 130 quilômetros por hora. Algo que não se saberia por anos: uma nova etapa de testes de explosões nucleares subterrâneas estava ocorrendo em Nevada naquele dia.

Nenhuma dessas reportagens ganhou o cobiçado destaque da manchete de primeira página. Ele foi reservado para um artigo sobre casamentos em Las Vegas – a sensação do momento, aparentemente. Um número chocante de 50 mil casais se casaria em Vegas apenas em 1977, dizia o texto. Eles nem precisavam de exame de sangue. "A maioria deles vai ganhar uma pizza grátis", relatava a reportagem, bem como "um rolinho de níqueis, um desconto na assinatura da *Reader's Digest* e um pacote de duchas íntimas com cheiro de eucalipto".

Mísseis nucleares. Nixon. Terroristas. Explosões. Produtos químicos. Casamentos em cassinos. Quem gostaria de ler mais sobre qualquer um desses assuntos?

Os leitores que conseguiram chegar à página 51 descobriram a única reportagem alegre do dia. Em uma resenha com a econômica manchete de quatro palavras "*Star Wars*: passeio mágico", o jornalista John Wasserman – um veterano personagem local conhecido pelas resenhas de shows de sexo ao vivo – falava sobre a nova obra de um cineasta local que estrearia na cidade naquela manhã – um filme julgado tão sem importância pelo estúdio que não recebeu nem uma *première* adequada.

A resenha de Wasserman foi emocionante. "Com a estreia hoje de *Star Wars* no Coronet, o diretor-roteirista George Lucas faz um retorno espetacular à tela", escreveu ele. *Star Wars* era "o filme mais empolgante a ser lançado este ano – empolgante como teatro e empolgante como cinema. É a obra do gênero mais visualmente impressionante desde *2001: uma odisseia no espaço*, e, no entanto, é curiosamente humana na dimensão e nos limites".

Se isso não fosse um argumento suficiente para vender o filme, Wasserman descreveu *Star Wars* como "tão aceitável por crianças e adolescentes quanto por nós, mais velhos… um *Star Trek* contemporâneo, um *Space: 1999* estiloso que nos levará embora no tapete mágico de nossa imaginação". O filme até mesmo oferecia uma mensagem edificante:

> A única lição de moral audível dada por Lucas – em um sussurro, certamente – sugere que o homem é o homem e as criaturas são as criaturas, e não importa até onde se vá, à frente ou para trás, a fim de verificar isso. Deus está aqui, a Força, os sentimentos derrotam os cálculos, o bem conquista o mal – não sem sacrifício –, e o amor nos unirá. *Star Wars* é a mais rara das criaturas: a obra de arte com apelo universal (desculpe a piada). Existe dentro de todos nós a criança que sonha com seres mágicos e aventuras fantásticas… Se *Star Wars* não levar pelo menos uma dúzia de indicações ao Oscar, eu como meu Wookiee.

Passando pela resenha de Wasserman – e intrigado com aquela palavra bizarra que ele acabara de prometer que comeria –, um leitor do *Chronicle* teria esbarrado com um anúncio de página inteira para aquele filme que parecia estranho. No estilo cafona de Frank Frazetta, o cartaz mostrava um jovem com a camisa aberta e uma espécie de espada feita de luz, uma jovem com uma pistola, e atrás deles a aparição espectral de um rosto que parecia com o cruzamento de um samurai, um lobo e uma máscara de gás.

Então era isso, o "o filme mais empolgante a ser lançado este ano". Estava passando exclusivamente no melhor cinema da cidade: uma bela maneira de escapar da bruma. A primeira sessão do Coronet era às 10h45 da manhã. O que se tinha a perder, a não ser 3 dólares? Quem não daria pelo menos uma chance?

Lá atrás, quando a Warner Brothers arrancou o controle de *THX 1138* das mãos de Lucas, Fred Weintraub – "o especialista de juventude" do estúdio – deu ao jovem diretor esse conselho. "Se você conquista o público nos primeiros dez minutos", disse Weintraub, "eles perdoarão qualquer coisa". Aqueles dez minutos, praticamente a duração do primeiro rolo de um filme, eram capazes de tornar bem-sucedido ou destruir um filme – especialmente uma obra que exigia que os espectadores dessem um voto de confiança, como *THX* e *Star Wars*.

Lucas guardou rancor de Weintraub, como guardava rancor de toda a interferência de estúdio, mas levaria a cabo o ditado do executivo pelo resto da carreira. A estrutura completa do enredo de *American Graffiti: loucuras de verão* foi transmitida nos primeiros dez minutos. E mais enredo foi abordado nos primeiros dez minutos de *Star Wars* do que em... bem, do que em praticamente todo o filme até aquela altura. Dentro desse curto período de tempo, o filme conquistou as plateias céticas no mundo inteiro e garantiu para si e para seu Criador um lugar na história do cinema.

O primeiro rolo de *Star Wars* era vital – e, no entanto, uma quantidade surpreendente de créditos por ele pertence a pessoas cujos nomes não são George Lucas. É um exemplo de como o cinema é fundamentalmente uma atividade colaborativa, e a colaboração frequentemente dura décadas. Considere a primeira coisa que o público no Coronet teria visto na primeira sessão pública na manhã de 25 de maio, após o desenho de *Duck Dodgers*: a fanfarra da Fox. Com cinco segundos de bumbos possantes e metais estridentes em si bemol, a fanfarra foi composta lá em 1933 pelo prolífico compositor de cinema Alfred Newman, amigo de Irving Berlin e George Gershwin, e expandida em 1950 para o lançamento do CinemaScope, o formato de tela panorâmica do estúdio. A fanfarra tinha caído em desuso em 1977, mas Lucas adorava o trabalho de Newman e pediu para que fosse revivida para *Star Wars*. Se você está contando, é um ponto para Newman e um para Lucas.

Para uma geração de jovens, aquela fanfarra significava mais *Star Wars* do que a Twentieth Century Fox. A parte da fanfarra que foi estendida nos anos 1950 é a que toca quando a logo da Lucasfilm aparece; muitos espectadores presumiram errado que aquilo fosse uma espécie separada de fanfarra da Lucasfilm. Realmente, embora não fosse tecnicamente parte do filme, a fanfarra ficou tão amplamente associada com as duas horas seguintes de entretenimento que foi regravada por John Williams em 1980 e colocada no início de todos os discos de trilha sonora de *Star Wars*.[*]

Depois que a fanfarra morre, a tela fica silenciosa e escura. Surgem nove palavras simples, em caixa baixa e azul frio:

Há muito tempo, em uma galáxia muito, muito distante...

Essas são as palavras de Lucas, editadas por Lucas: o adendo piegas "ocorreu uma aventura fantástica" do quarto manuscrito sumiu. Nenhum intertítulo na história do cinema foi mais citado; nenhuma frase de nove palavras foi mais importante. Ao assistir ao filme em um cinema em Colorado, o poeta *beatnik* Allen Ginsberg leu em voz alta aquelas nove palavras e falou para o acompanhante: "Graças a Deus, eu não tenho que me preocupar com isso".

Era uma declaração revolucionária – mas por quê? Deixe de lado a cadência de conto de fadas que nos atrai para a hora de ouvir história antes de dormir. Em vez disso, considere que isso é exatamente o que cada épico de fantasia precisa lhe dar logo de saída: uma ambientação no espaço e no tempo que diga para relaxar. Não perca tempo tentando entender a relação entre o que se está prestes a ver e a própria realidade terrena, porque não existe essa relação. Isso não é *O planeta dos macacos*; a Estátua da Liberdade não surgirá em uma reviravolta de último rolo. Nenhum outro filme da história havia anunciado o divórcio do nosso mundo de maneira tão explícita antes; com a exceção das continuações de *Star Wars*, nenhum filme jamais seria capaz de fazer isso novamente sem parecer derivativo.

A simplicidade perfeita daquelas nove palavras parece ter sido difícil para um monte de gente compreender com o avanço do lançamento do filme. As palavras que abriam a romantização de Alan Dean Foster ("Outra galáxia,

---

[*] Anos depois, quando a Lucasfilm foi vendida para a Disney, os fãs se deram conta de que a fanfarra da Fox provavelmente seria substituída por "Se uma estrela aparecer" para *Star Wars – Episódio VII*. A internet ficou inconsolável.

outro tempo") não eram exatamente a mesma coisa – elas poderiam nos colocar no futuro, em vez de dentro de um conto que está seguramente em um livro de histórias qualquer. A Fox não entendeu a premissa de maneira alguma: o trailer para *Star Wars* começava com as palavras "Em algum lugar no espaço, isto pode estar acontecendo agora mesmo".

As nove palavras permanecem na tela por exatos cinco segundos, o suficiente para o espectador casual pensar: *Isso não deveria ser um filme de ficção científica? Todos eles não se passam no futuro? Que tipo de coisa é...*

Bum. A maior logomarca que a pessoa já viu na vida preenche a tela, com o contorno amarelo enfiado do topo ao pé do enquadramento, uma cor que é contraste proposital com o azul das nove palavras anteriores. A logo vem acompanhada por um clangor orquestral violento na mesma nota que a fanfarra, si bemol. Ambos foram colocados ali por Lucas; nada foi obra dele. Vamos examinar mais de perto.

A logomarca na tela deveria ter sido inicialmente o trabalho de um veterano designer de marcas, Dan Perri. É dele o *"Star Wars"* compacto e cheio de estrelas visto nas marquises dos cinemas e na maioria dos anúncios na mídia impressa. Mas a logo que chegou ao primeiro rolo na verdade nasceu de uma maneira mais tortuosa. No fim de 1976, a Fox precisava de um livreto que seria enviado aos donos de cinema. Para criá-lo, o estúdio se voltou para uma agência de propaganda de Los Angeles chamada Seiniger Advertising, conhecida por seus pôsteres de cinema. A Seiniger passou o serviço para sua mais nova diretora de arte, Suzy Rice, de 22 anos, que acabara de chegar à empresa após trabalhar na *Rolling Stone*.

Rice viu-se na ILM em Van Nuys, fazendo um passeio pelas maquetes de espaçonaves. Ela conheceu Lucas no escritório dele. Primeiro, o cineasta pressionou Rice para que aquilo ficasse pronto rápido. Depois, Lucas sabia que queria uma logo que intimidasse o espectador. Algo que "rivalizasse com a AT&T". A instrução final foi que ele queria que a logo parecesse "muito fascista", uma escolha de palavras que dá uma dor de cabeça sem fim a Rice quando ela reconta a história. Por acaso, ela andava lendo um livro sobre design alemão de tipologia. Pensou no conceito de uniformidade. Rice escolheu uma versão modificada da Helvetica Black e começou a achatar cada letra branca com um contorno preto.

Na segunda reunião com a jovem diretora de arte, Lucas disse que o resultado parecia com "Tar War". Então Rice juntou o *S* e o *T*, o *R* e o *S*. Após uma terceira reunião, a logo recebeu o OK de Lucas. Em uma quarta reunião – espremida enquanto Lucas realizava a filmagem adicional da cena da cantina, quando a porta foi aberta para ela pelo alienígena verde Greedo fumando um cigarro através de um canudo –, o livreto foi aprovado.

Alguns dias depois, Kurtz ligou para Rice para informá-la de que eles usariam a logo feito por ela na abertura do filme também, embora com um *W* mais achatado (o de Rice tinha pontas salientes). Eles tinham usado o design de Perri nos créditos iniciais. Aí eles experimentaram o design de Rice e, nas palavras de Kurtz, "uau".

Uau realmente. O resultado parecia com a logo da banda de rock mais incrível do mundo, como se a *Star Wars* pudesse ser o próximo Led Zeppelin em vez de um filme de fantasia espacial. Em vez de colocar a logo no topo do texto de abertura, seguindo a mesma direção que as palavras subiam – o que foi planejado para a logo de Perri –, o design de Rice se afasta para o fundo estrelado, como se desafiasse a pessoa a persegui-lo.

Rice, como um monte de pessoas com um envolvimento tangencial com a lenda de *Star Wars*, passaria o resto da carreira tentando viver à altura daquele trabalho. "Muita gente espera que eu realize um milagre para seus projetos", fala ela. Rice tem visto seu design em toda parte, há décadas, em camisetas, bonés, lancheiras e qualquer outra peça de produtos *Star Wars*, de rabo de olho, em qualquer lugar que vá. Rice ainda ama a série e viu todos os filmes; ela é otimista pelo fato de não ser a dona da marca e, como prestadora de serviço, não ter sequer recebido um crédito no filme. É o que a logo representa, em vez do trabalho em si, que Rice diz curtir.

A contribuição musical, ao contrário da logo, tem recebido muito crédito: a marcha de *Star Wars* (não confundir com a "marcha Imperial", que estrearia em 1980) do compositor John Williams é frequentemente votada como o maior tema musical na história do cinema. Williams tinha sido apresentado a Lucas por Spielberg em 1975, antes do lançamento de *Tubarão*; o tema sinistro daquele filme fechou o negócio. Lucas sabia que, para seu épico espacial, ele queria alguma coisa bombástica e metálica no estilo da velha Hollywood – tal como os seriados de *Flash Gordon*, que usavam trilhas bem românticas, ao estilo dos anos 1930. As imagens seriam loucas; a música teria que ancorar o espectador com emoções conhecidas. A trilha temporária que Lucas editou continha trechos da sinistra "Marte, o portador da guerra", do compositor inglês Gustav Holst, no começo do filme. A única indicação de Lucas para o tema principal era que contivesse "tambores de guerra ecoando nos céus" durante o texto de abertura. Williams atendeu ao pedido e fez muito mais.

Williams compôs a trilha inteira no decorrer de dois meses, janeiro e fevereiro de 1975. A trilha sonora foi gravada com a Orquestra Sinfônica de Londres durante alguns dias em março. Foi, declarou Lucas depois, a única parte do filme que excedeu suas expectativas. Eufórico, ele tocou meia hora da trilha pelo telefone para Spielberg, que ficou arrasado – Williams ainda faria a trilha de *Contatos imediatos do terceiro grau*, e parecia que Lucas tinha arrancado do compositor o seu melhor trabalho. De certa forma, ele estava certo. A música de Williams é frequentemente venerada pelos fãs como o "oxigênio" de *Star Wars*, como na frase do colaborador de McQuarrie, Paul Bateman.

Como Williams conseguiu criar essa música icônica tão rápido? A resposta parece ser parte gênio, parte pastiche. Williams frequentemente declara que tem uma dívida com os compositores de cinema dos anos 1930 e 1940; especificamente, o tema principal de *Star Wars* tem as mesmas notas de abertura que o tema de *Em cada coração um pecado*, o drama de 1942 que lançou a carreira de ator de Ronald Reagan.

Poucos de nós ouvem essas influências hoje, é claro. É impossível separar o tema de *Star Wars* – ou o resto da trilha sonora, por falar nisso – das imagens de *Star Wars*; monte um segmento de TV de trinta segundos sobre qualquer coisa que tenha a ver com a série, em qualquer lugar do mundo, e o resultado será um saco de surpresas de imagens (sabres de luz, espaçonaves, criaturas, droides, troopers) sob a melodia principal da marcha de Williams. Uma música altiva e extremamente segura de si, o tema de *Star Wars* pode passar uma sensação de otimismo e aventura a quaisquer imagens a que se sobreponha, exatamente da mesma forma como "Yakety Sax", o tema de *Benny Hill*, é capaz de tornar engraçado qualquer vídeo. A decisão de trocar a ameaça em tom menor de Holst por essa exuberância em tom maior é puro John Williams. (Levantem as mãos os leitores que não estejam ouvindo o tema na cabeça agora mesmo.)

A seguir, para os espectadores no Coronet: o texto de abertura. Em 1977, ele seguia imediatamente a logo de *Star Wars*, sem nenhum título interposto. O texto de abertura não seria precedido pelo *Episódio IV: Uma nova esperança* até que o filme fosse relançado em 1981.

A incoerência entre os títulos dos filmes *Star Wars* e a ordem de lançamento frequentemente confunde o espectador casual – e os fãs discutem até hoje se o sistema numérico que começou em 1980 com *Episódio V* reflete a verdadeira intenção do Criador em 1977. George Lucas tem alegado em anos recentes que ele realmente queria abrir o filme com o título *Episódio IV*, mas que "desistiu por medo" ou "a Fox não me deixou". As provas escritas apontam para uma outra direção. O roteiro que foi filmado chama o filme de *Episódio I das aventuras de Luke Skywalker*. Os primeiros manuscritos de *O Império contra-ataca*, escritos depois que Lucas obteve vantagem sobre a Fox, chamam aquele filme de *Star Wars II*.

Gary Kurtz dá credibilidade à alegação de Lucas, mas insiste que a noção era bem menos precisa do que o Criador se lembra. "Nós brincávamos com a ideia de chamar o filme de *Episódio III ou IV ou V* – algo no meio", se recorda. "Nós estávamos um pouco confusos em relação à questão, mas queríamos que o filme fosse o mais parecido possível com *Flash Gordon*" – quer dizer, ele e Lucas queriam "capturar o espírito" de encontrar um seriado na metade da sequência de capítulos, mas jamais chegaram ao ponto de escolher um número de episódio. "A Fox odiou a ideia", confirma Kurtz, "e, na verdade, eles estavam certos. Achamos que seria realmente inteligente, mas não era inteligente na época. Se a pessoa vai ver o que está sendo apregoado como um novo filme, e ele diz *Episódio III* na tela, a pessoa diria: 'mas que diabos?'".

Pondo de lado a numeração, Lucas tinha acertado em algo importante durante todas aquelas reescrituras de manuscrito. *Star Wars* permanece como um dos melhores exemplos do ditado de narrativa de que é melhor começar no meio das coisas. (Muito literalmente, como acabou se revelando: a saga de seis episódios de Lucas foi a primeira na história do mundo a começar precisamente no meio.) E ele insistiu que o texto de abertura permanecesse, diante da reclamação dos executivos da Fox de que as crianças não leriam qualquer tipo de texto no começo de um filme. Já era hora de elas começarem, respondeu Lucas.

O crédito para as palavras que sobem pela tela após a logo de *Star Wars* é apenas parcialmente de Lucas; o resto vai para a improvável dupla formada pelo diretor Brian De Palma e o então crítico da *Time*, mais tarde cineasta, Jay Cocks. Lucas tinha exibido uma versão não finalizada para os dois na primavera de 1977, com uma casa cheia de amigos. Posteriormente, no jantar, enquanto Spielberg declarava que o filme seria um grande sucesso, o naturalmente áspero De Palma – que participou da maioria das sessões de seleção de elenco de *Star Wars*, pois procurava atores para *Carrie, a estranha* ao mesmo tempo – provocou Lucas abertamente. "Que merda é essa de Força? Cadê o sangue quando eles atiram nas pessoas?" Talvez por insistência de Marcia, que sabia que George tinha um profundo respeito por De Palma, Brian depois fez um gesto de paz: ofereceu-se para reescrever o texto de abertura.

Lucas ficou arrasado, mas concordou: o texto de abertura era verborrágico em todos os quatro manuscritos, e ele estava perto do prazo final. Seu pastiche de longas introduções ao estilo *Flash Gordon* claramente não estava sendo compreendido pelos espectadores. De Palma se reuniu no dia seguinte com Cocks na máquina de escrever. O resultado: um exemplo do poder de edição. Aqui está uma resposta possível à versão do texto de abertura de Lucas, dada por um revisor como eu.

> É um período de guerras civis na galáxia. [Redundância: já fomos informados que estamos em uma galáxia muito, muito distante. E também: guerras civis no plural? O resto do texto menciona apenas uma.] Uma corajosa aliança de revolucionários secretos desafiou a tirania e opressão do sensacional IMPÉRIO GALÁCTICO. [Muita torcida e opinião pessoal. O que é isso, um filme de propaganda? Deixe-nos decidir que lado tomar. E a palavra "sensacional" começou a adquirir um significado diferente, mais positivo – seria melhor evitá-la nesse contexto.]
>
> Atacando de uma fortaleza escondida entre os bilhões de estrelas na galáxia [redundância novamente; já sabemos que as galáxias são imensas. E será que importa que seja uma fortaleza, e essa não seria uma referência explícita demais a *A fortaleza escondida*?], naves rebeldes tiveram a primeira vitória em uma batalha com a poderosa frota estelar imperial. [Não sabemos que o Império seria mais poderoso do que os rebeldes, por definição?] O IMPÉRIO teme que outra derrota possa levar à rebelião mais mil sistemas solares, e o controle imperial sobre a galáxia seria perdido para sempre. [Por que esse Império todo-poderoso de repente está na defensiva? Por que mil sistemas solares fariam diferença se a galáxia tem bilhões deles? E por que você está me obrigando a fazer conta no cinema?]
>
> Para esmagar a rebelião de uma vez por todas [Redundância: coisas que são esmagadas costumam continuar esmagadas], o IMPÉRIO está construindo uma nova estação de batalha sinistra. [Que tal nomeá-la aqui?] Suficientemente poderosa para destruir um planeta inteiro, sua conclusão certamente significará o fim para os campeões da liberdade. [Nós ainda não fomos apresentados a esses campeões; que tal nomear um deles? Que tal a princesa Leia, que 3PO menciona nos primeiros minutos do filme? E o filme começa com uma nave que roubou planos daquela estação de batalha, em torno da qual gira a trama. Explicar isso aqui pode ajudar a aumentar a importância da cena.]

A edição de De Palma e Cocks é o texto de abertura que sobrevive até hoje. É sucinta e contém quatro sentenças simples, que revelam exatamente o que a pessoa precisa saber, sem nenhum desperdício de palavra.

É um período de guerra civil. Naves espaciais Rebeldes, atacando de uma base escondida, tiveram sua primeira vitória contra o maligno Império Galáctico.

Durante a batalha, espiões rebeldes conseguiram roubar os planos secretos da mais nova arma do Império, a Estrela da Morte, uma estação espacial armada com poder suficiente para destruir um planeta inteiro.

Perseguida pelos agentes sinistros do Império, princesa Leia foge para casa a bordo de sua nave, em custódia dos planos roubados que podem salvar seu povo e restaurar liberdade para a Galáxia...

O novo fim prepara o público para esperar por uma espaçonave na tela – porém, mesmo com esse panorama irresistível, os espectadores poderiam estar impacientes ao terminar de ler. E até essa versão do texto leva preciosos um minuto e vinte segundos para subir pela tela e desaparecer no espaço. Sobram apenas oito minutos para estarrecer a plateia.

Para compensar o tempo perdido, Lucas fez algo muito fora do comum: não deu créditos de abertura ao filme. Foi uma decisão surpreendentemente modesta para a época, e que mais tarde faria Lucas arrumar confusão com o sindicato de diretores e com o de roteiristas. A pessoa não faria ideia de quem dirigiu o filme a não ser que intuísse pelo "Lucasfilm Ltd.". No entanto, Lucas estava determinado a não permitir que nada quebrasse a quarta parede na preparação de seu conto de fadas.

Até 1977, dava para contar em uma mão o número de filmes sem créditos de abertura. Todos foram filmes visionários. *Fantasia* (1940), da Disney, foi o primeiro, seguindo por *Cidadão Kane* (1941) e *Amor, sublime amor* (1961). Mais comum nos anos 1970 era a prática de sobrepor os créditos à cena de abertura. No lento clássico *Era uma vez no Oeste* (1969), Sergio Leone adicionou as legendas dos créditos por quinze minutos dignos de recorde. Marque outro ponto para Lucas por interromper essa moda.

Então o texto de abertura fez seu serviço, pelo menos para os leitores na plateia. (Para o resto, atônitos demais pela música, o texto poderia muito bem estar dizendo: "SENSACIONAL SENSACIONAL SENSACIONAL.") Estamos esperando a chegada de uma nave espacial levando a princesa Leia e os planos roubados. Mas, primeiro, Lucas abaixa a câmera em uma panorâmica sobre uma lua, duas luas, até a linda curvatura luminescente de um planeta desértico (um ponto para a paisagem pintada de Ralph McQuarrie). E ali nossos olhos descansam por um total de vinte segundos – uma pausa muito, muito longa, comparada ao que virá. Enquanto isso, durante a panorâmica, a Orquestra Sinfônica de Londres faz uma pausa muito mais curta, um breve momento de pianíssimo para reconhecer a beleza dos céus. Então, quando os olhos do espectador repousam sobre o planeta desértico, a orquestra faz uma curva sombria e passa a maior parte daqueles vinte segundos dando um alerta musical sobre alguma ameaça sinistra bem ali fora da tela.

Finalmente, lá está ela, a primeira tomada de efeitos especiais do filme e talvez o momento mais revolucionário na história dos efeitos especiais: a minúscula nave *Tantive IV* sendo perseguida e trocando disparos de laser com um imenso destróier estelar imperial. Nós entramos bem embaixo do casco do destróier, que, de acordo com todo mundo que já viu, parecia continuar passando, passando, passando até chegarmos aos motores.

Na verdade, a tomada do destróier estelar dura apenas treze segundos – menos da metade de uma propaganda de TV. Porém, no fim daqueles treze segundos, o filme estabeleceu efetivamente como o Império é poderoso e mau, e como os rebeldes estão em desvantagem. (A melhor piada visual de "Blue Harvest", a paródia de *Star Wars* de *Uma família da pesada*, recria o destróier estelar como o utilitário do espaço, ao colocar um adesivo gigante de "BUSH/ CHENEY" na traseira.)

A ILM reconheceu que aquela era, de longe, a tomada mais importante do filme e o maior teste possível da câmera Dykstraflex controlada por computador e funcionando à base da gambiarra. Se desse errado, se o destróier estelar fosse visto oscilar mesmo que levemente, a ilusão seria quebrada, e a suspensão de descrença, arruinada, possivelmente pelo resto do filme. Como grande parte de *Star Wars*, essa tomada de efeitos especiais andou no limite entre a genialidade e o ridículo. "Nós tínhamos sete ou oito hipóteses que tinham que ser comprovadas para que tudo aquilo funcionasse", disse Dykstra sobre o Dykstraflex. Essa é uma das razões por que só havia uma tomada pronta quando Lucas visitou a ILM após a filmagem e quase teve um ataque cardíaco: a jovem empresa andou gastando todo o tempo e dinheiro em pesquisa e desenvolvimento, para aprender a programar motores apertando a sequência correta de botões.

A *Tantive IV* foi a última maquete a ficar pronta pela ILM, o que significa que a primeira nave na tela no filme é também a nave com o aspecto mais profissional. Na vida real, a maquete tinha 1,80 metro – duas vezes o tamanho do destróier estelar supostamente gigante que a persegue. Lucas quis criar um destróier estelar muito maior para combinar. A ILM convenceu o diretor que não havia tempo e não seria necessário – um truque óptico e o Dykstraflex cuidariam daquilo. Ainda assim, eles passaram duas semanas acrescentando detalhes ao destróier para agradar ao Criador.

O primeiro cinegrafista da ILM, Richard Edlund, admitiu ter perdido o sono pensando em alguém na plateia ficando de pé e gritando "maquete!", mas, em vez disso, a plateia do Coronet vibrou. Foi uma cena repetida no mundo inteiro, completamente sem precedentes: pessoas levadas a vibrar por uma tomada de efeitos especiais de 13 segundos. Em Champaign, Illinois, um doutorando em física chamado Timothy Zahn se tornaria um fã vitalício – e mais tarde, o escritor de *Star Wars* mais celebrado do mundo – por causa daquele momento. Em Los Angeles, um caminhoneiro de 22 anos que andava sonhando exatamente com aquele tipo de maquete de espaçonave ficaria tão furioso com o filme, seria tão consumido pelo modo como Lucas fez aquilo, que ele se demitiu do emprego e entrou para a indústria cinematográfica em tempo integral. O nome do caminhoneiro era James Cameron, e ele dirigiria dois filmes ricos em efeitos especiais que venceriam *Star Wars* na bilheteria: *Titanic* e *Avatar*.

Um rápido contraplano do destróier estelar de frente, uma rápida tomada de um disparo laser explodindo na *Tantive IV*, e cortamos para 3PO e R2-D2 andando em um corredor. Dê crédito a Ralph McQuarrie pelo design, inspirado em *Metrópolis* e *Corrida silenciosa*. Mas para a voz de 3PO, marque um ponto para Anthony Daniels. Sua interpretação de mordomo inglês afetado para o robô dourado nunca foi a intenção de Lucas. O diretor passou por algumas dezenas de dubladores lá nos Estados Unidos, ouvindo o sórdido vendedor de carros usados que tinha em mente quando escreveu o roteiro. Mas nenhum deles combinava com os movimentos espasmódicos e temperamentais de Daniels tão bem quanto o próprio Daniels, que acabou sendo convidado para regravar os próprios diálogos. Os apitos e bipes de R2 foram cortesia do sonoplasta Ben Burtt, que passou a própria voz por um sintetizador para conseguir a fala ininteligível de bebê do robô cesta de lixo.

Cortes rápidos da *Tantive IV* sendo sugada para a barriga do destróier estelar são editados com os droides, enquanto soldados rebeldes se preparam para ser abordados via uma porta em especial no fim de um corredor. Nenhum deles diz uma palavra, mas vemos closes dos rostos ansiosos, erguendo o olhar e reagindo aos efeitos sonoros. Sem uma palavra dos soldados, já fomos convidados para preencher a história pregressa do filme na mente.

Isso dura um minuto sem diálogos, o que efetivamente aumenta a tensão. Essa foi uma das cenas que Lucas filmou nos últimos dias frenéticos em Londres, quando a equipe esteve dividida em três, e só havia rendido alguns minutos de material, capturado em três ângulos diferentes apenas para ter mais filme a ser usado na fase de montagem.

Até agora, o que vimos na tela representa todos os recursos do Criador esticados ao limite, mal conseguindo manter a ilusão – como seria o caso pelas próximas duas horas.* O fato de que aquelas cenas funcionam de maneira perfeita não é nada menos do que um milagre – e para isso temos que dar pontos para a equipe de edição de Lucas.

Os montadores Richard Chew, Paul Hirsch e, obviamente, Marcia Lucas tiveram que usar todos os truques de edição para fazer *Star Wars* funcionar. Assim que a pessoa nota alguns dos remendos que eles fizeram, é impossível não percebê-los mais. Quando Luke é atacado por um nômade Tusken em Tatooine, por exemplo, o ator na fantasia de Tusken ergueu a arma sobre a cabeça apenas uma vez antes de Lucas dizer "corta". Na fase de edição, Chew avançou e retrocedeu o filme até que parecesse que o Tusken estava brandindo o cajado Gaffi de maneira ameaçadora, enquanto Burtt ajudou a mascarar a edição com o grito de guerra típico dos Tusken: o relincho do burrico da equipe da Tunísia.

Marcia foi a única Lucas a ganhar um Oscar por um filme de *Star Wars*; George jamais ganharia um Oscar especificamente por qualquer um dos filmes, mas Marcia e os co-editores saíram com um Oscar de montagem na festa do Oscar em 1978. Marcia também foi responsável por George manter duas cenas favoritas dos fãs que o marido tinha intenção de cortar – o beijo de Leia em Luke "para dar sorte" antes de se balançarem pelo desfiladeiro da Estrela da Morte, e o minúsculo robô "rato" da Estrela da Morte que foge aterrorizado diante do rugido de Chewbacca. Apesar de todas as publicações da Lucasfilm minimizarem o papel de Marcia após o divórcio, sem dúvida ela realizou o trabalho mais importante de todos os três editores do filme – incluindo o combate aéreo vital da Estrela da Morte, que ela levou oito semanas para montar.

Enquanto isso, de volta à *Tantive IV*: a porta no fim do corredor emite faíscas e explode. Entram os stormtroopers de aparência fascista, cujo crédito pelas roupas de plástico branco é discutível, mas digamos um ponto pelo design de McQuarrie, e meio ponto para Nick Pemberton e Andrew Ainsworth por alterações tridimensionais. A batalha começa, raios laser cruzam a tela, dublês de soldados rebeldes se jogam para trás em mortes sem sangue. Com três

---

* Kurtz teve que implorar 50 mil dólares a mais para Laddie apenas para filmar aquela cena.

minutos, nós já vimos guerra entre espaçonaves enormes e guerra em nível humano. Sabemos como as batalhas são travadas nessa galáxia distante: com espetaculares disparos feéricos e estrondosos de laser brilhante (o efeito sonoro foi obtido por Burtt raspando a aliança de casamento no cabo de sustentação de uma torre de rádio em Palmdale), um monte de explosões bacanas, naves imobilizadas, mas não realmente danificadas, e soldados morrendo dramaticamente da maneira como morriam nos filmes antigos – da maneira que as crianças fazem no playground. As mortes ocorrem de uma maneira que não era vista desde antes de Sam Peckinpah e Francis Coppola. Não há sangue.

A seguir vem um momento-chave: os droides escapam da batalha cruzando um corredor cheio de disparos laser sem sofrer um arranhão. Esse resultado improvável nos ensina que eles são os nossos camponeses de Kurosawa, nossos bobos da corte shakespearianos: os droides provavelmente entenderão pouco do que ocorre ao redor e no fim escaparão ilesos. Se a pessoa aceitar essa cena ou soltar uma risada de apoio, ela já deu o voto de confiança que *Star Wars* exige.

Do ridículo ao sublime: a batalha é vencida, os stormtroopers ficam em posição de sentido, e através da bruma da guerra surge uma figura alta vestida toda de negro, com uma capa esvoaçante atrás e um capacete reluzente que mascara o rosto. Ele inspeciona os soldados mortos. A trilha sonora de Williams para pela primeira vez no filme inteiro até agora, para que possamos ouvir esse novo personagem grotesco respirar.

O som de Darth Vader sorvendo ar através do respirador é horrível, claustrofóbico, como se ele estivesse em um pulmão artificial. Na verdade, é Ben Burtt novamente, respirando através de uma máscara de mergulho. Ele gravou a própria respiração em três velocidades diferentes, que são todas as velocidades que os filmes usariam, dependendo do nível de agitação de Vader. Mais do que qualquer personagem, Vader é um composto, para quem o crédito deve ir para muita gente: Lucas, McQuarrie, Mollo, Burtt e o escultor Brian Muir, bem como Dave Prowse e James Earl Jones. E ainda houve Fred Roos, o guru da seleção de elenco, que lutou muito para James Earl Jones ser a voz de Vader. Lucas foi contra colocar um negro no filme apenas para ele dublar o vilão, mas Roos insistiu que aquilo ia além de política racial: Jones simplesmente tinha o melhor barítono de qualquer ator no mundo.

Nunca é demais enfatizar a importância da entrada de Darth Vader tão cedo no filme. Para os poucos espectadores que ainda não haviam embarcado na história até então, aquele é um momento de compreensão. Na primeira aparição, Vader não diz nada, apenas sai do enquadramento – o suficiente para deixar os espectadores se perguntando quem é aquele personagem, o que está embaixo da máscara, e quanto veremos dele no filme a seguir.

Vader, talvez mais do que qualquer outra coisa, cumpre a tarefa de fisgar o público no primeiro rolo – especialmente a garotada. Considere essa história do webdesigner Philip Fierlinger, que mora na Nova Zelândia e tinha 7 anos na Filadélfia no longo e quente verão de 1977, quando seu pai o levou ao cinema. Fierlinger queria ver desesperadamente *Se meu fusca falasse*, mas foi forçado pelo pai a ver *Star Wars* porque tinha ar condicionado. Ele estava entediado e irritado pelo longo texto de abertura, e confuso com a batalha espacial. "Qual é o time dos mocinhos e o time dos bandidos?", reclamou ele para o pai, que não conseguia tirar os olhos da tela para responder. "Então Darth Vader surgiu", conta Fierlinger, três décadas e meia depois e dezenas de exibições de *Star Wars* depois. "Eu ao mesmo tempo caguei nas calças e fiquei de pau duro."

Esse pode ser um leve exagero, mas é um indicador da reação geral a Vader: ele apela aos sentimentos primitivos. A pessoa quer matá-lo ou correr dele ou marchar em fileiras (como a 501st) atrás da gloriosa maldade dele. Todd Evans, um jovem espectador na primeira exibição no Piedmont em Oakland, se recorda: "Quando Vader saiu da escuridão, o público inteiro começou a fazer 'uuuuuu!'. Alguma parte primitiva do cérebro sabia instintivamente que deveria vaiar o vilão". Foi uma cena repetida no país inteiro, um som que não era ouvido nos cinemas desde... bem, não sabemos exatamente quando vaiar o vilão saiu de moda, mas é preciso voltar aos melodramas do cinema mudo, que Lucas adorava. O fato de a música parar naquele ponto facilitou a reação, sugere Kurtz: "Era um convite para vaiar".

Lá vamos nós de volta aos nossos droides de confiança, que se separavam brevemente fora de cena. (Deveria haver uma cena a essa altura de 3PO preso embaixo de uma massa de fios que explodiu, mas ela foi cortada pelos editores e colocada mais tarde no filme, depois que a *Millennium Falcon* derrota os caças TIE que a perseguiam, com grande efeito cômico.) Vemos R2 receber um disco de alguma espécie dado por uma figura misteriosa em robe branco – a princesa mencionada, embora aparentemente não vista, por 3PO. Quando os droides vão embora, ela remove o capuz e revela o penteado com dois coques que Lucas copiou dos penteados do México revolucionário da virada do século 20. O diretor estava, diz ele, procurando propositalmente um estilo que não fosse moda na época.

Estamos com cinco minutos de filme.

* * *

Com a batalha vencida, os prisioneiros rebeldes são levados por um corredor juntamente com droides capturados. Vader tem seu primeiro diálogo, interrogando o comandante da nave sobre a localização dos planos da Estrela da Morte, e ouvimos o terrível estrondo do baixo de James Earl Jones passado por um sintetizador.

A voz de Vader é outra pequena revelação para os espectadores e uma revelação indesejável para um dos atores. David Prowse, o fisiculturista britânico dentro da fantasia de Vader, esperava que seu diálogo fosse usado na versão final do filme, assim como aconteceu com Anthony Daniels e 3PO. Prowse alega que Lucas prometeu que regravaria as falas com ele depois. Mas o sotaque de Devonshire de Prowse, que é mais forte do que ele parece se dar conta, simplesmente não combinava com o papel. A equipe passou a chamá-lo de "Darth Farmer".* No lugar dele, Jones foi trazido para um único dia de trabalho e recebeu um valor fixo de 7.500 dólares. Prowse, com mais do que um pouco de amargura, depois alegou que Jones foi escolhido quando Lucas se deu conta de que não havia um único ator negro no filme (na verdade, pelo que sabemos por Roos, Lucas não gostava desse tipo de simbolismo). O cineasta, da sua parte, falou à *Rolling Stone* em 1977 que Prowse "meio que sabia" que a voz dele não seria usada na versão final do filme.

O estrangulamento do capitão Antilles, o comandante rebelde da *Tantive IV*, por Vader é outro daqueles momentos que funciona como horror ou comédia, depende da perspectiva do espectador. Muitos adultos riram da rápida tomada das botas do comandante balançando sobre o chão, uma tomada que enfatiza a altura e a força de Vader. Mas para muitos dos espectadores mais jovens, a cena é pelo menos levemente traumática. No momento em que o capitão Antilles morre e é jogado contra uma parede, uma criança na sessão-teste do dia 1º de maio no Northpoint Theatre de São Francisco começou a chorar. Kurtz soube disso porque esteve apontando microfones para a plateia durante a exibição; ele conseguiu usar aquela gravação para convencer o órgão de classificação etária a dar ao filme a indicação para adolescentes em vez da classificação como infantil, tipo filme da Disney. Dê um ponto para Kurtz e para aquela criança de São Francisco, seja lá quem ela seja.

Cortamos novamente para a princesa tentando fugir de stormtroopers. "Tem um ali", dizem eles. "Calibre para atordoamento." Fisher atira primeiro e usa a arma com uma facilidade que as outras atrizes que foram testadas para o papel não tiveram. Mesmo assim, essa cena provocou muitas risadas para Hal Barwood e Matthew Robbins, os amigos de Lucas que viram aquele trecho

---

* *Farmer* (fazendeiro), pois o sotaque de Devonshire soa acentuadamente caipira. [N. do T.]

pela primeira vez um dia no complexo do cineasta, que não parava de se expandir de San Anselmo, no outono de 1976. A dupla passou pela sala de edição para levar Lucas para almoçar em um restaurante chinês na rua principal. Beleza, claro, disse Lucas, mas olhem essa cena primeiro.

"Nós vimos Carrie Fisher naquele vestido engraçado com tortinhas de maçã na lateral da cabeça", se recorda Barwood. "Matthew e eu não conseguimos nos concentrar no almoço porque estávamos chocados pelo que tínhamos visto." A dupla ficou por ali pela maior parte da tarde berrando "calibre para atordoamento" sem parar. "Ai, meu Deus, George", disse Barwood. "O que você está fazendo?" Somente quando ele viu um primeiro corte no Natal que a atitude mudou. "Eu fiquei muito chocado pelo filme estar melhorando muito", falou Barwood. Ainda assim, ele e Robbins tiveram a honra de ter sido as primeiras pessoas no mundo a reencenar um trecho de *Star Wars* ironicamente.

De volta à *Tantive IV*, R2, um MacGuffin* em uma missão, vai à cápsula de fuga. 3PO discute com ele, mas entra de qualquer forma. Essa cena dura 23 segundos. Então vem a tomada de efeitos especiais (a primeira que a ILM filmou e que Lucas aprovou) da cápsula sendo ejetada como uma cápsula da missão Apolo; os artilheiros do destróier estelar desistem de atirar porque não há formas de vida a bordo; os droides dentro da cápsula pensam que o destróier estelar distante é a nave deles ilesa: tudo isso dura 22 segundos. A princesa Leia e Darth Vader têm seu primeiro encontro, que dura mais trinta segundos. Vader e um subalterno conversam sobre os méritos de aprisioná-la com indícios sombrios de tortura – "Deixe isso comigo" – e sobre um relatório que mencionava as fitas de dados roubadas. Tudo isso leva – você adivinhou – cerca de meio minuto.

Já existe um ritmo para a edição ágil do filme, que – embora não seja especialmente veloz para os padrões de hoje – nos dá exatamente o que precisamos em cada momento e nada mais. "Quando foi lançado, as pessoas achavam que o filme era muito rápido", disse Lucas sobre *Star Wars* em 2004. E aquela velocidade foi uma vantagem para o filme: o público queria voltar aos cinemas para vê-lo novamente não apenas porque era uma história divertida e cheia de ação, mas porque havia tanta coisa em cada cena que era possível assistir quatro vezes e ainda assim não captar todo robô bizarro ou criatura es-

---

*   Jargão narrativo para um elemento da história que serve para motivar o avanço do enredo, sem grandes explicações sobre sua natureza. Pode ser um objetivo abstrato (os planos da Estrela da Morte) ou um objeto em si (a misteriosa pasta jamais aberta de *Ronin*) que os protagonistas corram atrás ou protejam. [N. do T.]

tranha no fundo. Talvez você tenha visto aquela réplica prateada do 3PO bem atrás dos nossos heróis droides na primeiríssima cena? Não? Foi mal, as coisas estavam passando rápido demais. Você terá que voltar.

"Todo o impulso do filme foi movimento", falou Laddie. "Era esse o objetivo dele, não dar tempo de ninguém dizer 'meu Deus, que cenário maravilhoso'". Mas a pressa de Lucas também surgiu de uma sensação de vergonha. Ele simplesmente não acreditava que os efeitos especiais da ILM fossem satisfatórios – especificamente, que os efeitos não estivessem no nível que Kubrick estabelecera em *2001*. Então, Lucas fez questão de fazer cortes rápidos em cada tomada, na esperança de que não notássemos as imperfeições de *Star Wars*. (Mesmo muito tempo depois que ficou óbvio que nós não notamos ou nos importamos, ele ainda pensava da mesma forma: "*Star Wars* foi uma piada em termos técnicos", comentou Lucas sobre os efeitos visuais originais em 2002.)

O cineasta também compreendeu que precisava diminuir o ritmo de vez em quando. Um desses momentos preenche os próximos minutos: R2 e 3PO saem andando da cápsula e começam a perambular pelo planeta desértico, enquanto discordam sobre a direção a seguir. E é aqui que chegamos à marca de dez minutos de filme: com os dois se separando nas dunas de Tatooine. 3PO dá um chute ineficaz nas rodinhas de R2 antes de a estranha dupla se separar, e quando o primeiro rolo da introdução dramática da fantasia espacial termina, entramos na parte do filme que presta homenagem ao mesmo tempo a Kurosawa e John Ford.

Você já foi fisgado? Considerando que não tenha ficado maravilhado com os efeitos especiais e que não tenha se aterrorizado com Darth Vader, então a resposta depende em grande parte se os dois droides se transformaram em personagens reais e humanos por quem você pudesse sentir empatia. R2, uma cesta de lixo sobre patins com uma única câmera ao estilo de HAL como olho, parecia especialmente forçar os limites do antropomorfismo. Mas os bipes eletrônicos de Ben Burtt conseguiram passar uma gama improvável de emoções, enquanto a interpretação excruciantemente afetada de Anthony Daniels para 3PO provoca um tipo estranho de simpatia.[*][**]

---

[*]   A interpretação de Daniels foi tão parecida com um droide que, na verdade, no lançamento do filme, Charley Lippincott disse para um repórter da revista de ficção científica *Starlog* que 3PO era interpretado por um robô de verdade – e o repórter acreditou.

[**]   Esse mito chegou a ser publicado em reportagens da época no Brasil. [N. do T.]

Os droides têm personalidade suficiente para capturar as emoções de muitos espectadores que poderiam se achar acima de tal coisa. "Nota dez pela criação de dois objetos mecânicos adoráveis que se tornaram a apoteose da ficção científica de Dom Quixote e Sancho Pança", escreveu um amigo de Alec Guinness, o bem-sucedido ator e diretor inglês Peter Glenville, em uma carta de 1977 para Guinness após Glenville ter visto o filme em Nova York. "Eles fazem a pessoa rir e se envolver imensamente." Vindo de Glenville, que recentemente havia abortado a tentativa de fazer uma versão cinematográfica de *O homem de La Mancha*, esse era realmente um elogio e tanto.

No entanto, o mais notável sobre os primeiros dez minutos é quem não está presente neles: nada de Luke, nada de Han, nada de Obi-Wan. O único personagem humano simpático é a princesa Leia, e ela tem apenas duas falas. Os primeiros espectadores podem ser perdoados por pensar que os droides são na verdade os heróis do filme. *Star Wars* se revela ser um filme com um elenco de protagonistas, é claro, com cada herói evidente levando o público a outro herói evidente: Leia aos droides, os droides a Luke, Luke a Obi-Wan, Obi-Wan a Han, Han e Luke de volta para Leia.

No papel, esse enredo superpovoado parece confuso demais para qualquer pessoa digerir. Quem é o nosso herói, realmente, e onde eles estão? "Você excluiu o público", disse Brian De Palma para Lucas na discussão após a sessão de 1976, se referindo ao primeiro ato. "Você vaporizou o público. Eles não sabem o que está acontecendo." Don Glut teria a mesma reação quando viu *Star Wars* pela primeira vez: é *Flash Gordon*, pensou ele, mas passado por tempo demais por um filtro de grande elenco de protagonistas ao estilo de *American Graffiti: loucuras de verão*. "Quem é o herói?", pergunta Glut, ainda hoje.

Esse tipo de reação foi o motivo de Lucas ter inserido aquelas cenas no terceiro manuscrito do roteiro, que sobreviveram até o quarto, em que a batalha espacial era entrecortada por Luke Skywalker observando o combate no solo. Luke então diz o que acabou de ver para um bando de colegas adolescentes, enquanto o velho amigo e mentor Biggs Darklighter volta da Academia a fim de contar para Luke que ele vai abandonar o barco e se juntar à rebelião.

Embora Lucas desconfiasse da cena e achasse que ela fosse um pouco ao estilo de *American Graffiti*, ele chegou ao ponto de filmá-la porque Barwood e Robbins insistiram que a cena ajudaria a esclarecer o filme e torná-lo mais humano.* Mas ao olharmos para ela hoje, é evidente que a cena teria emperrado

---

* Começar o filme com os droides, sugeriram Barwood e Robbins, daria a impressão de que Lucas "estava fazendo *THX 1138* novamente".

Star Wars. Eram praticamente cinco minutos de um diálogo empoeirado sobre o Império ter nacionalizado o comércio nos sistemas centrais – uma história pregressa que ocupava metade do primeiro rolo. Biggs usa uma estranha capa preta em miniatura e é mais alto do que Luke. Se chegasse à edição final, a cena poderia não exatamente ter matado *Star Wars*, mas certamente teria entediado e confundido uma boa parte da plateia bem mais do que o efeito do grande elenco de protagonistas.

A ausência de Biggs de fato torna confusas algumas falas no roteiro: "Biggs está certo, eu nunca vou sair daqui!", reclama Luke para 3PO. Mas há tanta coisa no meio dos acontecimentos em todo caso, que o diálogo ainda funciona. Biggs? Claro, Biggs, um amigo, tanto faz. Quando Biggs realmente surge na lua rebelde de Yavin IV, colocando o uniforme e se preparando para se juntar à missão de destruir a Estrela da Morte, é uma bela recompensa para os espectadores que estão repetindo o filme.

O fato de Luke não aparecer até o décimo sétimo minuto é uma vantagem de outra natureza para o filme: é útil para quem entrou atrasado. Muitas pessoas perderam o primeiro rolo quando *Star Wars* estava sendo exibido nos cinemas, especialmente quando o boca a boca sobre o filme se espalhou e as filas do lado de fora dos cinema começaram a crescer. Por mais coisas que tenham sido espremidas no primeiro rolo, e por mais rápidos que tenham sido aqueles cortes, o filme ainda é bem fácil de ser entendido por novos espectadores no segundo rolo: dois robôs engraçados estão perambulando por um planeta desértico, presas fáceis para uma raça de anões encapuzados com olhos amarelos brilhantes. Entendido. Eles são capturados e aprisionados em uma espécie de caminhão de mudanças angular e robótico. Parece que serão vendidos como escravos. Quem irá comprá-los?

O rolo de abertura prova que a maior força de *Star Wars* está naquilo que o filme não conta para o público. Após toda aquela construção de mundo que Lucas fez nos manuscritos do roteiro, ele deixou quase todo o contexto da história fora do filme. Nunca sabemos, por exemplo, se essa galáxia muito, muito distante tem alguma espécie de sistema de data e hora; os fãs tiveram que inventar a própria cronologia com base no primeiro filme, com a destruição da Estrela da Morte original marcando o ano zero. Não sabemos que moeda Solo e Obi-Wan estão usando para fazer o acordo na cantina. Ouvimos Han Solo alegar que sua nave consegue percorrer a Rota de Kessel em menos de 12 parsecs, e nos perguntamos por que ele está falando de uma unidade de distância equivalente a 30 trilhões de quilômetros (ou mais ou menos 360 trilhões de quilômetros para toda a Rota de Kessel) como se fosse uma unidade de tempo. Será que Solo estava se vangloriando da distância pequena que tinha que percorrer via hiperespaço? Será que ele simplesmente seria um enganador, como sugere o roteiro de filmagem? ("Ben reage à tentativa estúpida de Solo de impressioná-los com uma informação óbvia.") Ou a palavra "parsec" tem um significado diferente na galáxia muito, muito distante?

Algumas dessas questões são respondidas na romantização de Foster (ele mudou "parsecs" para "unidades de tempo padrão" porque "simplesmente não podia deixar aquilo passar"), e ela perde muito por isso. O mistério é o que aguça a nossa imaginação. Nós adquirimos apenas o conhecimento suficiente para incubar a ideia de *Star Wars*, e uma história pregressa inventada por nós mesmos começa a brotar. Lucas, apesar da experiência negativa com a natureza pouco informativa de *THX 1138*, confiou que a plateia sonharia os detalhes que faltavam, e a plateia correspondeu em dobro. As próximas quatro décadas seriam passadas preenchendo cada brecha concebível – o nome de todos os droides em todas as naves, a espécie de todos os alienígenas no fundo de cena da cantina de Mos Eisley, cada detalhe das Guerras Clônicas.

Mas a cabeça do público de cinema em 1977 não estava voltada para isso. No cálido arrebol daquela cerimônia rebelde de entrega de medalhas, os espectadores tinham perguntas mais urgentes do que a origem daquela criatura cabeça-de-martelo na cantina, ou como os torpedos de prótons de Luke conseguiram fazer uma curva de 90 graus para descer pelo poço de ventilação, ou por que Chewbacca não ganhou uma medalha. O filme, afinal de contas, tinha um monte de pendências urgentes: o que aconteceu com Obi-Wan? Quem vai ficar com a princesa, Han ou Luke? Quem é o pai de Luke? Que mal se escondia embaixo da máscara de Vader, e será que ele ainda estaria vivo depois de sair girando pelo espaço durante a batalha da Estrela da Morte? Os rebeldes acabaram de ganhar a guerra contra o Império? Provavelmente não; houve uma conversa sobre o imperador, e ele não foi visto em parte alguma. O título em inglês indica guerras no plural, *Star Wars*. Tem que haver mais, certo?

12 / LANÇAMENTO

As cartas pareciam estar marcadas contra *Star Wars* desde o início, mas nunca mais do que na estreia nos cinemas. O filme foi lançado na quarta-feira antes do feriado americano Memorial Day. Aqueles moleques de 10 a 14 anos que Lucas pretendia que fossem o público-alvo ainda estavam na escola. (Na teoria, quer dizer: havia pelo menos quatro crianças matando aula na primeira sessão das 10h45 da manhã no Coronet.) O filme tinha sido lançado em apenas 32 salas, com mais onze programadas para se juntar a essas nos próximos dias. (Em comparação, *Uma ponte longe demais* e *New York, New York* foram lançados em quatrocentas salas por volta da mesma ocasião.) E como foi a divulgação de *Star Wars* pelo mais tradicional dos meios, o trailer? Apenas aquele único trailer do filme foi exibido no Natal anterior, desapareceu e voltou na Páscoa.

No entanto, naquele primeiro dia, o filme arrecadou 255 mil dólares, ou seja, 8 mil dólares por sala. Em 1977, isso era o que a maioria dos cinemas arrecadava durante a semana inteira. Foi um recorde para a maior parte dos 32 cinemas que exibiram o filme. A arrecadação não foi distribuída uniformemente, é claro. O Mann's Chinese Theatre em Hollywood teve a maior bilheteria de um dia em sua história para um único filme: 19 358 dólares. A 4 dólares a entrada, isso significa que 4,8 mil angelinos lotaram cinco sessões em um único dia. (Uma dezena ou mais desses bilhetes foram comprados por Hugh Heffner e sua galera da Mansão Playboy, que estacionaram uma frota de limusines em frente às filas no Mann's, determinados a descobrir o que era aquela agitação toda; Heffner acabou assistindo ao filme duas vezes.)

A panelinha de Charley Lippincott começou a alertar a mídia, mas ela demorou a agir. A *Variety* e outros veículos informariam a bilheteria recorde do primeiro dia, mas as reportagens ao vivo sobre as filas do lado de fora dos cinemas só apareceriam nos jornais no fim de semana. Ainda assim, não demorou muito para surgir um novo tipo de fã: o fã que assistia várias vezes. Kurtz estava fazendo uma turnê de imprensa na Costa Leste no dia 26 de maio, voando para aparecer na TV em Boston e Nova York, quando foi surpreendido durante um programa em Washington pela ligação de um espectador que telefonou para dizer que já tinha visto *Star Wars* quatro ou cinco vezes – exatamente o número de vezes que o filme tinha sido exibido na cidade dele àquela altura.

Em maio de 1977, rever o filme não aumentava necessariamente a venda de ingressos: as pessoas simplesmente podiam permanecer no cinema, esperar mais ou menos uma hora, e assisti-lo novamente. Essa era uma coisa que os espectadores não costumavam fazer antes. Na verdade, foi por causa de *Star Wars* que a maioria dos cinemas instituiu uma política de retirar o público da sala entre as sessões. Mas, assim que saíam do cinema e retornavam, esses espectadores se tornaram responsáveis por um valor incalculável de arrecadação na bilheteria. Para muitos – e isso é algo que se via a toda hora em reportagens de TV e jornal de 1977 –, o número de vezes que eles tinham visto *Star Wars* assumiu o tom de um esporte de competição: "Eu vi *Star Wars* vinte vezes!". Porém, para muitos que não foram citados nos noticiários, aquilo era simplesmente a emoção de mergulhar em uma história com um capacidade muito notável de ser repetida. Era possível ver vinte, trinta, quarenta vezes e não se entediar.

Um fã desse tipo foi Christian Gossett. Filho de um ator e de uma repórter do *LA Times*, Gossett tinha 9 anos quando assistiu a *Star Wars* no Mann's Chinese Theatre na estreia. "Meu pai tinha um hábito maravilhoso – quando havia um filme que ele queria ver, ele nos deixava faltar na escola naquele dia e íamos ao cinema à tarde", se recorda Gossett. "*Star Wars* foi o primeiro filme que era tão bom que nós decidimos por unanimidade que, assim que mamãe saísse do trabalho, nós a arrastaríamos para ver novamente. Havia um ardor maravilhoso, a sensação de que era possível pular no carro, ir ao cinema e estar naquele mundo novamente. Era o equivalente em 1977 ao vídeo sob demanda." Gossett cresceria e se tornaria o artista que inventou o sabre de luz de lâmina dupla usado no *Episódio I*.

Na sexta-feira, dois dias após a estreia, *Star Wars* foi exibido em mais nove cinemas. Ainda havia uma demanda muito grande e uma oferta pequena demais. Outros donos de cinema, os "velhos esquisitos com seus charutões" que Lippincott havia entediado até a morte, teriam adorado se juntar à moda de *Star Wars* imediatamente, mas precisavam honrar primeiro as reservas preexistentes. Inadvertidamente, a Fox também ajudou a criar essa escassez que aumentava a publicidade por um erro grosseiro de cálculo da demanda. Os executivos, tirando Laddie, simplesmente não imaginavam que o filme valesse o celuloide em que estava impresso; a Fox começou com menos de cem cópias e teve que começar a produzir cópias extras o mais rápido possível assim que ficou evidente que *Star Wars* era o evento da temporada. Já em 25 de maio, a empresa foi esperta ao inverter a estratégia de *O outro lado da meia-noite*: agora, disse a Fox para os donos de cinemas, quem quisesse programar *Star Wars*, teria que programar *O outro lado da meia-noite* também.

As filas nos cinemas davam a volta no quarteirão daquela primeiríssima sessão das 10h45 da manhã no Coronet e não paravam. O Avco Theater em Westwood teve que contratar sessenta funcionários novos apenas para controlar as multidões e receber as entradas. O gerente se vangloriou, com um certo arrependimento, que teve que recusar a entrada de 5 mil pessoas no fim de semana do Memorial Day. O gerente do Coronet, um velho mal-humorado chamado Al Levine, nunca tinha visto algo do gênero. Ele deu uma descrição agora famosa das multidões: "velhos, jovens, crianças, grupos de Hare Krishna. Eles trazem cartas para jogar na fila. Temos jogadores de damas, temos jogadores de xadrez; pessoas com pinturas e lantejoulas nos rostos. Comedores de frutas como nunca vi antes, pessoas chapadas de erva e LSD".

Levine reconheceu o que estava acontecendo. O lançamento de *Star Wars* coincidiu com níveis recordes de consumo de maconha entre estudantes do ensino médio; de acordo com as estatísticas do governo, a tendência atingiria o ápice em 1978 e vem caindo desde então. Quase todas as críticas descreveram o filme como "uma viagem alegre" ou um "triunfo visual" – um chamariz certeiro para cabeças que queriam matar algumas horas num êxtase descerebrado e psicodélico. Quanto ao título... bem, o departamento da Fox não podia ter se equivocado mais na avaliação de que o público veria "*star*" e pensaria nas celebridades de Hollywood. A geração Woodstock e pós-Woodstock viu "*star*" e não pensou nas celebridades de Hollywood, mas em Ziggy Stardust, a Starland Vocal Band, Ringo Starr, a banda de rock Atlanta Starbuck, "We are Stardust, We are Golden", "Good Morning Starshine", "There's a Star Man Waiting in the Sky". A criação de Lucas chegou na rabeira do glam rock e no ápice dos anos disco. Os Sex Pistols lançariam "God Save the Queen" em 27 de maio de 1977 e dariam início à era punk; mas, por enquanto, as "*stars*" ainda eram descoladas. *Star Wars* pode não ter precisado da ajuda da cultura da droga, pois foi revolucionário para os caretas também. Mas o gosto do país nos anos 1970 por fumar um antes de ir ao cinema certamente não prejudicou a arrecadação da primeira semana.

Nem tampouco a popularidade crescente de *Star Trek*. O seriado que não queria morrer estava mais forte do que nunca no início de 1977, e havia planos para um segundo seriado de TV em um futuro próximo. Porém, diante da ausência de um longa-metragem de *Star Trek*, algo que Gene Roddenberry andava tentando fazer decolar há anos, *Star Wars* certamente pareceu a segunda melhor coisa possível. Charley Lippincott tinha evitado se aproximar dos trekkers propositalmente por respeito; a maioria veio de qualquer forma. "Eu era um fã de *Star Trek* primeiro", fala Dan Madsen, na época um garoto de 14 anos em Denver. "Mas tenho que ser sincero, quando *Star Wars* foi lançado, eu arranquei todos os pôsteres de *Star Trek* do meu quarto e enchi a parede com *Star Wars*. O filme tomou o nosso território." Madsen cresceria e se tornaria amigo tanto de Gene Roddenberry quanto de George Lucas, e acabaria organizando os fã-clubes oficiais tanto de *Star Wars* quanto de *Star Trek*. Mas em 1977, não havia dúvida de a quem ele era leal.

É possível notar essa mudança mais prontamente nas páginas de *Starlog*, a revista mensal de ficção científica mais lida da época. *Starlog* foi lançada em 1976, cheia até as orelhas de guias de episódios de *Star Trek* e reportagens emocionantes sobre as convenções. Na edição de junho de 1977, nas bancas quando *Star Wars* estreou, havia um único artigo de uma página sobre o filme que Lippincott havia insistido para a revista fazer. O artigo sem assinatura e sem manchete foi praticamente uma legenda para duas antigas pinturas de Ralph McQuarrie, e ainda assim conseguiu errar os detalhes sobre *Star Wars* de uma maneira espetacular: o filme aparentemente continha um "sabre de laser", "guardas robôs" de branco, e "uma antiga técnica misteriosa para trabalhar a força de vontade das pessoas, conhecida apenas como 'O Poder'". Mas, desse ponto em diante, a *Starlog* bem que podia ter se chamado de revista *Star Wars*. O filme reinou como a matéria de capa da edição de julho; para a edição de agosto, agora cheia de anúncios de produtos *Star Wars*, o editor Kerry O'Quinn assinou um editorial estranhamente efusivo. Ele contou que, ao sair do cinema após ter visto *Star Wars* pela primeira vez, encontrou "duas pessoas discutindo sobre a precisão científica de alguns diálogos do filme", ao que alguém que ouviu na próxima fila gritou: "E daí?". O pêndulo da atenção saiu da ficção científica para a fantasia espacial, de Verne para Wells, de Roddenberry para Lucas, quase da noite para o dia.

Os trekkers começaram a falar que *Star Trek* era "passado". Uma charge publicada em um fanzine de *Star Trek* mostrava a ansiedade crescente sobre *Star Wars* dentro do universo trekker. "Isso é um motim!", declarou o capitão Kirk, furioso diante de uma fila de oficiais da Frota Estelar para ver *Star Wars*.

"Sim", respondeu um oficial despreocupado no desenho, "acho que é". *Spectrum*, um fanzine de *Star Trek*, escreveu que "dois extremos já se formaram: um que diz que '*Star Trek* morreu' e cita *Star Wars* como seu assassino; e a outra facção que mantém uma atitude aguenta-que-dói-menos e presume que o entusiasmo diminuirá com o tempo, deixando intacto o universo de fãs de *Star Trek*, e que *Star Wars* 'é apenas um outro filme de reprise'".

As previsões de nenhuma das duas facções se mostrariam corretas. *Star Wars* foi um vagalhão que levantou o bardo de *Star Trek* em pouco tempo. Mas, a curto prazo, os fãs de *Star Trek* passaram a lançar fanzines de ficção baseada em *Star Wars* quase imediatamente após a estreia do filme. Eles tinham nomes como *Moonbeam* e *Skywalker*, *Hyper Space* e *Alderaan*. Os escritores recebiam avisos terríveis dos trekkers de que a Lucasfilm provavelmente teria uma atitude mais severa contra fan fictions do que a Paramount, o estúdio que era proprietário da série *Star Trek*. Mas esse não foi bem o caso. Certamente, quando a questão era reprimir a *venda* de qualquer coisa com o nome *Star Wars*, a Lucasfilm se mostraria uma detentora de direitos irritável e controladora, muito mais severa do que sequer aqueles trekkers bem informados poderiam ter previsto.

Mas a intenção da Lucasfilm era dar muita liberdade de ação para os fãs. "Estamos criando uma política para fanzines", escreveu Craig Miller, o primeiro presidente de relacionamento com fãs da Lucasfilm, em uma nota de agradecimento ao editor do *Hyper Space* em 1977 (o editor enviara um primeiro exemplar do fanzine para Lucas; Kurtz leu e gostou, e sugeriu que Miller respondesse). "Um problema com o direito autoral tem que ser resolvido." Mais tarde, editores de fanzines foram informados sobre a natureza do problema: os advogados da Fox suspeitavam dos fanzines, e a Lucasfilm estava tentando convencê-los dos efeitos positivos dos fãs. A maioria dos escritores dos fanzines se sentiu mais segura publicando histórias que eram óbvias sátiras (pois a sátira tem mais proteção legal sob a lei de direitos autorais). A natureza favorável da paródia de *Star Wars* atacou novamente.

O único limite que não podia ser cruzado, no que dizia respeito a Lucas, era o erótico. *Slash fiction* hétero e homoerótica – o nome vem do "slash" (o sinal /) em "Spock/Kirk" – era um elemento principal dos fanzines de *Star Trek* há anos. Mas Lucas deixou claro desde o início que ele queria ver apenas fan fictions com classificação etária de 12 anos. O departamento jurídico da Lucasfilm mandou avisos severos para escritores de duas fan fictions adultas: uma história sueca que mostrava Darth Vader torturando Han Solo sexualmente, e um conto americano em que Solo e Leia se pegavam. "A palavra foi dada por George Lucas em pessoa", escreveu Maureen Garrett, diretora do fã-clube oficial de *Star Wars*, "que pornografia sobre *Star Wars* é inquestionavelmente inaceitável". Garrett citou o "dano causado à pureza associada à saga *Star Wars*". Lippincott soube que Lucas estava falando muito sério a respeito disso quando voltou de uma turnê de imprensa do Japão com Mark Hamill e trouxe alguns mangás pornográficos de *Star Wars* para o chefe como brincadeira. Lucas subiu pelas paredes e exigiu que os criadores fossem processados. Não havia fundamento legal: o direito autoral de *Star Wars* ainda não tinha sido registrado no Japão porque o filme ainda não havia sido lançado lá. Mas Lippincott não parou de ouvir as reclamações de Lucas. "Eu realmente aprendi a tomar cuidado com George", falou ele. Era uma lição que muitos outros aprenderiam com o tempo.

No dia 6, no encerramento do fim de semana do Memorial Day, *Star Wars* arrecadou 2,5 milhões de dólares em venda de ingressos. Isso não fez dele o filme campeão de bilheteria no país: *Agarra-me se puderes*, que estreou naquele fim de semana, venceu *Star Wars* com uma arrecadação de 2,7 milhões de dólares. Mas *Agarra-me se puderes* estava sendo exibido em 386 salas, e *Star Wars*, àquela altura, estava em cartaz em apenas 43.

Além disso, ninguém estava fazendo bótons com citações de *Agarra-me se puderes*. A molecada estava fazendo isso com *Star Wars* mais rápido do que Kurtz e Lippincott conseguiam acompanhar. E não eram apenas bótons. Os anos 1970 foram a era dos empreendedores comuns de camisetas e bótons também. Então, antes que se consiga dizer "filme cult favorito", jovens em toda parte faziam bótons "Que a Força Esteja com Você" e vestindo camisetas "Tenho Tesão por Han Solo". Muitos fãs se recordam da distribuição de bótons e venda de camisetas do lado de fora dos cinemas mesmo no primeiro dia.

Toda publicação fez sua obrigatória reportagem sobre *Star Wars*. A revista *Time*, no auge do poder e público leitor em 1977, colocou a reportagem de Jay Cocks no canto do topo da capa. A chamada simplesmente dizia "Melhor filme do ano". *Star Wars* teria ocupado a capa inteira, não fosse pela eleição de Menachem Begin em Israel; trocas de último minuto como aquela aconteciam o tempo todo na *Time*. Não foi problema; o canto da capa estava sendo visto em todas as bancas de jornal, criando um burburinho mesmo que a pessoa não comprasse a revista. Todo noticiário de TV fez uma reportagem sobre as multidões que aguardavam para ver aquele filme maravilhoso – inclusive a voz do país, Walter Cronkite, o âncora do telejornal da CBS. A cobertura dele representou um grande marco. Em 1968, o presidente Lyndon Johnson deu uma declaração famosa após a reportagem negativa de Cronkite sobre a guerra do Vietnã: "Se eu perdi Cronkite, eu perdi a classe média americana". O inverso era verdade em 1977: se *Star Wars* conquistou Cronkite, o filme conquistou a classe média americana. Aquele não era um filme apenas para a garotada, para os fãs de ficção científica, maconheiros e esquisitos variados. No decorrer de uma semana, a fantasia espacial ficou popular.

A reportagem de Cronkite, a que George e Marcia Lucas assistiram do conforto e segurança do Havaí, foi a primeira que eles viram do alarde da mídia. Há meses o casal havia se preparado para viajar ao Havaí dois dias depois da estreia de *Star Wars*, em parte para escapar do que Lucas tinha certeza de que seria um desastre. Eles não tiravam férias para valer desde a Europa em 1971, há seis anos. Era a hora de fugir, e os Lucas tinham como objetivo o hotel Mauna Kea na principal ilha do Havaí, com Willard Huyck e Gloria Katz.

Não havia um homem que precisasse mais de um retiro tropical do que Lucas naquele momento. O esforço final no estúdio de mixagem acabou com a sua última gota de energia. Obviamente, Lucas teve que controlar o processo nos mínimos detalhes, juntamente com o corte final. Ele cumpriu dias de 36 horas. Carrie Fisher encontrou o diretor caído sobre um sofá em sua pequena instalação de edição, o escritório alugado há muito tempo no estúdio da Universal, murmurando que nunca queria fazer aquilo de novo. Lucas levou o prazo final de 25 de maio ao extremo: a lenda de que latas de filme estavam sendo levadas às pressas para os cinemas enquanto os primeiros rolos já estavam sendo exibidos pode não ser verdade, mas não está muito longe da realidade.

E ainda assim Lucas não ficou satisfeito. Quem odeia a Edição Especial deve saber: George Lucas começou a alterar *Star Wars* não em 1997, mas em 25 de maio de 1977. Conforme se aproximava a data da estreia, Lucas ainda estava descontente com a mixagem em Dolby Stereo 5.1; havia algumas falas de Mark Hamill que não soavam direito. Lucas trabalhava duro na mixagem o dia inteiro, enquanto as filas se formavam em 32 cinemas no país todo. À noite, ele ainda não havia terminado. Quando Marcia entrou para a montagem noturna de *New York, New York*, ambos eram zumbis.

A pausa para o jantar de George e Marcia naquela noite se tornaria uma das mais refeições mais famosas e citadas da história do entretenimento. Os Lucas se sentaram no Hamburger Hamlet, que fica diretamente do outro lado da rua em frente ao Mann's, um dos cinemas mais famosos do mundo, vendo as multidões e as limusines da Playboy do lado de fora, sem se dar conta de que *Star Wars* estava passando ali. Não foi apenas porque ambos estavam exaustos, e sim porque *O comboio do medo* de William Friedkin deveria estar passando no

Mann's. Mas o filme tinha sido adiado, e ninguém disse para Lucas que *Star Wars* fora programado em seu lugar. Marque outro ponto para a panelinha persuasiva de Lippincott.

E o que Lucas fez depois que descobriu que era seu filme, e não o de Friedkin, que estava causando tanto rebuliço no Mann's? Ele retornou ao estúdio a fim de telefonar para Mark Hamill. Lucas pelo menos teve a decência de brincar primeiro. "Oi, garoto, já ficou famoso?" Depois ele chamou Hamill – não para comemorar, mas para regravar um pouco dos diálogos. Hamill declinou o convite. Marcia pelo menos teve o bom senso de comprar duas garrafas de champanhe.

Naquela noite, Lucas se recusou a acreditar na própria sorte. Era cedo demais para comemorar. Ele estava rodando com o carro na reserva; era hora de ir à praia. No Havaí com Marcia, Huyck e Katz, Lucas queria esquecer que o filme sequer existia. Então, alguns dias depois, Laddie telefonou para o hotel. "Eu falei 'Laddie, eu estou de férias, não me importo com o que aconteça com o filme, não faz diferença para mim'", contou Lucas. "Ele disse 'ligue no Canal 5, sintonize em Walter Cronkite, espere para ver o que está acontecendo.'" Foi preciso Cronkite, o âncora preferido de Lucas, para transmitir a mensagem. "Bem", disse Lucas, "acho que talvez o filme seja um grande sucesso".

Em junho de 1977, as multidões monstruosas nos quatro cinemas de Nova York que exibiam *Star Wars* exigiram a presença da polícia montada para ser controladas. Todo tipo de gente se esbarrava naquelas filas. Johnny Cash, Muhammad Ali e o senador Ted Kennedy esperaram nos cinemas como todo mundo. Elvis Presley tentou um caminho diferente: o Rei estava no processo de garantir uma cópia de *Star Wars* para exibir para si e Lisa Marie em Graceland na véspera da morte.

Até mesmo o impassível Gary Kurtz estava começando a acreditar que *Star Wars* era um grande sucesso. "Nós estávamos desconsiderando as filas com base que, nas primeiras três ou quatro semanas, provavelmente não haveria nada além de fãs de ficção científica", diz ele. "Foi apenas após um mês, quando eles continuavam lá, que percebemos que era um fenômeno que se autoperpetuava."

Os instintos da milícia provaram estar certos além das fantasias mais loucas. Houve boca a boca suficiente dentro da comunidade de ficção científica para atrair multidões para a primeira semana. Críticas entusiasmadas atraíram as multidões da segunda e terceira semanas. Reportagens sobre o tamanho das filas atraíram a multidão pós-Memorial Day. As filas se espalharam por metástase e geraram ainda mais reportagens sobre vizinhos frustrados, pilhas de lixo acumuladas no fim do dia e comerciantes locais ganhando um dinheiro fácil com todo aquele cenário.

Aqueles que viram o filme, aqueles que tinham conhecimento das coisas, estavam acostumados com nomes curiosos e expressões típicas. Eles entraram para um clube que sabia a respeito da "Força", mesmo que todo mundo tivesse uma teoria diferente sobre o que ela realmente era. De repente, *Star Wars* era muito mais do que a soma de sua bilheteria. Era famoso por ser famoso.

Havia mais um fator que levava o público a voltar repetidas vezes: o surpreendente e imersivo sistema Dolby Stereo raramente ouvido antes. Aquela era uma época em que a maioria dos cinemas ainda oferecia um único alto-falante mono insignificante atrás da tela, e a maioria dos donos de cinema imaginava que os clientes pouco se importavam com a qualidade de som. A Fox estava tendo dificuldade em convencer os proprietários a gastarem os mais ou menos 6 mil dólares necessários para modernizar o som para Dolby Stereo, portanto o próprio estúdio começou a pagar pelas instalações. O acordo foi: se o filme fosse um sucesso para o cinema, os donos pagariam pelo sistema de volta para a Fox. Foi uma aposta muito certeira da parte da Fox.

O estúdio reconheceu a boa sorte mais rápido do que Lucas e Kurtz. Laddie foi ampla e instantaneamente celebrado por ter acreditado em um projeto difícil, não ter cedido e ter salvado uma empresa que estava na pior. "Essa pode ser a Twenty-First Century Fox afinal de contas",* admirou-se a revista *People* em julho. As ações da Fox valiam 13 dólares imediatamente antes de *Star Wars* ser lançado. Um mês depois, valiam 23 dólares. Uma ação subir 76% em um mês seria notícia de primeira página em qualquer época, mas, no mercado em recessão do fim dos anos 1970, aquele era um salto digno do *Homem de seis milhões de dólares*. O salário de Laddie também deu um enorme salto, de 182 mil dólares para 563 mil dólares. Ele foi eleito para o conselho administrativo em julho. Os contadores começaram a investir a recém-descoberta riqueza da empresa em uma estação de esqui em Aspen e um campo de golfe em Pebble Beach. O lucro fiscal da Fox em 1977, que era 79 milhões de dólares, foi o dobro do recorde de lucro anual anterior. "*Star Wars* foi como se eles tivessem achado ouro", fala Laddie. "Eles ficaram malucos com o dinheiro que ganharam."

---

*   O comentário se refere ao fato de o nome completo do estúdio significar em inglês "século 21" e a 21st Century Fox finalmente ter evoluído. [N. do T.]

Algumas coisas foram rápida e sigilosamente esquecidas dentro da Fox. Uma é que a empresa chegou perto de vender os lucros de *Star Wars* para os sócios da Alemanha Ocidental. Laddie diz que nunca soube a respeito do complicado esquema do paraíso fiscal (que não seria descoberto por repórteres até 1980; também foi mantido em sigilo até então o processo fracassado de 25 milhões de dólares que ricocheteou de volta para os alemães ocidentais). A Fox desfez o acordo verbal com o paraíso fiscal após os executivos da empresa verem a pesquisa de opinião da pré-estreia em São Francisco, no Northpoint Theatre no dia 1º de maio.*

Laddie estava tão eufórico quanto era capaz de ficar. A filha Amanda, então com 4 anos, se recorda de ter sido levada de carro pelo pai ao longo das filas no Avco Theater em West Hollywood. Em julho de 1977, Laddie tinha visto *Star Wars* trinta vezes. Oficialmente, as reprises do chefão da Fox foram para verificar uma, duas, três vezes que a aprovação do público era realmente universal. Mas ninguém aguenta ver alguma coisa trinta vezes sem gostar. Laddie, ao que parece, estava tão arrebatado quanto todo mundo.

Para a Fox, no entanto, o triunfo foi agridoce. O acordo da empresa com Lucas foi a definição de economia porca. Como o filme estourou o orçamento – graças em grande parte à ILM ter gastado o dobro do 1,5 milhão de sua quota –, a Fox foi capaz de descontar 15 mil dólares do salário relativamente mirrado de 150 mil dólares de Lucas. Ao mesmo tempo, porém, teve que entregar para o diretor 40 centavos de cada dólar que o estúdio recebera por alugar o filme para os cinemas, e 50 centavos de cada dólar ganho no merchandising. Essa última concessão fez a empresa perder milhões mesmo tendo feito a empresa ganhar milhões.

Mas como a Fox ainda tinha a capacidade contratual de lançar os próprios produtos de *Star Wars*, já havia máscaras de C-3PO, stormtroopers e Darth Vader "de vinil com aparência metálica" por 39,95 dólares; a máscara de Chewbacca era de borracha "com pelos aplicados à mão". Naquele verão, era possível comprar garrafas térmicas de R2-D2 por 3,95 dólares. Uma empresa chamada Factors Inc. adquiriu a licença para fazer estampas nas camisetas brancas mais vagabundas feitas no México que eles conseguiram encontrar e saturaram o mercado. Poucos fãs pareceram notar ou se importar

---

* Nem todas as respostas da pesquisa foram positivas. Kurtz ainda tem uma delas emoldurada no próprio escritório, escrita por um rapaz anônimo de 22 anos. "Esse é o pior filme que já vi desde *Godzilla versus the Smog Monster*", é tudo o que a resposta diz.

que, na urgência, a Factors tinha escrito errado o nome de Darth Vader. A Fox deixou a empresa do ramo de joias Weingeroff lançar às pressas uma linha de brincos baratos inspirados em 3PO, R2, Vader e no caça X-wing. A Topps estava concentrada na primeira linha de figurinhas de gomas de mascar de *Star Wars*, feita por um jovem artista de quadrinhos underground que tinha um emprego fixo lá, chamado Art Spiegelman.[*]

E, por fim, havia a decoração de parede. Em maio de 1977, o pôster mais popular nos Estados Unidos era uma imagem de Farrah Fawcett, a principal integrante de *As panteras*, em um maiô com um mamilo nitidamente excitado. Em julho, os pôsteres de *Star Wars* estavam vendendo mais do que os pôsteres de Fawcett por cinco a um.

O maior problema da Fox, no entanto, não era que o estúdio teria que entregar para Lucas metade de tudo o que já havia lucrado com aqueles negócios. Era que Lucas possuía controle completo sobre as continuações agora inevitáveis. O melhor que a Fox podia esperar era que Lucas ficasse no Havaí até 1979 e ignorasse a cláusula no contrato que devolvia os direitos sobre as sequências para o estúdio caso ele não começasse a filmar a continuação dentro de dois anos. De alguma forma, aquilo parecia improvável. O melhor que a Fox podia fazer era procurar pelo próximo *Star Wars* – e nunca mais cometer o mesmo erro novamente.

Enquanto isso, no Havaí, Huyck e Katz se despediram dos Lucas, e George, em um momento que parece com uma nítida troca de guarda, convidou Steven Spielberg, o único outro diretor do mundo a ter um sucesso daquele tamanho, para ir lá e tirar uma folga de *Contatos imediatos*. Coppola, preso nas Filipinas e enlouquecendo lentamente com a fracassada filmagem de *Apocalypse Now*, mandou um telex dando parabéns para Lucas. A mensagem continha um pedido conciso, um daqueles em que um amigo passando necessidades tenta parecer que está brincando: "Mande dinheiro".[**]

Lucas e Spielberg construíram castelos de areia e discutiram o futuro por alto. Eles sabiam que estavam em ascendência, que eram os dois diretores mais bem-sucedidos financeiramente do mercado. Com *Tubarão* e *Star Wars*,

---

[*] Spiegelman lançaria em 1986 a premiada HQ *Maus*, que lhe renderia um prêmio Pulitzer especial em 1992. [N. do T.]

[**] Ao mesmo tempo, o séquito de Coppola estava ridicularizando cruelmente *Star Wars* como "cinema bobalhão".

ficou claro que Lucas e Spielberg criaram um novo gênero: o blockbuster de verão. Uma parceria parecia inevitável. Lucas e Spielberg eram farinha do mesmo saco: ambos perfeccionistas implacáveis que teimavam em manter um sentido de deslumbramento infantil. Naturalmente, havia um pouco de competição entre os dois amigos, mas ambos investiam no sucesso um do outro – muito literalmente. Lá atrás, na filmagem de *Contatos imediatos* no Alabama, Lucas, convencido de que o filme de Spielberg teria mais sucesso, deu 2,5% dos lucros de *Star Wars* para o amigo, e Spielberg foi recíproco – um tipo de ritual entre irmãos de sangue conhecido na indústria cinematográfica como troca de pontos. Hoje sabemos que Spielberg ficou com a melhor parte do negócio; que os 2,5% lhe deram 40 milhões de dólares, sem ainda dar sinal de parar. Porém, no verão de 1977, Lucas ainda poderia vencer a aposta: com efeitos especiais de Douglas Trumbull e trilha sonora de John Williams, era concebível que *Contatos imediatos* pudesse superar *Star Wars* da forma como *Star Wars* estava prestes a superar *Tubarão*.

E depois disso? Spielberg extravasou a frustração com Lucas naquelas férias e reclamou que realmente queria fazer um filme de James Bond, mas que já recebera três foras de Cubby Broccoli, o produtor de 007. Lucas disse que tinha algo melhor do que Bond. Falou para Spielberg sobre uma ideia que teve de homenagear outros filmes de aventura dos anos 1930 – os épicos de Errol Flynn, *As minas do rei Salomão*, esse tipo de coisa. O herói seria um intrépido arqueólogo chamado Indiana Smith. Ao contrário de *Star Wars*, Lucas concebeu a ideia como uma série antes mesmo de ela ser escrita: "uma sequência de filmes que ele tinha esperança de que reestabelecesse a alta aventura", contou Spielberg alguns anos depois. Ele estava empolgado – aquilo seria "James Bond sem os equipamentos"–, mas, disse Spielberg, o nome Indiana Smith era muito sem graça. Ok, respondeu Lucas. Que tal Indiana Jones?

Isso foi até onde a conversa chegou antes de Lucas ser interrompido por mais telefonemas da Fox sobre a arrecadação de *Star Wars*.

Lucas teve mais um devaneio específico no Havaí. Ele percebeu que, com quantidades gigantescas de riqueza a caminho, finalmente seria capaz de tornar realidade a utopia de cineasta baseada em Marin County – uma fantasia adiada desde os primeiros dias da American Zoetrope. Era hora de voltar ao continente e ao universo que *Star Wars* tinha reformulado em sua ausência.

Quando George e Marcia voaram para casa, *Star Wars* tinha um domínio ainda maior sobre a imaginação popular. Laddie tinha cada vez mais certeza de que *Star Wars* superaria o filme de maior bilheteria de todos os tempos, *Tubarão*, em algum ponto daquele ano – assim que *Star Wars* entrasse em cinemas suficientes. *Tubarão* teve apenas metade dos espectadores por tela de *Star Wars*.

Se ele quisesse a chance de surfar aquela onda crescente de interesse, Lucas teria que expandir os negócios rapidamente. A Star Wars Corporation ainda consistia apenas de uma dezena de pessoas que trabalhavam em trailers no terreno da Universal. Como devem ter parecido rudimentares comparadas com o sonho de Marin County. Enquanto esteve em Los Angeles, Lucas contratou uma assistente, Jane Bay, uma funcionária da Universal que por acaso estava pensando em se mudar para o norte da Califórnia. Bay se tornaria sua protetora mais leal e ficou com Lucas até ambos se aposentarem em 2012.

Daquele momento em diante, Lucas precisaria de um escudo: a imprensa mundial e o conjunto de fãs e malucos estavam ansiosos para falar com ele. Lucas foi informado sobre um homem com uma faca na mão que entrou no escritório dele em Los Angeles alegando ter escrito o filme e exigindo sua parte nos lucros. Para o cineasta, que sequer suportava ser parado na rua por estranhos, aquilo era demais. "Eu sou introvertido. Não quero ser famoso", implorou Lucas na revista *People* de julho. "Eu fico nervoso quando as pessoas me reconhecem e dizem 'eu adorei seu filme'. " A revista ajudou o cineasta ao abrir o artigo com uma fotografia enorme de Laddie, em vez de Lucas.

Quando ele foi a Nova York para a estreia de – que mais? – *New York, New York*, Lucas se agarrou ao anonimato o máximo possível. Durante uma festa no hotel Sherry-Netherland, ele soube que havia centenas de caçadores de autógrafos no saguão. Lucas tentou convencer Edward Summer a tomar seu lugar. Ambos tinham barbas e usavam óculos. "Eles não conhecem exatamente a minha aparência", argumentou Lucas. "É só ir lá e assinar umas coisas; eles jamais saberão a diferença." Naquela ocasião, Lucas decidiu que ele e Summer deveriam se esconder indo ao cinema quase vazio que exibia *O comboio do medo*, de William Friedkin. Lucas gostou do thriller; ao saírem para a luz do sol, Summer se lembra do amigo balançando a cabeça, admirado diante das filas compridas para ver *Star Wars* do outro lado da rua. Ele ainda não conseguia acreditar direito que a coisa havia chegado àquele ponto.

Se Lucas não queria bajulação, o que ele faria a seguir? O filme de alta aventura com Spielberg, obviamente, porém, "mais do que qualquer outra coisa", disse o diretor para Lippincott, "eu queria ver alta aventura no espaço… A ficção científica ainda tem a tendência de se fazer tão virtuosa e séria, que foi o que eu tentei derrubar ao fazer *Star Wars*". A velha rivalidade Wells-Verne entre fantasia espacial e ficção científica estava para ser resolvida de uma vez por todas.

* * *

Uma das entrevistas mais interessantes e fundamentais da carreira de Lucas aconteceu naquela visita a Nova York, quando ele falou com Paul Scanlon, editor da *Rolling Stone*, na suíte do hotel. Naquele momento, ao que parece, Lucas tinha se dado conta da sorte que teve e sabia que estava prestes a se tornar o cineasta mais financeiramente bem-sucedido da história. A entrevista mostra Lucas com um humor efusivo, pensando no futuro. Apesar de declarar que *Star Wars* foi apenas 25% do que ele queria que fosse porque "improvisou" e fez "filmagens rápidas", Lucas finalmente foi capaz de sentir um pouco de orgulho de algumas cenas. Scanlon falou que o momento em que a *Millennium Falcon* entra no hiperespaço foi ovacionado todas as vezes que ele viu o filme. Lucas rapidamente esclareceu como aquela cena foi fácil de fazer, e realmente foi quando se presta atenção – um mar de estrelas sobre uma tela verde na cabine na nave, e então a câmera se afasta da *Falcon* bem rápido enquanto as estrelas giram. Mas ele finalmente admitiu e deu o tipo de declaração que era possível imaginar Lucas falando na época em que era um moleque corredor: "Não há nada como meter a velha nave no hiperespaço para dar uma emoção de verdade".

Ele tinha sonhos grandiosos para a série *Star Wars* e visões mais modestas para o futuro corporativo da Lucasfilm. Com o tempo, os dois se inverteriam. Aquela foi a primeira vez em que Lucas discutiu publicamente a possibilidade de mais filmes *Star Wars* – no plural. "Esse filme é um sucesso, e acho que as continuações também serão", disse ele. "As sequências serão muito, muito melhores." Sua visão era que *Star Wars* seria uma outra espécie de série James Bond, com espaço para vários diretores e interpretações. Ele seria o produtor executivo. Dirigir, para Lucas, acabou – por enquanto:

> O que eu quero fazer é dirigir a última continuação. Eu poderia fazer o primeiro e o último e deixar todo mundo fazer os filmes intermediários... As pessoas estão lá, o ambiente está lá, o Império está lá... Tudo está lá. E agora as pessoas vão começar a criar a partir do filme. Eu levantei as paredes de concreto, e agora todo mundo pode se divertir fazendo os desenhos, colocando as pequenas gárgulas e fazendo as coisas realmente divertidas. E é uma competição. Espero que, se eu chamar amigos meus, eles queiram fazer um filme muito melhor, tipo, "eu vou mostrar a George que consigo fazer um filme duas vezes melhor", e acho que eles conse-

guem, mas aí eu quero dirigir o último, para que eu faça um filme duas vezes melhor do que qualquer outro.

Nesse momento de triunfo, Lucas evitou o segundo mentor em favor do primeiro. "Eu nunca fui como Francis e alguns dos meus outros amigos", falou ele, "constantemente com dívidas e tendo que continuar trabalhando para manter os próprios impérios". O império de Lucas seria mais modesto – aparentemente, depois da aventura em Hollywood da década anterior, ele queria se tornar um lojista como o pai. "Eu quero ser capaz de ter uma loja na qual venda todas as coisas bacanas que eu queira", foi como ele explicou. Que incluísse arte de quadrinhos, que a loja Supersnipe que Lucas abrira com Summer já estava vendendo, bem como velhos discos de rock'n'roll e brinquedos antigos. Após revelar pela primeira vez o diabetes, Lucas disse que a loja mágica também venderia "bons hambúrgueres e sorvete sem açúcar, porque todas as pessoas que não podem comer açúcar merecem isso".

Tudo parecia fácil demais – usar a renda de *Star Wars* como capital para um empreendimento empresarial bacana e, como hobby, voltar a fazer aqueles filmes experimentais que ele comentara com Foster. Lucas seria o mago nos bastidores, o homem por trás da cortina, o Willy Wonka com baixo teor de açúcar. A história contínua de *Star Wars*? Ela seguiria adiante por conta própria.

13 / O IMPÉRIO ACIDENTAL

No fim de 1954, um ano dourado, quando a família Lucas comprou a primeira televisão, a Disney exibiu quatro filmes de uma hora sobre a vida de Davy Crockett, um deputado do Tennessee que perdeu a vida no Álamo.* A empresa ficou surpresa com a popularidade do programa, que levou a uma incrível profusão de 300 milhões de dólares de merchandising no espaço de um ano. A garotada enlouqueceu pelo herói do programa e importunou os pais para que comprassem as armas de brinquedo, lençóis, relógios, lancheiras, cuecas, canecas, toalhas, tapetes e pijamas. Mais especialmente, eles compraram o chapéu do herói, feito de couro e pelo de guaxinim, que, ao que consta, vendeu 5 mil unidades por dia somente em 1955. O preço do pelo de guaxinim subiu de 1,8 dólar para 17 dólares o quilo.

A maior parte daquela renda inesperada foi parar nas mãos de vendedores independentes; na época, o licenciamento que conhecemos hoje simplesmente não existia. Mas o jovem Lucas viu os resultados por toda parte, guardou o exemplo na memória, e se inspiraria nele mais ou menos 21 anos depois enquanto trabalhava em seu terceiro filme.

Em 1976, enquanto conversava com Lippincott sobre filmar *Star Wars*, a mente de Lucas retrocedeu àquela loucura dos anos 1950. Ele estava tentando explicar que o filme poderia ser o primeiro longa-metragem a ter um impacto no merchandising, e aquela minissérie de TV da Disney era o maior sucesso de merchandising na memória de Lucas.

---

* Sangrenta batalha da Revolução Texana ocorrida em 1836 em que as tropas mexicanas massacraram todos os defensores americanos com requintes de crueldade. "O Álamo" representa tanto o conflito histórico como o misto de missão franciscana e fortaleza sitiada pelos mexicanos. [N. do T.]

– *Star Wars* – refletiu Lucas – pode ser uma espécie de fenômeno como Davy Crockett.

Isso, é claro, se revelaria como o eufemismo do século.

Para compreender como a criação de Lucas superou Davy Crockett, para enxergar a verdadeira dimensão das quatro décadas da presença física de *Star Wars* – tanto em produtos oficiais quanto criados por fãs – é necessário visitar uma granja em Petaluma, no norte da Califórnia.

É preciso marcar horário para passar pelo portão de ferro fundido do rancho, que é decorado com o retrato de Alec Guinness. O estacionamento é ao lado de mastros com os estandartes da Aliança Rebelde e do Império, e o visitante passa pela residência particular que diz "Casa Kenobi". Costumava haver 20 mil galinhas na propriedade; agora há menos de seis em um único viveiro, perto da esquina da Yoda Trail com o Jedi Way. Os outros foram substituídos, dentro de um imenso celeiro comprido, pelo que o livro *Guinness* dos recordes reconheceu em 2013 como a maior coleção de *Star Wars* do mundo.

Subindo uma escadaria estreita, Steve Sansweet cumprimenta o visitante ao lado de uma alcova com uma cabeça falante de Obi-Wan. O busto se parece com Guinness, Obi-Wan número 1, mas tem a voz pré-gravada de James Arnold Taylor, Obi-Wan número 3, do desenho *Clone Wars*. "Sua visita pode provocar sentimentos de inveja intensa", avisa a voz. "Mas não ceda ao ódio. Isso leva ao lado sombrio. Se tiver sorte, também não cederá a uma gastança. Então, prepara-se para novo despertar espiritual, físico e galáctico… sob um certo ponto de vista."

Sansweet é sarcástico, amigável e transborda conhecimento – ele coescreveu a *Star Wars Encyclopedia* oficial e o *Ultimate Guide to Star Wars Action Figures*, e muitos outros livros além desses. Sansweet fica no meio-termo entre um comediante de teatro de variedades e um fofoqueiro, sempre pronto com um comentário jocoso e um item de colecionador para mostrar. Com sobrancelhas espessas e negras emolduradas por uma barba branca, ele parece com um Papai Noel travesso. É possível imaginá-lo como um apresentador de TV aposentado, o que na verdade ele é: Samsweet ajudou o canal de vendas a cabo QVC a vender produtos de *Star Wars* durante sessenta horas de programação nos anos 1990. "E eu sempre comprei um item do que quer que estivesse sendo vendido", diz ele. Sem brincadeira.

Sansweet cresceu na Filadélfia, entrou para o curso de jornalismo e fez uma reportagem sobre o assassinato de JFK para o jornal da faculdade. Como repórter do *Wall Street Journal* em Los Angeles em 1976, ele começou a colecionar robôs de brinquedo após escrever uma reportagem de capa sobre um colecionador; os robôs reacenderam a antiga paixão pela ficção científica. Então, um dia na redação, Sansweet notou um outro repórter jogando um convite no lixo. Era para a sessão de imprensa de um novo filme chamado *Star Wars*. Ele pegou o convite, e alguns dias depois sua vida mudou para sempre. Aquele convite e o programa do filme são os primeiros itens da coleção. "Eu já tinha 30 anos", escreveu Sansweet, "mas me dei conta de que aquilo era o que eu estava esperando a vida inteira".

Ele teve que esperar outros vinte anos até que pudesse transformar o amor por *Star Wars* em um emprego na Lucasfilm, como presidente de relacionamento com fãs. Àquela altura, a casa em Los Angeles tinha ganhado mais dois andares e cinco armários, tudo para conter a coleção. E isso foi antes dos prólogos, que de longe provocaram a maior explosão de produtos *Star Wars* na história da série. Sansweet é uma máquina de colecionar: um catador de filmagens, um amigo de todo licenciador e fã artista. Ele vai atrás de ofertas no eBay e vendas de divórcio. É faixa preta em negociação de preços. Há um pôster em seu gabinete, assinado por George Lucas, que confere a Sansweet o título de "fã supremo".

De início, Sansweet estava determinado a manter a coleção como particular. A granja de Petaluma, o único lugar que seu corretor de imóveis conseguiu achar perto do Rancho Skywalker que fosse grande o suficiente para guardar suas coisas, era remoto demais para ser considerado seriamente como um possível museu. Mas após sair da Lucasfilm em 2011 (ele ainda é um consultor de meio-período), Sansweet foi convencido por amigos de que havia interesse suficiente para converter o lugar em uma empresa sem fins lucrativos. Ela ofereceria visitas regulares a qualquer um que se filiasse. Com apenas dois empregados, o Rancho Obi-Wan já tem mil filiados, que pagam 40 dólares por ano.

Sansweet mostra rapidamente a biblioteca – que contém livros de 37 países em 34 línguas – e a sala de pôsteres e arte, onde vivem todas as caixas não abertas. A assistente, Anne Neumann, geralmente é encontrada aqui, ainda penando para catalogar tudo na coleção; a estimativa oficial dela, após sete anos e 95 mil itens catalogados, é que há pelo menos mais 300 mil itens, sem sinal de parar. Como comparação, o Museu Britânico tem 50 mil itens em exposição a qualquer momento.

Passamos por um corredor apertado de cartazes de filmes, e é inevitável se perguntar onde estão os itens de fato. Então Sansweet bate em uma porta. "Sr. Williams", pergunta ele, "o senhor está pronto para nós?". Então, em um sussurro ensaiado, Sansweet acrescenta: "Muito temperamental".

Quando as portas se abrem e o tema de *Star Wars* de John Williams começa, o olhar desce pela escada e vê como é um fenômeno do tipo Davy Crockett do século 21.

Os itens maiores são os primeiros a ser notados: o Darth Vader em tamanho real com o sabre de luz vermelho sacado (coquila e capacete do figurino original), o molde original de Han Solo na carbonita, um Boba Fett gigante, a cabeça de Jar Jar Binks, o Wampa empalhado, uma versão animatrônica da banda Modal Nodes da cantina de Mos Eisley, a bicicleta icônica do Rancho Skywalker com sabres de luz como guidom e uma campainha no formato de Vader (conhecida como *Empire Strikes Bike**).

Segundos depois, quando os olhos se acostumam, percebe-se fileiras e mais fileiras de coisas. Os itens estão arrumados juntinhos, como se fosse uma loja de departamentos onde o espaço vale ouro – só que o espaço parece ser infinito, com pelo menos dois conjuntos de estantes em cada parede que desaparecem ao longe, onde fica um Boba Fett de Lego de tamanho real e uma marquise de cinema de *Star Wars* de 1977. Há salas além dessa, fora do alcance da visão: um corredor construído para parecer com o corredor da *Tantive IV* leva às ilustrações, aos jogos e às máquinas de fliperama.

Esse é o ponto em que homens e mulheres adultos choram. Também é o ponto em que uma de duas coisas costuma ser compreendida: "Eu entendi agora", e "Ok, talvez aquela coleção lá em casa não seja tão ruim assim, afinal de contas".

Star Wars gerou mais parafernália colecionável do que qualquer outra série no planeta, mas, surpreendentemente, teve pouca ajuda do Criador. Em algum momento em 1975, enquanto trabalhava no interminável segundo manuscrito e tomava café, George Lucas pensou em canecas de raças de cachorro. Elas foram uma febre nos anos 1970. Não seria divertido ter uma caneca que se parecesse com um Wookiee? Isso, e o fato de que R2-D2 se parecia com uma lata de biscoitos, foram os únicos produtos específicos que Lucas admite ter imaginado enquanto escrevia o filme.

Mas ele sabia que o filme era rico em possibilidades para produtos correlatos. Tendo crescido como filho de um dono de loja de material de escritório e brinquedos, e tendo construído os próprios brinquedos, Lucas permanecia fascinado pelo potencial deles e não sentia a menor vergonha pelo interesse que tinha. Quando o diretor George Cukor disse para Lucas em uma conferência sobre cinema no início dos anos 1970 que odiava o termo "filmmaker" (diretor de cinema) porque parecia com "toymaker" (fabricante de brinquedos), Lucas

---

* Um trocadilho com o título original de *O Império contra-ataca – The Empire Strikes Back* – e bicicleta (*bike*). [N. do T.]

retrucou que ele preferia ser "toymaker" a diretor, que soava como um executivo. Os cenários de filmes são cenários de brinquedos; atores são bonequinhos. "Basicamente, eu gosto de fazer coisas se mexerem", falou ele em 1977. "Basta me dar as ferramentas que eu farei os brinquedos." Brinquedos "surgiram da ideia geral" de *Star Wars*, disse Lucas para um repórter francês mais tarde naquele ano.

Antes de *Star Wars*, ninguém jamais havia ganhado um centavo com vendas de brinquedos associados a um filme. A tentativa anterior aconteceu com *O fantástico doutor Dolittle* em 1967, quando a Mattel produziu trezentos itens relacionados ao filme, incluindo uma linha de bonecos falantes com a aparência de Rex Harrison e sua coleção de animais selvagens. Os produtores licenciaram vários álbuns da trilha sonora, cereais, detergentes e uma linha de comida para animais domésticos. Eles colocaram brinquedos dentro de pudins e esperavam que os rendimentos entrassem.

Embora *O fantástico doutor Dolittle* tenha sido um sucesso, 200 milhões de dólares de produtos não foram vendidos, segundo as estimativas. E esse problema com produtos baseados em filmes não se limitou à era pré-*Star Wars*. A história de Dolittle se repetiria com *E.T.: o extraterrestre* em 1982. *E.T.* teve um sucesso tremendo – passou *Star Wars* no topo da maior bilheteria de todos os tempos (pelo menos até as edições especiais serem lançadas no fim da década seguinte) –, mas cartuchos de videogame de *E.T.* e brinquedos no formado do protagonista alienígena do filme foram produzidos exageradamente e pegaram poeira nas prateleiras das lojas. A Atari tinha tantos cartuchos encalhados que decidiu enterrá-los em um imenso buraco no deserto do Novo México. O filme tinha uma história charmosa; não tinha, como dizia o jargão da indústria, uma história que "rendesse" muitos brinquedos. O protagonista não parecia muito fofo na luz fria dos brinquedos.

Em retrospecto, obviamente, parece óbvio que *Star Wars* era a própria definição de um filme que rendia brinquedos. Os personagens e veículos eram profundamente incomuns, os uniformes (homens espaciais de plástico!) eram coloridos e interessantes, as armas de raios e sabres de luz, hipnotizantes. Se tivesse sido um seriado de TV, os contratos de merchandising não teriam tido nenhum problema. Basta ver os brinquedos de *Star Trek*, os bonecos, os guardanapos da Frota Estelar, os joões-bobos de Dr. Pepper no formato de Kirk e Spock que eram vendidos em qualquer Burger King em 1976. Mas *Star Wars* era um filme, não um seriado de TV, e todo executivo de brinquedos no meio dos anos 1970 sabia que os filmes estavam hoje aqui e amanhã não estavam mais. Quando os fabricantes recebessem os brinquedos feitos em Taiwan, *Star Wars* provavelmente já estaria fora dos cinemas e esquecido.

Ainda assim, conforme a data de estreia se aproximava, Lippincott insistia. Ele tentou vender para as empresas de brinquedo a então bizarra ideia de bonequinhos de *Star Wars*. O principal alvo era a Mego Corporation, que produzia o boneco Action Jackson e uma linha de super-heróis, a World's Greatest Superheroes. Mas o filme não ficou pronto até o último minuto, e com apenas fotogramas de *Star Wars* disponíveis para vender o projeto para parceiros de merchandising em potencial, Lippincott errou o alvo. Mego estava importando uma linha de bonequinhos do Japão chamado Micronautas. Eles eram os brinquedos mais vendidos nos Estados Unidos. Quem precisava de *Star Wars*?

Finalmente, Lippincott fisgou uma empresa que funcionava em Cincinnati chamada Kenner, que inventara o Easy Bake em 1963 e havia acabado de ter sucesso com bonecos de trinta centímetros de *O homem de seis milhões de dólares*. Kenner era propriedade da empresa de cereais General Mills. O presidente da empresa de brinquedos, Bernie Loomis, fora persuadido pela oferta de *Star Wars* simplesmente porque a Fox aventou a possibilidade de que o filme seria transformado em um seriado. Loomis e Lippincott assinaram um contrato que obrigava a Kenner a produzir quatro bonequinhos e um "jogo para a família".

Os termos daquele contrato, assinado um mero mês antes de *Star Wars* ser lançado, nunca foram relevados. Mark Boudreaux, um designer que começou a trabalhar na Kenner em janeiro de 1977 e foi imediatamente jogado para fazer veículos da linha de *Star Wars*, conta que o acordo foi descrito no escritório como "50 dólares e um aperto de mão". Mais tarde, Lucas reclamou que o acordo, uma "decisão idiota", o fez perder "dezenas de milhões". Pevers, um advogado de formação, processou Lucas por sugerir, por impresso, que isso era culpa da Fox – afinal, a Lucasfilm assinou o contrato. O caso de difamação se arrastou por três anos, até que Lucas resolveu evitar maiores prejuízos e assinou um acordo fora dos tribunais.

Na preparação do caminho para o lançamento do filme, Lippincott deu o trailer de *Star Wars* para a Kenner. Os designers de brinquedos ficaram loucos com aquilo e começaram a fazer bonequinhos de 9,5 centímetros. Uma história diz que os bonequinhos tinham aquele tamanho porque Loomis pediu ao vice-presidente de design para medir a distância entre o polegar e indicador. Na verdade, eles simplesmente tinham o mesmo tamanho dos Micronautas. Os bonequinhos de *Star Wars* não podiam ser do tamanho padrão de 20 ou 30 centímetros; eles tinham que caber dentro dos veículos. Se Han Solo tivesse 20 centímetros de altura, a *Millennium Falcon* teria que ter 150 centímetros de largura. A Toys "R" Us teria que ocupar o shopping center inteiro. Em vez disso, os brinquedos de *Star Wars* teriam que se contentar em ocupar paredes inteiras das lojas.

Para aquele primeiro período de Natal, a Kenner não conseguiu agir rápido o suficiente. Correndo no início de junho quando ficou claro que o filme era um sucesso monstruoso, a empresa teria que ter começado a despachar os bonequinhos em agosto a tempo para o Natal, um prazo impossível na época. Um designer muito iniciante na empresa, Ed Schifman, criou uma solução infame: um pedaço de papelão de 10 dólares que prometia ao consumidor os quatro primeiros bonequinhos assim que estivessem prontos. Foi chamado de "Especial do Madrugador". Alguns fãs debocham da solução, outros lembram com carinho, mas não há como negar que funcionou. "Ok, nós vendemos um pedaço de papelão", diz Boudreaux. "Mas ainda assim mantivemos os brinquedos de *Star Wars* como os primeiros que vinham à cabeça no Natal de 1977." (Como aconteceu com praticamente todos os bonequinhos na história de *Star Wars*, a linha Especial do Madrugador era famosa demais para ter sido produzida apenas uma vez: em 2005, o Walmart vendeu uma réplica.)

Assim que ficou evidente que *Star Wars* era um sucesso, Lucas se reuniu com a Kenner e garantiu que haveria outros brinquedos além dos bonequinhos. A primeira coisa que lhe veio à cabeça: armas de raios. Loomis havia banido armas no catálogo da Kenner após o Vietnã; os integrantes da geração que protestou contra a guerra do Vietnã agora eram pais e tinham medo da possibilidade de os filhos brincarem com armamento. Loomis tentou explicar isso para Lucas. Loomis estava planejando fazer sabres de luz infláveis, para que pelo menos as crianças pudessem lutar com *alguma coisa*. Lucas assimilou tudo aquilo, depois repetiu a pergunta: "Onde estão as armas?". Loomis cedeu; a Kenner começou a vender armas de raios.

Em 1978, a empresa vendeu mais de 42 milhões de itens de *Star Wars*; a maioria, 26 milhões, foi de bonequinhos. Em 1985, havia mais bonequinhos de *Star Wars* no planeta do que cidadãos americanos. Então veio uma calmaria que durou uma década, até que um novo licenciador, a Hasbro, surgisse com a coleção "Power of the Force"; embora os bonequinhos tenham sido criticados (por Samsweet, entre outros) por serem ridiculamente musculosos, eles ainda venderam que nem pão quente. A Hasbro não parou de produzi-los desde então.

Após 1977, Lucas começou a desenvolver algumas regras inflexíveis sobre a marca *Star Wars*. A mais inflexível era que o nome *Star Wars* não seria estampado em nenhuma porcaria. Os filmes foram feitos com cuidado e precisão incríveis; os produtos também deveriam ser feitos assim. Sansweet mostra um exemplo perfeito, feito pela filial canadense da Kenner em 1977, que não recebeu o memorando: um cinto de utilidades e uma arma de dardos à moda de Batman com a imagem de Darth Vader na caixa. Lucas ficou furioso quando viu aquilo.

Seu departamento de licenciamento, então chamado de Black Falcon, deveria cuidar para que esse tipo de coisa jamais fosse posta à venda novamente. Eles cancelaram o contrato de joias com a Weingeroff. *Star Wars* também jamais seria associado com drogas ou álcool. (Houve exceções a todas essas regras no início caótico; Sansweet se diverte ao mostrar uma partitura de 1977, com o tema da banda da cantina, que mostra Chewbacca com uma taça de martini.)

Lucas pretendia assumir uma postura de não intervenção quanto ao merchandising, mas na prática o cineasta manteve um controle tremendo sobre ele. "Se você fizer algo que eu não gostar, vou avisá-la", disse Lucas para Maggie Young, a vice-presidente de merchandising e licenciamento da Lucasfilm entre 1978 e 1986. Como técnica de gerenciamento, aquela postura deu certo: Maggie ficou assustada demais para fazer algo além de tomar as decisões mais conservadoras. Realmente parece haver alguns estranhos pontos cegos na história do licenciamento: Lucas, um diabético, foi contra cereais doces de café da manhã por anos (até a Kellogg's lançar 3POs com baixo teor de açúcar em 1984), embora alguns dos parceiros de longa data de *Star Wars* incluíssem fabricantes de bebidas doces como a Coca-Cola e a Pepsi.

Deixando a inconsistência de lado, a postura funcionou. Mais de 20 bilhões de produtos foram vendidos durante a vida da série. Isso é metade das vendas da Barbie – um feito e tanto, considerando que a boneca loura anatomicamente irreal teve vinte anos de vantagem. E a Barbie luta para se manter relevante no mundo moderno; as vendas da boneca caíram 40% em 2012. *Star Wars*, enquanto isso, apenas fica mais forte; agora que a Disney, uma empresa de capital aberto, comprou a anteriormente privada Lucasfilm, nós sabemos que ela teve rendimentos de licenciamento de 215 milhões de dólares apenas em 2012.[*]

Sansweet rapidamente corrige qualquer um que se preocupe com o fato de que a venda da Lucasfilm para a Disney levaria a uma repentina onda de produtos Disney *Star Wars*. "As pessoas ficaram todas aborrecidas na internet e reclamaram que eles fariam o Darth Pateta", diz ele. "Bem, adivinhe só: eles já fizeram isso há sete anos, e foi sensacional." Sansweet aponta para as prate-

---

[*] Barbie não pode nem mais contar com rígidas divisões de gênero em relação a brinquedos – certamente não desde que o evento "Wear *Star Wars*, Share *Star Wars* Day" foi criado pela blogueira Carrie Goldman em 2010. Goldman ficou furiosa quando a filha sofreu provocações por levar uma garrafa de água de *Star Wars* para a escola, e ela contra-atacou com um evento anual promovido online por toda parte com o objetivo de atrair atenção para o fato de que meninas amam *Star Wars* também.

leiras de Mickeys Jedi, Patos Donalds stormtroopers, e, sim, Darth Pateta – frutos de uma parceria de 25 anos entre a Lucasfilm e a Disney.

A turnê com Sansweet parece não ter fim, e ele gosta de mantê-la imprevisível. Nunca se sabe quando Sansweet pegará uma boneca de pelúcia da princesa Leia usando o biquíni de escrava, digamos, e começar a falar em voz de falsete, ou ameaçá-lo com uma arma de raios de feltro. Frequentemente, ele finge perplexidade com os itens na coleção, como se tivesse acabado de acordar e descoberto todas aquelas coisas ali. Sansweet debocha de objetos fora do comum, não importa a origem, e sente prazer ao exibir alguns dos piores produtos oficiais permitidos pelo departamento de licenciamento da Lucasfilm: um porta-fita adesiva de C-3PO que libera fita de maneira sugestiva entre as pernas do droide dourado; uma luva de forno da Williams Sonoma no formato da lesma espacial de *O Império contra-ataca*; doce de Jar Jar Binks em que é preciso abrir a boca do Gungan e chupar sua língua com sabor de cereja. Sansweet balança a cabeça tristemente e reprime um sorriso. No que eles estavam pensando?

Mas os produtos licenciados oficiais de *Star Wars* são incomparáveis – tanto em termos de quantidade quanto de esquisitice – à parafernália que fãs e falsificadores têm produzido. Sansweet é capaz de mostrar os primeiros bonequinhos falsificados, cujas réplicas – réplicas de falsificações! – são vendidas agora por centenas de dólares. Um bom pedaço do Rancho é dedicado a objetos feitos por fãs de todo o mundo. Estamos falando de uma bela *piñata* em formato de Bantha, e Leia e Han como esqueletos do Dia dos Mortos do México; latas de sopa "Creme de Jawa" e Ewok em conserva; um stormtrooper pintado em um osso de mastodonte de 10 mil anos de idade. Há vários capacetes de Darth Vader e stormtroopers personalizados, cada um pintado por um artista diferente para a fundação Make-a-Wish. Fãs australianos deliberadamente ignoraram a proibição de álcool da Lucasfilm e mandaram para Sansweet uma garrafa de vinho do porto de Mos Eisley.

– Os itens feitos por fãs me empolgam mais do que qualquer coisa – admite Sansweet. – Eles mostram a paixão, o talento e o que diferencia *Star Wars* de qualquer outro universo de fãs dos últimos cinquenta anos. Eu amo *Harry Potter*, mas não se vê gente construindo castelos em miniatura de Hogwarts. Não se vê muitos uniformes de times de quadribol. As pessoas amam aqueles filmes, mas não têm a mesma paixão por eles.

Estar ao lado de Sansweet – ali no rancho, em uma cerimônia de autógrafos, rindo e dando tapinhas nas costas dos fãs na Celebration – é como viver em uma versão de *O ladrão de orquídeas* com temática de *Star Wars*. A diferença é que a obsessão de Sansweet é mais estável, mais legal e mais constantemente alimentada do que a busca por flores raras de John Laroche. É difícil não sentir inveja do Rancho Obi-Wan – não necessariamente da coleção em si, embora eu tenha conhecido pessoas que matariam para possuí-la, mas sim inveja do tipo de certeza e foco que o lugar reflete; ficar imerso em uma rede global de fãs sem igual, com itens como seu MacGuffin; ser o fã supremo – e ainda assim manter um senso de ridículo apurado; balançar a cabeça diante da loucura e ainda assim amar cada segundo dela. Isso é uma grande parte da ideia de *Star Wars*.

Pessoalmente, nunca fui um colecionador de nada. Costumo seguir a opinião emitida pela doutora Jennifer Porter, a acadêmica Jedi e especialista em religião, que descreveu o tipo de produtos que ela viu no *Star Wars* Weekend na Disney como parecido com "lembranças cafonas dos peregrinos de Lurdes" que as pessoas têm uma tendência perturbadora de "estimar como se fosse um contato com o sagrado". Ainda assim, *Star Wars* é o mais próximo que cheguei de colecionar. Comecei a comprar bonequinhos e recebê-los como presentes em 1980, bem a tempo para *O Império contra-ataca*. Naquela época antes da locação em vídeo, antes de *Star Wars* sequer ser exibido na TV aberta, os bonequinhos eram uma forma de levar pequenos pedaços do filme para casa – mesmo que o boneco no blister de plástico parecesse muito mais genérico do que o ator no papelão da embalagem.

Tão importante quanto isso, os bonequinhos eram uma maneira de alimentar a imaginação na ausência de novos filmes de *Star Wars*. Os três anos de espera entre *O Império contra-ataca* e *O retorno de Jedi* pareceram intermináveis. Havia inúmeras maneiras possíveis de resolver o gancho final de *O Império contra-ataca*. Meus bonequinhos, e milhares de outros pelo mundo, encenaram as possibilidades. Inúmeras *Millennium Falcons* perseguiram a *Slave 1*, a nave de Boba Fett, que vinha com um Han Solo congelado em carbonita grátis. Quem sabe quantas vezes Luke Skywalker – a versão da Cidade das Nuvens – repetiu o duelo com o bonequinho de Darth Vader e exigiu saber se o que ele disse sobre ser seu pai era verdade?

Uma coisa que jamais passou pela minha cabeça quando moleque era manter os bonequinhos imaculados dentro das embalagens plásticas sem abri-las. Foi o que eu temi ver no Rancho Obi-Wan: uma obsessão doentia com coleções e trocas de itens em estado de "novo", a triste transformação de brinquedos em mercadoria. Então fiquei contente quando a Hasbro, que comprou a Kenner em 1991, me informou que a maioria dos consumidores de *Star Wars* não segue esse caminho. "Cerca de 75% de nossos fãs libertam seus bonecos", diz Derryl DePriest, vice-presidente de gerenciamento global de marca da Hasbro e principal divulgador da linha *Star Wars*, que conduz pesquisas sobre esse tipo de coisa.

DePriest vem libertando seus bonequinhos de *Star Wars* desde os 12 anos de idade. Quando o conheci na San Diego Comic-Con, ele puxou o smartphone e me mostrou como guarda a própria coleção em casa. Os bonecos estavam arrumados em dezenas de prateleiras, e cada prateleira representava uma grande cena de um filme de *Star Wars*. Era possível reencenar a trilogia original em 9,5 centímetros, bem ali. (Foi a primeira vez que vi alguma coisa que o Rancho Obi-Wan não tem.)

Enquanto DePriest navegava pelas fotos, eu apontei para uma prateleira cheia de stormtroopers cercando a *Millennium Falcon* e me lembrei de que uma das coisas mais intrigantes que fiz com a minha coleção quando era criança foi ter trocado um snowtrooper da base de Hoth em *O Império contra-ataca* pelo boneco comum de um stormtrooper de um amigo, um bonequinho que estava mais detonado do que o stormtrooper normal *que eu já tinha*. É difícil para um adulto se lembrar da espécie de lógica que agiu ali: os colecionadores não deveriam almejar a diversidade nos itens de coleção? Mas DePriest foi capaz de me absolver e me lembrar por que eu fiz aquilo: todo mundo precisa de um bando de stormtroopers. "Parte da graça é colocar os mocinhos em desvantagem numérica diante dos bandidos", explicou ele. "Os rebeldes sempre terão que vencer uma força muito superior. Então nós fazemos questão de ter aquelas figuras em abundância." Chame isso de o espírito da 501st em miniatura. Nenhum trooper deve marchar sozinho.

Apesar dessa vantagem inerente, o stormtrooper é apenas o segundo bonequinho mais vendido da linha da Hasbro. Sempre no topo, ano após ano, está Darth Vader. Somos atraídos pelo vilão icônico, ao que parece; não admira que tenha evoluído Vader de um papel secundário no *Star Wars* original, com um pouco mais de dez minutos em cena, para o centro das atenções dos primeiros três filmes.

Conforme a tecnologia de fabricação de modelos avança, a Hasbro é capaz de vender mais e mais variedades de bonequinhos de *Star Wars* – e Vader é o principal beneficiado dessa mudança. Isso é uma surpresa e tanto para um fã casual dos anos 1970 e 1980, quando havia apenas um modelo de Vader vendido (porque qual seria o motivo de fazer mais, uma vez que o sujeito nunca troca o figurino?). De 1995 até 2012, houve 57 novas versões de Vader, e isso sequer leva em conta as dezenas de Anakin Skywalkers produzidas durante aquele período. Aqueles do lado luminoso da Força ficarão contentes em saber que Luke derrotou o pai em números absolutos, com um total de 89 bonecos em todos os figurinos e poses concebíveis. Infelizmente, a princesa Leia tem meros 44 bonequinhos a seu favor. No total, agora existem mais de 2 mil tipos de bonecos de *Star Wars* – muito diferente dos trezentos vendidos pela Kenner.

Eu coloquei meus bonecos mais recentes da Hasbro ao lado dos velhos modelos da Kenner; foi como olhar um Rembrandt ao lado de um afresco medieval. Os antigos bonequinhos, tão vibrantes na minha juventude, agora pareciam bolhas de plástico com olhos e uma boca desenhados. Os equivalentes do século 21 são humanos em miniatura perfeitamente esculpidos. DePriest explicou que as fábricas da Kenner na China costumavam produzir milhares de bonequinhos a partir do mesmo molde de plástico. Conforme os moldes se degeneravam, os bonequinhos pareciam cada vez menos com o que se via na tela. As fábricas corriam para alimentar um fenômeno que podia ter entrado em colapso a qualquer momento. Hoje em dia, com *Star Wars* estabilizado, os moldes são feitos com precisão e podem ser trocados após algumas centenas de bonequinhos.

Star Wars mostrou ser um ponto de apoio forte para a Hasbro. Em 2013, a empresa fez sucesso ao colaborar com a desenvolvedora de videogames Rovio no *Angry Birds Star Wars*. Em um mês, a Hasbro vendeu 1 milhão de "telepods" de *Star Wars* – brinquedos físicos para interagir com o aplicativo. Não apenas a empresa tem uma coleção de bonequinhos sendo feita para o *Episódio VII*, como também tem bonecos de sobra dos primeiros seis filmes que nunca foram feitos. É possível pensar que todos os personagens em todas as cenas já foram transformados em bonequinhos a essa altura, mas DePriest diz que ainda há muitos alienígenas da cantina e do palácio de Jabba, o Hutt, que nunca viram o interior de um molde de plástico.

Ainda assim, o dinheiro de verdade está nos personagens mais populares e em fazer versões deles cada vez mais precisas e fiéis ao que é visto na tela para serem vendidas aos colecionadores. Há equipes inteiras na Hasbro dedicadas a fazer exatamente isso. Na Comic-Con, DePriest exibiu um futuro boneco, uma versão de 20 dólares da princesa Leia em seu impressionante biquíni de escrava de *O retorno de Jedi*. O desenho estava coberto por mensagens para a equipe de designers: "Os olhos devem ser mais provocantes. Corpo mais *mignon* ao todo. Seios menores. Partes exteriores das narinas não tão altas. Por favor, esculpam uma calcinha!". Foi inevitável pensar no ataque áspero de Carrie Fisher sobre um modelo de Leia que ela recebeu uma vez e que parecia um pouquinho revelador demais. "Eu disse para George: 'você tem os direitos sobre o meu rosto'", falou Fisher. "Você não tem os direitos sobre a minha lagoa do mistério!"

Mas o público composto por colecionadores, homens e mulheres, ficou empolgado. Então DePriest perguntou quantos dos presentes realmente tiravam os bonequinhos da embalagem quando compravam. Só um pequeno número de mãos foi erguido.

– Brinquem com seus brinquedos, gente – disse DePriest em tom severo para a plateia. – Brinquem com seus brinquedos.

14 / LÁ VÊM OS CLONES!

Enquanto a Kenner corria para vender aqueles certificados do Especial do Madrugador para o Natal de 1977, os executivos da fabricante de brinquedos pelo menos podiam se consolar com o fato de que o fenômeno que eles pretendiam explorar não passaria tão cedo. A pesquisa de mercado naquele verão revelou que, entre as mil crianças entrevistadas, um terço já tinha visto o filme, e 15% tinha visto mais de uma vez. As crianças que não viram estavam desesperadas para assistir. A pressão dos colegas de playground era simplesmente forte demais, mesmo sem os brinquedos. "Nós costumávamos brincar de polícia e ladrão", diz James Arnold Taylor, que cresceria para ser a voz de Obi-Wan Kenobi, mas que àquela altura na nossa narrativa era um menino de 7 anos de idade em San José. "Depois do verão de 1977, nós brincávamos de *Star Wars.*"

Não era apenas a criançada, obviamente. O público americano em geral não andava tão louco assim por um único ponto focal cultural desde os Beatles. *Star Wars* estava completamente na moda (e nas revistas de moda). E estava prestes a atrair a forma mais sincera de elogio: a imitação.

No Dia do Trabalho de 1977, *Star Wars* se vangloriava de ter vendido 133 milhões de dólares em ingressos estando em menos de mil cinemas. Já tinha passado *Tubarão* há muito tempo para se tornar o filme de maior bilheteria de todos os tempos, a não ser que se ajustem as vendas de ingressos de *E o vento levou* pela inflação.* A mídia derivada estava a caminho da estratosfera também. O álbum da trilha sonora tinha vendido 1,3 milhão de unidades.

---

* E, diferente de *E o vento levou*, esta foi uma história que os Estados Unidos pós--anos 1960 teriam orgulho de contar. A recusa do barman da cantina em admitir droides – "Ei, não queremos esses tipos aqui" – foi amplamente interpretada como uma referência aos direitos civis.

Uma versão em ritmo disco do tema principal, feita às pressas por um produtor chamado Meco, vendeu 130 mil unidades nas primeiras semanas. O álbum de Meco, *Star Wars and Other Galactic Funk*, chegou ao topo da parada da *Billboard* em outubro. O livro de bolso de Alan Dean Foster, com o nome de Lucas na capa, foi o quarto maior best-seller no país. Foster foi obrigado a mentir para os amigos se havia escrito ou não. Ele diz que não se importou, e Foster é um sujeito suficientemente tranquilo para que uma pessoa acabe acreditando nele. Mas aquilo devia incomodar um pouco.

Em Los Angeles, *Star Wars* fez um retorno triunfal ao Mann's Chinese Theatre depois que *O comboio do medo* completou sua exibição contratual de seis semanas. Para comemorar, Darth Vader, 3PO e R2 tiveram nomes e pegadas gravados no concreto, ao lado do nome e pegadas da atriz e dançarina Betty Grable, sob o olhar de 3 mil pessoas. Até mesmo os repórteres estavam usando camisetas de *Star Wars*. Kurtz disse para eles não esperarem outro filme por dois anos. "Será uma história separada – queremos fazer uma aventura diferente a cada vez, não 'continuações' em si –, mas com os mesmos personagens", declarou o produtor. Mas ele não tinha tanta certeza: "Podemos seguir por 14 caminhos diferentes com isso".

Nos bastidores, passos preliminares para *Star Wars II* – que tinha muita cara de continuação, apesar do que Kurtz disse – já estavam sendo dados. Lucas rabiscava anotações para um tratamento. Os préstimos de Ralph McQuarrie estavam garantidos. Kurtz começou a pesquisar locações; ele reservou Elstree para filmagem em estúdio com dezoito meses de antecedência.

Brian Johnson, o maquetista de *Espaço: 1999*, substituiu John Dykstra como chefe da equipe de efeitos especiais. Dykstra, que jamais foi diplomático, bateu cabeça com Lucas vezes demais; nenhum dos dois queria trabalhar novamente com o outro. Lucas não raro foi generoso com a porcentagem de lucro e distribuiu cerca de 25% de sua parte em *Star Wars* para atores, funcionários e amigos. Dykstra, o vencedor do Oscar cujas hipóteses sobre câmeras e computadores mudaram o cenário dos efeitos especiais para sempre, não levou nada.

Sem saber quanto tempo *Star Wars* seria uma sensação, os advogados de Lucas se aproveitaram da vantagem sobre a Fox e apresentaram um contrato de sequência em setembro. As negociações não duraram muito tempo. Lucas tinha uma arma apontada para Laddie, e ambos sabiam disso. Ele poderia levar os direitos de continuação para qualquer outro estúdio. Na próxima reunião do conselho administrativo em Monte Carlo, onde a princesa Grace ganhou a primeira edição dos bonequinhos de *Star Wars*, Laddie se recorda de ter dito claramente para os colegas conselheiros: "Ou fazemos o acordo ou não fazemos o filme". Ele também se lembra de os integrantes do conselho ficarem furiosos a ponto de começar uma campanha que, no fim das contas, tiraria Laddie da empresa: "eles queriam dar um aumento de 10% para George, e ele não tinha isso em mente, e George estava certo".

Lucas ganharia bem mais do que 10% a mais. Sua empresa ficaria com a parte do leão dos lucros de *Star Wars II*: 52% dos primeiros 20 milhões de dólares, 70% dos próximos 40 milhões de dólares, e 77% de todo o resto. Algumas subsidiárias da Lucasfilm foram criadas para gerenciar os rendimentos que a empresa esperava. A Chapter II Company cuidaria do novo filme. A Black Falcon Ltd. se encarregaria de todos os novos contratos de merchandising e receberia 90% das comissões de licenciamento de 1981 em diante (um ímpeto extra para a Fox fazer ainda mais contratos de licenciamento imediatamente).

Se o próximo filme fosse um sucesso tão grande quanto *Star Wars* – uma grande possibilidade, certamente –, a Lucasfilm lucraria enormemente. A Fox sequer seria a financiadora; o Bank of America faria empréstimos à Lucasfilm baseado nos 20 milhões de dólares de garantia de Lucas. Isso seria toda a montanha de fichas de *Star Wars*, tirando o merchandising. Foi uma prova do poder de fenômeno que o contrato tenha sido assinado quase que imediatamente em 21 de setembro de 1977, antes que uma única palavra do tratamento de *Star Wars II* (como era conhecido então) fosse escrita.

O anúncio de *Star Wars II*, quando aconteceu, foi pouco notado pela imprensa. Era uma conclusão inevitável. Por que deveria ser importante? Continuações nunca, jamais renderam tanto quanto o original; todo mundo sabia disso. Havia um *Rocky II* em produção; havia um *Tubarão II*. Por falar nisso, havia uma continuação de *American Graffiti* sendo feita na Lucasfilm, *E a festa acabou*. E daí? Com a única exceção de *O poderoso chefão: parte II*, todas as continuações eram repetitivas. Quase nunca eram realizadas pelo mesmo diretor. Lucas não tinha acabado de dizer que se afastaria da direção? Que idiota ficaria à sombra de *Star Wars*?

Star Wars certamente seria fogo de palha: isso era ponto pacífico até 1980. E Lucas corria risco de perder feio caso isso se provasse verdade. Financie um filme com um estúdio, e o estúdio pelo menos cobre os prejuízos; financie com um banco, e sua casa pode correr risco, como aconteceu com a casa de Coppola com *Apocalypse Now*.

Isso não diminuiu em nada o ímpeto do Criador. George Lucas simplesmente pegou aquela montanha gorda de fichas que ganhara em um único giro da roleta e colocou tudo de volta no mesmo quadrado. O problema era que toda a indústria cinematográfica e televisiva parecia ter colocado as próprias fichas ali também. O Criador não pareceu se importar. "Eu quero que *Star Wars* seja um sucesso para que todo mundo copie o filme", declarou Lucas para a *Starlog* no verão de 1977. "Aí eu posso ir assistir às cópias, relaxar e curti-las."

Bem, pelo menos ele conseguiu realizar a primeira parte do desejo.

Elas vieram de todos os cantos do universo do entretenimento e convergiram para os cinemas como destróieres estelares em formação de combate. O sinal fora recebido: a ficção científica estava na moda, não importava o conteúdo (e não importava que Lucas chamasse aquele projeto de "fantasia espacial"). Se a pessoa conseguisse jogar alguma coisa na tela o mais rápido possível, talvez pudesse pegar alguns milhões de dólares do rolo compressor de *Star Wars* antes que ele despencasse do desfiladeiro.

Como geralmente acontece com viagens espaciais, ocorrem estranhos efeitos de dilatação de tempo. O primeiro filme a ser lançado esteve em trânsito há mais de uma década. Um filme italiano de 1966 chamado *2+5: Missione Hydra* foi rebatizado, dublado e levado aos cinemas americanos em outubro de 1977 como *Star Pilot*. Não importava que o enredo – alienígenas fazem um pouso forçado na Sardenha e tomam um cientista como refém – tivesse mais a ver com os filmes de monstro dos anos 1950 e que não houvesse praticamente nenhum efeito especial. Era um filme disponível nos cinemas na mesma época que *Star Wars* e tinha "Star" no título.

Se esse poço não fosse fundo o suficiente para um programador de cinema descer, outra opção havia se apresentado na edição de 26 de setembro de 1977 da revista especializada *BoxOffice*. Um filme pornô alemão-ocidental de 1974 com dois títulos – *Ach jodel mir noch einen!* (*Ó, cante novamente para mim!*) ou *Stosstrupp Venus bläst zum Angriff* (*A patrulha de Vênus lança seu ataque*) – foi rebatizado como *2069: A Sex Odyssey.** O anúncio, de uma distribuidora sem vergonha chamada Burbank International Pictures, chamava aquela "fantasia erótica de ficção científica" de "continuação sensual de *Star Wars*". Se isso não fosse suficiente para convencer, o primeiro *s* de "sensual" era um cifrão.

Star Wars colocou cifrões nos olhos de cineastas no mundo todo. As sensibilidades de Lucas "mostraram que havia o dobro de tanto dinheiro assim

---

* Em tradução livre, *2069: Uma odisseia do sexo*. [N. do T.]

por aí", disse John Milius, velho amigo de Lucas e roteirista de *Apocalypse Now*. "Os estúdios não conseguiram resistir. Ninguém fazia ideia de que era possível ficar tão rico assim, como na Roma Antiga." Alguns diretores e roteiristas se ajustaram de corpo e alma à nova realidade (como o próprio Milius, que acabou dirigindo *Conan, o bárbaro*, que arrecadou 130 milhões na bilheteria). Outros não se ajustaram. William Friedkin assistiu ao trailer sombrio de *O comboio do medo* – que ele considerava seu melhor trabalho – passar antes de *Star Wars*. "Nós estamos sendo eliminados das telas, porra", falou o editor Bud Smith para ele, que foi o que levou Friedkin ao cinema para ver o filme de Lucas. "Sei lá, robôzinhos fofos e tudo mais – talvez a gente esteja apostando no cavalo errado", admitiu Friedkin melancolicamente para o gerente do Mann's Chinese Theatre. O gerente simplesmente alertou o cineasta de que se *O comboio do terror* fosse de fato o cavalo errado, *Star Wars* voltaria imediatamente à sela, o que obviamente foi verdade. *O comboio do terror* acabou sendo um fracasso mundial, incapaz de recuperar os 22 milhões de dólares do orçamento. Friedkin jamais dirigiria outro filme de grande orçamento novamente.

Em retrospecto, é óbvio em quais cavalos os estúdios deveriam ter apostado. Temos demonstrado tanta predileção enquanto sociedade por aventuras rocambolescas de verão, por histórias de censura 12 anos sobre o bem contra o mal – filmes que crianças e adultos podem curtir juntos, que são ao mesmo tempo antiquados na sua moral e avançados nos efeitos especiais. Desde aquela época de *Star Wars* contra *O comboio do terror*, nós assistimos a tantos Harry Potters, torcemos por tantos hobbits, velejamos com tantos piratas no Caribe. Ficamos empolgados com filmes de quadrinhos e super-heróis fantasiados por tanto tempo que essas obras parecem normais, tão americanas quanto torta de maçã. *Star Wars* e seus herdeiros são tão corriqueiros quanto refrigerante grande e pipoca.

Porém, em 1977, o impulso não era pegar a quinta-essência de *Star Wars* e engarrafá-la em um novo vasilhame, mas fazer a ficção científica mais barata possível e torcer para que desse certo. Velhos preconceitos custam a morrer. Essas coisas não eram para crianças, afinal de contas? Elas realmente saberiam ver a diferença? Os orçamentos estavam um pouco maiores do que antes, em grande parte para acomodar efeitos especiais que não fossem risíveis na tela em um universo pós-*Star Wars*. Ainda assim, muitos filmes feitos nos anos seguintes pareciam mais com *Star Pilot* do que com *Star Wars*.

A maior parte desses filmes vagabundos era internacional. Do Canadá vieram *Starship Invasions* (1977) e *Daqui a cem anos* (1979), esse último baseado em uma obra de H. G. Wells cheia de alertas sérios sobre a Segunda e a

Terceira Guerra Mundiais, totalmente ignoradas pelo filme. O trailer prometia "um universo de robôs, homens com a vontade de destruir mundos, chantagem interestelar e heroísmo intergaláctico". A Itália foi a fonte de dois filmes ainda mais descarados no roubo. *Starcrash* (1978), que começava com uma cópia barata da cena do destróier estelar, mostrava contrabandistas e robôs lutando contra um vilão imperial e sua estação espacial destruidora de planetas; o filme tinha Christopher Plummer como imperador e um jovem David Hasselhoff empunhando um sabre de luz. O principal vilão em *O humanoide* (1979) usa uma capa preta e um capacete negro ao estilo samurai, o que o deixa idêntico a Darth Vader de costas. Ambos falharam no teste da bilheteria.

Do Reino Unido veio *Saturno 3* (1980), que parecia ter todos os elementos corretos. A história foi criada pelo desenhista de produção de *Star Wars*, John Barry, e era um thriller sobre um assassinato em uma estação espacial isolada; o roteiro foi escrito pelo jovem revolucionário Martin Amis. Kirk Douglas, Harvey Keitel e Farrah Fawcett eram os astros, e ela usava uma variedade de figurinos exíguos. O filme custou 10 milhões de dólares e arrecadou 9 milhões. O que deu errado? Roteiro muito modificado, um Kirk Douglas de 64 anos tentado provar sua virilidade a cada momento (a filmagem inspiraria o livro de Amis, *Grana*) e várias disputas que provocaram a saída de Barry – direto para *O Império contra-ataca*, no qual, tragicamente, ele morreu uma semana depois de um súbito ataque de meningite.

O Japão lançou *Mensagem do espaço* (1978), feito por 6 milhões de dólares – não muito para os padrões americanos, mas um recorde para o cinema japonês. Como uma concessão ao mercado americano, o filme foi estrelado por Vic Morrow, um velho ator encarquilhado de filmes de ação. Novamente, o enredo parecia ter todos os elementos corretos: um império do mal, lutas de espadas misturadas com disparos de laser, um sórdido bar alienígena. A United Artists, o primeiro estúdio a recusar *Star Wars*, adquiriu os direitos de distribuição nos Estados Unidos por 1 milhão de dólares. Não recuperou o dinheiro. "A única coisa que o filme gerou foi tinta vermelha", lamentou o vice-presidente da UA, Steven Bach.

Logo ficou evidente que, para fazer um filme como *Star Wars*, era preciso gastar mais do que *Star Wars*. Lucas gostava de dizer que ele fez um filme de 20 milhões de dólares com um orçamento de 10 milhões de dólares. Ao gastar mais do que ele, um punhado de outros diretores conseguiu obter sucesso comparável. Spielberg gastou 20 milhões de dólares em *Contatos imediatos do terceiro grau*, que acabou arrecadando 288 milhões de dólares no mundo todo. A Warner Brothers investiu 55 milhões de dólares em *Superman: o filme*, uma aposta arriscada dado que o gênero de super-heróis estava tão moribundo quanto a ficção científica antes que *Star Wars* surgisse para resgatá-lo; com a ajuda de outra marcha empolgante de John Williams, o filme se tornou o maior sucesso da história do estúdio e arrecadou 296 milhões de dólares no mundo todo.

Então os estúdios começaram a arregaçar as mangas e a investir em ficção científica e fantasia. A Disney virou na direção de *Star Wars* em 1978 com duas comédias de baixo orçamento – *O gato do espaço* e *Um astronauta na corte do rei Arthur*, uma atualização de *Um ianque na corte do rei Artur*, de Mark Twain. Em 1979, o estúdio desenvolvera um roteiro chamado *Space Station One*, depois rebatizado de *O buraco negro*. O filme se vangloriava de ter um orçamento de 20 milhões de dólares e 550 tomadas de efeitos especiais, e seria um melodrama sombrio cheio de ação ambientado no limite do espaço conhecido com robôs que renderiam brinquedos.

O buraco negro representou a primeira vez que a Disney bateu à porta da Lucasfilm – no caso, porque a Casa do Rato queria alugar a câmera Dykstraflex. Os termos da Lucasfilm eram salgados, então a Disney criou as próprias câmeras controladas por computador. O diretor, Gary Nelson, fez questão de que os robôs – V.I.N.CENT e B.O.B – tivessem uma aparência suja e gasta; o conceito de universo usado estava ganhando terreno. O filme tinha astros: Ernest Borgnine e Maximilian Schell, com Roddy McDowall e Slim Pickens dublando os robôs. Foi um dos primeiros filmes da Disney a não ter censura livre, o primeiro com alguns palavrões para atrair adolescentes. O que poderia dar errado?

Muita coisa, aparentemente – porque a Disney se esqueceu de cuidar do roteiro. Nos Estados Unidos, *O buraco negro* mal recuperou o orçamento. Roger Ebert chamou o filme de "um melodrama cheio de falatório feito com cientistas malucos e casas mal-assombradas". Os malignos robôs negros que lutam com V.I.N.CENT e B.O.B eram "plágios de Darth Vader". O personagem de Maximilian Schell, que tenta conduzir a estação espacial *Cygnus* para o interior de um buraco negro, é uma cópia carbono do doutor Morbius de *Planeta proibido*. O filme não era uma fantasia espacial, mas uma história sobre a arrogância da ciência. Será que nós realmente precisávamos de mais filmes assim?

Os filmes de ficção científica mais bem-sucedidos produzidos no rastro de *Star Wars* vieram de nerds que estavam marinando nesse tipo de coisa bem antes de Lucas se tornar um nome conhecido. Nesse sentido, eles eram muito parecidos com o próprio Lucas (e alguns trabalharam para ele em *Star Wars*). Os estúdios teriam tido mais sucesso clonando Lucas do que tentando clonar a obra dele.* Eles precisavam de roteiristas e diretores que fossem apaixonados daquele jeito pelo material, e não forasteiros gananciosos. O cuidado com os detalhes era refletido nas telas – e na bilheteria.

O melhor exemplo foi Dan O'Bannon, co-autor de *Dark Star*, a comédia hiperespacial de 1974 dirigida por John Carpenter com o alienígena em formato de bola de praia. Depois de *Dark Star*, O'Bannon teve a ideia de fazer um filme similar, só que dessa vez de horror; ele queria chamá-lo de *They Bite*. Porém, O'Bannon ficou envolvido com um trabalho para Alejandro Jodorowsky em Paris na versão abandonada de *Duna*. Aquilo acabou valendo a pena, porque H. R. Giger também estava trabalhando para Jodorowsky, e suas pinturas góticas alienígenas influenciaram O'Bannon sobremaneira. O'Bannon voltou para Los Angeles em 1975 e escreveu um roteiro, então chamado de *Star Beast*. Em pouco tempo se tornaria *Alien: o oitavo passageiro*.

Como Lucas, O'Bannon foi bem sincero a respeito de sua caixinha de surpresas de influências da ficção científica, como *O monstro do Ártico* (1951). "Eu não roubei *Alien* de alguém", disse ele. "Eu roubei de todo mundo." O co-roteirista Ronald Shusett contribuiu com a ideia de um alienígena irrompendo do peito de um espaçonauta.

No fim de 1976, à procura de um estúdio para produzir o filme, O'Bannon e Shusett não foram muito ambiciosos. Eles se voltaram para o mestre do filme-B, Roger Corman, e estavam prestes a assinar um contrato com ele quando um amigo sugeriu uma nova produtora que tinha um relacionamento com a Fox.

Laddie gostou da ideia básica, mas não achou que *Alien: o oitavo passageiro* fosse forte o suficiente para bancar imediatamente. Ele podia muito bem estar protegendo suas apostas, vide que quase o estúdio inteiro esperava que *Star Wars* fosse um fiasco. Quem queria arriscar aprovar outro roteiro de ficção científica naquele ambiente? "Hollywood é como um bando de lemingues", reclama Laddie. "Eles conseguem um sucesso, e todo mundo corre atrás dele." Depois de *A noviça rebelde*, Laddie se recorda de que todo mundo perseguiu musicais por alguns anos. Para que os filmes de grande orçamento de fantasia

---

* A Warner e a Universal tentaram a segunda melhor opção do que clonar Lucas: os estúdios relançaram *THX 1138* e *American Graffiti: loucuras de verão* respectivamente, ambos com alguns minutos de material que foram cortados e agora restaurados, para o constrangimento de Lucas. *American Graffiti* novamente foi um sucesso; *THX* novamente foi um fracasso.

ou ficção científica progredissem, aquele grande sucesso digno de ser perseguido era essencial.

Enquanto isso, O'Bannon se sustentou trabalhando para George Lucas, seu colega de USC, que precisava de uma pequena animação que parecia com um computador de mira mostrando uma estranha espaçonave em formato de X; Lucas se lembrou que O'Bannon fizera algo similar para *Dark Star*. O'Bannon não ganhou muito dinheiro pelo trabalho em *Star Wars* – apenas o suficiente para tirá-lo do sofá do co-roteirista e se mudar para um apartamento próprio.

Mas *Star Wars*, assim que se tornou o sucesso digno de ser perseguido, ajudou a Fox parir *Alien: o oitavo passageiro*. "Eles queriam continuar na onda de *Star Wars* e queriam que fosse rápido, e o único roteiro com uma espaçonave que eles tinham em cima da mesa era *Alien*", falou O'Bannon. Ele recebeu exatamente o mesmo orçamento de *Star Wars*: 11 milhões de dólares. O diretor britânico Ridley Scott havia decidido mudar de épicos históricos para ficção científica após ter visto *Star Wars* no Mann's Chinese Theater. Ele contratou Charley Lippincott, agora uma espécie de pé de coelho em Hollywood. *Alien: o oitavo passageiro* foi lançado em 25 de maio de 1979, exatamente dois anos após *Star Wars*, e arrecadou 104 milhões de dólares de bilheteria. "*Alien* está para *Star Wars* assim como os Rolling Stones estavam para os Beatles", declarou o produtor David Giler. "É um *Star Wars* malvado."

Ajudar a conduzir *Alien* para a tela foi uma das últimas tarefas de Laddie na Fox. A briga dele com o conselho administrativo sobre ter assinado o contrato de *Star Wars II* nos termos de Lucas estourou no outono de 1979, quando o antigo produtor declarou a intenção de reunir um grupo e formar uma produtora. Fox encurtou o contrato de Laddie, a forma mais simpática possível de lhe mostrar a porta da rua. Em outubro, a Ladd Company foi fundada. Laddie reuniu Ridley Scott, que foi contratado para dirigir um roteiro escrito por um ator um tanto quanto irritável chamado Hampton Fancher, baseado em uma novela de um escritor de ficção científica igualmente irritável. Fancher e Scott brigaram, e Fancher saiu do filme. Foi assim que *Androides sonham com ovelhas elétricas?* de Philip K. Dick se metamorfoseou em algo igualmente brilhante, mas bem diferente, *Blade Runner: o caçador de androides*, pelas mãos de uma equipe que foi totalmente inspirada por *Star Wars*. Não é surpresa que Harrison Ford tenha sido a escolha perfeita para interpretar o protagonista caçador de replicantes, Deckard.

Não que eles tenham criado algo que fosse parecido com *Star Wars* – ou era? Na superfície, *Blade Runner* parecia mais com uma versão de grande orçamento e com narrativa positiva de *THX 1138*. Tinha a mesma sensação de lentidão, a estrutura prolongada de cenas de uma distopia futura, uma humanidade robótica. Lucas abandonara toda aquela ideia chata e, em vez disso, reivindicou nossos sonhos. Ridley Scott conseguiu habitar nossos pesadelos. No entanto, os dois diretores tinham muito em comum àquela altura: um desejo de contar uma história econômica que mantivesse o máximo de mistério possível; uma história contada pelos olhos de seres não humanos, sejam eles droides ou replicantes, que prestam testemunho. "Eu vi coisas que vocês não imaginariam", disse a última vítima replicante de Deckard, Roy Batty, em um famoso discurso de morte escrito pelo ator Rutger Hauer (sim, ele mesmo escreveu, na mesma noite em que a cena foi filmada). "Naves de ataque ardendo no ombro de Órion. Eu vi raios-c brilharem na escuridão perto do Portão de Tannhäuser." Ali, em seu momento mais memorável, *Blade Runner* brevemente troca a pele de ficção científica e se torna uma fantasia espacial sobre guerra nas estrelas.

Mesmo cineastas de baixo orçamento que eram veteranos da ficção científica foram levados a gastar quantias excepcionalmente maiores nos próximos filmes espaciais. Roger Corman havia levado toda a sua equipe de Venice Beach para assistir a *Star Wars* no Mann's Chinese Theater no primeiro dia. Era o tipo de coisa que ele sempre sonhou em realizar. Deixado para trás quando a Fox pegou *Alien: o oitavo passageiro*, em 1979 ele filmou *Mercenários das galáxias*, uma homenagem a *Star Wars* que também roubava imensamente o enredo de *Os sete samurais*. Ao custo de 2 milhões de dólares, foi o filme mais caro de Corman, em grande parte por causa dos salários dos astros, George Peppard e Robert Vaughn. Também foi um dos filmes mais bem-sucedidos de Corman; ele arrecadou 11 milhões de dólares de bilheteria. Hoje, *Mercenários das galáxias* talvez seja mais lembrado por ter sido o filme em que James Cameron começou a carreira. O ex-caminhoneiro que largou o emprego depois de assistir a *Star Wars* tinha feito um filme experimental de efeitos especiais de ficção científica chamado *Xenogenesis* e levado para Corman, que sempre estava de olho em jovens empolgados como Cameron. Roger Corman o colocou no comando da oficina de maquetes de espaçonaves de *Mercenários das galáxias*.

Cameron se tornou uma ILM-de-um-homem-só. Ele trabalhou em uma jornada de 85 horas só tomando café. Dormiu em uma maca no estúdio e sugeriu ideias de efeitos especiais em que Corman não havia pensado. Quando Corman despediu o diretor de arte, ele encontrou Cameron dormindo na maca, sacudiu-o até que acordasse, e ofereceu o emprego para o rapaz. Assim começou a carreira meteórica do único homem a vencer *Star Wars* na bilheteria duas vezes.

Onde quer que se olhasse, cineastas aspirantes com sonhos fantásticos estavam surgindo do nada. Talvez o maior sonho não concretizado pertencesse a Barry Geller, um empreendedor em série obcecado com os limites da ciência e da religião comparativa. Em 1978, Geller comprou os direitos cinematográficos do romance de 1967 de Roger Zelazny, *O senhor da luz*, que se encaixava perfeitamente em seu temperamento. O enredo: um grupo de colonos espaciais usou tecnologia do futuro para se tornar imortais e assumiu nomes de deuses hindus. Eles são confrontados por uma espécie de jovem Buda iconoclasta, Sam; o romance insinua que o tempo é uma roda e que os eventos da história se repetirão sem parar.

Alguns produtores acreditavam que o enredo circular do romance e as digressões religiosas tornassem *O senhor da luz* impossível de ser filmar. Mas não Geller. Ele produziu um roteiro, arrecadou 500 mil dólares e chamou a lenda dos quadrinhos Jack Kirby para desenhar os esquetes de produção. O objetivo do filme, escreveu ele, "era chamar a atenção para nossos poderes mentais extraordinários [*sic*], da mesma forma como *Star Wars* trouxe o reconhecimento da vida na Galáxia". Ele imaginou um enorme parque temático baseado no filme em Aurora, Colorado, chamado Terra da Ficção Científica, também desenhado por Kirby. O parque incluiria um domo geodésico de Buckminster Fuller de 1,5 quilômetro de diâmetro e uma torre chamada Céu de 1,5 quilômetro de altura.

O sonho de Geller soçobrou em dezembro de 1979, quando ele e o sócio, Jerry Schafer, foram presos pelo FBI sob suspeita de fraude. Geller foi liberado, mas o sócio foi acusado de roubo, formação de quadrilhas e recebeu três denúncias por fraude de ações e investimentos. Os promotores alegaram que a Terra da Ficção Científica teria dado um CEP próprio para Schafer para vários esquemas nefastos. O projeto inteiro, sujo por associação, morreu.

Mas o roteiro tinha uma agora famosa vida após a morte. No mesmo mês em que o projeto pereceu, o roteiro foi parar nas mãos da CIA. Os espiões estavam procurando por um projeto parecido com *Star Wars* para ajudar a levar uma falsa equipe de filmagem ao Irã revolucionário para resgatar seis diplomatas americanos do esconderijo dentro da embaixada americana. O roteiro de *O senhor da luz* e os desenhos de Kirby foram rebatizados de *Argo*, os diplomatas foram salvos, e Geller não soube de nada disso até que a operação deixou de ser secreta em 2000. Quando o filme de Ben Affleck de 2012, que venceu o Oscar e contou aquela história, não mencionou Geller ou *O senhor da luz*, Geller ficou furioso.

Um visionário que teve um final mais feliz foi o animador Steve Lisberger. Em 1976, Lisberger ficou fascinado pelo primeiro videogame do Atari, *Pong*, e imaginou um longa-metragem meio filme com atores, meio animado por computador. Em 1977, o estúdio de Lisberger criou uma amostra de trinta segundos de uma figura retroiluminada em neon lançando dois discos que giravam. O personagem era eletrônico e foi apelidado de Tron. A empresa de Boston se mudou em peso para a Califórnia e vendeu a ideia para os grandes estúdios. Com o tempo, a Disney bateu à porta. A velha guarda não tinha muita certeza, mas os executivos mais jovens, que jogavam videogame, curtiram. Tron foi levado a pousar na Disney por Harrison Ellenshaw, um pintor de paisagens de *Star Wars* e *O buraco negro*. Ellenshaw foi "o embaixador e jovem príncipe nos estúdios Disney", conta Lisberger; foi a crença de Ellenshaw que vendeu o projeto. Marque outro ponto para os veteranos de *Star Wars*.

Mesmo as séries mais estabelecidas não ficaram imunes ao efeito *Star Wars*. Em julho de 1977, o público foi informado ao fim de *O espião que me amava* de que James Bond deveria retornar em uma continuação chamada *Somente para seus olhos*. Mas, quando aqueles créditos rolaram por telas do mundo todo, os produtores já estavam mudando de ideia. Por que não optar por algo mais chamativo, um pouco mais *Star Wars*? Ian Fleming tinha escrito um romance chamado *O foguete da morte* lá em 1954. O enredo – em que Bond joga *bridge* com um rico magnata da indústria chamado sir Hugo Drax, que mais tarde tenta destruir Londres com uma arma atômica – foi prontamente jogado fora. Em vez disso, Bond deveria investigar o roubo de um ônibus espacial e descobrir que seu arqui-inimigo, Drax, construiu uma cidade em órbita. "Outros filmes podem lhe prometer a lua, mas nós cumprimos!", se vangloriava o trailer. *O foguete da morte*, lançado em 1979, foi criticado por levar Bond para novas dimensões de bobagem; o filme ainda mantém o recorde de ter o maior número de atores pendurados em fios em uma única cena (de gravidade zero). Mas *O foguete da morte* também levou 007 para novos patamares de bilheteria. A arrecadação foi maior do que a de qualquer outro filme anterior de James Bond. Ajustado para a inflação, apenas *007 contra a chantagem atômica*, *007 contra Goldfinger* e *Com 007 só se vive duas vezes* o superam.

Portanto, parece que *Star Wars* foi ruim para os imitadores, bom para cineastas que acreditavam no material, e melhor ainda para séries estabelecidas, desde que fossem ambientadas no espaço. O que nos trai é *Jornada nas estrelas: o filme* (1979). Gene Roddenberry andou tentando transformar a recém-descoberta popularidade do seriado de TV em um filme por quase toda a década. A Paramount havia acabado de cancelar o projeto, e Roddenberry estava trabalhando em um novo seriado de *Star Trek* para a TV chamado *Phase II* quando *Star Wars* foi lançado. O próprio *Phase II* foi cancelado, e o episódio-piloto – escrito por ninguém menos do que Alan Dean Foster – foi transformado na base para o filme. Entretanto, ele não funcionou tão bem com aquela duração. Os custos do filme fugiram ao controle e chegaram a 46 milhões de dólares. (Lucas salvou a situação, de certo modo, quando a ILM assumiu o contrato de efeitos especiais.) Ainda assim, *Jornada nas estrelas: o filme* arrecadou 139 milhões de dólares na bilheteria mundial, um valor respeitável e suficiente para garantir uma continuação de orçamento mais baixo. Leonard Nimoy depois daria crédito a *Star Wars* por ter dado início à série cinematográfica de *Star Trek* – embora ela jamais superasse o jovem novato.

A série que Lucas imitou o tempo todo voltaria à tela por causa de *Star Wars*, mas nem seria digno de comparação. Isso se tornou claro em 1980 quando, finalmente, *Flash Gordon* ganhou um longa-metragem. O produtor Dino De Laurentiis havia comprado os direitos da King Features anos antes do lançamento de *Star Wars*, mas não conseguiu persuadir Federico Fellini a dirigir. Então *Flash* ficou quieto até que sua cria, *Star Wars*, explodisse nas telas. Aí De Laurentiis agiu rápido.

Reviver *Flash* após quase quarenta anos de ausência não foi tão fácil. Houve diferenças fundamentais sobre qual caminho o filme deveria seguir. O roteirista Lorenzo Semple imaginou que as caricaturas de Flash, Dale, Zarkov e Ming, sem falar nos homens-gaviões, seriam impossíveis de representar sem conter o riso nos anos 1980. Ele escreveu uma versão exagerada ao estilo do seriado de TV do *Batman* dos anos 1960, cuja maioria dos episódios foi de sua autoria. Mas o senso de humor de Semple não foi captado por De Laurentiis, que presumiu que tudo seria interpretado seriamente e mandou que não se fizesse economia nos cenários e figurinos. "Eu disse para Dino que não gostei do filme", falou Lippincott, que acabou trabalhando como diretor de marketing de *Flash Gordon*. (Charley Lippincott: o Zelig dos filmes espaciais dos anos 1970 e 1980.) "O filme debochava de tudo. Era preciso fazê-lo como uma fantasia que funcionasse aos olhos do público." O orçamento alcançou os 35 milhões de dólares. O astro Sam Jones, um ex-modelo da revista *Playgirl*, brigou com o diretor Mike Hodges, o que levou à dublagem de todos os diálogos de Jones por um dublador desconhecido até hoje.

O resultado dividiu o público. Nos Estados Unidos, *Flash Gordon* foi um fracasso com 27 milhões de dólares de bilheteria. No Reino Unido, foi um sucesso retumbante, ajudado pela trilha sonora do Queen e por uma interpretação exagerada de Brian Blessed. Mas nada disso deu a De Laurentiis o tipo de série ao estilo de *Star Wars* que ele ansiava. *Flash Gordon* viveria como um gibi, um desenho animado e, com o tempo, um seriado do Syfy Channel que durou apenas uma temporada. O único consolo de Flash, no lar de heróis aposentados do cinema de fantasia espacial, é ter escapado do destino da versão cinematográfica de 250 milhões de dólares de John Carter, o personagem de Edgar Rice Burroughs no qual ele foi baseado, em 2012. *John Carter* mal recuperou o investimento e ainda foi criticado como uma cópia de *Star Wars*. Uma experiência de um século foi completada: *Star Wars* havia superado, finalmente e definitivamente, seus antepassados da fantasia espacial, assim como Luke Skywalker se tornaria mais forte e mais sábio que o pai.

Muitos filmes copiaram *Star Wars* após o lançamento, mas nenhum se tornou alvo de um processo de plágio pela Lucasfilm. No entanto, houve um seriado de TV que conseguiu despertar a fúria jurídica da Lucasfilm e da Twentieth Century Fox – embora ele tenha sido concebido bem antes de *Star Wars*.

Em 1968, no mesmo ano em que George Lucas penava para organizar os pensamentos sobre "hologramas, naves espaciais e a onda do futuro", o produtor de TV Glen A. Larson escreveu um roteiro chamado *Adam's Ark*, no qual uma frota desordenada de espaçonaves foge da destruição da Terra e procura por humanos em outros planetas. No entanto, depois que *Star Trek* foi cancelada, nenhuma rede de TV parecia interessada em programas de ficção científica, Larson voltou a atenção para uma sequência de seriados de sucesso, tais como *O Fugitivo*, *Alias Smith and Jones* e *O homem de seis milhões de dólares*.

Depois de maio de 1977, coincidência ou não, Larson retomou o conceito de *Adam's Ark*. Ele inverteu o roteiro de forma que a frota desordenada estivesse fugindo da destruição do próprio conjunto de planetas e à procura de uma Terra misteriosa e lendária. Adam foi rebatizado como Adama e recebeu a patente de almirante. Ele demora a assinar um tratado de paz que os humanos de doze mundos pretendem firmar com uma raça de robôs, os Cilônios; a resistência de Adama prova ser visionária, pois os Cilônios lançam um ataque surpresa no meio das comemorações do tratado. (O embaixador soviético depois reclamaria do seriado, por ter enxergado uma metáfora da Guerra Fria naquela história de traição e desconfiança.)

Os executivos da Universal avisaram que queriam uma espécie de versão televisiva de *Star Wars*. O roteiro de quinhentas páginas que Larson entregou, datado de 30 de agosto de 1977, foi devidamente batizado de *Galactica: Saga of a Star World*. Larson recebeu 7 milhões de dólares para produzir um piloto, o maior orçamento da história para um episódio de um seriado de TV e não longe do orçamento oficial de *Star Wars*. Os Cilônios cobertos por armaduras pareciam um pouco com os stormtroopers, embora trajados em prata reluzente e ofuscante – não havia "universo usado" ali.

A história de *Galactica: astronave de combate* pelo menos estava a alguns anos-luz afastada do enredo de *Star Wars*. A rebelião de Lucas jamais havia sido enganada a assinar um acordo de paz com o Império; ninguém naquela galáxia muito, muito distante nunca tinha ouvido falar sobre um planeta chamado Terra. O tipo de misticismo de *Galactica* aproximava mais o seriado do conceito de *Eram os deuses astronautas?*,* em que a humanidade fora plantada na Terra por raças antigas superiores – uma ideia tão predominante nos anos 1970 quanto a crença em OVNIs.

Ainda assim, a Universal teve a cautela de mandar a Lucas o roteiro de Larson. O cineasta não condenou o texto imediatamente. Apenas pediu que a Universal não usasse a frase "Star World". Então Larson criou uma nova classe de espaçonave, uma "astronave de combate". Lucas considerou que o filho de Adama, Skyler, era parecido demais com Skywalker; Larson mudou para Apollo no último minuto. Lucas também achou que o nome Starbuck lembrava muito *Star Wars*; isso, para Larson, era ir longe demais.

O que realmente irritou Lucas, no entanto, foi que Larson contratou John Dykstra para fazer os efeitos especiais do piloto de *Galactica: astronave de combate* e Ralph McQuarrie para a arte conceitual. Dykstra levou grande parte da ILM com ele e reformulou o Country Club como uma nova empresa, a Apogee. Ele ainda possuía muitos dos equipamentos da ILM, mas não estava claro se ele deveria ou não devolvê-los para Lucas: juridicamente falando, a ILM tinha deixado de existir temporariamente. Os contracheques pararam de ser emitidos em 25 de maio de 1977. A indústria de efeitos especiais ainda estava moribunda àquela altura; integrantes da equipe da Apogee ficariam felizes com qualquer trabalho que conseguissem.

A Fox estava irritada também: o estúdio tinha vendido o conceito de um seriado de *Star Wars* para Bernie Loomis, o presidente da Kenner, e para outros licenciadores em potencial. Agora parecia que a Universal havia se antecipado e tornado ainda mais difícil que algum seriado de *Star Wars* chegasse às telas de TV. Além disso, o episódio de estreia de *Galactica* foi exibido nos cinemas da Europa como um filme, o que significava que começara a competir no terreno de *Star Wars*. A Fox mandou uma ordem de cessação para a Universal em dezembro de 1977. Quando o trabalho continuou mesmo assim

---

* Famoso livro de 1968 escrito por Erich von Däniken em que o autor suíço propõe que extraterrestres tenham trazido grandes conhecimentos à Terra e influenciado as civilizações antigas. [N. do T.]

em *Galactica: astronave de combate*, a Fox entrou com um processo em junho seguinte, alegando 34 maneiras em que o seriado plagiou *Star Wars*. A Universal processou a Fox de volta, alegando que *Star Wars* havia plagiado o seriado de *Buck Rogers* de 1939, cujos direitos ainda eram da Universal. Um pouco menos absurdo, o processo também alegava plágio de *Corrida silenciosa*, a bomba de 1972 que afundou o filme *Home Free* de Barwood e Robbins. Mas era óbvio que McQuarrie baseara conscientemente o desenho de R2-D2 no inverso dos robôs de *Corrida silenciosa* e projetara R2 com um corpo arredondado, enquanto seus antecessores eram quadrados. Eles andavam como uma pata-choca; R2 deslizava a maior parte do tempo.

Quando o episódio piloto de *Galactica: astronave de combate* finalmente foi exibido na televisão – em setembro de 1978, o mesmo mês em que a maioria dos cinemas finalmente parou de exibir *Star Wars* –, a comunidade de ficção científica ficou do lado de Lucas. "*Star Wars* foi divertido e eu gostei, mas *Galactica: astronave de combate* era *Star Wars* mais uma vez", opinou Isaac Asimov em uma coluna de jornal. "Eu não pude gostar de *Galactica* sem amnésia." O escritor Harlan Ellison chamou o criador de *Galactica* de "Glen Larceny*". Antes da estreia na ABC, a revista *Time* chamou o seriado de "o plágio mais descarado de todos os tempos a surgir na telinha".

Mas nem todo mundo concordou que estava vendo um plágio. As cenas de espaçonaves feitas com o Dykstraflex e disparos de laser por caças no espaço não faziam daquilo uma cópia. Quanto mais o seriado se desenrolava, mais ele assumia o próprio território – da mesma forma como Gene Roddenberry disse que *Star Trek* precisou de quinze episódios para se estabelecer. "Os personagens têm mais dimensão psicológica do que os recortes de tiras de jornal vistos em *Star Wars*", escreveu o crítico da *Newsweek* ao assistir ao episódio piloto.

Galactica durou uma única temporada na ABC. A audiência começou alta, mas o horário de exibição irregular detonou o seriado. Fãs enraivecidos protestaram do lado de fora da sede da emissora; um jovem fã em Minnesota cometeu suicídio. Larson reutilizaria muitos dos cenários e equipamentos para outro seriado de TV mais bem-sucedido: uma refilmagem de *Buck Rogers*. *Galactica* voltou a ser mais um seriado em 1980 sem a maioria do elenco principal. Vinte e três anos depois, o Sci-Fi Channel (depois Syfy Channel) refil-

---

*   Trocadilho de Larson com *larceny*: crime de apropriação indébita, furto, roubo em inglês. [N. do T.]

maria o seriado inteiro com uma pegada mais sombria, que alterava um detalhe essencial: os Cilônios agora eram capazes de se parecer com humanos. A nova versão teve quatro temporadas bem-sucedidas e influenciaria Lucas no fim dos anos 2000, quando ele finalmente começou a planejar um seriado de TV de *Star Wars* com atores.

O processo da Fox contra a Universal foi desconsiderado pelo juiz em outubro de 1990; o processo da Universal contra *Star Wars* foi igualmente desconsiderado em maio seguinte. O processo da Fox voltou através de um recurso dois anos depois, e o tribunal declarou que "levantava questões legítimas de fatos concretos se apenas a ideia de *Star Wars* ou a expressão daquela ideia foram copiadas ou não". Em 1984, a Universal pagou à Fox 225 mil dólares para deixar tudo aquilo de lado.

A ação e o recurso deixaram uma estranha curiosidade jurídica em seu rastro. Numa década com uma avalanche de filmes de ficção científica com conceitos emprestados, após capacetes negros de samurai e armas de tamanho planetário, apenas um longa-metragem americano recebeu um processo de plágio: *Star Wars*.

No início de 1978, a Twentieth Century Fox contratou o produtor de TV Dwight Hemion para ser o produtor executivo de um especial de Natal de uma hora para a CBS, o *Star Wars Holiday Special*. A Fox acreditava que três anos seria um período longo demais para esperar entre filmes de *Star Wars*. Lucas concordou. Premiado com o Emmy, Hemion passara a década produzindo especiais para gente como Frank Sinatra e Barbra Streisand. Em 1977, ele também havia produzido o último especial de TV estrelado por Elvis Presley, um dos ídolos de Lucas. Hemion também dirigiu uma versão bem-recebida de *Peter Pan* estrelada por Mia Farrow e Danny Kaye, o que sugeria que ele sabia cuidar de fantasia infantil. Se o especial de Natal funcionasse, poderia ser o episódio piloto de um seriado de TV de *Star Wars*.

Lucas sugeriu uma história que focasse nos parentes de Chewbacca e em um feriado galáctico conhecido como Dia da Vida em seu lar, Kashyyyk. O planeta dos Wookiees acabara de ser rejeitado para *O Império contra-ataca*. Agora, porque Lucas gostava de reciclar praticamente todos os conceitos algum dia considerados para *Star Wars*, e porque os Wookiees ainda eram seu ponto fraco, a ideia foi ressuscitada. Ralph McQuarrie produziu pinturas do planeta. Lucas providenciou os nomes da família de Chewie: a esposa, Malla; o pai, Itchy; e o filho, Lumpy. A Lucasfilm produziu uma "Bíblia Wookiee", com tudo o que os roteiristas precisavam saber sobre a espécie parecida com macacos, incluindo como eles se reproduziam: "Wookiees têm ninhadas". Lucas também informou a um dos roteiristas do programa que Han Solo era casado com uma Wookiee, "mas não podemos dizer isso".

O *Holiday Special* é de uma ruindade lendária – não daquele jeito é-tão- -ruim-que-é-bom que gera clássicos cult como *Starcrash*, mas no sentido de que provoca um tédio monumental. (Procure no YouTube e veja quantos minutos você consegue suportar.) Antes de ir ao ar, Lucas e Gary Kurtz retiraram os nomes do projeto. "Ficamos meio que estarrecidos", disse Kurtz para mim. "Foi um péssimo erro." Uma citação falsamente atribuída a Lucas por praticamente toda a internet diz que ele tem um desejo de destruir cada cópia do especial que existisse "com um martelo". Mas Lucas declarou à revista *Starlog* em 1987 que o *Star Wars Holiday Special* seria lançado em VHS "em breve". Aqui está o que ele disse em 2002: "Foi uma das coisas que aconteceram, e eu simplesmente tenho que conviver com aquilo". (Lucas foi menos contido em sua aparição na paródia de *Frango Robô* de Seth Green, na qual, por trás da segurança da sátira, ele fez a única verdadeira crítica pública ao *Star Wars Holiday Special*: "Eu odeio, odeio, odeio!", berrou o personagem no divã do terapeuta. Green disse que Lucas precisou de pouca orientação.)

Será que o programa precisava ter sido tão ruim? Quando McQuarrie morreu em 2012, algo surgiu em sua papelada: um tratamento para o especial, datado de março de 1978. O autor continua desconhecido, mas parece muito ser Lucas. O texto começa com Chewbacca chegando em casa e se reunindo com a família. Han Solo aparece em um monitor e congratula os Wookiees pelo fato de o planeta ter sido escolhido para sediar o festival galáctico conhecido como Dia da Vida. Solo informa o que está em jogo: o Dia da Vida não é ilegal, ainda, mas o Império teme que o evento possa unir a galáxia e está tramando para cancelá-lo de qualquer maneira possível. Chewie, o mais famoso Wookiee de todos, será o foco do festival. A espaçonave *Musica* está a caminho para dar início à cerimônia.

Enquanto isso, um comerciante chega à residência dos Wookiees. Chewie compra um "videolivro" para o filho como presente de Dia da Vida, embora o comerciante deixe claro que o Dia da Vida não é um festival comercial. Chewie relaxa com um "evaporador mental" que toca rock'n'roll, que aparentemente os Wookiees curtem. (Por mais estranho que isso soe, não seria inconsistente para George Lucas, um fã de rock'n'roll que nos deu uma banda de swing ao estilo de Benny Goodman igualmente incongruente na cantina de Mos Eisley.) Chewie então fica horrorizado ao descobrir que Lumpy sumiu: ele entrou clandestinamente a bordo da nave do comerciante, com destino a Tatooine. O homem acaba sendo encontrado naquela cantina conhecida e concorda em devolver Lumpy a Kashyyyk por meio da nave *Musica*. Enquanto isso, um comandante imperial despacha um astro convidado – o tratamento sugere Raquel Welch – para garantir que a *Musica* jamais chegue a Kashyyyk. Ela seduz o comandante da nave, entra dançando (literalmente) na sala de comando enquanto explica para Lumpy como espaçonaves funcionam, e "ferra com tudo". Os droides seguem a agente imperial e avisam Leia e Luke, que alertam Chewbacca. O Wookiee pega uma nave até a *Musica* e a pilota até pousar em segurança. O Dia da Vida e Lumpy foram salvos. E Chewbacca finalmente ganha a medalha que lhe foi negada na cerimônia final de *Star Wars*.

Será que esse teria sido o maior especial de Natal de todos os tempos? Provavelmente não, mas poderia ter fornecido a base para um clássico cult de gosto duvidoso. O tratamento, porém, parece ter sido transformado pelos produtores de Hemion, Ken e Mitzie Welch. Chewbacca foi retirado da maior parte do programa; em vez disso, vemos a família do Wookiee se perguntando se ele realmente vai aparecer e vendo vários produtores de entretenimento para se distrair. O Dia da Vida permanece sem a menor explicação até a versão final; no encerramento, parece ser um festival composto inteiramente por Wookiees em robes vermelhos.

Os roteiristas do programa perceberam, horrorizados, que agora estavam escrevendo um roteiro dominado por personagens que não falavam uma palavra de inglês. "O único som que eles emitem parece com gordos tendo um orgasmo", comentou o roteirista Bruce Vilanch. Sendo ele próprio gordo, Vilanch disse para Lucas que criaria o diálogo do especial deixando um gravador no quarto. Lucas não achou graça. Nem ficou especialmente interessado em ficar de olho no programa. Ele indicou David Acomba, um colega de grêmio acadêmico de Charley Lippincott, como diretor. Mas Acomba não estava acostumado a dirigir para a TV; a equipe o considerou nervoso. Ele largou a produção após filmar algumas cenas. "Esse pessoal não sabe o que está fazendo", disse Acomba para Lippincott.

Os roteiristas fizeram o melhor com o tratamento que receberam dos Welches e criaram o que esperavam ser cenas charmosas da vida familiar em Kashyyyk. Itchy, o jovem peralta, rouba biscoitos, incomoda o avô com uma espaçonave de brinquedo e se diverte com um holograma de acrobatas de circo. Malla assiste a um programa culinário. Ela verifica o avanço de Chewie em um monitor com Luke e Leia e distrai os soldados imperiais que vasculham a sua casa à procura do monitor não autorizado.

Os primeiros dez minutos após os créditos de abertura não têm nada além de Wookiees rosnando uns com os outros. Se os roteiristas tivessem deixado assim como estava, o *Holiday Special* talvez tivesse pelo menos entrado para a história como uma espécie de insurreição de vanguarda, a brincadeira de um mímico que confundiu a cultura predominante. Mas aquilo era um espetáculo de variedades. Canções foram escritas. O grupo Jefferson Starship interpretaria o single "Light the Sky on Fire". Um desenho, que apresentaria a estreia do caçador de recompensas Boba Fett, estava sendo produzido. Bea Arthur, famosa pelo seriado *Maude*, deveria cantar uma canção na cantina de Mos Eisley seguindo o arranjo ao ritmo swing da banda da cantina, chamada "Goodnight but Not Goodbye". Tudo isso teria de ser enfiado no programa de alguma forma. (Mark Hamill, pelo menos, resistiu aos planos de Luke cantar um número.)

No exemplo mais horrível de como o *Holiday Special* perdeu completamente o rumo, o pai de Chewie, Itchy, relaxa com o evaporador mentalálico vendido pelo comerciante. Mas o que ele testemunha não é rock'n'roll. É a cantora Diahann Carroll, selecionada pelos Welches com duas intenções explícitas: primeiro, garantir que o elenco fosse multirracial, e segundo, interpretar uma canção erótica que fosse censura livre o suficiente para os censores. "Eu sou a sua fantasia", murmura a cantora para o velho Wookiee. "Sou seu prazer." O Wookiee rosna com um deleite orgásmico. "Óó", ri Carroll, "estamos excitados, não é?", conclui.

Mas mesmo a canção de Carroll é mais fácil de engolir do que o encerramento do especial. Carrie Fisher estava passando por aquilo que Vilanch descreveu como "seu período Joni Mitchell". Demonstrar seus talentos como cantora, fossem como fossem, foi a troca de favores para a participação dela. Os Welches prontamente escreveram uma balada para a princesa Leia, que celebrava o Dia da Vida no arranjo do próprio tema de *Star Wars*. Fisher, que amava cantar, mas odiou a música, aparece com o olhar vidrado e pena para alcançar as notas altas.

Quando Lucas e Gary Kurtz viram o que estava acontecendo, era tarde demais para fazer outra coisa a não ser retirar os próprios nomes. "No fim das contas, o especial não foi necessário", se recorda Kurtz. "A Fox estava preocupada que esperar três anos fosse demais para o segundo filme e que algo deveria ser lançado nesse ínterim. Mas realmente não foi necessário." Os estúdios e as emissoras haviam se pronunciado. A CBS estava eufórica por ter o que certamente seria o maior sucesso do período de festas. Tantos patrocinadores entraram a bordo, que o programa de uma hora foi esticado para duas. A Del

Rey publicou um livro de histórias infantis de Wookiees. Kenner, o principal anunciante, se preparou para lançar uma linha de bonequinhos de Wookiees. Eles jamais seriam pegos de surpresa pela demanda!

O programa foi anunciado com meses de antecedência. A molecada estava empolgada que *Star Wars*, que acabara de sair dos cinemas, agora fosse passar na TV. Quem não foi ao cinema e só tinha *Galactica: astronave de combate* para ver, finalmente saberia o motivo de tanto falatório. Isso se aplicava não somente aos Estados Unidos, mas ao redor do mundo; o *Holiday Special* foi vendido e exibido em pelo menos outros seis países, incluindo Canadá e Austrália.

A princípio, o programa parece ter compensado. Estima-se que somente nos Estados Unidos 13 milhões sintonizaram para o começo do *Star Wars Holiday Special*. Mas a audiência caiu estrondosamente depois do desenho de Boba Fett no fim da primeira hora. Quando Fisher terminou a canção, a maioria dos telespectadores havia trocado de canal para a ABC ou NBC, ou desligado a TV.

O especial estranhamente manteve-se nas margens do cânone de *Star Wars* durante anos. Como marca a primeira aparição de Boba Fett e a primeira vez em que o planeta natal dos Wookiees é mencionado, a Lucasfilm não conseguia ignorar o programa completamente. (Isso durou até 2014, quando Lucas tomou uma atitude avassaladora com toda a mídia de *Star Wars* que não tivesse seu nome nos créditos; só então o pior clone de *Star Wars* de todos sumiria da galáxia *Star Wars*.) O especial jamais foi lançado em vídeo, apesar do que Lucas disse que esperava que acontecesse em 1987, e somente foi mantido vivo por fãs em fitas piratas até que a era do YouTube chegasse.

Na época, o *Holiday Special* pareceu ser o surpreendente autossacrifício de uma série promissora – prova, se fosse necessária alguma, de que a sequência provavelmente seria um fracasso. Para George Lucas, foi uma lição representativa: jamais cederia outra vez tanto controle assim sobre como seu universo seria representado. No tocante à continuação, se quisesse evitar a perda de cada centavo da fortuna de *Star Wars*, Lucas teria de vigiar o processo como um falcão.

15 / COMO SE DAR BEM COM SEQUÊNCIAS

Em julho de 1978, o ator Dave Prowse fez uma turnê pelos Estados Unidos como Darth Vader pela primeira vez. O ex-campeão britânico de fisiculturismo ficou irritado com a insistência de Lucas de que, durante as filmagens de *Star Wars*, não fosse tirada nenhuma foto de divulgação de Prowse na roupa de Darth Vader sem o capacete, e se irritou ainda mais por não haver informação alguma sobre ele no material de imprensa do filme. Quando Vader colocou as pegadas no concreto úmido do lado de fora do Mann's Chinese Theatre em Hollywood, Prowse estava esquentando a cabeça em Londres.

"Eu criei Darth Vader", insistiu Prowse para um repórter em novembro de 1977. "Os movimentos, os maneirismos são o que eu e mais ninguém colocou no personagem... Então, como assim a Fox finge para o público que o verdadeiro Darth Vader está dentro da roupa negra quando eu estou a 10 mil quilômetros de distância? É deplorável e desonesto." Foi por volta dessa época que Prowse começou a dar autógrafos, para o constrangimento da Lucasfilm, assinando: "David Prowse É Darth Vader".

A viagem de 1978 foi uma tentativa de reivindicar seu lugar de direito, como Prowse entendia. Seu assessor de imprensa organizou uma turnê pela costa oeste. Ele deu uma palestra no Centro Cívico de Marin, a alguns quilômetros da casa de Lucas, e respondeu a perguntas do lado de fora de uma loja de quadrinhos em Berkeley, cercado por mais ou menos mil fãs de *Star Wars*, muitos fantasiados. Ao ser perguntado sobre o primeiro encontro com Lucas, Prowse se recordou: "Encarei o que parecia ser um jovem menino". Perguntado sobre a continuação, ele respondeu que começaria a ser filmada em fevereiro próximo. Então Prowse ofereceu o que um repórter do *San Francisco Examiner* descreveu como "um vislumbre do possível enredo": Darth Vader e Luke Skywalker estão em um duelo mortal de sabre de luz quando Luke descobre que Vader é seu pai. "O pai não consegue matar o filho, o filho não consegue matar o pai", disse Prowse – e assim os dois personagens viveriam para estrelar a próxima continuação. O público vibrou loucamente.

Agora, de acordo com o folclore da Lucasfilm – e a autobiografia de Prowse –, ele não tinha nenhum conhecimento prévio da reviravolta na trama de *O Império contra-ataca*. Aquilo foi mantido sob sigilo ao ponto de Prowse ter recebido um diálogo falso para a famosa cena ("Obi-Wan é seu pai"). Mark Hamill só foi informado sobre o que realmente estava acontecendo minutos antes de a cena ser filmada. James Earl Jones, a voz de Vader, foi o único outro ator a receber a fala correta. Reza a lenda que Prowse soube que Vader era o pai de Luke durante a *première* em Londres, em 1980. (Na verdade, ele já tinha visto um monte de sessões de imprensa àquela altura.)

Então, como assim Prowse estava discutindo casualmente a questão como um "possível ponto do enredo" um ano antes de a filmagem sequer começar? A reviravolta em si tinha apenas alguns meses de idade; Lucas escreveu o segundo manuscrito fundamental do roteiro, no qual Vader anuncia a paternidade, em abril de 1978. Ele andava obsessivamente sigiloso sobre a revelação e sequer permitiu que a secretária datilografasse aquela página. Talvez Prowse tivesse um infiltrado na Lucasfilm? Não. Ele dissera a mesma coisa em uma convenção por volta de outubro de 1977, de acordo com uma entrevista dada a um fanzine de Londres chamado *A pequena loja dos horrores*: "Vader não matou o pai de Luke, Vader É o pai dele".

Isso foi décadas antes do advento da cultura de fãs movida pela internet. A palavra *"spoiler"* não era de uso comum. E o que Prowse falou se perdeu no vácuo de fanzines esquecidos e num único parágrafo no pé de um artigo de um jornal local. Ainda assim, ele desestabilizou a história de *Star Wars*. Afinal de contas, aquela era a reviravolta que transformou tudo. No momento em que Darth Vader oficialmente se tornou Anakin Skywalker, tudo mudou no universo *Star Wars*. O caminho dos próximos quatro filmes da série se tornou claro: o terceiro seria sobre a redenção dele; os prólogos cobririam a queda. Toda a curva narrativa de *Star Wars* se tornaria nada menos do que a tragédia de Darth Vader.

A Lucasfilm adoraria ser capaz de dizer que a reviravolta foi planejada com antecedência e que a campanha sigilosa para previnir que qualquer um descobrisse o segredo funcionou. A história oficial é contestada pelo blogueiro e cinegrafista, que mora em Toronto, Michael Kaminski, que gastou muita energia em *The Secret History of Star Wars* (2008) tentando mostrar que Lucas não teve um plano abrangente para a série e criou a reviravolta de Vader em 1978 num capricho. Mas e se nenhuma dessas explicações for verdade? E se Lucas por acaso mencionou esse "possível ponto do enredo" para Prowse nas filmagens de *Star Wars* em 1976, para um filme futuro que na época não parecia muito provável, e o ator decidiu revelar o segredo de maldade contra uma empresa pela qual se sentia rejeitado?[*]

Quanto mais estudava aquela estranha reviravolta, mais obcecado ficava em descobrir a verdade. O agente de Prowse não respondeu aos repetidos pedidos de uma entrevista, então fui atrás do ator na primeira Comic-Con de Salt Lake City e pedi a Bryan Young, que era o moderador de uma entrevista no palco com Prowse, para perguntar a ele sobre o artigo de 1978. "Nunca ouvi falar disso", respondeu o ator, um tanto quanto rapidamente. No dia seguinte, eu esperei na fila de autógrafos de Prowse e mostrei para ele uma cópia do artigo. "Eu estou interessado em lê-lo", falou Prowse. "Posso ficar com o artigo? Estarei aqui amanhã."

Eu voltei no dia seguinte. Prowse não se lembrava do artigo. Ele tem 80 anos agora e usa uma cadeira de rodas. Eu me senti mal por importunar um idoso, mas ele também é uma parte importante da história de *Star Wars*, e eu sabia que aquela podia muito bem ser a última chance que alguém teria de resolver o mistério. Então eu expliquei a pergunta novamente. Em uma voz baixa, Prowse desfiou uma litania de reclamações sobre o próprio tratamento nas mãos da Lucasfilm com o passar dos anos. (Ele está banido da convenção oficial de *Star Wars*, por ter "agido mal muitas vezes" – palavras de Prowse – com a Lucasfilm.) "Às vezes", confessou ele, "a pessoa arruma problemas apenas por especular sobre o que vai acontecer".

– Obrigado pela visita! – disse o controlador da mesa de autógrafos para mim com uma ameaça sorridente.

Será que foi isso? Será que Prowse estava apenas especulando quando previu a grande revelação? Gary Kurtz diz que "vagamente" se lembra de "algo assim". No livro *The Making of Return of the Jedi* (2013), a Lucasfilm disse que Prowse era *persona non grata* nas filmagens porque "havia *inadvertidamente* vazado detalhes da história no início da produção de *O Império contra-*

---

[*]   Para complicar ainda mais a situação, há uma história mencionada na *Starlog* em 1987, que supostamente veio de uma fonte próxima a Lucas. Aparentemente, o Criador entrou em uma pequena convenção de ficção científica em São Francisco pouco tempo depois do lançamento de *Star Wars* e contou casualmente para os fãs em uma sessão improvisada de perguntas e respostas que Darth Vader era o pai de Luke. "Aquilo foi uma experiência da parte de Lucas para ver até onde e com que rapidez uma informação se espalharia dentro da comunidade de fãs de ficção científica", escreveu Bill Warren, da *Starlog*.

-*ataca*" (grifo meu). E aqui está uma coisa que não mencionei sobre aquele artigo do *San Francisco Examiner*: Prowse na verdade "revelou" que a reviravolta sobre a paternidade aconteceria em um *terceiro* filme.

Isso desestabiliza de uma forma diferente a história de *Star Wars*. Tanto os fãs quanto o Criador estavam conformados com a ideia de que essa reviravolta não foi apenas imprevista, como também imprevisível. No entanto, surpresas terríveis sobre paternidade são um elemento do mundo da literatura desde que Sófocles teve a ideia em *Édipo Rei*. Nós vimos exemplos nos gibis: Mart Black em *Tommy Tomorrow*, Orion e Darkseid em *Os novos deuses*. Também vimos como Lucas começou a ser influenciado pela ideia de Joseph Campbell sobre a jornada do herói em 1975 – tarde demais para o livro ser muito importante para *Star Wars*, mas bem a tempo da sequência, na qual Luke, o herói, chegou ao estágio da jornada de "conciliação com o pai".

Talvez não fosse preciso ser George Lucas para saber aonde ia o novo filme. Era evidente que até o sujeito dentro do capacete que obscurecia a visão foi capaz de enxergar o futuro.

No fim de 1977, meses antes da viagem de Prowse aos Estados Unidos, Lucas começara a fazer listas de planetas novamente, da mesma forma como fizera em 1973. Havia o planeta natal de Chewbacca, Kasshook – ou era Kazzook? Ou Ganaararlaac? Havia um planeta gasoso chamado Hoth, bem como um planeta de gelo, ainda sem nome. Um planeta jardineiro chamado Besspin. Um planeta pantanoso com nome de Dagobah.

Lucas começou a ver imagens desconexas: um castelo metálico na neve. O gabinete de Vader, com rios de lava. Alguma espécie de batalha na neve. R2 após um pouso forçado, com o sensor saindo de um pântano. Dois sujeitos montados em gigantescos lagartos bípedes da neve (direto do enredo da rainha Fria em *Flash Gordon*). Um deles é atacado por um enorme monstro da neve. Todas essas descrições foram diretamente para Ralph McQuarrie para visualização imediata.

Lucas não estava interessado em escrever o roteiro, apenas ajudar com o resumo. Exércitos de roteiristas teriam matado pela chance de escrever o primeiro manuscrito, mas Lucas queria alguém com experiência em ficção científica barata da velha guarda. Um amigo o apresentou aos romances de fantasia espacial de Leigh Brackett. Só quando Lucas telefonou e perguntou se alguma vez ela havia escrito para cinema foi que ele descobriu que ela também era a Leigh Brackett que assinou os roteiros de *El Dorado* e *O perigoso adeus*, e que co-escreveu a adaptação de *À beira do abismo* com William Faulkner.

Lucas sabia que queria que o segundo filme fosse mais focado nos personagens, mais maduro, mais romântico: *E o vento levou* no espaço sideral. (A bilheteria de *E o vento levou*, ajustada pela inflação, era a montanha final para *Star Wars* escalar.) Brackett parecia ser exatamente a roteirista que ele procurava.

Não havia tempo a perder. Mesmo naquele momento de triunfo, Lucas ainda estava na Terra da Velocidade e jamais diminuiria o ritmo novamente. A fama podia ser ilusória; a fortuna poderia se evaporar. Era hora de martelar enquanto o ferro da criatividade estava quente.

Em novembro de 1977, Lucas se reuniu com Brackett em uma conferência de enredo de três dias que formou a base do tratamento de roteiro que ele escreveu logo depois. Infelizmente, apenas o lado de Lucas da conversa foi gravado. Mas a transcrição de 51 páginas mostrou que Lucas aprendera as lições dos últimos dois filmes. Ele queria um enredo próprio para cada um dos personagens principais, ao estilo de *American Graffiti*. E como consequência daqueles anos de luta com enormes roteiros de *Star Wars*, Lucas quis manter esse com 105 páginas, no máximo: "curto e conciso".

Muitos dos pontos do enredo vieram naturalmente do primeiro filme. Para que Luke continuasse o treinamento Jedi sem Obi-Wan, ele precisaria de um novo professor. Alguém mais parecido com o Ben Kenobi do terceiro manuscrito de *Star Wars*: uma criatura excêntrica e maluca que "debochasse de Luke constantemente" e revelasse "as verdades mais simples, quase como uma criança". Lucas decidiu que o professor seria pequeno e parecido com um fantoche, e divagou em voz alta se Jim Henson, o mestre dos Muppets, estaria disponível – Lucas o havia conhecido enquanto Henson filmava *Os Muppets* do outro lado da rua, em frente a Elstree. "Ele deve ser como Kermit, o Sapo", disse ele sobre o personagem, "só que alienígena".

Brackett teve de deixar claro que o Império ainda era uma força considerável após a destruição da Estrela da Morte. O imperador deveria ser mencionado novamente, e, pelo bem de filmes futuros, o poder dele teria de crescer. A rebelião poderia estar sob ataque desde o início, talvez no planeta de gelo, o que também permitiria um pouco de romance ao estilo *Doutor Jivago* no meio da neve. E Darth Vader? Há uma "questão pessoal entre ele e Luke", disse Lucas para Brackett. "Ele pode usar Leia e Han para encontrar Luke." Haverá uma batalha titânica entre Luke e Vader, que terminará com Luke escapando "por um tubo de sucção", Lucas já sabia como o terceiro filme terminaria: "quando matarmos [Vader] no próximo, nós revelaremos o que ele realmente é. Ele quer ser humano. Vader ainda está lutando contra o lado sombrio da Força, ao jeito dele".

Quanto a Han Solo, Lucas sabia que queria desenvolvê-lo mais, porém continuava lutando com o processo. Harrison Ford ainda não tinha assinado o contrato para um terceiro filme, então ele teria de ser retirado da ação com um grau de incerteza sobre seu retorno. Talvez Solo pudesse ser enviado em uma missão perigosa para garantir o apoio do padrasto, um comerciante implacável ou o líder de um sindicato de transporte galáctico. Talvez descobríssemos como ele se envolveu com Chewie, que seria a forma de vermos o planeta dos Wookiees. Lucas também queria apresentar um dos velhos amigos de Han, a figura de um jogador sofisticado, que podia ser um integrante de uma família de clones que aparentemente foi responsável pelas Guerras Clônicas. O filme acabaria, disse Lucas, "com Luke e Leia erguendo o olhar para as estrelas e se perguntando se algum dia veriam Han novamente".

Leia, ao contrário, praticamente não foi desenvolvida no tratamento original – a não ser pelo envolvimento em um triângulo amoroso com Han e Luke: "Ela rejeita Han, embora fique excitada por ele". Com o tempo, ele consegue "dar um beijo à la Errol Flynn que tira Leia do sério". Enquanto isso, e muito claramente de forma separada, Lucas passa a ideia de que Luke tem uma irmã gêmea no outro lado do universo – que foi colocada lá por medida de segurança e que também está sendo treinada como Jedi.

Percebeu um padrão aqui? Como qualquer homem de negócios inteligente, Lucas estava colocando seus principais bens rentáveis no seguro. Todos esses desdobramentos permitiam que o negócio continuasse o quanto fosse possível. A apresentação do imperador permitia que Vader fosse eliminado; a apresentação do jogador significava que era possível se dar ao luxo de perder Han. A criatura de fantoche era uma proteção contra Alec Guinness, que, àquela altura, se recusava a participar como o fantasma de Obi-Wan. A menção de uma irmã, outra criança Jedi colocada em outro local seguro, permitiria que ficássemos sem Luke em episódios futuros.* O Criador estava andando o mais rápido possível para construir uma série que durasse décadas – e para estender o universo *Star Wars* além do ponto em que dependesse de um único ator.

Inspirado pela conferência com Brackett, Lucas preparou um rápido tratamento de enredo. As ideias vagas das anotações foram batizadas. A cria-

---

* Obviamente, Lucas quase perdera Mark Hamill graças ao acidente de carro em janeiro de 1977, durante a pós-produção de *Star Wars*. Para explicar a cicatriz no rosto do ator, Lucas sabia que precisaria que Luke fosse atacado por um monstro bem no início do roteiro.

tura de fantoche: Minch Yoda. O planeta de gelo: Hoth. O lagarto das neves: Taun Taun [*sic*]. E, pela primeira vez, a continuação ganhou um nome, que foi anunciado com pouco alarde. *O Império contra-ataca*: pareceu meio cafona, similar aos seriados de aventura de antigamente. Mas o título alcançaria o principal objetivo de Lucas: anunciar em cada marquise de cinema que a destruição da Estrela da Morte foi apenas o início.

Lá fora, a fissura por *Star Wars* continuava com força total – e se manifestava de maneiras que a Lucasfilm jamais autorizaria hoje. A edição de novembro da *Vogue* incluiu um artigo com a manchete "A Força das peles"; dentro da revista, 3PO era abraçado por duas modelos com peles, enquanto Vader olhava severamente para mais duas, e stormtroopers tentavam coagir mulheres usando peles. Alienígenas da cantina e stormtroopers de skate apareceram em *Donny & Marie*, o seriado dos irmãos Osmond. Bill Murray cantou a "canção de *Star Wars*" no *Saturday Night Live*.

Era tarde demais para criar alguma espécie de *Star Wars Holiday Special* para 1977, mas Mark Hamill apareceu com o figurino Skywalker no *Bob Hope All Star Christmas Special* e prendeu Hope – vestido como "Bar Vader" – por "mutilação maliciosa de uma matinê maravilhosa". No fim de 1978, aquilo não era mais motivo de risos: a empresa se acertou no campo jurídico e de licenciamento a ponto de processar o cantor Neil Young por ter vestido anões como Jawas durante um show ao vivo.

Havia uma sensação de urgência na Lucasfilm: a empresa precisava se organizar. Lucas trouxe Howard Kazanjian, seu velho amigo da USC, para o cargo de vice-presidente de desenvolvimento, aparentemente para produzir a sequência de *American Graffiti: loucuras de verão* exigida pelo contrato de Lucas com a Universal. Na verdade, Lucas já pensava em cortar os laços com o produtor de *Star Wars* e *O Império contra-ataca*, Gary Kurtz. O motivo não era exatamente claro; Kurtz diz que não sabia de problema algum até *O Império contra-ataca* passar muito do orçamento, mas parece que Lucas podia ter ficado descontente pelo simples fato de *Star Wars* também ter estourado o orçamento. Diz Kazanjian: "Durante a pré-produção de *Império*, muito antes de um roteiro, George disse que eu deveria participar do máximo possível de reuniões sobre o *Império*, pois eu produziria o terceiro filme". Observe-se que Kazanjian sempre foi capaz de manter seus filmes na Lucasfilm dentro do orçamento.

A empresa contratou o primeiro presidente, Charlie Weber. Um veterano do ramo imobiliário, Weber foi escolhido principalmente por nunca ter ouvido falar de George Lucas. Ele conduziu a aquisição do que se tornou conhecida como a Egg Company, um terreno de 1 milhão de dólares que pertencia a um atacadista do setor de ovos, do outro lado da rua em frente ao estúdio da Universal, onde Lucas mantinha seu escritório em Los Angeles. Aquele seria o centro de todas as operações em Hollywood; tudo que não pudesse ser feito em Marin. Nos melhores momentos, disse Kazanjian, "nós estamos tentando construir Camelot". Mesmo que o pior acontecesse no ramo cinematográfico, Lucas sabia, o valor do prédio da Egg Company subiria de qualquer maneira.

Lucas tinha recebido pessoalmente 12 milhões de dólares apenas por *Star Wars* no fim de 1977. No entanto, Randall Kleiser (ex-colega de quarto de Lucas, agora o diretor bem-recebido de *Grease: nos tempos da brilhantina*) se recorda de ter visitado George e Marcia naquela ocasião e descoberto que os dois ainda comiam uma pilha de refeições congeladas dentro de um isopor. Kleiser comentou que agora eles podiam contratar uma cozinheira e viu as lâmpadas se acenderem em cima da cabeça do casal. Por mais generoso que Lucas fosse com os amigos, por ter dado 25% dos lucros de *Star Wars*, ele era atraído por um estilo de vida relativamente simples. Lucas comprou uma Ferrari, mas na maioria das vezes dirigia seu Camaro 1967. O plano era ficar com 50 mil dólares por ano para despesas com o sustento e investir o resto na construção da empresa. Ele tirou mais folgas e deu presentes para a equipe crescente de funcionários no Dia de Ação de Graças e no Natal. De resto, 1977 terminou da maneira como começou: com Lucas e todo mundo ao redor trabalhando duro em um filme de *Star Wars*.

Uma das tarefas mais desafiadoras, obviamente, foi encontrar o diretor certo. Lucas e Kurtz listaram cem possibilidades, depois reduziram para vinte, e finalmente, para um: um veterano do cinema, um mentor da USC. Irvin Kershner, 54 anos, tinha sido juiz na competição do National Student Film que *THX 1138 4EB* vencera há dez anos. Agora, aquele estudante prodígio estava pedindo que ele assumisse as rédeas do maior filme do mundo. Kurtz levou Kersh, como ele era conhecido, para beber e soltar as ideias; ambos haviam trabalhado juntos anteriormente. Quando Lucas telefonou para Kersh alguns dias depois, ele usou duas táticas vencedoras: psicologia reversa ("Você teria de ser maluco para encarar essa") e elogios rasgados ("Eu quero alguém que não ceda sob muita pressão, alguém com uma enorme experiência em filmes e que goste de lidar com pessoas e personagens").

– Eu me senti muito lisonjeado – falou Kersh. – Ele sabia como me fisgar, aquele rato.

A solicitude de Kersh diante dos elogios de Lucas pode ter ofuscado um ponto importante sobre seu mentor: "Acho que George tinha em mente que poderia dirigir o filme remotamente ao dizer o que Kersh deveria fazer", conta Kurtz. "E Kersh não era aquele tipo de diretor."

Kersh, no entanto, entendeu a *ideia* de *Star Wars*. Ele havia assistido ao filme original com o filho de 10 anos e viu através de seus olhos jovens o apelo do filme e suas qualidades principais. Kersh era budista e entendeu a Força irrestritamente. O cineasta descreveu *Star Wars* como uma parábola, mas uma parábola que precisava ter um ritmo rápido para manter o interesse da plateia moderna. O relacionamento Lucas-Kershner também teve um ritmo rápido, e um memorando com o contrato foi assinado no Dia dos Namorados.[*]

Janeiro terminou com outra conferência de enredo, essa com Steven Spielberg e um executivo-de-publicidade-que-virou-roteirista retirado do anonimato por Spielberg, Lawrence Kasdan. O trio se reuniu pela primeira vez para discutir o filme de *Indiana Jones*. Lucas estava a toda, falando sem parar. Há páginas e mais páginas de transcrição em que ninguém diz uma palavra, a não ser Lucas. "O que estamos fazendo aqui, realmente, é criar uma atração da Disneylândia", disse Spielberg. Ele às vezes dava ideias; Lucas calava o amigo com delicadeza. O relacionamento refletia o prestígio de ambos: *Contatos imediatos* teve uma estreia forte – muito forte –, mas nem chegou perto dos recordes de bilheteria firmados por *Star Wars*. O campeonato do mundo cinematográfico permanecia nas mãos de Lucas por enquanto.

Brackett, que esteve datilografando desde a própria conferência de enredo com Lucas, entregou o manuscrito dela no fim de fevereiro. Ele contém algumas cenas intrigantes que poderiam ter acontecido: Minch Yoda, conhecido aqui apenas como Minch, é capaz de invocar o fantasma de Obi-Wan "pelo poder da Força", e a seguir duela com ele e vence um combate altamente formal. O pai de Luke, chamado simplesmente de Skywalker, também aparece em forma fantasmagórica e conduz o filho no juramento dos Cavaleiros Jedi. Há um monte de saudações com sabres de luz. Luke saúda a *Millennium Falcon* quando Han vai embora a fim de encontrar o padrasto no fim do roteiro.

Mas o roteiro de Brackett parecia estranhamente estático, especialmente após todos aqueles ganchos em ritmo de montanha russa da conferência de

---

[*] Que, nos Estados Unidos, é no dia 14 de fevereiro, e não 12 de junho como no Brasil. Kershner, portanto, assinou o contrato para dirigir *O Império contra-ataca* no dia 14 de fevereiro de 1978. [N. do T.]

Os caçadores da arca perdida. Luke pensa em Leia na base de gelo e fica hipnotizado por um cristal que sai do sabre de luz. Han e Leia passam metade do filme flertando e se pegando em uma *Falcon* quebrada, que apenas vagueia pelo espaço vazio. 3PO e Chewie discutem várias vezes sobre o romance em ebulição. Quando Vader captura nossos heróis na Cidade das Nuvens, ele oferece um jantar embaraçoso e deixa que eles perambulem pelo lugar, mesmo estando presos. O dono da Cidade nas Nuvens, Lando Kaldar, ainda não Lando Calrissian, fala com saudade sobre sua família de clones.

Brackett fez escolhas estranhas de tom e cometeu erros de continuidade. Ela fez muitas gracinhas para a plateia, parecendo que não entendeu que o humor de *Star Wars* vinha do próprio tom de seriedade. Han diz uma fala para Leia – "somos apenas duas pessoas sozinhas na imensidão do espaço" – e depois tem um ataque de risos. "Foi mal, essa foi forte, até mesmo para mim." Han também diz que a base de gelo está segura no anonimato porque "duvido que até mesmo Deus se lembre de onde pendurou essa estrela", o que casualmente apresenta uma divindade em uma galáxia tomada pela Força. Vader, cujo nome Brackett às vezes escreve errado, persegue Luke por vingança por ter atirado em sua nave no fim da batalha pela Estrela da Morte – apesar de ter sido Han quem fez aquilo. (Sendo justo, isso foi um erro que Brackett pode ter tirado do romance de Alan Dean Foster, *Splinter of the Mind's Eye* – mais sobre esse livro a seguir.)

Lucas deve ter sentido aquele conhecido nó no estômago quando leu o roteiro de Brackett. Aconteceu em *THX*, aconteceu em *American Graffiti*, e estava acontecendo de novo: ele terceirizou a problemática tarefa de escrever o roteiro para um profissional, e o trabalho que voltou não batia com o conteúdo do filme em sua cabeça. Ao ler o manuscrito na primeira reunião com Lucas após ter assinado o contrato como diretor, Kershner ficou igualmente preocupado.

Foi dado um devido telefonema para Brackett – e aí que Lucas descobriu que ela estava no hospital. Leigh Brackett morreu menos de um mês depois. Ela estava nos estágios finais do câncer durante o processo de roteirização e não quis dizer nada. *O Império contra-ataca* seria seu último ato. Lucas resolveu manter o nome da roteirista no filme. "Eu gostava muito dela", disse ele. "Ela realmente tentou fazer o melhor." O roteiro de Brackett, pelo menos, mostrou para Lucas a maneira como ele não queria que *Star Wars* fosse.

Lucas começou a escrever um novo roteiro à mão. Ele produziu boa parte do texto durante as férias com Marcia e alguns amigos no México – as segundas férias em menos de um ano, algo sem precedentes para os Lucas.

Também sem precedentes foi a velocidade com que Lucas escreveu o segundo manuscrito: ele começou em abril e terminou em junho. Ele não estava mais debruçado sobre mesas feitas de portas, lutando com a Força Bogan. Esse é o manuscrito em que Lucas admite ter se divertido mais. "Achei mais fácil do que eu esperava", declarou ele. "Quase agradável."

No típico estilo de Lucas, o diálogo do segundo manuscrito da sequência – seu primeiro – era maravilhosamente engessado. No fim do texto, após Lando e Chewie partirem na *Falcon*, Luke diz para Leia:

– Eu também partirei. Deixei coisas para terminar.

– Você sabe que é Han que eu amo, não sabe? – responde Leia.

– Sim, mas eu fui levado para outra esfera – diz Luke. – Han é melhor para você.

Com certeza, isso não é *E o vento levou*.

Ainda assim, muito do que agora conhecemos como *O Império contra-ataca* entrou nos eixos no segundo manuscrito, com apenas pequenas diferenças na estrutura. A invasão imperial de Hoth agora contava com "enormes máquinas ambulantes", que já haviam sido esboçadas pelo designer Joe Johnston.

Esse é um momento tão bom quanto qualquer outro para abordar uma mentira que dura há anos na Baía de São Francisco – isto é, que os AT-ATs, como aqueles andadores imperiais ficaram conhecidos, foram inspirados por gigantescas gruas quadrúpedes do Porto de Oakland. Lucas nega. A verdade é mais louca: Joe Johnston foi inspirado por um tanque quadrúpede, um veículo conceitual criado pela General Electric em 1968 e chamado de Máquina Cibernética Antropomórfica. A MCA fora encomendada pelo exército para possível uso no Vietnã; a GE apenas abandonou o projeto quando ele se mostrou cansativo demais para operar. De maneira intencional ou não, Lucas e Johnston continuaram a analogia entre a luta do Império contra a rebelião e a luta dos Estados Unidos no Vietnã.

Han esconde a *Falcon* em um campo de asteroides, uma cena arrancada do primeiro manuscrito de *The Star Wars*. Luke abandona Yoda e Ben abruptamente em Dagobah, o que leva Yoda a declarar que eles "precisam encontrar outro". Quando Lando aparece na Cidade das Nuvens para recepcionar nossos heróis, ele não é mais um clone. Quando Vader captura Han e Leia, ele tortura ambos. Han é congelado em carbonita e entregue ao caçador de recompensas Boba Fett – um ponto do enredo que dá um jeito no recalcitrante Ford, que pedia sistematicamente para que Han fosse eliminado.

E aí, na primeira versão escrita à mão do manuscrito pós-Brackett, Lucas chega à reviravolta na história. Durante o climático combate de sabre de luz com Darth Vader, o Lorde dos Sith tenta fazer o jovem Skywalker vir para o lado sombrio. Ele encoraja o ódio de Luke. "Eu destruí sua família. Destruí Kenobi." Então Vader faz uma oferta incongruente. "Nós governaremos a galáxia como pai e filho."

"O quê?", diz Luke, e estamos com ele nessa. *Espere. Volte atrás.* Por que Vader daria o que seria uma derrapada freudiana? A revelação dramática vem algumas falas depois. "Eu sou seu pai." Busque nos seus sentimentos, ele insiste. Você sabe que é verdade.

Lucas depois alegaria que sempre teve Vader em mente como o pai de Luke. Mas ele também admitiu que há muita espontaneidade em seu texto. "Quando se está criando uma coisa como essa, os personagens tomam o controle", disse ele em 1993, "e eles começam a contar uma história à parte do que você está fazendo… Então é preciso calcular como remontar o quebra-cabeça para que ele faça sentido".

Pode ser que tenha sido assim que aconteceu o momento em que o "talvez" da paternidade de Luke tenha virado uma certeza. Lucas escreveu o combate de sabre de luz durante as férias no México, trabalhando em um ritmo alucinado, inspirado pela musa. Ele tinha noção de que o público sabia que Luke não morreria; os espectadores precisavam de um motivo para temer pelo herói naquele momento. O perigo, como Lucas tinha comentado na conferência de enredo com Brackett, é que Luke pudesse ser convertido para o lado sombrio da Força. Então ele polvilhou o diálogo de Vader com razões para Luke ceder ao ódio. Que razões seriam essas? Bem, o primeiro filme nos informou que Vader matou o pai de Luke, então vamos fazer com que ele diga algo do gênero, talvez algo até maior: "Eu destruí sua família".

Sua família. Seu pai. Anakin Skywalker, o cadarço solto que se recusa a ser amarrado. Darth Vader, o homem misterioso dentro do traje de pulmão artificial. Sabemos tão pouco sobre eles; o filme até agora se recusava a avançar ambos os personagens. Era particularmente irritante dado que a fórmula de Joseph Campbell exigia que o pai entrasse em ação com força nesse ponto da história. Em *O herói de mil faces*, Campbell explica que a reconciliação do herói com o pai é essencial, que é quase um componente religioso em todos os mitos. "O problema de o herói ir ao encontro do pai é abrir a alma além do horror, ao ponto de ele estar pronto para compreender como as tragédias revoltantes e insanas desse cosmos vasto e implacável são completamente validadas na majestade do ser."

Mas, espere aí, "Nós governaremos a galáxia como pai e filho", foi o que o personagem obrigou Lucas a escrever. Finalmente, definitivamente, tenha ele pensado nisso antes ou não, novos mundos se abriram para Lucas conquistar. Vader já deveria ser um Cavaleiro Jedi que se voltou para o lado sombrio e traiu os Jedi. Mas se Vader fosse simplesmente um novo nome para Skywalker, bem, aquilo certamente levaria a traição a níveis de ópera. Explicaria de uma vez só por que todo mundo, do tio Owen a Obi-Wan e Yoda, esteve tão preocupado com o desenvolvimento de Luke, e se ele cresceria para ser como o pai.

A unificação de Anakin Skywalker e Darth Vader retirava um monte de redundâncias do enredo. Dá para ver claramente o problema no primeiro manuscrito de Brackett, em que Yoda invoca Obi-Wan, que por sua vez invoca o *père* Skywalker. "De repente, Dagobah está cheio de velhos e nobres fantasmas Jedi que são basicamente o mesmo personagem", opina o autor Michael Kaminski.

Durante o resto da produção, o segredo de Vader foi mantido em sigilo o máximo possível. Lucas tomou cuidado até mesmo em contar para Kershner. Ele realmente queria que a reviravolta atingisse o máximo de espectadores quanto fosse possível em estado puro. No fim das contas, apenas uma coisa entregaria o jogo, e com as bênçãos da Lucasfilm: a romantização de *O Império contra-ataca*, escrita por Don Glut, o amigo de Lucas da USC, que foi lançada uma semana antes do filme e vendeu 3 milhões de exemplares. Novamente, a trama do filme estaria escondida à vista de todos, perfeitamente acessível aos esclarecidos e interessados; novamente, *Star Wars* provaria ser mais do que uma simples série cinematográfica.

Glut recusara a romantização do primeiro *Star Wars*, mas ainda tinha "a mão na cumbuca de *Star Wars*", como ele diz. Originalmente, Glut fora contratado para escrever um romance baseado nos Wookiees. Após o desastre do *Holiday Special*, Glut recebeu um telefonema de Carol Titleman, a ex-namorada de Charley Lippincott que agora era a responsável pela nascente divisão editorial da Lucasfilm, bem como da futura adaptação de *Star Wars* para a National Public Radio.* Titleman levou Glut para almoçar e disse: "Esqueça o livro dos Wookiees. Queremos que você escreva *O Império contra-ataca*". Dessa vez, ele teria permissão para colocar o próprio nome na capa. Glut recebeu a oferta de um adiantamento "relativamente pequeno" de direitos autorais, em vez da remuneração fixa que Foster ganhou pela romantização de *Star Wars*.

---

* A emissora de rádio pública dos Estados Unidos, mantida em conjunto por fundos do governo e da iniciativa privada, mas sem fins lucrativos, que retransmite a programação de 900 rádios públicas menores espalhadas pelo país. [N. do T.]

Não era o melhor negócio na história do mercado editorial, mas Titleman disse para Glut: "se você recusar há outras pessoas que nos pagariam para escrever o livro".

Glut descobriu que a Lucasfilm era uma multidão que vivia em sigilo autoimposto. "Eles eram tão paranoicos", diz o escritor. "Algumas pessoas podiam ver o roteiro, mas não as ilustrações; outras podiam ver as ilustrações, mas não o roteiro. Eles literalmente me trancaram em um trailer com todas as pinturas de McQuarrie." Ele fez esboços em um caderno e se lembra de ter mostrado um desenho para um funcionário quando saiu. "Esse é Yoda?", perguntou Glut. O funcionário cobriu os olhos com as mãos. "Não me diga! Eu não quero saber."

Enquanto os talentos na Lucasfilm corriam para se preparar para a produção de um segundo filme, Lucas parecia menos interessado em *O Império contra-ataca* do que na futura e utópica comunidade cinematográfica de Rancho Bulltail, prestes a ser rebatizado de Rancho Skywalker. Ali, finalmente, estava o sonho em Marin County que Lucas sempre acalentou desde a primeira vez que John Kirty o convidou para ir até lá em 1968. O rancho era escondido na Lucas Valley Road, cujo nome era uma feliz coincidência – John Lucas foi um habitante de Marin do século 19 que herdou a terra do tio. O vale de 6,9 mil quilômetros quadrados era selvagem e cheio de grama, verdejante na primavera e amarelo no verão e no outono. Era completamente fechado, um mundo em si mesmo, com veados cruzando o vale e pumas patrulhando os morros cobertos de árvores.

O Rancho Skywalker permaneceria tão secreto quanto o roteiro durante a produção de *Império*. Inicialmente, a escritura ficou no nome do contador de Lucas – o que foi prudente, pois a combinação do cadeado na cerca da entrada do rancho era ridiculamente fácil de adivinhar: 1138.

Assim como dava os roteiros para amigos de confiança, Lucas trouxe Hal Barwood e outros para o rancho em junho de 1978. Ele explicou o sonho: o lugar permaneceria, em grande parte, como um rancho. Eles plantariam nogueiras, iguais às nogueiras do rancho em que Lucas passou a adolescência. Cultivariam um vinhedo e criariam gado, talvez cavalos. As construções seriam poucas e espaçadas, dispostas tão longe que não seria possível avistar uma construção da outra. O plano era em parte devido ao fato de que Marin não havia feito zoneamento do terreno para desenvolvimento, mas também refletia a visão de Lucas de uma utopia agrária para cineastas e roteiristas. Pessoas criativas, acreditava ele, não podiam trabalhar em típicas jornadas de trabalho de oito horas por dia. Não estavam nas melhores condições em cidades. Elas precisavam recarregar as baterias com longas pausas no meio do dia, jogos de *frisbee* ou passeios nas colinas, talvez com a injeção extra de adrenalina de esbarrar em um puma.

Por enquanto, o Rancho Skywalker era apenas uma visão que Lucas não parava de esboçar em blocos de notas. O terreno era um lugar para piqueniques, um paraíso para estradeiros onde Gary Kurtz gostava de dirigir a toda velocidade. Mas o fato de que o rancho era apenas uma ideia não diminuía seu poder – não quando veio de um sujeito que andou rabiscando soldados espaciais naqueles blocos há pouco tempo. Lucas chamou Kershner ao gabinete a fim de mostrar os planos para o rancho e enfatizou que apenas Kershner poderia torná-los realidade. Tudo o que ele tinha de fazer era dirigir a sequência mais bem-sucedida de todos os tempos. Sem pressão.

No decorrer de 1978, Lucas tirou uma meia dúzia de funcionários da ILM do norte de Van Nuys e atraiu para Marin, mas teve de colocá-los em um outro prédio industrial ali perto, em San Rafael. Para proteger o lugar de fãs curiosos, não havia a marca da ILM; em vez disso, o prédio tinha a logomarca de uma empresa fictícia, a Kerner Company Optical Research Lab. No Ano Novo, 27 novos funcionários da ILM foram contratados. Aquele era o estado de um cineasta no auge do poder: vida a toda velocidade com um império para construir; foco em ideias para grandes filmes, e um conjunto de pessoas cada vez maior que se preocupavam com detalhes e ansiosos para agradar. Algo que Coppola lhe dissera uma vez começava a se tornar realidade: fama e fortuna eram uma espécie de morte, no sentido de que a pessoa renascia como uma nova.

Fãs ocasionais podem ser perdoados por achar que Lucas teve pouco a ver com *O Império contra-ataca*. O nome dele é apenas o quarto na tela nos créditos de encerramento: "baseado em uma história de". Leigh Brackett e Lawrence Kasdan estão creditados como roteiristas, sem nenhuma alusão aos segundo e terceiro manuscritos cruciais que Lucas escreveu entre o trabalho deles. Ainda assim, dos dois roteiristas creditados em vez de Lucas, Lawrence Kasdan foi o que teve o maior impacto. Kasdan fora trazido para as discussões com Spielberg sobre *Os caçadores da arca perdida* porque Spielberg adorou um roteiro anterior de Kasdan, *Brincou com fogo... acabou fisgado!* Assim que Kasdan entregou o roteiro de *Caçadores*, Lucas o contratou para escrever o terceiro roteiro da vida dele, um manuscrito de *Império*, sem sequer ler o trabalho de Kasdan em *Caçadores*. Pós-Brackett, aquele foi um momento vulnerável. "Eu estava desesperado", Lucas depois admitiu.

Kasdan seria para *Império* o que Huyck e Katz foram para *Star Wars* – só que em vez de escrever totalmente 30% dos diálogos, ele mexeu um pouco em praticamente todas as falas. Yoda deve a gramática de trás para frente a Lucas, que achou que era assim que um guru devia falar, porém foi Kasdan que lhe deu falas breves e memoráveis. Também é possível dar crédito a Kasdan por esticar as cenas românticas de Leia e Han e a introdução da palavra "cafajeste" no diálogo dos dois. A parte de trás da cabeça de Vader é vista em seu cubículo particular por um subalterno quando uma máquina coloca o capacete no Lorde Sombrio; aquele vislumbre irresistível também foi invenção de Kasdan.

Kasdan e Kershner "contestaram tudo no roteiro", disse Lucas depois – e era isso o que ele queria. "Se eles tivessem razão ou uma grande ideia, aquilo imediatamente entrava." Lucas queria que o roteiro tivesse um ritmo rápido; Kasdan queria profundidade emocional. A situação virou um cabo de guerra gentil – Lennon e McCartney, se um dos Beatles fosse mil vezes mais rico do que o outro.

Mas o roteiro foi apenas um dos muitos elementos que tornou *Império* tão memorável. O corpo de Yoda, ao contrário do diálogo, foi o maior medo da fase de pré-produção. Se o fantoche não funcionasse, Lucas sabia, toda a ilusão do filme seria perdida. Joe Johnston criou o visual do guru alienígena encarquilhado, mas transformá-lo em realidade foi mais difícil do que se esperava – e tentar obter sucesso com um *Muppet* ao estilo de Henson não era garantido. De início, Stuart Freeborn, veterano de *2001*, experimentou vestir um bebê macaco com uma fantasia de Yoda. Apenas quando aquilo claramente não funcionou, Kurtz realizou uma peregrinação à casa de Jim Henson, levando Edward Summer junto, que jurou manter em segredo.

Henson parou o suficiente para fazer uma piada – a versão de mercado de massa do personagem, brincou ele, deveria se chamar um *toy-yoda** –, antes de dispensar o projeto. Ele estava ocupado demais com *Muppets: o filme*. Dias depois, porém, ele mostrou o esboço de Yoda para seu colaborador Frank Oz, que não estava tão ocupado. O que Oz fez com os esboços de Freeborn e as palavras de Kasdan não apenas deixou Henson orgulhoso, como também criou um guru que sempre será lembrado. Em 1980, Yoda provocou um debate sério se um fantoche deveria ser indicado a um Oscar. Em 2013, ele recebeu a maioria dos votos de visitantes do site StarWars.com no primeiro torneio online de personagens oficial – e venceu o poderoso Darth Vader em pessoa na rodada final.

---

*   Infame trocadilho com a fabricante de carros Toyota e *toy* (brinquedo) + Yoda. [N. do T.]

Com Oz no controle do fantoche, fazendo uma voz entre a de Miss Piggy e do Urso Fozzie, Yoda começou a ganhar forma. Mas seria preciso toda a criatividade da Lucasfilm – e toda a paciência de Kershner – para criar e filmar várias versões realistas em fantoche da criatura, para dar a ilusão de que Yoda era capaz de se movimentar independentemente de Oz. Kershner amaldiçoaria o nome do sujeito verdinho pelo resto do filme. Enquanto isso, o que seu chefe estava passando – e do que estava protegendo Kershner – foi dez vezes pior do que o posicionamento adequado de um fantoche recalcitrante.

Financiar *Império* foi uma dor de cabeça séria e constante para Lucas. O orçamento havia crescido para 18 milhões de dólares. Só a folha de pagamentos consumia mais de 1 milhão de dólares por semana, com mais 2 milhões de dólares sendo gastos por semana na filmagem após março de 1979. O filme estava imediatamente atrasado. Como um eco dos problemas em *Star Wars*, houve um desastre natural na primeira semana de filmagem na locação nas regiões mais ao norte de Finse, na Noruega. Dessa vez foi uma avalanche maluca em vez de uma tempestade maluca no deserto. Em vez de cortar dias e cenas da filmagem como Lucas fora forçado a fazer, Kershner e Kurtz deixaram que o filme ficasse atrasado. Kurtz declarou para Lucas que o orçamento agora era de 22 milhões de dólares.

A venda de brinquedos veio ao resgate. Apesar de o filme não estar mais nos cinemas, apesar do desastroso *Holiday Special*, e contra todas as expectativas, a Kenner anunciou que teve o período de festas de fim de ano mais forte de sua história. As vendas de bonequinhos, espaçonaves e cenários de brinquedo de *Star Wars* passaram dos 200 milhões de dólares, o que canalizou mais de 20 milhões de dólares para a Black Falcon, a subsidiária da Lucasfilm. Sem essa injeção de grana, há pouca dúvida de que *Império* teria afundado. Há um toque poético na situação: milhões de crianças alegremente brincando e criando as novas aventuras de Luke Skywalker literalmente bancaram as novas aventuras de Luke Skywalker. Chame de financiamento coletivo cármico.

Mesmo com a receita da Black Falcon, Lucas se viu constantemente tendo que apagar incêndios. Em julho de 1979, o empréstimo do Bank of America foi automaticamente interrompido quando a folha de pagamentos da Lucasfilm atingiu 1 milhão de dólares. Aquilo foi a burocracia no seu auge, a rígida política de um novo gerente de empréstimos que olhou apenas para os números e não conhecia o cliente. Faltavam dias para a Lucasfilm dar um calote nos contracheques. Curiosamente, um pouco da culpa é de Coppola. O Bank of America teve uma experiência pavorosa ao bancar *Apocalypse Now*; Coppola pediu 16 milhões de dólares a mais em cima do orçamento inicial. O banco ainda não tinha certeza se recuperaria o dinheiro. Como gato escaldado tem medo de água fria, o Bank of America cortou o dinheiro de Lucas. Ironicamente, ele andava devotando uns dias livres aqui e ali para ajudar Coppola a editar as montanhas de filme que o cineasta trouxera das Filipinas. Lucas estava tentando fazer o filme que ele abandonara lá em 1975 deixar Coppola orgulhoso – e devolver o dinheiro do Bank of America. Lucas estava fazendo uma boa ação para o amigo, e a boa ação estava recebendo uma punição do banco do amigo.

Lucas teve de se aproveitar do presidente da Lucasfilm, que foi do ramo imobiliário. Weber deu uns telefonemas, e o Bank of America passou o empréstimo para o First National Bank of Boston. Lucas teve algum espaço de manobra: o orçamento agora podia chegar a 27,7 milhões de dólares. Mas as filmagens continuavam cada vez mais descompassadas; no fim de julho, quando o cenário de Dagobah estava sob construção, Kersh estava atrasado em mais de um mês. Para piorar o problema, Kurtz enfrentava um obstáculo cambial – exatamente a situação contrária que eles passaram em *Star Wars*. A libra estava mais valorizada do que o dólar. Os mercados deram um voto de confiança a Margaret Thatcher, que foi eleita como primeira-ministra quando Kersh estava filmando no país dela. De repente, as contas das filmagens de Lucas incharam em 3 milhões de dólares, totalizando 31 milhões de dólares. Francis Ford Coppola, o Bank of America e Margaret Thatcher que puseram *O Império contra-ataca* a pique? Parece loucura, mas é verdade.

Lucas jurou ao banco de Boston que ele pagaria o empréstimo pelo resto da vida se o filme não se pagasse. Não foi suficiente. O First National Bank of Boston exigiu que a Fox fosse fiadora. Essa era a última coisa no mundo que Lucas queria, mas ou era isso ou ele seria forçado a interromper as filmagens. A Fox concordou, em troca de uma parcela maior do dinheiro de distribuição. O estúdio não precisou dar grana alguma para conseguir isso. Quando Lando Calrissian fala que o acordo com o Império "estava piorando a toda hora", seria difícil para Lucas não pensar sobre a própria situação com a Fox. Quanto mais dinheiro de *Star Wars* a Fox tivesse, menos iria para o rancho. O sonho estava piorando a toda hora.

Lucas levantou acampamento para Londres várias vezes em 1979. Ele teve esperanças de se manter afastado. Tentou dizer para Kurtz que era trabalho dele impedir o atraso de Kersh, que custava 100 mil dólares do bolso de Lucas a cada dia. Kurtz respondeu que fez o possível, até mesmo dirigiu uma segunda unidade para filmar as cenas de Luke na caverna de gelo do Wampa para tentar reduzir o atraso. "Eu tentei controlar Kersh um pouco", disse Kurtz. "Ele era muito bom com atores e um pouco lento." A equipe de efeitos especiais passou a revirar os olhos para o diretor durante, por exemplo, a filmagem da cena na qual o caçador de recompensas Boba Fett dispara contra Luke Skywalker nos corredores da Cidade das Nuvens. Os técnicos fizeram uma pergunta simples para Kersh: onde ele queria os estopins, os pequenos explosivos que simulavam os raios acertando a parede atrás de Luke? Kersh apontou para uma área, com o cenho franzido, indeciso. "O senhor tem certeza agora?", perguntou a equipe. Eles abriram buracos, colocaram os estopins dentro, cobriram os furos, fizeram um ensaio – e aí Kersh mudou de ideia sobre a localização dos estopins.

Mas, em última análise, foi difícil acelerar Kersh porque Kurtz estava apaixonado por cada cena que o velho diretor preparava – a iluminação, o enquadramento, tudo. "Kersh fez um trabalho extraordinário em *O Império contra-ataca*", diz Kurtz. "A diferença entre *Star Wars* e *Império* é notável. Não apenas é mais bem escrito, como as interpretações são menos dignas de gibis, são mais sombrias e realistas." E, em última análise, Lucas não pode culpar Kurtz – porque Lucas também estava apaixonado pelo produto cinematográfico transcendente de Kersh naquela época.

Nós sabemos disso, e de muito mais também, graças ao diário de Alan Arnold, o cronista mais refinado de *Star Wars*. Arnold era um assessor de imprensa inglês e um jornalista da velha guarda cujo currículo parecia saído de um romance de Graham Greene. Arnold era um ex-secretário de imprensa do governo de sua majestade que serviu no Cairo e em Washington, e um ex-correspondente que visitou trinta países. Ele havia trabalhado com Marilyn Monroe e Marlene Dietrich; considerava Eleanor Roosevelt e Edward Murrow como conhecidos. Seus livros incluíam *How to Visit America and Enjoy It* (1964). Agora Arnold servia como assessor de imprensa nas filmagens de *O Império contra-ataca* em Elstree, e como parte do trabalho ele teve de visitar a equipe em Marin e Los Angeles.

Arnold foi o Lippincott de *O Império contra-ataca*: ele fez horas de fitas com entrevistas   todos os protagonistas. (Ao contrário de Lippincott, Arnold publicou o trabalho em formato de diário usando a técnica literária fluxo de consciência, no agora infelizmente esgotado *Once Upon a Galaxy*.) Kershner foi o entrevistado mais frequente, mas Arnold também capturou esboços maravilhosos de Fisher, Ford, Hamill e do recém-chegado Billy Dee Williams, que fora escolhido para interpretar Lando porque Lucas adorou seu trabalho na biografia de Billie Holiday, *O ocaso de uma estrela*.

Mas foi Lucas que se mostrou o entrevistado mais intrigante de Arnold. O Criador agora estava propondo a ideia de que havia escrito seis tratamentos distintos na forma de duas trilogias antes de terminar *Star Wars*, e que "após o sucesso de *Star Wars*, adicionei outra trilogia", para um total de nove filmes – ou, conforme ele alegou em outra entrevista da mesma época, doze.* Não sabemos o quanto Lucas realmente escreveu, mas em 2005 ele disse que nunca escreveu nada para o *Episódio VII* em diante. Lucas já estava mudando o discurso lá em 1987: "Eu garanto que os três primeiros estão bem organizados na cabeça, mas os outros três estão meio que lá fora, em algum lugar", disse ele. Existe um padrão aqui: o padrão de um artista apaixonado por pensamento positivo, tentando fazer com que a obra se tornasse real pela força de vontade ao falar sobre ela como se existisse. Lucas disse para Steven Spielberg que havia escrito mais dois tratamentos para filmes de *Indiana Jones* após *Os caçadores da arca perdida*: "Na verdade, George não tinha nem as ideias na mente", contou Spielberg depois. "Tivemos que inventar todas as histórias subsequentes."

Para Arnold, Lucas parecia estar bem zen diante da possibilidade de perder todo o dinheiro antes de ter a chance de terminar o segundo daqueles doze filmes. "Estou disposto a correr esse risco porque comecei com nada", falou o cineasta. "Há cinco anos eu não tinha nada… Se essa for apenas uma daquelas continuações de sucesso mediano, eu perderei tudo. Posso acabar devendo milhões. Provavelmente levarei o resto da minha vida para sair dessa." Mas o risco valia a pena, por causa do rancho: "Na maior parte, será um lugar para pensar", refletiu ele, e para "fazer filmes sem levar em consideração o aspecto comercial".

Por mais que Lucas amasse *Star Wars*, o filme agora era um meio para conseguir um fim: a criação de um paraíso cinematográfico. Em pouco tempo, os sonhos de Lucas ultrapassaram o dinheiro que ele tinha no banco. "O dinheiro necessário é tão grande que o que tenho não chega a nada", falou para Arnold. "A única maneira de fazer isso é criar uma empresa que gere lucros." Isso significaria transformar *Star Wars* em uma entidade autossustentável, uma série em que Lucas não precisaria se envolver completamente. Em outras palavras, fazer o universo sair do ninho por contra própria.

Mas para abrir mão do controle completo sobre a série *Star Wars* em desenvolvimento, Lucas precisava garantir que o público soubesse que a qualidade não cairia como caiu durante o *Holiday Special*. E isso significava fazer

---

*   Lucas alegou ter escrito doze filmes em uma entrevista para a *Prevue Magazine* em 1980, na qual disse que os filmes dez a doze eram derivados potenciais que ele havia abandonado – filmes sobre droides, filmes sobre Wookiees – em vez de episódios dentro da saga.

de *O Império contra-ataca* o melhor filme possível. Ele sabia que Kersh estava fazendo isso, e Lucas estava claramente confuso sobre essa situação, e se ele mesmo faria um serviço melhor. Lucas disse que contratara Kersh "porque ele tinha a reputação de ser um diretor rápido e muito bom". Será que o próprio Lucas aceleraria o processo? Provavelmente, disse o menino da Terra da Velocidade. A avaliação de Kurtz era diferente; Lucas tinha sido tão derrubado por *Star Wars* que a pressão de dirigir a continuação o teria "nocauteado" completamente, disse o produtor para Arnold.

O verdadeiro problema com o plano de Lucas de soltar *Star Wars* era a ideia de que a série não estava pronta para abandonar o hospedeiro. "A verdade é que fui cativado", explica. "Está dentro de mim agora. Não consigo evitar ficar irritado ou empolgado quando algo não é como deveria ser. Eu consigo enxergar aquele mundo. Conheço a forma como os personagens vivem e respiram. De certa maneira, eles assumiram o controle."

Quanto a Kersh, ele pensava de outra maneira sobre o motivo do tímido Lucas ter tido dificuldades em confrontar o velho mentor sobre a velocidade de seu trabalho. "Eu o flagrei olhando pela câmera apenas duas vezes até agora, e ele me encarou com uma expressão de culpa, como se tivesse roubado um biscoito." Tudo o que Lucas dizia para o diretor sobre os copiões que ele recebia era "Estou adorando". Nos bastidores, de acordo com Kurtz, a resposta direta de Kersh sempre que era confrontado sobre o tempo que ele levava era simplesmente: "Vocês me contrataram para fazer esse trabalho. Deixem-me fazer o trabalho".

Kersh esteve mais à vontade entre os jovens protagonistas e não teve pressa em orientá-los. Em especial, Kersh reconheceu que Harrison Ford estava maduro e forte o suficiente para moldar o próprio papel. Arnold capturou vários momentos em que Ford improvisou o diálogo, ouvindo as opiniões do velho e sábio Kersh. Quando Han e Leia pousam na Cidade das Nuvens e Lando dá um beijo galanteador na mão de Leia, a fala de Han era: "Ela está viajando comigo, Lando. E não pretendo apostá-la, então é melhor esquecê-la". Mas isso pareceu um acesso de ciúme um pouco exagerado, sem falar um pouco paternalista. Ford criou uma fala que dava margem a mais interpretações: "Seu velho bajulador".*

---

* A versão brasileira do diálogo *you old smoothie* preferiu traduzir a frase como "conquistador barato" na legenda e na dublagem; *smoothie*, porém, é bajulador, e, como o autor indica, dá margens a interpretações futuras – por *bajular* o Império, Lando Calrissian acaba traindo Han Solo. [N. do T.]

Arnold também capturou um momento crucial no trailer de Ford, no qual o astro e o diretor estavam discutindo os momentos finais de Han na Cidade nas Nuvens antes de ele ser congelado em carbonita:

FORD: Acho que eu deveria estar algemado. Isso não impedirá a cena de amor. Eu não preciso abraçar Leia para beijá-la. Ao passar por ela, acho que Leia deveria dizer muito simplesmente: "Eu te amo".

KERSHNER: E você diz: "Lembre-se disso, Leia, porque eu voltarei". Você tem de dizer "Eu voltarei". Precisa. É quase contratual!

FORD: Se ela disser "Eu te amo", e eu disser "Eu sei", fica bonito, aceitável e engraçado.

KERSHNER: Certo, certo. Sabe do que mais? Acho que consigo manter Vader fora dessa situação até o fim.

Caso você não tenha notado (porque Kershner parece que não notou), Harrison Ford criou uma das falas mais memoráveis do filme – da série inteira – no trailer, comendo frutas e tomando café. Em um documentário da Lucasfilm, *Império dos sonhos*, sugeriu que Ford disse aquela fala como a última de uma dezena ou mais de tomadas. Pode ter sido verdade, mas o documentário omitiu o fato essencial de que a fala foi premeditada por Ford e pré-aprovada por Kersh. As últimas anotações do supervisor de roteiro feitas na filmagem continham a fala "Eu sei". Lucas exibiu duas versões diferentes do filme para uma plateia-teste, uma com a fala e outra sem. O público riu ao ouvi-la. Lucas não entendeu o motivo. Kersh e Ford tiveram que explicar: rir é o único escape emocional que a pessoa tem no que é claramente uma cena muito forte e difícil.

Se Kersh estava satisfeito em deixar os atores modificarem os diálogos, ele não estava tão tranquilo a respeito de tudo o que ocorria nas filmagens. O diretor era um perfeccionista ainda maior do que Lucas sobre iluminação. Ele criou a paleta visual mais memorável do filme no cenário do congelamento em carbonita. "Não queríamos o visual de tira de quadrinhos, mas um visual de cores difusas", disse Kersh ao descrever uma estética que contrastava notadamente com o primeiro filme. "O rosto das pessoas têm verde de um lado e vermelho do outro, ou a cena é laranja e azul." Quando foi tirado o molde do objeto cênico de Han Solo congelado em carbonita, foi Kershner que sugeriu a pose icônica e impressionante: Han teria erguido as mãos para se proteger do processo.

Ford complementava o estilo criativo de Kershner perfeitamente. Fisher era, bem, outros quinhentos. Kershner teve muito mais dificuldades em lidar com a atriz e suas doenças frequentes. Algumas eram realmente doenças, e ela foi mesmo ao hospital para um exame estomacal. Mas muitos incidentes podiam ser explicados pela combinação das festas em seu apartamento no bairro londrino de St. John's Wood, da amizade com os Rolling Stones, do recém-adquirido vício em cocaína e – pelo menos em uma ocasião – de uma garrafa de licor tunisiano forte trazida por Eric Idle, do Monty Python. Enquanto compilava os registros das filmagens, Arnold dispensou uma onda de rumores da equipe de que ela passou a noite em claro (o que foi verdade) e encobriu delicadamente a vida privada de Fisher: a atriz era "alérgica a um monte de coisas" e "não se cuida como deveria", escreveu ele.

Foi mais difícil encobrir os chiliques de Fisher nas filmagens. Ela ficou frustrada com a liberdade de Ford de alterar o diálogo sem mais nem menos e paranoica que grande parte do roteiro estivesse sendo mudada pelas costas. Fisher berrou com Ford, contou ela para Kershner: "Aquilo meio que me ferrou". Kersh encorajou a atriz a gritar com ele em vez de Ford. Eles discutiram se Leia deveria dar um tapa em Lando; Billy Dee Williams estava preocupado porque Lando apanha bastante, mas topou. Fisher deu um tapa tão forte que dá para ouvir na fita:

> WILLIAMS: *Não me bata assim!*
> FISHER: *Doeu?*
> WILLIAMS: *Claro que doeu.*
> FISHER: *Desculpe. Como se bate em alguém?*
> WILLIAMS: *Se quiser me bater, finja.*

Fisher era a única entre os protagonistas que estava completamente frustrada com a personagem. "Eu sei que a cor favorita de Leia é branco", disse ela, mas era só isso. "Leia está mais para uma caricatura, alguém unidimensional." Luke teve de lutar contra a sedução do lado sombrio após uma revelação perturbadora; Han teve a cena do sacrifício por congelamento; Lando consegue se redimir pela traição e um mau negócio com o Império. Leia? Ela ainda sabe se virar com uma arma de raios, é claro, mas tudo o que Leia aprende é tremer nos braços de Han, como "um bom beijo cairia bem", como dizer que ama um homem. Não que atuar com Ford nas cenas românticas não tivesse suas virtudes: "Os efeitos especiais lhe deram uma boca muito boa", falou ela. O problema foi que Fisher começava a descobrir a maldição de *Star Wars*: a carreira dela havia estacionado fora daquela caricatura. "Eu funciono exclusivamente no espaço, ao que parece", disse Fisher. Ela foi a primeira intérprete de *Star Wars* a fazer essa descoberta perturbadora, mas certamente não seria a última.

Enquanto isso, na Industrial Light & Magic, Lucas estava mais disposto a incentivar os subalternos a fazer o melhor trabalho o mais rápido possível. Phil Tippett, que tinha ido da animação do jogo de xadrez em stop motion nos últimos dias de *Star Wars* naquele galpão sujo em Van Nuys para o comando de um departamento inteiro de stop motion* em San Rafael, se lembra do momento em que se deu conta de que se tornara um perfeccionista maior do que Lucas. Quando não estava satisfeito com o movimento dos Tauntauns, "precisava discutir para fazer outra tomada", fala Tippett. "Ele dizia 'está bom'; depois dizia 'Ok, mais uma tomada'". Tippett sabia que o chefe milionário de 33 anos estava preso entre as exigências da arte e as exigências do banco, e obviamente era uma situação agoniante. Ainda assim, "nunca nos controlou nos mínimos detalhes", afirma Tippett. "Ele era muito inclusivo e respeitoso. Nós perguntávamos 'O Tauntaun faz isso ou aquilo?', Lucas respondia: 'Isso é o que vocês fazem. Façam o que quiserem'. Quando se gerencia pessoas criativas dessa forma, se extrai muito mais trabalho delas."

A frustração de Lucas transbordou apenas uma vez, quando a filmagem acabou e Kurtz e Kersh estavam de volta a San Anselmo. Lucas decidiu reeditar o filme sozinho, insistindo que o ritmo dado por Kersh era muito lento – e dessa vez, pelo que todos disseram, o resultado foi uma porcaria. O Supereditor estava muito estressado para realizar um bom trabalho. O editor Paul Hirsch convenceu Lucas a desistir. "Vocês estão arruinando meu filme", Lucas reclamou, mas cedeu.

Assim que o copião final foi montado da forma como Kersh planejou, ficou claro que o resultado de todo aquele trabalho de grupo foi um híbrido.

Por um lado, a sequência era muito parecida com o primeiro *Star Wars*. Lucas optou por deixar claro que *Star Wars* era o nome da série, não de um filme: ele abriria com a mesma introdução "Há muito tempo", a mesma logo de Suzy Rice, a mesma fanfarra. Apenas o texto de abertura revelaria que estávamos em um episódio diferente. (O tal "*Episódio V*" confundiu muitos espectadores, que se perguntaram, com razão, se de alguma forma perderam os

---

* Na verdade, departamento de "go motion," uma técnica que Tippett ajudou a criar em *Império*. Ela consistia em ligar maquetes de Tauntauns e AT-ATs a motores minúsculos que mexiam os objetos toda vez que a câmera capturasse um quadro – assim, quando os quadros fossem unidos, o movimento da maquete pareceria ser bem mais natural do que na técnica comum de stop motion.

episódios dois a quatro.) O plano inicial era fazer o texto sumir sobre o cenário de Hoth e começar com os Tauntauns – é possível ver dessa forma na quadrinização. Mas, no último minuto, Lucas decidiu que todos os filmes de *Star Wars* começariam no espaço, com destróieres estelares – no caso, um destróier lançando droides-sonda.

Por outro lado, o novo filme era uma criatura mais sombria do que o antecessor, um conto de fadas mais sinistro, ao estilo dos Irmãos Grimm. A sequência infernal no fim do filme, em que Han é congelado em carbonita e Luke perde o duelo de sabres de luz para Vader, perde a mão, descobre sobre o pai e depois cai em um fosso de vento na direção do planeta gasoso – tudo dentro de um espaço de vinte minutos –, é um dos momentos mais aterrorizantes e traumáticos do cinema infantil. Esperar até o último minuto para dizer para Mark Hamill a fala que James Earl Jones diria certamente ajudou Hamill a fazer uma cena convincente.

A revelação foi tão controversa quanto Lucas esperou que fosse. Nem todo mundo acreditou instantaneamente que Vader estivesse dizendo a verdade. Até mesmo Luke murmurando "Ben, por que você não me disse?", ao se pendurar em um satélite embaixo da Cidade das Nuvens, quase morto, não foi exatamente suficiente para convencer. (Essa fala tinha sido acrescentada no último dos últimos manuscritos.) Se Vader estivesse dizendo a verdade, o virtuoso Obi-Wan mentira sobre o pai de Luke. O próprio James Earl Jones, ao ler a fala de Vader, "Eu sou seu pai", teve essa reação no momento de dizê-la: "Ele está mentindo".

Lucas diz que falou com psicólogos infantis que afirmaram que crianças de uma certa idade – por volta dos 8 ou 9 – simplesmente não acreditariam em Vader. (Eu me incluo, com 7 anos, entre os que não acreditaram.) Uma coisa é certa: o debate sobre a veracidade da afirmação de Vader se alastrou tanto por escritórios quanto por playgrounds pelo mundo inteiro nos três anos seguintes. Na infância, Lucas foi atraído pelos ganchos dos seriados e pela expectativa delirante sobre o que aconteceria a seguir com os heróis. Agora a reviravolta do segundo manuscrito de Lucas havia criado o gancho mais debatido da história, bem mais duradouro do que a pergunta contemporânea sobre quem disparou em J. R. em *Dallas*.

Uma coisa que geralmente é esquecida hoje em dia é que os espectadores não aceitavam finais tão abertos assim. Um final triste como esse foi o primeiro em um filme para a família, e Lucas conseguiu um grande feito ao realizá-lo. Nem todos os fãs gostaram, porém. "O filme termina em um clima bem lúgubre que pode deixar certos espectadores mais jovens completamente ofendidos", disse a *Starburst*, a venerável revista mensal de ficção científica do Reino Unido, ao assistir à sessão de imprensa de *O Império contra-ataca*.

> Agora, não haveria problema com o gancho no final se soubéssemos que veríamos a parte seis na semana que vem, no mês que vem ou até mesmo daqui a seis meses. Mas acho que esperar que nós aguardemos por algo em torno de dezoito meses a três anos até descobrirmos o que acontece a seguir é um pouco demais da parte de Lucas e companhia. Para começar, o público de cinema não é uma entidade estática. Ele muda ano após ano. No entanto, Lucas e Kurtz se comportam como se o público fosse apenas um grande fã-clube de *Star Wars* que aguardará pacientemente que a história toda se desenrole lentamente por um período de dez a quinze anos.

O público de cinema realmente não era uma entidade estática; eu fui um daqueles que se tornou espectador pela primeira vez com *O Império contra-ataca*. O que o jornalista da *Starburst* não entendeu em retrospecto é que a minha geração, da faixa dos 8 aos 13 anos, tinha acabado de receber o maior dos presentes com esse conto de fadas de final aberto: admiração, a procura de respostas e um desejo de continuar a saga por nós mesmos. Fiz sozinho uma pequena logomarca em papelão de *O Império contra-ataca* – eu não tinha captado muito bem a mensagem sobre a reutilização da logomarca de Suzy Rice por parte de Lucas –, para que eu pudesse começar cada "episódio" de brincadeira com os bonequinhos puxando a logomarca para longe do campo de visão. Eu fiz com que Lando, Chewie, Luke e Leia salvassem eternamente o boneco de Han na carbonita de cem maneiras diferentes. Não, minha geração não *queria* esperar entre dezoito meses ou três anos pelo próximo episódio, mas *Star Wars* ficou no topo da mente enquanto esperávamos. Nós teríamos esperado de bom grado todo esse tempo por mais filmes futuros – se ao menos a saga *durasse* tanto quanto os dez ou quinze anos sugeridos pela *Starburst*. *Star Wars* ainda era uma coisa frágil.

Prováveis licenciadores certamente não imaginaram que *Star Wars* fosse durar tanto assim. Embora a Kenner estivesse a fim de replicar o sucesso com os bonequinhos e cenários de brinquedo, poucas empresas se interessaram em produtos relacionados a *O Império contra-ataca*. Sid Ganis, que assumira a vaga de Lippincott, se lembra de ter ido ao departamento de sapatos em uma loja em Cincinnati, perto da Kenner, onde não conseguiu realizar uma venda. "Eu tirava meu projetor portátil de slides, encontrava um lugar para projetá-los na parede, fazia minha apresentação de *Império* e voltava para casa." Na época, ninguém sabia nada sobre quão desenfreadamente lucrativa uma série como *Star Wars* se tornaria. "Tentar licenciar *Império* foi como correr e dar de cara com uma parede", falou Maggie Young, a então diretora de licenciamento. "As pessoas encaravam o primeiro filme como uma obra do acaso."

Aqueles que duvidaram, obviamente, não podiam estar mais errados. *O Império contra-ataca* teve um sucesso superior a qualquer outra continuação na história e arrecadou 500 milhões de dólares na bilheteria. Talvez por sermos tão familiares com o *Star Wars* original, a língua franca da cultura moderna, que *Império* regularmente vença o antecessor em pesquisas sobre os melhores filmes da história. Na classificação da *Empire Magazine* (votado por diretores de destaque em 2013), *O Império contra-ataca* ocupa a terceira posição, enquanto o filme original é o número 22. No ano seguinte, os leitores da *Empire* votaram em *Império* como o maior filme de todos os tempos, maior ainda que *O poderoso chefão*.

Na época, as resenhas tendiam para a opinião da *Starburst*; parecia impressionantemente arrogante da parte de um cineasta fazer o público esperar até um terceiro filme para haver algum tipo de resolução. Ainda assim, no momento em que o filme foi visto pelos críticos, parecia haver uma certeza generalizada entre eles de que uma enorme série de entretenimento do tamanho do Império Galáctico havia acabado de nascer. "O que importa no momento é que essa saga jovem e efervescente não dá a impressão de estar ficando sem imaginação ou de começar a depender excessivamente de seus maravilhosos efeitos especiais – que ela esteja correndo qualquer perigo, para resumir, de se engessar em maneirismos ou mero modismo", escreveu Roger Angell na *New Yorker*.

A crítica de Vincent Canby no *New York Times* foi a mais famosa das resenhas negativas, escrita muito antes de qualquer um saber que o filme seria um sucesso. O texto termina dessa forma (a ênfase é minha):

> *O Império contra-ataca* é tão pessoal quanto o cartão de Natal de um banco. Eu presumo que Lucas supervisionou a produção inteira e tomou as decisões mais importantes ou, pelo menos, aprovou-as. *O Império contra-ataca* parece um filme dirigido a distância. [Mas] a essa altura, *as aventuras de Luke, Leia e Han Solo parecem ser um organismo autossustentável, acima de qualquer crítica a não ser em nível corporativo.*

O fenômeno *Star Wars* como conhecemos hoje nasceu no momento em que ficou claro que o segundo filme, apesar de toda a sua arrogância, era tudo menos um fiasco. Desse começo humilde, o segundo filme cresceria em reputação, até que o filho cinematográfico superasse o pai cinematográfico. Ao analisar o filme, os críticos o chamaram de importante, denso e responsável por mudar a vida de qualquer criança da época. A negação de boas emoções fez o jovem público amadurecer rápido. "*O Império contra-ataca* é o único blockbuster da era moderna que celebra o fracasso total de seus protagonistas", escreveu o crítico cultural Chuck Klosterman. "O filme determinou o padrão filosófico para todos os vagabundos que atingiriam a maioridade dez anos depois." Nós queremos ser Han Solo, mas acabamos passando por situações dignas de Luke Skywalker, confrontados pelo sistema que se revela nosso pai desde o início. Por que, nos perguntamos, Ben Kenobi não nos contou a verdade?

Com a estreia de *Império*, certas características de Lucas começaram a se afirmar: a obsessão perfeccionista com a tecnologia cinematográfica e com os incansáveis ajustes de suas criações. Ele teimou que o filme estreasse apenas em 70 mm, um formato mais avançado (e mais difícil de piratear), que era muito mais caro e limitou a cem o número de salas de lançamento de *Império* – um pouco mais do que três vezes o número de cinemas em que *Star Wars* estreou. Isso criou outro problema de oferta e demanda, com longas filas que eram ótimas para as câmeras de TV (e, dessa vez, elas estavam prontas desde o primeiro dia). A cópia em 35 mm chegou três semanas depois, e no fim das contas ocupou 1,4 mil cinemas – bem mais do que *Star Wars* jamais foi exibido simultaneamente. Naquele espaço de três semanas, Lucas decidiu filmar três tomadas adicionais de efeitos especiais para deixar o fim mais claro, o que causou um rebuliço na ILM. "Se vocês fizeram isso tão rápido", perguntou Lucas quando os técnicos terminaram, apenas meio na brincadeira, "por que levaram tanto tempo com todas as outras tomadas?".

Enquanto Lucas estava ocupado acionando o seu império de efeitos especiais a toda velocidade para aquelas três tomadas, Dave Prowse, o ator de Darth Vader, escreveu uma anotação furiosa em seu diário. Ele viu a reviravolta do final em uma sessão de imprensa, ouviu o diálogo alterado e precisou registrar algo que o preocupava demais. "Eles fizeram de novo", disse Prowse. "Vocês acreditariam que a Fox e a Lucasfilm acabaram de lançar o material de imprensa de *O Império contra-ataca* sem uma vírgula de informação sobre mim?"

Manuelito Wheeler, diretor do Museu da Nação Navajo, com uma maquete da tela montada em um caminhão que ele usou para exibir o primeiro filme dublado na língua navajo: uma coisinha chamada *Star Wars*. Em seu escritório, é um altar.

O fascínio pela fronteira espacial se mistura à nostalgia por uma era de bravura nessa foto de divulgação de *Flash Gordon conquista o universo*. Na cabine do foguete, vestidos para visitar a região de Arbória, da esquerda para a direita: doutor Zarkov (Frank Shannon), Flash Gordon (Buster Crabbe), Dale Arden (Carol Hughes) e o príncipe Barin (Roland Drew).

Em 2013, George Lucas fez o primeiro e único retorno público a sua cidade natal, Modesto, para o quadragésimo aniversário de *American Graffiti: loucuras de verão*. Desfilou pelas ruas em que costumava passear de carro – e aqui ele passou pela velha loja de material de escritório e brinquedos do pai. Quando perguntaram se Modesto originou *Star Wars*, respondeu: "Na verdade, não. A maioria dessas coisas vem da imaginação de vocês."

CHRIS TAYLOR

Albin Johnson, o fundador da Legião 501st, é um sujeito tímido, reservado, que age nos bastidores – não é o que dá para ver nesta foto rara de Albin com um par do que ele chama de "stormtietes".

ALBIN JOHNSON

MARK FORDHAM

Mark Fordham, o então presidente da 501st e seu principal Darth Vader, demonstra o poder da Legião no Torneio da Parada das Rosas em 2007, com o mestre de cerimônias George Lucas. Ambos tinham ambições de transformar suas organizações em marcas.

O dia que mudou tudo e acabou por dar à luz *Star Wars*: 12 de junho de 1962. A batida acabou com o desejo de correr de George Lucas e fez ele se dedicar à educação, levando-o a um amor pela antropologia, pela sociologia e pelas artes visuais.

Uma foto rara feita por Lucas, então estudante de fotografia, jamais publicada anteriormente, que demonstra seu amor por iluminação dramática. O guitarrista de rock da foto é Don Glut, colega do Clean Cut Cinema Club na USC e futuro autor da romantização de *O Império contra-ataca*.

Alain Bloch, cofundador da Golden Gate Knights, dá uma aula semanal de três horas de sabre de luz – uma mistura de esgrima com yoga, com alguns momentos de meditação sobre o Código Jedi. Organizações Jedi tendem a ser mais voltadas para a ação do que para o lado espiritual.

Cristina Molcillo e Ros'ika Venn

Um boneco de Barack Obama como Jedi, feito por fã, visto no Rancho Obi-Wan. Obama é o primeiro presidente norte-americano a ter sido adolescente quando *Star Wars* foi lançado nos cinemas. Ele cruzou sabres de luz com a equipe olímpica de esgrima dos EUA, respondeu a uma petição pedindo uma Estrela da Morte e foi sagrado cavaleiro Jedi por George Lucas – depois confundiu um truque mental Jedi com a fusão mental vulcana.

Chris Taylor

Gary Kurtz, aqui com Lucas no cenário da sala do trono de *Star Wars*, era quatro anos mais velho que Lucas e teve a experiência de Vietnã que ele buscava em um produtor para *Apocalypse Now*. Mas Kurtz também era um fã de *Flash Gordon* e acabou produzindo uma impressionante sequência de sucessos para Lucas: *American Graffiti: loucuras de verão*, *Star Wars* e *O Império contra-ataca*. Seu nível de influência sobre o início da série, antes da súbita saída, ainda é discutido.

Kurtz/Joiner Archive

Tippett Studios

Phil Tippett e Jon Berg foram recrutados para ajudar a refilmar os alienígenas na cantina. Quando George Lucas descobriu que eles também eram artistas de stop motion, ele pediu, no último minuto, que os dois animassem o jogo de xadrez na *Millennium Falcon*. Anteriormente, Lucas planejara usar atores em *collants* para as peças do jogo.

A *Millennium Falcon*, o sistema Dykstraflex, Richard Edlund e Gary Kurtz na ILM em 1976. A câmera caseira controlada por computador foi o herói oculto de *Star Wars*, responsável por criar a ilusão de movimento multidimensional de espaçonaves pela primeira vez – e por virar a moribunda indústria de efeitos especiais de cabeça para baixo.

O elenco alegre e fascinante, que, de acordo com Carrie Fisher, costumava se chamar de brincadeira de "açougue da lábia": Harrison Ford (Han Solo), Peter Mayhew (Chewbacca), Mark Hamill (Luke Skywalker) e Fisher (princesa Leia).

A fila de espera do lado de fora do Coronet em São Francisco, um cinema com 1 350 lugares, no fim de semana do lançamento, em 28 de maio de 1977. Os jornais levaram três dias após a estreia de *Star Wars* para começarem a fotografar as filas nos cinemas nos Estados Unidos.

STARLOG/INTERNET ARCHIVE

O primeiro anúncio de produtos de *Star Wars* da história, nas páginas da revista de ficção científica *Starlog*, na edição que chegou às bancas no dia 14 de julho de 1977. Essas máscaras de vinil (e a de Chewbacca "com pelos aplicados à mão") foram alguns dos primeiros itens licenciados pela Twentieth Century Fox, que naquele ponto tinha tanto direito de vender tralhas de *Star Wars* quanto a Lucasfilm.

O Mann's Chinese Theater em Hollywood, onde 3PO, R2 e Darth Vader plantaram os pés em cimento úmido em agosto de 1977. A cerimônia celebrou o retorno de *Star Wars* após um felizmente breve compromisso com aquele que deveria ter sido o sucesso do verão, *O comboio do medo*, de William Friedkin. Algumas centenas de presentes eram esperadas; 5 mil pessoas apareceram.

KURTZ/JOINER ARCHIVE

Chris Taylor

O veterano da Lucasfilm e fã supremo Steve Sansweet agora detém o recorde mundial do Guinness Book de maior coleção de *Star Wars* de todos os tempos. Rancho Obi-Wan, seu museu sem fins lucrativos, ostenta 300 mil itens, tais como esse visor de 8 milímetros de apenas uma cena, o mais próximo que os espectadores dos anos 1970 chegariam de levar o filme para casa com eles.

O autor, vestido em uma fantasia de Boba Fett, feita à mão pela Legião 501st, perambulando pelos corredores da Salt Lake Comic Con em 2013.

Chris Taylor

De todas as imitações de *Star Wars*, a mais gritante é, de longe, o clássico cult italiano *Starcrash*, visto aqui na versão em língua espanhola. O filme apresentou um combate de sabres de luz e uma superarma destruidora de mundos; o pôster mostrava o que parecia ser um destróier estelar e a *Millennium Falcon*. O título foi traduzido para o inglês como *Star Clashes of the Third Kind* ("Ataques Estelares do Terceiro Grau").

New World Pictures

O diretor de fotografia Peter Suschintzky, o artista Ralph McQuarrie, Gary Kurtz e o desenhista de produção Norman Reynolds discutem uma cena incial de *O Império contra-ataca* diante de uma maquete da base rebelde em Hoth.

KURTZ/JOINER ARCHIVE

O set de Dagobah em Elstree recebeu algumas visitas especiais dos vizinhos de Borehamwood, os Muppets – e é possível ver como o diretor de *O Império contra-ataca* e seu pequeno astro verde, Yoda, não se toleravam. Da esquerda para direita: Miss Piggy, Irvin Kershner, Frank Oz, Yoda, Kermit, o Sapo, Kathy Mullen, Jim Henson e Gary Kurtz. George Lucas conscientemente baseou Yoda em Kermit; esse foi o primeiro encontro entre os dois. Ambos os personagens agora são propriedade da Disney.

O salão principal do Rancho Obi-Wan em Petaluma, Califórnia.

Jeremy Bulloch, também conhecido como o Boba Fett original, posa com dois droides astromecs na Celebration Europe II.

Integrantes do elenco de *O retorno de Jedi* reunidos no palco, meses antes do anúncio de que quatro deles voltariam para *Star Wars: Episódio VII* em 2015. Naquele momento, antes de uma operação, um ator do elenco de regresso Peter Mayhew (Chewbacca) estava incapaz de andar sem o uso de uma bengala em forma de sabre de luz.

A única foto tirada do único e histórico encontro entre Gene Roddenberry, criador de *Star Trek*, e George Lucas, criador de *Star Wars*. No "Starlog saúda *Star Wars*", a comemoração do décimo aniversário no Stouffer Concourse Hotel em Los Angeles, em maio de 1987.

Os fãs que se tornaram amigos para a vida toda após terem acampado do lado de fora do cinema Coronet em São Francisco pelo que então seria um recorde de 33 dias antes do lançamento de *Episódio I: A ameaça fantasma*. A maioria não pareceria tão empolgada assim após ter visto o filme.

Chris James, um construtor de R2, e um exército de droides astromecs. Os droides, construídos de forma completamente amadora, vão de uma unidade R2 no estilo original ao R4-K5 de domo escuro – um droide do lado sombrio que dizem trabalhar para Darth Vader em um romance de *Star Wars*.

O diretor Dave Filoni, de *Star Wars: the Clone Wars*, mostra um desenho feito por ele enquanto trabalhava como animador em *Avatar: a lenda de Aang*, dos personagens do seriado com o figurino de *Star Wars*. Um fã radical da série desde os 3 anos, Filoni quase não pegou a vaga de diretor de *Star Wars*, porque, quando a Lucasfilm ligou, ele achou que fosse uma pegadinha feita pelos amigos animadores de *Bob Esponja*.

Oito anos após escapar por pouco de ser preso por usar uma fantasia de Darth Vader quando o personagem era completamente desconhecido, Ates Cetin, o fundador da Legião 501st na Turquia, se vê liderando um protesto na direção da praça Taksim em 2013, enquanto os manifestantes cantarolavam a Marcha Imperial.

O museu que nunca existiu: o plano original rejeitado para o Lucas Cultural Arts Museum, ou LCAM, um lar permanente para a maior parte das ilustrações de *Star Wars*, na zona portuária de Presidio, em São Francisco.

16 / SENDO BOBA FETT

Quando um ator pega o papel de um personagem importante da saga *Star Wars*, ele assina um relacionamento vitalício com aquele personagem, quer saiba ou não. Alguns atores, como David Prowse, se sentem mais donos do personagem do que a Lucasfilm gostaria. Outros, como Mark Hamill (que seguiu uma carreira produtiva como dublador de desenhos animados), mantiveram os alter egos a uma distância saudável. Alguns, como Anthony Daniels e Peter Mayhew, abraçaram completamente o droide e Wookiee interiores, respectivamente. "Não é posse, é parentesco", explica Anthony Daniels. "Na verdade, eu gosto tanto de C-3PO a ponto de querer cuidar dele, e é aí que a loucura começa a entrar."

Alguns outros atores, principalmente Harrison Ford, não gostam *mesmo* de falar sobre os personagens. Alguns, como Carrie Fisher, admitem publicamente uma profunda ambiguidade. Em 2013, Fisher escreveu uma carta mordaz e tipicamente hilariante para Leia Organa, a quem ela estava prestes a interpretar novamente. "Aqui estamos nós, encenando nossa própria representação de Dorian Gray. Você: calma, infalível e empertigada, eternamente condenada à imensa e invejável prisão de aventuras intergalácticas. Eu: lutando cada vez mais com transtorno de estresse pós-galáctico, exibindo nossas cicatrizes, embranquecendo nosso cabelo eternamente castanho e ridículo."

Os atores principais que assinaram o contrato para a série a tempo de entrar em *O Império contra-ataca* não parecem ter sido exceção à regra. Billy Dee Williams tem um relacionamento complicado com Lando Calrissian, o personagem que interpretou duas vezes na tela. Por um lado, o ator de 76 anos lamenta que seus outros papéis no cinema tenham sido ofuscados pelo jogador sofisticado e administrador da Cidade das Nuvens. Por outro, ele é bem possessivo em relação ao personagem. Quando entrevistei Williams, ele me lembrou que reprisou o papel em todas as mídias possíveis: a adaptação para a National Public Radio de *O Império contra-ataca*, os dois jogos *Star Wars: Battlefront*, *Frango Robô*, *Uma aventura Lego*, um vídeo do site de humor Funnyordie.com. Se Lando aparecer no *Episódio VII*, Williams está preparado, embora não tenha recebido a ligação da Lucasfilm. Ainda assim, diz o ator, batendo a bengala: "Ninguém vai interpretar Lando, a não ser eu.".

E aí existe Jeremy Bulloch, um cavalheiro inglês tranquilo, amigável, ainda que reservado – parecido comigo, se me permite dizer. Ele também tem uma beleza rústica, é atlético, alto, um ex-jogador de futebol – bem diferente de mim. Bulloch, cujo personagem estreou em *O Império contra-ataca*, teve a honra de incorporar uma das personalidades mais populares e cultuadas de todo o universo *Star Wars*, e conseguiu realizar isso sem deixar que subisse à cabeça.

Quando conheci Bulloch, ele estava vestido com um paletó elegante de risca-de-giz que lhe dava – juntamente com o cabelo branco bem repartido, as feições ossudas e o sotaque de elite – um ar de aristocracia. Tudo o que faltava era um par de chinelos, um cachimbo e um cão inglês com aparência imponente. Impossível imaginar um abismo mais escancarado entre ator e personagem.

"É um personagem que gruda na pessoa", diz Bulloch, quase pedindo desculpas. "Eu estava dizendo para o meu neto outro dia", e aqui ele fala com uma voz rouca de Clint Eastwood, "'Lembre-se, eu sou Boba Fett; sou um ícone'. Aí eu pensei, 'peraí, o que estou dizendo?', a pessoa tem seus momentos de bobeira."

Isso mesmo: Bulloch foi o ator embaixo do capacete de Boba Fett, o caçador de recompensas de mochila a jato, tanto em *O Império contra-ataca* quanto em *O retorno de Jedi*. Se existe um personagem que incorpora mais charme do que o relativamente insinuante Han Solo, e mais misterioso que Yoda e sua falta de história pregressa, é Fett. O Fã-Clube Boba Fett, fundado online em 1996, é anterior até mesmo à fundação da Legião 501st. As multidões de devotos atraídos por esse personagem são desproporcionais ao tempo dele na tela – menos de 150 segundos na trilogia original. A fama foi adquirida apesar da – ah, quem estou enganando, por causa da – curta duração dos diálogos de Fett na trilogia original. Aqui estão todas as falas que Fett diz em *Império*: "Como quiser. Ele não vale nada morto. E se ele não sobreviver? Vale muito para mim. Coloquem o capitão Solo no porão". Aqui está tudo o que Fett diz em *O retorno de Jedi*: "Arrggghhh".

Curiosamente, são 24 palavras ao todo – exatamente o número que Obi-Wan usa para descrever a Força.* Lição aprendida: no mundo dos roteiros de *Star Wars*, menos é mais.

---

*   Em inglês. Traduzida para o português, a explicação de Obi-Wan sobre a Força em *Star Wars* ("É um campo de força criado por todos os seres vivos. Ela nos cerca, nos penetra e une a galáxia.") tem vinte palavras. [N. do T.]

Eu perguntei para Bulloch se ele sabia de um fato interessante que andou percorrendo o Twitter por um tempo: que todos os diálogos de Boba Fett cabiam em um único tuíte, com espaço para citar a fonte. Ele gargalhou alto por um minuto. O que era mais engraçado, disse Bulloch, foi que ele errou uma das falas durante a filmagem: "Coloquem o capitão porão no Solo", falou Bulloch no set. Mas, de qualquer forma, ninguém conseguiu ouvi-lo embaixo daquele capacete, e as falas foram dubladas depois, como aconteceu com as de Darth Vader.

Bulloch foi bem mais modesto do que Prowse sobre o papel. Ele esbarrou na ponta que surgiu porque seu meio-irmão era um produtor associado tanto em *Star Wars* quanto em *O Império contra-ataca*. Sua contribuição total em *Império* lhe custou apenas dois dias no set. O papel poderia interferir na peça em que ele estava aparecendo, pensou Bulloch na ocasião, mas também poderia ser divertido para os filhos verem.

Ele não fazia ideia das origens de Boba, dentro e fora do universo de *Star Wars*. Bulloch não sabia que George Lucas e Joe Johnston deram duro nos detalhes do figurino; eles primeiro criaram um protótipo todo branco e fizeram um artista da ILM andar vestido com a fantasia pelo Rancho Skywalker, depois colocaram a versão colorida em um desfile na cidade natal de *Star Wars*, San Anselmo, em agosto de 1978, ao lado de Darth Vader, sem explicações. Bulloch não sabia que Fett fora apresentado no desastroso *Holiday Special* ou que ele interpretaria um dos brinquedos novos mais esperados na futura coleção de bonequinhos de *O Império contra-ataca*. Era possível enviar as tampas de caixas de Cheerios e conseguir o bonequinho mais cedo. Depois, a Kenner determinou que o rojão ejetável da mochila a jato representava perigo de sufocamento; agora é um dos bonequinhos mais valiosos e procurados no mundo. O que o torna essencialmente Boba Fett: perigoso e raramente visto.

Não, Bulloch não sabia nada disso. O que ele sabia foi que a fantasia de Boba por acaso vestiu "como se tivesse sido feita por um alfaiate da Savile Row*", disse Bulloch, até as botas com esporões de tamanho 42. "Tinha de ser."

Até mesmo hoje, Bulloch ignora solenemente grande parte da cultura que envolve o personagem. Ele não gostou que Boba Fett tenha morrido de maneira tão estúpida em *O retorno de Jedi*, derrubado por um Solo meio cego dentro do Grande Poço de Carkoon – o ninho do Sarlacc, o monstro que o engole. Mas no que diz respeito a Bulloch, foi assim que aconteceu. Ele nunca leu nenhum dos romances do Universo Expandido em que Fett escapou do

---

*   Rua do centro de Londres conhecida pelas alfaiatarias de alto nível. [N. do T.]

Grande Poço e seguiu em novas aventuras, incluindo uma em que combate lado a lado com Han Solo. Nunca ouviu o rap "Boba Fett's Vette", de MC Chris, ou viu o esquete de *Frango Robô* que mostra Fett flertando com Solo coberto em carbonita no porão da *Slave I* ("Suas mãos… implorando por um pouquinho de Boba") ou o anúncio em tom de paródia "O caçador de recompensas mais interessante do mundo" ("Ele nunca teve 'um mau pressentimento sobre isso'"). Bulloch certamente não leu o verbete de Fett na Wookieepedia, que tem 30 mil palavras, ou um quinto do tamanho deste livro.

Quando começou a participar do circuito de convenções, Bulloch ficou perplexo com a recepção acalorada que recebia. Não achava que merecesse. O que ele tinha feito além de ter errado suas falas dentro de um capacete forrado e perambulado por um cenário com uma arma de mentira, imitando Clint Eastwood, tudo isso por pouco mais de dois minutos? Bulloch costuma dizer aos fãs que qualquer um podia ter estado dentro do capacete. Porém, da última vez em que ele esteve em uma palestra em um ambiente cheio de nerds e disse isso, um menino ficou de pé com lágrimas nos olhos. "Não, só o senhor podia ter interpretado ele, sr. Bulloch."

Bulloch não nega mais seu lado Boba. Aceitou os fãs, e os fãs o aceitaram de volta, mandaram presentes como a estátua em tamanho real do caçador de recompensas que agora fica no topo da escada de sua casa. Bulloch dá boa noite para ela de vez em quando, antes de ir para a cama. "A estátua está lá para me lembrar", diz ele, "para não mexer com Boba".

Primeiro vem o macacão: cinza, funcional, ligeiramente reluzente, como uma mistura do uniforme de um cidadão de uma distopia com um astronauta de baixo orçamento dos anos 1950. Tem velcro nos ombros, bolsos nos tornozelos com ferramentas saindo pelas bocas, joelheiras laranjas propositalmente gastas. Aí é hora das botas com esporões, que entram apertadas porque o dono dessa fantasia em questão calça 42, como Bulloch, e eu calço 43. Já estou suando sob os refletores do saguão da convenção e nem coloquei o capacete ainda.

A seguir, vem a coquilha blindada, que não sou capaz de dizer que já tivesse notado Boba usando. Como um monte de elementos de *Star Wars*, ela só faz sentido no contexto do conjunto. Então há o cinto de couro com uma dezena de bolsinhas marrons e alforjes de aniagem na lateral, e uma túnica de tecido com uma placa peitoral tripartida, com arranhados em prata fosca e amarelos espalhados na superfície verde-oliva. Não é surpresa que haja uma organização global dedicada a esse tipo de armadura, os Mercenários

Mandalorianos; não é surpresa que alguns fãs tenham o que descrevem como um "Fettiche". E eu? Eu me sinto ao mesmo tempo alegre pelo reconhecimento e completamente ridículo.

De acordo com a Wookieepedia, o dono fictício dessa roupa tem 1,82 metro de altura. Infelizmente, sou um pouco baixo para um caçador de recompensas. Ainda bem que Michael Carrasco, o verdadeiro proprietário da fantasia, tem a minha altura. Carrasco, um corretor imobiliário também conhecido como TK-0534, é um trooper da guarnição de Alpine da 501st. Em troca de uma doação para a obra de caridade mais importante no momento da 501st – ajudar a comprar um novo par de joelhos para Peter Mayhew, o ator de 2,20 metros que interpretou Chewbacca, para que ele possa sair da cadeira de rodas e ser Chewie novamente no *Episódio VII* –, Carrasco concordou em me emprestar a fantasia de Fett, algo que a 501st geralmente não faz para gente de fora. É uma obra-prima, uma fantasia de Fett, com duas ou três dezenas de mãos de cores aplicadas apenas para obter a aparência surrada exata, e representa seis meses de trabalho duro para o proprietário. Carrasco ajeita a mochila a jato – "uma coisa a respeito dessa fantasia", me diz ele, "é que não dá para se vestir sozinho" – e me passa o capacete icônico, amassado, arranhado e com marcas de balas em todos os lugares certos.

O capacete não faz suar tanto nem restringe a visão como eu imaginava. Os Mandalorianos, a raça de Boba Fett, evidentemente tiveram o bom senso de incluir visores que possibilitam ver os pés. Troopers passam por mim e aprovam com a cabeça. "Atenção", diz um deles. "As pessoas avançam em Boba."

Carrasco me passa a carabina BlasTec EE3, ensina como segurá-la e se oferece para me acompanhar até o saguão. Recebemos uma escolta de stormtroopers. Eu passo pelas cortinas e entro no rugido da multidão da Comic-Con. É um pouco avassalador, e ando devagar, com cuidado, abraçando a carabina, olhando de um lado para o outro para garantir que não vou esbarrar em nada. Eu me preocupo um pouco em estar de acordo com o personagem; aí me lembro – esses gestos *estão* de acordo com o personagem. Estou fazendo exatamente o que preciso fazer – andar devagar e de maneira ameaçadora. *Apenas seja marrento*. Não me lembro do que devo dizer, até me lembrar que Fett é meio introvertido.

Carrasco me aconselha a erguer a mão enluvada até o visor e fingir que está vasculhando a plateia em alguma frequência infravermelha, à procura de recompensas. Parte de mim queria dizer "Não seja bobo". Aí eu comecei a fazer, e fazer para valer, e descobri que aquilo começa a atrair interesse. De repente, fui cercado para tirar fotos. Antes que percebesse, estava interagindo com o público usando a voz de Boba. "Creio que sim", respondo para crianças sorridentes, de olhos arregalados, que perguntam se o pai ou a mãe podem tirar fotos com o smartphone. "Eles não estão na minha lista."

Então, um menino de 8 anos, com cabelo castanho despenteado e cenho franzido, muito parecido comigo com a mesma idade, vem até mim e faz o tipo de pergunta que eu teria feito a Boba Fett naquela idade:

– Ei – diz ele com um ar de suspeita inocente, como se perguntasse pela misteriosa ausência do Papai Noel –, como você escapou do Sarlacc?

Considera-se, é claro, que o Sarlacc digira suas vítimas por mil anos. Como Boba Fett *escapou* dele? Eu me lembro vagamente de ter lido a explicação desse feito na série em quadrinhos chamada *Império do mal*. Eu poderia puxar o celular e pesquisar, em algum ponto do verbete de 30 mil palavras de Boba Fett na Wookieepedia, mas corria o risco de estragar a ilusão. Além disso, eu não tinha muita certeza se era isso que o garoto estava perguntando. Ele podia ter visto apenas os filmes, e, portanto o significado da pergunta talvez fosse: como você está aqui, parado na minha frente? *Explique-se, sr. Caçador de Recompensa Que Deveria Estar Digerido*.

O gosto pela concisão de Boba é o que me salva. Eu me abaixo para o menino, uso minha voz mais rouca de Jeremy-Bulloch-imitando-Clint--Eastwood e digo as palavras mágicas:

– Eu tenho uma mochila a jato.

O rosto do moleque fica radiante como uma Estrela da Morte explodindo, e vejo um daqueles momentos passageiros da magia de *Star Wars* que são esquecidos tão facilmente. Eu andava procurando por um momento que explicasse o motivo de a Legião 501st fazer o que faz, e consegui mais do que esperava. Senti como se tivesse acabado de transformar, ou salvar, um fã de *Star Wars*. Albin Carrasco sorri e faz um joinha. E me pego pensando que poderia fazer isso o tempo todo. "A experiência de ver os olhos das crianças ficarem radiantes quando a pessoa passa é transformadora", prometeu Johnson. Ele estava certo. Uma fantasia perfeita de vilão mascarado é o passaporte para o universo *Star Wars*. Por um instante, eu era aquele sujeito, lá na Cidade das Nuvens, testemunhando o congelamento de Han Solo, flutuando o bloco de carbonita até a *Slave I* através de corredores brancos míticos, exigindo que o capitão porão fosse colocado no Solo.

Eu poso para fotos ao lado do Han Solo em carbonita em tamanho real da Guarnição de Alpine – toda boa guarnição precisa de um desses –, e parte do meu cérebro pensa em Lucas, que disse sentir melancolia pelo fato de não "poder" mais perambular pelo saguão desse tipo de convenção nerd. Se ele tivesse podido fazer isso em 1980 – perambular como Boba Fett e vivenciado a reação –, talvez não tivesse matado o personagem de maneira tão precoce. Talvez, apenas talvez, Lucas não tivesse amarrado com tanta pressa cada ponta solta da saga em um terceiro filme, depois levado a série para longe e enterrado o corpo entre as sequoias.

17 / O FIM DE JEDI?

No verão de 1981, um exausto George Lucas deu a maior entrevista pingue-pongue publicada em sua carreira. Ele decidiu concedê-la à *Starlog*, a revista americana para fãs de ficção científica que nasceu no mesmo ano que *Star Wars* e cresceu com a saga. "Eu não quero irritar muito seus leitores", disse o cineasta para o fundador da *Starlog*, Kerry O'Quinn, "mas *Star Wars* é apenas um filme". Foi uma revelação surpreendente da parte de alguém que passou a maior parte da última década imaginando o mundo representado nos filmes, mas também atestava a profunda ambiguidade com que Lucas passou a ver sua criação mais amplamente admirada.

Lucas estava se preparando para produzir mais uma continuação antes de guardar a série que tomara controle de sua vida no congelador e seguir para novas paragens cinematográficas. Ele escrevia o que era então chamado de *Revenge of the Jedi* [A Vingança do Jedi] – o nome ficava mudando de "retorno" para "vingança", dependendo do manuscrito – e estava prestes a procurar por um diretor em Londres. Ao mesmo tempo, Lucas acabara a pós-produção de *Os caçadores da arca perdida*, o primeiro dos filmes de *Indiana Jones* que ele tinha concebido com Steven Spielberg; Spielberg havia dirigido, enquanto Lucas tinha se acomodado alegremente no papel de produtor executivo. Ele e Marcia adotaram recentemente uma menininha, Amanda Em, cuja chegada mudou a perspectiva de Lucas sobre tudo. Marcia insistia com ele por mais férias. (Lucas não contou a O'Quinn que havia um problema com Marcia – um problema que mesmo Amanda não estava resolvendo.) O processo de escrever roteiro "nunca ficava mais fácil". Por que ele estava trabalhando doze horas por dia novamente?

O cineasta mais famoso do mundo não estava exatamente dando uma de Greta Garbo, mas estava cansado da fama. "Ela aconteceu, apesar de eu ter me esforçado muito", disse a O'Quinn, "e fama é algo que eu realmente não quero". Lucas admitiu que dava algumas entrevistas por ano apenas para as pessoas não pensarem que ele era um eremita. Tinha uma visão cínica sobre a causa da atenção. "É tudo questão de dinheiro", falou Lucas. "Eles [a imprensa] não se importam com cinema. Só se importam com 'nossa, esse cara é rico à beça!'" Quanto aos críticos de cinema, eles não valiam nada também: "Não percebem o esforço, o sofrimento e a luta que são investidos em uma coisa".

Esforço, sofrimento e luta estavam ao redor de Lucas: quase todos os amigos haviam embarcado nos próprios filmes cheios de problemas e efeitos especiais. Hal Barwood e Matthew Robbins estavam atolados em *O dragão e o feiticeiro*, o filme que fez Barwood desistir do cinema completamente e virar designer de jogos; John Milius escreveu cartas para Lucas desabafando sobre querer abandonar a cadeira de diretor de *Conan, o bárbaro*. Novamente, vemos a mentira na noção de que Lucas e Spielberg eram os únicos cineastas interessados em filmes de grande orçamento de aventura, ficção científica ou fantasia; na verdade, eles eram os únicos capazes de produzi-los sem arrancar muitos cabelos.

Lucas desconsiderou alegremente a pergunta de O'Quinn se *Star Wars* era um "filme importante" ou "tinha mudado vidas". Ele estava "perplexo" com a reação à obra. Em resumo, sua mensagem para os fãs foi: parem de analisar demais. Falando nisso, parem de analisar de vez. "As pessoas que dizem 'não é nada, é só *junk food* para a mente' estão reagindo às pessoas que dizem 'é a maior coisa desde a pipoca!'", falou Lucas. "Ambas estão erradas. É apenas um filme. A pessoa assiste e curte... como um pôr do sol. Não é preciso se preocupar com o significado. A pessoa apenas diz 'ei, foi bacana'."

O significado de *O Império contra-ataca* para a Lucasfilm foi que rendeu à empresa uma saudável receita de 92 milhões de dólares, e, realmente, isso foi bacana. Mas o filme também custou a Lucas muito mais em dinheiro, tempo e atenção pessoal do que ele havia esperado. Depender de bancos e depois ter de voltar à Fox para pedir um empréstimo irritou Lucas. Ele não tinha intenção de passar por isso de novo, então colocou o estúdio contra a parede. Já em 1979, a Lucasfilm sugeriu que a Fox desse 25 milhões de dólares pelos direitos de distribuir um terceiro filme de *Star Wars*, um empréstimo que seria deduzido da receita do longa-metragem. A Fox sugeriu 10 milhões de dólares, e assim Lucas abandonou o contrato completamente. As negociações se arrastariam por dois anos – mas, no fim das contas, a Lucasfilm aceitaria o valor de 10 milhões de dólares. Era alguma coisa, mas nem perto da quantia que Lucas estava esperando – e ele teria de completar a diferença do próprio bolso.

Se houve uma constante na vida de Lucas entre 1980 e 1983 foi sua tentativa de conter tudo o que fugia ao controle. Sua jornada de trabalho fugira ao controle. *Star Wars* com certeza fugira ao controle, e foi por isso que Lucas resolveu encerrar tudo em um terceiro e (por enquanto) último filme. A Lucasfilm, dividida entre a Egg Company em Los Angeles e sua divisão de criação em Marin, fugira ao controle; o presidente Charles Weber tinha uma visão fundamentalmente diferente da de Lucas: ele queria fazer a empresa crescer e diversificar os investimentos em uma gama de indústrias, incluindo energia. Weber queria passar uma imagem de sucesso, portanto todo mundo na Egg Company – até as secretárias – dirigiam carros de empresa caros. Na Lucasfilm do norte, Joe Johnston não conseguia que a empresa sequer pagasse por um apontador elétrico de lápis de 13 dólares, e funcionários caxias por toda parte lembravam os colegas de apagar as luzes quando saíssem de um ambiente.

Lucas mal tolerava as liberdades de Weber, e a gota d'água veio quando Weber sugeriu que o Rancho Skywalker – agora sendo construído, graças a Kershner ter cumprido o desafio de Lucas de financiar o projeto com uma sequência bem-sucedida de *Star Wars* – era uma despesa desnecessária. Em janeiro de 1981, Lucas subitamente despediu Weber, demitiu metade da Lucasfilm do sul, e disse para o restante que eles teriam que se mudar para o norte. Houve generosas rescisões e seis meses de salários extras pagos enquanto o pessoal procurava outros empregos, mas não havia como voltar atrás. O Rancho Skywalker seria o centro de gravidade da empresa e deveria ser sacrossanto.

Enquanto isso, a ILM expandia os negócios – não apenas para manter a Lucasfilm lucrativa nos anos entre os filmes de *Star Wars*, mas também para evitar que a equipe de efeitos especiais desertasse. *Jornada nas Estrelas: o filme* (1979) marcaria o começo do domínio total da ILM no ramo de efeitos especiais, uma posição conquistada por *Os caçadores da arca perdida*, filmado durante o verão de 1980.

Comparado a *O Império contra-ataca*, *Caçadores* foi um passeio no parque. A Paramount estava providenciando o dinheiro. Spielberg era um diretor nato e tinha uma nova assistente de produção extremamente talentosa e competente, a jovem Kathleen Kennedy. Lucas disse que foi a experiência mais divertida que já teve em um set de filmagem – e ele mal precisou estar presente. Se *Star Wars* foi como trabalhar nas minas de sal, e *O Império contra-ataca* foi como pagar outras pessoas para trabalhar nas minas de sal (após ter servido alguns turnos lá e depois sofrido porque seus subalternos não mineravam tão rápido a ponto de evitar que o banco tomasse posse da mina de sal), então *Os caçadores da arca perdida* foi como ter um dos maiores chefs de cozinha do mundo preparando uma grande refeição de acordo com a sua receita, e ocasionalmente colocar um pouco de sal. Não apenas isso, mas *Caçadores* rendeu mais dinheiro do que *Império*.

Qual deles você gostaria de repetir?

Gary Kurtz alega que Lucas foi mudado pela experiência em *Caçadores* – que, daquele ponto em diante, o cineasta começou a falar cinicamente que filmes populares eram um passeio de montanha-russa em que emoções e adrenalina passavam por cima da necessidade de um enredo adulto. Kurtz insiste que uma versão inicial do terceiro filme não apresentava Ewoks e tinha um final bem mais sombrio: um fim em que o Império era derrotado, mas que Han morria, Luke ia embora sozinho, e Leia assumia o governo de uma Rebelião despedaçada. Aquilo foi descartado depois de *Caçadores*, diz ele, em parte por causa de "conversas com o povo do marketing e da empresa de brinquedos", que não queriam que Lucas eliminasse um dos personagens principais, e foi por isso que ele e Lucas concordaram que Kurtz deveria largar a série. "Eu simplesmente não queria fazer outro ataque à Estrela da Morte", falou o produtor.

Mas Kurtz é uma espécie de testemunha suspeita no que se refere ao desenvolvimento de *O retorno de Jedi*. Ele largou a produtora de *Star Wars* em dezembro de 1979, antes de a produção de *Império* sequer estar terminada, e muito antes de *Jedi* ser escrito. Howard Kazanjian assumiu seu lugar em *Império* para ajudar Lucas a acalmar os bancos; a saída de Kurtz foi divulgada ao público em um comunicado à imprensa dois meses antes do lançamento do segundo filme. Àquela altura, Kurtz estava muito envolvido com a pré-produção de *O cristal encantado*, o filme de fantasia do mestre dos *Muppets*, Jim Henson. Era um projeto que Henson pedira que o produtor trabalhasse há anos. *O cristal encantado* era repleto de mitologia a ponto de saciar o interesse de Kurtz por religião comparativa. Ele mudou seu país de residência, e Lucas pareceu feliz por deixá-lo ir.

Será que a versão mais sombria de *O retorno de Jedi* existe? Não de acordo com o recém-lançado registro aparentemente completo dos arquivos da Lucasfilm, *The Making of Return of the Jedi* (2013). O autor J. W. Rinzler desencavou três dos primeiros tratamentos sem data escritos por Lucas para o terceiro filme, e o primeiro tinha pouco mais de uma página. Até mesmo aquele texto apresentava uma nova Estrela da Morte e pequenas criaturas parecidas com ursos que na época eram chamadas de "Ewaks". (Havia também os "Yussem", que em esquetes feitos em 1980 por Ralph McQuarrie e Joe Johnston eram tão altos e desengonçados quanto os "Ewaks" eram baixos.) Quando chamei a atenção de Kurtz para esse fato, ele voltou atrás e disse que se referia a discussões preliminares sobre um terceiro filme, durante o desenvolvimento de *Império*. "Não tenho certeza se isso chegou a virar um resumo completo do enredo", diz ele. "Foi descartado bem no início por ser muito melancólico."

Um mito popular diz que Lucas inicialmente escreveu um roteiro para *Jedi* no qual o papel dos Ewoks seria dos Wookies, e que ele criou o nome daqueles ursinhos de pelúcia trocando as sílabas "wook" e "iee". Mas os Ewoks, não importa a grafia, foram na verdade inspirados nos índios Miwok, nascidos em Marin. Quanto ao uso dos Wookiees, isso é uma referência ao fim do primeiro manuscrito de *The Star Wars*. "A história toda realmente foi sobre uma sociedade primitiva sobrepujando o Império no fim", disse Lucas. Porém, desde então, os Wookiees se tornaram criaturas mais sofisticadas; veja que Chewbacca sabe pilotar e consertar uma espaçonave. Lucas não podia torná-los primitivos retroativamente.

Lucas sabia que mostraria os Ewoks ajudando a destruir uma Estrela da Morte da maneira que os Wookiees fizeram naquele manuscrito antigo, então ele precisava que o Império construísse uma ou duas mais. Também precisava apresentar o imperador, que fora visto como um holograma durante *Império*, mas ainda esperava nos bastidores pelo último ato. O resto do roteiro era essencialmente tapa-buraco, embora um tapa-buraco que tinha a tarefa de resolver a situação de Han Solo – a solução da carbonita que Lucas havia criado como proteção contra a possibilidade de Harrison Ford se recusar a topar um terceiro filme. "Eu tive que imaginar outras cem páginas de material para fazer a situação funcionar", falou Lucas, "porque Han Solo se tornara um personagem tão popular, e eu achei que seria divertido voltar para Tatooine". Não que Lucas necessariamente tivesse um ator para interpretar Han Solo ao fazer o resumo da trama; Harrison Ford ainda não concordara em voltar para um terceiro filme; o destino de Han congelado na carbonita era tão incerto na vida real quanto pareceu no fim de *O Império contra-ataca*. Kazanjian, um sujeito mais comunicativo do que Lucas, assumiu a ponta e pessoalmente convenceu Ford e seu agente a voltar. (Ford viria a se arrepender por ter voltado.) "Ok", declarou Lucas ao receber a notícia de Kazanjian, "vamos descongelá-lo".

No terceiro e mais completo resumo sem data de *O retorno de Jedi*, provavelmente escrito em 1980, Lucas rabiscou uma notinha ao lado do nome de Leia. Foi exatamente no fim do tratamento, durante a comemoração dos Ewoks após os rebeldes destruírem a Estrela da Morte e derrotarem o Império. Foi uma única palavra que teria consequências enormes para a série inteira: "Irmã!", dizia ela, e o ponto de exclamação indicava que Lucas acabara de decidir a questão.

Lucas escreveu o primeiro roteiro completo para *Jedi* sozinho – não haveria manuscrito tipo Leigh Brackett por parte de outro roteirista dessa vez –, enclausurado na torre de escrever em janeiro e fevereiro de 1981. Luke fica sabendo daquele detalhezinho sobre a irmã por Yoda, e aí a questão é esquecida até o final do roteiro, quando é repetida rapidamente e tratada de forma bem leviana. Nós vemos Luke falando com Leia no fundo de cena, enquanto, em primeiro plano, Han balança a cabeça. "Irmão dela! Não dá para acreditar." Quem diria?

Na história de *Star Wars*, poucas decisões – incluindo a de tornar Jar Jar Binks um personagem nos prólogos – têm sido tão consistentemente polêmicas quanto a decisão de tornar Leia irmã de Luke. Aquilo foi, afinal de contas, um triângulo amoroso que viveu na memória da cultura popular por seis anos. Fãs riram do beijo de Leia em Luke "para dar sorte" antes de balançarem na corda em *Star Wars* e vibraram quando Leia deu um beijo mais demorado e sensual em Luke na enfermaria, em *O Império contra-ataca*. Agora, revelou-se que qualquer fã que torceu para Luke e Leia ficarem juntos na verdade torceu por um incesto. A decisão podia até ter resolvido definitivamente a questão sobre quem ficaria com Leia ao final, Luke ou Han, mas deixou um gosto ruim na boca.

Mesmo que se deixe a questão espinhosa de lado, a revelação de que Luke e Leia dividiam o mesmo sangue pode ter sido mais uma revelação familiar além do aceitável para a série. Vader ser o pai de Luke provocou espanto; Leia ser irmã de Luke provocou cenhos franzidos. Mesmo Mark Hamill, veterano de cinquenta capítulos de *General Hospital*, considerou aquilo uma jogada exagerada de novela. "Eu disse 'ah, não'", conta Hamill. "Aquilo pareceu apenas uma tentativa tosca de superar o lance com Vader." Ele brincou que Boba Fett deveria retirar o capacete e fazer mais uma surpresa para Luke: "Ai, meu Deus, é a mamãe!".

Há quanto tempo Lucas vinha considerando a revelação sobre a irmã? No livro da Lucasfilm *The Making of Star Wars* (2008), Rinzler fez uma tentativa tímida de sugerir que a origem da ideia vinha do momento em que Lucas decidiu transformar Luke Starkiller em uma menina, e depois mudou de volta, antes de rapidamente divagar sobre o tópico da frequência com que gêmeos aparecem na mitologia. Mas essa explicação ignora o que Lucas disse para Alan Dean Foster, em 1975, sobre o segundo livro que ele queria que o autor escrevesse. "No próximo livro, eu quero que Luke beije a princesa." Ele realmente beijou e se aninhou com ela, e a dupla flertou abertamente. Foster é inflexível ao dizer que, se Lucas tivesse a mínima ideia de quem Leia se tornaria, ele teve muitas chances antes de *Splinter of the Mind's Eye* ser lançado. "O romance acrescenta um *frisson* estranho ao livro", argumenta Foster. "Ele teria percebido imediatamente se tivesse certeza de que os dois seriam irmãos."

Um cenário mais provável é que Lucas estivesse tentando amarrar as pontas que deixou soltas sem querer no fim de *O Império contra-ataca*. Quando Luke abandona o treinamento Jedi cedo demais para ajudar os amigos na Cidade das Nuvens, e o fantasma de Obi-Wan lamenta que ele era "nossa última esperança", Yoda responde em tom agourento: "Não, existe outra". Lucas disse que a intenção era que aquela fosse uma fala sem importância que aumentasse a percepção do público sobre o perigo que Luke corria: a história não precisava dele! Por outro lado, ele mencionara a Brackett a possibilidade de a irmã gêmea de Luke estar escondida em algum lugar "no outro lado do universo", sendo treinada como Jedi. O blogueiro Michael Kaminski sugeriu que isso significava que a irmã gêmea seria o tema da próxima trilogia, *Episódios VII, VIII e IX*, como foram concebidos por Lucas – embora o cineasta insista desde então que jamais planejara a história para esses três filmes.

A referência de Yoda à "outra" provocou grande interesse entre os fãs em 1980, e muitos sugeriram – para Mark Hamill e outros – que a princesa era a "outra". Afinal de contas, após assistir várias vezes a *O Império contra-ataca*, a identidade da "outra" não é o único mistério que sobra. Eis mais um: como Leia, a bordo da *Millennium Falcon* enquanto a nave fugia da Cidade das Nuvens, foi capaz de ouvir Luke, que estava pendurado em uma antena muito distante, chamando o socorro dela? A resposta genérica foi "a Força", é claro, mas naquele caso a cena sugere que Leia era tão sensitiva à Força quanto Luke – e talvez os dois tivessem mais em comum do que os espectadores soubessem.

Em outras palavras, ao tornar Leia a irmã gêmea Jedi secreta de Luke, Lucas na verdade deu aos fãs o que eles mais esperavam, resolveu as questões pendentes, e tomou o caminho mais rápido para o encerramento. Fazer com que o herói e a heroína descobrissem que eram irmãos desde o início era uma reviravolta de novela, sim, mas era também o tipo de resolução tortuosa que se esperaria de um conto dos Irmãos Grimm. "As pessoas percebem [*Star Wars*] de uma maneira diferente daquilo que a saga é", Lucas falou a O'Quinn, "e neste filme, fica óbvio o que ela era desde o início – essencialmente, um conto de fadas".

Com o roteiro na mão, Lucas estava pronto para escolher outro diretor. Kershner declinara da oportunidade de permanecer com a série por mais dois anos. "Eu não queria ser um funcionário de Lucas", declarou ele em 2004. "E eu tinha lido o roteiro de *Jedi* e não acreditei naquilo." A primeira escolha de Lucas para o substituto de Kershner, após a experiência de *Caçadores*, teria sido Spielberg. Lucas abandonara o sindicato de diretores por causa de uma briga boba sobre o crédito de diretor de Kershner – se ele deveria ter sido posto no início do filme –, e Spielberg permanecia filiado ao sindicato, mas os advogados não enxergaram um problema. O problema foi que Spielberg estava muito entrincheirado no seu mais novo projeto de ficção científica, um filme sobre um alienígena amigável baseado em um amigo imaginário da infância de Spielberg.

Kazanjian fez uma lista de cem possíveis diretores que foi rapidamente cortada para vinte, e depois, doze. No topo estava David Lynch, o jovem cineasta autoral por trás de *Eraserhead* e *O homem elefante*, e um favorito especial de Lucas. Lynch foi levado a Marin e cortejado sem parar. Mas assim que lhe mostraram o departamento de arte e ele viu as primeiras fotos dos Ewoks, o diretor teve uma dor de cabeça que virou uma enxaqueca plena. Isso, evidentemente, Lynch viu como um mau agouro. Três dias depois de receber a oferta de Lucas, ele declinou. Depois se soube que Lynch tinha recebido o que parecia ser uma oferta muito melhor: a chance de dirigir a versão cinematográfica de grande orçamento de *Duna*, cujos direitos haviam acabado de ser renegociados por Dino De Laurentiis. Novamente, De Laurentiis tinha conseguido algo que Lucas queria. E, novamente, não daria tão certo quanto planejado: Lynch gastaria 40 milhões de dólares em uma filmagem longa e complicada. *Duna* só recuperaria 30 milhões de dólares desse valor e se tornou o fiasco mais famoso da história do cinema de ficção científica – para a felicidade de Alejandro Jodorowsky, um aspirante a diretor.

Sem cineastas experientes do primeiro escalão, Lucas considerou brevemente sair da aposentadoria como diretor. "Eu queria colocar aquilo para fora e terminar a desgraça", explicou Lucas para a revista *People* em 1983, "mas fui detido pelo montante de trabalho". Em vez disso, ele escolheu um relativo desconhecido, Richard Marquand, um diretor nascido em Cardiff, a capital do País de Gales, mais famoso por um telefilme sobre os Beatles bem como *O buraco da agulha*, um drama de espionagem de Ken Follett com Donald Sutherland. Marquand chegou bem equipado com metáforas: *Star Wars* era "o filme mais empolgante e grandioso de todos os tempos", disse ele, "o mito dos anos 1970 e 1980, assim como os Beatles foram o mito dos anos 1960 e início dos anos 1970". Estava tão desesperadamente ansioso para dirigir *O retorno de Jedi* que, durante o processo de seleção, ele ligou para pedir uma segunda entrevista com Lucas, na qual seguiu falando com entusiasmo por que era perfeito para o filme. Marquand se mostraria, como disse Kazanjian, "flexível". Lucas seria o produtor executivo, mas como observou depois, o cargo era mais como o produtor executivo de um seriado de TV –

alguém que criava os roteiros e a direção geral da série, enquanto o diretor cuidava da tarefa complicada de lidar com os atores.

Marquand prontamente aceitou e passaria os próximos dois anos declarando que ficou intimidado com a responsabilidade diante de si. Várias vezes compararia dirigir *Jedi* com dirigir *Rei Lear* "com Shakespeare na sala ao lado" e reger a "Nona sinfonia" com Beethoven escutando. Isso pode ter sido meio hiperbólico, mas Lucas realmente passou quase toda a filmagem presente no set. Nominalmente, ele foi o diretor de segunda unidade, mas efetivamente agiu como codiretor – em grande medida o superior. É possível ver em clipes da filmagem: Marquand dá ordens, mas a equipe está prestando atenção em Lucas. Quando as ordens conflitavam, não havia dúvida sobre quem mandava. Dessa vez, não haveria mais olhadas furtivas pela câmera como um menino roubando um biscoito.

Com um diretor escolhido, Lucas escreveu um segundo manuscrito às pressas, e depois veio uma das partes mais agradáveis da produção: se sentar à mesa na mansão cada vez maior de Parkway, em San Anselmo, com Kazanjian, Marquand e Lawrence Kasdan, que fora relutantemente cooptado de volta a *Star Wars*. Kasdan concordou em escrever um manuscrito em troca da promessa de ajuda de Lucas em sua estreia como diretor, *Corpos ardentes*. Os quatro conversaram sobre a história de *Revenge of the Jedi*, como era chamado àquela altura, por cinco dias, dez horas por dia, e se perderam em detalhes e possibilidades. Não havia nada intocável na discussão. Marquand podia ter estado intimidado pelo Criador, mas Kasdan decidiu provocá-lo com respostas interessantes e uma alternativa mais sombria ao que ele chamava de "final frouxo":

KASDAN: Acho que você deveria matar Luke e fazer a Leia assumir.
LUCAS: É melhor não matar Luke.
KASDAN: Ok, então mate Yoda.
LUCAS: É melhor não matar Yoda. Você não precisa matar as pessoas. Você é um produto dos anos 1980. Não se mata as pessoas por aí. Não é legal... Acho que você aliena o público.
KASDAN: Estou dizendo que o filme tem mais peso emocional se alguém que você ama se perde ao longo do caminho; a jornada tem mais impacto.
LUCAS: Eu não gosto e não acredito nisso... Eu sempre odiei isso nos filmes, quando você acompanha e um dos personagens principais é morto. Isto é um conto de fadas. É melhor que todo mundo viva feliz para sempre e nada de ruim aconteça com ninguém... Toda emoção que tento passar no fim do filme é que a pessoa fique realmente enlevada, emocional e espiritualmente, e se sinta muito bem sobre a vida.

* * *

Mais à frente, Lucas entregou os pontos: alguém cairia ao longo do caminho. Durante um tempo, foi Lando Calrissian, morto de maneira nobre na destruição da segunda Estrela da Morte, e o quarteto se preocupou com como iriam contar para Billy Dee Williams. No fim, entretanto, Lucas decidiu que faria sentido mostrar Yoda morrendo de velhice perto do começo, encerrando a vida ao confirmar que Vader era o pai de Luke e revelando que Leia era sua irmã, e depois disso desapareceria como Kenobi.

Muito do que agora conhecemos como *O retorno de Jedi* foi discutido à mesa naquelas cinquenta horas. No segundo manuscrito, Lucas realmente nos dera duas Estrelas da Morte, ambas sendo construídas sobre o planeta-cidade que governava a galáxia, então chamado de Had Abbadon. Kasdan declarou que duas Estrelas da Morte davam aos rebeldes "alvos em excesso". Marquand contribuiu com a ideia de que a Estrela da Morte que sobrou deveria aparentar que estivesse sendo construída, mas que na verdade estaria plenamente operacional. Had Abbadon foi relutantemente abandonado: seria uma coisa proibitivamente cara de ser filmada. Nos primeiros roteiros de Lucas, Vader leva Luke ao imperador no palácio do soberano em um planeta, um lugar de corredores de lava sobre lava borbulhante. Quando a conferência acabou, o imperador fora transferido para a Estrela da Morte que sobrou.

Aí havia o problema com Darth Vader. Nos primeiros textos de Lucas, Vader tinha uma curva narrativa esquisita: não havia redenção, mas irrelevância. O grão-moff Jerjerrod, o novo favorito do imperador, deixa clara sua superioridade sobre Vader e mais claro ainda o descontentamento do imperador com o fracasso de Vader em converter Skywalker para o lado sombrio. A lealdade de Vader vacila até que o imperador usa a Força para sufocá-lo, ao silenciar a conhecida respiração de pulmão mecânico e aparentemente pacificar seu aprendiz. Há um combate final envolvendo Luke e os fantasmas da Força de Obi-Wan e Yoda num lado, e Vader e o imperador no outro, que chega ao final quando Vader subitamente joga o soberano da galáxia na lava, possivelmente sob a influência de Yoda.

No segundo manuscrito, Lucas – sob a influência de seu grupo de especialistas – deu a Vader uma cena de morte na Estrela da Morte em que Luke retira sua máscara. Naquele momento, Vader é redimido; nós vemos um velho triste, que depende de tecnologia biônica para se manter vivo. "Todo o lance da máquina se transforma em uma metáfora parcial para o lado sombrio da Força", percebeu Lucas, "que é: máquinas não têm sentimentos". Apesar de sua relativa falta de influência, Marquand foi capaz de inserir mais uma boa ideia: que Anakin Skywalker, agora redimido, deveria dizer algumas palavras sem a máscara antes de morrer.

A redenção de Darth Vader irritaria alguns fãs: o maior vilão do cinema do século 20 se revela uma figura tipo o Mágico de Oz, e isso de alguma forma torna aceitável tudo o que aconteceu antes. Algumas celebridades de *Star Wars* se perguntaram sobre a mensagem que foi passada. "É como Hitler no leito de morte dizendo que se arrepende, e tudo fica bem", disse Alan Dean Foster. "'Eu assassinei 8 milhões de pessoas, mas sinto muito.' Eu simplesmente não podia aceitar isso." Kazanjian, um cristão devoto, teve o mesmo problema, até que Lucas observou que sua religião enfatizava o perdão. Dali para frente, Kazanjian estava convertido e deu a sugestão de que o fantasma de Anakin Skywalker deveria fazer uma aparição no fim, ao lado de Obi-Wan e Yoda.

O único personagem que se deu mal no processo de refazer o manuscrito foi Leia. Nos primeiros roteiros de Lucas, ela ganhou o primeiro comando na "Lua Verde" ainda sem nome onde os Ewoks viviam. Quando Kasdan escreveu o manuscrito, ela era apenas mais uma integrante da missão de Han à lua. Carrie Fisher pedira a Lucas por algum diferencial para o personagem, talvez um problema com bebida; algo, pelo menos, que indicasse o sofrimento que a princesa passara, o genocídio do planeta inteiro. Ela ganhou um biquíni de escrava.

A filmagem de *O retorno de Jedi* procedeu em uma atmosfera de sigilo ainda maior do que *O Império contra-ataca*. O coprodutor Jim Bloom veio com a ideia brilhante de reservar as locações sob um filme com título e subtítulo falsos, *Harvest: Horror Beyond Imagination*. O objetivo foi menos distrair fãs do que conseguir preços razoáveis da parte de fornecedores, que agora cobravam mais por qualquer coisa que tivesse "Star Wars" no nome, da mesma forma que o comércio aumenta valores de qualquer coisa que tenha a ver com um casamento.

O trio principal de atores recebeu codinomes no set – Martin, Caroline e Harry – e não foi informado sobre as principais reviravoltas do filme. Harrison Ford reclamava sem parar que Han deveria ser eliminado – pelo menos até descobrir que Luke e Leia eram irmãos, e que ele acabaria com a princesa. David Prowse foi quase completamente excluído, apontado erroneamente como a fonte da reportagem de um jornal britânico que revelou que Darth Vader morreria. Seu professor de esgrima e dublê, Bob Anderson, apareceu em muitas cenas. Prowse ignorava completamente que Sebastian Shaw, um amigo ator de Alec Guinness, estava sendo usado como o rosto de Vader na cena de morte, um fato que irrita o ex-fisiculturista até hoje.

O set de Elstree não foi inteiramente fechado. Lucas aceitou um intruso importante: um jornalista do *Los Angeles Times* chamado Dale Pollock. Após ter escrito uma das primeiras reportagens sobre o filme, Pollock fora contatado pela Crown Publishers: eles queriam uma biografia de Lucas ligada ao lançamento de *O retorno de Jedi*, mas não queriam que o livro fosse controlado pela Lucasfilm. Pollock chegou a um entendimento com a empresa: um acordo jurídico foi preparado para permitir que Lucas revisasse o manuscrito e fizesse quaisquer mudanças no que considerasse erros factuais. Por essa concessão, Pollock teria mais acesso ao Criador que até mesmo a *Starlog* teve. Pareceu bom demais para ser verdade – e realmente foi.

O grosso do trabalho de Pollock para o livro, entrevistas que duraram um total de oitenta horas, aconteceu quando Lucas voltou aos Estados Unidos e o filme estava em pós-produção. Mas em Elstree, Pollock já conseguiu enxergar em Lucas os sintomas de um controlador. Marquand estava obviamente intimidado pelo cineasta; não havia dúvida de quem mandava no set. Marquand era inexperiente e tentava se afirmar quando Lucas não estava por perto. O diretor nominal do filme não pediu ajuda à equipe. Ele complicava seus problemas, pelo que todos disseram, ao bajular o grande astro do cinema, Harrison Ford, e ser menos amigável com o resto do elenco, um pecado que Ford não perdoou.

Lucas estava no comando e obtinha todas as cenas que queria, mas não estava se divertindo. No septuagésimo segundo dia da filmagem, ele estava completamente exausto. "Eu sorrio muito porque se não sorrir, todo mundo fica deprimido", reclamou Lucas para um repórter do *New York Times* no set. "Mas eu preferia estar em casa vendo televisão. Não importa o quanto ache que todo mundo conheça *Star Wars* agora, as pessoas não conhecem. Eu respondi a milhares de perguntas de Richard no ano passado, informei todo mundo sobre tudo que eu pudesse imaginar, e, ainda assim, quando chegamos aqui, a equipe vem com mil perguntas por dia – não estou exagerando – que apenas eu posso responder. 'Essas criaturas conseguem fazer isso ou não? Qual era a cultura por trás deste artefato?' Sou o único que sabe aonde estamos indo e onde estivemos." Lá se foi a ideia de uma série à la James Bond com vários diretores. Lucas agora alegava que o plano original tinha sido "ser um verdadeiro mercenário" e entregar a série inteira para a Fox, "pegar uma grande porcentagem da bilheteria", e assistir aos filmes quando fossem feitos. Aquele sempre foi seu maior remorso: Lucas era o único nerd no país que não podia simplesmente entrar na fila para o próximo filme de *Star Wars*. Ele deu de ombros. "Eu comecei, agora tenho que terminar. A próxima trilogia será a visão de outra pessoa."

A filmagem terminou em 88 dias, com 66 dias a menos do que a filmagem de *O Império contra-ataca*. Marquand realmente se mostrou flexível – pelo menos no set. Depois, ao receber a tarefa de supervisionar o primeiro copião do material que filmou, o diretor britânico teve uma espécie de ataque de nervos. Ele disse que não conseguia dormir ou que acordava gritando. Muitas vezes foi visto andando pelas ruas de San Anselmo às três da madrugada, a última vítima da mania por *Star Wars*. Meses depois, ele apresentou o copião na sala de exibição particular de Lucas e declarou que o filme jamais ficaria melhor do que aquilo. Lucas suspirou, agradeceu a Marquand pelo serviço e tirou o filme de suas mãos. O diretor morreu quatro anos depois de um ataque cardíaco aos 47 anos de idade. Se algum dia existiu uma espécie de maldição de *Star Wars*, Marquand poderia muito bem ter sido uma das primeiras vítimas.

Havia algo de nitidamente errado durante a fase final de edição e efeitos especiais. Não era apenas a sensação de encerramento, do fim de uma trilogia. Os funcionários da ILM perceberam que Marcia Lucas andava mais tensa do que o normal e tinham dificuldade de obter respostas de George. Dale Pollock fizera semanas de entrevistas com George, mas não conseguiu que Marcia se comprometesse a uma reunião e não sabia dizer o motivo. Quando Howard Kazanjian perguntou a George se Marcia estaria envolvida no processo de montagem, ele recebeu uma resposta sucinta: "Você tem de perguntar a ela".

O que nem os amigos mais íntimos sabiam era que Marcia pedira o divórcio de George depois que ele voltou de Londres. O casamento se desfizera diante de "diferenças irreconciliáveis".

A diferença irreconciliável mais imediata era chamada de Thomas Rodrigues, um pintor de vitrais que trabalhava no Skywalker Glass Studio. Marcia contratara Rodrigues em 1980 para projetar e supervisionar a produção do belo domo de vidro que ainda ocupa o teto da biblioteca no Rancho Skywalker. Ele era nove anos mais novo que Marcia, havia se divorciado recentemente e coordenava uma equipe de seis vidraceiros. Ela se apaixonou por Rodrigues em algum ponto dos dois anos seguintes, mas afirma que permaneceu fiel a George; Lucas, no entanto, recusou qualquer forma de terapia conjugal. Ele assumiu melancolicamente o papel do mártir corno manso e permaneceria assim nas poucas ocasiões em que falou sobre o assunto novamente.

Os Lucas foram bem-sucedidos em manter em segredo os problemas domésticos até depois do lançamento de *O retorno de Jedi*. Mesmo o jornalista designado para observar a vida do casal não se deu conta do que acontecera.

"Por mais que eu tenha pensado que Lucas estava sendo acessível comigo, ele claramente manteve interditada uma parte inteira da vida", diz Pollock.

George mergulhou na edição e novamente desencavou aqueles rolos de cenas de filmes da Segunda Guerra Mundial para substituir as tomadas de efeitos especiais do ataque rebelde à Estrela da Morte. Lucas montou o filme de maneira que cada cena fosse mais rápida do que nos dois antecessores: estava lidando com a geração MTV agora, afinal de contas, e precisava acompanhar o ritmo. Por mais que quisesse o filme pronto, por mais que estivesse abalado pela revelação de Marcia, o seu lado perfeccionista era mais forte. O número de tomadas de cenas especiais que Lucas queria no filme tinha praticamente dobrado. "A pessoa não pode ficar doente", comentou mais tarde, sobre a responsabilidade que o pressionou durante aquele esforço final. "Não pode ter emoções normais... há muita gente dependendo dela."

Lucas estava tenso e um dia explodiu, quando o editor Duwayne Dunham observou que não havia uma cena que abordasse de maneira conclusiva o que aconteceu com Vader. Ele foi visto pela última vez morrendo na Estrela da Morte, mas aquilo deixou em aberto a possibilidade de que pudesse voltar. Isto era um problema, uma vez que Lucas queria eliminar Darth Vader de uma vez por todas, definitivamente. Então uma cena adicional foi filmada uma noite no Rancho Skywalker, carregada de mais significado do que os participantes sabiam: Luke queima o corpo de Vader em uma pira funerária.

Ainda assim, Lucas não estava satisfeito. Em 22 de novembro de 1982 – em breve conhecida como "Black Friday" na ILM –, o Criador jogou fora mais de cem tomadas de efeitos especiais, efetivamente deletando 250 maquetes de espaçonaves do filme ao todo. Antes de encherem a cara, os maquetistas da ILM berraram com Lucas. Anos depois, Lucas, o pai, compararia a frustração de seus artistas com o choro de bebês e explicaria a importância de interpretar a emoção por trás do barulho. "Dá para saber o motivo do choro... Dá para saber se é um grito de verdade ou apenas manha." Ele fez muita pressão para que sua divisão de computadores produzisse os efeitos, que era outra aposta de negócios arriscada e brilhante, um projeto independente do desenvolvimento avançado que Lucas estabeleceu depois de *Império*. "Foi um caso de 'ok, se o incêndio acabou, acho que vou provocar outro'", riu Lucas depois. O cineasta sabia que a computação gráfica era o futuro, mas tudo o que a equipe conseguiu contribuir para *Jedi* foi um efeito especial, a Estrela da Morte vista na sala de reunião rebelde. Foi, em outras palavras, a mesmíssima tomada que fora criada em um computador para *Star Wars* em 1976. Dessa vez, pelo menos, a Estrela da Morte computadorizada aparentava estar em

3D, pairando no ar como um holograma, em vez de aparecer pixelada em uma tela grande.

Lucas procrastinou até o último momento a decisão sobre o título do filme. Kazanjian ainda achava que "retorno" era uma palavra muito fraca – ela fazia o produtor pensar em *O retorno da Pantera Cor-de-Rosa*. Um relatório de marketing baseado em 342 consultas por telefone, nos quais os participantes tiveram que escolher entre "A Vingança do Herói" e "O Retorno do Herói" confirmaram que "Vingança" parecia ser mais empolgante, mas não batia com a imagem de um herói, especialmente entre as pessoas com menos de 30 anos.

O título do filme foi mudado, após muito debate, em 17 de dezembro de 1982 – a menos de seis meses da data do lançamento. Isso não apenas significou que os pôsteres tiveram que ser refeitos e o trailer precisou ser remontado – praticamente o licenciamento inteiro foi afetado. A Kenner já havia produzido algo perto de 250 mil dólares em embalagens de bonequinhos com o título *Revenge of the Jedi*; tudo aquilo teve de ser destruído. A empresa já tinha fabricado brinquedos dos Ewoks a contragosto, puramente por causa da insistência de Lucas. Ele realmente não se importava se venderiam bem ou não – apenas queria que a filha Amanda, agora no centro da vida doméstica, tivesse um.

Em 17 de abril de 1983, faltando um mês para o lançamento de *O retorno de Jedi*, Lucas marcou um aniversário importante: fazia dez anos do dia em que ele se sentou para escrever o primeiro tratamento de *Star Wars*, aquele em que ele copiou algumas anotações de *A fortaleza escondida*. E lá estava Lucas, ainda reaproveitando, ainda mexendo naquilo – três novas cenas de efeitos especiais estavam sendo produzidas ao mesmo tempo em que o filme estava tendo sua primeira exibição secreta no Northpoint Theatre em São Francisco. Ali estava um mundo mais obcecado pela saga do que nunca, tomado por biscoitos Pepperidge Farm com tema de *O retorno de Jedi*, telefones da AT&T de Darth Vader, e copos colecionáveis de *Star Wars* da Coca--Cola. A molecada colocava os patins de *O retorno de Jedi* para visitar o Centro Jedi de Aventuras no shopping center local.

Star Wars, ao que parecia, estava por toda parte. E em apenas alguns anos não estaria em lugar algum.

18 / ENTRE AS GUERRAS

O ano de 1983 deveria ter sido de uma comemoração triunfante, ao estilo Ewok, para George Lucas. Finalmente, imaginou o cineasta, ele estava livre da história que o perseguiu por dez anos. Lucas acabara de fazer 39 anos, e embora o amigo Steven Spielberg tivesse recuperado a coroa de maior blockbuster de todos os tempos com *E.T.: o extraterrestre* no ano anterior, ele fizera a *trilogia* cinematográfica de maior bilheteria de todos os tempos. *O retorno de Jedi* foi um sucesso estrondoso. Lançado em pouco mais de mil salas, o filme arrecadou 6 milhões de dólares na estreia – um novo recorde – e 45 milhões de dólares na primeira semana. Houve até alguns relatos de que alguns fãs radicais acamparam a noite inteira para serem os primeiros da fila, o que na época era novidade. No fim do ano, *O retorno de Jedi* amealhara mais de 250 milhões de dólares.

Os críticos disseram que gostaram um pouco menos de *Jedi* do que de *Império*, agora reconhecido como um clássico do gênero, mas o público votou de outra forma. Enquanto isso, o fã-clube oficial de *Star Wars* teve o primeiro pico em 1983, com 184 mil integrantes. A romantização do filme foi o livro mais vendido no país. Com os lucros de tudo isso, Lucas podia finalmente completar o Rancho Skywalker, cujo design vinha sendo modificado incessantemente há anos (e recentemente ganhou um corpo d'água gigante, o Lago Ewok). Deveria ser o paraíso.

Em vez disso, 1983 possivelmente foi o pior ano da vida de Lucas.

O primeiro golpe, mesmo antes de a notícia do divórcio ser oficializada, foi a chegada do manuscrito de *Skywalking*, a biografia escrita por Dale Pollock. A experiência aparentemente provocou o maior medo da vida do intensamente reservado Lucas. Pollock se recorda de ter sido convocado à sua casa em São Anselmo pouco tempo depois de o cineasta ter lido o manuscrito. Lá dentro, espalhadas sobre uma enorme bancada, "estavam praticamente todas as páginas do manuscrito com clipes vermelhos", conta Pollock. "Ficou claro que nós não concordaríamos sobre o que estava errado. Ele dizia coisas como 'aqui diz que sou frugal. Eu não sou, sou muito generoso. Quero que isso seja mudado, está errado'."

Obviamente, uma pessoa pode ser frugal nos negócios e generoso com amigos e caridades ao mesmo tempo. Na verdade, essa é a imagem que surge no livro; descobrimos que Lucas conta cuidadosamente cada dólar gasto na empresa, enquanto compartilha percentuais do lucro de *Star Wars* com quem não precisava, e mantinha doações em segredo com medo de ser considerado um alvo fácil, como o Tio Patinhas.

Pollock lutou o quanto pôde. "Eu disse para ele 'não tenho problema em colocar que você discorda disso'", conta o escritor. "'Mas não vou retirar o que eu escrevi. Questões de opinião não envolvem exatidão.' O que ele me disse no fim de nossa conversa infrutífera foi 'nunca mais farei isso de novo; ninguém jamais fará isso novamente comigo; controlarei tudo que é escrito sobre mim.' Ele se manteve bem fiel ao que disse."

Até hoje, a Lucasfilm afirma que algumas das oitenta horas de entrevistas que Lucas deu para Pollock continham declarações extraoficiais; Pollock, agora um professor de cinema, diz que teria desligado o gravador se tivesse ouvido Lucas dizer a expressão "extraoficialmente". Houve ameaças de processos, tanto de Lucas quanto de Coppola, que Lucas atacara nas entrevistas, alegando que Copolla roubara *Apocalypse Now* e nunca apoiou *American Graffiti: loucuras de verão* de fato.

Mas, na verdade, Pollock omitiu algumas das piores coisas que Lucas dissera sobre Coppola. (As declarações permanecem inéditas; Pollock tem recusado súplicas de editores para publicar por inteiro as fitas de Lucas.) Ele mandou para os dois homens cópias das fitas que provavam seu lado. As ameaças de processos sumiram. Lucas até autografou um exemplar de *Skywalking* para o autor, com um texto que poderia muito bem entrar para a história como a dedicatória mais indiferente de um biografado para seu biógrafo. Ele diz:

> Para Dale. Você fez um registro dos primeiros 39 anos da minha vida. Agora posso fechar o livro do passado (o seu livro) e esperar pelo futuro. Foi uma experiência interessante e às vezes irritante. Fico contente que tenhamos conseguido fazê-la juntos.
> Que a Força esteja com você.

Foi apenas depois de o livro ser publicado, explica Pollock, que os amigos de Lucas contaram a verdadeira intenção do cineasta em participar: ajudá-

-lo a se reconciliar com Marcia. "Ele teve a esperança de que minha recriação do encontro dos dois e do início do relacionamento ajudaria a defender a ideia de que eles deveriam permanecer juntos", diz Pollock. Mesmo de maneira espontânea, o escritor fez o que pôde. Quando finalmente conseguiu falar com Marcia, ela reclamou que George "nunca queria ir a lugar algum, socializar com alguém – ele era muito insular, e aquilo simplesmente a deixava maluca". Isso foi traduzido no livro como "ele e Marcia evitavam festas, restaurantes e viagens". Pollock escreve que a "resiliência do relacionamento dos dois é impressionante" e cita a assistente de longa data de Lucas, Jane Bay: "Eles estão cada vez mais fortes como um casal". Há uma citação de Marcia falando sobre o lado "terno e carinhoso" do marido aparentemente frio, o lado que gostava de imitar comerciais com vozes bobas e ficava corado com as piadas de baixo calão da esposa. Vemos Marcia encorajando George a jogar tênis e esquiar. O fato de que a esposa tinha de fazer infinitas rodadas de sanduíche de atum com as cascas cortadas, da maneira como a mãe dele preparava, não é mencionado.

Quando se trata da edição de *Star Wars*, escreve Pollock, "Marcia é indispensável para Lucas porque ela compensa suas deficiências. Enquanto George não se preocupa com os personagens e não tem fé na paciência da plateia, Marcia descobre como um filme pode ficar mais acalorado, como os personagens podem ganhar mais profundidade e um significado especial". A forma menos laudatória de Lucas dizer isso era afirmar que Marcia era ótima com cenas de "morte e choro"; ela editou a cena da morte de Yoda em *O retorno de Jedi*, um dos momentos mais lentos e ternos da série. De acordo com Marcia, a conclusão de *O retorno de Jedi* marcou o único momento que George elogiou seu trabalho – dizendo que ela era uma "editora muito boa". Como aquilo a irritou.

Skywalking chegou tarde demais para ter qualquer efeito no casamento dos Lucas. George e Marcia Lucas se separaram oficialmente em 30 de junho de 1983. (Passaria quase trinta anos até o dia em que Lucas se casasse de novo.) No início daquele mês, eles organizaram uma reunião chorosa para informar aos funcionários da Lucasfilm; o comunicado à imprensa foi feito duas semanas depois, em 13 de junho. O casamento dos Lucas foi oficialmente desmanchado em 10 de dezembro de 1984.

A papelada do divórcio nos registros públicos é mínima, pois ambas as partes assinaram um acordo que permanece secreto até hoje. Tudo o que sabemos é que os dois compartilhariam a custódia de Amanda e que Marcia concordara com o acordo oferecido por George e abrira mão dos direitos de receber mais benefícios conjugais como determinado pelas leis da Califórnia. Um juiz de Marin County concordou em manter o acordo sob sigilo porque a atenção da mídia poderia ser prejudicial para a filha do casal. Podemos concordar com o juiz e colocar um véu sobre toda essa cena triste. Porém, por mais que a empresa prefira ignorar, permanece o fato de que a partida de Marcia foi um dos desastres financeiros mais dispendiosos na história da Lucasfilm. A empresa tinha, de fato, acabado de perder a co-fundadora. "Acho que as pessoas às vezes esquecem que Marcia Lucas é dona de metade da empresa", disse enfaticamente o segundo presidente da Lucasfilm, Bob Greber, para Pollock antes do divórcio. Ele acrescentou que o título informal dela era "animadora de torcida de Lucas". A partida dela estragou tudo. O próprio Greber iria embora em 1985, após tentar e não conseguir persuadir Lucas a fazer mais filmes de *Star Wars*.

Perder a esposa custou a George Lucas mais do que o orçamento para outro filme de *Star Wars* sem retorno do investimento. Ele estava determinado a se livrar de Marcia e não se despedir do Rancho Skywalker. Isso representou um acordo caro. Reportagens da época do divórcio determinaram que a parte de Marcia ficou entre 35 milhões e 50 milhões de dólares. Seu acordo pré-nupcial com Rodrigues, assinado cinco anos depois, declara que ela ainda tem a receber um futuro título da parte da Lucasfilm que vale cerca de 25 milhões de dólares, que deve ser de propriedade exclusiva de Marcia. Quando ela e Rodrigues se separaram no verão de 1993, o ex-marido estimou que o patrimônio líquido de Marcia era de 60 milhões de dólares. Sua renda – de negócios imobiliários e porcentagem de *Star Wars* – era de 7 milhões de dólares ao ano.

Nada disso, é claro, garantiu a felicidade de Marcia ou compensou a falta de carreira dali em diante. Nem o fato de que ela e Rodrigues tiveram uma filha, Amy, em 1985, ou o casamento em Maui, em 1988. De acordo com documentos do tribunal, o casal possuía cinco carros, incluindo três Mercedes e um Jaguar. Além da casa de 1,6 milhão de dólares em Marin, eles tinham uma cabana de esqui de 1 milhão dólares em Utah e um condomínio de praia de 1 milhão dólares em Maui. Eles viajavam de primeira classe com Amy e a babá no Concorde para Paris e ficavam em uma suíte de 2,5 mil dólares de diária no Ritz. Mas Marcia se viu evitada por muitos dos antigos amigos dos Lucas e não conseguiu ou não quis retornar à carreira de montadora.

Marcia e Tom se divorciaram em 1995 após dois anos de separação. Ela deu para Rodrigues a maior parte do valor de uma casa enorme em San Anselmo e uma quantia generosa para garantir que Amy tivesse o mesmo acesso a tudo que teria na casa da mãe. Mas o ex-marido reclamou que interrompera a carreira enquanto Marcia quis que ele estivesse disponível para "curtir e viajar". Assim começou uma longa e litigiosa batalha judicial sobre o tamanho do acordo. No fim, o juiz concordou com Marcia, que a parte de Tom era mais do que generosa, e ele se refugiou em uma vinícola que havia comprado ao norte de Marin.

George e Marcia permaneceram em contato apenas o mínimo necessário por causa de Amanda. As atividades subsequentes dos dois fazem parecer que eles estavam competindo. Marcia fundou um centro de pós-produção na USC que levava o nome dela; Lucas doou um prédio de 175 milhões de dólares para a instituição de ensino na qual se formou. Marcia comprou uma casa no bairro de Pacific Heights; Lucas transferiu sua empresa para o presídio, ali perto. Marcia jamais entendeu muito bem o que George estava fazendo com a empresa. Em 1999, ela disse para o autor Peter Biskind que o império da Lucasfilm era "um triângulo invertido apoiado em uma ervilha, que era a trilogia *Star Wars*. Mas ele não fará mais *Star Wars*, e a ervilha vai secar e esfarelar, e aí ele ficará com uma instalação enorme e despesas gerais gigantescas. Por que ele quis fazer isso se não fará filmes? Eu ainda não entendo".

Lucas podia ter recuperado as perdas do divórcio com mais um filme de *Star Wars*. Mas ele estava inflexível: a trilogia havia terminado. O cineasta estava cansado, desgastado pelo divórcio e pelo estresse insuportável de tentar dar vida às visões fantásticas com orçamentos limitados e tecnologia inadequada. Lucas não realizaria mais explorações de grande orçamento em seu universo até que a tecnologia estivesse pronta para fazer com que ele ficasse exatamente da forma como via na mente, sem precisar usar monstros de borracha.

Isso não significava que *Star Wars* fosse uma ervilha murcha, como Marcia disse. Houve um punhado de contratos sendo feitos após *O retorno de Jedi*. Houve dois telefilmes da rede ABC estrelados pelos Ewoks. O primeiro, *Caravana da coragem: uma aventura Ewok*, foi lançado em 1984. Foi feito para crianças, bem mais do que qualquer coisa no universo *Star Wars* até então. Mas aquilo era George Lucas: qualquer coisa feita para crianças tinha de ser de alta qualidade, ou o mais próximo possível em um orçamento de 2 milhões de dólares.

Depois do desastre do *Star Wars Holiday Special*, Lucas aprendera a lição. Ele ficou de olho na produção de *Caravana da coragem* e criou a história por trás: uma família faz um pouso de emergência em Endor, os pais e filhos são separados, e os Ewoks os ajudam a se reunirem. Foi dirigido pelo cineasta independente que havia atraído Lucas para Marin originalmente, John Korty. *Caravana da coragem* sofria do mesmo grande problema do *Holiday*

Special – grande parte era composta por criaturas peludas que balbuciavam em uma língua própria –, então o ator Burl Ives foi recrutado para fazer uma narração simples.

A continuação veio em 1985, e foi uma obra muito mais sombria chamada *A batalha de Endor*. Os pais, que foram reunidos com os filhos no fim do filme anterior, são assassinados – juntamente com uma floresta inteira, cheia de Ewoks – por invasores do espaço e uma feiticeira maligna. Assim como *Indiana Jones e o templo da perdição*, um filme mais sombrio do que *Caçadores*, cuja intenção Lucas diz ter sido uma metáfora direta para o que ele sentia na época, *A Batalha de Endor* reflete as trevas do mundo pós-divórcio do cineasta – trevas que pareciam estar aniquilando a inocência do universo *Star Wars*.

"O divórcio meio que me destruiu", admitiu Lucas anos depois. Ele começou imediatamente um relacionamento com a cantora Linda Ronstadt, outra morena brejeira para superar Marcia; os dois terminaram quando Ronstadt declarou que não tinha interesse em se casar ou ter filhos. Lucas experimentou mudar de visual, trocou os óculos por lentes de contato, e até tentou raspar a barba. Foi, como ele disse, uma situação clássica de divórcio. Lucas telefonou para Coppola e se reconciliou com o velho amigo e mentor. E, talvez o mais importante, ele se encontrou com o terceiro e último mentor em carne e osso – e já não era sem tempo.

Lucas fez bom uso de *O herói de mil faces* de Joseph Campbell entre o terceiro e quarto manuscritos de *Star Wars*, mas, naquela ocasião, o livro pareceu uma obra meio que funcional e não conseguiu despertar interesse no jovem Lucas. Segundo ele, isso só ocorreu em um momento indeterminado após o primeiro filme, quando um amigo lhe deu uma série de palestras de Campbell em fita cassete. Lucas considerou Campbell muito mais influente como palestrante do que como escritor; ele descreveu a experiência de ouvir a palestra como "imediatamente elétrica" e resolveu se encontrar com o autor da próxima vez em que estivesse na cidade.

Lucas teve de esperar até maio de 1983 para finalmente encontrar o famoso especialista em mitologia, que era quase quarenta anos mais velho. Barbara McClintock, uma cientista de 80 anos de idade, vencedora do prêmio Nobel, estava organizando um simpósio no Palácio de Belas Artes, em São Francisco: "O lado íntimo do espaço sideral". Frank Herbert, o autor de *Duna*, estava presente, bem como o astronauta Rusty Schweikart, da *Apollo 9*. Mas quando Lucas ligou para McClintock a fim de pedir para ser apresentado, não foi com o intuito de conhecer nenhuma daquelas personalidades famosas. Em vez disso, foi para ser apresentado a Campbell, cuja palestra era a atração principal do simpósio. Lucas, o fantasista espacial e nerd de mitologia, deve ter ficado extasiado sentado na plateia enquanto Campbell descrevia seu conceito de um espaço galáctico em uma retórica altiva: "um universo de magnitude inimaginável e violência inconcebível: bilhões de fornalhas termonucleares rugindo e fugindo umas das outras, muitas delas na verdade se explodindo em pedaços". As estrelas estavam em guerra.

A apresentação de McClintock não correu muito bem. Campbell e Lucas ficaram sentados lado a lado, sem se falar. Campbell havia curtido cinema mudo lá nos anos 1920, mas realmente não foi atraído pelo cinema falado e certamente não se importava com obras modernas. Ele tinha a tendência de receber admiradores, e Lucas não era dos melhores em quebrar o gelo. Então McClintock chamou o mágico David Abrams, que fez um truque que envolveu colocar a mão de George na de Campbell. "Funcionou", se recorda McClintock. Os dois começaram a conversar sobre o impacto de *O herói de mil faces* nos filmes de Lucas, que Campbell não tinha visto ainda. Depois eles se encontraram em um jantar no Havaí, onde o escritor morava. Uma amizade começou a nascer, como disse Lucas mais tarde, para os biógrafos oficiais de Campbell.

Campbell e a esposa, Jean, vieram se hospedar na propriedade cada vez maior de Lucas em San Anselmo por uma semana, e o anfitrião sugeriu com educação exibir a trilogia *Star Wars* no Rancho Skywalker para o escritor. "Você teria algum interesse em assistir? Posso mostrar um ou todos os três." Campbell optou por todos os três. Lucas sugeriu exibi-los em três dias; Campbell insistiu em ver a trilogia em um dia. Foi a primeira vez que a Lucasfilm exibiu todos os três como uma maratona. Eles fizeram intervalos para refeições entre cada sessão. Quando subiram os créditos pela terceira vez, Campbell, com seus 80 anos, declarou, sentado no escuro: "Sabe, eu achava que a verdadeira arte parou com Picasso, Joyce e Mann. Agora sei que não". Aquilo, observou McClintock, fez Lucas ganhar o dia.

"Eu fiquei realmente empolgado", disse Campbell sobre a série *Star Wars* em uma entrevista posterior. "O sujeito entende a metáfora. Eu vi coisas que estavam nos meus livros, mas traduzidas em termos do problema moderno, que é o homem e a máquina. Será que a máquina será um servo da vida humana? Ou será o patrão e dará as ordens? É isso que acho que George Lucas apresentou. Eu admiro imensamente o que ele fez. Aquele jovem abriu um caminho e sabia como segui-lo, foi algo totalmente novo."

Lucas devolveu os elogios de Campbell em fevereiro de 1985, no National Arts Club, onde o autor receberia a Medalha da Literatura. Em uma história revisionista e ensaiada sobre o seu trabalho de escrever *Star Wars*, Lucas fez um discurso no qual disse que, antes de ler Campbell, ele andava lendo "autores freudianos, Pato Donald, Tio Patinhas e todos os outros heróis míticos da nossa era". Quando Lucas finalmente se deparou com *O herói de mil faces*, disse ele, aquilo o ajudou a cortar um roteiro de quinhentas páginas para duzentas páginas. "Se não tivesse esbarrado nele, talvez ainda estivesse escrevendo *Star Wars* hoje." Obviamente, como sabemos, o roteiro surgiu de forma mais orgânica, com maior alcance de influências míticas, tal como *O ramo de ouro*. O livro de Campbell chegou muito tarde, e a maior parte do roteiro do primeiro filme estava pronta quando Lucas leu *O herói de mil faces*. Mas ele não deixaria que aquele fato atrapalhasse o relacionamento florescente com Campbell, um relacionamento que valorizava a saga, em retrospecto. "Ele é realmente um homem maravilhoso e se tornou meu Yoda", concluiu Lucas.

No ano seguinte, Bill Moyers, um jornalista da PBS e outro amigo comum de Lucas e Campbell, disse ao cineasta que estava interessado em filmar várias entrevistas com o escritor. "Traga-o para o Rancho", insistiu Lucas. Ele cobriria os custos do programa, a serem ressarcidos depois. "Apenas aponte a câmera para ele e ligue. Não vamos fazer muito alvoroço quanto a isso, vamos apenas colocá-lo para falar." O resultado, cerca de quarenta horas de entrevistas editadas em um especial de cinco capítulos chamado *O poder do mito*, foi lançado pouco depois do falecimento de Campbell aos 83 anos de idade, e se tornou um dos programas mais assistidos e amados da história da PBS. A série que Campbell inadvertidamente ajudou a dar forma, enquanto isso, não ia assim tão bem.

Em 1985, o ano em que George Lucas tratou Joseph Campbell como celebridade no National Arts Club, *Star Wars* estava longe de seu auge mítico. A série parecia estar se desvanecendo como marca para todo o mundo, a não ser para as crianças mais novas, e mesmo elas estavam perdendo interesse. Houve um desenho animado chamado *Droids: aventuras animadas*, estrelado por R2 e 3PO, que durou uma temporada, e um desenho dos *Ewoks*, que durou duas. Inicialmente, esses desenhos foram exibidos como uma hora de aventura *Star Wars* nas manhãs de sábado pela ABC, e uma nova linha de bonequinhos da Kenner e um gibi de *Star Wars* foram lançados para acompanhá-los. A audiência foi grande – em alguns países da Europa e da América Latina, quer dizer.

Não pela primeira vez, Lucas recorreu à Disney para ajudar a reviver a marca. A primeira colaboração Lucas-Disney foi o veículo de Michael

Jackson, *Captain EO*, que teve Lucas como produtor executivo e Coppola como diretor. Aquilo gerou a atração Star Tours, que estreou na Disneylândia em janeiro de 1987. O presidente da Disney, Michael Eisner, ajudou Lucas a abrir os trabalhos com um sabre de luz, alguns droides, um Ewok ou dois, e um par de grandes camundongos. A Star Tours ficou situada na mesma Terra do Amanhã que tanto fascinou um jovem Lucas em 1955 e teve a honra extraordinária de ser a primeira atração da Disney baseada em um filme que não era do estúdio.

Ironicamente, o conceito da Star Tours foi baseado na ideia para uma atração relacionada ao clone de *Star Wars* da Disney, *O buraco negro*, de 1979. O custo total do que seria a primeira versão da Star Tours, 32 milhões de dólares, foi duas vezes o custo original da própria Disneylândia e exatamente o orçamento de *O retorno de Jedi*.

Do lado fora dos parques da Disney, porém, a máquina inteira de *Star Wars* estava rangendo e parando. O poder do mundo dos brinquedos agora estava nas mãos da Mattel, que ainda sentia as dores de não ter adquirido a licença de *Star Wars* em 1976. Começando em 1981, a Mattel fez uma jogada à la George Lucas ao contrário: a empresa criou uma linha de brinquedos e depois construiu uma história em volta. O brinquedo era chamado He-Man. Para criar a história em torno do personagem, a Mattel recorreu ao ex-amigo de Lucas, Don Glut. Trabalhando a partir de fotos Polaroid dos brinquedos, Glut criou todo o conceito do Castelo de Grayskull e de um lugar misterioso chamada Etérnia. O resultado ganhou o nome de *Defensores do universo*, e por mais inferior que fosse, roubou grande parte da atenção do universo *Star Wars*.

Da mesma forma, em 1982, a marca GI Joe* renasceu como uma série de bonequinhos do tamanho de *Star Wars*, juntamente com uma nova mitologia, um gibi da Marvel e um inimigo novo em folha, a maligna Força Cobra. Novamente, o lançamento seguia o manual de *Star Wars*, mas dessa vez casado com um patriotismo musculoso da era Reagan. GI Joe era o Rambo de Stallone em miniatura. He-Man parecia mais com Arnold Schwarzenegger em miniatura (com tanta similaridade que a Mattel encarou um processo movido pelos proprietários de *Conan, o bárbaro*).

Kenner, que ainda usava o slogan "*Star Wars* é eterno", viu o alerta de perigo já em 1984. As vendas de bonequinhos despencaram após *O retorno de*

---

*   Pré-globalização da marca, GI Joe foi chamado no Brasil por "Comandos em ação." [N. do T.]

Jedi; o filme tinha um tom de encerramento tão forte que não havia mais para onde a garotada ir. Darth Vader e o imperador estavam definitivamente mortos – que histórias as crianças inventariam para brincar sem os vilões? (Um ávido diretor de bonequinhos aos 10 anos, eu me lembro de ter contornado esse problema durante um tempo alegando que o imperador tinha sido clonado – mas me entediei e guardei os bonequinhos de *Star Wars* no sótão, aos 12 anos.)

Desesperado para manter *Star Wars* vivo, Mark Boudreaux, designer da Kenner, liderou um esforço em conjunto para criar uma nova história que continuaria depois de *O retorno de Jedi*, e eles improvisaram alguns protótipos de bonequinhos com peças sobressalentes. O conceito foi chamado de "O épico continua". A ideia era que a morte do imperador permitira que um "terrorista genético" chamado Atha Prime retornasse do exílio galáctico para onde havia sido banido após as Guerras Clônicas e trouxesse com ele um bando de Clones Guerreiros. Simultaneamente, o grão-moff Tarkin voltaria, agora na liderança de forças imperiais insurgentes, e revelaria que tinha sobrevivido de alguma forma à destruição da Estrela da Morte, enquanto Luke e Han deveriam alistar a ajuda de uma nova espécie de Tatooine com o nome bizarro de tribo de Mongo Beefhead.

Boudreaux fez a apresentação para a Lucasfilm, plenamente ciente de que o futuro da Kenner podia estar em jogo. Anos depois, ele se lembra vividamente da resposta. "Eles disseram: 'muito obrigado, vocês fizeram um trabalho sensacional, mas por enquanto nós gostaríamos de fazer outras coisas sensacionais'." Ele não tinha como saber que Lucas estava guardando com ciúme sua visão para as Guerras Clônicas – ou que, no universo perfeccionista do Criador, não havia espaço para a tribo de Mongo Beefhead. Kenner, o licenciador mais antigo da Lucasfilm, encerrou a linha de *Star Wars* em 1985, e a General Mills fez uma cisão parcial da empresa no mesmo ano.

A Marvel passou por problemas similares na tentativa de manter relevante a revista em quadrinhos de *Star Wars*. Os roteiristas descobriram uma maneira de colocar Luke e os amigos nas garras de um conflito de invasão alienígena na galáxia, depois dos eventos de *O retorno de Jedi*, mas só conseguiram manter a história por três anos. A arte parecia cansada, apesar das tentativas de acompanhar as modas: Luke Skywalker usava mullet, uma faixa na cabeça e tinha barriga tanquinho. Após nove anos, o gibi parou de ser publicado no número 107, de maio de 1986. A tira de jornal havia acabado há dois anos.

No meio da década de 1980, era mais provável ler sobre *Star Wars* dentro de um contexto político do que de outra forma. O apelido popular do novo sistema de defesa contra mísseis do presidente Reagan foi usado primeiro pelos democratas com a intenção de ser um insulto, mas o nome pegou, e Reagan só o corrigiu depois da reeleição. Para Lucas, um eterno liberal, foi a maior ironia de todas, dado o fato de que o principal mal da galáxia de *Star Wars* tinha sido baseado no presidente anterior, que governou por dois mandatos. Lucas, como é possível lembrar, escreveu o filme original sob a sombra do Vietnã e com *Apocalypse Now* zumbindo no ouvido. O Império recebe a tecnologia superior dos Estados Unidos e de um líder nixoniano que o público mal vê, e o primeiro manuscrito do roteiro mostra a fortaleza espacial sendo destruída por criaturas inspiradas pelos vietcongues. Quando essas criaturas chegam à tela em *O retorno de Jedi*, elas foram propositalmente disfarçadas como ursinhos de pelúcia fofinhos. (Os avisos que Lucas colou na ILM na época – "ouse ser fofinho" – de repente ganham outro significado.) O personagem inspirado em Nixon, o imperador Palpatine, está vestido como um Sith, mas deu para notar uma coisa sobre a sala em que o vemos na segunda Estrela da Morte? Como Lucas observou para Ian McDiarmid no set, a sala de Palpatine é oval.

Quando a trilogia clássica foi encerrada em 1983, a intenção original de Lucas ficou tão enterrada sob camadas de interpretação que o crítico do *Washington Post*, Gary Arnold, elogiou o épico edificante por ajudar a "cicatrizar algumas das feridas psicológicas deixadas pela guerra no Vietnã". Outros críticos da época, e críticos de cultura desde então, cometeram o mesmo erro: como Lucas foi esperto em colocar os Estados Unidos na posição de pobre--coitado, disseram eles. Arnold esteve mais perto de acertar quando disse que a série "explorava as profundezas da inspiração que transcendiam aliança política. A série refletia desejos politicamente descomplicados – estar certo, lutar ao lado da justiça contra a tirania".

Ninguém sabia disso melhor do que Reagan, que fora eleito no mesmo ano que *Império* venceu a bilheteria.* Reagan descrevera a União Soviética como um "império do mal" em um discurso para a Associação Nacional de Evangélicos em março de 1983, um mês antes da primeira exibição americana de *Star Wars* na HBO e dois meses antes do lançamento de *O retorno de Jedi*.

---

* Eu deixo a questão se dois filmes simples e edificantes feitos na Califórnia levaram os eleitores a votar nesse ator de cinema simples, edificante e feito na Califórnia para os estudiosos de ciência eleitoral, embora essa mera noção deixasse Lucas, um liberal, horrorizado.

A citação completa é: "Eu conclamo vocês a terem cuidado com a tentação do orgulho, a tentação de despreocupadamente se declararem acima de tudo isso e culparem igualmente os dois lados, de ignorar os fatos da história e os impulsos agressivos de um império do mal". O principal autor de discursos de Reagan, Anthony Dolan, diz que não houve intenção de fazer referência a *Star Wars*; afinal de contas, houve um ou dois impérios na história, do mal ou do bem. O que o mundo ouviu, porém, foi uma referência a um império galáctico ficcional.

Houve uma situação parecida mais tarde naquele mês, quando Reagan revelou o conceito de sistemas de defesa que eram capazes de interceptar mísseis intercontinentais, durante um pronunciamento de meia hora, ao vivo na TV, sobre o orçamento de defesa. Ele deixou nebulosos os detalhes, provavelmente porque a ideia de satélites espaciais com raios-X, alimentados por explosões nucleares, poderia ter feito a tecnologia parecer tão inacreditável quanto de fato era. (Em termos de viabilidade, Reagan foi enganado por Edward Teller, o pai da bomba H e a inspiração por trás do *Doutor Strangelove*.)

A primeira página do *Washington Post* do dia seguinte estampou uma refutação do adversário da esquerda, o senador Ted Kennedy, que detonava as propostas de Reagan chamando de "táticas enganosas que usavam o perigo vermelho e esquemas imprudentes de *Star Wars*". Talvez ao perceber que "esquemas de *Star Wars*" parecia um termo um pouco empolgante demais para ser usado contra o oponente, Kennedy usou outras metáforas menos atraentes e mais absurdas durante um discurso na Universidade Brown, em junho: Reagan propunha um "Edsel* supersônico", um "Cavaleiro Solitário no céu, que dispara balas de laser prateado e derruba mísseis das mãos de criminosos soviéticos". Mas foi tarde demais. O apelido "Star Wars" pegou. Cartunistas mostraram Reagan anunciando seus novos consultores, R2 e 3PO. A revista *Time* fez uma matéria de capa sobre Reagan e a defesa em abril; foi apenas a segunda vez em que as palavras "Star Wars" apareceram na capa de *Time*. (A primeira foi na capa sobre *Império*; aquela crítica vital de 1977 dissera apenas: "No interior: O Melhor Filme do Ano".)

A lentidão de Reagan em defender sua Iniciativa de Defesa Estratégica contra a comparação com *Star Wars* foi suspeita: ele esperou dois anos. Aquilo evidentemente não o prejudicou na eleição de 1984, que Reagan venceu com

---

*   Carro da Ford lançado entre 1958 e 1960 que foi um fracasso tão grande que o nome Edsel virou sinônimo de fiasco. [N. do T.]

uma das maiores diferenças de votos da história. Finalmente, em março de 1985, o presidente fez um discurso diante do National Space Club: "a Iniciativa de Defesa Estratégica foi chamada de 'Star Wars', mas ela não se trata de guerra, ela se trata de paz... e nesse conflito, se vocês me perdoam o roubo de uma fala de filme, a Força está conosco". Foi uma obra-prima de jiu-jitsu político da parte do Grande Comunicador, porém, falando de forma pedante, aquela não era a fala que Reagan procurava. "A Força está conosco" não apareceu em um filme de *Star Wars* até *O ataque dos clones* em 2002, quando foi dita por um Sith.

Enquanto isso, os soviéticos estavam fazendo o melhor possível para chamar os Estados Unidos de império do mal. Os filmes só seriam exibidos na Rússia nos anos 1990, mas o chefe da sucursal de Washington da TASS, a agência de notícias centralizada da União Soviética, fez o melhor possível para dar um teor político à crítica de *O retorno de Jedi*. "Darth Vader nos Estados Unidos agora", falou o crítico, "não é apenas um bandoleiro em uma roupa de ferro". Um "jornalista local" anônimo, disse ele, "chamou o presidente Reagan da mesma coisa". O espelho mágico de *Star Wars* sempre refletia os inimigos como os vilões do Império.

Lucasfilm levou grupos de lobistas de ambos os lados do debate político ao tribunal por usarem as palavras "Star Wars" em anúncios a favor e contra a Iniciativa de Defesa Estratégica. O argumento foi que um conflito da vida real prejudicava uma série baseada inteiramente em uma guerra imaginária. No fim, a empresa perdeu a causa, e o juiz argumentou que aquelas duas palavras eram comuns demais na língua inglesa para dar um veredicto favorável ao querelante. "*Star Wars*, meritíssimo, é uma fantasia", reclamou o advogado da Lucasfilm, Laurence Hefter. "É uma coisa que não existe." Quando ele disse isso, começava a parecer que a série também não existia.

Conforme o décimo aniversário do filme original se aproximava, sobrava pouco da série além de nostalgia. O fã-clube de *Star Wars* enviou o último número da newsletter *Bantha Tracks* em fevereiro de 1987 e prontamente acabou. Dan Madsen, o garoto do Colorado que trocara os pôsteres de *Star Trek* por pôsteres de *Star Wars* em 1977, agora era o responsável pelo fã-clube de *Star Trek*. Lucasfilm entrou em contato com ele no início de 1987, levou-o para o Rancho Skywalker, e perguntou se Madsen também seria responsável pelo sucessor do fã-clube de *Star Wars*. Ele seria chamado de Lucasfilm Fan Club e focaria em filmes que não fossem *Star Wars* na pauta da Lucasfilm. "Eu certamente tive a impressão de que eles estavam tentando se afastar de

Star Wars", diz Madsen. "Foi difícil ser um fã de *Star Wars* naquele momento." Desapontado, ainda assim ele aceitou a oferta: "Eu simplesmente me diverti cobrindo os outros filmes e esperei o momento certo".

A revista *Starlog*, pelo menos, não deixaria o décimo aniversário do lançamento do primeiro *Star Wars* passar sem comemoração. Em maio daquele ano, a publicação organizou uma convenção em um hotel perto do aeroporto LAX, em Los Angeles; 10 mil fãs apareceram. George Lucas foi o convidado de honra e fez um discurso antes de receber, de R2-D2 e C-3PO, um cartão de aniversário gigante, assinado por milhares de fãs. O cineasta ficou surpreso ao ver como *Star Wars* havia decolado, disse ele, e que algum dia – sem promessas – tinha esperança de retornar à saga. Aquilo provocou uma grande ovação.

Aí houve uma surpresa que Madsen ajudara a preparar: Roddenberry, o criador de *Star Trek*, subiu ao palco. Lucas não gostava de surpresas – e parecia chocado. Roddenberry, um sujeito grandalhão que gostava de dar abraços fortes, pegou com entusiasmo o braço do quieto e reservado Lucas, que era mais ou menos trinta centímetros mais baixo. Foi a primeira e única vez que esses gigantes do mundo nerd se encontrariam. Madsen foi a única pessoa que pensou em tirar uma foto.

Quem também falou nessa primeira convenção experimental de *Star Wars* foi Howard Roffman, o novo vice-presidente da Lucas Licensing. Roffman, um jovem advogado ambicioso e talentoso, entrara na empresa em 1980 com 27 anos, na semana que *O Império contra-ataca* foi lançado. Foi rapidamente promovido a consultor jurídico geral. Em 1987, ele recebera a tarefa aparentemente impossível de lutar contra o poder de He-Man e GI Joe. Será que os brinquedos de *Star Wars* poderiam ser revividos sem qualquer plano para novas histórias como o da Kenner? "Não foi um bom momento para pegar aquele serviço", se recordou Roffman, em 2010.

> Mas eu pensei: "Vou mostrar para eles. Serei o maior vendedor da história". Eu fui a cada revendedor, cada licenciador, para tentar convencê-los a renovar o estoque de *Star Wars*, e de um deles eu ouvi: "Rapaz", eu realmente parecia um rapaz na época, "*Star Wars* está morto".
> Eu tive que dar a notícia a George Lucas. Aquela foi uma reunião que eu não ansiava por participar. Achei que seria uma situação em que ele apertaria um botão e a cadeira cairia por um buraco no chão e depois em um tanque com piranhas.

Eu jamais esquecerei... Lucas olhou para mim, apertou os olhos e falou: " Não, *Star Wars* não está morto; está apenas descansando. Um monte de crianças adora aqueles filmes. Algum dia elas crescerão e terão os próprios filhos. Podemos trazer *Star Wars* de volta então".

Foi naquele momento que me dei conta de que George Lucas realmente é Yoda.

Enquanto isso, Roffman e a Lucasfilm concentraram sua atenção em outras marcas. A empresa teve dois fracassos notáveis em 1986 com *Howard, o super-herói* e *Labirinto*, ambos produzidos por Lucas (e dirigidos por amigos dele, Willard Huyck e Jim Henson, respectivamente), mas a Lucasfilm tinha grandes esperanças nos filmes em produção: uma fantasia chamada *Willow: na terra da magia*, estrelada por Warwick Davis, que interpretou o principal Ewok, Wicket, em *O retorno de Jedi*; uma cinebiografia do fabricante de carros Preston Tucker, dirigida por Coppola; e o terceiro filme de *Indiana Jones*. Havia também a Lucasfilm Games, uma nova divisão lucrativa que depois foi rebatizada de LucasArts. Ela produziu uma série de sucessos como *Maniac Mansion*, um videogame de aventura com um programa de TV associado, e muitos outros títulos sendo feitos. Ironicamente, a única coisa que a divisão de videogames não podia produzir na época eram jogos de *Star Wars*, pois a Atari, e depois a JVC, detinha a licença.

No entanto, houve um tipo de jogo que a equipe de Roffman conseguiu licenciar, e foi a forma mais nerd de todas. O RPG de *Star Wars*, feito por uma minúscula empresa da Pensilvânia chamada West End Games, foi lançado em outubro de 1987. Pelos próximos três anos, seria a única coisa que aconteceria no universo *Star Wars*. Aqueles jogadores de *Dungeons & Dragons* que passaram a jogar *Star Wars* seriam como os monges irlandeses que salvaram a civilização copiando antigos pergaminhos durante a Idade das Trevas.

É uma metáfora adequada, uma vez que o RPG não apenas preservava a memória de *Star Wars*: ele catalogava e ampliava. Para criar o manual para todos aqueles mestres de jogo por aí, o editor da West End Games, Bill Slavicsek, teve de inventar nomes para todas as raças alienígenas, todas as naves, todos os droides e armas. Ele precisou imaginar o funcionamento do universo de Lucas e preencher as lacunas que o Criador não se importou em pensar.

Na época, parecia ser a coisa mais nerd possível de se fazer. Mas o trabalho de Slavicsek – e as contribuições de escritores que vieram depois dele – provaram ser de uma importância incalculável para a vindoura retomada de *Star Wars*.

19 / O UNIVERSO SE EXPANDE

O Universo Expandido, como foi chamado, que universo foi. Cerca de 260 romances; dezenas de contos; 180 videogames; mais de mil revistas em quadrinhos. Mais de 120 escritores que conseguiram contribuir, cada um com seu pouquinho, para a lenda de *Star Wars*. Tanta criatividade – e, de acordo com as regras internas do cânone de *Star Wars*, qualquer parte disso pode ser substituída pelo trabalho da Lucasfilm no cinema a qualquer momento. Na verdade, o *Episódio VII* já baniu o Universo Expandido para o universo ao lado.

Como grande parte de *Star Wars*, o Universo Expandido foi dominado por atividade nos anos 1990 e 2000. Mas, na verdade, ele começou em 1976 – antes do filme original –, por cortesia de Alan Dean Foster. O mundo não veria o resultado de seu trabalho até fevereiro de 1978, mas o contrato do *ghostwriter* de *Star Wars* exigia um segundo livro. Então, assim que passou dois meses escrevendo a romantização original de *Star Wars* e enviou por correio para o advogado de Lucas, Tom Pollock, Foster voltou para sua máquina de escrever IBM Selectric, enfiou uma outra folha em branco, e começou a trabalhar na primeiríssima história de *Star Wars* que não foi criada por George Lucas. Moleza.

Então, antes que o mundo sequer soubesse quem eram Luke e Leia, Foster despachou os dois para o planeta Mimban, envolto em brumas e cheio de cavernas. Era assim porque uma das poucas orientações que Lucas deu foi para escrever algo barato. O romance era pouco mais do que uma apólice de seguro. Se *Star Wars* apenas se pagasse, ele poderia usar o livro de Foster como a base para um roteiro e fazer uma sequência rápida com um orçamento à la Roger Corman enquanto os cenários ainda estivessem por ali. Quando Foster escreveu uma empolgante batalha no espaço no primeiro capítulo, Lucas cortou. Sem dúvida o enorme estouro de orçamento na ILM pesava muito em sua mente. No possível futuro de uma continuação barata de *Star Wars*, não haveria mais dores de cabeça causadas por John Dykstra.

"Faça a história funcionar como um faroeste de Sergio Leone", sugeriu Lucas para Foster em uma das duas reuniões que tiveram para discutir o livro. "A trama pode ir mais para o meio do nada, onde criaturas realmente gosmentas vivem. Essencialmente, o espaço pode ser tedioso... Agora que estabelecemos a fantasia espacial, podemos nos afastar disso."

O livro produzido por Foster teve o nome de *Splinter of the Mind's Eye* e foi moldado por mais restrições do que apenas o suposto orçamento de Lucas. Apenas Luke e Leia estavam no livro, porque Harrison Ford não tinha contrato assinado para uma continuação. Apenas o rosto de Vader aparece na capa de Ralph McQuarrie, com Luke e Leia vistos por trás, porque Lucas não tinha, àquela altura, os direitos de usar os rostos de Mark Hamill e Carrie Fisher. O enredo era um filme que Foster construiu na cabeça usando as peças sobressalentes que Lucas deixara por ali. Luke e Leia conhecem Halla, uma velha sensitiva à Força, e partem em busca do cristal Kaiburr, que amplia a Força – algo que Lucas descartou após o terceiro manuscrito de *Star Wars*, por achar que transformava os Jedi em super-humanos difíceis de atrair a torcida do público. Darth Vader, alertado a respeito da sua presença, encontra os dois lá. Ele e Luke têm o primeiro combate de sabres de luz, mas não antes de a própria Leia encarar Vader com um sabre de luz. Em uma estranha troca do que viria a acontecer em Império, Luke corta o braço de Vader, que cai no poço fundo de uma caverna. No fim, porém, Luke sente que Vader ainda está vivo.

Foster estava simplesmente se divertindo; poucos elementos de *Star Wars* eram sacrossantos àquela altura, muito menos Vader e sua trágica curva narrativa. Surpreendentemente, Lucas declarou, naquelas conversas com Foster em 1976, que Vader era um vilão fraco, que, tirando matar Obi-Wan Kenobi, "ele nunca faz nada com ninguém. Quero dizer, ele sufoca um cara". Ele teria de ser construído como vilão nesse segundo livro, declarou Lucas, e "Luke mata Vader no fim". Por sorte, a palavra de Lucas estava longe de ser lei naquela época. Foster efetivamente salvou a vida de Vader.

Por mais capenga que fosse o enredo, *Splinter* foi outro *best-seller*; quando o livro foi publicado em fevereiro de 1978, nove meses após o lançamento do primeiro livro, o mundo estava faminto por qualquer história nova de *Star Wars*. As crianças reliam a edição de bolso até se desmanchar nas mãos. Foster recebeu mais ofertas da Del Rey para livros de *Star Wars* – "a história do tio do primo em segundo grau de Chewbacca, esse tipo de coisa", conta ele –, mas declinou. Era hora de seguir em frente.

Tirando *Splinter*, houve um número surpreendentemente pequeno de romances de *Star Wars* durante os anos da trilogia original. Aqueles dois cafajestes, Han Solo e Lando Calrissian, ganharam trilogias típicas de ficção barata em livros de bolso. (Han viveu aventuras ao estilo faroeste no posto avançado chamado "Star's End"; Lando passou por aventuras estranhas, quase psicodélicas com "a Harpa Mental de Sharu".) Antes de morrer, Leigh Brackett estava contratada para escrever um romance sobre a princesa Leia; ela não foi substituída, e novamente Leia recebeu pouquíssima consideração. O Universo Expandido foi deixado nas mãos da Marvel, que produziu personagens que às vezes irritavam a Lucasfilm – o mais infame de todos foi um dos primeiros, um coelho verde metido a dizer gracinhas chamado Jaxxon, baseado no Pernalonga. Jaxxon seria o primeiro exemplo de criações e conceitos desastrosamente equivocados que sairiam do Universo Expandido – porém, para cada Jaxxon, felizmente havia uma Mara Jade ou um grão-almirante Thrawn.

Em uma tarde de outono de 1988, Lou Aronica voltou do almoço no centro de Manhattan, fechou a porta do gabinete e escreveu uma carta fervorosa para George Lucas. Seu companheiro de almoço lhe dissera que tinha lido em algum lugar que Lucas anunciara oficialmente que não haveria mais filmes de *Star Wars*. "Aquilo era tão errado", pensou Aronica. A vitória rebelde no fim de *O retorno de Jedi* parecia tênue, na melhor das hipóteses. Ele era um fã de Luke Skywalker: o que aconteceria a seguir com o único Jedi treinado na galáxia? "Esse conjunto da obra é importante demais para a cultura popular para se encerrar com esses três filmes", escreveu Aronica.

Aronica não era apenas um fã ressentido. Ele era o gerente editorial da Bantam e fundara o popular selo de ficção científica da editora, o Spectra. Sua proposta para Lucas era: se você não for fazer mais nada com a série, deixe-nos produzir livros de qualidade sob a sua supervisão. Aronica não queria produzir dois romances medianos todo mês como a série *Star Trek* fazia. Ele idealizou um livro de capa grande e bem escrito sendo lançado por ano, começando com uma trilogia que avançaria toda a história de *Star Wars*, escrita por um autor premiado. "Não podemos fazer isso de qualquer maneira", ele se recorda de ter dito na ocasião. "Os livros têm de ser tão ambiciosos quanto os filmes foram."

Aronica não teve resposta por quase um ano. Em dado momento, Howard Roffman, o vice-presidente da Lucas Licensing, foi sondar Lucas sobre a ideia. "Ninguém vai comprar isso", disse o cineasta, que consentiu mesmo assim. Foram estabelecidas regras básicas: o primeiro romance se passaria cinco anos depois de *O retorno de Jedi*. Eventos anteriores ao primeiro filme, tais como as Guerras Clônicas, eram intocáveis; Lucas considerava as possibilidades de fazer prólogos e não queria que nada interferisse com seu processo criativo. Nenhum personagem principal podia ser eliminado. E ninguém que já estivesse morto nos filmes poderia ser trazido de volta.

Aronica concordou, feliz da vida. Ele procurou por escritores, mas não precisou ir muito longe: o Spectra havia acabado de contratar Timothy Zahn, um escritor premiado com um Hugo que escrevera a trilogia Cobra, uma história de guerra intergaláctica. Aronica ligou para o agente de Zahn e descobriu que o autor era um fã de *Star Wars* ainda maior do que o próprio Aronica. Quando Zahn entregou o manuscrito, foi Aronica quem criou o título: *Herdeiro do Império*.

O romance de Zahn foi lançado no dia 1º de maio de 1991. O folclore da Lucasfilm alega que foi um sucesso instantâneo como o primeiro filme de *Star Wars*. "Nunca esquecerei o dia em que Lucy [Autrey Wilson, diretora de finanças da Lucasfilm] entrou no meu gabinete em 1991 para dar a notícia de que o livro de Tim, *Herdeiro do Império*, tinha estreado em primeiro lugar na lista dos mais vendidos do *New York Times*", escreveu Roffman na introdução da edição de 20 anos do livro.

Na verdade, *Herdeiro do Império* foi um sucesso mais lento do que isso. O livro apareceu pela primeira vez na lista dos mais vendidos do *Times* em 26 de maio, no décimo-primeiro lugar. Na semana seguinte, chegou ao sexto lugar, superando *O romance*, de James Michener. Mais duas semanas, e o livro superou a estreia de John Grisham, *A firma*, e alcançou o segundo lugar, mantido por *Ah, os lugares aonde você irá!*, de Dr. Seuss – o único livro na lista mais barato do que *Herdeiro do Império*, que teve um preço propositalmente baixo de 15 dólares.

No dia 30 de junho de 1991, dois meses após o lançamento, *Herdeiro do Império* alcançou o cobiçado título de *best-seller* número um na lista de ficção de capa dura do *New York Times*. O livro permaneceu lá por exatamente uma semana, embora tenha permanecido na lista geral por um total de dezenove semanas. A tiragem inicial de 70 mil exemplares esgotou dentro de meses. Mais quatro tiragens foram feitas naquele ano. Nada mal, mas é necessário ter uma memória bem seletiva para lembrar que *Herdeiro do Império* tenha estreado como número um.

Aronica fica magoado por outra alegação feita por Roffman na introdução: que foi Lucy Autrey Wilson quem teve a ideia de propor o livro para editoras, em vez de o contrário, e que a Bantam por acaso foi a única editora que acreditou no projeto. "Eles não vieram até nós; eles responderam à minha carta", diz Aronica. "Eu conheço muita gente no mercado editorial de ficção científica, e todos ficaram furiosos por eu ter conseguido fazer o negócio."

Após ter de convencer os chefes de que *Star Wars* era capaz de sustentar um livro grande por ano, Aronica agora se viu tendo que conter uma inundação de livros: "Havia muito dinheiro a ser feito", diz ele. "O programa cresceu um pouco mais rápido do que eu gostaria." Após Zahn ter completado a trilogia, houve seis, depois nove, depois doze livros por ano; 1997 teve o recorde de 22 romances de *Star Wars* para todas as faixas etárias. A qualidade, e as vendas, sofreram de acordo.

Não houve um ano sequer entre o lançamento de *Herdeiro do Império* em 1991 e 2013 no qual víssemos menos do que dez romances de *Star Wars*. Eles às vezes entram no pé da lista de mais vendidos por uma semana ou duas, como os livros de bolso de *Star Trek*. O romance de *Star Wars* mais recente de Zahn, *Scoundrels*, vendeu respeitáveis 17 mil exemplares, mas está bem distante da visão de Aronica sobre um livro por ano que lembrasse a "grande estreia" de um filme – ou bem distante das vendas de *Herdeiro do Império*, que foi comprado mais de 1 milhão de vezes e que ainda vende cerca de 5 mil exemplares por mês. "Podíamos ter tornado *Star Wars* em um autor de *best-seller*, como um Grisham ou um Clancy, e mantido o público", lamenta Aronica. "Se cada livro fosse tão bom quanto *Herdeiro do Império*, talvez figurássemos entre os cinco primeiros da lista de mais vendidos a cada lançamento."

Então, o que fez *Herdeiro do Império* ser tão bom? Foi uma questão de fazer um novo *Star Wars* amando a ideia e odiando muitos dos detalhes precedentes. Timothy Zahn era um enorme fã de *Star Wars* desde 1977, quando fazia mestrado em física e levou nada menos do que oito garotas diferentes para ver o filme. "Eu era um físico", diz ele. "Elas tinham que saber no que estavam se metendo." Zahn ouvira trilhas sonoras de *Star Wars* enquanto escreveu cada romance anterior de ficção científica. Mas, como com qualquer fã de verdade de *Star Wars*, havia uma coisa que o incomodava. Ele não gostava do fato de os Jedis parecerem não ter limite inerente à habilidade de usar a Força, a não ser a própria crença nela. "Se eles podem fazer qualquer coisa", argumenta Zahn, "são apenas super-heróis".

Então, enquanto o autor andava de um lado para o outro pela casa em novembro de 1989, naqueles primeiros dias após receber o telefonema do agente sobre a oferta de Aronica, empolgado pela chance de brincar no playground de *Star Wars* e nervoso pela ideia de fracassar espetacularmente na frente de fãs radicais, essa foi sua primeira visão: uma jaula feita com criaturas que pudessem negar os efeitos da Força. Uma jaula perfeita para um Jedi.

Zahn gosta de insistir modestamente que não reviveu a comunidade de fãs de *Star Wars*; eles estavam lá, diz o escritor, prontos para qualquer coisa com

Star Wars na capa. "Eu tive a oportunidade de enfiar o garfo na crosta da torta e mostrar que tinha muito vapor embaixo", conta Zahn. Mas ele também fez escolhas importantes sobre as direções para onde o universo se expandiria – escolhas que estabeleceriam o molde para o que funcionava na literatura de *Star Wars*. (Zahn também seria lembrado sobre o que não funcionava ao fazer a escolha aparentemente inocente de colocar Luke bebendo uma caneca de "chocolate quente" nas primeiras páginas de *Herdeiro do Império*; os fãs rugiram em protesto nessa inserção à la Alan Dean Foster de uma bebida muito terrena.)

Qualquer um que encarasse a tarefa de catar as pontas que Lucas havia amarrado no fim de *O retorno de Jedi* teria recebido grandes problemas. O cineasta eliminara os dois principais vilões da série, o imperador e Darth Vader. O Império estava em fuga. O livro precisava de um vilão muitíssimo bom no comando para manter o interesse dos leitores. Com a Rebelião em ascensão, aquela era a chance de criar um vilão que também era um azarão – um vilão que, ao contrário dos antecessores, governava por lealdade em vez de medo.

Então Zahn criou o personagem do grão-almirante Thrawn, um humanoide de pele azul e olhos vermelhos que foi sendo promovido dentro da hierarquia imperial, um estrategista brilhante que estudava a arte de qualquer espécie com que estivesse em conflito a fim de compreender sua cultura e, portanto, sobrepujá-la. Um sujeito assim poderia descobrir aquelas criaturas obscuras, anti-Jedis, capazes de negar a Força, que Zahn decidiu chamar de "ysilamari". (Zahn nem sempre seguia o hábito de Lucas de escrever nomes facilmente pronunciáveis.)

Com isso, Zahn meteu a cara no serviço. Ele tinha uma ideia de um Jedi Sombrio com quem Thrawn teria uma causa comum. O sujeito seria um clone insano de Obi-Wan Kenobi, criado nas Guerras Clônicas. Quem melhor para desestabilizar Luke? Zahn queria investigar os Sith, uma vez que Vader sempre era chamado de o Lorde Sombrio dos Sith, e ninguém sabia o que eles eram. Zahn imaginou uma raça de assassinos minúsculos com rostos que lembravam a máscara de Vader. Ele queria um contrabandista astuto ao estilo de Han Solo, mas que operasse em uma escala maior e conseguisse ser ainda mais astuto. Assim surgiram Talon Karrde, fornecedor de naves que os Rebeldes precisavam desesperadamente, e sua espaçonave, a *Wild Karrde*.

E aí houve Mara Jade, que Zahn criou especificamente para consertar algo que ele odiava a respeito de *O retorno de Jedi*. O principal problema que o autor tinha com o filme: o ato de abertura no palácio do Jabba parecia desconjuntado do restante do filme. O que aquilo tinha a ver com a luta contra o Império, o tópico da trilogia inteira? Então Zahn introduziu retroativamente uma assassina imperial no palácio do Jabba, que tentou, sem sucesso, garantir a morte de Skywalker, fora da tela. A assassina trabalhava diretamente para o imperador, que, decidiu o autor, não confiava mais no plano de Vader de converter o filho para o lado sombrio. Mara Jade, a Mão do imperador, colocaria Luke em perigo no decorrer de sua trilogia. Ela se tornaria, depois de Thrawn, a personagem mais popular do Universo Expandido. Jade se casaria com Luke em um livro posterior, embora não tivesse sido a intenção original de Zahn. Ela inspiraria a primeira lista de discussão (e depois o primeiro blog) a cobrir o Universo Expandido, o Club Jade. Com seu cabelo ruivo intenso, olhos verdes e macacão curvilíneo de couro, Mara está se tornando rapidamente uma das escolhas mais populares de fantasias de *Star Wars* para mulheres no circuito de convenções de quadrinhos; ela oferece toda a personalidade brejeira e intensa que Leia deveria ter desenvolvido mas no fim das contas não teve.

Zahn teve todos esses conceitos e personagens a postos em meras duas semanas e entregou um resumo básico antes que a Lucasfilm e Bantam sequer redigissem um contrato. O primeiro manuscrito de *Herdeiro do Império* foi escrito em seis meses.

Aí veio a resistência. A Lucasfilm não deixou que Zahn clonasse Obi-Wan Kenobi, o que desrespeitava a proibição de abordar as Guerras Clônicas e de ressuscitar personagens mortos. A raça de assassinos não podia ser chamada de Sith. Zahn tinha criado suas próprias leis da física, a própria bíblia de informações sobre o universo; a Lucasfilm queria que ele usasse o manual do RPG de *Star Wars* da West End Games.

Zahn se aborreceu com o que pareciam restrições arbitrárias. Aquilo era 1990. O universo *Star Wars* ainda era mal definido; (ainda) não havia banco de dados digital interno dos componentes do universo na Lucasfilm, e certamente (ainda) não havia nenhuma enciclopédia editada por fãs. Zahn se aborreceu ainda mais quando descobriu que a Lucasfilm estava simultaneamente recomeçando a linha de revistas em quadrinhos de *Star Wars* com uma editora chamada Dark Horse, e queria que o escritor coordenasse a empreitada com eles. A série em gibi, *Império do mal*, mostraria Luke enfrentando um clone do imperador. Para Zahn, aquilo ia longe demais em termos de clone. "Ele destrói o sacrifício de Darth Vader em matar o imperador no fim de *O retorno de Jedi*", argumenta o escritor. "Desfaz toda a trilogia original."

Foram feitas concessões. O clone insano de Kenobi, que Zahn lutou tanto para manter, se tornou um Jedi Sombrio chamado Joruus C'baoth (a pronúncia é cê-bao-*th*). Os assassinos que veneram Vader se tornaram os Noghri. As ideias do autor para o título do livro, *Wild Card* e *Emperor's Hand*, foram cortadas por Aronica; era *Herdeiro do Império*. Mas Zahn não tinha parado de odiar *Império do mal*, embora os quadrinhos fizessem referência ao grão-almirante Thrawn na introdução. Em um romance posterior, *Visions of the Future*, Zahn fez Mara Jade e Luke recordarem que lidaram com um imperador clonado. "Tanto faz", diz Mara. "Nem estou convencida de que era ele." (A favor de *Império do mal*, o gibi é a fonte da ideia de um repositório de conhecimento Jedi – um "Holocron" –, que teria um papel importante no Universo Expandido no futuro.)

Hoje em dia, após ter visto o desenrolar das Guerras Clônicas, Zahn agradece pela Lucasfilm ter lutado. Ainda há coisas que o aborrecem, uma delas é o fato de um escritor que veio depois – alerta de spoiler – ter eliminado Mara Jade em um duelo, depois de infectá-la com misteriosos esporos intergalácticos. "Teria sido legal ter me avisado e me deixado argumentar por que não", diz Zahn. "Eu sei que a Lucasfilm é a proprietária de que tudo o que coloquei no papel e dei para eles. Mas ainda assim dá a sensação de ter perdido uma filha." Os fãs do Universo Expandido no Club Jade estiveram ao lado do autor. "Eles a puseram de lado e lhe deram uma doença estúpida", reclama Tracy Duncan, uma jornalista de Detroit conhecida na internet como Dunc, proprietária do blog *Club Jade*. "Foi tipo assim, 'ah, temos apenas duas ou três personagens femininas; vamos eliminar uma delas'. Que desperdício."

O Universo Expandido pode ter estado dois passos atrás do cânone dos filmes o tempo todo, e depois ter sido apagado completamente, mas mexer com autores, uma história e personagens podia magoar tanto os fãs quanto um dia magoou Lucas.

Shelly Shapiro gosta de dizer que salvou a vida de Han Solo. A Del Rey, onde Shapiro trabalha como editora, assumiu a licença do Spectra para publicar livros da Lucasfilm em 1998, como parte de um negócio ligado ao vindouro lançamento dos prólogos. A Lucasfilm quis que o Universo Expandido aumentasse lentamente uma enorme e complexa mitologia, mas o plano tinha funcionado bem demais e rápido demais: os romances já se tornaram muito vastos, e a qualidade, irregular. Uma trilogia acompanha Luke Skywalker montando uma academia Jedi nas misteriosas ruínas de Yavin, o planeta florestal visto no fim de *Star Wars*, que se revelam como assombradas. Han e Leia se casam, e um livro se dedica à história pregressa do casamento. Ridicularizado como um dos piores romances do Universo Expandido, *The Courtship of Princess Leia* mostra Han sequestrando e controlando a futura esposa com uma risível "arma de comando", após ela ter recebido um pedido de casamento de um príncipe com muitos contatos.* A seguir, os Solos têm três filhos: Jaina, Jacen e Anakin. Tragam a série Jovens Cavaleiros Jedi!

A Lucasfilm convocou uma reunião de cúpula no Rancho Skywalker, na qual Shapiro foi jogada diretamente no poço fundo do universo *Star Wars*. Ela, seus primeiros três autores, e um contingente vindo da Dark Horse Comics estavam lá para discutir o que seria conhecido como New Jedi Order, uma série que despacharia o Universo Expandido em uma nova direção ao longo de 29 romances (número que depois foi podado para dezenove). Haveria uma espécie alienígena invadindo a galáxia (o conceito sugerido pela Kenner e usado pela Marvel receberia uma nova demão de tinta). Mas para injetar uma sensação de perigo e seriedade em um universo onde Luke e os Jedis tinham se tornado muito parecidos com super-heróis novamente – apesar dos esforços de Zahn –, os licenciadores também tirariam a poeira de uma ideia proposta por Lawrence Kasdan durante aquela conferência de enredo de *O retorno de Jedi*: um personagem principal devia morrer.

Lucas evidentemente tinha deixado para trás a época em que achava que não era "legal" matar seus personagens favoritos. "Logo de início recebemos o sinal verde para matar qualquer um", diz Mike Stackpole, um autor presente à mesa. "Literalmente qualquer um estava em jogo." Shapiro, uma grande fã de Harrison Ford, afirma que bateu o pé: Han Solo viveria.

Stackpole lembra a questão de outra forma. Ele diz que houve um processo simples e metódico para decidir quais dos protagonistas – Han, Luke, Leia, Lando, os droides, Chewbacca – seria uma perda menos prejudicial. De qual ponto de vista seria mais difícil descrever a dor? "Após dois dias", conta Stackpole, "tínhamos escolhido Chewie".

Quando a dor dos fãs pela morte de Chewbacca superou tudo o que Shapiro ou Stackpole esperaram, surgiu um rumor que Randy Stradley da Dark Horse Comics teria dito na reunião para "matar o cachorro da família" e comparado Chewie ao Old Yeller.** Mas Stackpole nega isso e insiste que todos meteram a faca ao mesmo tempo, como conspiradores romanos. Shapiro, que editaria o livro, ficou contente por empunhar uma arma. "É preciso chamar a atenção das pessoas, ou então é apenas 'ah, outra aventura, outra super-arma'", explica Shapiro.

---

*   O comentário devidamente irritado de Tracy Duncan sobre o enredo de *Courtship*: "Ele não precisa de uma arma de comando! Ele é Han Solo!".

**   Cão protagonista do filme infantil da Disney *Meu querido companheiro* (1957), sobre a amizade de um menino e seu cachorro no Texas dos anos 1860. [N. do T.]

Vector Prime, o primeiro romance da New Jedi Order, se tornaria, portanto, o trabalho mais controverso na história do Universo Expandido, cujos leitores são propensos a reclamar ainda mais alto que o fã comum de *Star Wars*. O autor de *Vector Prime*, R. A. Salvatore, receberia ameaças de morte pela contribuição à obra. Ele, porém, apenas obedecia às ordens – e pelo menos deu um fim heroico ao Wookiee. Chewie morre ajudando a evacuar a população de um planeta cuja lua, graças aos invasores alienígenas, saiu de órbita. "Financeiramente, o livro foi um sucesso e funcionou", fala Shapiro. "Até mesmo as pessoas que reclamaram não conseguiram parar de ler."

Mas, para os fãs de luto por Chewie, havia mais uma pessoa para culpar: um homem que não foi visto em boa parte da reunião de cúpula. Como todas as grandes decisões do Universo Expandido, o sinal verde provavelmente foi dado via uma das listas com opções sim/não que Howard Roffman vivia apresentando para o seu chefe – e é impossível imaginar que essa decisão tenha simplesmente passado em brancas nuvens por ele. A decisão de matar Chewbacca, o personagem baseado no cão Indiana dos Lucas, ficou a cargo de George Lucas.*

Em 2002, Alan Dean Foster estava pronto para retornar ao universo que ajudou a dar à luz. Ele recebera um contrato para um livro chamado *The Approaching Storm*. Após escrever o primeiro manuscrito com sua velocidade de sempre, Foster recebeu muito mais orientações da Lucasfilm do que a experiência "tire o primeiro capítulo – é caro demais" anterior. Ele passou dias no Rancho Skywalker com um comitê inteiro que analisou o manuscrito ponto a ponto e discordou de seus personagens e motivações. "Foi uma orientação tipo estar em um colégio católico, com freiras passando com réguas na mão", o escritor se recorda. "Não foi divertido."

As coisas mudaram quando Foster voltou. A leviandade desregrada do final dos anos 1970 desaparecera. O espírito de autoparódia de Jaxxon, o coelho, fora substituído, até mesmo nos gibis, por um melodrama extremamente sério. Apenas uma revista em quadrinhos, a muito adorada *Star Wars*

---

*   Anos depois, Stackpole pediu desculpas ao ator de Chewbacca, Peter Mayhew, que riu e deu de ombros: "Não importa. Chewie permanece vivo nos filmes". Anos depois, quando o Universo Expandido entrou em colapso e *Episódio VII* varreu a continuidade de *Vector Prime*, provou-se que Mayhew estava certo. Chewie permanece vivo, graças aos novos filmes.

Tales, conseguia evitar as freiras com suas réguas – e isso porque deixava explícito em cada número que as histórias não deviam ser consideradas canônicas. Os fãs ainda se lembram com carinho da sátira a *Clube dos Cinco* com personagens de *Star Wars*, ou do conto hipotético no qual Han Solo viaja à Terra através de um buraco de minhoca maluco; seu esqueleto é descoberto anos depois por Indiana Jones. Quando *Star Wars Tales* mudou para histórias sérias, o número de leitores despencou da ribanceira, e o título foi prontamente cancelado. A série havia entrado em uma fase completamente nova e levaria a Lucasfilm a exercer um controle ainda maior enquanto lutava para acomodar uma nova história difícil feita pelo Criador. A revolta daqueles fãs mal-humorados e críticos do Universo Expandido sobre as mortes de Chewbacca e Mara Jade não foi nada comparado ao criticismo que surgiu no rastro de novas adições ao cânone de *Star Wars*: midi-chlorians, Gungans e um nascimento virginal muito estranho.

20 / O RETORNO DE ESCRITOR

De acordo com a lenda da Lucasfilm, os prólogos começaram no início da manhã de 1º de novembro de 1994. De camisa xadrez, jeans e tênis brancos, George Lucas subiu os degraus de madeira de sua torre de escrever para chegar à mesa feita de portas e à série que ele abandonara sem cerimônia anos atrás. Dessa vez, Lucas trouxera um cinegrafista para registrar o momento. Os resultados seriam editados e mostrados em uma novíssima mídia, a World Wide Web.

"Minha filha mais velha passou a noite inteira doente," confidenciou Lucas. "Eu não dormi nada." Ele passou pela lareira, pelo sofá, pela mesa de canto com o abajur Tiffany: nas manhãs, quando a bruma já passara sobre o Monte Tam, era possível imaginar Lucas acendendo a lareira e refletindo.

Foi a primeira vez que Lucas mostrou para os fãs "a caverna onde eu hiberno", como ele chamou. Foi até a mesa feita de portas, pouco mudada desde os dias em que penou fazendo os primeiros manuscritos de *The Star Wars*. "Eu tenho lindos blocos amarelos novinhos em folha", disse ele ao pegar seu papel favorito de longa data. "Uma bela caixa de lápis novos." A câmera registrou o rosto cansado, as bolsas embaixo dos olhos. "Tudo o que preciso", falou Lucas ao desmoronar dramaticamente na cadeira, "é uma ideia". Parecia parte cansaço, parte encenação para a câmera.

Foi assim que *Episódio I* começou: banhado na autoconsciência de que estava fazendo história. No ano anterior, poucos meses após o lançamento de *Jurassic Park*, Lucas convocou um repórter da *Variety* para o Rancho Skywalker a fim de informar ao mundo que ele tomara uma decisão: começariam os trabalhos para os prólogos, *Episódios I* a *III*. Naquela ocasião, Lucas planejava filmar os três ao mesmo tempo. Cada luxo que lhe foi negado na produção do primeiro filme – luxo de tempo, de orçamento, de tecnologia – agora estava facilmente disponível para Lucas. Como os prólogos não dariam certo?

A única pessoa que duvidava de George Lucas, enquanto ele tirava o famoso classificador com suas anotações sobre o universo *Star Wars*, era o próprio George Lucas. Ele permaneceria pessimista durante o processo de produção. "Para cada pessoa que ama *Episódio I*, haverá duas ou três que o odeiam", previu o cineasta no fim.

– Nunca dá para saber com essas coisas – comentou Lucas um dia, enquanto filmava Yoda com o titereiro Frank Oz. – Eu fiz *E a festa acabou*. Rendeu 10 centavos.

– Sério? – disse Oz.

– Fracassou terrivelmente.

Os dois se entreolharam por um instante.

– É possível fazer isso – continuou Lucas. – Uma pessoa consegue destruir essas coisas. É possível.

Então por que não deixar *Star Wars* em paz? Por que simplesmente não permitir que continuasse na forma do Universo Expandido, em jogos, livros e quadrinhos? Lucas tinha permitido que ocorressem aventuras depois de *O retorno de Jedi*, e poderia muito bem ter explorado o mundo dos prólogos daquela forma também. Por que arriscar ser o destruidor de *Star Wars*, bem como seu Criador? E por que começar ali, naquele dia, 1º de novembro de 1994?

Uma confluência de forças trouxe o Criador de volta para a própria criação no início dos anos 1990. A tecnologia finalmente estava no nível que ele queria. Fantoches, maquetes, atores em fantasias de borracha e a animação stop motion menos irregular (até mesmo a "go motion", a versão inventada por Phil Tippett) sempre foram dolorosas soluções paliativas para Lucas; eram mais restrições para sua imaginação do que expressões dela. Você pode ter curtido a festa dos bonecos de borracha no palácio de Jabba, mas eles faziam o Criador torcer a cara.

A computação gráfica era outra história: Lucas sabia que aquilo era o futuro desde que usou experimentalmente pela primeira vez em 1977, na sala de reuniões dos pilotos rebeldes. A ILM estava fazendo o futuro acontecer bem embaixo do seu nariz. Os avanços nas imagens geradas por computador, ou CGI, estavam vindo aos borbotões. A empresa usou um programa de computador para apagar fios em algumas cenas de *Howard, o super-herói* em 1985. Aí, um jovem animador digital que Lucas contratou, John Lasseter, produziu uma estonteante renderização em 3D para o filme *O enigma da pirâmide*, na qual um cavaleiro em um vitral ganha vida e ataca um padre. (A cena ainda se sustenta hoje.)

Muitos dos experimentos da ILM foram menos espalhafatosos, são quase referências escondidas, como o avião visto por alguns segundos em *Império do Sol* (1987), de Steven Spielberg. Mas a tecnologia estava evoluindo rapidamente e permitindo proezas nos efeitos especiais que os cineastas só puderam sonhar antes. *Willow: na terra da magia* (1988) teve o primeiro uso de *morph* digital; um personagem enfeitiçado se transformou em vários animais. *O segredo do abismo* (1989), de James Cameron, marcou a primeira vez que alienígenas gerados por computador interagiram com atores humanos, embora tivesse sido durante uma cena de cinco minutos. Mas ninguém deixou de ver os efeitos inovadores da ILM no blockbuster seguinte de Cameron, *O exterminador do futuro 2* (1991), no qual T-1000, o assassino vindo do futuro, várias vezes se transformava em uma sinistra gosma prateada de metal líquido.

Enquanto isso, Dennis Muren, um dos poucos veteranos do *Star Wars* original e produtor-chefe de efeitos na ILM, estava trabalhando duro em um projeto para Steven Spielberg. O diretor comprara o romance de Michael Crichton, *Jurassic Park*. Spielberg presumiu que teria de usar dinossauros animatrônicos e de go motion. O trabalho de Muren provou que o diretor estava errado, e ele tinha uma arma secreta – hardware de animação de ponta da Silicon Graphics.*

Em 1992, quando Spielberg e Lucas se reuniram para ver o resultado do trabalho de Muren – esqueletos de desenhos de dinossauros correndo de forma realista na tela –, "todo mundo estava com lágrimas nos olhos", disse Lucas dois anos depois. A reação dele: "Chegamos a um nível no qual de fato criamos realidade artificialmente, o que é, obviamente, o que os filmes estavam tentando fazer desde o início". Sua única preocupação é que os dinossauros pudessem parecer malfeitos em vinte anos. (Não é o caso.)

A rivalidade amigável entre Lucas e Spielberg estava pendendo para o lado de Spielberg novamente. *Jurassic Park* obviamente seria um enorme sucesso e um marco na computação gráfica. Teria sido natural para Lucas sentir a necessidade de superar o amigo mais uma vez.

---

* Em 1993, a ILM e a Silicon Graphics (também chamada SGI) firmaram um acordo chamado Joint Environment for Digital Imaging (Ambiente Conjunto para Criação de Imagens Digitais), ou JEDI, que essencialmente deu a Lucas estações de trabalho SGI a preço de custo. É justo dizer que os prólogos jamais teriam sido feitas sem JEDI.

Felizmente, o espírito de aventura cinematográfica de Lucas estava de volta, incentivado pelo seriado de TV *As aventuras do jovem Indiana Jones*. Em desenvolvimento desde 1989 e filmada entre 1991 e 1993, a série foi uma experiência tremendamente feliz para Lucas, apesar do cancelamento prematuro. *As aventuras do jovem Indiana Jones* não apenas preencheu muita coisa na história pregressa de uma de suas criações mais conhecidas – chame de prólogos do Indy –, mas também foi uma grande chance de oferecer um pouco de educação divertida para os espectadores, que era como erva-dos-gatos para o Criador. Semanalmente, o jovem Indy encontrava outra famosa figura histórica. Os episódios eram relativamente baratos se comparados aos filmes e custaram 1,5 milhão de dólares por capítulo. Cada um seria um campo de provas para as tomadas de efeitos especiais digitais, que perfaziam por volta de cem por episódio. A maioria dos efeitos apenas apagava partes do cenário que não eram adequadamente históricas, mas eles deixaram Lucas apaixonado e com experiência em paisagens em computação gráfica.

As aventuras do jovem Indiana Jones marcou a primeira vez em que Lucas reunira uma equipe que usou o Rancho Skywalker de acordo com a intenção original. Na carreira dele, aquela foi uma das coisas mais próximas ao cinema em pequena escala que ele sempre falou que queria voltar a fazer. Filmar era divertido quando se mandava outra pessoa dirigir, e, acima de tudo, aquilo tirou Lucas do pânico de ser um executivo. "Percebi que George procurava por algo diferente", disse o produtor Rick McCallum. "Ele queria estar em um mundo onde as coisas não eram levadas tão a sério assim."

Outro fator que impulsionava a renascença de *Star Wars*: o próprio McCallum. Lucas conhecera o produtor americano na primavera de 1984, em Londres, ao visitar o set de *O mundo fantástico de Oz*, uma sequência sombria e mal recebida de *O mágico de Oz* feita por Walter Murch e Gary Kurtz. Lucas ajudara os dois a escapar de problemas orçamentários. Durante a visita, ele foi parar no set vizinho de *No mundo dos sonhos*, uma cinebiografia de Lewis Carroll pelo dramaturgo Dennis Potter, que McCallum produzia, e olhou com desejo para a produção em pequena escala.

Quando Lucas contratou McCallum para *As aventuras do jovem Indiana Jones*, ele tinha encontrado seu próximo Gary Kurtz – ou, na verdade, o produtor que ele sempre quis que Kurtz fosse: alguém que movesse céu e terra pelos caprichos de George Lucas, que falasse com a equipe em seu nome, e, mais importante, que mantivesse o cronograma e o orçamento em rédea curta. Com um produtor brutamontes como McCallum, Lucas poderia voltar a dirigir.

"A grande coisa a respeito de Rick é que ele nunca diz não", declarou Lucas para Marcus Hearn, autor de *The Cinema of George Lucas*. "Ele torce a cara em uma expressão de dor – é aí que eu sei que fui longe demais – e, mais à frente, ele retorna dizendo que descobriu um jeito de fazer... Se não quero filmar uma determinada cena amanhã, mas quero outra coisa diferente, ele diz ok, depois trabalha a noite inteira e muda tudo de lugar."

McCallum concorda que esse é trabalho de um produtor. "Seu talento, se é que se tem algum, é fazer o diretor conseguir tudo o que ele quer", falou McCallum. "Você quer que ele vença." Os dias em que Lucas teve alguém no set que fizesse oposição estavam no passado e não voltariam. Atores também não seriam problema. Com cada vez mais recursos digitais à disposição, ele não só poderia dirigir o filme na sala de edição, como sempre fez, como até mudaria o posicionamento dos atores na pós-produção.

Enquanto isso, os fãs de *Star Wars* também estavam empurrando Lucas de volta para a série. Ajudados pela explosão do Universo Expandido durante o início dos anos 1990, os fãs estavam de volta para valer e sendo persistentes. Foi algo que Lucas plantou e colheu para si mesmo. Ele havia numerado a trilogia original como *IV*, *V* e *VI*. A demanda pelos episódios *I*, *II* e *III* se tornou um batuque constante. Os fãs estavam envelhecendo, estavam assistindo aos originais em VHS e estavam impacientes. Praticamente tudo o que Lucas produziu no fim dos anos 1980 e no início de 1990, tirando *Indiana Jones*, foi um fracasso. Mas *Star Wars* era a coisa mais próxima de um sucesso garantido que ele tinha. Era, como Lucas se deu conta, seu destino.

"Parte do motivo para fazê-los", declarou o cineasta sobre os prólogos de *Star Wars* em uma coletiva de imprensa para um daqueles fracassos, *Assassinatos na rádio WBN*, em outubro de 1994, "é que essa é a primeira pergunta que me fazem. Não 'esse sou eu' ou algo assim, mas 'quando você fará o próximo *Star Wars*?', então, se eu fizer os próximos filmes, espero que as pessoas passem a se apresentar primeiro".

Lucas achou que conseguiria fazer os prólogos de maneira rápida e barata. Jamais "passaria dos 50 milhões de dólares" por filme, disse ele. Filmaria um atrás do outro e depois se concentraria no importantíssimo CGI. O primeiro seria lançado em 1997, decidiu Lucas, o segundo em 1999, e o terceiro em 2001. A história então estaria contada, os fãs estariam saciados e cordiais, a Lucasfilm jamais ficaria novamente a semanas de não conseguir honrar a folha de pagamento – como ficou várias vezes durante os anos 1980 –, e ele finalmente voltaria a fazer aqueles pequenos filmes experimentais. "Eu torcia para que aquilo me deixasse financeiramente seguro o suficiente a ponto de eu não ter de ir a um estúdio e implorar por dinheiro", contou ele para Charlie Rose em 2004 – um ano em que Lucas ainda estava completamente preocupado com a tarefa de finalizar os prólogos, que deveria ter sido finalizada em 2001.

Qualquer um sentado para escrever um roteiro no dia 1º de novembro de 1994, como Lucas aparentemente estava, teria o processo interrompido oito dias depois por uma das eleições de meio de mandato mais sísmicas na história dos Estados Unidos do pós-guerra. Os republicanos assumiram a Câmara e o Senado pela primeira vez em quarenta anos. Um Partido Republicano renascido, sob o comando do presidente da Câmara dos Deputados Newt Gingrich, começou a apregoar sua política de corte de taxas e regulamentações, o "Contract With America". Os democratas, cuja comunicação melhorou desde a trapalhada com "*Star Wars*" de Ted Kennedy, começaram a chamar a política de "Contract on America".*

Talvez não tenha sido coincidência, então, que Lucas tenha começado a escrever sobre uma "Federação do Comércio", auxiliada e encorajada por políticos corruptos, envolvida em alguma espécie de disputa sobre a cobrança de impostos sobre o comércio com sistemas estelares remotos. Nunca descobrimos sobre o que é a disputa – se a Federação do Comércio era pró ou contra os impostos. Mas o que sabemos é que o líder da Federação do Comércio – jamais mencionado no filme, mas anotado no roteiro desde o início – era Nute Gunray. Em 1997, quando o líder republicano no Senado era Trent Lott, Lucas batizou o representante da Federação do Comércio no Senado Galáctico de Lott Dod. Estamos bem longe da sutileza de sua metáfora do Vietnã aqui.

Quanto mais velho Lucas ficava, mais ele manifestava a própria visão política. Em 2012, o cineasta apoiou abertamente o movimento Occupy Wall Street e se descreveu como "um radical dos 99% antes que isso existisse". Estava cada vez mais claro para Lucas que o governo havia sido "comprado" pelos ricos, um processo que ele abominava. "Eu sou um patriota muito fervoroso", declarou ele para Charlie Rose, "mas também acredito com muito fervor na democracia, porém não na democracia capitalista". Perguntado por Rose por que simplesmente não fazia um filme político, Lucas explicou que tinha feito. Os prólogos

---

* Um jogo de palavras: "Contract on America" passa a ideia de que era um contrato de exploração do país (a mensagem de oposição dos republicanos), ao passo que "Contract With America" sugere uma parceria do governo (então republicano) com a sociedade. [N. do T.]

foram feitos para passar "subliminarmente" a mensagem "do que acontece com a pessoa se ela tem um governo disfuncional que é corrupto e não funciona".

A política contemporânea não foi a única inspiração de Lucas. Ele trouxe à luz o arquivo secreto que vinha escrevendo desde *American Graffiti: loucuras de verão*. As pastas eram marcadas como "Personagem, Enredo, Resumo, Jedi, Império". As anotações originais para os prólogos somavam quinze páginas. Havia muito drama inerente àqueles episódios: Anakin Skywalker trairia a Ordem Jedi, de alguma forma. Mas como? Por quê? O resumo nem sempre oferecia muita orientação. Aqui está, por exemplo, o que Lucas escreveu sobre o homem que se tornaria Darth Vader:

> Anakin Skywalker (idade: 9 a 20 anos), um menino que constrói droides e corre de powerpod [De 9 a 20 anos? Essa faixa é muito grande em relação a cinema; esse podia ser um filme infantil de corridas ao estilo de *Se meu fusca falasse* ou um filme de corrida adulta, ao estilo de *Dias de trovão*.]
> Sério e esforçado
> Que sonha em se tornar um piloto estelar e um Jedi
> De coração bom
> Olhos azuis
> Sempre que chega perto de uma máquina, ele tem uma intuição e sabe como fazê-la funcionar
> Será que ele é uma mutação? Quem foi seu pai?
> A mãe é uma pária.

A parte que Lucas mais amava no processo era a pesquisa. A mesa estava repleta de livros: *A auto estima do seu filho*, de Dorothy Briggs; *Os evangelhos gnósticos*, de Elaine Pagels; *Paisagem e memória*, de Simon Schama, um trabalho sublime e meditativo sobre o relacionamento de humanos com a natureza. A obra em dois volumes *Peasant Customs and Savage Myths*, cheia de estranhos folclores históricos. *The Hounds of Skaith*, um romance de ficção científica da falecida Leigh Brackett. *Inherit the Stars*: um romance de ficção científica publicado no mesmo mês de *Star Wars*, que foi o primeiro volume de uma trilogia bem-recebida.

Lucas provavelmente esteve sentado com os livros e as anotações por algum tempo antes de trazer o cinegrafista para testemunhar o suposto nascimento do roteiro naquele 1º de novembro de 1994. Assim que decidiu se soltar da armadilha da pesquisa e começar o roteiro de *Episódio I* naquele dia, porém, o Criador escreveu como o vento, cinco dias por semana. Decisões foram tomadas. A incerteza entrou em colapso. Anakin passaria o *Episódio I* com 9 anos de idade e depois chegaria aos vinte no *Episódio II*. Lucas brevemente considerou em fazer Anakin começar como um adolescente, mas decidiu que fazê-lo abandonar a mãe teria mais impacto se o menino tivesse apenas 9 anos.

Na teoria, isso fez de *Episódio I* a história de como Anakin entrou para a Ordem Jedi. Para preenchê-la, Lucas criou o que desde então tem sido descrito alternadamente como "um *riff* de jazz" e "encheção de linguiça". Quando se deu conta de que sua tecnologia digital poderia levá-lo a um lugar onde a imaginação não tinha amarras, uma das primeiras coisas que o cineasta viu foi a corrida de pods – os rachas da adolescência, mas numa versão *Corrida maluca* que as crianças fossem gostar. Ele viu um ambiente inteiramente digital, o circuito de corrida mais natural e empolgante do universo. A trama daria algum jeito de conciliar isso.

E quanto ao resto do enredo? Bem, Lucas poderia ter estruturado *Episódio I* usando seu velho amigo e acessório, a jornada do herói, como foi elucidada por seu terceiro mentor. Mas quem era o herói? Lucas parecia relutante em decidir. Falava com frequência sobre fazer a história pregressa de Obi-Wan Kenobi. Aquele foi seu plano para os prólogos já em 1977: Obi-Wan como um jovem cavaleiro Jedi, como ele conheceu Darth Vader, o que aconteceu quando ele combateu nas Guerras Clônicas. Com o tempo, porém, a intenção de Lucas se voltou para a criação de uma curva narrativa em seis filmes que contasse a tragédia de Darth Vader.

Anakin era o herói, então? Possivelmente, porém em nenhuma versão do roteiro Anakin estava na tela nos primeiros 45 minutos. Isso é três vezes o tempo que levamos para conhecer Luke. Sem qualquer tipo de parceiro de roteiro pela primeira vez na vida, Lucas voltou à abordagem anti-história de *THX 1138* e aplicou-a na recontagem da trilogia *Star Wars* original. Novamente, ele estava mais interessado no som e no visual do que no diálogo. E quando usou diálogo, foi como se estivesse escrevendo um poema dadaísta, ao estilo picotado de William Burroughs, feito a partir de frases e palavras aleatórias da trilogia original: "*Wizard*!"; "É uma armadilha"; "Que rude!" etc.

---

* A dublagem e legenda de *A ameaça fantasma* traduzem *wizard* como "que legal". A expressão é dita, como se fosse gíria local entre a molecada de Tatooine, por Kitster, amigo de Anakin, ao ver o pod com que ele vai correr. *Wizard* (mago, feiticeiro) é como o tio Owen se refere a Ben Kenobi em *Uma nova esperança*. [N. do T.]

De fato, em vários momentos durante a produção de *Episódio I*, Lucas se referiu à sua técnica de roteiro como poesia, sinfonia, jazz. "Com *THX*, eu fiquei fascinado com a ideia de jazz visual – pegar uma ideia e simplesmente repeti-la num riff, de maneira visual", declarou ele na faixa de comentários para o DVD de *Episódio I*. "Tem muita coisa acontecendo nesses filmes. Eu gosto da ideia de motivos cíclicos que se repetem sem parar." Depois, sugeriu: "Os longas são essencialmente feitos para serem como filmes mudos. Diálogos e efeitos são parte da composição musical. Estou contando a história visualmente, em vez de usar muitos diálogos pesados... Os filmes são compostos segundo melodias de música. Muitos temas acontecem neles, e os temas se repetem usando orquestrações diferentes. Você tem o mesmo diálogo usado por outros personagens em situações diferentes, e, dessa forma, você tem um tema reiterado que acontece constantemente."

O primeiro exemplo dessa nota temática que Lucas dá é a primeira fala de Obi-Wan: "Eu tenho um mau pressentimento sobre isso". Que seria a resposta do público à ideia de construir um filme de aventura de duas horas baseado na noção de um *riff* de jazz.

Durante grande parte do processo de ser escrito, *Episódio I* foi simplesmente chamado de "o início". Existe um manuscrito datado de 3 de janeiro de 1995, o que seria surpreendentemente rápido se Lucas começou no dia 1º de novembro de 1994, mas não inconcebível, dado seu hábito documentado de ter escrito várias vezes manuscritos muito rápidos para os futuros prólogos. Outras datas registradas para manuscritos: 13 de junho de 1996, para uma revisão do primeiro manuscrito; março do ano seguinte para um segundo manuscrito; e maio de 1997 para uma revisão do segundo manuscrito. Um terceiro manuscrito tem data de maio de 1997, e sua revisão está marcada como 6 de junho de 1997, vinte dias antes de as filmagens começarem.

O primeiro manuscrito era muitíssimo diferente do produto final. No roteiro original de *Episódio I*, Obi-Wan Kenobi foi despachado sozinho pelo chanceler da República Galáctica para resolver o cerco da Federação de Comércio ao planeta pacífico de Utapau (aqui está aquele nome do *Star Wars* original novamente). A Federação de Comércio, persuadida pelo misterioso Darth Sidious, uma figura de manto que também é capaz de sufocar Nute Gunray com a Força a longa distância, via holograma, tenta assassinar Kenobi. O solitário cavaleiro Jedi foge para o planeta embaixo e resgata um Gungan chamado Jar Jar Binks (que fala frases normais em inglês). Com a ajuda de seu povo (*todos* os Gungans falam frases normais em inglês), Kenobi atravessa o oceano e o núcleo do planeta até a cidade de Naboo, no outro lado do planeta.

Lá, ele salva a rainha Amidala e foge com seu séquito em uma espaçonave prateada. Amidala resiste várias vezes à ideia de viajar com um Gungan. Ela fisicamente evita Jar Jar pelo resto do filme.

Com alguma tensão interessante entre Amidala e Obi-Wan, nossos heróis pousam no planeta Tatooine, na periferia da galáxia, para reparos. Padmé, supostamente a aia da rainha, mas na verdade a monarca, é enviada para se juntar a Obi-Wan e Jar Jar na missão de procurar por peças sobressalentes. Ela evita a atenção indesejada de marginais locais com um pouco de artes marciais. Um menino escravo chamado Anakin salva a vida de Jar Jar e leva o grupo para sua choupana, onde apresenta a mãe e o droide em que está trabalhando: 3PO, que é completamente mudo.

Nesse manuscrito, Anakin é cheio de previsões fatídicas – ele alega ter visto Obi-Wan antes, em um sonho – e, como Jesus, perdoa os inimigos, que tendem a "estar sofrendo". Anakin é muito maduro para a sua idade, como prova ao dizer para Padmé: "Estamos nos ajudando. É como as coisas são naturalmente". Quando Padmé pergunta para Anakin se a escravidão é natural, ele responde: "Claro que não, mas a estupidez de muitas criaturas é".

Anakin beija a bochecha de Padmé, e os dois veem os sóis gêmeos de Tatooine se porem.

Antes de saírem do planeta, Obi-Wan é atacado por um senhor dos Sith chamado Darth Maul. Eles travam uma batalha empolgante, mas inconclusiva, de poderes Jedi, enquanto "vibram a ponto de se tornarem quase invisíveis". Uma espaçonave Sith segue a rainha e o Jedi até Coruscant, a capital galáctica e uma cidade-planetária (o nome foi tirado diretamente da trilogia de Timothy Zahn). Em Coruscant, Anakin é levado para um breve teste Jedi feito pelo mestre Quigon [*sic*] Jinn. Como não permitem que a rainha Amidala discurse diante do Senado sobre a invasão de seu planeta, ela então reúne forças e tenta retomar Utapau sozinha – contra o conselho de Obi-Wan. Padmé e Jar Jar passam a desenvolver uma causa em comum. Anakin ajuda furando o bloqueio do planeta – ele sai do hiperespaço com a nave logo acima da superfície, uma proeza miraculosa que os computadores na nave não teriam conseguido realizar. Ele aparentemente é uma espécie de prodígio espacial.

Os Gungans vêm ajudar o planeta após um discurso acalorado de Jar Jar. Novamente, em inglês normal. "Eu viajei muito longe", reflete Binks, tão sábio e solene quanto Anakin. "Vi muitas maravilhas. Temos que nos tornar parte do universo. Isolados, nós morreremos."

Ele deseja boa sorte para Anakin antes de se separarem para a batalha. "Você é espantoso", diz Binks, "e muito divertido".

Os Gungans fazem um ataque em massa contra os droides. Obi-Wan e Quigon, que veio junto lá de Coruscant, libertam um gerador de escudo planetário de um bando de droides de combate da Federação de Comércio – e dedicam tempo a invocar a lei da República e declarar ilegal aquela ocupação. Quando os droides são derrotados, Darth Maul ataca e mata Quigon. Apesar da morte chocante do Jedi mais velho, Kenobi parece perfeitamente contente em provocar Maul sobre o tópico de educação – uma paixão de Lucas desde que ele abriu sua fundação educativa em 1991 –, antes de matá-lo como quem não quer nada:

> OBI-WAN: *Seu estilo de luta é antigo, mas eu o compreendo agora.*
> MAUL: *Você aprende rápido.*
> OBI-WAN: *Você não se importa em aprender.*
> MAUL: *Eu não preciso.*
> OBI-WAN *corta o Sith em dois.*
> OBI-WAN: *Quem não aprende não vive, meu mestre sempre diz.*

Anakin e Padmé dão juntos o golpe fatal na nave orbital, ele agindo como piloto e ela como artilheira. Há um funeral para Quigon, para o qual Yoda vem em uma nave, e o velho Jedi anuncia que Obi-Wan pode treinar Anakin. Há um desfile de vitória, para o qual o senador de Utapau, Palpatine, aparece e por acaso menciona que agora é o chanceler supremo, embora não fique claro como ele conseguiu o cargo.

Muitos fãs de *Star Wars* concordam que o que é descrito naquele primeiro manuscrito soa melhor do que o que foi parar na tela. Há apenas algumas exceções: a provocação entre Obi-Wan and Darth Maul, que parece inapropriada após a morte do Jedi mais velho de Obi-Wan, e a falta de explicação para a promoção de Palpatine. Esses soluços foram sanados em manuscritos subsequentes.

O problema é que muita coisa boa foi sanada junto. A maior alteração de Lucas foi fazer com que Qui-Gon Jinn (agora com um hífen no nome) se junte a Obi-Wan desde o início, o que tira o jovem Jedi de algumas cenas e distrai do que normalmente seria a jornada do herói de Obi-Wan. Ele fica na nave durante toda a sequência de Tatooine, em favor de Qui-Gon, e não desenvolve mais qualquer tipo de conexão com Anakin. Padmé fica encantada com Jar Jar, e não enojada. Anakin foi transformado de um jovem Buda fatídico em um corredor impressionável – mais como Lucas naquela idade, talvez.

O Conselho Jedi agora teve de nos dizer que o menino parece esquisito, porque nada mais em suas ações nos sugere isso. Lucas cortou uma cena em que

Watto retira o transmissor de controle de escravos do pescoço de Anakin, o que o teria tornado mais digno de empatia. Cortou a habilidade de Anakin fazer a nave sair do hiperespaço logo ao lado do planeta. Lucas parecia estar se esforçando ao máximo para prevenir que *Episódio I* fosse a jornada do herói tanto de Anakin quanto de Obi-Wan.

Houve pequenas e grandes mudanças que tornaram o roteiro mais bobo. Lucas adicionou um narrador piadista de duas cabeças à corrida de pods, em vez de fazer o próprio Jabba, o Hutt, apresentar os corredores. E aí houve a mudança que causaria problemas sem fim para Lucas: transformar Jar Jar Binks de um Gungan exilado, sábio, falante de inglês, para um bufão atrapalhado que falava inglês *pidgin*. Lucas diz que baseou essa nova versão alívio cômico de Binks nos grandes comediantes físicos dos filmes mudo – Buster Keaton, Charlie Chaplin, Harold Lloyd – com um pouco de Jimmy Stewart e Danny Kaye como um extra. Mas com seus tombos, jeito de andar engraçado e voz de falsete interpretados por um ator negro, Ahmed Best, os críticos viram algo bem menos benigno: um show de variedades racista feito em computação gráfica, um "Stepin Fetchit* rastafari", nas palavras de Joe Morgenstern, do *Wall Street Journal*, o primeiro jornalista a fazer a comparação em sua crítica de *Episódio I*. Lucas e Best tiveram que insistir repetidas vezes que aquela não foi a intenção. "Como assim é possível pegar um anfíbio laranja e dizer que ele é jamaicano?", vociferou um frustrado Lucas na BBC, pouco depois do lançamento de *Episódio I*. "Se alguém falasse aqueles diálogos em jamaicano, eles não pareceriam nada com a forma como Jar Jar fala." As pessoas se fizeram de surdas para os protestos de Lucas, no entanto, em parte porque o problema das caricaturas involuntariamente racistas apareceu mais duas vezes no filme. Os Neimodianos da Federação do Comércio (Nute Gunray e sua laia) de fato falavam com um leve sotaque da Transilvânia; os críticos viram o figurino ao estilo chinês imperial e ouviram Charlie Chan. Watto falava de um jeito que lembrava um lojista italiano grosseirão; críticos notaram o nariz parecido com uma tromba e viram uma caricatura antissemita. Lucas ainda tirava itens aleatórios da caixinha de surpresas de influências, mas dessa vez as influências conspiravam para fazê-lo parecer insensível às questões raciais.

Por que mudar Binks de sábio para comediante? Parecia que Lucas estava preocupado demais que os prólogos fossem mais sombrios do que a

---

* Comediante que, durante os anos 1920 e 1930, fez papéis hoje considerados racistas por ilustrar e reforçar estereótipos negativos sobre os negros. [N. do T.]

trilogia original. Os filmes tinham que lidar com a queda da Velha República, a queda dos Jedi, a ascensão de Vader, sua destruição quase completa pelas mãos de Kenobi, e a morte da mãe de Luke e Leia. Lucas parecia estar compensando com momentos de comédia, apesar de sua mão pesada. O problema não foi apenas tentar ser seu próprio revisor de roteiro e piadista ao estilo de Willard Huyck ou Lawrence Kasdan. Um homem que cria três crianças pode ter se acostumado a afastar os horrores da hora de dormir com piadas bobas e vozes ridículas.

Quando Lucas começou o segundo manuscrito, o filme que ele jurou que não faria por mais de 50 milhões de dólares estava projetado para custar 60 milhões de dólares. Quando chegou ao quarto manuscrito, a quantia se transformou em 100 milhões de dólares – praticamente toda a fortuna de Lucas. Novamente, o cineasta estava apostando todas as suas fichas. Aqui estava a sua chance de bancar a Lucasfilm por uma geração e vencer ou se aproximar de *Titanic*, de James Cameron, o novo rei da bilheteria. (Esperado que fosse um fiasco monstruoso, o épico de Cameron arrecadou um recorde de 600 milhões de dólares apenas nos Estados Unidos, em 1997.) Porém, talvez mais importante, era uma chance de selar o papel de Lucas na história como um inovador pioneiro do cinema digital.

Mas os talentos digitais da ILM ainda tinham que ser testados no que tangia à criação de criaturas extravagantes e fantásticas da fantasia espacial. E se houvesse um filme de *Star Wars* em que eles pudessem praticar? E eles fizessem, digamos, uma plástica digital nos filmes originais?

21 / ADIÇÃO ESPECIAL

Em abril de 1996, George Lucas participou de um jantar na casa do cineasta e amigo da época da USC Matthew Robbins, em homenagem a Arthur Penn, famoso diretor de uma dezena de filmes, incluindo *Pequeno grande homem* (1970), o filme de Dustin-Hoffman-como-ameríndio. Na época, Penn estava com seus 70 anos. O clima era festivo, mas Lucas se sentou para jantar ligeiramente irritado. Agora com quase 52 anos, ele acabara de gastar 500 mil dólares em um quadro e estava preocupado que tivesse pagado muito. Sentia-se melancólico com a passagem do tempo. "Eu era capaz de agarrar as flechas. Agora sequer consigo vê-las passando", falou ele. "Você acorda de amanhã, depois vai para a cama. Tem sorte se conseguir encaixar o almoço no meio."

Para um jornalista vencedor do prêmio Pulitzer que estava presente ao jantar, Lucas reclamou sobre a crítica na mídia sobre cineastas, especialmente as críticas negativas severas que Oliver Stone recebera em 1992 por ter embelezado detalhes históricos em *JFK: a pergunta que não quer calar*. Como a mídia podia julgar? Eles lidavam cada vez menos com a realidade. Lucas desenhou uma caixa com os dedos na mesa. "Nós fazemos nosso trabalho aqui", argumentou ele, "e eles estão lá fora".

Penn falou sobre os caprichos de fazer cinema e como muita coisa dependia do destino. *Pequeno grande homem* estava sendo filmado na neve, mas um vento quente veio do oceano e derreteu tudo. A equipe teve que esperar cerca de um mês por mais neve, enquanto a temperatura despencava para -40 ºC. Eles tentaram vários tipos de neve artificial; nada funcionou.

– Essa é a diferença entre aquela época e agora – disse Lucas, subitamente triunfante; se ele estivesse naquela situação agora, bastaria adicionar neve por computação gráfica. – Eu simplesmente faria a neve.

Penn, um purista do cinema, pareceu horrorizado. Não disse uma palavra, mas ninguém acreditou que ele um dia considerasse melhorar o filme com neve de computação gráfica.

Mas, para Lucas, o CGI era uma solução natural para todos os desafios de fazer cinema. Ele tinha sido um animador, afinal de contas – aquela foi a primeira aula que ele teve na USC, e foi a primeira carreira que abraçou fora da USC. Em 1996, Lucas estava convencido de que não havia nada que a animação digital não pudesse ou não devesse fazer.

Mas um artista, até mesmo um animador, precisava de uma tela para praticar. Faltava um ano para o começo da filmagem do ainda sem nome *Episódio I*, que tinha sido programado para ser lançado em 1997. Em 1996, ficou claro que a data teria de ser adiada para 1999. (Para compensar, a Lucasfilm coordenou um evento do Universo Expandido em 1996 em que variações da mesma história, ambientada após *O Império contra-ataca*, foram contadas em um livro, um gibi e um videogame com o mesmo nome: *Sombras do Império*, descrito como "um filme sem um filme".) Enquanto isso, houve um laboratório de testes para ver o que a computação gráfica era capaz de fazer por *Star Wars*. Dependendo do ponto de vista, Lucas estava prestes a consertar certas coisas que há muito tempo o incomodavam com ferramentas modernas – seu equivalente de adicionar neve computadorizada a *Pequeno grande homem* – ou prestes a sacrificar o filme original no altar de seu novo deus, CGI. A verdade depende muito de seu ponto de vista.

O folclore da Lucasfilm sugere que a Edição Especial surgiu como uma ideia de última hora, e que parte da motivação foi o desejo de Lucas de mostrar para o filho Jett, que tinha 4 anos em 1997, os filmes na tela grande. Também afirmaram que Lucas estava gastando o próprio dinheiro na Edição Especial do *Episódio IV*. Na verdade, na ILM, ele e Dennis Muren estiveram trocando ideias sobre como poderiam alterar o filme original já em 1993, no ano que Jett nasceu. Algum trabalho de restauração já precisava ser feito de qualquer forma; o negativo estava ruim. Tinha sido lançado em várias versões. O áudio nunca tinha ficado tão bom como Lucas pretendia, nem na mixagem em estéreo ou em mono (que, em todo caso, tinha diálogos ligeiramente diferentes). Era hora de padronizar as edições.

E quanto a entrar com a grana, a Fox – agora com Rupert Murdoch como dono – estava pagando pelo *Episódio IV*. O estúdio não via problemas em fazer o que Lucas queria porque aquilo ajudaria nas negociações em andamento pelos direitos de distribuir os prólogos. Mais à frente, Lucas daria os direitos à Fox, mas não antes de fazer Murdoch suar ao considerar uma oferta da Warner Brothers.

Há muito tempo Lucas se aborrecia com o fato de não ter conseguido finalizar o longa-metragem original da forma como quis. Em uma ocasião, ele chamou *Star Wars* de filme meio terminado; em outra, disse que representava apenas 25% de sua visão. "Parece uma porta de tela que não se encaixa direito", explicou ele para a *Newsweek*. Inicialmente, a lista de tomadas que Lucas e Muren discutiram para consertar a porta de tela era relativamente pequena – algo entre 24 e cem. Depois, a ILM começou a apontar tomadas que poderiam ser limpas, alteradas, adicionadas ou substituídas. Quando a Edição Especial foi lançada em janeiro de 1997, o número de tomadas que foram alteradas de alguma forma subiu para 277. Foi como se Lucas tivesse começado com a porta de tela, passasse do ponto e terminasse substituindo toda a frente da casa.

Muitos dos consertos são extremamente minúsculos e notáveis apenas por cinéfilos nerds. As transições entre cenas foram limpas. O landspeeder de Luke ganhou uma sombra digital mais realista, que substituiu a linha preta desenhada à mão. Fizeram a Dianoga, o monstro no compactador de lixo, piscar em uma tomada onde se vê o olho periscópico. Vinte e três tomadas tiveram pequenas alterações de conteúdo, como a adição de um droide-sonda flutuante em Mos Eisley. Outras 37 tomadas receberam grandes alterações, do tipo que preenchem a maior parte do enquadramento. E 17 tomadas foram completamente inéditas para o filme.

A maior parte dessas tomadas completamente inéditas veio de uma cena que Lucas filmara, mas jamais usara, em 1976. Ela apresenta o encontro de Han Solo com Jabba, o Hutt, interpretado pelo corpulento ator Declan Mulholland em um colete de peles, logo antes de Han entrar na *Millennium Falcon*. A cena não acrescenta nada ao enredo que já não tivéssemos sabido durante o fatídico encontro de Han com Greedo na cantina (cuja cena Lucas especificamente aumentou para cobrir informações-chave *após* a cena com Jabba ter sido cortada). Como a cena deletada de Luke com Biggs teria matado o primeiro rolo, a cena com Jabba adiciona alguns minutos de encheção de linguiça a um filme de ação empolgante e enxuto.

Será que recolocar a sequência de Jabba se aproximou da intenção original de Lucas? A resposta não é bem definida e revela o problema de tentar voltar ao processo confuso de fazer um filme duas décadas depois. Sim, parece mesmo que Lucas considerou originalmente transformar Jabba em um fantoche ou um monstro de stop motion colado na tomada, apagando Mulholland. Ele pediu à Fox mais 80 mil dólares em 1976 para cobrir tanto a cena de Jabba quanto as refilmagens para as decepcionantes tomadas de criaturas na cantina. Quando a Fox deu apenas 40 mil dólares, Lucas gastou tudo na cantina. Na melhor das hipóteses, ele estava ambivalente a respeito da aparição de Jabba. "Se tivesse o dinheiro, eu talvez tivesse filmado [o efeito especial de Jabba] mesmo assim", contou Lucas em 1982. "Se ainda não funcionasse, eu provavelmente teria cortado."

A complexidade de inserir uma figura como Jabba, dado que Han Solo tem de dar a volta por ele durante a cena, tornou a maquete proibitivamente cara para um perfeccionista como Lucas – mesmo quando ele era rico. Para o relançamento de 1981 de *Star Wars*, quando o filme se tornou oficialmente *Episódio IV*, a ideia de inserir Jabba chegou ao ponto de alguém no departamento de arte desenhar alguns storyboards. Mas, mesmo na época, com a Lucasfilm cheia de dinheiro de *O Império contra-ataca*, uma versão de efeitos especiais de Jabba foi considerada cara demais ou irrelevante demais para sequer ser tentada.

Curiosamente, dado que foi ela que retirou a cena do filme, Marcia Lucas esteve mais entusiasmada sobre a sequência de Jabba na época do que o marido. O argumento dela? Duas palavras: Harrison Ford. "Achei a cena um momento muito viril", declarou Marcia em 1982. "Fez com que ele parecesse bem machão. A interpretação de Harrison é muito boa. Eu fiz um lobby para mantê-la." Ela também gostou genuinamente por uma perspectiva de estética de cinema. Lucas usou panorâmicas para fazer Ford parecer vigoroso e enorme em comparação com o minúsculo Jabba ao longe. Mas todos os demais atores na cena pareciam com Greedo, como contou Marcia Lucas, e "George achou que eles pareciam bem artificiais, então teve duas razões para querer cortar a cena, os homens e o ritmo. É preciso acelerar o ritmo em um filme de ação como *Star Wars*".

Mas, em 1997, dane-se o ritmo. Lucas estava curioso demais sobre o que podia fazer com a nova caixa de ferramentas, e naturalmente aqueles sonhos de muito tempo atrás sobre um Jabba monstruoso interagindo com Han Solo retornaram. Será que seu perfeccionismo poderia ser satisfeito com CGI? "O problema era criar um verdadeiro Jabba, o Hutt", explicou Lucas para a *Wired* em 2005. "Não um troço grandalhão de borracha, mas um personagem real digital. Imaginei que, se eu pudesse fazer isso, então poderia fazer qualquer outra coisa." Jabba em CGI, efetivamente agindo como embaixador de Jar Jar Binks, foi devidamente renderizado e inserido. Aos nossos olhos, duas décadas e um mundo cheio de computação gráfica depois, a versão de Jabba de 1997 parece tosca, e não do velho jeito gosmento de Jabba. Ele é estranhamente limpo, amigável e bem menor do que a versão inchada da criatura vista em *O retorno de Jedi*. (Lucas ficou contente com o Jabba em CGI em 1997, mas não em 2004, quando a criatura passou por mais uma plástica digital para o lançamento em DVD.) Boba Fett, o favorito dos fãs, também foi inserido na cena e encara a câmera no término da sequência – algo que Lucas certamente não pretendia em 1976, dado que Joe Johnston só foi desenhar Fett em 1978.

Também há um jeitinho muito exagerado. Na cena como foi filmada, Harrison Ford dá a volta em Mulholland bem de perto. Lucas poderia simplesmente ter feito o personagem Jabba virar para outra direção ou se mover no momento certo para sair do caminho de Han. Em vez disso, o cineasta ergueu Han de maneira que ele parece estar pisando no rabo de Jabba. Aquilo não funciona muito bem segundo uma perspectiva visual e recai no que os engenheiros de robótica e cineastas chamam de "vale da estranheza" – o nicho entre o que parece real aos nossos olhos e o que parece artificial. A cena também não funciona pela perspectiva do enredo. Se Han vai despertar a inimizade de seu parceiro comercial ao pisar no rabo dele, certamente é preciso que haja uma motivação para isso. Em vez disso, a cena é apenas um besteirol que faz Jabba guinchar e arregalar os olhos.

Há muitos momentos novos de besteirol na Edição Especial. Animais enormes chamados Rontos estão por toda parte em Mos Eisley e derrubam seus cavaleiros Jawas na hora certa. Costas-de-orvalho se viram e rosnam para nossos heróis no momento exato. "Aqueles animais se mexendo na verdade tiram a atenção do verdadeiro objetivo da cena", reclamou Gary Kurtz. "Se o filme fosse um faroeste e aqueles fossem cavalos, provavelmente eles apenas estariam ali parados, porque cavalos fazem muito isso." Embora elogie as habilidades da ILM, Kurtz achou que "aquilo não se encaixa com o estilo mecânico do filme original". Phil Tippett, que àquela época tinha sido promovido a supervisor de efeitos visuais da ILM, apesar de não gostar muito das novas técnicas baseadas em computador que estava supervisionando, elogiou a velha Mos Eisley por ser vazia, parecida com um faroeste de Sergio Leone. Uma vez, ele fez uma crítica sucinta às adições em CGI. "São uma merda."*

---

* Em 2014, quando aparentemente estava negociando o próprio retorno para trabalhar na Lucasfilm em *Episódio VII*, Tippett me disse que esteve "jogando para a galera" quando fez aquele resumo fino. "Eu não ligo para as Edições Especiais", disse ele, "mas realmente não me importo de qualquer forma". Ele ainda não está exatamente convencido sobre o valor do CGI, apesar de ter uma oficina de computação gráfica no Tippett Studios. "É fantástico o que as limitações podem fazer pela imaginação de uma pessoa", fala Tippett. "O peixão não funciona em *Tubarão*; o alienígena não funciona em *Alien*. O que você faz? Tem que trabalhar muito para criar suspense."

Para muitos espectadores da Edição Especial, porém, nenhuma dessas alterações importou tanto quanto aquela emenda feita logo antes do encontro com Jabba, durante o confronto de Han e Greedo na cantina de Mos Eisley. No roteiro usado na filmagem em 1976, quando Greedo ameaça Han a respeito de uma carga qualquer para Jabba que aparentemente nunca foi entregue, eis como a cena foi escrita:

GREEDO: Eu esperei muito tempo por esse momento.
HAN: É, aposto que sim.
De repente, o alienígena pegajoso desaparece em um clarão ofuscante de luz. Han puxa uma arma fumegante debaixo da mesa enquanto os demais frequentadores olham estarrecidos. Han se levanta para começar a sair da cantina e joga algumas moedas para o barman ao ir embora.

A maioria dos espectadores em 1977 viu isso como uma cena clássica de faroeste – o pistoleiro do *saloon* age mais rápido do que o bandido e depois ressarce o barman pela confusão, como quem não quer nada. Porém, na versão de 1997, fizeram Greedo atirar um segundo antes de Han e errar sua cabeça por pouco. O disparo de Han, portanto, foi mais claramente um gesto de legítima defesa (embora, uma vez que Greedo estivesse apontando uma arma para ele e tivesse acabado de dizer que Han era um homem morto, parece improvável que qualquer tribunal teria condenado Solo por assassinato naquela situação).

Depois que a polêmica explodiu entre os fãs de *Star Wars* por causa do disparo, Lucas mudou a cena novamente. Na versão de 2011 de *Star Wars* em Blu-Ray, a definitiva no entendimento da Lucasfilm, o tiro de Greedo foi avançado onze quadros – de maneira que ele e Solo atiram praticamente ao mesmo tempo. Em uma entrevista de 2012, Lucas alegou pela primeira vez que sua intenção em 1976 foi que Greedo revidasse o tiro – e evidentemente errasse à queima-roupa.

A indignação dos fãs sobre o que passou a ser conhecido como a polêmica de "Han Atirou Primeiro" (embora seja um termo incorreto, uma vez que Greedo não atirou de maneira alguma no original – seria melhor chamá-la de "Han Atirou Solo") não é tão interessante assim. O que é interessante é como a Lucasfilm parece ter atiçado a polêmica nos anos seguintes. Em 2005, Lucas foi fotografado no set de *A vingança dos Sith* usando uma camiseta "Han Atirou Primeiro"; ele usou novamente na filmagem de *Indiana Jones e o reino da caveira de cristal*, em 2007. Vários animadores da ILM mantiveram cartões postais com "Han Atirou Primeiro" em cima dos cubículos enquanto trabalhavam na trilogia prólogo. Lucasfilm aprovou derivados de *Star Wars* em vários formatos de mídia que incluem referências sutis à polêmica também. Vários romances e vídeos – até mesmo a série Lego *Star Wars* – aludiram ao fato de Han ter atirado primeiro e à péssima mira de Greedo (o Greedo de Lego é visto na cantina se dando mal nos dardos). "É Solo, e ele está atirando primeiro!", exclamam stormtroopers no videogame *Star Wars: Battlefront II*, de 2005. "Isso não é justo!"

Deixando as alterações de lado, Lucas se preocupou que o relançamento do filme original não recuperasse o dinheiro. O motivo? "Não vendemos muitas fitas VHS", disse ele em 2005. Embora o público consumidor de vídeo tivesse sido avisado que aquela seria a última chance de comprar o *Star Wars* original em VHS, o lançamento de 1995, afirmou Lucas, vendeu apenas 300 mil cópias – ou, melhor dizendo, a empresa tinha uma "impressão" que foi esse o desempenho que eles tiveram. "O que não é nada comparado aos 11 milhões que *E.T.: o extraterrestre* vendeu", acrescentou ele, ainda concentrado na rivalidade amigável com Spielberg. "Então eu disse que isso seria uma experiência e torceria para recuperar nosso dinheiro." (Talvez em nome de uma boa reportagem, Lucas estivesse minimizando seu sucesso: um total de 35 milhões de cópias de *Star Wars* em VHS foram vendidas até 1997.)

A Fox acabaria gastando 7 milhões de dólares para fazer a restauração e o trabalho digital da Edição Especial, e mais 3 milhões de dólares para melhorar o som. A quantia desembolsada para a Edição Especial de *Star Wars* seria pouco menor do que o orçamento do filme original. Mas o gasto valeu a pena – para a Lucasfilm e seus financiadores, pelo menos. O lançamento da Edição Especial em 31 de janeiro de 1997 arrecadou mais de três vezes o investimento da Fox somente no fim de semana de estreia – 30 milhões de dólares a mais que o rival mais próximo, *Jerry Maguire: a grande virada*. No total, o re-re-re-relançamento de *Episódio IV* sozinho fez 138 milhões de dólares nos Estados Unidos e outros 118 milhões de dólares no exterior.

Nós chegamos ao que é, sob muitos aspectos, o ponto crucial de toda a série *Star Wars*. Em 1996, *Star Wars* não havia conquistado nosso universo cultural. Podia ter se tornado o título mais vendido na livraria e em videogames, e os filmes originais certamente eram lembrados com carinho, e havia mais filmes no horizonte, mas ninguém havia medido a temperatura da cultura inteira para ver qual era a intensidade da febre *Star Wars*. Assim que ficou claro que a série tinha poder e longevidade, a ponto de lucrar 90 milhões de dólares na restauração de um filme velho – assim que provou que um longa-metragem de décadas de idade poderia dominar completamente a bilheteria e fazer um filme contemporâneo realmente bom como *Jerry Maguire* passar vergonha –, tudo mudou. Todas as formas de expressão dos fãs exploradas neste livro – a Legião 501st, os Jedi realistas, o Clube de Montadores de R2, e mais além deles – começaram por volta ou logo depois de 1997. Lucas, antigamente um mero multimilionário ainda penando para pagar um acordo de divórcio, estava firme e forte a caminho de ser um bilionário após 1997. E, claro, aquele era o ponto crucial da computação gráfica, que lentamente engoliria os efeitos especiais de *Star Wars* a partir daquele momento.

O lançamento da Edição Especial imediatamente provocou um debate na mídia; surgiram reportagens em toda a parte sobre Lucas e outros artistas que estavam alterando a própria obra, retroativamente. Fomos chamados a considerar o caso do pintor francês Pierre Bonnard, preso por retocar seus quadros a óleo no Museu Luxemburgo, em Paris; Bruckner revisou suas sinfonias; Frank Zappa regravou trechos de baixo e bateria para os CDs *Mothers of Invention*s. No mesmo mês em que a Edição Especial do *Episódio IV* foi lançada, um polêmico comercial do Super Bowl mostrava Fred Astaire dançando no teto com um aspirador de pó Dirt Devil na mão. A era da recauchutagem digital aparentemente havia começado.

Rick McCallum foi usado para defender Lucas. "Será que um cineasta tem o direito de voltar atrás para fazer o filme da maneira original como o imaginou?", perguntou ele ao *Chicago Tribune*. "Pergunte a qualquer diretor se ele gostaria de voltar atrás para consertar um filme, por conta de todas as concessões que teve de fazer, e ele consertaria."

Fãs indignados contestaram argumentos como esse desencavando um testemunho que Lucas dera diante do Congresso em março de 1988, quando acompanhara Spielberg para protestar contra um assunto então polêmico: a colorização de Ted Turner de filmes clássicos, incluindo títulos como *Relíquia macabra*, de John Huston. Huston protestara em vão; ele não era mais o detentor dos direitos autorais. Lucas estava inflamado. "As pessoas que alteram ou destroem obras de arte e nossa herança cultural visando ao lucro ou como um exercício de poder são bárbaros", disse, enfurecido. "No futuro, será ainda mais fácil que velhos negativos se percam e sejam 'substituídos' por novos negativos alterados. Essa será uma grande perda para a nossa sociedade."

O testemunho de Lucas continha outro tema, porém – um tema a que Lucas sempre manteve uma notável coerência no decorrer da vida: o poder de o criador ser o árbitro definitivo sobre o próprio trabalho. Será que o próprio Huston teria colorizado *Relíquia macabra* duas décadas após o lançamento, se assim tivesse desejado? Para Lucas, a resposta deveria ser sim.

O aspecto mais perturbador de toda a questão – com tons de *1984* – foi o fato de que o negativo original de Lucas deveria permanecer escondido do público no Rancho Skywalker, com instruções para nunca ser mostrado. "Para mim, ele realmente não existe mais", declarou Lucas em 2004. Felizmente, o negativo de 1977 também foi preservado no Registro Nacional de Cinema da Biblioteca do Congresso, que agora fez uma transferência digital de alta definição em 4K. A Biblioteca do Congresso jamais exibiu o negativo, porque o detentor dos direitos autorais – a Lucasfilm – não permite. Pesquisadores podem marcar hora para vê-lo no Moving Image Research Center em Washington. Porém, para o espectador casual, é como se o negativo não existisse. Quem tirar um DVD ou Blu-Ray da prateleira terá em mãos a Edição Especial, embora em uma versão ligeiramente diferente, dependendo de quando foi comprado.

A teimosia de Lucas no seu direito de continuar alterando digitalmente os próprios filmes o colocou fora de sintonia com os amigos. Spielberg alterou digitalmente *E.T.: o extraterrestre* para a edição de vigésimo aniversário em 2002 e transformou as armas dos agentes do FBI em walkie-talkies; mais tarde, ele declarou que ficou "desapontado consigo mesmo" por ter feito aquilo e reverteu o filme à versão original para o lançamento em Blu-Ray. Mas mesmo a versão alterada de *E.T.* foi vendida juntamente com a original como parte de um conjunto de dois DVDs. Dennis Muren, o responsável da ILM que deu início à Edição Especial, presumiu que a mesma coisa fosse acontecer com *Star Wars*. "Eu pensei que não houvesse problema em refazer os filmes, desde que os originais estivessem disponíveis para as pessoas verem", declarou em 2004.

Mas isso nunca foi a intenção de Lucas. Para fazer um contraste com *Blade Runner: o caçador de androides* – que ele ridicularizava por ter sido lançado "de todas as formas possíveis" –, Lucas insistiu que só havia um *Star Wars*. Todas as mudanças acumuladas ao longo dos anos – a remixagem de áudio em 1978, o acréscimo de "Episódio IV" em 1981, a Edição Especial de 1997, o lançamento em DVD em 2004, o relançamento em DVD em 2006, o lançamento em Blu-Ray em 2011 –, todas equivaliam a um único filme que se encaminhava lentamente para a conclusão. O hiato de tempo não importava; tudo o que contava era se aproximar da intenção original do Criador, como determinada por ele. Em 1997, Lucas comentou que as fitas VHS se deteriorariam em poucas décadas; a Edição Especial permaneceria em forma digital para as gerações futuras. Sua atitude nunca mudou, e ele apenas se irritaria cada vez mais com o tópico. Eis o que Lucas disse para os fãs em 2004:

> Sinto muito que vocês tenham visto um filme meio completo e se apaixonado por ele. Mas quero que *Star Wars* fique da forma que quero. Sou eu que tenho que assumir responsabilidade pelo filme.

Sou eu que tenho que receber pedradas de todo mundo, o tempo todo; então, se vão tacar pedras em mim, pelo menos vou recebê-las por algo que eu amo em vez de por algo que acho que não ficou tão bom, ou pelo menos por algo que eu não acho que esteja finalizado.

Após várias petições onlines por algo do gênero ter recebido dezenas de milhares de assinaturas, uma versão de baixa qualidade do negativo de 1977 foi colocada em um disco bônus como parte do relançamento em DVD de 2006. Lucas insistiu que não gastaria os milhões necessários para restaurá-lo. Então os fãs fizeram isso por ele – em um número incalculável de "edição *desespeciais*" alteradas digitalmente, disponíveis nos cantos escuros da internet, cada uma ligeiramente diferente da outra, de acordo com os caprichos do editor. A insistência de Lucas em haver uma única versão padronizada de *Star Wars* fez, ironicamente, o filme estar disponível em todas as formas possíveis.

Um mês após a primeira Edição Especial ter chegado aos cinemas no fim de janeiro de 1997, a Lucasfilm lançou a Edição Especial de *O Império contra-ataca*. O filme rapidamente pegou a primeira posição na bilheteria de seu predecessor e continha algumas mudanças notáveis, além da dublagem de Ian McDiarmid para o holograma do imperador (o rosto dele não seria adicionado até a versão em DVD de 2004) e do detalhamento do Wampa que ataca Luke no planeta gelado de Hoth – outro monstro que ganhou um pouco mais de vida. Tirando isso, houve apenas uma limpeza nos efeitos especiais. Será que Lucas ainda demonstrava reverência por Kersh ou foi um reconhecimento de que *Império* é o filme mais perfeito na série e não precisava de emendas?

Certamente, houve um pouco menos de reverência por *O retorno de Jedi*. Para aquele re-relançamento, Lucas substituiu a sequência musical no Palácio do Jabba – uma canção de três minutos chamada "Lapti Nek", que fora composta por Ernie Fosselius, de *Hardware Wars*, e interpretada por um fantoche chamado Sy Snootles – por uma versão CGI de Snootles cantando "Jedi Rocks", composta pelo trompetista de jazz Jerry Hey. A banda de Snootles ganhou nove integrantes novos de computação gráfica. (Sendo justo com Lucas, até mesmo "Lapti Nek" fora a substituta de uma faixa composta por John Williams e cantada pelo filho dele; foi uma canção ridicularizada por Richard Marquand como sendo "um pouco disco demais".) Mais importante para o enredo, Lucas adicionou cenas de comemoração pela galáxia depois de a segunda Estrela da Morte ser destruída, passando pela primeira vez a noção de que o Império realmente tinha sido plenamente derrotado. (O Universo Expandido, cuja existência em grande parte dependia de o Império *não* ter sido derrotado no fim do filme, contra-atacou. O gibi *Mara Jade: By the Emperor's Hand* mostrou um oficial imperial dizendo para outro que eles haviam recolhido todos os subversivos envolvidos em comemorações de "vitória".)

As edições especiais de *Império* e *Jedi* custaram mais ou menos 5 milhões de dólares cada uma, bancados em ambos os casos pela Lucasfilm. Os filmes renderam 67 milhões de dólares e 45 milhões de dólares nos Estados Unidos, respectivamente, e 57 milhões de dólares e 44 milhões de dólares no exterior. A Edição Especial de *Episódio IV* foi tão popular que ajudou o filme a recuperar o título de filme de maior bilheteria de todos os tempos que estava com *E.T.*, de Spielberg.* A rivalidade constante entre os filmes de maior bilheteria dos dois amigos pode ajudar a explicar por que Lucas teimava tanto em ter uma única versão definitiva de *Star Wars*. Se as versões de 1977 e 1997 fossem contadas separadamente, Lucas jamais teria recuperado o primeiro lugar.

Teria sido difícil para a diretoria da Lucasfilm não absorver a lição de que, quanto mais a computação gráfica fosse ousada e polêmica, maior seria a bilheteria. "O sucesso daquele re-relançamento não apenas me informou de que eu poderia criar aquelas criaturas e construir melhores cenários e cidades do que antes", declarou Lucas em 2004, "mas também que o público de *Star Wars* ainda estava vivo, que não havia desaparecido completamente após quinze anos. Eu decidi que, se não fizesse a história pregressa naquele momento, jamais a faria. Então me comprometi a isso".

A cronologia de Lucas aqui pode estar um pouco confusa. Em 1997, ele estava tão comprometido com *Episódio I* quanto esteve com o filme original. O cineasta estava no terceiro ano de produção do roteiro, e em seu terceiro manuscrito, quando a Edição Especial foi lançada. Lucas havia, na verdade, confirmado que ele próprio dirigiria o filme ainda sem nome lá atrás, em setembro de 1996.

Desenhos dos personagens como o vilanesco Sith Darth Maul tinham sido completamente detalhados na época; pediram para o designer conceitual Iain McCaig desenhar a coisa mais assustadora que ele conseguisse imaginar. Lucas considerou o resultado, uma criatura pálida com faixas vermelho--sangue no lugar do cabelo, exageradamente assustador. De volta à prancheta,

---

* *Star Wars* manteria o título apenas de forma passageira. *Titanic* de James Cameron zarparia em dezembro de 1997. Destino: filme de maior bilheteria de todos os tempos, até o próximo.

McCaig fez um esboço de sua segunda ideia mais assustadora, um palhaço de circo em maquiagem rubro-negra, com penas presas à cabeça por um elástico, uma característica que McCaig disse que o faria irritável. Quando as penas se transformaram em chifres, um dos personagens mais icônicos dos prólogos ganhou vida. Como arma, Maul ganhou um sabre de luz de duas lâminas, originalmente criado pelo artista Christian Gossett para o gibi do Universo Expandido *Tales of the Jedi*. Gossett precisou se empenhar nos próximos anos para provar que foi o criador do conceito para os quadrinhos, com a aprovação de Lucas em 1994, e que o sabre de luz de duas lâminas não surgiu da imaginação do cineasta, como outro designer alegou certa vez em uma entrevista.

Enquanto isso, a diretora de elenco Robin Gurland esteve reunindo atores desde 1995. Desta vez, pareceu que a aquisição dos maiores nomes imagináveis recebeu mais consideração do que a química entre os atores. Não houve um ator no planeta que não estivesse interessado em aparecer no próximo filme de *Star Wars*. Em dezembro de 1996, Samuel L. Jackson anunciou sua intenção de ser contratado para o filme no *TFI Friday*, um programa de entrevistas da TV inglesa. Jackson venceu a campanha cerca de seis meses depois, juntamente com Liam Neeson, o astro indicado ao Oscar por *A lista de Schindler* (1994), e Natalie Portman, a atriz adolescente em ascensão. Ian McDiarmid voltaria para interpretar o senador Palpatine, dessa vez sem maquiagem – ele finalmente tinha a idade certa. Jake Lloyd, um menino de 8 anos de idade que tinha sido o filho de Arnold Schwarzenegger no filme de natal *Um herói de brinquedo* (1996), interpretaria Anakin. Ewan McGregor, que havia estourado na cena internacional com *Trainspotting: sem limites* (1996), fechou o time de atores principais famosos, uma lista de nomes em destaque no cinema dos anos 1990.

Um grande fã da trilogia original, McGregor contou que interpretou todos os papéis no playground quando era criança, incluindo a princesa Leia. Ele disse que esteve "apaixonadíssimo" por ela durante muitos anos. Parte do que convenceu Lucas sobre McGregor foi sua ligação familiar com a trilogia original: seu tio, Denis Lawson, interpretara Wedge Antilles, o único piloto rebelde a sobreviver a todos os três filmes. Lutando com sabres de luz um dia no set, trocando o tom titubeante de Alec Guinness para seu acentuado sotaque de Perthshire assim que o assistente de Lucas berrou "corta!", McGregor se lembrou do momento em que recebeu o telefonema para o papel: "'Você quer fazer *Star Wars*?', perguntaram. Eu respondi: 'é claro, porra'".

Ele não ficaria tão entusiasmado assim quando visse o resultado.

22 / A FILA

A filmagem de *Episódio I* – dirigido, de acordo com as claquetes marotas, por "Yoda" – começou em 26 de junho de 1997. Embora a Lucasfilm tivesse alugado o Leavesden Studios em Londres por dois anos e meio, praticamente todo aquele tempo foi deixado de lado para o saco de surpresas das filmagens eventuais de último minuto. Lucas e o produtor Rick McCallum se orgulhavam da própria eficiência, e a filmagem principal foi encerrada no fim de setembro. Quase tudo foi filmado contra uma tela verde, a não ser por cenas em locações na Tunísia (novamente servindo como Tatooine, e novamente abalada por uma tempestade maluca durante as filmagens), Itália (para o palácio da rainha Amidala) e um parque em Watford, a dez minutos de carro do estúdio. Só isso. Lucas ficou perplexo quando McGregor perguntou se eles filmariam embaixo d'água as cenas subaquáticas. "Isso não é real", comentou o diretor digital para o ator.

Com uma internet nascente cheia de fãs à caça de detalhes sobre o filme, a segurança foi intensa. Os atores somente recebiam as páginas das cenas em que atuavam. Todas as páginas tinham que ser devolvidas no fim do dia. Todo mundo no set teve que assinar acordos de confidencialidade, pelos quais a Lucasfilm rapidamente se tornava famosa.

O roteiro, sob intenso controle, foi completamente escrito por Lucas – embora isso não tenha sido necessariamente o que ele queria. Em dado momento, o roteirista de *As aventuras do jovem Indiana Jones*, Frank Darabont, fora contatado para revisar o roteiro e concordara prontamente, mas jamais recebeu o telefonema; ele pelo menos chegou a lê-lo e viu um copião do filme de antemão. Seu colega de *As aventuras do jovem Indiana Jones*, Jonathan Hale, também foi mencionado por McCallum como um possível roteirista, mas sequer foi contatado – não para aquele filme, de qualquer forma. Enquanto isso, aparentemente ansioso pela ajuda do antigo pupilo, Lucas contatou Lawrence Kasdan em junho, pouco antes de as filmagens começarem, e pediu para que ele desse uma segunda lida em um roteiro que já estava em seu quarto manuscrito e prestes a ser filmado. Kasdan disse um educado, porém firme, não. Não foi apenas o fato de que ele agora era um diretor por méritos próprios – foi que, como diretor, Kasdan reconheceu que era importante que essa trilogia de prólogos começasse exatamente de acordo com a visão de Lucas. "Achei que ele deveria assumir a responsabilidade e fazer exatamente o filme que queria fazer", declarou Kasdan à revista *Eon*, "e foi exatamente o que ele fez." Mais tarde, Lucas interpretou a recusa: claro que Kasdan era capaz de "escrever melhores diálogos" e "melhores transições", disse ele, mas Lucas se deu conta de que Kasdan teria insistido em uma coisa que um monte de amigos já estavam lhe dizendo: "Não comece os prólogos com a história de um menino de 9 anos de idade".

Em Londres, Lucas passou mais tempo em chamadas de videoconferência em circuito fechado com a ILM lá em San Rafael do que dirigindo os atores. A intenção do ponto de conexão ILM-Lucas era ser o tipo de relacionamento simbiótico ao qual o filme estava se referindo constantemente: a ILM criaria o fundo de cena digital, Lucas aprovaria, e, ao sair da reunião, ele descreveria para os atores aquilo com que eles contracenariam. A ILM estava sentindo a pressão de fazer 1,9 mil tomadas de efeitos especiais, muitas delas contendo um tipo de efeito jamais realizado antes. Bilhetes foram afixados em portas citando McCallum. "O filme será lançado em maio de 1999, não importa o que aconteça."

Não era exatamente uma receita para o sucesso. O set passava a impressão de ser uma prisão; os atores foram escolhidos pelos nomes e atuações anteriores, em vez de pela química entre eles. Não foi permitido que lessem o roteiro completo, os atores não tinham uma ideia real do que era a história e mal sabiam como era o ambiente onde estavam. O diretor do filme não dirigia há vinte e dois anos; ele tinha a tendência de se recolher a um estilo documental – apenas deixar os atores atuarem da maneira que atuariam – e estava bem mais preocupado com a tecnologia que usava e seu impacto no mundo do que com as dimensões humanas do longa-metragem em si. ("Eu definitivamente me sinto parte da transformação do cinema", declarou Lucas em uma coletiva de imprensa em julho.) Ele estava obcecado por detalhes do tipo se Jar Jar seria um personagem completamente em CGI ou se alguma parte da fantasia usada na filmagem pelo ator Ahmed Best seria usada para algo mais do que referência. Aquela tomada que Natalie Portman tinha acabado de fazer? "Ótima", conjecturou Lucas, saindo do set com McCallum um dia, no início das filmagens. "Simplesmente ótima."

Portman e seus colegas, plenamente cientes do olhar da história, estavam ficando inexpressivos e atuando da maneira mais melancólica de suas carreiras. Se não foram instruídos para falar em uma voz monótona, eles pareciam estar fazendo uma bela imitação desse tom. Mas tudo bem, porque o diretor – que admitiu que escreve diálogos forçados e cujo roteiro não fora vetado por absolutamente ninguém – não estava escutando as palavras. Para ele, aquilo era música, um poema sinfônico, um filme mudo.

Talvez os atores devessem ter desafiado Lucas da maneira como Harrison Ford costumava fazer; talvez devessem ter trabalhado as falas um pouco como Alec Guinness. Mas qualquer inovação do gênero era difícil, mesmo para atores veteranos, dada a separação entre eles. (Terence Stamp, que interpretava o extrovertido chanceler do Senado Galáctico ao lado de Natalie Portman, nunca trabalhou com ela, na verdade. Ele teve de atuar com um pedaço de papel que marcava onde Portman estaria.) Além disso, nesse estágio da carreira do Criador, que atores ousariam desafiá-lo? "Agora ele é tão venerado", lamentou Mark Hamill sobre Lucas em 2005, "que ninguém fala nada com ele". Melhor fazer a interpretação física realmente se destacar. Golpeiem com esses sabres de luz, meninos. (Um ator que brilhou no set: o especialista em artes marciais Ray Park, intérprete do vilão Darth Maul, que brandia um sabre de luz com duas lâminas.)

O problema não foi apenas a exigência que os atores trabalhassem no que certamente foi o ambiente mais estéril e engessado de suas carreiras. O produtor do filme concordava com tudo o que o diretor queria e moveria céus e terra para que aquilo acontecesse. A atuação principal de *Episódio I* veio de um menino de 9 anos. Jake Lloyd carregava o peso do filme e precisava convencer o público de que seu personagem era alguém especial, fruto de um literal nascimento imaculado, um Darth Vader em potencial – e, no entanto, lá estava ele, sofrendo de exaustão sob o calor de 52 ºC da Tunísia. A primeira geração de fãs de *Star Wars*, enquanto isso, havia sido estimulada pelas Edições Especiais e recrutara uma nova geração de fãs – seus filhos – ao mesmo tempo. A mídia, especialmente a nascente mídia online, devorava cada foto granulada do set. Foi um nível de expectativa que poucos filmes na história realmente tiveram.

Em retrospecto, é impressionante que *Episódio I* tenha se saído tão bem quanto saiu.

No início de 1999, a ILM organizou uma exibição do copião daquilo que agora fora batizado de *A ameaça fantasma*, um nome que lembrava os seriados de rádio que Lucas ouvia quando era criança. Câmeras de documentário captaram a atmosfera sombria que cobriu os espectadores, o grupo de especialistas de Lucas, quando subiram os créditos e as luzes foram acesas. Elas flagraram olhares ansiosos e cabelos sendo arrancados.

Após alguns instantes, Lucas fala: "É um filme ousado em termos de manipular as pessoas, mas... acho que posso ter exagerado em algumas partes".

O sonoplasta Ben Burtt, um dos mais longevos e confiáveis funcionários de Lucas no ambiente, deu sua opinião. "No espaço de noventa segundos, você vai de lamentar a morte de um herói em fuga, para algo ligeiramente cômico com Jar Jar, para Anakin voltando... é muita coisa."

– Dá um nó na cabeça – admite Lucas. – Pensei muito sobre isso, e o complicado é que não dá para tirar nenhuma dessas peças.

Eles estavam falando sobre os rolos finais do filme, que alterna quatro cenas: os Jedi versus Darth Maul, Anakin versus a estação da Federação do Comércio, Equipe Amidala versus a Federação do Comércio, Gungans versus os droides de combate. É uma sequência incrivelmente ambiciosa, e, no entanto, Lucas estava preso em sua estrutura – que se tornara parte de um padrão. O primeiro filme de *Star Wars* teve uma grande cena de ação no fim: o ataque à Estrela da Morte, alternada com tomadas de reação a bordo da estação e lá na base rebelde. *O Império contra-ataca* alternou duas cenas de ação no fim: o duelo de sabres de luz entre Luke e Darth Vader, e Leia, Chewie e Lando fugindo da Cidade das Nuvens. *O retorno de Jedi* terminou com três sequências de ação simultâneas: Han, Leia e os Ewoks na lua de Endor; Luke, Vader e o imperador lutando a bordo da segunda Estrela da Morte; Lando liderando o ataque da frota rebelde à estação de combate plenamente operacional.

Então, como *A ameaça fantasma* não tentaria alternar quatro cenas de ação?

E, no entanto, até mesmo Lucas, que andou forçando sua empresa de efeitos especiais a realizar o impossível nos últimos dois anos, parecia saber que aquilo era um exagero. Para McCallum, logo após a reunião, Lucas expandiu os comentários para o filme como um todo. "É um filme muito difícil de acompanhar. Eu exagerei mais do que no passado. Foi projetado estilisticamente para ser assim, e não é possível desfazer isso, mas dá para diminuir seus efeitos. Podemos desacelerá-lo um pouquinho."

Pela primeira vez na carreira, então, o diretor "mais rápido e mais intenso" começou a fazer um filme mais lento e menos intenso. Ao mesmo tempo, cenas em que cairiam bem um pouco mais de velocidade e intensidade – especificamente, as cenas de reuniões e conversas em Coruscant e no Senado Galáctico – foram deixadas praticamente como estavam. Faltando quatro semanas, a ILM ainda trabalhava na cena final do desfile; a edição de som continuou até uma semana antes do lançamento. Mesmo com todos os recursos do Rancho Skywalker, com gênios da tecnologia e gurus da animação às pampas, outro filme de *Star Wars* chegou ao fim quase da mesma forma que o primeiro.

Desta vez, os fãs foram ao Coronet mais cedo, faltando mais de um mês para a primeira exibição em 19 de maio de 1999. Eles vieram de todos os lugares. Chris Giunta se mudou de Maryland para São Francisco com a namorada, Beth, especificamente para que pudesse assistir a *Episódio I* no cinema onde George Lucas gostava de organizar sessões, o cinema que se tornara famoso entre os fãs: o Coronet, o marco zero para o fenômeno de *Star Wars*. Giunta conseguiu um emprego no Bank of America consertando caixas eletrônicos, e, quando começou, informou ao chefe que teria de folgar na maior parte de abril e maio de 1999. Quando descobriu o motivo, o chefe riu e depois perguntou: "Consegue um ingresso para mim?".

No início de abril, Giunta começou a passar de carro pelo Coronet dia sim, dia não, para ver se a fila tinha começado. Quando viu uma tenda surgir pela primeira vez, ele correu para casa a fim de pegar o próprio equipamento para acampar. Giunta voltou ao Coronet, mas a tenda desaparecera misteriosamente. A moça da bilheteria não fazia ideia de onde ela fora, mas não viu problema que ele colocasse a própria tenda no que era, supostamente, o início da fila. Giunta passou a noite dormindo ali e tinha acabado de comer o café da manhã embalado para viagem quando um sedã parou subitamente, após subir no meio-fio diante dele. Dois caras saíram do carro e começaram a interrogar Giunta: Quem é você? Por que está aqui? Com que grupo você está?

Aqueles eram Frank Parisi, um crítico de videogames, e seu amigo Shanti Seigel, que passaram os últimos seis meses planejando a estratégia de fila para *A ameaça fantasma*, principalmente com um grupo chamado Ordem Fraternal dos Caçadores de Recompensas. Os amigos se conheceram e firmaram um vínculo naquele mesmíssimo ponto, do lado de fora do Coronet, para ver as Edições Especiais, perto do início da fila. Seigel ia ao Coronet desde que assistiu a *O Império contra-ataca* ali aos 4 anos de idade, e gostava tanto de um assento no cinema mais do que qualquer outro – terceira fileira, poltrona seis – que havia gravado o próprio nome nele há anos. "Todo mundo tinha motivações diferentes para planejar o acampamento", fala Seigel. "Algumas pessoas queriam ser as primeiras, outras estavam atrás da glória; algumas pessoas só queriam se divertir. Eu não me importava com nada dessa porra. Só queria garantir que sentaria no meu lugar para a sessão de estreia."

Seigel cada vez antecipava mais a data em que ele, Parisi e outro amigo começariam a acampar. Imaginando que *todo mundo* chegaria com tendas a tira-colo com um mês de antecedência – incluindo os Caçadores de Recompensas, que eles podiam deixar para trás –, Seigel finalmente decidiu marcar como data o dia 15 de abril, às onze da noite, ou seis semanas antes da estreia. Ele estava certo; eles foram os primeiros. O trio ficou ali por não menos do que dois dias, até que a polícia os expulsou da calçada. Giunta apareceu dois dias depois daquilo, quando Parisi o viu e chamou Seigel, e foi quando os dois fizeram aquela cena de *Starsky e Hutch: justiça em dobro* com o carro sobre a calçada. "Assim que descobrimos que ele era apenas um maluco agindo sozinho", diz Seigel, "nós imediatamente abaixamos a guarda e fizemos amizade". Todos acamparam juntos naquela noite, e aí a polícia expulsou o bando inteiro de manhã.

Foi então que outra facção surgiu, composta de seguidores do Counting Down, um site agora extinto que começou com pouco mais do que um grande relógio que contava as horas até a primeira sessão da meia-noite de *A ameaça fantasma*. O site logo virou um centro de intercâmbio de rumores sobre o filme – uma comunidade online nascente para os homens de vinte e poucos anos acampados em Nova York, Los Angeles e São Francisco. Mais importante, o pessoal do Counting Down foi o único que teve a precaução de conseguir uma permissão para acampar, emitida pela prefeitura por 700 dólares, antes de armar tendas do lado de fora do Coronet.

A Equipe Counting Down convidou todo os primeiros campistas a uma reunião de cúpula na pizzaria Round Table, ao lado do Coronet. As facções dessa fila rebelde foram convidadas a se unir. Eles bolaram um sistema de turnos: todo mundo que fizesse um turno de 24 horas no próximo mês teria um ingresso. Giunta precisava de doze ingressos, então topou fazer doze turnos. Todo mundo o chamou de maluco. "Bem", explicou Giunta, "eu faria mais do que isso de qualquer maneira". Seigel declarou que qualquer noite que qualquer outra pessoa acampasse, ele também estaria lá.

Parisi foi ao Coronet na maior parte dos dias e fez companhia para Giunta, conversando sobre cinema. Alguma mãe hippie da vizinhança deixou o filho na fila durante o dia; a fila julgou o menino a imagem cuspida e escarrada de Anakin Skywalker. "O moleque vai para a frente da fila", declarou Parisi. "Pequeno Anakin" virou um mascote; ele forçou o restante dos fãs que aguardavam a manterem bom comportamento e não exagerarem na bebida. A trégua entre facções permaneceu.

A fila suportou o vento frio do verão e a névoa implacável. "Foi um pesadelo à noite", disse Todd Evans, um dos caras do Counting Down que se tornou amigo íntimo de Parisi. "Mas foi como uma colônia de férias para malucos por cinema." Eles se mantiveram firmes quando motoristas na Geary Boulevard paravam e gritavam para irem arrumar o que fazer. Aguentaram gente passando de carro e atirando balões cheios de água, e, em uma situação especialmente pegajosa, um ataque com um balão cheio de xarope de bordo. Mantiveram a calma quando uma emissora de rádio local, a Wild 107, pagou o fã de *Star Wars* Khari "Krazy K" Crowder para acampar do lado de fora do Coronet por um mês – em uma van de luxo bem equipada. A humilhação final que os guerreiros da fila enfrentaram foi que não havia nada que prestasse sendo exibido no Coronet durante aquele longo mês: apenas uma comédia de horror hollywoodiana, com toda a qualidade que isso implica – um fracasso de público e crítica chamado *A mão assassina*. Era tão ruim, na verdade, que Evans tentou assistir e saiu do cinema, preferindo dormir lá fora no frio intenso. "E eu nunca saio no meio de um filme", afirma ele. Se algum transeunte fosse suficientemente ignorante para perguntar o que eles esperavam, o povo da fila apontava para a marquise. "*A mão assassina*", diziam eles, com a cara séria. "Estamos acampados para comprar ingressos para *A mão assassina*."

A notícia da fila rapidamente se espalhou. Turistas asiáticos vinham de ônibus para fotografar os poucos guerreiros da fila felizes; um deles, Travis, começou a se maquiar como um perfeito Darth Maul, com lentes de contato e tudo mais. "Começamos a virar cenário para o noticiário local", conta Giunta. A Round Table oferecia pizza grátis para o povo da fila; o dono de uma confeitaria de *bagels* local ofereceu o andar de cima para que eles tomassem banho. A loja de camping REI doou tendas; a IBM deu três notebooks da linha Thinkpad para a fila compartilhar. O Counting Down instalou um cabo de fibra ótica em uma copiadora vizinha e puxou fios pela porta para que a fila tivesse internet de banda larga, ainda uma raridade em 1999. E o que os caras na fila fizeram com todo esse equipamento? Eles assistiram a uma cópia pirata do *Star Wars Holiday Special*.

O número do telefone público perto do Coronet foi postado no site Counting Down. Fãs ligavam de pontos distantes, como a Irlanda, e o grupo do lado de fora do cinema se dividia em turnos para atender. Um jovem meio estranho, recém-formado no colegial, chamado A. J. Napper passou correndo pela fila aos berros, imitando o famoso grito de batalha de Han Solo na Estrela da Morte ao ser perseguido, e a seguir foi perseguido por um contingente de stormtroopers. A. J. começou a fazer isso pontualmente a cada hora para aliviar a monotonia. Com o tempo, alguém sentiu uma vontade irresistível de fazê--lo tropeçar. Na maior parte das noites, todos eles iam a uma espelunca na

Clement Street chamada The Other Place. O barman dava um desconto de 50% para todos os guerreiros da fila, e eles inventaram um coquetel próprio, o Darth Maul Flamejante: licor Aftershock, Jaegermeister e/ou vodka negra, e rum 151 em cima para atear fogo ao drinque. Parisi ficou zureta de tanto beber, subiu no bar, arrancou a camisa e brindou: "Para todos os meus amigos!". Seigel bebeu tantos drinques uma noite que quase considerou deixar que um amigo o levasse de carro para casa. Felizmente, Giunta lembrou que seu lugar era na fila, e Seigel conseguiu cambalear de volta para a tenda antes de desmaiar. Se tivesse ido embora, "eu teria me arrependido até hoje", diz Seigel.

Uma semana antes da sessão de meia-noite veio a grande tentação. O Coronet sediou uma sessão especial para elenco e equipe da ILM e VIPs sortidos. George Lucas apareceu com os filhos e apertou algumas mãos. Todo mundo na fila tentou desesperadamente segurar a onda, mas alguns se lembram de A. J. correr até Lucas e abordá-lo efusivamente. Robin Williams usou uma tática inteligente para entrar sem ser perturbado: ele mandou que um sujeito se aproximasse do cinema fantasiado como Robby, o Robô, de *Planeta proibido*, enquanto Williams tentava correr escondido. Mas A. J. foi atrás dele também.

Então, quando todas as celebridades e funcionários estavam lá dentro e as portas se fecharam, um representante da Lucasfilm sussurrou para o menino e os sujeitos na frente: "OK, há alguns lugares sobrando; podem entrar se quiserem". Ingressos para uma festa fechada pós-evento no Marin Civic Center estavam incluídos no pacote.

Os integrantes da fila fizeram uma pausa. "Todo mundo se entreolhou e disse: 'essas pessoas eram irmãos de armas, comprometidos a permanecer ali, fizesse chuva ou sol'", conta Evans. Eles fizeram um pacto: quem entrasse agora estaria fora da fila para a estreia. Ainda assim, um monte de guerreiros da fila aceitaram a barganha faustiana – incluindo o menino. O Pequeno Anakin foi para o lado sombrio, disseram.

Aqueles que entraram na sessão para elenco e equipe perderam um sinal importante: Francis Coppola, que saiu do cinema com um charuto enorme, aproveitou para fazer uma pausa de meia hora. De mansinho, Giunta tentou tirar uma selfie com seu diretor favorito no mundo inteiro ao fundo, mas Coppola surgiu e lhe deu um tapa. "Se você quer uma foto decente, venha cá", disse ele. As pessoas na fila satisfizeram sua vontade de fotos e depois perguntaram: por que ele estava perdendo *A ameaça fantasma*? Coppola deu de ombros. "Eu já tinha visto uns pedaços antes." *Uns pedaços*? Por que o cineasta não queria assistir ao filme *todo*? Mas aquela era uma época de inocência, um tempo da crença inabalável de que qualquer coisa com o nome *Star Wars* deveria ser dourado, e, dessa forma, as pessoas na fila deram de ombros e permaneceram esperando.

Aqueles que permaneceram na fila durante a exibição receberam presentes incríveis da Lucasfilm. Eles se lembram de uma senhora simpática, uma veterana do fã-clube de *Star Wars*, que veio em uma picape até o Coronet com um pedaço original de 1,80 metro da vala de isopor da Estrela da Morte de 1977; ela pegou um serrote e começou a distribuir pedaços da maquete para a fila, que recebeu como se fossem da cruz verdadeira. Lucas mandou que um bolo de sorvete de chocolate no formato de Chewbacca fosse entregue para a fila. O produtor Rick McCallum saiu algumas vezes para ficar com o pessoal. Giunta recebeu uma entrega especial da FedEx para a fila enviada pela mãe e escondeu de Beth quando a namorada veio visitá-lo. Mas os fãs que resistiram à tentação de entrar no cinema também tiveram que suportar spoilers – especialmente o momento quando o Pequeno Anakin, que eles não conseguiram enxotar, apontou para Travis, fantasiado como Darth Maul, e berrou "Você morre!". Todos os guerreiros da fila tiveram que respirar fundo.

Finalmente, o grande dia chegou. Evans coordenou um concurso de fantasia julgado pelo grupo de drag queens Sisters of Perpetual Indulgence (Irmãs da Tolerância Perpétua), uma instituição de São Francisco. Naturalmente, Travis venceu como Darth Maul. O fundador de uma empresa pontocom – aquele foi o apogeu da era pontocom – passou lá e deu para todo mundo sabres de luz coloridos. Evans vestiu um smoking para a noite, embora fosse difícil manter a aparência cheia de marra. "Frank começou a dar uns pulinhos de nervoso, como um lutador antes da luta pela disputa do título em Vegas, apenas tremendo de expectativa, e eu estava absorvendo aquilo", fala Evans. Quando abriram as portas, ninguém lembra exatamente quem foi o primeiro a entrar. Alguns dizem que foi Krazy K da emissora de rádio, carregando o Pequeno Anakin nos braços. Parisi chegou à porta antes de Evans, mas parou para beijar o carpete no saguão, e Evans passou por ele correndo.

Uma vez dentro do cinema, a multidão estava louca de empolgação. Os guerreiros da fila tiveram uma hora para duelos de mentira de sabres de luz. Um sujeito perversamente vestido como o capitão Picard de *Star Trek* foi perseguido para cima e para baixo pelos corredores. Finalmente, eles se sentaram e berraram pelo filme que queriam: "*A mão assassina! A mão assassina!*".

Chris Giunta, que fez aqueles turnos extras para que pudesse trazer a namorada, Beth, e mais dez amigos para a sessão, tinha uma surpresa para ela e para o restante dos fãs. Rick McCallum apareceu na frente do cinema. O produtor viu a casa cheia, a primeira em São Francisco a ver o filme em que ele trabalhara por quase cinco anos, e abriu os braços: "Isso é sensacional, porra". Os guerreiros da fila vibraram. Então McCallum perguntou se havia uma Beth no recinto. "Eu te odeio", sussurrou a namorada de Giunta – sorrindo, chorando. Giunta, usando manto Jedi, levou Beth para frente do cinema e a pediu em casamento com a aliança que a avó usou, a aliança que a mãe enviara via FedEx para a fila. Beth disse sim. Os guerreiros da fila explodiram. Eles saíram correndo dos lugares favoritos que andaram planejando e discutindo por meses e avançaram no casal com um gigantesco abraço em grupo.

Era impossível arrumar uma plateia com um astral melhor quando as luzes se apagaram e a fanfarra da Fox começou. "Havia uma eletricidade formigando os dedos de todo mundo", conta Evans. "Foi como o Big Bang, toda aquela energia cinética explodindo e sendo liberada de uma vez pelos fãs por toda a plateia. Simplesmente um organismo psíquico gigantesco."

Como todas as boas coisas, a euforia não durou. Depois do filme, todo mundo saiu em bando da sala, meio tontos. Do lado de fora, uma equipe de TV estava entrevistando as celebridades da fila. O que eles achavam? Tudo aquilo valeu a pena? Giunta, de braço dado com a noiva, disse que teria de rever para formar uma opinião. Evans ainda tinha imagens da corrida de pods e os sabres de luz dançando na mente, e nenhuma opinião coerente ainda. Apenas um sujeito deu uma citação concisa. Quinze anos depois, ninguém consegue lembrar direito quem foi; Giunta acha que foi Parisi, que achou que foi Seigel, que achou que foi Travis. Mas todos lembram o que o sujeito disse, o momento em que aquele fã passou pelos amigos, olhou direto na câmera e fez uma resenha especial de quatro palavras de *Episódio I*.

– Merda. Sanduíche. Da porra – berrou ele e sumiu na noite.

23 / OS PRÓLOGOS CONQUISTAM *STAR WARS*

Em 25 de maio de 1977, o dia em que o primeiro filme de *Star Wars* foi lançado, o *San Francisco Chronicle* não mencionou a estreia até a página 51. Em 19 de maio de 1999, em comparação, *A ameaça fantasma* estava no jornal inteiro. O bombardeio de Kosovo feito pela OTAN, o pedido de gasto de 15 bilhões de dólares do presidente Clinton, a aprovação de uma lei pós-massacres de Columbine sobre travas de segurança para crianças em armas: nada disso chegou à capa. Em vez disso, uma manchete gigante indagava onde o recluso Lucas tinha ido naquele dia importante: de volta para o Havaí? (Na verdade, ele estava se preparando para as férias com os filhos na Europa.)

Nas páginas interiores do *Chronicle*, os leitores viram um editorial chamado "Que a badalação esteja com você" e um cartum editorial mostrando um mundo cheio de placas de *Star Wars*. O conselho municipal tinha acabado de votar a proibição de venda de ponteiros laser para as crianças, porque os pais "acreditam que esses ponteiros poderiam ajudar as crianças a imitar Luke Skywalker" e que elas corriam um risco maior de se cegarem. Uma reportagem gigante se admirava das 2,2 mil tomadas de efeitos especiais do filme e se perguntava – como todo mundo na indústria cinematográfica – se o cinema realmente se tornara digital. (Na verdade, o filme foi menos feito por computadores do que o público suspeitava; as maquetes das naves ainda eram reais, e o mundo estava a anos de distância da estreia do Yoda feito por CGI.)

A trilha sonora do filme foi criticada no caderno de artes: "O trecho mais adorável da trilha é o andamento sinuoso e animado associado a Jar Jar Binks, o Gungan cheio de atitude", elogiava o texto. No outro extremo do espectro emocional, *Duel of the Fates*, de John Williams, já havia se tornado a primeira composição de música clássica na programação de clipes da MTV. Era uma faixa bombástica, fatídica, cantada por um coro, e inspiraria a presença de coros apocalípticos em trilhas sonoras hollywoodianas por anos a fio. A música de Williams, o oxigênio de *Star Wars*, ainda estava operando no auge.

A cena no Coronet fora repetida no país inteiro. Todos os noticiários locais tinham um repórter diante das filas de espreguiçadeiras e sacos de dormir. Muitos colocaram helicópteros voando. Uma emissora do Oregon divulgou uma notícia chocante: um cinema local tinha apenas *quatro* fãs acampados do lado de fora.

Em 1977, *Star Wars* estreou em 32 salas. Em 1999, *A ameaça fantasma* foi lançado em 7,7 mil. A Fox gastou cerca de 50 milhões de dólares na propaganda, que na verdade foi um valor baixo para um filme tão importante; a mídia estava fazendo o trabalho para o estúdio. Isso ajudou, porque a Fox ficaria apenas com 7,5% da bilheteria, menos de um terço da porcentagem regular. E Lucas? Todos acreditavam que o filme estava prestes a torná-lo um bilionário.

Lucas já poderia ter passado desse marco àquela altura, baseado puramente nos contratos de merchandising. A Hasbro pagou 400 milhões de dólares pelos direitos de fazer brinquedos baseados no filme – e não eram sequer direitos exclusivos. A Lego pulou dentro do universo *Star Wars* com o primeiro acordo de licenciamento nos cinquenta anos da gigante dinamarquesa dos brinquedos; isso apesar do fato de um dos vice-presidentes da empresa ter declarado, dois anos antes, que a Lego só licenciaria *Star Wars* "sobre o meu cadáver". O presidente, ele próprio um fã de *Star Wars*, convenceu os executivos mostrando uma pesquisa realizada com pais nos Estados Unidos e na Alemanha, que relevou que uma enorme maioria compraria conjuntos de Lego *Star Wars* se eles estivessem disponíveis. Não deu outra: mais de 2 bilhões de dólares de Lego *Star Wars* foram vendidos entre 1999 e 2000, o que ajudou a empresa a retomar a lucratividade. A Toys "R" Us e a FAO Schwartz organizaram suas primeiras aberturas de loja à meia-noite – um evento chamado "Loucura da Meia-Noite" – em maio de 1999, nas quais todos esses novos brinquedos ficaram disponíveis ao mesmo tempo. (Até mesmo os guerreiros da fila do Coronet apareceram na filial local em massa.)

Houve outros 73 licenciamentos oficiais de *Star Wars*. Nem todos foram voltados para crianças. A Yves Saint Laurent, por exemplo, produziu maquiagem da rainha Amidala. Mais ideias foram abandonadas sobre a mesa. O mundo jamais veria as cabeças plásticas de apertar no formato de um "Gungan gorgolejante" ou os pods de corrida de puxar corda que uma agência imaginou para as promoções da Pepsi para o *Episódio I*. Mesmo assim, Steve Sansweet chamou o fluxo resultante de produtos de "uma inundação de proporções bíblicas". A Pepsi produziu o número incrível de oito bilhões de latas de refrigerante do *Episódio I*. Em vez de um bilhete dourado, havia 250 mil latas douradas de Pepsi com Yoda como tema: elas valiam 20 dólares para quem devolvesse por correio. Uma década que começou com fãs de *Star Wars* essencialmente escondidos acabaria com mais personagens de *Star Wars* impressos em latas de alumínio do que o número de pessoas no planeta.

A filiação ao fã-clube de *Star Wars* atingiu o ápice durante a época do lançamento de *Episódio I*. Dan Madsen estava enviando 2 milhões de exemplares por mês da *Star Wars Insider*, o novo nome da revista do fã-clube da Lucasfilm. (Para efeito de comparação, ele enviava 500 mil exemplares da *Star Trek Communicator* por mês.) Em abril de 1999, Madsen também foi o instigador da primeira *Star Wars* Celebration, um evento de três dias no Museu Aeroespacial de Denver. Madsen e seu incansável mestre de cerimônias, Anthony Daniels, abriram o caminho para 20 mil fãs de todo o mundo se reunirem em Denver. Caiu um aguaceiro torrencial, e as tendas de vendedores começaram a pingar com goteiras. Mesmo assim, lá estavam eles, milhares de viciados em *Star Wars* ligando para os amigos em casa com seus celulares tijolões, contando sobre os pequenos trechos do filme sendo mostrados.

Essas cenas exibidas de *Episódio I* foram objetos de intensa desconstrução, como foram os trailers. O primeiro trailer de *A ameaça fantasma* estreou online e foi baixado 10 milhões de vezes. Isso pode não parecer grande coisa na era do YouTube, mas em 1998, quando menos de um terço dos americanos estava online, quase todos eles com conexões horrivelmente lentas de 56k, foi um fenômeno. Baixar um vídeo podia levar horas. Enquanto isso, fãs radicais pagavam para entrar nas sessões de *Encontro marcado* e *O rei da água* e depois tentavam recuperar o dinheiro antes de o filme começar – porque eram os filmes nos quais o trailer de *A ameaça fantasma* aparecia. Os cinemas logo perceberam e passaram a recusar o ressarcimento. Porém, para os fãs desesperados pelas menores migalhas de detalhes, valeu a pena pelas histórias que a pessoa podia contar para si própria baseadas naquelas imagens: uma rainha em um conselho, um campo cheio de droides, uma cidade reluzente sobre uma cachoeira. A ideia de *Star Wars* estava de volta – e como!

Assim que o filme foi lançado, muitos fãs radicais precisariam ver *A ameaça fantasma* algumas vezes. O público casual queria assistir pelo menos uma vez para saber qual era o motivo de tanta badalação. A firma de consultoria de ambiente de trabalho Challenger, Gray & Christmas estimou que 2,2 milhões de funcionários nos Estados Unidos simplesmente fugiram do trabalho no dia 19 de maio para ver o filme. Alguns chefes simplesmente declararam um feriado *Star Wars*. O longa-metragem arrecadou 28,5 milhões em venda de ingressos no dia de estreia, um novo recorde.

As críticas negativas já começavam a surgir àquela altura, mas não pareceram importar. Ambas as revistas *Time* e *Newsweek*, que ficaram entusiasmadas com o *Star Wars* original, não aprovaram *A ameaça fantasma*. "Os atores são papéis de parede, as piadas são infantis, não há romance, e o diálogo cai como o baque de um manual de instruções de computador", trovejou Peter Travers na *Rolling Stone*. "Sem graça, exageradamente reverencial e com uma trama impenetrável", concluiu o *Washington Post*. A *Variety* reclamou que o filme não tinha apelo emocional, surpresa ou deslumbramento. Houve algumas resenhas positivas, porém, incluindo uma do maior nome da crítica. Roger Ebert havia sido pessoalmente instruído por Lucas e estava na mesma sintonia do diretor. "O diálogo não é a questão", insistiu ele. "Esses filmes se tratam de coisas novas para serem vistas."

De início, os espectadores pareciam concordar com Ebert. O instituto Gallup divulgou uma pesquisa sobre *A ameaça fantasma* – na verdade, o Gallup divulgou três pesquisas sobre o filme, porque esse era o tamanho da importância da série – feita entre 21 de maio e 19 de junho de 1999. Na primeira pesquisa, 52% das pessoas que viram descreveram *A ameaça fantasma* como "excelente"; na terceira pesquisa, o número havia caído para 33%. Mas a maior parte da balança tinha pendido para a categoria "bom". A porcentagem de gente que descreveu o filme como "ruim" nunca passou dos 6% – mais ou menos a mesma porcentagem de consultados que chamaram *A ameaça fantasma* de "um dos maiores filmes que já vi".

Críticas negativas podem ter diminuído a venda de ingressos, mas apenas no mesmo sentido que sacos de areia podem diminuir um tsunami. Estimativas de pré-venda indicavam que a bilheteria do fim de semana de estreia ficaria entre 100 milhões e 190 milhões de dólares; na verdade, *A ameaça fantasma* levou uma semana para chegar a 134 milhões de dólares. Mas o filme não parava de arrecadar dinheiro. "É completamente à prova de críticas", falou o crítico de cinema Elvis Mitchell, da NPR, que não era um fã. "Não importa se esse filme é basicamente a versão intergaláctica da C-Span*. Eles conversam sobre tratados por duas horas. Não. As pessoas irão. Elas querem ver porque querem fazer parte do fenômeno."

---

* Canal a cabo dedicado a transmitir sessões e trabalhos da Câmara e do Senado do governo americano, entre outros órgãos e instituições públicos. [N. do T.]

A ameaça fantasma foi o maior filme de 1999 e, sem ajuste pela inflação, o maior filme de *Star Wars* de todos os tempos. Arrecadou 431 milhões de dólares nos Estados Unidos, mais 552 milhões de dólares no resto do mundo – o primeiro filme da saga cuja bilheteria internacional bateu a americana. Ganhou a maior parte do dinheiro em países cuja maioria do público estava lendo legendas e não se importava com a interpretação dos diálogos, de qualquer forma. Eu passei uma boa parte da *Star Wars* Celebration Europe em 2013 bebendo com fãs alemães que falaram entusiasmados sobre o quanto amavam *Episódio I*. O Japão, em especial, foi à loucura por causa do filme. A bilheteria somente naquele filme – 110 milhões de dólares – quase igualou todo o orçamento de Lucas.

Para Lucas, que nunca ligou para os críticos, o sucesso internacional de *Episódio I* representava uma vingança. Ele também não ligava muito para a Academia, portanto o fato de *A ameaça fantasma* ter perdido o Oscar de efeitos especiais em 2000 para *Matrix* teria sido apenas uma pequena chateação. A bilheteria não mentiu: Lucas estava no caminho certo – tocando a música certa, por assim dizer. *Episódio I* era um espetáculo visual; o diálogo não importava. Se os atores sempre seriam superados pelos efeitos, por que se preocupar com a atuação? Melhor continuar com o conceito de filme mudo/sinfonia. Parecia ter funcionado tão bem, na verdade, que o cineasta não perdeu tempo em colocá-lo em ação novamente – dessa vez, com mais vontade ainda.

Em agosto de 1999, cerca de três meses após a estreia de *Episódio I*, Lucas e os filhos voltaram das férias na Europa. Em setembro, ele começou a escrever o *Episódio II*. O momento foi novamente registrado por câmeras da Lucasfilm. O material que eles gravaram desmentiu a alegação de McCallum feita em maio de 1999 de que Lucas estava "mais ou menos com um quarto do roteiro feito" de *Episódio II* e que "terminaria em setembro". A discrepância não teria sido grande coisa, a não ser pelo fato de que a produção do novo filme já estava em andamento. O estúdio já havia sido reservado. A filmagem estava prestes a começar, dessa vez na Austrália, onde incentivos fiscais e trabalhadores com know-how de tecnologia também atraíram os criadores de *Matrix*, em junho de 2000. McCallum passou a maior parte do outono de 1999 em aviões indo e voltando de Sydney e juntou 90 mil milhas aéreas com isso.

Lucas passara três anos escrevendo e reescrevendo *Episódio I*; ele agora teria de produzir um roteiro para *Episódio II* em meros nove meses. O cineasta se sentou à mesa feita de portas na torre de escrever e "começou na página um e avançou pelo primeiro manuscrito o mais rápido possível", disse para o escritor Jody Duncan. Então "começou a trabalhar imediatamente em um segundo manuscrito". Aparentemente, esse seria o segundo de um número recorde de manuscritos – 14 ou 15 – que Lucas escreveu *antes* de mandar datilografar os resultados como um "manuscrito bruto". Ele então fez mais dois ou três até mandar datilografar novamente como um "segundo manuscrito". Não sabemos quantas versões a lápis precederam o terceiro manuscrito. A próxima parte da cronologia a ser registrada no folclore da Lucasfilm é que o quarto manuscrito foi revisado pelo roteirista de *As aventuras do jovem Indiana Jones*, Jonathan Hale, que finalmente recebera a ligação tão esperada da Lucasfilm. Lucas calculou ter feito vinte revisões de *Episódio I* em três anos. Para o *Episódio II*, parece que ele escreveu vinte revisões em dez meses, ou um manuscrito a cada seis dias, dado que Lucas contou para Duncan que só escrevia três vezes por semana.

Isso não era escrever; isso era um show ao vivo de jazz.

Dessa vez, Lucas parecia estar lidando com o processo psicótico de fazer o roteiro por se importar menos com o produto final. Talvez essa fosse a única maneira como qualquer pessoa poderia ter feito, dada a tremenda pressão das expectativas vindas do Planeta *Star Wars*. Pelos roteiros que vazaram dessa produção, que foi ainda mais sigilosa que *Episódio I*, parece que Lucas estava se divertindo como nunca ao escrever *Star Wars*. Ele se satirizou além da conta, ao estilo *Mad*. O primeiro título de brincadeira para *Star Wars – Episódio II*, que Lucas manteve em vários manuscritos, foi "A Grande Aventura de Jar Jar" – como se almejasse implicar com os velhos fãs que já estavam furiosos com o personagem. Nos primeiros manuscritos, quando Padmé manda que Jar Jar a substitua no Senado Galáctico, Lucas brincou com a ideia de que o Gungan consegue falar inglês direito quando necessário:

> *PADMÉ: Representante Binks, sei que posso contar com você.*
> *JAR JAR: Cê podchiaposta.*
> *PADMÉ: O quê??!!*
> *JAR JAR: (tosse, se recupera) Ó, perdão, senadora. Quero dizer, sinto-me honrado em aceitar esse fardo pesado. Assumo essa responsabilidade com grande humildade pontuada por um orgulho avassalador.*

A brincadeira sumiria em manuscritos posteriores. Jar Jar surgiria como um ingênuo perigoso controlado pelo chanceler Palpatine, que proporia poderes emergenciais de guerra ao senado. Lucas estava virando do avesso o motivo mais importante de Jar Jar estar em *Star Wars* antes de mais nada. Acha que Jar Jar arruinou a galáxia muito, muito distante? Na verdade, ele literalmente fez isso.

Há mais provas de um toque cada vez mais despreocupado da parte do Criador. Obi-Wan Kenobi encontra um traficante em um bar vendendo "bastões mortais"; no roteiro, Lucas chamou o personagem de "Elian Sleazebaggano".* Quando Yoda encontra o conde Dookan – outro nome que, no original *Dooku* em inglês, é tão idiota chega a ser hilariante –, o líder separatista e senhor dos Sith em segredo, Lucas não apenas mudou de ideia a respeito de Yoda algum dia ter empunhado um sabre de luz – naquela mesa redonda de *O retorno de Jedi*, ele insistiu com Kasdan que o pequeno verdinho não lutava –, como, ao descrever o estilo de Yoda, Lucas começou a parecer com o narrador de um velho seriado de rádio:

> YODA ataca! Ele dispara à frente. CONDE DOOKAN é forçado a recuar. Palavras são insuficientes para descrever o alcance e a habilidade da velocidade e esgrima de Yoda. Seu sabre de luz é um borrão que zune.
> O sabre de luz de conde Dookan sai voando da mão. Ele cambaleia para trás, ofegante e exausto, e se apoia no painel de controle. YODA pula nos ombros de DOOKAN e fica prestes a enfiar o sabre de luz no topo da cabeça do conde.
> YODA: O fim para você, conde, isto é.
> CONDE DOOKAN: ... Não ainda...

Parece que Lucas esqueceu todas as aspirações a Joseph Campbell e simplesmente copiou um tema de *Flash Gordon*. ("Palavras são insuficientes para descrever o alcance" também podia ser traduzido como "ILM, insira cena de luta aqui.") Ele mesmo admitiu que "esse é mais parecido com um filme dos anos 1930 do que qualquer um dos outros, com um estilo ligeiramente exagerado e poético". O próprio título, *O ataque dos clones*, não podia ser mais *Buck Rogers*. A reação de Ewan McGregor, quando foi informado sobre o título no tapete vermelho de outra pré-estreia: "É isso? Que título horrível".

E se houvesse furos na trama? Então haveria furos na trama; havia um monte nos anos 1930 também. Lucas desviou de problemas de enredo como

---

* Sleazebaggano é um trocadilho com *sleazebag*, uma pessoa de mau caráter, suja, safada. [N. do T.]

Guido Anselmi, o cineasta fictício em *8 ½*, de Fellini, outro diretor envolvido em fazer um filme estranho sobre foguetes. Uma vez que Lucas estava tão familiarizado com o próprio material após tantos manuscritos, ele presumiu que o público enxergaria facilmente o mistério que Obi-Wan passa tanto tempo do filme tentando resolver – quem encomendou milhares de clonetroopers, os proto-stormtroopers que tentavam chegar bem a tempo de salvar os Jedis dos separatistas no planeta de Geonosis? A verdade sobre o fabricante misterioso parecia estupidamente óbvia para o Criador. "Sempre me preocupei que em *Episódio II* eu estivesse relevando demais", ponderou ele em 2005, "em termos de as pessoas se perguntarem 'de onde os clones realmente vieram?'".

De fato, não havia mistério para qualquer um que prestasse atenção. Jango Fett, o caçador de recompensas que fornece o DNA no qual os clones (e seu filho, Boba) são baseados, conta para Obi-Wan que ele foi recrutado não por um mestre Jedi há muito tempo perdido, como Obi-Wan acreditara, mas por "um homem chamado Tyranus". Mais tarde, o público é informado que Darth Tyranus é o nome de Sith do conde Dookan. Embora o fato de que os clonetroopers trairiam os Jedi devesse permanecer um mistério até o terceiro filme, é um resultado que se esconde a olhos vistos. Obi-Wan, estranhamente desinteressado sobre a questão de Tyranus, agora aparenta ser tão ingênuo quanto Jar Jar.

Poderia ter sido pior. O nome do mestre Jedi perdido que teoricamente encomendou o exército foi originalmente definido como "Sido-dyas" – não muito longe de "Sidious", o nome de Sith de Palpatine. Evidentemente, Lucas achou que isso era um pouco óbvio demais para o público e que transformava os Jedi em ingênuos ainda mais óbvios. Mas houve um erro de digitação no manuscrito impresso no qual esse personagem jamais visto se tornou "Sifo-Dyas". Lucas gostou. O nome ficou, o Universo Expandido fez o resto do serviço, e hoje o mestre Jedi Sifo-Dyas é um personagem completo com um enorme verbete na Wookieepedia. (Alerta de spoiler: ele foi assassinado pelo conde Dookan e teve o sangue injetado no soldado ciborgue dos Sith, o general Grievous.)

E aí havia o romance entre Anakin e Padmé, que segue aos trancos e barrancos de cena ruim em cena ruim. Desde o começo do processo de *Episódio II*, Lucas sabia que estava tentando escrever um romance à moda antiga.

---

* Para não soar como um palavrão, o personagem aparece na tradução brasileira do filme (nas legendas e dublagem) como Zaifo-Vias, seguindo a tradição que mudou o capitão Panaka para Panace, e conde Dooku para Dookan. [N. do T.]

Disse estar preocupado que os meninos de seu público-alvo revirassem os olhos para a natureza poética do romance. Mas, na verdade, não foi isso que tivemos como resultado final. As cenas de amor, aos olhos da maioria dos espectadores, são mais bobas do que poéticas. Aqui está um exemplo da conversa supostamente de flerte entre o jovem casal – e isso saiu do manuscrito *final*:

> *ANAKIN: Bem, me diga, você sonhava com poder e política quando era criança?*
> *PADMÉ: (rindo) Não! Isso foi a última coisa que pensei, mas quanto mais estudava história, mais notava o bem que os políticos podem fazer. Depois do colégio, me tornei conselheira do senado com tanta paixão que, antes que eu percebesse, fui eleita rainha. Na maior parte do tempo, as reformas foram possíveis por causa da minha convicção. Eu não fui a rainha mais jovem da história a ser eleita, mas agora, pensando bem, não tenho certeza se tinha idade suficiente. Não tenho certeza de que estava pronta.*
> *ANAKIN: As pessoas que você serviu acharam que seu trabalho foi bom. Ouvi dizer que tentaram fazer uma emenda à constituição para que você pudesse permanecer no cargo.*
> *PADMÉ: Um governo popular não é democracia, Anni. Ele dá às pessoas o que elas querem, não o que precisam. E, na verdade, eu fiquei aliviada quando os dois mandatos acabaram. Meus pais também. Eles ficaram preocupados comigo durante o cerco e mal podiam esperar que aquilo tudo terminasse. Na verdade, eu esperava ter uma família a essa altura... Minhas irmãs têm filhos maravilhosos... Então, quando a rainha me pediu para servir como senadora, eu não pude recusar.*
> *ANAKIN: Eu concordo! Acho que a República precisa de você... Fico contente que tenha escolhido servir. Acho que vão acontecer coisas na nossa geração que mudarão a galáxia profundamente.*
> *PADMÉ: Eu também acho.*

Seria difícil chamar esse diálogo de romance, mais difícil ainda chamá-lo de filme infantil. Sequer chega a ser a versão intergaláctica da TV Senado. Talvez seja mais acertado chamá-lo de "chatice didática bem-intencionada". O diálogo nos faz lembrar Luke Starkiller no segundo manuscrito de *The Star Wars*, que recita páginas de explicações para os irmãos caçulas sobre a história dos gângsteres no Senado Galáctico. Lucas, longe de ser um autor de livros românticos, originalmente fez o casal se casar no meio do filme, em vez de no final.

Por mais que o roteiro de *Episódio II* tenha passado por várias revisões, ainda assim Lucas não entregou um único manuscrito datilografado para sua equipe durante o processo de pré-produção. Isso foi um passo além de apenas fornecer aos atores as páginas que eles precisavam; quase todos os envolvidos desconheciam o filme inteiro até Lucas embarcar em um avião para a Austrália a fim de começar a filmagem. Um exército de designers estava de mãos atadas criando planetas e criaturas sem ter a menor ideia de onde eles se encaixariam ou por quanto tempo apareceriam na tela. McCallum, o produtor que nunca diz não, estava de mãos atadas tentando fazer um orçamento sem conseguir especificar o que estava orçando. Lucas estava tocando jazz: indo e voltando segundo as ilustrações da equipe de design, obtendo inspiração para o roteiro a partir do resto da Lucasfilm em vez de o inverso.

McCallum minimizou a situação em uma entrevista para a *Star Wars Insider* em janeiro de 2000. "No momento, não precisamos de um roteiro. É melhor que [Lucas] se concentre nos diálogos e nos temas ao seguir em frente, enquanto trabalhamos no visual." McCallum comparou *Episódio II* a *Cidadão Kane*, cujo roteiro Orson Welles terminou dois dias antes de as filmagens começarem. "Não estamos pressionando Lucas", acrescentou o produtor.

Mesmo quando Lucas entregou a versão datilografada do roteiro final, o texto não estava terminado; foi aí que ele mandou Jonathan Hale fazer uma revisão, trabalhando remotamente de Londres. No set, Lucas examinou o manuscrito rapidamente revisado por Hales, reescreveu e finalmente entregou para a equipe três dias antes da primeira filmagem, quase – mas por pouco – igualando o recorde de Welles. Mesmo após as filmagens, Lucas não estava satisfeito com o roteiro e tentou detalhar o personagem do conde Dookan ao inserir diálogos que o tornavam o antigo mestre de Qui-Gon.

O ator-chave para *Episódio II*, o desconhecido canadense Hayden Christensen, foi escolhido para o papel de Anakin Skywalker adolescente sem ter lido uma palavra da história. Quando finalmente viu o roteiro, o novo Anakin ficou pálido. "O diálogo era, bem, eu não sabia como torná-lo convincente", contou ele em 2005. "Finalmente, eu disse para mim mesmo que era a voz de George. Essa é a visão dele, e estava ali para satisfazê-la, e foi assim que trabalhamos." (Estamos bem longe da época do "Você consegue datilografar essa merda, mas não consegue dizê-la".)

E assim a filmagem foi em frente, de junho a setembro de 2000, com um exército de artistas e engenheiros tentando satisfazer a visão de Lucas. Ele próprio estava mais preocupado com seu marco tecnológico mais recente: criar o primeiro longa-metragem filmado digitalmente do início ao fim. Lucas foi à Sony e à Panasonic e insistiu que elas criassem uma câmera que desse conta do recado; o que resultou foi a Sony HDC-F900, uma câmera digital que registrava 24 quadros de alta definição por segundo. Mas a ILM teve menos de 24 horas para examiná-la antes que a câmera fosse para Sydney e ficou horrorizada com o material que retornou. A câmera comprimia os dados do canal azul a mais ou menos um quarto do tamanho normal dos canais vermelho e verde – o que teria sido um pequeno probleminha se a maioria do filme não tivesse sido todo filmado contra uma tela azul. Para todos os efeitos, daria no mesmo se Lucas sequer tivesse usado a tela azul. Dezenas de artistas e especialistas em imagem tiveram que realizar centenas de ajustes meticulosos ao que chamavam de "lixo". No entanto, para Lucas, efeitos visuais existiam em uma caixa opaca. Os funcionários da ILM lembram John Knoll, o co-criador do Photoshop e supervisor de efeitos visuais do filme, frustrado sobre o número limitado de vezes em que conseguiu interceder com o Criador sobre questões digitais, depois das quais Knoll achava que teria de calar a boca por alguns dias.

Após a badalação de *A ameaça fantasma*, o lançamento de *O ataque dos clones* em 16 de maio de 2002 foi um evento relativamente desanimado, pelo menos nos Estados Unidos. O filme estreou em mais ou menos metade das salas – 3.161 –, com relativamente pouca propaganda e nenhuma associação com lanchonetes de fast food. Ainda assim, de início, *Episódio II* teve um desempenho ainda melhor do que o antecessor e arrecadou 116 milhões de dólares em quatro dias – o mesmo valor do orçamento. Pela primeira vez, um filme de *Star Wars* estreava no mundo inteiro simultaneamente, em mais de setenta países. Adicione um fim de semana de estreia internacional de 67 milhões de dólares, e ficou claro que aqueles contratos de merchandising não eram nem um pouco necessários.

Embora alguns críticos tenham achado que o filme era um avanço em relação a *A ameaça fantasma*, a maioria fez críticas ainda piores para *O ataque dos clones* do que o para antecessor. Baseado na seção "principais críticos" do site de resenhas Rotten Tomatoes, *Clones* tem a pior classificação dos primeiros seis episódios, com 37% de "frescor".* Ninguém duvidava que o filme renderia dinheiro aos montes, não obstante, e os críticos demonstraram uma espécie de resignação em seu desespero. Pela primeira vez, *Star Wars* foi comparado de maneira desfavorável aos seriados de *Flash Gordon*. "O roteiro faria Buster Crabbe pedir que alguém reescrevesse", escreveu Michael Atkinson no *Village Voice*.

---

* O Rotten Tomatoes é um agregador de críticas e classifica os filmes pelo frescor como se fossem tomates; a escala vai dos mais frescos até os tomates "podres". [N. do T.]

Entender onde a República, a Federação, a Aliança Corporativa e os Sindicatos Comerciais começam e terminam é mais do que o próprio Lucas consegue fazer, e a explicação sem fim é uma bobagem tão irritante que a pessoa se sente inclinada a ignorá-la e olhar pelas janelas enquanto as aeronaves digitais passam. Quando eu era criança no colégio, nós chamávamos isso de "tédio". Hoje, é uma teofania secular.

Vistos como cinco filmes – ou seis, em um ano mais ou menos –, isso dificilmente é um épico (uma palavra que implica um peso moral, humano e social). É uma maratona de sonhos pré-adolescentes irrelevantes. É possível argumentar que a obra em andamento de Lucas acabará por atrair mais consumidores do que qualquer outra manifestação cultural na história da raça, à exceção da Bíblia. Pelo menos, se um emissário Jedi fosse examinar a humanidade por meio dos textos mais amplamente estudados, a enorme fantasia de Lucas certamente estaria entre os cinco principais.

Parem o planeta que eu quero descer.

Havia pontos de luz nas trevas da crítica. O duelo de sabres de luz entre Dookan e Yoda em CGI foi elogiado por ter sido inesperado e eficaz: a pessoa acredita que um sujeitinho verde sabe voar. Aí veio o final infernal: legiões de clones se reunindo sob a luz vermelho-escura em Coruscant, o maior exército digital jamais visto na tela. Desde a primeira trilogia, os fãs presumiram que aqueles clones que eles ouviram falar, das Guerras Clônicas que foram proibidas aos outros escritores, fossem alguma espécie de invasão externa. O próprio título, *O ataque dos clones* reforçou aquele engano. Agora, revelou-se que os clones eram soldados espaciais, proto-stormtroopers – e que lutaram ao lado dos mocinhos. "Foi uma maravilha ter sido pego de surpresa pela revelação em *Clones*", diz o escritor Timothy Zahn. "Mandou bem, George, mandou bem."

Novamente, as críticas ruins ricochetearam na Lucasfilm como se ela usasse um colete à prova de balas. Pegando a onda de outro filme de sucesso, a Lucasfilm tornou independente a divisão de som de cinema, *THX*, que virou uma empresa privada separada, na qual Lucas tinha uma participação minoritária. A Lucasfilm também estava evoluindo de outras formas; Lucas transferiu a maior parte das divisões da empresa para o Rancho Red Rock, pertinho do Rancho Skywalker, porque ela estava ficando grande demais para caber no

Skywalker. A ILM chegou a mais ou menos 1,5 mil funcionários. Lucas assinou uma licença para construir uma nova sede em São Francisco.

A Lucas Books, enquanto isso, estava ocupada dividindo o Universo Expandido em áreas específicas que abrangiam milhares de anos: a Velha República, a Queda da República, a Rebelião, a Nova República, a Nova Ordem Jedi. Foi uma maneira inteligente de diversificar os investimentos de *Star Wars* em um momento crucial. Não ficou fã dos prólogos? Ainda era possível encontrar algo para amar naquelas áreas da longa história da galáxia. A era da Velha República, um período de 24 mil anos em que os Jedi e os Sith travavam batalhas épicas em quantidades bem maiores do que nos prólogos, se mostravam especialmente populares em mídias derivadas, tais como os gibis *Tales of the Jedi*, o premiado RPG de computador *Knights of the Old Republic* (2003), e o jogo online *The Old Republic*, que ganhou 1 milhão de jogadores nas primeiras semanas de lançamento.

A história interna de *Star Wars* na Lucasfilm entrou na linha com a criação do Holocron, um banco de dados que não apenas listava todos os personagens, planetas, naves e conceitos na série até então, mas definia em que nível estavam dentro do que era considerado cânone. O nível mais alto era o cânone-G, que significa George: os filmes e qualquer coisa que Lucas estivesse diretamente envolvido. O nível mais baixo era cânone-E, de "estúpido" – o *Holiday Special*, juntamente com qualquer outra coisa do início, quando a Lucasfilm não estava prestando lá muita atenção. Até 2002, as regras da continuidade de *Star Wars* eram ditadas pelos internamente famosos "fichários negros", no qual Lucas mantinha o original. Mais tarde, tudo seria digitalizado em um banco de dados SQL com uma aparência supreendentemente mundana, exatamente como milhões de coleções de bens corporativos em computadores no mundo todo.

O funcionário da Lucasfilm Leland Chee criou e gerencia o Holocron até hoje. Oficialmente, ele é descrito como administrador do banco de dados da continuidade. Extraoficialmente, ele tem o que a revista *Wired* chamou de "o emprego mais maneiro do mundo". Chee foi o sujeito que teve de resolver questões pequenas porém vitais, tais como quanto tempo a *Millennium Falcon* levou para viajar de Hoth a Bespin. Ele digitou cada um dos 15 mil verbetes do Holocron para que tivessem uma voz consistente; foi quem teve de decidir a importância de cada personagem individual de *Star Wars* alguma vez visto na tela ou mencionado em um livro, em uma escala de 1 a 4. "Luke, obviamente, é um 1", diz Chee. "Um personagem de fundo de cena que sequer tem nome é um 4."

Chee não era um fã das obras mais recentes do cânone-G, *Episódios I* e *II*, quando organizou o Holocron. Não foi problema. Criar uma consistência interna suficiente para proteger a ideia de *Star Wars*, prevenir que o universo algum dia tivesse que passar por um "reinício", foi responsabilidade o bastante para fazer até mesmo o fã de *Star Wars* mais radical da primeira geração descer do pedestal. A enciclopédia online editada por fãs, Wookieepedia, não começou (como um grupo dissidente de fãs de *Star Wars* que estava editando verbetes na própria Wikipédia) até março de 2005. O Holocron de Chee sempre terá uma vantagem de três anos – embora a Wookieepedia sempre seja mais prolixa.

Enquanto Chee dava duro no serviço, o mundo estava igualmente obcecado em codificar a língua de *Star Wars*. Em 25 de setembro de 2002, os temos "Jedi", "A Força" e "Lado Sombrio" entraram oficialmente no *Oxford English Dictionary*. Enquanto isso, no Texas, uma empresa de energia chamada Enron estava ocupada executando um plano secreto para extorquir dinheiro do estado da Califórnia por meio do aumento artificial do custo da eletricidade; o plano era chamado Estrela da Morte. Enron ajudou a implementá-lo com subsidiárias chamadas JEDI, Obi-1 Holdings, Kenobe e Chewco. *Star Wars* era uma instituição cultural agora. Todo mundo – inclusive os vilões – adorava a ideia da saga. Nem mesmo o pior filme de *Star Wars* que George Lucas pudesse inventar alteraria isso.

O conhecido ciclo dos prólogos estava em andamento novamente. *Episódio III* entrou em pré-produção pouco tempo depois de *Episódio II* chegar aos cinemas, no momento em que Lucas saiu para as agora tradicionais férias de família. Ao voltar no fim de agosto de 2002, ele tinha novamente mais ou menos nove meses para parir um roteiro antes de as filmagens começarem. Novamente, Lucas manteria a equipe de designers informada sobre as locações que pretendia usar, ao mesmo tempo que mantinha os funcionários sem saber nada sobre o roteiro em si. Tinha funcionado uma vez, no que lhe dizia respeito, e funcionaria novamente.

Antes de escrevê-lo, Lucas declarou que *Episódio III* seria "o mais divertido de fazer". Finalmente, veríamos as Guerras Clônicas em si. Veríamos Anakin e Obi-Wan duelarem sobre lava vulcânica, uma cena que Lucas andava pensando desde 1977. E veríamos a transformação final de Skywalker em Vader.

O novo roteiro deveria ter surgido naturalmente. Porém, durante meses, Lucas não escreveu nada. "Andei pensando a respeito", declarou em novembro. Ele ainda não havia começado na primeira semana de dezembro de 2002. "Tome uma aspirina", sugeriu o cineasta para um frustrado McCallum.

– Aspirina? – disparou o produtor. – Eu preciso de crack!

O problema de Lucas: personagens e conceitos em demasia implorando atenção, mais do que o filme seria capaz de conter. A vingança do jovem Boba Fett contra Obi-Wan por ter matado seu pai seria fascinante, mas não essencial. O mesmo sobre ver um Han Solo de 10 anos de idade encontrando Yoda no planeta dos Wookiees, Kashyyyk – um conceito que chegou até a ganhar um esquete e uma única frase no manuscrito bruto. (Jovem Han para o mestre Jedi: "Eu encontrei parte de um droide-transmissor perto da baía leste. Acho que ainda está enviando e recebendo sinais.") No entanto, Lucas estava decidido a enfiar Peter Mayhew, reprisando o papel de Chewbacca, na trilogia prólogo mesmo que por apenas alguns segundos: ele queria mostrar que Chewie era, na verdade, um pouco baixo para um Wookiee desde o início. R2 e 3PO tinham de estar lá também, simplesmente porque a dupla precisava estar presente em todos os seis filmes. Para dar algum objetivo para Padmé, Lucas quis mostrá-la fundando a Aliança Rebelde. Ele precisava mostrar os Jedi na guerra com os clonetroopers ao lado, e inicialmente teve a ideia de que veríamos sete batalhas simultaneamente em sete planetas diferentes. Lucas achou que deveria eliminar um Jedi importante durante o filme, mas praticamente todos os personagens principais ainda vivos ao fim de *Episódio III* (Obi-Wan, Anakin, Yoda) sobrevivem e chegam à trilogia clássica de alguma forma; ele decidiu matar Mace Windu. Samuel L. Jackson compreendeu, mas insistiu em uma cena de morte importante e grandiosa. O final que Lucas escreveu para *Episódio III* não se encaixava de alguma forma com o início de *Episódio IV*, então foi preciso "desmontar o *Episódio III* e repensar". Ele admitiu para o escritor Marcus Hearn que havia "se encurralado" com o roteiro. A solução: se concentrar na queda de Anakin para o lado sombrio às custas de praticamente tudo e todo mundo. Boba Fett: fora. Padmé fundando a Aliança: adeus. Sete batalhas em sete planetas: *sayonara*.

Lucas estava tão enclausurado nas necessidades da trama que não conseguiu sequer se manter consistente com o próprio nível G do cânone. Em *O retorno de Jedi*, a princesa Leia se lembra da "verdadeira mãe", quer dizer, Padmé, ainda viva, "gentil, mas triste", quando a filha era muito pequena. Mas Lucas achou que as coisas ficariam muito mais dramáticas se Padmé morresse dando à luz os gêmeos. A interação "gentil, mas triste" com Leia foi reduzida a alguns segundos entre a mãe de coração partido e a filha.

No fim de janeiro de 2003, Lucas produziu um tratamento de 55 páginas exclusivo para McCallum. O título claramente refletia e adquiria a palavra abandonada de *O retorno de Jedi*: *A vingança dos Sith*. Como nos manuscritos brutos de *O ataque dos clones*, havia pouca coisa aqui que não entraria no produto final. Algumas diferenças: a visão que Anakin tem do futuro e o leva ao lado sombrio envolvia Padmé "consumida por chamas" no manuscrito, em vez de morte no parto como ele prevê na versão final; no fim das contas, ela morre "na mesa de operação", possivelmente por ferimentos provocados por Anakin; no roteiro, Palpatine também deixa claro que foi capaz de manipular o nascimento de Anakin via Força, fazendo com que os midi-chlorians o criassem do nada. "Você poderia dizer que sou seu pai", fala Palpatine, no que provavelmente teve a intenção de ser um eco do diálogo mais famoso de *O Império contra-ataca*. Anakin responde da mesma forma que Luke: "Isso é impossível!".

A ascensão ao poder do tirano à la Nixon, a transição de senador Palpatine em *Episódio I* para chanceler Palpatine em *Episódio II* para imperador Palpatine em *Episódio III*: essa era a história que Lucas há muito tempo esteve interessado em contar nos prólogos e que somente sobreviveria como uma subtrama. "Todas as democracias se transformam em ditaduras, mas não por golpe", declarou ele à *Time* antes do lançamento de *Episódio II*. "As pessoas entregam a democracia a um ditador, seja Júlio César, Napoleão ou Adolf Hitler. No fim das contas, a população geral abraça essa ideia. Que tipo de coisas levam as pessoas e as instituições a essa direção? Essa é a questão que ando explorando: como a República se transformou no Império? Como uma boa pessoa se torna má, e como uma democracia vira uma ditadura?"

Essa exploração chegaria ao fim em *A vingança dos Sith*, salpicado com mais referências políticas do que qualquer outro filme da saga. Fãs presumiram que os tons sombrios de *Episódio II* foram influenciados pela situação política da época: em 2002, era difícil ver um filme que mostrasse uma República acossada por atentados terroristas a bomba e guerra em planetas distantes, uma República despencando na ditadura via concessão de poderes emergenciais de guerra, e não pensar que se assistia a um comentário específico sobre a administração de George W. Bush pós-11 de setembro. Mas aquela não tinha sido a intenção de Lucas: quando ele terminou o roteiro do filme em março de 2000, Bush nem sequer era presidente.

Episódio III, no entanto, foi escrito na época da invasão americana ao Iraque em março de 2003. Na Baía de São Francisco, manifestações contra a Guerra do Iraque e Bush foram tão difíceis de evitar quanto os protestos contra o Vietnã e Nixon durante o processo de escrever *Star Wars*, especialmente por um confesso viciado em notícias como Lucas. De repente, após Anakin Skywalker ser chamado pela primeira vez de Darth Vader e confrontar Obi-

-Wan, nós o vemos dizendo a fala: "Se você não está comigo, você é meu inimigo". Poucos espectadores adultos da época teriam deixado de notar a referência à frase de Bush no discurso diante do Congresso, em 20 de setembro de 2001: "Ou você está conosco, ou está com os terroristas". A resposta de Obi-Wan teria animado o coração de qualquer eleitor que achava que faltava um pouco de nuance na visão de mundo preto-e-branco de Bush: "Só um Sith é tão radical assim". Depois, ao promover o filme, Lucas declararia sua hostilidade a Bush pela primeira vez, publicamente comparando o presidente a Nixon e o Iraque ao Vietnã. "Eu não achava que a situação chegaria assim tão longe", declarou ele para repórteres em Cannes. O infinito círculo da política, como Vader diria, estava completo agora.

Enquanto lutava para condensar tudo isso em um roteiro, Lucas se atrasava para o prazo final como nunca antes na vida. Em março de 2003, ele havia escrito metade do primeiro manuscrito. Durante uma reunião de produção, ele descreveu os mesmos problemas de bloqueio mental que teve há tantos anos. Disse que seus inimigos eram a inércia e a procrastinação. "Fico sentado ali com aquela página na minha frente… Posso estar algemado à mesa, e ainda assim não escrevo." Ele estava se forçando a terminar cinco páginas por dia novamente. O roteiro tinha saído tão facilmente em *O ataque dos clones*, quando Lucas esteve tocando *riffs* de jazz, à vontade e despreocupado. Agora era a hora do aperto, o último filme de *Star Wars*, o fim de todas as pendências, a chegada de Vader, e parecia que ele estava em 1974.

Em 10 de abril de 2003, faltando doze semanas para as filmagens, Lucas terminou um primeiro manuscrito de 111 páginas a lápis. O que o Criador decidiu dessa vez? Ele recuou diante de fazer Palpatine contar para Anakin diretamente que era seu pai. (Tornar Vader o pai de Luke, Leia sua irmã, e 3PO uma espécie de irmão não foi problema, mas aparentemente fazer o imperador ser meio que o avô de Luke era um nível familiar exagerado.) Em vez disso, Palpatine conta para Anakin a história de outro Lorde dos Sith, Darth Plagueis, que é capaz de criar vida e impedir a morte, mas que, no fim das contas, foi ironicamente destruído pelo próprio aprendiz (isto é, Palpatine em pessoa). Lucas acrescentou Palpatine insinuando que Obi-Wan "estava saindo com uma certa senadora", explorando o ciúme de Anakin em relação a Padmé. Quando Anakin é revivido no traje de Vader após o trágico duelo com Obi-Wan, ele pergunta a Palpatine sobre Padmé e é informado que "ela foi morta por um Jedi". (No filme, isto se tornaria "você a matou", o que enche Vader de autodepreciação em vez de fúria contra a Ordem Jedi.)

No início de junho, Lucas entregou um segundo manuscrito do roteiro. No fim do mesmo mês, quatro dias antes de as filmagens começarem na Austrália, Lucas terminou um rápido terceiro manuscrito. Novamente, elas terminaram em setembro; dessa vez, as filmagens foram dignas de nota por não terem nenhuma cena em locações. Tudo foi tela verde. Sob a sugestão de Coppola e a insistência de McCallum, Lucas contratou um orientador de interpretação e diálogo, Chris Neil, que por coincidência era o filho do cunhado de Coppola. Natalie Portman ficou entusiasmada com Neil. Infelizmente, Portman se tornou cada vez mais difícil de lidar no set – alguns integrantes da equipe dizem que ela fez várias atrizes que interpretavam suas aias, incluindo Keira Knightley (com 12 anos de idade em *A ameaça fantasma*), chorar nos prólogos anteriores, supostamente pelo crime de falar com ela sem permissão. De acordo com algumas fontes da Lucasfilm, muitas das falas de Portman foram cortadas de *A vingança dos Sith* por esse motivo. Ela teve pouca coisa a fazer a não ser andar descalça e grávida dos gêmeos Skywalker.

Lucas teve de enfiar mais um personagem no elenco antes de o longa-metragem ser filmado. Embora ele somente aparecesse na tela por segundos durante a cena da ópera em que Palpatine tenta atrair Anakin para o lado sombrio, esse personagem foi fundamental para toda a curva narrativa dos seis filmes. O nome dele era barão Papanoida, um dramaturgo de pele azul que, de acordo com a Wookieepedia, construiu um império de entretenimento para si em seu planeta natal e gostava de manter o passado envolto em mistério. O ator que interpretou Papanoida insistiu que a filha Katie participasse do filme também. O nome do ator: George Lucas.

Uma revisão final ocorreu na pós-produção. Após montar o copião do filme, muitos funcionários da ILM achavam que Anakin não parecia ter muito motivo para se converter ao lado sombrio. Lucas exibiu o copião para Coppola e Spielberg. "Steven confirmou que quase tudo estava funcionando", disse ele. Mas quanto mais editava, mais Lucas mudava de ideia. Ele acrescentou outra visão de Padmé morrendo no parto, para garantir totalmente que o público entendesse que aquela era a razão de Anakin ter se voltado para o lado sombrio. Originalmente, a razão para Anakin ter salvado Palpatine do sabre de luz de Mace Windu e tê-lo matado foi porque ele acreditava que havia uma conspiração Jedi contra o chanceler. Christensen e McDiarmid foram chamados uma última vez para redublar o diálogo: agora Anakin matou Windu porque Palpatine insistiu que sabia como salvar Padmé.

Essa, então, se transformou na revelação chocante de *Episódio III*, o equivalente do engodo das Guerras Clônicas: Anakin se torna Darth Vader por causa de um tipo egoísta de amor. Queria manter a esposa a todo custo. Lucas comparou o resultado a *Fausto*, mas o enredo foi tão abalado por essa decisão que sobrou para o cineasta fazer o que ele chamou de algumas "curvas fechadas à direita" na estrada para a barganha faustiana. Um exemplo: Anakin conta para Windu que Palpatine é um Sith que deveria ser preso, momentos antes de decidir matar Windu. Passam-se outros minutos, e Anakin é sagrado Darth Vader e declara que vai matar todos os Jedi. Mais alguns minutos, ele massacra crianças fora de cena no Templo Jedi.

No fim, essa talvez seja a decisão mais desconcertante da trilogia prólogo inteira. A longa conversão de Vader ao lado sombrio era a história que Lucas supostamente queria contar. Antigamente, os fãs presumiram que essa queda seria espalhada por três filmes. No fim, a queda aconteceu em menos de dez minutos confusos.

Em todos os lugares na ILM, ao que parecia, *Star Wars* inteiro estava sendo ajustado e recebendo uma nova demão de tinta – não apenas *Episódio III*, mas o sexteto agora completo. Lucas estava se preparando para lançar a trilogia original em DVD – a versão da Edição Especial, obviamente, embora ela fosse perder aquela nomenclatura. A trilogia clássica se tornaria simplesmente *Star Wars Episódios IV, V* e *VI*, com mais centenas de cenas ajustadas ou mexidas. Ficou claro que *Star Wars*, para Lucas, não era um documento histórico. Era um carro de corrida a ser constantemente tunado e decorado. O mesmo era válido para *THX 1138*: Lucas lançou uma edição especial de seu primeiro filme em 2004, uma semana antes do box de DVD de *Star Wars*. A versão continha adições digitais completamente novas, dentre elas uma máquina que ajuda THX a se masturbar na frente dos hologramas e macacos mutantes atacando o protagonista logo antes da fuga final.

Agora, Lucas tinha sob seu comando um grupo sem precedentes de artistas digitais, com talento suficiente para fazer qualquer coisa que ele quisesse, inclusive a difícil tarefa de trocar o movimento labial de um ator de uma tomada para outra. Ele era capaz de mudar atores de um lado do set para outro, de última hora. O universo *Star Wars* – a parte que aparecia na tela, pelo menos – era seu para ser manipulado. Lucas provavelmente não teria essa chance novamente, com tantos artistas e tantos atores sob contrato para rodar cenas adicionais. Ele substituiu o ator Sebastian Shaw como o fantasma da Força de Anakin Skywalker no fim de *O retorno de Jedi* com um fantasma interpretado por Hayden Christensen. O sonoplasta Matthew Wood acrescentou sua voz de Gungan à la Jar Jar Binks ao fim de *Jedi*, o último diálogo audível da série inteira, em uma nova cena de comemoração em Naboo: "*Sumus* livres!".

Bem que podia ter sido o Criador dizendo isso. A saga estava finalmente encerrada. Ele havia triunfado sobre a revolta dos fãs; havia ido de milionário a bilionário. Havia quebrado recordes, alcançado marcas, provado tudo o que decidira provar com o cinema digital. Tolhido pela incapacidade de escrever diálogos, Lucas decidiu não se preocupar com isso, e no processo devolveu *Star Wars* às raízes baratas de *Flash Gordon*. Ele completou e ajustou uma saga de doze horas ao bel prazer, e introduziu lições educativas sobre a fragilidade da democracia e o sofrimento que vem do apego. Agora era a hora de o Criador dizer para os fãs radicais aquilo que alguns deles já esperavam, e que outros se chocaram ao ouvir: não haveria mais filmes.

Lucas anunciou a novidade enquanto participava da convenção trienal *Star Wars* Celebration pela primeira vez na Celebration III, organizada em Indianapolis em abril de 2005, imediatamente antes do lançamento de *A vingança dos Sith*. Durante a sessão de perguntas, Lucas foi indagado se um dia haveria um *Episódio VII*, desta vez após os acontecimentos de *O retorno de Jedi*. Afinal de contas, Dale Pollock havia escrito que tinha visto tratamentos para *Episódios VII, VIII* e *IX*, mas havia jurado segredo sobre o conteúdo. Até hoje Pollock não abre a boca sobre a questão, a não ser para dizer que se lembra de ter ficado empolgado sobre os tratamentos e achado que eram os melhores filmes possíveis – mas, até onde sabemos, cada "tratamento" não ia além de algumas frases.

Na verdade, a resposta de Lucas parece sugerir que isso seja um exagero. "Para ser bem honesto com vocês, eu nunca, jamais pensei em qualquer coisa que tivesse acontecido após *Episódio VI*", disse o cineasta. "É a história de Darth Vader. Começa com ele como um menino e termina com ele morrendo. Os outros livros e todo o resto meio que seguem o próprio caminho, mas eu nunca, jamais considerei realmente levar adiante aquela história em especial." Outra resposta que ele deu na mesma sessão pareceu ser quase um apelo aos fãs para não exigirem mais de sua parte. "*Star Wars* é algo para ser curtido e para retirar o possível que talvez consiga ajudá-los em suas vidas. Mas não deixem que elas sejam controladas por *Star Wars*. Sabe, isso é o que dizem sobre os trekkies. Fãs de *Star Wars* não fazem isso. A lição dos filmes é levar a vida adiante. Aceitem o desafio de ir embora da fazenda de umidade do tio, saiam mundo afora e salvem o universo."

Mas, como em pouco tempo se revelou, nem Lucas e tampouco os fãs tinham cortado laços com *Star Wars* ainda.

24 / CONSTRUINDO PERSONAGENS

No que diz respeito ao mais radical dos fãs radicais, o velho slogan da Kenner, "*Star Wars* é eterno", é uma profissão de fé. É possível ouvi-los citá-lo quase com tanta frequência quanto o lema ligeiramente mais meloso "*Star Wars* agrega as pessoas". Toda essa energia que os fãs investem na série não é usada necessariamente para ir embora da metafórica fazenda de umidade de Tatooine da forma como Lucas queria. Se essa é a metáfora que você procura, então digamos que os fãs formam uma espécie de comunidade de fazendeiros de umidade que se enfiam no depósito de airspeeders da chácara e começam a mexer em seus projetos de garagem. Eles se aglomeram na internet de acordo com a natureza desses projetos. Será que salvam o universo dessa maneira? Não no sentido mais preciso, mas certamente constroem uma comunidade.

Já vimos como Albin Johnson e a Legião 501st criaram uma comunidade de soldados espaciais do nada. Às margens da organização, a 501st dá origem a duas comunidades dedicadas aos únicos dois personagens que aparecem em todos os seis filmes: R2-D2 e C-3PO. Não é difícil adivinhar qual deles é o mais popular, mas ambas as comunidades de droides conseguiram criar uma estranha espécie de simbiose com a Lucasfilm.

Veja a história de Chris Bartlett, um stormtrooper da 501st que decidiu em 2001 montar um traje de 3PO fiel ao visto na tela. Aquele foi um projeto de magnitude mais difícil do que um Vader, Boba Fett ou stormtrooper realistas. Ninguém fora das muralhas da Lucasfilm realmente havia conseguido fazer isso àquela altura. Bartlett, no entanto, estava determinado: era suficientemente magro e atrapalhado, e diabos, ele podia ser 3PO. Bartlett havia adquirido uma velha fantasia de 3PO da Disneylândia feita em 1997, mas era grande demais, especialmente na cabeça. Não era parecida com o droide protocolar favorito da galera.

Bartlett trabalhou com colecionadores que tinham estátuas em tamanho real de 3PO e um amigo com uma oficina de fibra de vidro. Ao longo dos anos, eles montaram uma espécie de 3PO Frankenstein que, com o tempo, passou a ficar parecido com o personagem de verdade. Bartlett, um sujeito muito magro, simplesmente tinha a forma perfeita para fazer o traje funcionar. Ele instalou um microfone e amplificador na fantasia e tocava os DVDs da trilogia clássica no carro, durante o trajeto de ida e volta do trabalho, para tentar acertar a voz de 3PO.

"Eu sempre pensei: 'não seria bacana se alguém na Lucasfilm visse o traje e quisesse usá-lo para alguma coisa?'", disse Bartlett. Ele nunca imaginou que isso fosse acontecer até enviar uma foto da fantasia – apenas pintada de dourado via spray, ainda sem estar cromada – para um amigo na Lucasfilm Licensing. Três meses depois, Bartlett enviou o traje para uma oficina no sul da Califórnia que era capaz de cromá-lo – e recebeu um telefonema da divisão de videogames LucasArts no mesmo dia, pedindo a fantasia emprestada. "Vocês não têm, tipo, uns quinze trajes desse tipo?", perguntou ele, incrédulo. "Temos quatro", foi a resposta, "e estão todos em museus".

Um telefonema foi dado para a oficina a fim de acelerar o procedimento, de cinco semanas para uma; tamanho é o poder do nome da Lucasfilm. Uma semana depois, Bartlett se viu em um voo pago para São Francisco, onde montou a fantasia em uma sala de reuniões no quartel-general da Lucasfilm. Três horas depois, inesperadamente, ele estava em um avião para Sydney, onde deu um discurso um tanto quanto seco e técnico a respeito do videogame *Star Wars Galaxies* em traje completo de 3PO. "Se fosse alguém discursando, perderíamos metade do público", diz Bartlett. "Mas se a pessoa visse 3PO discursando, ela prestaria atenção."

Bartlett tem sido o 3PO oficial da Lucasfilm para eventos desde então; agora integrante do sindicato de atores de Hollywood, ele recebeu até mesmo treinamento de Anthony Daniels em pessoa. Bartlett apareceu em programas do Disney Channel e comerciais da Toyota e McDonald's, entregou um prêmio para Samuel L. Jackson no canal a cabo AMC, e, dentre os feitos mais memoráveis, foi despachado de última hora para a Casa Branca em outubro de 2009, a fim de participar de um evento de gostosuras-ou-travessuras de Halloween. Após montar o traje no porão da Ala Oeste, Bartlett e o Chewbacca oficial da Lucasfilm pegaram o elevador do tamanho de um closet que leva ao segundo andar. O elevador parou no primeiro, onde as portas se abriram e o presidente dos Estados Unidos apareceu.

– Posso entrar com vocês? – perguntou ele.

– Olá – disse Bartlett na voz perfeita, via amplificador. – Eu sou C-3PO, relações humanas-ciborgue.

– Uau, vocês estão sensacionais – sorriu Obama.

– Bem – comentou Bartlett com Chewbacca, repetindo a fala de 3PO ao conhecer Lando –, ele parece bem amigável.

Obama seguiu para apresentar "3PO" para Michelle e as filhas. Michelle, na verdade, tinha pedido especificamente pelo droide. Bartlett olhou em volta e notou o porta-voz de Obama, Robert Gibbs, vestido como Darth Vader; seu filho era Boba Fett. Novamente, prova de que uma obsessão por *Star Wars* havia entrado no gabinete mais poderoso do mundo.

Bartlett mal consegue usar o traje por mais de uma hora. Andar por um ambiente sem superaquecer é um desafio, bem como a dieta de supermodelo que ele precisa seguir para caber na fantasia. "É o personagem que exige que a pessoa esteja mais em forma", conta Bartlett. "Eu tive de perder 4,5 quilos entre o Natal e meu próximo evento da Lucasfilm. Não dá para ter uma pança de maneira alguma, porque é ali que aparece, no meio. Os fios começam a ficar protuberantes." Mas vale a pena, diz ele, por aquela "interação mágica momentânea".

O outro grupo de entusiastas de droides é ainda mais modesto e obstinado do que Bartlett e seus companheiros que montam personagens mascarados na 501ˢᵗ. Assim como Lucas, eles preferem levar a vida nos bastidores. Por esse motivo, bem como pela escolha de personagem (e pelo fato de que jamais param de fazer ajustes), eles parecem ser o ramo de fãs mais importante para George Lucas – o que ajuda a entender por que foram os primeiros fãs de *Star Wars* a realmente trabalhar nos bastidores de um dos filmes.

Falo, é claro, do Clube de Montadores de R2.

Em uma garagem em American Canyon, Califórnia, Chris James me mostra uma réplica de R2-D2 fiel ao droide visto na tela. Ele levou uma década para montá-lo. "A maior parte é feita de alumínio", conta James, e o droide solta bips aleatoriamente. "Sim, R2", diz ele, distraído, como se falasse com um bicho de estimação. James é um galês de 1,60 metro de altura, com olhos brilhantes por trás dos óculos, um sorriso alegre, e uma barba comprida e irregular que se mistura ao torso; se R2 ganhasse forma humana, ele poderia se parecer com James.

A criação de James é tão detalhada e precisa quanto qualquer versão oficial da Lucasfilm. A diferença é que James e seus colegas construtores chegaram ao ponto de batizar cada pormenor. "Nós batizamos esses troços de 'ranhuras de moedas'", diz James, apontando para as reentrâncias finas na parte de baixo da lateral do droide; uma cavidade maior no pé da unidade base é a "devolução de moedas". A parte afunilada na base é a "saia" e a "tampa do propulsor". As pernas funcionam com motores de cadeira de rodas ligados a baterias de 12 volts. "A maioria dos droides são de 12 volts, como um carro", explica James. Com tanta energia circulando, droides como o R2 de James têm um vigor incrível.

A metáfora de carro é especialmente apropriada – dada a reputação dos montadores no Planeta *Star Wars*. Bonnie Burton, a ex-diretora de mídias sociais da Lucasfilm, chama os R2 de carrões possantes do universo de fãs de *Star Wars*. "Eles quebram o tempo todo como carrões possantes", diz ela. Burton sabe do que fala: uma grande fã do R2, ela encenou o próprio casamento com o pequeno droide na *Star Wars* Celebration V, em 2010. Darth Vader foi o padrinho; Darth Maul, o oficiante. Maul perguntou a Burton se ela jurava "sentir um orgulho fora do comum no relacionamento nos momentos de bateria cheia, bem como nos momentos de fios soltos e defeitos astromecânicos". Como os montadores de R2, ela disse sim.*

Há muito tempo os R2 montados por fãs são mais realistas do que as versões da Lucasfilm. O R2 de James é capaz de girar a cabeça completamente, algo que o R2 do filme nunca conseguiu fazer. James retira o domo para me mostrar a bandeja giratória no interior, montada em rolamentos, e o anel deslizante que evita que os cabos de fibra óptica na cabeça de R2 fiquem emaranhados. Decapitado, R2 solta um bip triste.

O domo é recolocado, e continuamos nossa aula sobre anatomia de droides. Esse R2 costumava ter um periscópio que saía do topo do domo até que um menino o quebrou durante uma feira de montadores. ("Ossos do ofício", disse James dando de ombros; ele consertou alguns meses depois de nosso encontro.) O olho principal do droide é simplesmente o "olho de radar", enquanto aquele que brilha em um tom vermelho-azulado embaixo é o indicador de processamento. As luzes coloridas piscantes são a "lógica". Os três bocais no topo, que no modelo de 1976 de R2 eram luzes de leitura da Bakelite de antigas aeronaves, são os "holoprojetores" da unidade ou HPs. Os montadores de R2 criaram muitos nomes, que desde então foram incorporados às publicações oficiais da Lucasfilm.

"Você gostaria de ver o holograma dele?", pergunta James. Eu concordo com a cabeça: é claro. James aciona um interruptor em um controle remoto minúsculo – um avançado sistema de rádio controle que James imprimiu em

---

* A única condição de Lucas para permitir que o "casamento" fosse em frente: "ela sabe que não é real, certo?".

3D – escondido no bolso. A lateral do R2 se abre, e sai uma antena de rádio de carro com um raro bonequinho transparente da princesa Leia pendurado na ponta. R2 reproduz a mensagem: "Ajude-me, Obi-Wan Kenobi. Você é minha única esperança". A brincadeira do holograma foi uma ideia da esposa de James, Tammy, que ele inicialmente descartou. "Agora eu impressiono mais com aquele troço do que com qualquer outra coisa no droide", admite ele.

O Clube de Montadores de R2 foi fundado em 1999, na época do lançamento de *Episódio I*, por um australiano chamado Dave Everett. A organização saiu de um pequeno grupo de montadores do famoso site chamado Replica Prop Forum. Ao contrário do espaço para hackers que Everett administra em Sydney, não há sede física do clube; esse é basicamente um clube virtual para introvertidos. Os montadores de R2 têm mais de 13 mil integrantes no mundo todo, bem mais do que a 501st. Mas a grande maioria ainda não completou um droide astromecânico, como o tipo de R2 é conhecido. Apenas 1,2 mil integrantes postam ativamente.

Isso porque montar um R2 é como chegar ao pico do Everest do universo de fãs de *Star Wars*. Exige um compromisso tremendo e anos de prática; porém, como o Everest, a montagem fica cada vez mais acessível. James dedicou dez anos ao droide astromecânico até agora, o que não é fora do comum; nem os 10 mil dólares que ele estima ter investido no projeto. (Ajuda o fato de James ser um ex-engenheiro de software do Vale do Silício que se aposentou do cargo na Hewlett-Packard em 2012 aos 42 anos.)

O aspecto mais desafiador de montar um droide astromecânico é que é um verdadeiro "faça você mesmo". Mesmo dentro do Clube de Montadores, não há uma fábrica que produza peças de droides astromecânicos. "Esta é a parte que as pessoas realmente não compreendem", diz Gerard Farjardo, um técnico da General Motors que entrou para o Clube dos Montadores há doze anos e levou todo esse tempo apenas para fazer todas as peças de seu R2. "Se você comprar peças [de outros montadores] e tentar juntá-las, elas não funcionarão. No instante seguinte, você sai para comprar um esmeril a fim de ajeitar os buracos de parafusos para que se encaixem onde devem." Os integrantes do clube podem se reunir em uma oficina para montar o domo, digamos – a peça mais difícil de construir e que é a mais propensa a rolar para fora da bancada e amassar. (Felizmente, amassados e arranhões ajudam a fazer um verdadeiro droide astromecânico à la *Star Wars*. O Universo Usado ataca novamente.)

Alguns desses montadores de R2 vêm trabalhando por aí no hobby até mesmo antes de o clube ser fundado em 1999. James montou sua primeira unidade R2 de madeira, papelão e plástico por volta de 1997. Outros montaram droides astromecânicos de plástico ou peças de resina. Everett postou plantas grátis que permitiam a construção de um droide inteiro, menos o domo, feito com algumas folhas de estireno. Custo: 500 dólares. Basta pintá-lo e ele ficará bastante realista. Mas agora que a pessoa chegou a esse ponto, por que não montar o R2 inteiro?

Durante anos, os montadores penaram para construir droides precisos. A Lucasfilm não estava interrompendo as atividades deles, mas sequer providenciou uma única medida para que eles usassem como referência. Os montadores tinham de adivinhar as dimensões de R2 baseados em fotos de produção e imagens da tela. Um integrante do clube foi à mostra Magic of Myth, uma colaboração entre a Lucasfilm e o museu Smithsonian que rodou o mundo de 1997 a 2003, levando uma câmera com ponteiros laser presos nas laterais a fim de medir com precisão a lateral de um R2 atrás do vidro. Não havia amor maior do que o de um nerd por seu droide.

Tudo mudou em 2002, na segunda *Star Wars* Celebration – a mesma em que a Legião 501st atuou como segurança e conquistou a Lucasfilm. Don Bies, um maquetista da ILM que era responsável pelo arquivo da empresa, trouxe um de suas dezenas de R2 para a convenção. Acidentalmente de propósito, Bies deixou um droide na sala do Clube dos Montadores de um dia para o outro. Os integrantes correram com fitas métricas. "Aquela foi a primeira vez em que nós conseguimos tocar uma unidade R2 oficial", diz James. O clube ainda o chama de Uberdroid.

Ainda permanecia o mistério de que tom de azul R2 fora pintado. Isso parece fácil de averiguar, mas é enlouquecedor: na tela, R2 aparenta ter um tom levemente diferente de azul dependendo da cena que se assiste. A tinta tem uma qualidade estranhamente translúcida; em algumas fotos de set, R2 parece quase roxo. Acontece que os montadores dos R2 originais usaram uma tinta azul de proteção cuja aplicação no alumínio é comum antes de se cortar as partes de uma folha do metal; a tinta deve ser temporária e fica mais escura quanto mais tempo permanece, daí as mudanças confusas de cores.

Para *Episódio II*, Bies ajudou a ILM a criar uma nova cor permanente para R2. Novamente, ele não podia vazar a informação oficialmente para os montadores de R2. "Mas, hipoteticamente", escreveu Bies no fórum de discussão sobre droides astromecânicos, "se eu fosse pintar um, eis o que eu pediria na loja de tintas". Ele então forneceu uma mistura bem específica de cores de tinta. Os montadores começaram a chamar a mistura sugerida de "azul hipotético".

Que tipo de pessoa dedica uma década para construir um droide? Apenas na Baía de São Francisco, diz James, o clube conta com um cantor de ópera, um dentista e um filósofo. "Nenhuma dessas pessoas tem qualquer conhecimento mecânico ou elétrico", conta ele. "Todos têm um amor por montar R2." A grande maioria é composta de homens, o que não é uma surpresa, na casa dos 30 e 40 anos: simplesmente com idade suficiente para ter visto o filme original quando foi lançado e agora velhos o bastante para ter uma casa, geralmente com uma garagem (um montador construiu seu R2 na mesa da sala de jantar por seis meses, para a decepção da esposa) e renda disponível.

O objetivo não é necessariamente completar o projeto. Quando eu perguntei a Grant McKinney, um integrante do clube, quando ele terminaria um droide, a resposta foi "tomara que nunca". Sempre há um novo desafio, uma nova maneira de decorar seu droide astromecânico. Neste momento, o Cálice Sagrado do Clube de Montadores é algo que eles chamam de "3-2-3": a capacidade de um droide ir de três pernas para duas e depois retornar às três, na mesma velocidade que R2 é visto fazendo nos filmes. Sem a terceira perna, como a equipe de *Star Wars* descobriu para sua decepção, R2 tende a desabar.

Há outros tipos de droides astromecânicos. Você deve se lembrar de R5-D4, o droide vermelho que Luke e o tio Owen iam comprar dos Jawas até ele estourar o motivador. Os montadores expandiriam esse repertório de maneira significativa; um integrante da 501st que se veste de Darth Vader montou um droide todo preto do lado sombrio. Quando Albin Johnson, o fundador da 501st, revelou que a filha Katie tinha câncer cerebral, e ela pediu um droide astromecânico para cuidar de si, foi o Clube de Montadores de R2 que se uniu para criar um. Assim nasceu R2-KT, um droide todo rosa. Katie conseguiu vê-lo e abraçá-lo em julho de 2010. Ela faleceu no mês seguinte. R2-KT continuou vivendo, eternizado na saga em um episódio do programa de TV de *Star Wars*, *The Clone Wars*.

Mas é R2, o droide astromecânico original, que controla a maior parte do tempo e da atenção do clube. Quando os montadores exibem suas unidades R2 para o público, não é difícil entender o motivo. "Ele é uma celebridade aonde quer que vá", fala James sobre seu droide. "Você pode ter o melhor Vader ou Fett ou mesmo um Wookiee, mas quando R2 entra, todo mundo simplesmente corre para cima dele."

Por que isso? Por quê, diabos, uma lata de lixo com um monóculo atrairia nosso interesse e ganharia nossa simpatia? Pergunte a qualquer montador de R2, e eles lhe darão a mesma resposta: é a voz. Aqueles bips expressivos que Ben Burtt criou usando a própria voz de bebê sintetizada foram transferidos para arquivos mp3 e enfiados em centenas de droides astromecânicos: o silvo triste, o barulho empolgado, o choramingo petulante, o guincho agudo. Quando sincronizados com os movimentos curiosos da cabeça, da forma como Lucas e Burtt garantiram que acontecesse nos filmes, os sons passam a sensação de um animal adorável – um animal que aparenta ter um apelo especial para as mulheres. (Não à toa, R2 foi retratado em um pseudodocumentário da Lucasfilm chamado *Under the Dome*, escrito por Bies, como um astro do rock alcóolatra e cheio de namoradas.)

Eu vi R2 socializar com os presentes no Barbot, um evento de São Francisco em que inventores competem para fazer coquetéis via máquinas. R2 atraiu mais admiradores do que qualquer outro barman robótico. James ficou de lado, controlando remotamente o droide para que parecesse que ele interagia com as pessoas mais curiosas no público – outra vez, geralmente mulheres. Porém, a esposa de James não tem com o que se preocupar. Fazer com que sua criação seja o centro das atenções é o objetivo. Ele sente orgulho da facilidade com que o protótipo de controle remoto passa despercebido e fica feliz quando alguém procura freneticamente por quem está controlado o droide. "Com R2, dá para chamar a atenção e fazer bobagens que nunca se faria na vida real", diz James. "Ele é uma extensão da pessoa. Existe mesmo uma conexão invisível."

Os montadores de R2 receberam o reconhecimento definitivo na *Star Wars* Celebration III, três curtos anos após terem colocado as mãos pela primeira vez no Uberdroid. Lucas e Rick McCallum visitaram a sala dos droides na convenção; batendo papo, os dois perguntaram aos montadores quanto custava cada droide. Entre 8 mil e 10 mil dólares foi a resposta. Os montadores relatam que o Criador e seu produtor ficaram um pouco surpresos com o valor; queixos caíram no chão. A ILM e suas empresas terceirizadas estavam cobrando da Lucasfilm 80 mil dólares por droide. "Se algum dia nós fizermos outro filme de *Star Wars*", prometeu McCallum, "vocês estão contratados".

Lucas informou que R2 é seu personagem favorito. Era quem ele gostava de imitar no set (uma história engraçada da filmagem no deserto de *O retorno de Jedi* foi que Lucas fez uma pegadinha com Anthony Daniels ao substituir R2, engatinhando ao lado dele e fazendo bipes). R2 tem destaque em todos os filmes; ao contrário de 3PO, ele aparece em *Episódio I* plenamente formado. Também ao contrário de 3PO, R2 não tem a mente apagada no fim de *Episódio III*, o que pode explicar por que fica tão obstinado a entrar contato com Obi-Wan em Tatooine no *Episódio IV* e garantir que o filho de seu ex-dono resgate a filha do ex-dono. R2 salva a vida de todos os personagens principais em ambas as trilogias. Em termos de enredo, ele nunca mete o pé do trípode onde não deve – diferente de Yoda, Obi-Wan ou toda a Ordem Jedi. Quando o droide apareceu para seu primeiro dia no set de *A vingança dos*

Sith, Lucas contou para o animador Rob Coleman seu artifício estrutural definitivo: que a história inteira de *Star Wars* na verdade está sendo contada para o guardião do Diário de Whills – lembra disso? – cem anos após os eventos de *O retorno de Jedi* por ninguém menos que R2-D2.

Portanto, se há uma única verdade eterna em relação a todo filme de *Star Wars*, não é que a Força está com você, uma vez que a Força provavelmente vai levá-lo pelo caminho sombrio. A verdade é que R2-D2 é o *cara*. E claro que tem o potencial de absorver mais da sua vida do que todos os outros personagens somados.*

---

* O feliz pós-escrito deste capítulo veio quando eu terminava o livro. A Lucasfilm anunciou que dois integrantes britânicos do Clube de Montadores de R2, Lee Towersey e Oliver Steeples, seriam promovidos ao panteão de criadores de *Star Wars*. Kathleen Kennedy, seguindo os passos de Lucas e McCallum, visitou a área dos montadores de R2 na Celebration Europe de 2013. Disse Steeples para ela, meio brincando: "Se precisar de nós para *Episódio VII*, estamos prontos". Kathleen acreditou em sua palavra. Fez perfeito sentido em termos de finanças e tomou parte da estratégia da Lucasfilm de se aproximar dos fãs radicais.

E assim aconteceu que Kennedy se deixou ser fotografada e tuitou ao lado de um R2, J. J. Abrams, Towersey e Steeples. Uma semana depois veio a primeira confirmação sobre um personagem que apareceria em *Episódio VI*: era R2. Towersey e Steeples colocariam a própria versão do Uberdroid, pintado de azul hipotético, em primeiro plano na saga.

25 / COMO EU PAREI DE ME PREOCUPAR E APRENDI A AMAR OS PRÓLOGOS

Por mais que atividades como a montagem de droides e a criação de fantasias tenha aproximado os fãs de *Star Wars* nos anos 2000, as discussões sobre a qualidade da trilogia prólogo os dividiu. Ninguém duvida que os *Episódios I, II* e *III* foram um gigantesco salto experimental para o cinema digital, ou que eles deixaram uma grande marca na nossa cultura (até mesmo o termo "prólogo" não era muito comum até 1999). Mas também ninguém discutia que os filmes deixaram um gosto ruim na boca de milhões de espectadores. Uma década após o lançamento, os prólogos inspiraram um nível de hostilidade que não parece que vai passar – porque, por mais que a Lucasfilm prefira acreditar que a divisão é um conflito de gerações, o fato é que a verdade é muito mais nebulosa.

Se for possível definir o momento em que essa divisão começou, seria 19 de maio de 1999, pouco após as sessões à meia-noite no país inteiro; especificamente o segundo em que o texto de abertura disse "A República Galáctica está em grande tumulto", antes que o motivo sem graça para esse tumulto – a taxação de rotas comerciais – tivesse cruzado a tela. Aquele foi, como sabemos pela história de *A mão assassina*, um belo momento radiante de união entre os fãs. Há um motivo para o filme de 2007 do diretor Kyle Newman, *Fanboys*, que trata de um grupo de nerds de *Star Wars* tentando roubar um copião de *A ameaça fantasma* do Rancho Skywalker a fim de exibir o filme para um amigo moribundo, terminar neste momento: nossos heróis, que ainda não viram *Episódio I*, sentados no cinema em 19 de maio quando as luzes se apagam. Um pergunta para o outro: "E se for uma merda?". A tela se apaga.

Newman, na verdade, é a favor dos prólogos, mas queria que *Fanboys* lembrasse a boa vontade e a energia positiva daquela era agora lendária entre as Edições Especiais e os prólogos. "As pessoas estavam retornando a ela", diz o diretor sobre a série *Star Wars*. "Havia uma energia que estava congregando as pessoas novamente." Depois disso? "Não há como negar que alguma coisa mudou. Os fãs se dividiram." Claro, houve debates sobre as Edições Especiais. Alguns fãs não gostavam tanto assim de *O retorno de Jedi*. Mas a crise que iria acometer os fãs de *Star Wars* faria aquelas discussões acaloradas sobre os Ewoks parecerem desentendimentos sem importância sobre os detalhes das cores dos sabres de luz.

O problema não foi que alguns fãs amaram os prólogos enquanto outros odiaram. Houve aqueles cuja afeição mudou de um lado para o outro, lentamente com o passar de meses ou anos, e houve aqueles que conseguiram se convencer do valor dos filmes, com o tempo. Newman diz que uma continuação de *Fanboys*, se ele fosse fazer tal coisa, começaria após *O ataque dos clones* e refletiria essa cisão entre os fãs. Um de seus personagens, Hutch, estaria furioso a respeito de tudo no filme; outro, Windows, seria o justificador que explicaria todas as escolhas questionáveis do enredo. O terceiro protagonista, Eric, seria o árbitro, que é onde me sento no debate: um pouco desapontado, mas curioso para saber se os justificadores conseguem me fazer acreditar novamente.

Pela própria natureza, os Hutches do mundo dos fãs de *Star Wars* tendem a falar mais alto. É possível ver a reação deles aos prólogos vendo Simon Pegg – o ator inglês que depois interpretaria Scotty em *Star Trek* de J. J. Abrams – na comédia britânica criada por ele, *Spaced* (1999-2001). Imitando a cena no fim de *O retorno de Jedi*, o personagem de Pegg queima a própria coleção de *Star Wars* no quintal após ver *A ameaça fantasma*. A cena foi feita para ser cômica, mas Pegg, um fã apaixonado a vida toda, teve uma reação similar aos prólogos. Em 2010, ele chamou *A ameaça fantasma* de "uma bagunça entediante, uma bomba confusa e pretensiosa fantasiada de entretenimento infantil".* Em *Spaced*, Pegg não estava realmente interpretando quando é visto gritando com uma criança em sua loja de quadrinhos que pede um boneco de Jar Jar Binks. "Você não estava lá no início! Não sabe como foi bom, como foi importante! Isto é *Star Wars* para você, este anúncio de brinquedos que é um show arrogante de fogos de artifício!"

Ah, sim, a molecada. Os três personagens de Newman são avatares úteis para diferentes facções do universo de fãs adultos de *Star Wars*, mas crianças que gostam dos prólogos são um grupo igualmente numeroso, e que se renova constantemente, a ser levado em consideração. Lucas está bem ciente dessa

---

*　　Pegg também diz que Lucas ofereceu a ele este conselho na estreia do *Episódio III* em Londres: "Não se encontre repentinamente fazendo o mesmo filme que você fez há trinta anos".

quarta facção. Na verdade, o Criador sugeriu, de maneira simplista, que a única divisão entre os fãs é a idade. "Sabemos que tivemos um autêntico intervalo de geração com *Star Wars*", falou George Lucas na *Star Wars* Celebration V em 2010, em uma entrevista no palco com Jon Stewart. "Todo mundo com mais de 40 anos ama [*Episódios*] *IV*, *V* e *VI* e odeia *I*, *II* e *III*. Toda a molecada com menos de 30 ama *I*, *II* e *III* e odeia *IV*, *V* e *VI*." Isso provocou tanta comoção na plateia que Lucas quase foi calado pelos berros. "Se você tem 10 anos de idade", berrou ele de volta, "fique de pé e lute por seus direitos!".

Mas a demografia do universo de fãs de *Star Wars* nunca foi tão definida quanto Lucas sugeriu. Eu conheço uma criança de 10 anos que odeia *A ameaça fantasma*, mas que acha que *O retorno de Jedi* e *A vingança dos Sith* são os maiores filmes de todos os tempos. Crianças são assim, como Lucas certamente sabe, imprevisíveis e seletivas. Elas gostam ou não gostam de filmes naquela forma mais inocente que um dia Lucas falou, como uma pessoa curte um pôr do sol, e tendem a mudar de opinião dramaticamente ao envelhecer. "Foi um espetáculo magnífico quando criança", diz Liz Lee, estrela do pseudodocumentário da MTV ambientado no ensino médio, *My Life as Liz*. "Quando o CGI ainda era empolgante."

Lee tinha 8 anos de idade quando *A ameaça fantasma* foi lançado; agora, tem 21. Ela é ainda fã o suficiente de *Star Wars* para fazer uma tatuagem representando os Mandalorianos, a raça de guerreiros que usa a armadura de Boba e Jango Fett. "Quanto mais velha eu fico", diz Lee, "mais gosto da trilogia original, e mais fico magoada com os prólogos. Não é que sinta raiva, mas minha versão adulta não os curte tanto assim."

Não obstante a idade, a reação de todo mundo aos prólogos é ligeiramente diferente. Muitos fãs amam um dos filmes e odeiam dois, ou amam dois e odeiam um – como Newman, que não viu absolutamente nada que goste em *O ataque dos clones*.

Talvez você tenha se perguntado, como eu fiz, sobre o que fazer a respeito de seu incômodo em relação aos prólogos. Talvez também tenha se perguntado se é simplesmente impossível curtir qualquer filme novo de *Star Wars* se tiver mais do que 20, 30 ou 40 anos de idade. Nós não saberemos realmente até que *Episódio VII* repita a experiência em escala planetária. Enquanto isso, um pouco de terapia amadora pode ajudar a aliviar a dor – e ela começa passando pelos cinco estágios de mágoa causada pelos prólogos de *Star Wars*.

O primeiro estágio de mágoa, obviamente, é a negação: você pode escolher os filmes que não gosta e simplesmente declarar que não existem.

Você se lembra de Chris Giunta, o sujeito que noivou diante da sessão da meia-noite de *A ameaça fantasma* com uma ajudinha de Rick McCallum? Avance quinze anos. Giunta voltou para Maryland, em uma casa equipada com um bar de resina que replica exatamente Han Solo congelado em carbonita, um home theater com nível de cinema, e uma regra completamente rígida: nenhum prólogo, jamais. "Nenhum dos meus três filhos viu os prólogos ou as Edições Especiais", afirma ele. "Eu tenho o laserdisc de 1996 da trilogia original, e isso é tudo que eles viram na vida. As meninas sabem que há outros *Star Wars* e que o papai fica furioso quando o assunto é citado. Meu filho de 7 anos tem amigos na escola que assistem aos desenhos animados de *Clone Wars*. Ele fala: 'papai, existem outros filmes de *Star Wars*!'. Eu respondo: 'não, eles não são filmes de *Star Wars* de verdade'."

Uma versão menos extrema da negação é representada por algo chamado Ordem do Machete. Rod Hilton, um programador do Colorado, criou essa versão no seu blog *Absolutely No Machete Juggling* em novembro de 2011 – daí o nome. Para surpresa de Hilton, a Ordem do Machete se tornou um fenômeno na internet e foi amplamente discutida online ao longo de 2012.

A Ordem do Machete foi a resposta de Hilton para o problema sobre a ordem em que se deve assistir à saga. Afinal de contas, ver os filmes na ordem numérica estraga a maior surpresa da série – o "eu sou seu pai" de *Episódio V* – porque um novo espectador saberia do parentesco de Luke no *Episódio III*. Mas ao assistir a trilogia clássica antes dos prólogos, o espectador também vê o velho imperador antes do jovem Palpatine, o que também estraga sua curva narrativa. (Sem falar no fantasma da Força de Hayden Christensen no fim da versão pós-2004 de *O retorno de Jedi*: a pessoa pode se perguntar quem, diabos, é aquele cara?)

A Ordem do Machete dá um jeito ao apresentar a saga desta forma: *Episódios IV, V, II, III* e finalmente *VI*. Essencialmente, ela transforma os prólogos em um longo flashback após a revelação sobre o parentesco. A questão de se Vader está dizendo a verdade – e se estiver, como aquilo aconteceu – acrescenta uma nova tensão aos *Episódios II* e *III*. A identidade do imperador é preservada. *Episódio I* é omitido completamente e sua falta não é sentida porque "todos os personagens estabelecidos no filme são mortos ou retirados", argumenta Hilton, "ou são estabelecidos de maneira melhor em um episódio posterior. Busque nos seus sentimentos, você sabe que é verdade!".

Aqueles que experimentaram as maratonas de *Star Wars* da maneira de Hilton relatam uma sensação fatídica providencial que surge de mansinho durante os dois prólogos que restaram. "Com a Ordem do Machete", elogiou o site *Den of Geek*, "o controle do imperador sobre o universo parece absoluto e tirânico. Seu conhecimento sobre o lado sombrio é insuperável. O fim do imperador é o maior dia do universo em trinta anos e justifica o tamanho da celebração que acontece a seguir."

Será que George Lucas seria contra a Ordem do Machete? De certa forma, sim: ele defende *Episódio I*. Mas o Criador certamente reconhece o poder de reordenar os filmes na saga, porque foi isso que teve a intenção de fazer desde o início com os prólogos: mudar a perspectiva da trilogia clássica. "Parte da diversão para mim é virar completamente de cabeça para baixo a trajetória dramática dos filmes originais", disse Lucas. "Se a pessoa assiste da maneira que foi lançado, é um tipo de filme. Se assistir do *I* ao *IV*, é outro completamente diferente. É extremamente moderno, quase um cinema interativo. A pessoa pega blocos, troca de lugar e cria estados emocionais diferentes."

Fãs de *Star Wars* aceitaram as possibilidades interativas da série desde 2000, quando um editor de cinema baseado em Los Angeles chamado Mike J. Nichols montou uma versão mal cortada de *Episódio I* chamada *A edição fantasma*. Era vinte minutos mais curta do que a original. Na versão de Nichols, cenas passam voando tão rapidamente que passariam raspando até mesmo pelo supereditor Lucas da Terra da Velocidade (se é que ele um dia assistiu a *A edição fantasma*; a Lucasfilm declarou que o Criador não tem interesse em ver qualquer versão degenerada de sua obra). Grande parte do diálogo de Jar Jar foi retirada, o que transformou mais o Gungan em uma espécie de comediante do cinema mudo, à la Buster Keaton. A mesma coisa foi feita com o diálogo de Jake Lloyd como o Anakin de 9 anos de idade.

A montagem foi distribuída anonimamente online, gravada em DVDs e passada de mão em mão. A Lucasfilm entrou em ação quando soube que piratas – e algumas locadoras – começaram a vender cópias do DVD, o que passava do limite de uma entusiasmada edição feita por fãs para violação de direitos autorais. "Nós percebemos que existiam fãs se divertindo com *Star Wars*, o que nunca foi problema", disse a porta-voz da Lucasfilm, Jeanne Cole, em junho de 2001. "Mas nos últimos dez dias, isso cresceu e ganhou vida própria – como as coisas às vezes acontecem quando associadas com *Star Wars*." Duas semanas depois, Nichols pediu desculpas e falou que sua "demonstração bem-intencionada de edição" havia "fugido ao controle".*

---

* A Lucasfilm confirmou para mim que Lucas não tem interesse em assistir a *A Edição Fantasma*.

A pirataria comercial sumiria com o aumento da velocidade de banda larga e a ascensão dos sites de compartilhamento de arquivos – se era possível baixar uma versão em alta definição de algo como *A ameaça fantasma* de graça, por que pagar por uma cópia inferior em DVD ao sujeito da esquina? Na verdade, Nichols foi apenas o primeiro em uma longa lista de editores. Hoje em dia é possível encontrar centenas de versões de cada filme de *Star Wars*, incluindo o original, que consertam diálogos e removem todo tipo de erro observado. (Uma das mais intrigantes, e difíceis de achar, é uma edição de todos os três filmes da trilogia prólogo em apenas um filme de 85 minutos pelo ator de TV e cinéfilo nerd Topher Grace; ele apenas exibiu como "um fato isolado", de acordo com Newman, um dos poucos que conseguiram vê-la.) Montagens de fãs são um ótimo exemplo da cultura "ler/modificar" em contraste com a cultura "somente leitura", de acordo com a teoria desenvolvida em *Remix*, livro seminal de Lawrence Lessig, professor de direito de Harvard. Parece de certa forma apropriado – ou terrivelmente irônico – que um diretor perfeccionista, cujo primeiro filme estudantil foi uma colagem de um minuto arrancada de revistas, tenha sua obra mais famosa sujeita a essa forma de colagem do século 21.

Há outra negação que vale a pena ser mencionada: negação de diálogo, ou pelo menos negação de sua interpretação. Emily Asher-Perrin, do blog de ficção científica Tor.com decidiu levar a sério o que Lucas disse quando chamou os prólogos de "filmes mudos" e assistiu a toda trilogia prólogo sem som e com a trilha sonora de John Williams ao fundo. "Os filmes funcionam em um nível emocional totalmente diferente", conclui ela. "Isso me fez entender o objetivo de Lucas."

Se você está pasmo e aborrecido com a ideia de que possivelmente tenha de ver os prólogos sem som para compreendê-los de verdade, então talvez esteja pronto para o próximo nível de mágoa em relação a eles. É um sentimento que leva ao sofrimento e ao lado sombrio, se pudermos acreditar em Yoda: raiva. E talvez não haja melhor exemplo de raiva prolongada, em fogo brando, em relação aos prólogos do que aquela que pode ser encontrada nas críticas de Mr. Plinkett.

Em 2009, um cineasta baseado em Milwaukee chamado Mike Stoklasa produziu uma resenha em vídeo completa, veemente e maníaco-obsessiva de *A ameaça fantasma*. A crítica durava setenta minutos, de forma que Stoklasa dividiu em sete vídeos de dez minutos no YouTube. Por mais inauspicioso que isso pareça – uma resenha que dura mais que a metade do filme? –, os vídeos foram promovidos no Twitter por nerds famosos como Simon Pegg e o produtor de *Lost*, Damon Lindelof, e subsequentemente vistos por mais de 5 milhões de pessoas. Stoklasa deu sequência com críticas de noventa minutos de *Clones*, *Sith* e dezenas de outros filmes, também divididas em pedaços digeríveis. O canal de YouTube de Stoklasa, Red Letter Media, agora acumula mais de 45 milhões de visitas, a maioria delas sobre as críticas dos prólogos.

Qual é o apelo? Stoklasa banca o palhaço ao adotar um personagem (criado por um amigo) chamado Harry Plinkett, o lendário narrador de resenhas. Ao surgir, Plinkett é um cara meio cinéfilo nerd e meio assassino em série, que parou de tomar seus medicamentos e geralmente foge do assunto; várias vezes ele oferece enviar pizzas enroladas para os espectadores. Stoklasa recorre a sua formação da faculdade de cinema de Chicago para destrinchar a abordagem de Lucas: que *Episódio I* e *II* não têm um protagonista de verdade; que grande parte de *Episódio III* emprega a técnica de montagem sem graça conhecida como plano/contraplano. Mas, ao colocar essas observações na persona de Plinkett, ele simultaneamente faz uma paródia do fã obsessivo de *Star Wars*. Talvez o resultado mais irônico da popularidade de Plinkett: um fã decidiu blogar uma contestação de tudo nas críticas dos prólogos feitas por Stoklasa, argumento por argumento. Essa ladainha, involuntariamente ao estilo de Plinkett, tinha 108 páginas.

A intenção de Stoklasa era mostrar que o imperador estava nu. "Eu não estou convencido de que George é o gênio cineasta da forma como é sempre representado", diz ele. "Eu o vejo como um cara que teve a ideia bacana de fazer um filme de aventura espacial no espírito dos velhos seriados de *Flash Gordon*. Modernizou um pouco, fez com que o filme compartilhasse um monte de elementos visuais da Segunda Guerra Mundial, adicionou alguns elementos mitológicos e chamou de *Star Wars*. Depois chamou um bando de outras pessoas para fazer a coisa funcionar, de alguma maneira... Ele funciona melhor quando outras pessoas pegam suas ideias e trabalham com elas. Quando escreve e dirige, é um desastre."

Stoklasa argumenta de forma elegante na parte geralmente mais citada de sua resenha de *Episódio I*, em que ele pede para quatro fãs que viram tanto a trilogia original quando *A ameaça fantasma* para descreverem personagens de cada um, sem descrever sua aparência ou profissão. Han Solo é um independente, espirituoso, arrogante, um cafajeste, faz o que é certo, tem um bom coração. Qui-Gon Jinn é... bem, os quatro convidados de Stoklasa têm muita dificuldade de oferecer uma descrição até que um deles sugere: "austero?". 3PO é afetado, trapalhão, covardão, extremamente preciso com detalhes. Padmé Amidala é... Os fãs não conseguiram dar uma única descrição que não mencionasse a maquiagem, roupas ou cargo real, e parece que isso foi uma revelação genuína. "É engraçado", comenta um. "Eu entendi."

As palavras mais condenatórias nas críticas de Plinkett, no entanto, são ditas pelos próprios Lucas e McCallum. Stoklasa fez o dever de casa, coletando citações de material extra e documentários de DVD que mostram o diretor e o produtor no ápice da inanidade. Ele mostra Lucas falando "É como poesia, ele rima" sobre o roteiro repetidas vezes para seus funcionários. "É tão denso; tem tanta coisa acontecendo em cada imagem", diz McCallum. Stoklasa reproduz essa citação no contexto de algumas das tomadas de efeitos especiais altamente confusas dos prólogos, nas quais não fica exatamente claro quem deveríamos estar acompanhando e por quê. De repente, parece que McCallum está descrevendo um filme cheio de som e fúria, sem significado nenhum.

Os clipes nos oferecem a melhor noção da exaustão, criativa e física, que pareceu dominar a produção dos prólogos. Stoklasa nos mostra Lucas curvado na cadeira de diretor com um enorme copo de café ou cercado por pessoas cujas expressões faciais dizem muita coisa. O cineasta brinca sobre não ter terminado os roteiros ainda; os subalternos sorriem, enquanto os olhos revelam o terror de alguém preso em um eterno trem fantasma. Para parafrasear algo que Lucas disse uma vez sobre o pai: ele é o chefe, aquele que eu temo.* Vemos os atores na frente da tela verde com duas câmeras, e todas as cenas sem ação parecem tediosamente familiares: dois atores andam lentamente por um corredor ou cruzam uma sala, param, se voltam para uma janela. (Como se isso não fosse suficientemente tedioso, Stoklasa observa que praticamente todas as discussões importantes em *A vingança dos Sith* ocorrem em sofás: assim que a pessoa se dá conta deste tipo de coisa sobre os prólogos, é difícil deixar de vê-las.)

Apesar de toda a raiva, Stoklasa não se permite dar umas ferroadas fáceis que são as prediletas de quem odeia os prólogos. Ele não culpa a atuação de Hayden Christensen como Anakin. "Até mesmo sir Lawrence Oliver [*sic*] não faria essa merda funcionar", murmura Plinkett. E quanto a Jar Jar Binks? "Dá para argumentar que Jar Jar era a única coisa possível de compreender claramente", diz Stoklasa. "Ele tinha alguma motivação e uma curva narrativa como personagem. Sim, Jar Jar era irritante, porém, ironicamente, era a coisa mais realista e compreensível em *A ameaça fantasma*."

Stoklasa é *persona non grata* para os defensores dos prólogos, em grande parte porque todos os fóruns e reportagens sobre *Star Wars* agora parecem

---

* Foi por volta desta época, no documentário *Império dos Sonhos* (2004), que Lucas começou a comparar a história de sua vida com a de Darth Vader: um homem aprisionado na máquina da Lucasfilm.

conter comentários de pessoas que oferecem links para os vídeos dele em vez de dar as próprias opiniões. Porém, embaixo do humor pervertido, a visão dele é relativamente sensata e educada. Outros comentaristas fizeram uma abordagem bem mais grosseira. Em 2005, uma banda chamada The Waffles compôs uma canção chamada "George Lucas estuprou nossa infância". Três anos depois, os criadores de *South Park* foram ainda mais literais em um episódio que mostra Lucas estuprando um stormtrooper. O inferno não contém crueldade igual à de um fã de *Star Wars* rejeitado.

Quando a negação e a raiva passam, há sempre a barganha. Uma vez que os fãs de *Star Wars* são um grupo tão criativo, todo mundo desapontado com os prólogos compartilhou a ideia: *eu poderia ter feito melhor*. Discussões a respeito da maneira exata como cada prólogo poderia ter sido feito melhor vem ocorrendo há anos em quartos, dormitórios e cafeterias. Reclamar de seu time de futebol segunda de manhã é divertido, até certo ponto – mas isso aqui é reclamar de segunda a domingo, e não parece que um dia terá fim.

O ícone de barganha sobre os prólogos é Michael Barryte, um astro do YouTube de 26 anos que mora em Los Angeles. Como Stoklasa, Barryte é formado em cinema – pela UCLA, onde Coppola estudou –, mas é mais jovem e tem um ponto de vista muito mais otimista. Barryte foi um ator infantil na Nickelodeon quanto estava no ensino médio e interpretou o jovem Jerry Seinfeld em um especial da HBO; ele ainda tem a voz empolgada e o jeito deslumbrado de falar rápido de um apresentador infantil de TV. Quando *Episódio I* foi lançado, Barryte tinha 12 anos – ele não era um velho amargurado. Porém, havia coisas sobre o filme que em pouco tempo passaram a incomodar Barryte e seus amigos, como o fato de que realmente parecia que o longa deveria ter sido a história de Obi-Wan e que a morte de Darth Maul desperdiçou um vilão extremamente bom. Em 2012, a Lucasfilm relançou *A ameaça fantasma*, dessa vez em 3D. Barryte, que era responsável por um então pequeno canal sobre cinema no YouTube chamado Belated Media, queria fazer uma crítica em vídeo que focasse apenas nos elementos que ele gostava. "Plinkett destrincha e desconstrói, o que é louvável", diz Barryte. "Mas eu não queria simplesmente detonar o filme. Ninguém vai ao cinema para ficar desapontado. Eu venho tentando destrinchar de maneira mais positiva."

Porém, acabou que simplesmente não havia elementos suficientes que ele gostasse para embasar uma crítica, então, em vez disso, Barryte deixou a imaginação voar por uma versão ligeiramente alterada do filme. O vídeo resultante se chama "E se *Episódio I* fosse bom?". Levou um ano para viralizar, mas viralizou;

agora foi visto mais de 2 milhões de vezes. O canal de Barryte passou de 5 mil para 100 mil assinantes. Os novos fãs começaram a exigir uma continuação, "E se *Episódio II* fosse bom?", que Barryte, mais um fã de cinema do que especificamente um fã de *Star Wars*, jamais teve a intenção de fazer. Em 2013, ele cedeu. O resultado rendeu outro milhão de visualizações no espaço de uma semana, e Barryte começou a ser bombardeado por e-mails de fãs com suas próprias ideias alternativas de roteiro. "Sem saber, eu agitei o maior vespeiro do universo de fãs", diz ele. (Barryte ainda está trabalhando no vídeo sobre o *Episódio III*.)

A versão de Barryte para o *Episódio I* é contagiante – e, ao contrário da maioria das reclamações, é uma proposta elegante com o mínimo possível de alterações ao filme. Na narrativa dele, Jar Jar Binks é removido completamente, embora os Gungans permaneçam. Obi-Wan é transferido para o primeiro plano e se torna o protagonista, mas seu mestre, Qui-Gon, ainda está presente. Anakin tem a idade aumentada, e Qui-Gon simplesmente sente que a Força é poderosa nele, em vez de testá-lo para medir os midi-chlorians. Padmé flerta com Obi-Wan, que mais tarde salva a vida dela – o que o tira do duelo de sabres de luz com Darth Maul. Maul mata Qui-Gon e sobrevive, o que estabelece sua perseguição por parte de Obi-Wan nos filmes posteriores. Yoda fica predominantemente ausente do Conselho Jedi, o que cria uma sensação de mistério em torno do personagem. Palpatine se torna um funcionário público com função de mediador entre o Conselho Jedi e o Senado, um papel que lhe dá mais pauzinhos para mexer. E é basicamente isso. Barryte reconta rapidamente as cenas que se seguem logicamente a essas decisões, com muitos cortes e piadas visuais para nos manter entretidos enquanto cruzamos a terra do Faz-de-conta.

Mas, obviamente, o *Star Wars* que poderia ter sido assim não foi. Esse é o maior problema do estágio de barganha da mágoa; em algum ponto, a fantasia tem que desmoronar, e nós passamos pelo sofrimento dos prólogos mais uma vez. Todo mundo tem suas preferências; todo mundo leva a própria versão de *Star Wars* na cabeça. Timothy Zahn, escritor do Universo Expandido, odeia o conceito de midi-chlorian da Força: "Torço para que seja abandonado", disse ele em 2000, em vão, como se relevou (midi-chlorians foram mencionados novamente em *A vingança dos Sith*). Até mesmo Kyle Newman, defensor dos prólogos, preferiria que um e apenas um ator interpretasse Anakin em todos os prólogos.

O fictício Mr. Plinkett, pelo menos, aceita a realidade do que aconteceu nos prólogos. "Talvez a pior coisa a respeito deles é que os prólogos existirão para sempre", diz ele em uma voz extremamente monótona bem no início da crítica de *A ameaça fantasma*. "Eles jamais sumirão. Jamais poderão ser desfeitos."

* * *

Todos os fãs pensantes de *Star Wars* devem, em algum momento, encarar a distância significativa entre a *ideia* reluzente e perfeita de *Star Wars* e a sua execução um tanto quanto menos perfeita. Os fãs mais apaixonados, geralmente, são os mais perfeccionistas, então eles encaram esse problema muitas vezes, e isso pode levar ao penúltimo estágio de mágoa de *Star Wars*: depressão. Ninguém sabe dizer qual é o alcance da depressão causada pelos prólogos, mas você se lembra daquelas paródias de Darth Vader no YouTube que mencionei lá atrás no capítulo 9? A mais vista de todas é "The *Star Wars* That I Used to Know" [O *Star Wars* que eu conhecia] (15 milhões de visualizações), uma paródia do sucesso estrondoso de Gotye em 2012, que mostra Vader cantando para George Lucas. ("Não, você não precisava fazer aquela porcaria... O que aconteceu com o *Star Wars* que eu conhecia?")

Nenhum fã quer esse estado de espírito; ele apenas os domina – não tanto quanto o lado sombrio da Força, mas sim como sua versão que Lucas concebeu durante o segundo manuscrito de *Star Wars*: a Força Bogan. Quando se é dominado pelo Bogan como aquela primeira versão de Han Solo, você também quer tirá-lo da mente. Do contrário, a pessoa se vê no esmagador de lixo com um raciocínio que pode ser meio assim:

Não adianta tentar amar Star Wars *da forma que você um dia amou. Não é possível voltar atrás; não é possível encontrar o espírito de 1977, exceto nos livros de história. Somos sabichões agora, como diz Manny Wheeler, da Nação Navajo. A internet está repleta de gente como nós. Estamos prontos para jogar amendoins da tribuna e opinar em voz alta no canal mais próximo das redes sociais sobre o que faríamos de diferente. Ninguém é capaz de simplesmente curtir um pôr do sol, então ninguém é mais capaz de contar de maneira bem-sucedida uma história épica, sem ironias; nós perdemos a capacidade de sermos arrebatados na adolescência. Cedemos ao ódio. Temos os prólogos que merecemos. Devemos aceitar que aquilo foi apenas poesia burlesca para distrair crianças, seu Criador não conseguiu criar ideias novas, então fez filmes que rimavam com os antecessores. Esse é o destino de todos os criadores e de todas as empreitadas criativas: eles se cansam; ficam repetitivos. Todo aquele monomito de Joseph Campbell foi apenas um verniz pretensioso aplicado vergonhosamente por Lucas nos anos 1980 e legitimado por uma sociedade que estava tão desesperada por escapismo, tão enamorada por efeitos especiais modernos, que colocou três filmes em um pedestal inalcançável, quando na verdade estavam sob fundações instáveis, antes de mais nada. A única solução é desistir completamente de* Star Wars *e nos comprometermos. Vamos vender os bonequinhos de* Star Wars *no sótão. Vamos nos livrar de coisas infantis.*

Se é assim que você está pensando a essa altura, se chegou ao fundo do poço na mágoa causada pelos prólogos, então talvez seja a hora de um momento venha-para-Jesus – ou um momento venha-para-a-Força, se você preferir. Deixe-me lhe apresentar a um bom pastor de renovação carismática das antigas.

A aceitação é o estágio mais difícil do processo da mágoa, mas também é o mais crucial. Apenas por meio da compreensão dos prólogos da maneira que eles são – e não da maneira que poderiam ter sido – é que os fãs podem ter esperança de seguir em frente e encontrar paz em sua percepção da saga.

Eu queria ver os prólogos da maneira que os defensores os veem. Então, eu recorri a Bryan Young, blogueiro de *Star Wars* (do site StarWars.com, entre outros lugares), podcaster e um dos defensores mais inteligentes e confiáveis dos prólogos no planeta. Quando *A ameaça fantasma* foi lançado, Young havia acabado de ser formar no ensino médio e esperou na fila por trinta dias em seu cinema de Utah. Ao contrário dos outros caras na fila, ele na verdade trabalhava no cinema e conseguiu ver o filme mais de setenta vezes. Seu filho nasceu imediatamente após *Clones*; Young o batizou de Anakin.

Com uma aparência confiável e uma atitude completamente imperturbável, Young moderou algumas palestras sobre "Por que amamos os prólogos" em convenções. E ele fez o que ninguém mais, até onde sei, ousou: em uma noite de bebedeira na *Star Wars* Celebration de 2012, Bryan Young defendeu os prólogos na cara de Jake Lloyd, que interpretou Anakin Skywalker em *Episódio I*. Lloyd parou de trabalhar como ator após aquele filme; agora, com vinte e poucos anos, ele sente um desprezo ambíguo por *A ameaça fantasma*, que o perseguiu durante o ensino médio e a faculdade. Young não foi exatamente bem-sucedido em convencer Lloyd sobre os prólogos; o ex-ator simplesmente foi embora quando descobriu o nome do filho de Young e depois desfez amizade com ele no Facebook.

Eu me reuni com Young por várias horas regadas a cervejas artesanais em sua cidade natal, Salt Lake City, e disse que bancaria o advogado do diabo. Abordaria todos os problemas que todo mundo já teve com os três primeiros filmes, faria todas as perguntas que viessem à mente. Ele concordou com a cabeça, impassível. "Lidar com o ódio pelos prólogos é a minha especialidade", respondeu Young. Senhoras e senhores, Bryan Young, terapeuta de *Star Wars*.

Para começar, então: o diálogo. Foi péssimo de maneira uniforme do *Episódio I* ao *III*, certo? Para a minha surpresa, Young não discorda. "George Lucas não é um escritor", disse ele simplesmente, e obviamente o próprio

Criador já falou isso. Então como, perguntei, encarar o diálogo – como um pastiche intencional e cômico de *Flash Gordon* e *Buck Rogers*? Young concordou com a cabeça solenemente. "Tenho que encará-lo dessa forma se quero curtir os filmes."

Para o tipo de fã que precisa de razões relativas ao universo ficcional para as coisas, Young também tem uma explicação do gênero para o diálogo engessado. Aqueles três filmes lidam em grande parte com aristocratas e políticos, rainhas e senadores, o pomposo Conselho Jedi. Para ouvir como esse tipo de gente fala na trilogia original, ouça a princesa Leia e o grão-moff Tarkin. "Eles realmente falam naquele estilo muito engessado e falso vitoriano que permeia os prólogos", disse Young. "Só que não há um personagem à la Han Solo para aparecer e revirar os olhos diante de tudo, tirando onda. Esse tipo de personagem não existe nos prólogos porque estamos em um mundo diferente. Estamos lidando com a realeza. Na trilogia clássica, lidamos com todos os fazendeiros e fracassados na galáxia."

Ah, mas havia um integrante de destaque da classe simplória: Jar Jar Binks. Certamente não havia como defender essa adição tagarela e insuportável ao cânone de *Star Wars*? Outra vez, Young foi afável: ele achou Jar Jar "completamente detestável" da mesma forma como todos nós. "Levei um tempo para mudar de ideia sobre o motivo de ele estar na história", disse Young. Foi só quando ele assistiu a um episódio de *Clone Wars* com a filha, que tinha 8 anos de idade na época, que contava com Jar Jar; ela declarou que *Star Wars* não era *Star Wars* sem Jar Jar. "Sua função é se dirigir às crianças e ser insuportável para todos os demais. A moral da história é que, às vezes, você tem de aturar essas pessoas insuportáveis. Ainda assim é preciso tratá-las com dignidade e respeito. Toda vida tem valor."

É difícil contestar essa defesa de Jar Jar, e certamente é melhor do que o argumento que ouvi de Lucas no palco da *Star Wars* Celebration – que os espectadores de hoje odiavam 3PO nos filmes originais da mesma forma como odeiam Jar Jar nos prólogos. (Essa é equivalência mais falsa que já ouvi.) Ao contemplar Young enquanto tomávamos cerveja, eu comecei a pensar que a Lucasfilm deveria contratá-lo para cair na estrada e evangelizar: um pregador das antigas sobre os prólogos.

Como advogado do diabo, era hora de tirar a luva de pelica. E quanto à escolha de Hayden Christensen como Anakin em *O ataque dos clones*, perguntei? Com certeza, Young não gostou das incômodas tentativas choramingosas de Anakin de flertar com Padmé naquele filme? Na verdade, ele curtiu. "Ele não é menos ou mais choramingão do que Mark Hamill em *Episódio IV*", argumenta Young (e não foi difícil saber em que fala ele pensava: "Mas eu ia à Estação Tosche pegar alguns conversores de energia!").*

Christensen atuou de maneira apropriada para a situação em que se encontrava, acredita Young. "Pense bem: você é um monge celibatário que não sabe como lidar com uma garota, e de repente se vê em uma situação com aquela que é provavelmente a mulher mais atraente na galáxia. Você vai agir como um idiota e provavelmente falar de maneira mais estúpida ainda. Você consegue se lembrar da primeira coisa que disse para uma garota como adolescente? Foi melhor do que 'eu não gosto de areia, é grossa, áspera, irritante e entra em todos os lugares'?"

Eu concordei que não foi.

Quando Young discorda dos prólogos, geralmente é sobre o tipo de coisa que só se nota quando se viu cada filme dezenas de vezes – tal como as poucas cenas em *O ataque dos clones*, rodadas meses após as filmagens originais, em que Ewan McGregor usa uma barba falsa que é colada como um aplique. Young não enxerga o que eu vejo em grande parte da atuação de McGregor: tédio e desprezo mal dissimulado. Talvez, apenas talvez, essa impressão passe quando a pessoa assiste a esses filmes tantas vezes quanto Young assistiu. "Nostalgia e familiaridade são duas coisas que as pessoas não relacionam aos prólogos", falou ele. "Se fizessem isso, elas gostariam mais dos filmes. Pense bem: quando *Episódio I* foi lançado, quantas vezes você tinha visto *Episódio IV*?"

Eu admiti que gastei a fita VHS de *Star Wars* do meu pai lá em 1983 e parei de contar após ter visto cinquenta vezes.

– Aí está – disse Young. – Parte da sensação de ver um filme de *Star Wars* é conhecê-lo do avesso. Eu vi *Episódio I* sete vezes naquele primeiro fim de semana e garanto que gostei mais da sétima vez do que da primeira.

Quanto mais assistia aos prólogos, mais paralelos entre as trilogias Young descobria. Ele viu e ouviu aquela rima que Lucas não parava de mencionar, e gostou. As jornadas de Anakin e Luke começaram a refletir uma à outra. Ambos ignoram o treinamento em seu segundo filme por causa de apegos emocionais, por exemplo. Quando Young soube da Ordem do Machete, ele aceitou, mas reinseriu *Episódio I*, e agora fica entusiasmado como essa versão melhora as rimas. A pessoa vê a queda de Anakin por completo após *O Império contra-ataca*;

---

*   Ainda hoje, Hamill defende que disse aquela fala de um jeito propositalmente choramingão – para que Luke Skywalker tivesse uma curva narrativa que o levasse de adolescente teimoso a cavaleiro Jedi cauteloso.

depois, a primeira vez em que Luke é visto em *O retorno de Jedi*, ele está todo de preto e sufocando guardas Gamorreanos no Palácio de Jabba. É impossível não considerar que ele caiu como o pai. "Os prólogos melhoram tanto a experiência dos filmes clássicos que chega a dar nojo", diz Young.

Continuamos conversando assim por horas. Young lidou com tudo o que joguei em cima dele. O fato de que o estilo sujo do "Universo Usado" parece ter desaparecido nos prólogos, ao ponto de críticos historicamente ineptos reclamarem que Lucas evitou a imundície de *Alien: o oitavo passageiro* ou *Blade Runner: o caçador de androides*. Isso simplesmente deixa clara a bagunça em que a galáxia ficou por causa do Império, quando chegamos a *Episódio IV*. Midi-chlorians na corrente sanguínea? Eles apenas demonstram como os Jedi estavam gastando tempo demais estudando e exagerando na intelectualização de tudo. Young dava respostas tão prontas, tão naturalmente, que ficou claro que ele não estava simplesmente explicando. Young genuinamente acredita nos prólogos, como milhões de outras pessoas – mesmo que não se sintam à vontade para admitir em público.

Quem sabe eu jamais consiga assistir aos *Episódios I* a *III* sem torcer o nariz ou talvez reproduzi-los sem som com John Williams no fundo. Mas finalmente fiz as pazes com os prólogos. As romantizações de cada filme estão ajudando no processo: nelas, pelo menos, não há preocupações com diálogo engessado ou péssima atuação. O lendário autor de fantasia Terry Brooks obviamente se divertiu em transformar *A ameaça fantasma* em prosa (ele chamou de "projeto dos sonhos"). A versão literária de Jar Jar assinada por Brooks é um simpático Gungan exilado que apenas quer consertar a situação com seu povo. A interpretação de Matthew Woodring Stover para *A vingança dos Sith* é um pequeno clássico, muito adorada pelos fãs; ele desenvolve muito mais a motivação de Anakin do que no filme. Outros títulos do Universo Expandido também têm o benefício de resolverem falhas e ausências nos prólogos. Todo aquele buraco na trama de "Zaifo-Vias" é resolvido no livro *Labyrinth of Evil* (2005). A "tragédia de Darth Plagueis", a história que Palpatine conta para Anakin na ópera em *Episódio III* (mas que deixa tentadoramente incompleta), foi desenvolvida em forma de livro em *Darth Plagueis* (2012).

Em resumo, se você quiser descobrir novas abordagens sobre os prólogos, elas estão facilmente acessíveis. Você pode, por exemplo, considerar a possibilidade de que na verdade existem duas ideias de *Star Wars*. Uma pertence a nós, o público, e era uma ideia sobre um universo crível de heróis dignos de palmas e vilões dignos de vaias, uma ideia que se transfigurou em algo mais sombrio, mais denso, mais mitológico, mais adulto. Nós enxergamos Sergio Leone em uma paisagem desértica, quando na verdade ela apenas foi vazia daquela maneira porque o Criador não tinha orçamento para torná-la populosa como deveria. E tudo bem.

E há a outra ideia de *Star Wars* – a ideia do Criador. Sempre foi um pouco mais boba, e muito mais lotada de alienígenas malucos e espaçonaves da Terra da Velocidade. Era uma fan fiction de *Flash Gordon* voltada para crianças e nossas crianças interiores. E tudo bem também.

E se você não consegue gostar dos prólogos ou relativizá-los, isso lhe torna menos fã de *Star Wars*? Com certeza não – desde que você seja do tipo viva e deixe viver. "*Star Wars* é um bufê", argumenta Young. "Pegue o que quiser e deixe o restante para todo mundo. Não enfie o dedo no purê de batata se não gosta dele."

Se for de ajuda, considere os prólogos como uma longa história para boi dormir. Anakin Skywalker deveria "trazer o equilíbrio à Força", cujo significado parece ser aceito sem maiores preocupações pelo Conselho Jedi, mas pouco explicado. Yoda e companhia simplesmente dão a impressão de acreditar que a profecia significa algo bom. Porém, após os prólogos, até onde sabemos, sobraram dois Jedis na galáxia (Obi-Wan e Yoda) e dois Sith (Palpatine e Vader). Isso é equilíbrio, certo?*

Assim, os prólogos se tornaram uma fábula com uma moral, e a moral é: não acredite em tudo o que é previsto. Por exemplo, não acredite em um cineasta que diga que não haverá nunca, jamais outros filmes de *Star Wars*, e ponto.

---

* Lucas foi mais além ao sugerir que "trazer equilíbrio à Força" seria apenas alcançado no fim de *O retorno de Jedi*. "A profecia estava certa", disse ele em 2005. "Anakin era o escolhido, e ele realmente traz equilíbrio à Força. Ele pega o bem que restava em si e destrói o imperador por causa da compaixão pelo filho."

26 / USANDO O UNIVERSO

A saga de *Star Wars* parecia que estava acabando de se acomodar em sua alegre aposentadoria em 25 de junho de 2005, apenas um mês após o lançamento de *A vingança dos Sith*. Foi outro dia de verão ameno e nebuloso em São Francisco. O Coronet não conseguiu exibir o último episódio da série que ajudou a dar à luz; após sofrer com a queda da venda de ingressos, o cinema fechou as portas pela última vez em março e seria demolido dois anos depois, para dar lugar a um centro de convivência e apoio ao idoso.

Em Presidio, pertinho do Coronet, George Lucas recebeu a imprensa para a cerimônia oficial de inauguração do novo quartel-general da Lucasfilm, que custou 350 milhões de dólares. Chamado de Letterman Digital Arts Center, ele juntaria as divisões mais discrepantes da empresa: a ILM se mudaria de San Rafael, os ramos de licenciamento e marketing sairiam do Rancho Skywalker, e a divisão de videogames, a LucasArts, chegaria do Big Rock, o rancho de Lucas vizinho ao Skywalker.

A inauguração foi comemorada com um dos agora famosos piqueniques da Lucasfilm que duravam o dia inteiro. Eles eram o ápice da generosidade de Lucas. Os presentes – inclusive eu – receberam caixas de piquenique de madeira feitas meticulosamente, com a inscrição da data e do local; fomos recebidos por uma serenata de Bonnie Raitt e Chris Isaak e servidos por um corpo de recepcionistas de uma beleza absurda. Um público VIP, que ia de políticos de verdade (Nancy Pelosi, Barbara Boxer) aos de mentira (Richard Schiff, que interpretava Toby em *The West Wing*), perambulava pelas sinuosas trilhas de pedra do quartel--general de quase 70 mil metros quadrados, absorvendo a vista do Palácio de Belas Artes e a ponte Golden Gate. O centro de São Francisco e as maravilhas da Chestnut Street, no distrito de Marina, estavam a um curto trajeto de carro e a pé, respectivamente, a leste.

Uma troca de endereço tão dramática fora necessária, e não apenas porque o Rancho Skywalker, o Big Rock e a instalação da ILM em San Rafael estavam transbordando. Vir para a cidade simplesmente pareceu mais saudável. "Nós passamos muitos anos escondidos", disse Micheline Chau, a ex-executiva da indústria de saúde e contadora que se tornou a presidente da Lucasfilm em 2003. "Não sei se foi bom para a empresa como um todo."

A Lucasfilm há muitos anos vinha pregando a respeito dos filmes digitais, e que melhor lugar no mundo para isso do que a capital das ideias digitais? O que Chau não falou, no entanto, é que, sem mais *Star Wars* para fazer, a empresa teria de inventar mais negócios a fim de manter o mesmo nível de funcionários. A Lucasfilm não podia contar com a boa vontade de um bondoso bilionário para sempre.

Lucas usara seus ganhos da primeira trilogia de *Star Wars* para construir o Rancho Skywalker em um terreno de 7 mil metros quadrados no vale de Marin County. Um hospital da Segunda Guerra Mundial fora demolido para dar lugar ao segundo casarão que *Star Wars* construiu. Foram encontrados corpos no terreno, e as histórias de assombrações contadas pelos funcionários levaram Chau a pagar por um exorcismo da empresa inteira no fim de uma noite, que envolveu jogar arroz em áreas supostamente assombradas do prédio. Em pouco tempo, o local adquiriu um restaurante e bar chamado Dixie's, cujo barman – quando eu visitei, pelo menos – tinha um sabre de luz tatuado no dedo médio. Havia uma conexão super-rápida via fibra óptica com o Rancho Skywalker que passava pelos servidores de última geração no porão do Letterman Center e aniquilava o tempo e a distância entre as duas pontas do império de Lucas. "O Rancho" sempre seria chamado apenas assim, enquanto Lucas e os funcionários da ILM (1,5 mil dos quais estavam prestes a se mudar para o Letterman na ocasião do piquenique de inauguração) passariam a chamar a nova instalação de Estrela da Morte. (Quando, mais à frente, a Disney comprou a Lucasfilm, e centenas desses mesmos funcionários perderam os empregos em demissões em massa, alguns começaram a usar um sobrenome mais sombrio para o local: Mouseschwitz.)*

Dirigindo-se à multidão em um dos enormes e iluminados átrios do Letterman no dia da cerimônia de inauguração, Lucas murmurou alguns comentários. Ele observou que era apropriado que o Letterman tivesse sido completado ao mesmo tempo em que *A vingança dos Sith*, porque ambos começaram na mesma época: há três anos. *Sith* fora lançado há seis semanas e estava no ca-

---

*   Trocadilho cruel com o campo de concentração nazista de Auschwitz e *House of Mouse* ("A Casa do Rato"), apelido da Disney no jargão da indústria. [N. do T.]

minho de ser outro sucesso absoluto. Em um ano em que o número de espectadores de cinema caiu vertiginosamente e não houve blockbusters de verdade, *Episódio III* cantou de galo. Em seis semanas, apenas nos Estados Unidos, ele arrecadou 361 471 114 dólares, ou mais de três vezes o orçamento de Lucas. Fãs ainda acamparam pelos ingressos, embora a compra online estivesse amplamente disponível; a fila havia se tornado um ritual em si. Em Seattle, um fã obsessivo começou a acampar para *Episódio III* com uma antecedência recorde de 139 dias.

Em entrevistas na mídia sobre os próprios comentários, Lucas anunciou que havia renunciado à produção de filmes de 100 milhões de dólares para valer, com o ar de um homem que recolhia o que ganhou e estava de saída da cidade. Ah, ele sempre estaria ligado ao campo dos efeitos especiais graças à Industrial Light & Magic, que na época estava trabalhando em novos filmes de séries como *Harry Potter* e *Piratas do Caribe*, bem como um certo filme sobre um leão, uma feiticeira e um guarda-roupa. *Indiana Jones 4*, que Lucas estava escrevendo com Spielberg na ocasião, não contava; ele quis dizer que renunciara à produção de filmes de *Star Wars* de 100 milhões de dólares, não filmes de 100 milhões de dólares de um modo geral. "Grande parte de *Star Wars* acabou", declarou ele, "em termos de longas-metragens".

O que Lucas faria a seguir? Ora, respondeu o cineasta, "iria embora e escreveria meus próprios filminhos experimentais". Lucas encerrou a coletiva de imprensa e foi embora para os corredores da Estrela da Morte, decorados por meia dúzia de estátuas de Darth Vader e um Jar Jar em carbonita que fora um presente dado pela Legião 501st.

Filmes experimentais? Certo. Na verdade, como Lucas anunciara lá em abril na *Star Wars* Celebration III, a Lucasfilm já estava trabalhando não apenas em uma, mas em duas séries de TV de *Star Wars* – uma com atores, outra de animação. Na verdade, a intenção era que o próprio prédio servisse como o estúdio de produção para as séries de TV de *Star Wars* (e, se uma linha de discussão vingasse, um canal inteiro de TV dedicado à saga). Essas novas iniciativas – e a luta definitiva por sobrevivência que surgiu entre elas – representariam uma espécie de batalha pela alma de *Star Wars*.

No decorrer dos anos anteriores, especialmente após as maravilhas de *O jovem Indiana Jones* e as agonias dos prólogos, ficou claro para Lucas que ele se sentia mais à vontade como um produtor executivo ao estilo da TV – um criador de seriado, basicamente, do tipo que cria temas e instruções abrangentes de um mundo ficcional e depois permite que um bando de roteiristas inteligentes os desenvolva. Foi assim que *Império* e *Jedi* tinham sido escritos; os prólogos não tiveram tal convivência da sala de roteiristas, e os fãs atormentaram Lucas por causa disso. Não é surpresa que ele desejasse voltar a um modelo colaborativo de cinema.

Também ficou claro durante anos que a animação era o primeiro amor de Lucas e que ele considerava difícil lidar com atores. "Se houvesse um jeito de fazer filmes sem atores", sugeriu Mark Hamill nos anos 1980, "George Lucas faria". Nos anos 2000, a animação computadorizada realmente oferecia a Lucas uma forma de fazer filmes sem o inconveniente dos atores, pelo menos em sua forma corpórea. Talvez não seja surpreendente que a série de TV de *Star Wars* com atores acabaria passando por dificuldades, enquanto a série animada – *The Clone Wars* – seguiria firme e forte.

O sucesso de *The Clone Wars* de maneira alguma era garantido. A série com atores, desenvolvida sob o título provisório de *Star Wars Underworld*, tinha muito potencial. A Lucasfilm estava em negociação com a ABC, principalmente, mas também chegou a negociar com a HBO em dado momento pelos direitos de exibição. Ambientada na capital galáctica de Coruscant nas duas décadas entre o *Episódio III* e o *Episódio IV*, a série abordaria o lado criminal do Império: os gângsteres, contrabandistas e caçadores de recompensa que o público maduro sentiu tanta falta nos prólogos. Também haveria uma associação com um jogo homônimo de computador (um game que mais tarde foi rebatizado de *Star Wars 1313* e mesmo depois foi engavetado pela Disney). Rumores sem confirmação sugerem que a série usaria Boba Fett como personagem regular. Uma nave que sabíamos que faria parte do programa, de acordo com esquetes: a *Millennium Falcon*.

Underworld passou por vários anos de intensa conceitualização. Lucas manteve uma pequena equipe de artistas no terceiro andar do Rancho Skywalker, imediatamente acima de seu gabinete, com uma escada particular de forma que ele pudesse ter acesso a eles a qualquer momento (excessivamente educado, Lucas sempre batia antes de entrar). Tecnicamente, eles trabalhavam para outra subsidiária da Lucasfilm, a JAK Enterprises, batizado com as primeiras letras dos três filhos de Lucas. Como disse um artista, George tratava o terceiro andar como o próprio bloco de rascunho.

Rick McCallum foi o produtor executivo de *Underworld* juntamente com Lucas. Ambos descreveram o programa como sombrio, como um faroeste, "*Deadwood* no espaço". Mas em pouco tempo, na visão dos artistas, parecia que os dois tinham ideias bem diferentes do que isso significava. McCallum enxergava um grande drama em recinto fechado que podia ser feito de maneira muito barata. "Mas aí George vinha e dizia: 'vamos acrescentar mais uma perseguição de speeder bike'", falou um integrante da equipe de produção. Lucas aparentemente queria que a série se concentrasse no que os cidadãos da galáxia faziam para se divertir. Haveria mais corridas de pod à la pegas. O menino corredor jamais superou a necessidade por velocidade.

Poderia ter sido pior. Lucas provocava McCallum sugerindo que Jar Jar Binks se juntasse ao elenco. McCallum soltou um rosário de palavrões, de acordo com testemunhas. Lucas estava brincando, mas, por outro lado, Jar Jar de fato apareceu no desenho animado *The Clone Wars*. Com George, McCallum sabia, realmente era preciso ser firme para conter Jar Jar.

Lucas e McCallum conduziram uma caça global por talentos. Eles entraram em contato com roteiristas como Russell T. Davies, o produtor de TV galês que reviveu *Doctor Who* em 2005. (Davies ficou empolgado por ser chamado, mas estava ocupado demais construindo o próprio império de séries de TV de ficção científica.) Em vez de contratar apenas um roteirista para trabalhar sozinho, os coprodutores organizaram extravagantes conferências de roteiristas internacionais que duraram vários dias no Rancho Skywalker; os talentos reunidos riam, conversavam, comiam e bebiam, e voltavam para casa a fim de escrever cem roteiros divididos entre eles.

Um dos principais roteiristas na conferência do Rancho Skywalker foi Ronald D. Moore, o homem que reiniciou *Battlestar Galactica*. O *Galactica: astronave de combate* original, de 1978, tinha deixado Lucas furioso porque, disse ele na época, estragou o mercado em potencial para um programa de TV de *Star Wars*. E eis que a série voltou em 2004, mais sombria, muito melhor e conquistou todos os nerds pelos cinco anos seguintes – exatamente na hora em que Lucas tentava cumprir a promessa de *Star Wars* na TV. Mas a presença de Moore deixou claro que o cineasta não guardava rancor. Na verdade, ele e McCallum tentaram copiá-la o máximo possível; o "bloco de rascunho" no terceiro andar do Rancho Skywalker recebeu a missão de assistir a episódios de *Battlestar Galactica* para descobrir como o programa podia parecer tão bom ao custo de menos de 3 milhões de dólares por episódio.

O problema era que Lucas não imaginava o tipo de série que poderia ser feita em um orçamento mirrado. Todas aquelas perseguições de speeder bike e corridas de pod aumentaram os custos. Os episódios de *Underworld* estavam sendo cotados a mais ou menos 11 milhões de dólares cada um – um *Star Wars* original toda semana. Em 2009, *Underworld* ficou na gaveta, à espera de alguma forma de tecnologia futura que pudesse criar pegas galácticos mais baratos. "Teria sido uma grande série", diz Ronald D. Moore. "Estou desapontado de nunca ter visto o projeto acontecer." Aí ele casualmente revelou um dos personagens envolvidos: "Tive a satisfação de ter escrito algumas falas de Darth Vader".

As chances de *Underworld* algum dia ser feito sumiram. Lucas começou a saquear as ilustrações da série para usar em *The Clone Wars*, da segunda temporada em diante. Reciclar ideias era um traço bem característico da personalidade de Lucas, mas alguns dos artistas do terceiro andar ficaram aborrecidos. "Nós estávamos construindo aquela série, e parecia que os tijolos estavam sendo levados embora", disse um deles. Mas os artistas tinham de ser otimistas quanto a isso, acrescentou ele: "George encarava nossa arte como uma grande caixa de brinquedos. Ele não via problema em pegar tudo o que quisesse em uma determinada situação".

The Clone Wars começara como uma série de curtas de animação em 2002. Essa versão fora feita por Genndy Tartakovsky, um premiado animador nascido na Rússia, para o Cartoon Network. Feito como material promocional para aumentar o interesse no *Episódio III*, a série de Tartakovsky durou três temporadas e ganhou quatro Emmys. Alguns espectadores a descreveram como o melhor *Star Wars* que viram na vida. Ela oferecia uma arte estilizada e uma relativa ausência de diálogo – nunca uma má ideia no que diz respeito a *Star Wars*. Mace Windu destruindo calado um exército inteiro de robôs com um sabre de luz e muita Força: só isso já valia o preço da TV por assinatura. Tartakovsky pegou o general Grievous – um ciborgue que girava sabres de luz, cuja apresentação foi uma exigência de Lucas porque Grievous aparece em *Episódio III* – e tornou o personagem bem mais assustador na cor branca de um stormtrooper, um ciborgue fantasma.

Lucas tinha grandes planos para a série. Queria preencher as lacunas entre os *Episódios II* e *III*. Que maneira melhor de lustrar a reputação dos prólogos do que com mais contexto, mais respostas, mais aventura, mais *Star Wars*? Lucas andou sonhando com os detalhes de *The Clone Wars* por anos, e, então, no *Episódio III*, a maior parte do conflito aconteceu fora da tela. Jamais conseguiu fazer suas sete batalhas em sete planetas. Então, assim que o filme estava feito, Lucas decidiu reiniciar o desenho *Clone Wars* em uma série animada por computação gráfica. "Podemos fazer melhor", disse ele.

Lucas enxergou *The Clone Wars* de forma diferente de Tartakovsky. Ele imaginou a série mais como a versão em CGI de *Thunderbirds*, um programa de TV britânico de ficção cientifica cheia de bonecos feita nos anos 1960, do que a espécie de seriado estilizado que Tartakovsky fizera. Também queria que fosse em 3D – que dera um salto tecnológico desde a época dos óculos de papel. Lucas disse na *Star Wars* Celebration III que *Clone Wars* seria feito nesse formato cada vez mais sofisticado. Como *Underworld*, isso não aconteceria.

Com dois programas de TV em desenvolvimento, e roteiros surgindo lá e cá, Lucas teve pouquíssimo tempo para o tipo de cinema pessoal que menciona no Letterman Center e todas aquelas vezes antes. No entanto, o Criador ainda planejava chegar lá – assim que a próxima coisa saísse do caminho. "Depois da série de TV, eu farei meus próprios filminhos", declarou ele para Richard Corliss, o crítico da *Time* em 2006. Pela primeira vez, o cineasta especificou o que eram esses filminhos: uma forma de ir de volta para seu futuro, de volta à fantasia distópica documental, sem enredos. "Basicamente", falou Lucas, "é preciso aceitar o fato de que será a terra de THX ou pior".

Agora, Lucas dificilmente conseguiria ignorar o fato de que ele vinha procrastinando esses filmes pessoais desde 1977. "Não estou dizendo que farei esses longas-metragens rapidamente", acrescentou. Simplesmente não era seu estilo. "Eu fico sentado ponderando muito. Sou daqueles que volta e pinta um pouco, depois volta e pinta um pouco mais, e volta um mês depois e pinta mais um pouco. Não faço as coisas de maneira rápida. Faço quando há dinheiro envolvido, porque simplesmente não posso me dar ao luxo de desperdiçar dinheiro."

Havia dinheiro envolvido em *The Clone Wars*, que era a última cesta para Lucas guardar os ovos visuais de *Star Wars*. Com um contrato assinado com o Cartoon Network, ele estava comprometido com a distribuição, o que significava produzir cem episódios ou mais. Lucas precisava de alguém de confiança para tocar o barco. Alguém que ele pudesse orientar. Um fã, talvez?

Ninguém é fã mais radical do que Dave Filoni. Para a estreia de *A vingança dos Sith*, Filoni tinha se fantasiado de mestre Jedi Plo Koon, um exemplo de personagem obscuro de *Star Wars*. (Ele era o cara com estranhos óculos de proteção perfurados e máscara de respiração no Conselho Jedi.) Filoni tinha motivos para comemorar quando vestiu a fantasia: roteirista do desenho *Avatar: a lenda de Aang*, e ex-animador de *O rei do pedaço*, ele recebeu um telefonema da Lucasfilm sobre a possibilidade de trabalhar em outro desenho animado. "Eu falava muito de *Star Wars* no trabalho – muita gente em animação fala sobre *Star Wars* no trabalho", conta Filoni três anos depois. "Eu nem tinha noção de que havia esta vaga, mas amigos meus na indústria da animação sabem que curto *Star Wars* e me convenceram a participar da brincadeira." Ele achou que o telefonema fosse uma pegadinha dos amigos de *Bob Esponja Calça Quadrada*. Felizmente, Filoni ficou na ligação tempo suficiente para ouvir que George *realmente* queria encontrá-lo.

Mais tarde, no Rancho Skywalker, um nervoso Filoni se reuniu com o Criador e mostrou um esquete de cinco personagens: Asla, Sendak, Lunker (um Gungan que parecia com um Jar Jar grande), Cad e Lupe. A ideia de Filoni era que esses personagens formassem uma equipe de Jedis e contrabandistas infiltrados no submundo galáctico durante as Guerras Clônicas para investigar o mercado negro. Tudo de que precisavam era uma nave bacana, algo como a *Millennium Falcon*. *The Clone Wars* seria como a trilogia original de *Star Wars*, em que a graça veio de nobres convivendo com relaxados nojentos. Personagens importantes dos prólogos cruzariam o caminho com esses novos personagens de vez em quando. Seria um brinde para os fãs ver Anakin e Obi-Wan e os demais, mas eles não seriam o foco do programa.

Lucas levou a ideia de Filoni em consideração e balançou a cabeça. "Não", disse ele, de acordo com Filoni. "Eu gosto dos meus próprios personagens. Quero colocar Anakin e Obi-Wan." Mas havia uma coisa no esquete de Filoni que deu uma ideia para George: "Quero dar um padawan para Anakin", falou ele apontando para o esquete de Asla. "Vamos pegar aquela garota ali."

George Lucas tinha duas filhas e acreditava firmemente que a ficção científica e a fantasia podiam – e deviam – ter apelo para meninas pré-adolescentes. E assim Asla ficou mais velha e renasceu como Ahsoka Tano, também conhecida como Snips, aprendiz padawan do mestre Jedi Anakin Skywalker.

A primeira aventura de Ahsoka, Anakin e Obi-Wan acabou não sendo na tela da TV afinal de contas. Após alguns anos de produção, com roteiros para a primeira temporada de *The Clone Wars* prontos, Lucas viu um pouco das primeiras cenas. Embora tivesse comentários – Filoni diz que sua equipe foi informada de que estava sendo muito reverente a *Star Wars* –, Lucas tomou uma decisão aparentemente espontânea de que os primeiros quatro episódios fossem lançados como um filme. Seus executivos ficaram preocupados, mas não surpresos. "Às vezes George escreve por linhas tortas", disse, dando de ombros, o diretor de licenciamento Howard Roffman, que partiu para encontrar alguns parceiros de licenciamento de última hora, para que o filme fosse lançado com pelo menos alguns produtos associados.

O filme *Star Wars: The Clone Wars* foi anunciado em fevereiro de 2008 e estreou em agosto daquele ano. Representou várias novidades no universo *Star Wars*. Foi o primeiro longa-metragem de animação de *Star Wars* e o primeiro a ser lançado sem a fanfarra da Twentieth Century Fox. (O filme foi distribuído pela Warner Brothers, que era parte da mesma empresa controladora do Cartoon Network; Lucas, que antigamente quis um estágio no departamento de animação da Warner, fez melhor ao finalmente ao lançar um filme de animação pelo estúdio.) Com um tempo de duração de 98 minutos, *The Clone Wars* também é o primeiro que dura menos de duas horas. Foi o primeiro em que John Williams não teve um envolvimento direto, embora uma versão *world music* de seu tema seja usado no filme (como é na própria série *Clone Wars*). Foi o primeiro filme de *Star Wars* que *de fato* custou 8,5 milhões de dólares, o orçamento oficial do primeiro longa-metragem. Teve o menor número de produtos associados – alguns bonequinhos da Hasbro, um McLanche Feliz do McDonald's. (A Pepsi tinha um contrato de licenciamento de dez anos com a Lucasfilm. Um porta-voz da Pepsi disse que eles não sabiam que *The Clone Wars* seria lançado.)

The Clone Wars também teve a honra duvidosa de ser o filme de *Star Wars* com as piores críticas. Lucas ignorou o velho conselho de Gene Roddenberry, de que programas de TV invariavelmente levam alguns episódios para esquentar; agora, aqui estavam as primeiras tentativas hesitantes de Ahsoka de travar uma conversa espirituosa com seu novo mestre, Anakin, jogadas na ribalta de um cinema. Cenas de ação dominavam o filme e pareciam experiências sem enredo em CGI – o que elas eram, na verdade. O crítico da *Entertainment Weekly* Owen Gleiberman deplorou o fato de que o universo de *Star Wars* fosse tão "confuso de um jeito obsessivo-compulsivo, e no entanto trivial, que não é mais um escapismo… É uma coisa de que se quer escapar". Ele classificou Lucas como "o inimigo da diversão". Esse foi o mesmo ano em que a Pixar lançou sua obra-prima do universo usado, *Wall-E*; os críticos à procura de um vislumbre de esperança em *The Clone Wars* sequer podiam recorrer à ideia de que sua animação computadorizada era de ponta. *Wall-E* era mais parecido com *Star Wars* do que o mais recente *Star Wars*. Até mesmo Roger Ebert, que sempre apoiara Lucas durante os anos dos prólogos, detonou: "Um filme tedioso que economiza na animação e se arrasta por um enredo que: a) nos dá a impressão de que já vimos tudo aquilo antes e b) nos faz desejar que não tivéssemos visto". O filme conta com horrorosos 18% de aprovação no site Rotten Tomatoes e entrou para muitas listas de "piores do ano". Alguns críticos fizeram a ofensa definitiva: *The Clone Wars* era pior até do que o *Holiday Special*.

Em retrospecto, alguns integrantes do elenco acham que Lucas provavelmente não tomou a melhor decisão de sua vida. "Nós não estávamos prontos para o horário nobre", diz James Arnold Taylor, a voz de Obi-Wan durante a série inteira. "Ainda estávamos resolvendo a narrativa, o visual e a pegada dos personagens… Não estou falando mal; apenas acho que poderíamos ter tido um começo melhor."

Será que qualquer um desses problemas atrapalhou o saldo final da Lucasfilm? Será que *The Clone Wars* foi o primeiro fracasso na história de *Star Wars*? Nem um pouco. *The Clone Wars* arrecadou 68,2 milhões de dólares de bilheteria, mais ou menos oito vezes o seu orçamento. Em termos de retorno do investimento, isso tornou o longa-metragem de animação mais bem-sucedido do que *A vingança dos Sith* e *O ataque dos clones*, e pau a pau com *A ameaça fantasma*. Novamente, as linhas tortas de Lucas foram vingadas na bilheteria. Ver *Star Wars* no cinema: é um vício, e milhares de nós estamos viciados.

Tudo o que restava era Lucas provar que *Clone Wars* podia funcionar como série de TV. Ele firmou como objetivo a distribuição, o que significava que o desenho teria de durar mais ou menos cinco temporadas, ou de 2008 a 2013 – que era o tempo do contrato do Cartoon Network para exibi-lo. Mas a emissora também poderia cancelá-lo a qualquer momento.

A série começou forte. A estreia teve a maior audiência na história do Cartoon Network. De semana a semana, a primeira temporada teve uma média de 3 milhões de espectadores. As resenhas eram irregulares; os críticos odiaram que os primeiros episódios mostravam alguns dos personagens mais fracos dos prólogos, como os droides de combate (aqueles que não paravam de falar "entendido, entendido", dão defeito constantemente e são facilmente cortáveis por sabres de luz), que dominaram os primeiros enredos, e odiaram ainda mais a volta de Jar Jar Binks. Mas a maior qualidade de *Clone Wars* é que o desenho tinha uma lista comprida de personagens para acompanhar. Os episódios tinham a tendência de se agruparem em curvas de narrativa: havia um conjunto de capítulos com Binks, depois um com Ahsoka ou Anakin, e aí vinha um conjunto com Yoda. A mesma qualidade que tornou o desenho irregular também lhe deu longevidade. O universo era espaçoso. Sentiu falta do universo *Star Wars* ao estilo contrabandista, à la Han Solo? Tente o conjunto de episódios do novo personagem pirata, o temperamental Hondo Ohnaka. Quer mais alta fantasia em seu *Star Wars*? Conheça as misteriosas Irmãs Notívagas, que usam magia. "Temos histórias para todo tipo de diversão", disse Filoni.

Clone Wars prestava homenagem às origens televisivas e cafonas de *Star Wars*. Foi a coisa mais parecida que o mundo da TV tinha visto com os seriados de *Flash Gordon* em muito tempo. Os episódios, cada um com cerca de 21 minutos sem comerciais, tinham mais ou menos a mesma duração de um *Flash Gordon*. Cada capítulo abria com uma homília diferente na mesma fonte azul em fundo preto de "Há muito tempo, em uma galáxia muito, muito distante". Em vez de um texto de abertura, o dublador Tom Kane fazia sua melhor imitação de um locutor de cinejornal dos anos 1940. Uma vez, Lucas dissera que a trilogia original era a Segunda Guerra Mundial e que os prólogos eram mais parecidos com a Primeira Guerra Mundial, mas a introdução de cinejornal nos fazia achar que *esta* era a Segunda Guerra Mundial – uma guerra boa e válida, com a voz da República congregando o público na grande luta contra o maligno Dookan e seus Separatistas. O fato de que a guerra inteira era na verdade uma trama dos Sith acrescentava uma camada de ironia que, infelizmente, foi raramente examinada no programa.

Houve ocasiões em que Lucas parecia estar orientando Filoni, treinando-o como uma espécie de sucessor, ensinando sobre a Segunda Guerra Mundial e Kurosawa. Para um episódio, "Landing at Point Rain", Lucas jogou o roteiro fora e fez Filoni montar cenas de filmes como *O mais longo dos dias*, *Tora! Tora! Tora!* e *Uma batalha no inferno*. Lucas tirou os rolos de filme da época em que estava editando cenas de combate aéreo para o *Star Wars* original. Filoni absorveu as influências de Lucas e compartilhou-as com a equipe; fez questão de que cada um de seus animadores assistisse a *Os sete samurais*. (A trama do episódio da segunda temporada "Bounty Hunters", no qual Anakin e Obi-Wan protegem um planeta de fazendeiros, prestou uma homenagem direta ao filme de Kurosawa.)

Lucas mal falava com os artistas de *Clone Wars*, mas estava se divertindo a valer durante reuniões na sala dos roteiristas com Filoni e outros seis roteiristas. Uma vez por semana, Lucas vinha com algumas ideias – ele tinha tendência de ser o ímpeto criativo por trás dos episódios do programa que se concentravam completamente nos clones. A série pegou um bando de soldados que deveriam ser parecidos e falar da mesma forma (todos com o ator maori Temuera Morrison como modelo, que interpretou Jango Fett) e desenvolveu diferentes personalidades para eles, tais como Rex, Cody, Fives e um clone mais velho e sábio, chamado de Gramps. Após serem apresentados a uma ideia assim, os roteiristas na reunião estavam livres para debater se ela funcionaria de fato, mas Lucas queria ouvir o resultado. "Ele sempre quis estar lá para nos estimular", disse Filoni.

O programa inicialmente foi exibido nas noites de sexta-feira, às nove horas, o que lhe rendeu uma grande audiência adulta. Mas conforme Filoni agradava aquele público, com roteiros mais sombrios e animação melhor, a audiência diminuiu – de 3 milhões da primeira temporada para 1,6 milhão na quarta temporada. Para a quinta temporada, o Cartoon Network tentou algo que foi radical ou suicida – transferiu *Clone Wars* para as manhãs de sábado, às nove horas. A audiência mal se moveu. Ainda assim, a quinta temporada foi a campeã de audiência em seu horário entre meninos de 9 a 14 anos, que era e permanece sendo a demografia principal de *Star Wars* – apesar das tentativas de atrair meninas com personagens como Ahsoka (e sua colega padawan, Bariss Offee).

Os roteiros ficaram ainda mais sombrios. Darth Maul retornou após ser dividido ao meio em *A ameaça fantasma*, com a metade de baixo no formato de uma lépida aranha mecânica. O programa estava se aproximando do que alguns fãs chamaram de problema *M*A*S*H* – *Clone Wars* estava no ar há mais tempo do que os três anos que as Guerras Clônicas em si deveriam ter durado, assim como *M*A*S*H* foi exibido por mais tempo do que a Guerra da Coreia. Mas *Clone Wars* tinha a vantagem inerente de ser ambientado no universo *Star Wars*; lembre-se, o filme original cobre o decorrer de três ou quatro dias, no máximo. Três *anos* podiam ser suficientes para manter o programa no ar pelo resto da vida.

A quinta temporada terminou em 2 de março de 2013, com o gancho mais chocante da série: Ahsoka, acusada injustamente, mas exonerada do atentado à bomba ao Templo Jedi, abandona a Ordem Jedi. Confiante, Filoni falou a respeito de resolver mais pendências na sexta temporada. Um dos clones descobriria a terrível verdade sobre a vindoura Ordem 66 que eliminaria os Jedis. Yoda partiria em uma viagem galáctica que o permitiria comungar com os mortos e aprender o segredo de como se tornar um fantasma da Força. O programa havia saltado a barreira dos cem episódios, mas "nós precisamos de mais cem apenas para terminar o que estamos tentando fazer", declarou Filoni à *Star Wars Insider*.

Àquela altura, porém, Filoni tinha uma nova chefe que não gostou do que viu na conclusão de *Clone Wars*. Em 11 de março, o desenho foi cancelado sem a menor cerimônia.

27 / OLÁ, DISNEY

Em janeiro de 2012, George Lucas escolheu um sofá castanho-avermelhado em seu estúdio de animação no Rancho Skywalker, embaixo de dois quadros de Padmé, como o lugar em que ele anunciaria para o mundo que estava se aposentando de *Star Wars*. "Estou me afastando dos negócios, da empresa, de tudo isso", explicou para Bryan Curtis, repórter freelance do *New York Times*. Novamente, ele declarou a intenção de voltar a fazer filmes pessoais. Os repórteres com algum tempo de estrada ergueram as sobrancelhas.

O pretenso assunto da entrevista era *Esquadrão Red Tails*, a cinebiografia dos aviadores de Tuskegee[*] que Lucas vinha lutando para lançar por um grande estúdio há anos. Naturalmente, Curtis queria saber qual era a perspectiva para futuros filmes de *Star Wars*. Se Lucas podia fazer um quinto *Indiana Jones*, que supostamente estava em andamento, por que não um sétimo *Star Wars*? A resposta de Lucas foi uma das mais reveladoras em termos emocionais que ele já dera na vida. Anos de resistência contra os prólogos, ao que parece, anos de Plinkett e sua laia afetaram Lucas – e a resposta sugeriu que ele andava lendo mais comentários online do que admitia. "Por que eu faria mais se todo mundo grita com você o tempo todo dizendo que pessoa terrível você é?", ele deixou escapar para Curtis. (Esse foco online, de um homem que geralmente alegava estar satisfeito com tecnologia vitoriana, também foi visto em uma entrevista posterior na *BusinessWeek*: "Com a internet, a situação ficou muito cruel e pessoal... Você simplesmente diz para si mesmo, por que eu preciso fazer isso?".)

---

[*] Os "Tuskegee Airmen" foram um grupo de pilotos negros que lutou na Segunda Guerra Mundial e quebrou tabus, como a segregação racial dentro do exército americano (à época, não havia aeronáutica como força armada separada). [N. do T.]

Perceba o que a resposta de Lucas não respondia. Não foi que ele não havia escrito sequer o mínimo tratamento que fosse para *Episódio VII*, como dissera lá na *Star Wars* Celebration III. Já em 1999, Lucas declarou à *Vanity Fair* que nunca teve uma história para as continuações. Em 2008, ele não apenas descartava uma nova trilogia para si próprio, mas também para seus sucessores na Lucasfilm. "Deixei instruções bem explícitas para que não haja mais nenhum longa-metragem", disse Lucas à revista *Total Film*. "Definitivamente não haverá *Episódios VII-IX*. Isso porque não há história. Quero dizer, eu jamais pensei qualquer coisa a respeito!" Mas em 2012, mais ou menos na ocasião em que anunciava sua aposentadoria, Lucas trabalhava em segredo em um novo tratamento – para *Star Wars: Episódio VII*.

Lucas jamais precisou fazer mais *Star Wars*, ou mesmo qualquer filme da série. Poderia ter realizado *Apocalypse Now* na época da juventude e recebido a aprovação dos amigos. Poderia ter entregado a série para a Fox em 1977, como planejado. Poderia ter deixado *Star Wars* nas mãos do Universo Expandido após a primeira trilogia ter sido completada. Poderia ter parado nos prólogos. Aquele conselho que Lucas deu para Simon Pegg – não fique preso fazendo o mesmo filme por trinta anos – poderia ter sido aplicado a ele próprio *no momento em que falou*. Poderia ter ido embora para fazer filmes pessoais, gastando o dinheiro de *Star Wars* do jeito que disse que faria.

Mas Lucas não pegou nenhuma dessas saídas. Ele se manteve fazendo mais *Star Wars*. Começou a descrever *Star Wars* como algo que acontecia com ele. "*Star Wars* obviamente chegou de surpresa, pegou e me jogou longe, batendo-me contra a parede", disse Lucas para Jon Stewart em 2010. "É um processo muito lento aceitar a realidade do que aconteceu." Ele foi fisgado, tão fisgado quanto qualquer montador de R2, integrante da 501st ou coreógrafo de sabre de luz. A criação finalmente tomara conta de sua vida, gostasse disso ou não.

Obviamente, Lucas tinha um incentivo financeiro para seguir em frente com *Star Wars*. Dado o histórico de sucesso de cada filme da saga, seria difícil até mesmo para o abnegado Criador não enxergá-los como cofrinhos pessoais. De fato, ele discutiu brevemente a ideia de um novo filme de *Star Wars* com McCallum no fim dos anos 2000, pois via uma sequência como uma forma de bancar a produção de *Underworld*. Houve planos de relançar versões em 3D de todos os seis filmes, que chegaram somente ao relançamento em 3D de *Episódio I* em 2012. O filme arrecadou decepcionantes 22 milhões de dólares no fim de semana de estreia; a menor bilheteria de lançamento de um filme de *Star Wars* na história. *Episódio II* foi convertido para 3D, mas jamais exibido fora da *Star Wars* Celebration Europe. *Clone Wars* não era suficiente. Os videogames não eram suficientes. A máquina de *Star Wars* estava desacelerando. Lucas teria de partir para fazer *Episódio VII* ou aceitar que as demissões eram inevitáveis.

Lucas amava a empresa; era por isso que ele suportava o fardo da máquina de *Star Wars* com tanta boa vontade. É por isso que ainda aparecia para trabalhar às sete da manhã, da forma como o pai fazia. Em mais de uma entrevista, ele comparou sua situação à de Darth Vader, preso a contragosto nas engrenagens de um império tecnológico. O império era cada vez mais vasto – a maior parte da produção de *Clone Wars* ocorria em Singapura – e cada vez mais difícil de gerenciar.

Em especial a divisão de videogames, a LucasArts, era "uma bagunça e tanto", nas palavras de Jim Ward, um diretor de marketing que assumiu a LucasArts em 2004 e recebeu a ordem de fazer uma auditoria de cima a baixo. Os 150 desenvolvedores de jogos estavam gastando tempo demais criando códigos de programação e pouco nos jogos em si. Os melhores títulos eram terceirizados; *Knights of the Old Republic* pode ser amplamente considerado um dos cem melhores videogames de todos os tempos, mas isso em grande parte foi graças a uma empresa canadense que o desenvolveu e criou, a BioWare. A LucasArts ficou reduzida à distribuição e marketing.

Hal Barwood, após uma epifania no set de *O dragão e o feiticeiro* em 1981, abandonou o cinema e seguiu sua paixão por criar videogames. Ele entrou na LucasArts em 1990, bem a tempo de criar *Indiana Jones and the Fate of Atlantis*, apenas a segunda vez que Lucas permitiu que a empresa desenvolvesse um jogo baseado em sua criação (os gráficos de jogos de computador chegaram a um ponto em que o cineasta não sentia mais vergonha deles; além disso, a Atari ainda detinha a licença de *Star Wars*). O futuro parecera brilhante.

Mas, no decorrer da década seguinte, Barwood viu sua divisão descer ladeira abaixo, atrapalhada em especial por uma dependência cada vez maior de jogos de *Star Wars*. "Se não tivesse *Star Wars* no nome, o departamento de marketing não sabia o que fazer", diz ele. A empresa teve sucesso de crítica, mesmo que não comercial, com jogos de aventura inteligentes e espirituosos como *Monkey Island* e *Grim Fandango*. Mas o apelo dos lucros de *Star Wars* sempre foi impossível de resistir, e o desenvolvimento irregular acabou com a LucasArts. Barwood, que se demitiu em 2003, teve dez chefes diferentes em treze anos: "George se livrava deles, ou eles iam embora", conta Barwood. "Ninguém jamais tomou o controle."

Não até Jim Ward e sua implacável auditoria de 2004. Uma reestruturação da LucasArts foi prometida; no fim, isso se resumiu à demissão de mais da metade dos funcionários quando a equipe se mudou para Presidio.

Em 2010, após o próprio Ward ser demitido, mais um terço da LucasArts foi mandado embora.

Quem sobrou trabalhou como louco em *Star Wars 1313*, o jogo associado a *Underworld*, a série de TV cancelada. Enquanto os roteiros de *Underworld* estavam engavetados, *Star Wars 1313* seguia bravamente em frente como um RPG ambientado na mesma parte sombria e violenta de Coruscant. O jogador encarnava um caçador de recompensas, e o conteúdo do jogo parecia mais maduro, mais como *O Império contra-ataca*. Talvez esse jogo fosse até melhor do que *Knights of the Old Republic*; talvez fosse o título que conquistaria os críticos de videogame para a ideia de que jogos de *Star Wars* podiam ser tão bons quanto todo aquele outro conteúdo. Mas, em 2012, quando a LucasArts estava se preparando para mostrar o resultado de dois anos de trabalho em *1313*, Lucas declarou que queria mudar tudo – queria que, em vez disso, o jogo fosse sobre Boba Fett. Este foi um exemplo primordial, disse um funcionário, do fato de Lucas estar "acostumado a poder mudar de ideia" e de que "ele não tinha capacidade de entender que" essa mudança de ideia casual se tornaria "prejudicial e difícil de lidar".

Enquanto remava para tentar manter a Lucasfilm flutuando em uma piscina de rendimentos que encolhia, Lucas teria visto com nostalgia o sucesso da Pixar, um transatlântico em comparação. Ele ainda chamava a Pixar de "minha empresa". Originalmente chamada de Lucas Computer Division, a Pixar começara essencialmente como uma operação de projetos avançados, e o cofundador da Apple, Steve Jobs, comprou a empresa em 1986, em um saldão pós-divórcio. Lucas abriu mão de bens desesperadamente a fim de manter o Rancho Skywalker e sacrificou a divisão de computação no altar de seu sonho utópico. Jobs ofereceu 5 milhões de dólares – bem menos do que Lucas pedia, mas bem na hora certa – e prometeu investir outros 5 milhões na nova empresa, em breve chamada de Pixar por causa de um dos computadores que ela estava desenvolvendo. Levou um tempo, mas Jobs acabou sendo convencido de mudar o rumo da empresa, de vender computadores de 125 mil dólares e software especializado para, em vez disso, criar filmes de animação com aquele mesmo software.

O homem que o convenceu foi John Lasseter, um animador que fora demitido dos Estúdios Disney em 1981 – curiosamente, após declarar que sua ambição era levar "a qualidade do nível de *Star Wars* à arte da animação". Quando um dos curtas de animação de Lasseter venceu o Oscar em 1988, Michael Eisner, o presidente da Disney, tentou tardiamente contratá-lo de volta. Lasseter recusou a oferta e foi dirigir *Toy Story: um mundo de aventuras* em 1995. Bob Iger, o sucessor de Eisner, comprou o passe de Lasseter e os resultados de seu trabalho em 2006 por 7,6 bilhões de dólares em um de seus primeiros atos; o conselho administrativo deixou Eisner falar abertamente contra a aquisição, mas no fim das contas desconsiderou suas graves objeções. Para a Disney, ter ignorado o desejo baseado em *Star Wars* de Lasseter provou ser um de seus erros mais caros. Para Jobs, isso levou a um retorno de 1520% nos milhões que dera a Lucas.

Para o Criador, isso deve ter doído – especialmente dado seu eterno amor pela animação. Mas também notou que, após Jobs vender a Pixar, a Disney tratou-a como a joia da coroa. Tudo sobre a empresa, da cultura às reuniões de narrativa intensamente colaborativa, deveria ser gerenciado como era sob o comando de Jobs. Lasseter se tornaria o diretor de criação, e Ed Catmull, que Lucas contrarara para começar sua divisão de computação lá em 1979, seria o presidente de animação da Disney. Eram todos os sinais de uma incorporação reversa. Enquanto isso, o quartel-general da Pixar em Emeryville, a antiga confeitaria em cuja reconstrução arquitetônica Jobs investiu tanto de si quanto Lucas investiu no Rancho Skywalker, permaneceu efetivamente independente do restante da Casa do Rato. Em 2011, a Pixar tinha produzido dois de seus três maiores sucessos de bilheteria de todos os tempos – *Toy Story 3* e *Up: altas aventuras* – como parte da família Disney.

Em agosto de 2009, mais ou menos três anos após comprar a Pixar, Iger, o presidente da Disney, fez sua segunda aquisição surpresa: a Marvel, criadora das revistas em quadrinhos que Lucas andou lendo desde os anos 1960, a empresa que admitiu ter sido salva da crise no fim dos anos 1970 por causa do gibi de *Star Wars*. Apesar de ter perdido a licença de *Star Wars*, a Marvel falou grosso no fim dos anos 1990, quando a empresa saltou para a tela grande com a trilogia *X-Men* e *Homem-Aranha*; agora ela valia 4 bilhões de dólares para a Disney. Novamente, críticos suspeitaram que o preço foi supervalorizado (afinal de contas, as séries *X-Men* e *Homem-Aranha* eram ambas licenciadas para outros estúdios; a Disney não podia usá-las). Novamente, a empresa supostamente supervalorizada foi deixada para se gerenciar sozinha, e, de novo, produziu uma série de sucessos de bilheteria (com destaque para a série *Homem de Ferro* e *Os Vingadores*, que se tornaram a terceira maior bilheteria da história do cinema). E novamente, houve uma influência notável de *Star Wars*: Kevin Feige, o presidente dos Estúdios Marvel, era obcecado pela trilogia original e estudou na USC especificamente por ter sido a universidade na qual Lucas se formou.

Se Iger tinha a intenção de que suas aquisições atraíssem a atenção de George Lucas, ele não poderia ter escolhido duas empresas melhores para comprar do que a Pixar e a Marvel. Essas eram empresas que Lucas amava – e uma que ele mesmo criara –, e era possível ver que Iger estava disposto a permitir que elas mantivessem suas respectivas idiossincrasias. A Disney também estava claramente à caça de personagens poderosos que tivessem grandes laços com a agora dominante cultura nerd; com o negócio com a Marvel, a Disney acabara de comprar um universo com 5 mil personagens do gênero. A Lucasfilm tinha muito mais do que isso no Holocron.

George Lucas conhecia Iger desde 1991, quando ele era o presidente da ABC TV e encomendou *As aventuras do jovem Indiana Jones*. Lucas fez 65 anos em 2009; as chances de ele permanecer na Lucasfilm durante o tempo de contrato de Iger em sua vaga – até 2015 – eram poucas. Até lá, Lucas teria 71 anos. De fora, ele já não parecia mais ter interesse em comandar a máquina de *Star Wars*, pelo menos não além de um único desenho animado de TV.

E havia outra coisa que Iger também sabia sobre o cineasta. Após todos esses anos, George havia se apaixonado outra vez, intensamente. O nome dela era Mellody Hobson; ela era presidente da DreamWorks Animation e de uma empresa de investimentos de 9 bilhões de dólares em Chicago, e amiga do casal Obama. Lucas a conheceu em uma conferência de negócios em 2006. Embora muito pouco se saiba sobre o relacionamento – muito menos que conferência foi aquela –, Lucas deu indícios de que os dois começaram a namorar mais ou menos em 2008. Em 2009, Lucas deixou que ela conhecesse os artistas no terceiro andar do Rancho Skywalker. Ela irrompeu jubilante: "Olá, meninos, hoje é o dia de levar a namorada ao trabalho".

Mas antes que Lucas pedisse Mellody em casamento, ele teria de decidir o que fazer com uma pretendente muito persuasiva: a Walt Disney Corporation.

Iger pediu Lucas em casamento em 20 de maio de 2011. Lucas tinha acabado de fazer 67 anos na semana anterior.

Os dois se encontraram na Disney World para inaugurar a segunda versão da Star Tours. Lucas decidira mudar tudo sobre a atração, para torná-la nova. Antes de 2011, ela era ambientada durante *O retorno de Jedi* e se chamava de Expresso de Endor; é possível chamar essa versão melhorada de "Expresso de Todos os Lugares". O simulador era capaz de oferecer segmentos em onze locais do universo *Star Wars*, e a Disney se vangloriava que a atração gerava 54 experiências distintas, por meio de combinações aleatórias. Era ambientada entre os *Episódios III* e *IV* e, portanto, agora continha personagens, cenas e planetas da trilogia prólogo. A mudança cultural no que constituía *Star Wars* estava garantida na Disney, com quem a Lucasfilm esteve trabalhando na atração desde 2006.

Lucas e Iger estavam com a agenda cheia naquele dia. Eles tinham de aparecer para a cerimônia de inauguração da atração, que era um espetáculo roteirizado. Eis como ela aconteceria: o mestre de cerimônias Anthony Daniels, juntamente com Chris Bartlett – sem o devido crédito por contrato dentro de sua fantasia de 3PO –, receberiam os visitantes. A seguir, stormtroopers invadiriam o set, abrindo caminho para Darth Vader. Dois Jedis seriam vistos na tela correndo pela Disney World para salvar todo mundo do Império, com sabres de luz na mão a fim de atrair os tiros de raios, e rostos cobertos pelo capuz dos mantos. Os Jedis na tela dariam a impressão de correr até as portas do palco. "Revelem-se, Jedis", diria Vader, e Iger e Lucas entrariam, brandindo sabres de luz. "Prepare-se para encontrar com seu Criador", diria Iger para Vader, apontando para Lucas. Pausa para a risada do público.

Vader insistiria que Iger e Lucas não tinham o poder necessário para remover o escudo de energia que ele colocara em volta da Disney World. "Não se preocupe", Lucas deveria dizer, suas únicas palavras do roteiro nessa cena muito estranha. "R2 saberá o que fazer."

Com suas falas bem decoradas na mente, Iger e Lucas se encontraram para tomar café da manhã no Hollywood Brown Derby, uma réplica completa do famoso restaurante da capital do cinema. Se alguém estivesse tentando seduzir George Lucas, a que outro lugar levá-lo a não ser a réplica de um restaurante que evocasse nostalgia, dias de glória e o brilho do passado do cinema? Iger fez tudo, menos se ajoelhar e oferecer uma aliança de casamento de R2-D2.

Os homens comeram sozinhos; uma das vantagens de comandar a Disney era ser capaz de fechar restaurantes em parques temáticos e comer neles à vontade. Lucas pediu uma omelete, e Iger, um *parfait*. Então, com os garçons fora do alcance da audição, o chefão da Disney se voltou para os negócios. Será que Lucas consideraria vender a empresa um dia?

Lucas não demonstrou interesse. (Prestem atenção, futuras noivas com medo.) "Não estou pronto para encarar isso agora", respondeu ele. "Mas quando estiver, adoraria conversar a respeito."

Com a semente plantada, o par saiu para os festejos da manhã. Quando a grande revelação aconteceu e os dois Jedis entraram no palco, Lucas segurou o sabre de luz casualmente, com uma mão no bolso da calça jeans. Iger empunhou com as duas mãos e ombros rígidos, como se aninhasse algo muito frágil.

O que Lucas estava esperando? A Star Tours estava completa. *Clone Wars* estava sendo conduzido lentamente sob o olhar vigilante de Filoni. Não havia nenhuma grande produção de *Star Wars* na pauta da Lucasfilm.

Mas esse era exatamente o problema. Lucas não queria simplesmente entregar sua propriedade intelectual para a Disney – ou para qualquer outro investidor, por sinal – com apenas uma equipe mínima para manter a série em andamento. A Paramount detinha os direitos de distribuir os filmes de *Indiana Jones*, portanto aquela série era considerada de "rendimentos neutros" para os advogados. *Star Wars* era praticamente o único bem que a Lucasfilm possuía. Mesmo após todos aqueles anos, a empresa ainda era realmente a Star Wars Corporation.

Não, se Lucas fosse vender a Lucasfilm, teria de ser a Lucasfilm mais elegante, ao estilo Edição Especial, que ela conseguisse ser. Era a hora de mudar tudo e torná-la nova, uma última vez.

Primeiro passo: garantir um sucessor. Lucas disse que "ponderou sem parar" até a resposta lhe ocorrer: Kathleen Kennedy, sócia de Spielberg de longa data e uma das mais bem-sucedidas produtoras de Hollywood. Não havia outro candidato. "Por que eu não vi isso antes?", Lucas se lembra de ter pensado. "Ela sempre esteve bem diante de mim." Os dois se encontraram para almoçar em Nova York; após colocar o assunto de família e amigos em dia, Lucas disse que estava "caminhando decisivamente" para se aposentar. Será que ela estaria disposta a assumir o comando da Lucasfilm – e potencialmente ajudá-lo a passá-la para uma outra empresa?

Kennedy não precisou de muito tempo, se tanto, para pensar a respeito. "Assim que me dei conta do que ele dissera, eu respondi muito rápido", diz ela. "Eu meio que me surpreendi." Kathleen Kennedy nunca havia comandado um estúdio. Ela já havia gerenciado uma produtora bem-sucedida com o marido, Frank Marshall: a Amblin Entertainment, que eles cofundaram com Spielberg e pela qual produziram os filmes do cineasta, *E.T.: o extraterrestre*, *Jurassic Park* e *Lincoln*, juntamente com um bando de outros filmes de diretores como Martin Scorsese e J. J. Abrams. A Amblin havia produzido um monte de filmes com a Disney e suas subsidiárias também. Kennedy aceitou na hora: o cargo "me permitiria usar minhas habilidades e fazer parte de algo maior", falou ela. Novos filmes de *Star Wars* seriam "algo maior" do que qualquer longa-metragem blockbuster que Kennedy tivesse se envolvido até agora.

Segundo passo para Lucas: colocar a velha nave no hiperespaço. "Tenho de fortalecer essa empresa de forma que funcione sem mim", Lucas disse ter pensado na ocasião, "e precisamos fazer alguma coisa para torná-la atraente". Uma maneira garantida de ornamentar a Lucasfilm seria colocar mais alguns filmes de *Star Wars* em andamento.

Lucas havia declarado explicitamente que não seriam feitos os *Episódios VII*, *VIII* e *IX*. O Criador jamais pensara realmente em qualquer história para eles. Mas que dificuldade teria em preparar mais alguns filmezinhos espaciais? Então, uma noite, falando informalmente ao telefone com o filho Jett, durante o jantar, Lucas revelou que estava escrevendo novamente. Seus filmes pessoais, certo? Não, respondeu Lucas. Mais *Star Wars*. "Espere", disse Jett. "Volte. O quê?" Até mesmo o filho do Criador acreditava que os filmes de *Star Wars* estavam encerrados.

Lucas ligou para a velha turma: Hamill, Ford e Fisher. Começaram as negociações. Fisher, que recebeu ordens para perder 5 quilos para interpretar Leia em 1976, concordou em perder 15 quilos para interpretá-la dessa vez. O roteirista de *Império* e *Jedi*, Lawrence Kasdan, que havia se recusado a ajudar Lucas a escrever *Episódio I*, foi trazido a bordo como consultor, embora não tivesse sido inicialmente escalado para coescrever *Episódio VII*. Lucas queria um roteirista mais novo: Michael Arndt. Ele tinha credenciais de cineasta independente; na verdade, era tão intensamente independente que havia sido demitido como roteirista de seu primeiro filme, *Pequena Miss Sunshine*, que Arndt vendera para a Fox Searchlight. (Ele depois foi recontratado.) Lucas não pôde deixar de admirar a persistência de Arndt e a mistura premiada de drama e comédia que ela gerou – sem falar no fato de que a última cena do filme foi escrita apenas semanas antes da estreia. Claramente, aquele era um homem com o mesmo comportamento de Lucas. Arndt também tinha sido o principal roteirista do filme da Pixar de maior bilheteria de todos os tempos, *Toy Story 3*. Ele era alguém de valor reconhecido pela Disney.

Em junho de 2012, Lucas finalmente estava disposto a dar o próximo passo. Kennedy foi anunciada como copresidente da Lucasfilm no dia 1º. Ela tinha visto Lucas se martirizar com a questão de estar pronto ou não. Agora ele estava. Lucas pegou o telefone e ligou para Iger.

Imediatamente, advogados e contadores começaram a esmiuçar a propriedade de Lucas para calcular seu valor – e garantir com absoluta certeza que Lucas era de fato o proprietário de tudo o que ele achava que possuía no universo *Star Wars*. Cerca de vinte advogados na filial de Los Angeles da Skadden Arps passaram pelo processo surreal de catalogar 290 "personagens principais" do universo *Star Wars*, do almirante Ackbar ao caçador de recompensas Zuckuss. A questão não era que alguém estivesse questionando a sério se Lucas possuía ou não os direitos desses personagens. Porém, reclamações malucas foram feitas ao longo dos anos, e a devida diligência tinha de ser feita. A firma trabalhou arduamente em julho e agosto; eles examinaram cadeias dominiais que datavam da época quando a United Artists ou Universal podiam ter comprado a série a preço de banana, mas não compraram.

Os investigadores rapidamente deram um codinome para cada personagem, porque o burburinho no escritório já estava começando. O diretor da firma, Brian McCarthy, havia ajudado a encaminhar a compra da Pixar pela Disney. Essa experiência foi diferente. "Eu fiquei chocado com o número de pessoas que sabiam complexidades como o sogro de quem que era casado com a irmã de quem", declarou McCarthy ao *Hollywood Reporter*. Mesmo após todos esses anos, mesmo em Hollywood, os poderosos ainda conseguiam ficar chocados como a série se tornara tão ampla e intimamente conhecida.

Na Disney, Iger confidenciava aos subalternos diretos que, embora não tivessem um contrato ainda, eles estavam perto de um. Nada deveria vazar. "A confiança se tornou importante", disse Iger em 2013. A confiança sempre fora importante na Lucasfilm, que era acostumada à atmosfera de confinamento. De fato, a empresa foi capaz de trabalhar simultaneamente em novos filmes e no negócio com a Disney, ambos em segredo. Kennedy cuidava de uma pequena equipe de desenvolvimento de enredo. Com notáveis exceções, ninguém foi informado do negócio iminente – embora os integrantes certamente tivessem suas suspeitas. Contratações e ações de marketing foram interrompidas em setembro de 2012. "A verdade estava exposta pra quem quisesse ver", disse a diretora de mídias sociais Bonnie Burton. "Estávamos nos reorganizando constantemente. Houve conversas a portas fechadas que foram bem altas. Eu meio que pensei que a Disney fosse nos comprar, apenas porque as outras que podiam bancar a Lucasfilm fossem, tipo, a Sony ou a Microsoft."

Alguns funcionários da Lucasfilm sabiam mais do que outros. Leland Chee, o guardião do Holocron, primeiro ficou curioso quando lhe pediram que informasse o número definitivo de personagens em seu banco de dados. Pablo Hidalgo, o diretor de comunicação da marca, foi informado da venda de antemão: ele acabara de escrever um tijolão, *The Essential Reader's Guide*, que cobria todos os romances e contos de *Star Wars* já publicados, e agora recebeu estranhas tarefas de explicar a propriedade intelectual de *Star Wars*. O que ele não sabia é que havia mais um monte de novas propriedades intelectuais vindo por aí.

Então, em 29 de junho de 2012, Hidalgo foi chamado para uma reunião com seu chefe, Miles Perkins. Pretensamente, o propósito da reunião era atualizar a "comunicação" da empresa com os fãs. Hidalgo se perguntou por que a comunicação estava sendo atualizada. "Estamos fazendo o *VII*, o *VIII* e o *IX*", informou Perkins informalmente.

Hidalgo precisou se sentar. Ele imaginou que sua reação estivesse sendo avaliada. E quando veio, diz Hidalgo, ela foi "algo impublicável" – presumivelmente dito com um sorrisão.

Star Wars estava de volta dos mortos. Novamente.

Havia apenas um único empecilho. Lucas se recusava a dar para Iger quaisquer tratamentos para os *Episódios VII*, *VIII* e *IX* antes de o negócio ser fechado. Eles seriam ótimos; a Disney simplesmente tinha de confiar em Lucas. O estúdio queria confiar, mas também queria verificar as garantias do cineasta de que os tratamentos eram incontestáveis – ou se, de fato, existiam mesmo tratamentos em desenvolvimento. A empresa podia facilmente ter desencavado as declarações que Lucas dera em várias ocasiões, uma delas diante de milhares de pessoas, de que jamais escreveu nenhum tratamento do gênero.

Mas Lucas estava fazendo jogo duro. "Você acaba tendo de dizer: 'veja bem, eu sei o que estou fazendo'", declarou ele à *BusinessWeek*. "Comprar minhas histórias faz parte do negócio. Eu trabalhei nisso por quarenta anos e fui muito bem-sucedido. Quero dizer, eu podia ter falado 'beleza, bem, simplesmente vou vender a empresa para outra pessoa qualquer.'"

Lucas não cedeu até conseguir, por escrito, um acordo com um resumo do negócio. Ele deveria ganhar 40 milhões de dólares em ações da Disney e outros 2 bilhões em espécie. Mesmo assim, Lucas também queria registrado por escrito que os tratamentos que ele escrevera às pressas fossem vistos apenas por três pessoas na Disney – Bob Iger, o novo presidente Alan Horn e o vice-presidente Kevin Mayer.

A reação de Iger aos tratamentos foi amena. "Achamos que, de uma perspectiva da narrativa, eles tinham muito potencial", declarou ele à *BusinessWeek*. Para um homem bem versado em marketing, isso foi uma desvalorização proposital ou o elogio mais falso na história da Disney. De qualquer forma, teria sido difícil desistir do negócio àquela altura, com um acordo por escrito e uma avaliação completa sendo feita na Lucasfilm. E não seria problema para Lucas dar meia-volta e vender a empresa toda arrumadinha para outra pessoa qualquer. Além disso, mesmo que os tratamentos fossem horríveis, nenhum filme de *Star Wars* jamais deixou de arrasar.

Com o negócio se aproximando, a atividade em ambas as empresas chegou ao ponto de ebulição em outubro de 2012. Bob Iger assistiu aos seis filmes de *Star Wars* um atrás do outro em um fim de semana e fez anotações. Kathleen Kennedy convenceu Howard Roffman a sair da semi-aposentadoria e gerenciar a vindoura explosão em licenciamento – afinal de contas, sempre foi a divisão de bens de consumo da Lucasfilm que gerou mais dinheiro. Entre 11 e 14 de outubro, durante alguns telefonemas tensos na New York Comic-Con, Hidalgo soube que a venda foi aprovada. Ele mandou um e-mail para a *Star Wars Insider* mandando segurar a capa. Ele não podia informar o motivo... ainda.

Na sexta-feira, 19 de outubro de 2012, George Lucas se sentou para registrar o que seria, de certa forma, seu último filme como presidente da empresa que levava seu nome. Dessa vez, ele não ficaria atrás da câmera, mas em frente a ela, juntamente com Kathleen Kennedy. O objetivo era oficialmente passar a tocha, mas também se adiantar à notícia – e retirar toda a necessidade de dar entrevistas na TV sobre o pronunciamento, filmando uma longa conversa com os principais envolvidos, uma conversa que ele então daria de graça para o mundo. Seria o último triunfo de gerenciamento de mídia da Lucasfilm antes de o cenário mudar completamente.

Lynne Hale, diretora de relações públicas da Lucasfilm, cumpriria estranhamente um papel não creditado na entrevista, sorrindo e fazendo perguntas ao estilo de um âncora de TV. A coisa toda seria editada para mais ou menos meia hora e lançada em cinco episódios curtos no YouTube.

Enquanto a câmera rolava, Lucas falou sobre o gigante de mídia para quem estava vendendo a própria empresa quase como se fosse um abrigo nuclear. A Disney era "o mais estável de todos os estúdios", disse ele, um lugar onde o legado de *Star Wars* poderia sobreviver por gerações. Ele elogiou a empresa por "fomentar uma marca, licenciamento, todo aquele pacote para mantê-los em uma base estável". Era quase como a clássica série de ficção científica de Isaac Asimov, *Fundação*, uma das favoritas de Lucas, em que um visionário trama o futuro de sua civilização por mil anos. Lucas previu Kennedy escolhendo o próprio sucessor, ainda apoiada pela força da Casa do Rato. "No fundo", disse Lucas, "quando for o fim do mundo e todos nós formos morrer, a última coisa a falecer será a Disney".

Como Obi-Wan falando para Luke que aquilo que foi dito sobre Darth Vader era verdade, dependendo de um certo ponto de vista, Lucas encontrou uma brecha nas declarações anteriores de que não haveria mais filmes de *Star Wars*. "Eu sempre disse que não faria mais, e isso é verdade, porque eu não vou fazê-los", falou o cineasta. (Aquelas "instruções explícitas" que ele mencionara em 2008 aparentemente foram abandonadas.) "Isso não quer dizer que eu não esteja disposto a entregar *Star Wars* para Kathleen fazer mais." Aparentemente, aquela brecha tinha o tamanho e forma exatos de uma das melhores produtoras do mercado.

E onde Lucas se encaixaria nesta situação? Um conselheiro, "meu Yoda no ombro", na frase de Kennedy. O "guardião da chama" de *Star Wars*. O velho

Jedi em uma caverna a quem a guerreira recorre quando sua pergunta é muito importante e todas as outras opções se esgotaram. Isso significava que Lucas ainda estaria, de alguma forma nebulosa, no comando da saga *Star Wars*? Pondere quantos eventos de *O Império contra-ataca* e *O retorno de Jedi* podem ser atribuídos a Yoda, e cá está a resposta. (Não muita coisa – apenas o treinamento que levou àquele momento-chave.)

Lucas, fascinado por educação, é singularmente indicado para a tarefa de orientar diretores mais jovens. Foi o que ele fez com Dave Filoni em *Clone Wars*; era o que ele faria de novo, em um papel bem mais de conselheiro, com J. J. Abrams. Kennedy recrutaria Abrams da série *Star Trek* em janeiro de 2013 com cinco palavras simples. "Por favor, faça *Star Wars*." Abrams, o único e eterno nerd de *Star Wars*, mexeu os pauzinhos na Paramount para que pudesse atendê-la. No fim de 2013, Jett Lucas revelaria que seu pai conversava com Abrams "o tempo todo".

Isso não faz de J. J. Abrams o novo Richard Marquand. Ele é mais voluntarioso e bem mais experiente do que o diretor galês, para começo de conversa, e, além disso, Lucas tem um motivo genuíno para querer recuar nas sombras com dignidade, finalmente nos bastidores, e se sentar, literalmente, na última fileira. Talvez o momento mais tocante no filme de divulgação seja quando o velho Jedi revela o grande preço de sua maestria. "A única coisa da qual senti falta na vida é que nunca cheguei a ver *Star Wars*", disse ele. "Nunca tive aquele momento de entrar no cinema e ficar fascinado, porque eu já sabia que aquilo não era nada além de sofrimento e problemas." George James Sr., codificador navajo, e George Lucas Jr. tinham algo em comum, então: nenhum deles tinha visto aquele filme clássico na vida.

Após a Bolsa de Valores de Nova York ter fechado na quinta-feira, 30 de outubro de 2012, a seguinte publicação apareceu no site da Disney: "Disney vai adquirir Lucasfilm Ltd". Ela continha alguns parágrafos obrigatórios de hipérbole, e o resto estava escrito na linguagem padrão de comunicados à imprensa. "A aquisição continua o foco estratégico da Disney de criar e monetizar o melhor conteúdo para marcas do mundo", dizia o subtítulo. A galáxia muito, muito distante se tornou apenas outra peça de conteúdo para marcas, de propriedade da maior empresa de mídia do mundo.

O preço foi exatamente de 4,05 bilhões de dólares de acordo com o valor daquele dia das ações da Disney. Os termos do negócio foram metade ações, metade dinheiro. Dois bilhões de dólares em uma pasta virtual e 40 milhões de dólares em títulos de ações da Disney, todos entregues ao primeiro e único acionista da Lucasfilm Ltd., George Walton Lucas Jr., filho de um dono de loja de material de escritório. 4,05 bilhões de dólares: *Star Wars* não valeu tanto quanto os 7 bilhões de dólares da Pixar, na época, e apenas um tiquinho a mais do que o preço pago pela Marvel. 4,05 bilhões de dólares é mais do que o PIB de Fiji. E, no entanto, parece um valor um tanto quanto deflacionado para se avaliar aquele bem, dados os 30 bilhões de dólares que *Star Wars* rendeu nos seus primeiros 35 anos.

Assim como a Lucasfilm, a Disney fizera um vídeo e lançou sua versão primeiro. Iger preparou um discurso para o filme, em que Lucas respondia a perguntas feitas fora da tela. No vídeo, Iger salientou que seus 4,05 bilhões de dólares estavam pagando por 17 mil personagens (o número que Leland Chee determinara que residia no Holocron) – embora tenha deixado de dizer que a grande maioria deles era composta por personagens secundários em romances.

Iger também procurou tranquilizar os investidores sobre o bom senso de pagar uma quantia tão grande por uma única empresa ao mencionar em tom confortador as outras novas joias da coroa: ILM e Skywalker Sound. Em uma teleconferência no dia do pronunciamento, ele enfatizou os aspectos financeiros inteligentes do negócio. Aqueles 40 milhões de dólares em títulos de ações que Iger dera para Lucas? Ele ofereceria novos títulos e pretendia comprar de volta o mesmo valor em ações antes de o novo *Star Wars* ser lançado em 2015. Iger não mencionou que a Disney esteve com 4,4 bilhões de dólares parados no banco e investidores exigindo que eles fizessem algo com o dinheiro. Apenas 2 bilhões de dólares desse montante foram para Lucas em espécie; o restante foi entregue em ações. A Disney ainda tinha a capacidade de engolir outra Lucasfilm inteira.

Os investidores não tinham tanta certeza assim sobre o negócio. As ações da Disney caíram no meio de negociações fortes no dia seguinte ao pronunciamento para 47 dólares cada. Imediatamente após a notícia, parece ter havido uma certa sensação de espanto confuso na mídia convencional e no universo de fãs de *Star Wars*. "Eu senti uma grande perturbação na Twitteresfera", tuítei na época, "como se um milhão de infâncias gritassem de repente e ficassem caladas". Mas não levou muito tempo para eu me dar conta de que estava errado: o negócio fez sentido, mesmo para os fãs. Haveria mais *Star Wars*, bancados por bolsos muito abastados. Veja como a Disney tratou a Pixar e a Marvel: com reverência. Veja quem dirigiria os próximos filmes: não o diretor dos prólogos. Eu escrevi "*Star Wars* acaba de ganhar uma nova perspectiva de vida", o primeiro artigo opinativo positivo publicado na esteira do negócio. No dia seguinte, o texto foi compartilhado 20 mil vezes apenas no Facebook; pareceu que eu não era o único fã sentindo uma empolgação crescente assim que eles examinaram tudo.

Lucas, o que era estranho para ele, estava mais otimista do que isso. Até sorriu. Na entrevista, o Criador enfatizou que ele era um grande fã da Disney, "desde que nasci". Ele deu sua última racionalização para abandonar as esperanças de fazer mais filmes experimentais. "Eu não podia arrastar minha empresa para isso." (Uma empresa que, por falar nisso, era como uma "mini-Disney... construída da mesma forma".) "A Disney é meu fundo de aposentadoria", falou ele secamente. Dizer isso é pouco: Lucas era agora o segundo maior acionista da Disney depois da viúva de Steve Jobs, Laurene Powell Jobs. O menino que conseguiu ir à Disneylândia no segundo dia do parque em 1955, que adorava o Tio Patinhas, que queria que a Disney bancasse *Star Wars* desde o início, que manteve dois aparadores de livros do Mickey na mesa por todos esses anos, agora era dono de 2% da empresa.

O fundo de aposentadoria continuaria a subir e descer nos próximos dois meses, conforme a Disney foi fustigada pelas incertezas do mercado. Mas em janeiro de 2013, quando Wall Street soube que J. J. Abrams estava prestes a ser anunciado como o diretor de *Episódio VII*, as ações da empresa começaram uma subida notável. Em 14 de maio de 2013 – o sexagésimo-nono aniversário de Lucas –, as ações da Disney atingiram uma alta de 67,67. O presente para o homem que tinha tudo? As ações valiam 840 milhões a mais do que quando ele as recebeu.

Era o fim de uma era, com certeza, mas *Star Wars* continuava vivendo, e não apenas na conta bancária de seu Criador. No vídeo de divulgação que a Disney lançara na ocasião do anúncio da compra, Lucas falou sobre o futuro dos filmes de *Star Wars*. Ele se referiu informalmente aos *Episódios VII, VIII* e *IX* em conjunto como "o fim da trilogia" – com o que Lucas provavelmente quis dizer a trilogia de trilogias, que não tinha existido de verdade até ele finalmente decidir enviar alguns tratamentos. "E outros filmes também", acrescentou ele – como sempre, informalmente provocando uma reviravolta de última hora na narrativa inteira e, como sempre, escolhendo palavras maravilhosamente engessadas. Essa foi a primeira menção aos filmes avulsos de *Star Wars* que chegariam às telas nos anos entre episódios.

"Nós temos um grande grupo de ideias e personagens e livros e todo tipo de coisas", disse o Criador. "Podemos seguir fazendo *Star Wars* pelos próximos cem anos."

CONCLUSÃO

DO OUTRO LADO DO UNIVERSO

Se George Lucas está certo a respeito de quantas histórias sobraram para serem contadas no universo *Star Wars* – e ele ainda não provou estar errado quanto a isso –, as futuras gerações de fãs ainda estarão formando filas em torno de multiplexes para ver as aventuras de futuros Solos e Skywalkers em 2115. Se seguirmos o cronograma atual da Disney, haverá *Episódio LXXXVII*. Até onde se sabe, o filme será exibido em um holograma IMAX gigantesco.

Parece ridículo? Talvez seja. No entanto, houve um tempo – há quarenta anos – quando a própria noção de filmes de fantasia espacial soava ridícula. E *Star Wars* ainda tem muitos mundos novos para conquistar. Não é apenas o caso de a série e seus acólitos estarem abraçando línguas diferentes como o navajo. Eles também estão se expandindo para países ao redor do mundo que não foram tomados pela onda original da mania por *Star Wars*.

Veja a Turquia. Até muito recentemente, era uma coisa solitária ser um fã de Yildiz Savaslari – quer dizer, *Star Wars* em turco. Mas Ates Cetin, nascido em 1983, foi fisgado no momento em que assistiu a uma versão dublada de *O Império contra-ataca* na TV quando criança no fim dos anos 1980. Ele começou a procurar por maneiras de brincar nesse universo que acabara de descobrir.

Claro que a trilogia original fora exibida nos cinemas da Turquia, mas o mesmo aconteceu com *Dünyayı Kurtaran Adam* (*O homem que salvou o mundo*), um filme de aventura de 1982 que tomou a liberdade de saquear as cenas de efeitos especiais da propriedade cinematográfica da Lucasfilm. A *Millennium Falcon* e a Estrela da Morte foram reutilizadas. Ninguém no país pareceu notar ou se importar muito. Hoje, o filme é conhecido como "*Star Wars Turco*" e virou um cult; na época, foi criticado e sumiu sem deixar rastros. "Eu assisti ao filme algumas vezes", disse Cetin, "e ainda não entendo o enredo".

Produtos de *Star Wars* eram escassos lá na Turquia dos anos 1980. Só era possível encontrar os terríveis bonequinhos Uzay, aqueles que eles pensavam que conseguiram burlar os direitos autorais ao mudar uma letra dos nomes de sua linha "Starswar". (Steve Sansweet adora seus bonecos Uzay de "stormtrooper" e "C-PO"; a Legião 501st montou uma fantasia do snowtrooper "Blue Star" Uzay.)

Os verdadeiros brinquedos licenciados pela Lucasfilm começaram a entrar no país em 1997, a tempo para as Edições Especiais. Mas nem todo mundo estava comprando. Em 1999, Cetin viu reportagens dos Estados Unidos sobre as longas filas do lado de fora de cinemas que exibiam *A ameaça fantasma* e ficou subsequentemente abatido quando apenas uma ou duas pessoas apareceram no cinema inteiro para o dia de estreia em Istambul. As plateias pequenas se repetiriam pelo restante dos prólogos. Os turcos, ao que parecia, simplesmente não aceitavam a ideia de *Star Wars* da mesma forma que as pessoas em outros países.

No dia do lançamento de *A vingança dos Sith*, em 2005, um amigo colecionador se vestiu como stormtrooper e emprestou uma fantasia de Darth Vader para Cetin; eles perambularam pela Praça Taksim, a área mais movimentada e famosa de Istambul, sondando o terreno, tentando avaliar as reações. Revelou-se que Darth Vader era praticamente anônimo, mesmo ali no centro cultural de uma das maiores cidades da Europa. "Apenas algumas pessoas reconheceram o personagem", diz Cetin. "A maioria pensou que eu fosse o Destruidor, das Tartarugas Ninja, ou o Robocop ou um bombeiro. Uma velhinha me chamou de 'o homem das montanhas', cujo significado permanece um mistério."

A polícia, enquanto isso, ficou mais apreensiva em relação ao Lorde Sombrio. Cetin teve de explicar às pressas para um policial que ele era de uma peça de teatro, e pareceu prestes a ser preso, sob a mera suspeita de ser suspeito, quando seu amigo o enfiou em um táxi.

Cetin tem uma fala mansa, mas um quê de persistência serena. Em 2008, ele fundou o posto avançado turco da Legião 501st; em 2011, foi o cofundador da própria Legião Rebelde da Turquia. Ele viu a Adidas lançar casacos e tênis com temática *Star Wars* no país; acolheu bem *Clone Wars* às telas de TV turcas. Os amigos começaram a jogar os mais recentes videogames de *Star Wars*. O Facebook chegou e trouxe memes de *Star Wars* com ele. Cetin notou que colunas de humor nos jornais começaram a fazer referências a *Star Wars*. Aos poucos, mas constantemente, algo estava mudando.

Avance para julho de 2013, quando a Praça Taksim foi o centro de um tipo muito diferente de ação policial. Os cidadãos começaram a se reunir após a polícia ter jogado gás lacrimogêneo em uma manifestação pacífica contra a demolição de um parque local, que deveria dar lugar a um shopping center ao estilo dos quartéis da era otomana. Cetin decidiu que se juntaria às manifestações, vestido novamente com a fantasia completa de Vader. Sua mensagem: "Mesmo o personagem de cinema mais maligno está do lado do povo".

Obviamente, se a fantasia de Vader tinha sido polêmica da última vez, agora Cetin realmente arriscava ser preso. Mas ele não conseguiu resistir. No último minuto, ele deixou o sabre de luz em casa e levou a bandeira turca em seu lugar; talvez aquilo tornasse a figura misteriosa bem-vista pela multidão. Na verdade, Cetin não precisou da bandeira. Em apenas oito anos, *Star Wars* havia ido de uma curiosidade pirateada praticamente desconhecida para um meme cultural comum. "Dos 7 aos 70 [anos de idade], todos gritavam 'Darth Vader'", Cetin contou para mim. "'Vai, Vader! Vai pegá-los! Mostre para eles!' Após mais alguns incentivos assim, a pessoa quase acha que é mesmo Darth Vader." Para sua surpresa, onde quer que andasse, os manifestantes começaram a segui-lo – cantarolando de boca fechada a Marcha Imperial.

Star Wars é um fenômeno global cada vez maior, talvez o primeiro mito que todas as culturas conseguem apoiar sem hesitação. Até mesmo os sets de filmagem se tornaram altares. Em 2011, um pequeno grupo composto em sua maioria por fãs europeus descobriu que a chácara dos Lars, a solitária moradia branca em formato de domo onde conhecemos Luke Skywalker no primeiro de todos os filmes de *Star Wars*, estava se deteriorando no deserto da Tunísia. No Facebook, os fãs pediram por 10 mil dólares em doações para restaurar o prédio à aparência no filme com gesso e tinta; eles prontamente arrecadaram 11,7 mil dólares. As licenças do governo da Tunísia demoraram um pouco mais, mas a equipe completou o serviço em algumas semanas. Lágrimas desceram pelos rostos quando eles exibiram um vídeo do esforço de restauração na *Star Wars* Celebration Europe para uma casa cheia e aplausos arrebatadores.

O Japão é provavelmente o país do hemisfério oriental, se não do mundo, mais louco por *Star Wars*. Foi o local do "George Lucas Super Live Adventure", um espetáculo de estádio bizarro e em grande parte baseado em *Star Wars* que percorreu o país em 1993. Lá é um lugar onde é possível ver Darth Vader anunciando o beisebol da Pacific League, carros da Nissan e eletrônicos da Panasonic. A pessoa pode visitar o Nakano Broadway, um shopping center de seis andares no coração de Tóquio e encontrar brinquedos e bugigangas raras de *Star Wars* à venda em cada andar. Quando George Lucas veio abrir a Star Tours original na Disneylândia de Tokyo em 1989, ele foi perseguido no parque por hordas de estudantes japonesas. Então com 45 anos, Lucas brincou que gostaria que tivesse vinte anos a menos. As estudantes (e um estudante aqui e ali, mas na maioria meninas) ainda estão lá, formando filas maiores para a nova Star Tours, que descobri ser a atração mais popular na Disneylândia de Tokyo. Enquanto elas se enfileiram, 3PO dá boas-vindas ao brinquedo em japonês, novamente soando afetado e afeminado em uma língua estrangeira.

A Coreia do Sul, relativamente, não foi afetada por *Star Wars*, tanto que o acadêmico de Harvard Dong-Won Kim produziu um artigo que estudava os motivos de os prólogos terem sido vistos por (ó!) menos de 2 milhões de coreanos. Mesmo em Seul, no entanto, é possível ver Darth Vader em anúncios da Korea Telecom ou assistir a um show de stormtroopers filmando um clipe – o sucesso de um grupo de pop coreano chamado Wonder Girls. Eu descobri uma loja no coração do distrito Hongdae chamada antigamente de *Star Wars* Coffee (slogan: "*May the froth be with you*")*. A loja ainda vende ilustrações de Darth Vader que copiam o estilo de Andy Warhol e grandes quadros de personagens da trilogia clássica em volta de uma mesa como se fosse a Santa Ceia.

A lista é infinita. Está visitando a ilha de St. Maarten nas Bahamas? É bom parar na Yoda Guy Movie Exhibit, uma mostra gerenciada por um dos artistas da oficina de criaturas que trabalhou sob o comando de Stuart Freeborn em *O Império contra-ataca*; é um dos destinos mais populares da operadora de cruzeiros Royal Caribbean na ilha. Na Austrália, um homem chamado Paul French fez uma caminhada beneficente pelo sertão do país, 4 mil quilômetros de Perth a Sydney, em uma fantasia de stormtrooper que escoriava a pele. Por que um stormtrooper? Porque, respondeu French, a roupa "chamaria um pouco mais de atenção". Ele arrecadou 100 mil dólares.

Tais histórias são divertidas isoladamente, mas juntas elas dizem muita coisa sobre o incrível alcance e poder da cultura compartilhada que é *Star Wars*, uma língua universal de clichês e personagens que despertam atenção instantânea aonde quer que vá. A língua nasceu em 1977 e recebeu atualizações significativas em 1980 e 1983. Pareceu morrer, mas ficou marinando em milhares de memórias até 1997, quando o mundo se chocou ao descobrir quantos de nós ainda falavam aquela língua, e uma nova geração de falantes começou a tagarelar empolgada. Outra ramificação da língua surgiu em 1999, um dialeto que muitos falantes juraram que jamais usariam, mas que entrou para o vocabulário mesmo assim. Em 2002 e 2005, as últimas atualizações foram

---

* Trocadilho de *Force* (a Força) com *froth*, a espuma do leite, no lema "Que a Força esteja com você". [N. do T.]

distribuídas simultaneamente pelo mundo todo. Em 2014, um falatório constante de expectativa pelo novo acréscimo à língua-mãe se tornou um rugido ouvido no mundo inteiro. Todos falamos *Star Wars* agora.

Talvez os únicos humanos na Terra que parecem relativamente menos entusiasmados sobre a perspectiva de mais *Star Wars* são aqueles concentrados em sair do planeta.

Há muito tempo que o Criador tem sido um forte defensor de missões espaciais reais, bem como ficcionais. Ele cresceu na aurora da exploração espacial e acompanhou ansioso o progresso das missões Apollo nos anos 1960. Armstrong pousou na Lua pouco antes de Lucas começar a filmar *THX 1138*. A sonda *Viking 1* pousou em Marte em julho de 1976, menos de uma semana depois de Lucas encerrar a filmagem em *Star Wars*. Mais tarde naquele ano, saíram notícias erradas de que a *Viking* encontrara sinais de vida orgânica no solo marciano. Hal Barwood se lembra de Lucas visitá-lo um dia durante a edição do primeiro filme e ficar muito empolgado com a notícia. "Ele achou que era um bom presságio para *Star Wars*", conta Barwood.

No momento em que ficou evidente que o filme era um enorme sucesso, Lucas começou a falar sobre como *Star Wars* poderia influenciar o programa espacial. "Torço para que caso o filme realize alguma coisa seja pegar um menino de 10 anos de idade e fazê-lo se interessar muito pelo espaço sideral e pelas possibilidades de romance e aventura", declarou ele à *Rolling Stone*, em 1977. "Não tanto uma influência que crie mais Wernher von Brauns ou Einsteins, mas que os traga para a exploração séria do espaço sideral e que os convença de que é importante. Não por qualquer motivo racional, mas por uma razão totalmente irracional e romântica."

– Seria bem bacana – continuou Lucas – se algum dia eles colonizassem Marte quando eu tivesse 93 anos, e o líder da primeira colônia disser: "Eu realmente fiz isso porque torcia para que houvesse um Wookiee aqui".

Até o fim da carreira, o cineasta expressou as mesmas esperanças para o efeito que sua criação teria no empenho internacional de explorar o espaço sideral. Em 2010, ele falou para Jon Stewart: "Minha única esperança é que o primeiro cara que chegue a Marte diga 'eu quis fazer isso desde que vi *Star Wars*'". A versão mais política e expressiva de Lucas para esse desejo surgiu em 1981, quando ele se empolgou ao falar com a *Starlog*:

> Havia certas ideias latentes quando comecei: uma era relatar um conto de fadas, que é o que *Star Wars* é – um conto de fadas com

disfarce espacial. A razão para estar com disfarce espacial é que eu gosto do programa espacial e quero muito que as pessoas o aceitem. Crescemos no que é o desabrochar, e talvez o ápice, do programa espacial, e *Star Wars* foi feito durante a época em que todo mundo dizia: "que desperdício de tempo e dinheiro". Eu tinha esperanças, e ainda tenho, de que se vier à votação daqui a dez anos, as pessoas estejam mais dispostas a dizer: "Sim, isso é importante e nós devemos fazer"... Se de repente o programa espacial receber um monte de dinheiro daqui a quinze anos, eu direi: "Nossa, talvez eu tenha tido algo a ver com isso"... Mas é difícil dizer a essa altura se *Star Wars* terá algum efeito ou não.

Os Estados Unidos estavam inclinados a votar "não" no meio da década de 2010. Não estavam exatamente correndo para enviar humanos para Marte, seja à procura de Wookiees ou não. Como parte do orçamento federal total, o da NASA caiu para menos de 0,5%. A ênfase da agência nas últimas duas décadas tem sido o voo espacial não tripulado. Barack Obama, o cavaleiro Jedi que dá boas-vindas a C-3PO, responde a petições sobre a Estrela da Morte e maneja um sabre de luz, cortou o financiamento de futuras missões tripuladas para Marte. Antes de isso acontecer, o administrador da NASA sugeriu que a agência planejava mandar humanos para Marte em 2037 – que é, coincidentemente, o ano em que Lucas fará 93 anos da idade.

Talvez tenhamos de esperar mais ainda do que isso para descobrir o que inspirou a primeira pessoa no Planeta Vermelho – mas se algum universo ficcional está inspirando o pessoal da NASA no momento, ele é o de *Star Trek*, não o de *Star Wars*. "Todo o meu amor pelo espaço vem de *Star Trek*", diz Bobak Ferdowsi, também conhecido como Cara do Moicano, diretor de voo do Laboratório de Propulsão a Jato. Ele é o engenheiro que ajuda a controlar a sonda marciana *Curiosity* e me disse que prefere *Trek* a *Wars*. "Há a esperança de que estejamos progredindo para aquele futuro de *Star Trek*", falou Ferdowsi em uma entrevista anterior, "que talvez seja menos composto por países individuais e mais por uma organização global". Ele não está sozinho; é possível encontrar muitos fãs que citam *Star Trek* no laboratório, que se descreve de vez em quando como a coisa mais próxima que a Terra tem da Frota Estelar do universo *Trek*.

Chame de a vingança final dos fãs de *Star Trek*, que por décadas vêm lutando com os sentimentos sobre a série rival "nas estrelas". (A última ofensa notada: o diretor J. J. Abrams, que reiniciou a série *Trek* em 2010, se levantou e foi embora para *Star Wars* na primeira oportunidade que teve.) O foco de *Star Trek* na exploração racional em vez de misticismo galáctico caiu como uma luva na NASA. O colega de Ferdowsi, astro das mídias sociais, o astronauta Chris Hadfield, também é um trekker, bem como o astrofísico e apresentador do programa de TV *Cosmos*, Neil deGrasse Tyson. "Eu nunca me interessei por *Star Wars*", disse Tyson. "Talvez porque eles não tenham feito nenhuma tentativa de representar física de verdade. De modo algum." O antecessor de Tyson em *Cosmos*, o grande e falecido Carl Sagan, também discordava de *Star Wars*. O filho dele, Nick Sagan, me contou que se lembra de ter assistido ao filme original em VHS com o pai, que adorava aventuras em série ao estilo de *Flash Gordon*, mas que soltou um suspiro gigante após Han Solo tirar onda de ter feito a Rota de Kessel em menos de 12 parsecs. Ambos sabiam o que estava errado com aquela declaração: um parsec é uma unidade de distância, não de tempo. "Pai", reclamou Nick, "é só um filme".

– Sim – disse Sagan –, mas eles podem se dar ao luxo de acertar a ciência.

E lá se foi a ideia de a abordagem da fantasia espacial inspirar os Einsteins do futuro.

Ainda assim, a indústria espacial dos Estados Unidos tem sua dose de homenagens a *Star Wars*, que na maioria das vezes podem ser vistas nos nomes de sistemas que vão ao espaço. Veja, por exemplo, o Programa de Carga e Tripulação Comercial, chamado de C-3PO. Chris Lewicki, o ex-diretor de voo das sondas *Spirit* e *Opportunity* da NASA, está prestes a mandar para o espaço uma referência ainda mais nerd e obscura de *Star Wars*. A empresa espacial privada de Lewicki, a Planetary Resources, que pretende explorar rochas espaciais atrás de metais preciosos, está lançando um telescópio caçador de asteroides chamado Arkyd em 2015. Esse é um nome que a pessoa só reconhecerá se for letrada no Universo Expandido; as Indústrias Arkyd são um grande fabricante de droides e naves na Velha República – quando foram conquistadas pelo Império, elas fizeram o droide-sonda que vimos aterrissando em Hoth bem no início de *O Império contra-ataca*. "Temos muito folclore de *Star Wars* embutido na empresa", Lewicki me contou. Ao contrário de Tyson, Lewicki foi ao menos inspirado pela forma que Lucas pretendia: "*Star Wars* foi minha droga de entrada para a ficção científica mais séria", disse ele.

A maior homenagem da agência (e de um astronauta) à série aconteceu em 3 de novembro de 2007. Foi nesse dia que o tema de *Star Wars* foi tocado no espaço pela primeira vez, trinta anos após eletrizar as plateias aqui no planeta Terra. Foi um alarme para acordar transmitido pela NASA para a tripulação da missão STS-120, então em seu décimo-segundo dia a bordo da Estação Espacial Internacional. Em especial, o alarme foi dirigido ao especialista de missão Scott Parazynski, um raro fã de *Star Wars* entre os poucos humanos que conseguiram entrar em órbita e ir além. (Seu filho, que ele batizou de Luke, tinha 10 anos de idade na época; o menino nasceu por volta do lançamento da Edição Especial.) "Aquela foi uma forma muito bacana de acordar", disse Parazynski ao Controle da Missão. Então, para seu filho, ele fez a primeira imitação de Darth Vader fora do planeta Terra de que se tem notícia: "Luke, eu sou seu pai", disse Parazynski. "Use a Força, Luke."

Como se a cena não pudesse ficar mais nerd, a nave que transportou a tripulação para a Estação Espacial Internacional carregou uma carga especial de *Star Wars*: o mesmo sabre que Mark Hamill usara em *O retorno de Jedi*. Os dirigentes do Centro Espacial de Houston tiveram a ideia de levá-lo ao espaço, para comemorar o trigésimo aniversário do filme original, e Lucas prontamente concordou. O sabre de luz fora entregue aos dirigentes da NASA em uma cerimônia no aeroporto de Oakland por Peter Mayhew (o ator que interpretou Chewbacca). Levado de avião de Oakland a Houston, o sabre de luz foi recebido por R2-D2 e stormtroopers da Legião 501st do Texas. Lucas esteve presente, vendo o lançamento do ônibus espacial que levou o seu objeto cênico para o espaço.

Aquela foi a maior homenagem ensaiada da NASA para *Star Wars*, mas houve outra, menos intencional, quatro anos depois, em 2011, quando os astrônomos da agência usaram o telescópio Kepler para descobrir, pela primeira vez, um planeta que orbitava dois sóis. Oficialmente, o planeta foi chamado de Kepler 16(AB)-b. Extraoficialmente, os astrônomos da NASA e do restante do mundo lhe deram outro nome: Tatooine. Aquilo foi uma espécie de vitória para Lucas: quando *Star Wars* foi lançado, os astrônomos declararam que era muito improvável que um planeta como o de Luke Skywalker pudesse existir tão próximo a dois sóis. Nos dois anos seguintes à descoberta de Tatooine, outros dezenove planetas com dois sistemas solares apareceram. A NASA se prontificou a dar um pedido de desculpas oficial para a Lucasfilm. John Knoll, da ILM, aceitou as desculpas em nome de Lucas: "A própria existência dessas descobertas nos faz sonhar mais, questionar nossos pressupostos", disse ele. Ou, como Einstein disse, a imaginação é mais importante do que o conhecimento. Às vezes, quando se está apenas tentando fazer fantasia espacial, a pessoa descobre que é possível que esteja a um passo adiante da ciência.

George Lucas pode ter passado a maior parte da carreira com os olhos fixos no céu, mas na vida pós-*Star Wars*, ele se preocuparia com batalhas mais terrestres e prosaicas.

No campo doméstico, tudo parecia um mar de rosas para Lucas em 2013 – o mais próximo que uma pessoa pode chegar, talvez, do "viveram felizes para sempre". Finalmente aposentado, ele não perdeu tempo e pediu Mellody Hobson em casamento. Os dois se casaram em junho na própria Terra do Nunca de Lucas, o Rancho Skywalker. Bill Moyers, amigo de Lucas, foi o oficiante. Os amigos comentaram, como comentavam há anos, que Lucas parecia mais magro e feliz desde que esteve com Mellody, que estava se vestindo melhor. A mídia esteve longe dos portões do Rancho, enganada por rumores de que o casamento ocorreria em Chicago. Com mínima atenção da imprensa, convidados de elite e uma ambientação utópica: exatamente como Lucas gosta. E havia notícias ainda mais felizes no horizonte. Melody e George estavam grávidos com a primeira filha biológica, Everest, por meio de uma barriga de aluguel. O mundo não saberia disso até que Everest nascesse em agosto. No ano seguinte, em maio de 2014, Lucas fez mais uma festa no Rancho Skywalker e convidou amigos distantes como Laddie e Fred Roos para comemorar seu septuagésimo aniversário.

Mas os primeiros anos de aposentadoria de Lucas não ocorreram tão bem. Isso foi especialmente verdade na questão da preservação e controle de seu legado. Sim, ele construiu um belo parque para os vizinhos em San Anselmo, onde inaugurou estátuas de Yoda e Indiana Jones para marcar os ícones que foram criados ali perto. Mas seus olhos estavam no prêmio reluzente do Lucas Cultural Arts Museum. Aquele era o projeto de seu legado: um edifício grande em estrutura e custo ao estilo Beaux Arts, perto do domo dourado do Palácio da Legião da Honra, no Presidio de São Francisco, que faria o horizonte da cidade parecer um pouco mais com Naboo. Estaria a poucos passos do Museu Disney, onde era celebrada a vida de outro criador que deu à luz um entretenimento de massa admirado globalmente. O LCAM, como era conhecido, conteria toda a arte de narrativa que Lucas vinha colecionando, patrocinando e sonhando a respeito desde pequeno – Norman Rockwell e Maxfield Parrish lutando por espaço ao lado de Carl Barks, o criador do Tio Patinhas, e mostras em CGI.

Mas Lucas não contara com alguns obstáculos no caminho do LCAM. O primeiro era chamado de Fundação Presidio. Esse corpo de notáveis foi indicado pelo presidente dos Estados Unidos para gerenciar o parque nacional, e, como parte do acordo forjado com Lucas na época em que transferiu a Lucasfilm para Presidio em 2005, a fundação pediu uma troca de favores: que o cineasta algum dia construísse uma "instituição cultural de primeira linha" em Presidio. Quando uma cadeia varejista chamada Sports Basement vagou um prédio perto do cais do porto, à sombra da ponte Golden Gate, pareceu certo que Lucas tomaria o local. Aquilo era um terreno premium para um memorial de qualquer ícone global, quanto mais de um que incorporou os valores de São Francisco – as forças armadas americanas são um império tecnológico do mal; corporações e banqueiros vão destruir a república – e os transformou em duas trilogias da lenda conquistadora de mundos mais fantástica da história.

Mas *Star Wars* em si também foi um obstáculo para o LCAM, de certa forma – e talvez também para os sonhos de Lucas para o próprio legado. Ele uma vez confessou para Bob Iger, da Disney, que sabia que a primeira linha do próprio obituário seria "George Lucas, criador de *Star Wars*", não importa o que fizesse, mesmo que vendesse a empresa, e que ele tinha feito as pazes com isso. Por mais que tentasse, Lucas não conseguia evitar que alguns cidadãos preocupados de São Francisco tivessem a impressão de que ele estava essencialmente construindo um museu de *Star Wars* – um museu que eles temiam que instantaneamente se tornasse o destino mais popular na cidade e trouxesse meia população do mundo para pisotear e dirigir pelo parque à beira do cais.

Apesar de Lucas ter um acordo com a Fundação Presidio para construir o museu (sem falar em um conselho administrativo escolhido a dedo e milhões em depósitos em garantia esperando para pagar pela construção), a fundação decidiu, de última hora, abrir o espaço do museu para uma licitação e um grande debate público. Nancy Bechtle, a presidente da fundação, era uma abastada são-franciscana de quarta geração, ex-diretora executiva financeira de uma grande empresa multinacional de consultoria, presidente da Orquestra Sinfônica de São Francisco, e indicada por George W. Bush. Também vale dizer que ela não era uma grande fã de *Star Wars*. Antes que percebesse, Lucas, o bilionário, que se oferecia para bancar o museu completamente, se viu competindo com uma proposta do Serviço Nacional de Parques, que não tinha financiamento, mas ajudava a gerenciar o Presidio e tinha fortes laços com Bechtle e a fundação.

Lucas mexeu pauzinhos políticos com tanta habilidade quanto o chanceler Palpatine. Ele conseguiu o apoio de prefeitos de São Francisco, do passado e do presente; dos dois senadores da Califórnia; uma carta de apoio assinada por cem celebridades do Vale do Silício que amam *Star Wars*, de Sheryl Sandberg, a diretora de operações do Facebook, à viúva de Steve Jobs. Após informar à líder do Partido Democrata e deputada de São Francisco Nancy Pelosi seu descontentamento em várias ocasiões, Lucas até conseguiu que ela desse uns telefonemas em nome do LCAM.

Bechtle não se comoveu com nada disso, então Lucas tentou uma abordagem morde e assopra. A mordida veio primeiro, na forma de uma entrevista ao *New York Times* na qual o cineasta declarou que os integrantes da fundação "nos odiavam" e que as propostas de seus oponentes eram "conversa fiada"; ele também ameaçou levar o projeto do LCAM para Chicago, a cidade-natal de Mellody, onde "Rahm" – o prefeito Rahm Emanuel – esperava para oferecer um espaço para Lucas.

O sopro veio dias depois, na única reunião da Fundação Presidio que Lucas compareceu. Claramente nervoso – ele ainda era, como a irmã disse, um "cara dos bastidores" –, Lucas falou de maneira hesitante que o Presidio era o berço das artes digitais (juntamente com Marin County, acrescentou rapidamente), e, portanto, seria muito apropriado como o local do museu. Ele pediu desculpas por ter usado a palavra "ódio", que disse ter mandado os filhos nunca usarem, mas não resistiu a dar uma ferroada na fundação por causa do acordo prejudicado. "Além disso, a ideia era ajudar a bancar o Presidio, para, vocês sabem, pagar as contas aqui", falou Lucas ao concluir. "Nunca se sabe, eles podem precisar do dinheiro extra." Ele sinceramente queria inspirar as crianças, promover as artes digitais, celebrar o "mito compartilhado" da narrativa, e dar um lar perto de sua casa para as mostras itinerantes de *Star Wars* (das quais houve uma boa meia dúzia desde 1993). Mas o argumento final de Lucas para o museu foi: dinheiro vivo.

Em e-mails internos, os moradores de Presidio caçoaram do design de Lucas – muito Belas Artes –, que alguém chamou de "O Império encontra a América Central". Eles acabaram oferecendo o museu a Lucas com uma condição: o design deveria ser mais próximo do século 21, menor. Lucas, furioso, recusou; era como se os estúdios estivessem mexendo com seu bebê de novo. Então, Bechtle anunciou que o terreno solicitado seria transformado em um parque. Tardiamente, a cidade de São Francisco ofereceria um píer a Lucas. Mas já era tarde demais: o Criador decidiu construir seu museu em meio aos ventos da costa da cidade natal de Mellody.

Lucas superou todos os obstáculos da vida; sobreviveu a uma batida que deveria tê-lo matado, e completou todos os projetos criativos que cismou de fazer. Ele se libertou de Hollywood. Tornou-se um milionário e depois um bilionário. Investiu dinheiro, paixão, a si mesmo e sua pesquisa em um projeto de fã de *Flash Gordon*, na busca implacável do perfeccionismo até que explodisse em um show de luzes que entrou em bilhões de imaginações. Construiu um império a partir dos sonhos resultantes, gerou um século de histórias, se conectou quase por acidente a profundas noções espirituais e mitologias, destruiu nossas expectativas visuais, transformou o significado de comercializar produtos, e mudou nossa percepção do universo para sempre.

Ele conseguiu realizar tanta coisa. Mas quando chegou o momento de construir um templo adequado para abrigar seu vasto legado, os planos de George Lucas foram interrompidos por gente-não-tão-rica que não gostava de dinheiro novo – ou, pelo menos, não o tipo de dinheiro novo que vem de um épico popular de fantasia espacial.

Não importava o que alguém pensava a respeito do épico de Lucas, pois em 2014 ele parecia não ter fim. O sétimo episódio da trilogia estava se aproximando, e a Lucasfilm mantinha um nível de sigilo maior, mais fechado e intenso do que nunca. Nenhum detalhe sobre o conteúdo do filme, o elenco, ou mesmo as locações poderia ser vazado por qualquer pessoa que trabalhasse na produção ou que tivesse a mínima ligação com ela. Um executivo de merchandising de brinquedos da Hasbro tuítou que visitou o set nos estúdios Pinewood, a 32 quilômetros a oeste de Londres, em fevereiro de 2014; ele não divulgou um único detalhe, mas semanas depois sua conta no Twitter foi inexplicavelmente deletada.

As produções de filmes de *Star Wars* foram sigilosas antes, mas essa era totalmente diferente. Só em março de 2014 a Lucasfilm "revelou" que o filme seria ambientado trinta anos após *O retorno de Jedi* e que seria estrelado por "um trio de novos protagonistas juntamente com alguns rostos conhecidos", e só em maio de 2014 a Lucasfilm confirmou o que Lucas deixara escapar em uma entrevista há mais de um ano: que os rostos familiares pertenciam a Mark Hamill, Carrie Fisher e Harrison Ford, sem falar em Anthony Daniels, Kenny Baker e Peter Mayhew.

Quando a empresa não conseguiu suprimir completamente os detalhes negativos, eles foram enterrados habilmente sob um montão de notícias positivas. Por exemplo, o roteirista Michael Arndt saiu do projeto sob circunstâncias misteriosas e foi substituído pelo diretor Abrams e Lawrence Kasdan; o rumor conta que Arndt não investiu muito tempo de cena nos três "rostos muito familiares e quis ir direto ao trio de novos protagonistas; Abrams e sua chefe, Kathleen Kennedy, acharam que a velha trupe merecia mais homenagem. A Lucasfilm conseguiu se desviar de reportagens sobre a saída de Arndt ao anunciar um número significativo de nomes importantes dos bastidores do filme; não era apenas Kasdan que estava ajudando a criar o *Episódio VII* agora, mas também os gurus do som Ben Burtt e Matthew Wood e o compositor John Williams, agora com 81 anos de idade.

As mídias sociais correram pra preencher o vácuo criado de propósito pela Lucasfilm. Mil artistas amadores postaram os próprios cartazes ideais de *Episódio VII* no Twitter e Facebook. Tantos tuítes populares foram postados especulando sobre o filme e seus astros sob rumores que, para cobri-los adequadamente, seria necessário outro livro inteiro.

Mas, na maioria dos casos, os fãs e comentaristas contribuíram com piadas sobre *Star Wars*, refletindo novamente a tendência da série de adorar paródias. O comediante, ator e nerd de *Star Wars* Seth Rogen tuítou que *Episódio VII* deveria abrir com duas frases que sugeririam que nada aconteceu nos trinta anos desde *Jedi*. "Droga, aqueles Ewoks sabem festejar. E agora?" O colega comediante Patton Oswalt fez melhor que Rogen. Durante uma aparição em um episódio de *Parks and Recreation* na NBC, pediram que Oswalt improvisasse uma obstrução dos trabalhos legislativos durante uma reunião do conselho municipal da série. O que ele criou foi um texto de um brilhantismo fora de série: um falatório de oito minutos repleto com seus desejos mais nerds do que deveria acontecer em *Episódio VII*. Continha Wolverine e outros super-heróis do Universo Marvel, baseado no princípio que a Marvel e *Star Wars* agora eram propriedade da Disney. O improviso de Oswalt mal entrou no episódio, mas ganhou nova vida online, com 3 milhões de visualizações até hoje. O canal Nerdist adicionou mais um milhão de visualizações simplesmente por produzir uma animação baseada na narrativa de Oswalt. Os fãs provavelmente incendiariam o quartel-general da Disney em Burbank se a empresa algum dia fundisse as duas marcas da forma como Oswalt propunha, mas não se cansavam de sua ideia de *Star Wars*.

A Disney estava, na verdade, ainda mais vedada do que a Lucasfilm no que dizia respeito aos detalhes do mais novo filme da série. Faltando vários anos, os representantes da Disney explicaram que essa era uma estratégia proposital e de longo termo: "Estamos apenas deixando que *Episódio VII* fale por si próprio", disse um deles para mim.

Alan Horn, o presidente da Disney que recentemente viera da Warner Brothers, falou a respeito de *Star Wars: Episódio VII* pela primeira vez na Cinema-Con, a confabulação anual de donos de cinemas em Las Vegas, em 17 de abril de 2013. Era o quadragésimo aniversário do dia em que George Lucas se sentou para escrever o primeiro tratamento completo de *Star Wars*, embora nem Horn nem Kathleen Kennedy soubessem do fato. Naquele dia, os fãs de *Star Wars* estavam ocupados rindo do vídeo de Oswalt que tinha acabado de ser lançado e também chorando a morte de Richard LeParmentier, que havia falecido na noite anterior. LeParmentier era figurinha fácil no circuito das convenções, um ator conhecido mundialmente por uma única cena na Estrela da Morte. Seu personagem, o almirante Motti, é sufocado pela Força do outro lado da sala por Darth Vader. "Toda vez que considerarmos a falta de fé de alguém perturbadora", disse a família de LeParmentier em um comunicado, "pensaremos nele".

O cinema em que Horn falou bem que podia ter sido uma homenagem ao local de trabalho de Motti. Se houvesse uma sala de exibição a bordo da Estrela da Morte, ela teria parecido com o Colosseum, o cinema de 95 milhões de dólares do Caesars Palace. Cavernoso, em vermelho e preto, a sala conta com 4 298 lugares, teto de 36 metros, uma das maiores telas HD em ambiente interno dos Estados Unidos e um dos maiores palcos do mundo. Enquanto Horn se dirigia aos presentes do CinemaCon, luzes vermelhas piscavam logo acima da tela, o que significava que um sistema chamado PirateEye estava fazendo uma varredura da plateia e passando a imagem por algoritmos que detectavam a silhueta de alguém erguendo um smartphone. Um locutor nos disse – eu era um daqueles sendo escaneados – que equipes de segurança com óculos de visão noturna patrulhariam a plateia durante a apresentação. Eu torci que a Disney tivesse contratado a Legião 501st para fazer esse serviço, mas na verdade a empresa não tem esse tipo de senso de humor no tocante à pirataria.

Horn, que estava mais ali para vender aos donos de cinema o vindouro (e futuro fracasso) *O cavaleiro solitário*, parecia relativamente desinteressado em falar sobre a série *Star Wars*. Quinze minutos se passaram até ele contar uma história informal sobre ter visitado o quartel-general da Lucasfilm em Presidio pela primeira vez. "Não é fora do comum alguém dizer, ao fim, de uma reunião 'Que a Força esteja com você'. Bem, como se responde a isso? Eu falei 'com você também, meu irmão'." Poucas risadas vieram da plateia cheia de donos de cinemas – não exatamente os velhos esquisitos com seus charutões que Charley Lippincott se lembrava, mas certamente os descendentes daquele bando. Mais tarde, Horn mencionou que a Disney lançaria um filme de *Star Wars* por ano, com filmes derivados entre os *Episódios*.* Isso não foi notícia para ninguém que prestasse atenção; Iger revelou aquele cronograma quando comprou a Lucasfilm. Mas Horn foi a primeira pessoa a usar as palavras "todo ano". As canetas de todos os jornalistas no ambiente começaram a se mexer nos bloquinhos. Reportagens foram postadas online dentro de uma hora.

---

* Mais tarde, os filmes spin off foram apelidados de "Antologia *Star Wars*". O primeiro será Rogue One (2016), história de como os planos da Estrela da Morte foram roubados. Em seguida, haverá um filme sobre o jovem Han Solo, ainda sem título.

O relacionamento entre Horn e Kathleen Kennedy – sua subordinada direta – ainda é envolto em mistério. Mas sabemos que a data de lançamento de *Episódio VII* é um ponto de discórdia. Naquele dia, em abril de 2013, Horn anunciou que *Episódio VII* seria lançado no meio do ano de 2015. Mas Kennedy não tinha tanta certeza. "Veremos", disse ela entre dentes cerrados no tapete vermelho da CinemaCon naquela noite, quando perguntada se aquilo parecia provável. Como acabou acontecendo, a data seria adiada – para 18 de dezembro de 2015.

A data de lançamento não seria a única coisa que Kennedy cortaria. A divisão de games LucasArts seria inteiramente demitida em 2013, e seu jogo inacabado e altamente esperado *Star Wars 1313* foi banido para a mesma gaveta onde o seriado *Underworld*, no qual ele era baseado, também permanecia sem ter sido produzido. *Clone Wars* foi cancelado em 2013, e os fãs do desenho presumiram que a Disney não queria um programa que era exibido em uma subsidiária rival, o Cartoon Network.

A cada rodada de más notícias, os fãs culpavam a Disney – sem considerar o fato de que a Lucasfilm tinha uma nova chefona de pulso firme ao estilo de Hollywood chamada Kennedy; não estava mais sob a asa de um bilionário benigno que dava sacos de dinheiro para os próprios projetos de paixão. *Star Wars* simplesmente não tinha o apoio financeiro que antigamente tinha. Com um montão de novos filmes para orçar e um diretor caro de Hollywood para bancar, o orçamento de mais ou menos 2 milhões de dólares por episódio de *Clone Wars* simplesmente não era viável, dada a audiência. No fim, a decisão de cancelar a série, pelo menos, se resumiu a dinheiro.

Kennedy não era contra a ideia de televisionar *Star Wars*, no entanto. Ela podia ter dizimado o grupo de animação, mas manteve o supervisor de animação Dave Filoni e seus principais artistas. Conseguiu que os episódios restantes de *Clone Wars* fossem revisados e colocados no Netflix. E o segundo desenho animado de Filoni, que surgiu das cinzas de *Clone Wars*, pareceu ser ao mesmo tempo mais barato e melhor do que seu antecessor. *Star Wars Rebels*, o novo programa de Filoni exibido no canal Disney XD, é ambientado 14 anos após os eventos de *Episódio III* e cinco antes do que acontece no *Star Wars* original. É estrelado por um grupo heterogêneo de jovens anti-imperais no planeta Lothal, recentemente ocupado pelo Império. Kanan Jarrus, dublado por Freddie Prinze Jr., é um melancólico Jedi renegado que escapou do massacre da Ordem 66. Ele dividia sua nave, a *Fantasma*, com a copiloto Hera, a artista de graffiti Sabine, o musculoso Zeb e o rabugento droide astromec Chopper. Kanan também abrigou e treinou um jovem sensível à Força chamado Ezra. Há um inquisidor caçador de Jedis perseguindo Kanan e Ezra, e não é necessário um gênio de *Star Wars* para adivinhar qual homem alto, mascarado, de armadura preta e capa é o chefe do inquisidor.

Esse é um território virgem e fértil para o universo *Star Wars*: o auge do Império e a ascensão da Aliança Rebelde. É o mesmo período que *Underworld* deveria cobrir. Nem mesmo o Universo Expandido tocou muito nessa época, um remanescente do fato de que Lucas estava reservando para os prólogos todo o tempo em sua galáxia anterior a *Episódio IV*.

Como se fosse um sinal para a velha guarda dos fãs da trilogia original de que era seguro voltar, Filoni baseou todas as ilustrações conceituais para *Rebels* nos esquetes e pinturas daquele integrante principal da panelinha, o homem sem o qual *Star Wars* não teria sido feito: Ralph McQuarrie. Quando Filoni revelou a primeira leva de ilustrações conceituais de *Rebels* na *Star Wars* Celebration Europe de julho de 2013, ele estava cercado por um esquadrão de integrantes da Legião 501st vestidos não como os stormtroopers que conhecemos, exatamente, mas como as versões conceituais de McQuarrie, na época em que os soldados espaciais portavam espadas laser. "Os designs de Ralph são uma parte tão real de *Star Wars* quanto qualquer coisa que existiu nas telas", entusiasmou-se Filoni.

Kennedy enxerga o trabalho dos roteiristas e artistas para quem George Lucas passou o bastão – seja em *Rebels*, *Episódio VII* ou o primeiro de muitos filmes derivados – como inviolável, de suma importância, além do controle de qualquer estrategista corporativo ou executivo de marketing. "A imaginação move a inovação", disse Kennedy para os fãs na Alemanha em 2013, antes de arrancar aplausos frenéticos ao revelar que os efeitos especiais de *Episódio VII* usariam tanto maquetes e bonecos quanto computação gráfica. "Usamos todas as ferramentas à disposição para criar o visual desses filmes", declarou ela (e isso foi confirmado no ano seguinte, quando Abrams filmou um vídeo beneficente no set de *Episódio VII* em Abu Dabi, que foi propositalmente interrompido por um boneco gigante que parecia ter saído de *O cristal encantado*). Comentando, sem citar nomes, que outros filmes de grande orçamento perderam o rumo, Kennedy acrescentou: "Se a pessoa não presta atenção à fundação dessas histórias – e gasta o tempo necessário para encontrar histórias singulares e complicadas –, depois de um tempo a plateia se cansa".

A contribuição mais importante de Kennedy para o futuro de *Star Wars* foi fundar o Grupo de Enredo da Lucasfilm em 2012. Essa organização secreta é liderada por Kiri Zooper Hart, uma roteirista, produtora e veterana da Ladd Company e da produtora de Kathleen Kennedy. O grupo consiste de Leland

Chee, o guardião do Holocron, e mais representantes do grupo de licenciamento, da equipe de comunicação de marca e do departamento de estratégia de negócios. Sua tarefa principal do dia a dia é coordenar todo esse conteúdo novo de *Star Wars* que surge nas telas e definir o que pode e não pode ser feito – em outras palavras, se aproximar das intenções de Lucas na falta de Lucas. Mais importante, o Grupo de Enredo deu passos firmes para aposentar o Universo Expandido.

Nunca mais o Holocron teria uma divisão confusa entre cânone dos filmes, cânone da TV, cânone dos livros e dos quadrinhos, e a forma mais baixa de conteúdo, o cânone-E. Haveria apenas o selo de aprovação do Grupo de Enredo, e tudo mais seria remarcado como "*Star Wars* Legends", efetivamente banido para o Universo do Nunca Aconteceu Realmente. Em maio de 2014, a decisão do Grupo de Enredo foi anunciada: nada recebeu o selo de aprovação, a não ser os seis filmes, mais *Clone Wars*. Esse era um poder que nem George Lucas ousou implementar: o poder de selecionar tudo o que foi escrito ou dito sobre a galáxia muito, muito distante em uma única narrativa coerente e aprovada pela Lucasfilm. *Star Trek*, os universos de super-heróis da Marvel e DC: todas essas marcas duradouras tiveram momentos em que a grande quantidade de conteúdo fugiu ao controle e começou a se contradizer. Seus guardiões foram forçados a começar tudo de novo em um universo alternativo, na realidade – o temido momento conhecido pelos fãs como um "recomeço". O que o Grupo de Enredo fez foi uma série extremamente drástica de amputações. Os escritores de *Star Wars* adorariam não ter sido considerados como parte do membro afetado. Em 2013, Timothy Zahn salientou para mim, cheio de esperança, que todos os seus livros cabiam nos anos entre os *Episódios VI* e *VII*. Eles não precisavam ser eliminados, disse o escritor, porque não afetavam a futura trajetória da série. Mas logo Zahn se mostrou obediente e foi citado no anúncio da morte do Universo Expandido com elogios da Lucasfilm por seu grande contexto narrativo.

O poder de determinar o que entra ou não neste grande contexto narrativo foi dado na verdade para um fã de *Star Wars*. Ele é provavelmente o líder com maior conhecimento no Grupo de Enredo, e a função dele é saber e ajudar a guiar tudo sobre o conteúdo futuro da saga – todo filme, todo jogo, todo programa de TV, todo livro. Um superfã inteligentíssimo que é uma autoridade sobre livros de *Star Wars* e efetivamente explicou a propriedade intelectual da saga de uma maneira que satisfez a Disney. Um homem que, caso *Star Wars* exista daqui a cem anos, pode muito bem ser o responsável por isso. Um cara que está vivendo o sonho de fã: Pablo Hidalgo.

* * *

Pablo Hidalgo, de 39 anos, é da geração de *Star Wars* original. Ele alega ter sido levado à carreira porque foi menosprezado por não desenhar caças TIE direito – aos 4 anos de idade. Nascido no Chile e criado no Canadá, Hidalgo leu o romance *Han Solo at Star's End* até que as páginas começassem a cair. No meio dos anos 1990, ele começou a escrever para o RPG de *Star Wars*. Em 2000, foi contratado pela Lucasfilm como desenvolvedor de conteúdo da web e se mudou para a Califórnia; em um ano era o gerente editorial do StarWars.com e muito mais. "Ele escreveu mais da enciclopédia de *Star Wars* do que eu", admite Steve Sansweet. Em 2011, Hidalgo se tornou "gerente de comunicação de marca", em outras palavras, o explicador-chefe da Lucasfilm, um raro exemplo de nerd total que sabe falar popularês.

Hidalgo foi o sujeito que a Lucasfilm chamou a fim de ajudar a explicar a marca *Star Wars* para a Disney antes que o estúdio a comprasse. Em um feito similar em agosto de 2013, ele fez a versão de uma hora de sua apresentação para a conferência de fãs da Disney, a D23, no elegante Centro de Convenções de Anaheim, a poucos passos da Disneylândia original. A apresentação é chamada "Intensivão da Força".

Primeiro, ao se dirigir aos fãs de *Star Wars* em vez dos fãs da Disney presentes na plateia, Hidalgo reconheceu a intensa especulação sobre *Episódio VII*. "Eu posso revelar com exclusividade", disse ele, fazendo uma pausa para efeito dramático, "que esta não é... a intenção... desta palestra." Hidalgo riu. "Vamos parar para todos os blogueiros saírem do ambiente. Se você sacou seu smartphone, pode relaxar."

Eu estava rindo até notar que um bom número de pessoas, talvez umas cem, estavam realmente indo embora.

Esse é Hidalgo, ao mesmo tempo o maior conhecedor da Lucasfilm e também um completo entendedor da cultura de hoje, conectada às redes sociais e blogueira em hipervelocidade. Sua mente consegue abranger os 17 mil personagens que aparecem nos romances de *Star Wars*; ele escreveu o guia completo de 2012, *The Essential Reader's Guide to the* Star Wars *Universe*. É conhecido por ter documentado cada aparição em filmes da Lucasfilm de um velho efeito sonoro dos anos 1950 chamado "o grito Wilhelm", que é o favorito de Ben Burtt. Mas, ao mesmo tempo, Hidalgo sabe falar e provocar os fãs com um humor meio carinhoso. No dia anterior, na D23, quando Bob Iger disse para uma plateia de milhares de pessoas que ele estava "mudo" e permaneceria mudo sobre tudo a respeito da Lucasfilm, o comentário foi recebido com vaias. Mais cedo, naquele mesmo dia, quando Alan Horn repetiu seu discurso político sobre ter visitado o campus da Lucasfilm –"com você também, meu irmão"–, algumas pessoas na plateia riram, mas ainda assim Horn foi vaiado, tanto em pessoa quanto no Twitter, por seguir em frente sem discutir os produtos da Lucasfilm. "Eu lamento", disse ele. "Gostaria de poder dizer mais coisas. Elas serão reveladas em breve." Alguns grandes jornais relataram as vaias como notícia; o departamento de comunicação da Disney ficou furioso.

A reação de Hidalgo a tudo isso? A postagem deste tuíte seco após falar para as 3 mil pessoas na plateia: "Aviso. Não haverá pronunciamentos de *Star Wars* na Convenção da Associação Dental da Califórnia, 15/8 a 17/8." (Não perca tempo procurando a postagem; em fevereiro de 2014, sobrepujado pelo tempo que o Twitter consumia, Hildalgo saiu da rede social e deletou sua conta amplamente seguida.)

No "Intensivão da Força", Hidalgo admitiu que há várias abordagens para explicar do que se trata *Star Wars*. A maneira dele consiste em não apresentar George Lucas, nem sequer falar de *Episódio IV*. "*Star Wars* se trata dos cavaleiros Jedi", disse Hidalgo, mostrando fotos de vários Jedi na telona atrás dele.

– Guardiões da paz e da justiça. E também nós – eis um pronome freudiano – possuímos uma das armas mais descoladas conhecidas na galáxia, o sabre de luz. Há algum sabre de luz na plateia? – Centenas de bastões fluorescentes multicoloridos foram sacudidos no ar.

Star Wars, acrescentou Hidalgo, também se trata da conspiração de senhores dos Sith para derrubar os Jedi. Ele conseguiu que integrantes da plateia com sabres de luz vermelhos dos Sith sacudissem suas armas. "Essas são pessoas ruins", falou Hidalgo. "Não trabalham em equipe." Os Sith continuavam perdendo, explicou ele, porque não paravam de lutar uns contra os outros. Então um deles decidiu que seria apenas uma conspiração de duas pessoas, e eles se esconderam nas sombras, finalmente derrubaram os Jedi, subverteram a democracia e criaram o Império Galáctico. Alguém vibrou. "Nós temos um indivíduo sinistro aqui aplaudindo a opressão e a tirania", riu Hidalgo.

Star Wars se trata da Rebelião contra o Império. Envolve soldados. "Não dá para ter uma história de guerra sem soldados", disse Hidalgo. "E há os cafajestes." A plateia explodiu em comemoração quando Han Solo e Lando Calrissian apareceram na tela. "Eles não estão nem aí para batalhas intergalácticas, Senhores dos Sith, Jedi, seja lá o que for. Só estão tentando sobreviver e ganhar um troco."

Então Hidalgo resumiu os seis primeiros filmes – passando por eles não na ordem em que foram lançados, mas sim na ordem da própria cronologia interna. "Comecemos com *Episódio I: A ameaça fantasma*", falou ele, o que provocou um burburinho de irritação na plateia. Uma foto de Jake Lloyd rendeu a primeira vaia propriamente dita para Hidalgo. Ele seguiu em frente, mostrando como a história do crescimento de Anakin contrasta com a queda da República e por fim acaba por causá-la. Então Hidalgo chegou a *Episódio IV*, "que para muitos de nós é também o primeiro filme".

A plateia vibrou, com uma sensação palpável de alívio. O pessoal com que falei depois ficou incomodado com o que Hidalgo fez: colocar os três filmes mais fracos e recentes primeiro, reordenando a história de *Star Wars* da forma com o público a encontrou. Com isso, Hidalgo estava simplesmente seguindo as orientações dadas pelo Criador da série antes de sua saída: *Star Wars* é uma única saga de doze horas que cobre a tragédia de Darth Vader em ordem cronológica.

Ainda assim, o que Hildalgo disse a seguir foi muito significativo e lindamente fraseado; é possível chamar de a melhor descrição da ideia que os fãs fazem de *Star Wars* que surgiu da parte da Lucasfilm até hoje. "Como lhe dirão os fãs de *Star Wars*, não se trata do que acontece; é como as histórias são contadas, com riqueza de detalhes e textura", diz ele. "*Star Wars* é ambientado em um universo que é muito convincente. A pessoa acredita que é real. Tem uma história. É habitado. É vivo. É um lugar que ela quer revisitar sem parar." Hidalgo seguiu falando com entusiasmo sobre os "visuais alucinantes" e "cenas de ação dinâmicas em alta velocidade, primorosamente editadas", e entrou no terreno de Joseph Campbell ao descrever "arquétipos de *Star Wars* que remontam à nossa história coletiva como narradores". Mas aí ele voltou à realidade:

> *Star Wars* não é tão profundo e mítico que não seja acessível. A saga envolve personagens humanos, emoções humanas, relacionamentos humanos. São coisas com que nos identificamos: amizade, camaradagem, amor. *Star Wars* não tem medo de se divertir. Além de contar histórias profundas e histórias sombrias, a saga encontra humor nos personagens e nas circunstâncias, e às vezes nos lugares mais inesperados.

Eu refleti sobre o que Hidalgo disse ao voltar para a luz do sol de Anaheim, passando por fãs da Disney usando mochilas de Chewbacca. Tirei fotos de uma Bela Adormecida de braços dados com uma princesa Leia e notei mais bonés "Darth Mickey" do que tinha visto naquela manhã. Acessei o Facebook e o Twitter e vi mais produtos e memes de *Star Wars* enchendo meus feeds do que nunca. Vi ilustrações de fãs com Darth Maul vestido como o Coringa de Batman; vi uma foto de um berço temático de *Star Wars* com a frase "Eu sou um Jedi, como meu pai antes de mim" pintada na parede entre dois sabres de luz. Vi apresentadores de telejornal da BBC vestidos como Boba Fett e um stormtrooper para comemorar a notícia da convocação de elenco para *Episódio VII*. O Planeta *Star Wars* certamente não tem medo de se divertir.

Será que Kathleen Kennedy tinha feito aquilo, eu me perguntei? Será que ela levou a Aliança Rebelde da empresa de Lucas para um lugar seguro, escondido à vista de todos sob a proteção do Império benigno de uma gigante da mídia? Será que ela contratou exatamente a pessoa certa, um fã que definia e defendia a ideia de *Star Wars* com mais precisão do que seu Criador, para controlar a estrutura abrangente de seu futuro? Será que aquele fã compreendeu os princípios básicos que uniriam o universo dos fãs fragmentado pelos prólogos – palavras que falariam para todas as gerações de *Star Wars*?

Na história de *Star Wars*, 2013 e 2014 entrarão como anos fundamentais. Um novo maestro batia a batuta para pedir um momento de silêncio e reflexão antes de evocar uma nova sinfonia com uma nova melodia, porém com temas conhecidos. O silêncio da Lucasfilm durante esse período, sua nítida falta de contéudo entre *Clone Wars* e *Rebels*, foi tudo parte de um plano maior. Suspense e especulação sempre foram bons complementos fora da tela aos filmes de *Star Wars*. Só que em 2014 os fãs não estavam se perguntando como Han escaparia da carbonita ou se Luke era realmente o filho de Vader. Estávamos nos perguntando sobre todos os mínimos e últimos detalhes do filme vindouro. Foi um silêncio para contemplarmos a pura ideia de *Star Wars*: a riqueza, a possibilidade, e a expansão infinita do universo em si.

O momento chegaria em breve quando a onda de incerteza entraria em colapso, e nós descobriríamos se o Gato de Schrödinger estava vivo ou morto em sua caixa. A esperteza de Kennedy, o conhecimento de Hidalgo, a experiência de J. J. Abrams: tudo isso ainda podia conspirar para produzir um fracasso. Escolhas difíceis sobre os rumos de uma série sem limite ainda teriam de ser reveladas. Quando forem, um mundo de fãs estará à espera, preparados para dissecar cada detalhe. Pelo menos um fã de *Star Wars* previu tempestade adiante. "É um ícone cultural complicado"', disse George Lucas em 2013, quando indagado a respeito de seu conselho para Kennedy e Abrams. "A pessoa sempre

---

* Abraham Zapruder foi o cidadão que, em 22 de novembro de 1963, registrou com mais clareza o assassinato do presidente americano John Kennedy, em um filme amador que é considerado um dos mais estudados da história. [N. do T.]

estará enrascada, não importa o que faça. Então, a melhor coisa é ir em frente e contar a melhor história possível." Em particular, ele insistiu que Kennedy e Abrams se lembrassem de que os filmes funcionavam melhor quando fossem ao mesmo tempo ambiciosos e mantivessem um senso de humor.

Mas não saberemos se os novos administradores da série contarão a melhor de todas as histórias possíveis, não até aquele dia glorioso e terrível em 2015, quando finalmente tivermos entrado em um cinema lotado, repleto de murmúrios empolgados e sabres de luz de plástico. As luzes da sala se apagarão, e surgirá uma vibração eletrizante. Alguma versão de "Se uma estrela aparecer" será tocada, incongruentemente, sobre uma logo da Lucasfilm. A tela se escurecerá. Então surgirão nove palavras conhecias em azul: "Há muito tempo, em uma galáxia muito, muito distante…". Aí silêncio. A escuridão novamente.

Então uma orquestra explodirá em si bemol, a maior logo que a pessoa já viu na vida preencherá toda a tela. E mal após ter aparecido, a logo imediatamente começará a recuar, fugindo, se afastando para as estrelas como se desafiasse a pessoa a persegui-la.

EPÍLOGO

UM DESPERTAR

A corrida começou. E a cada curva, a Lucasfilm conseguia escapar de nós.

Blogueiros de cinema tentaram adivinhar o detalhe mais básico do *Episódio VII* – o título – por quase um ano. Fontes mais antenadas decidiram que *O medo ancestral* era a opção mais provável. Harry Knowles, do Ain't It Cool News, mencionou esse título ao diretor J. J. Abrams, cuja falta de resposta pareceu uma espécie de confirmação aos olhos de Knowles (que é versado em estudos das intenções quase soviéticas da Lucasfilm).

Mas os rumores, nesse caso, acabaram se revelando tão errados quanto quando se esperava por *A ameaça fantasma*. Em 6 de novembro de 2014, a Lucasfilm anunciou que a filmagem principal de *Episódio VII* havia se encerrado. E, por falar nisso, o filme tinha um nome: *O despertar da Força*. Soava pomposo, vagamente espiritual, vagamente polêmico, e muito *Flash Gordon* – em resumo, como *Star Wars*.

Metade do Twitter gargalhou, incapaz de resistir às piadas sobre a Força programar o despertador ou desejar que as crianças a deixassem dormir. Porém, como aconteceu com todos os filmes de *Star Wars* anteriores, o humor apenas gerou mais atenção, a atenção tornou a série mais forte e as críticas sumiram.

O título cumpriria a função de sinalizar um novo começo, um ponto de entrada para novos fãs, para a maior audiência Disney possível. Pelo mesmo motivo, a Lucasfilm baniu o trecho *Episódio VII* do título de todo material de marketing. Dentro da empresa, a abreviatura "Ep 7" foi substituída por "TFA" (*The Force Awakens*, *O despertar da Força* em inglês).

A grande batalha interna àquela altura envolvia um trailer para o filme, pelo qual a Disney estava ansiosa. Abrams, interessado em preservar o mistério até o último momento possível, não queria lançar um trailer. Bob Iger insistiu em mostrar algo para os fãs. "Esse é um filme de 4 bilhões de dólares", repetiu o presidente da Disney várias vezes para o cineasta. (Sem pressão.)

A primeira impressão é a que fica, e Iger queria suprimir qualquer temor de que o filme usaria muita computação gráfica ou pareceria com um desenho da Disney. Eles precisavam de um pouco de religião das antigas, um despertar. "Precisamos tratar isso de uma maneira muito especial", falou Iger, "tratar de uma forma que seja respeitosa com seu passado, mas que traga *Star Wars* para o futuro".

Os fãs tiveram um vislumbre daquele futuro em todos os lugares da internet ao mesmo tempo na manhã de Black Friday, o dia seguinte ao Dia de Ações de Graças, também conhecido como o dia de compras mais frenético no calendário dos Estados Unidos. Outros estúdios se mantiveram longe do dia mais distraído do ano. Mas a Disney e a Lucasfilm sabiam que tinham agarrado a atenção do país pelo pescoço. Sofrendo de ressaca por ter comido muito peru? Concentrado no futebol americano? Planejando um dia de compras insanas no shopping? Não importa. No século 21, tudo é interrompido para *Star Wars*.

Com 88 segundos, o trailer era mais o que a indústria cinematográfica chama de *teaser* – para outros filmes, um aperitivo feito com a intenção de dar água na boca. Mas outros filmes não fazem parte de uma de uma megassérie global de 37 anos que prospera no mistério.

O *teaser* não apenas parou as especulações sobre o título. Ele também se tornou o trailer mais assistido da história, batendo facilmente o altamente esperado trailer de *Vingadores: era de Ultron* (2015). E se tornou os 88 segundos mais analisados e dissecados desde o filme de Abraham Zapruder.* Em uma semana, o trailer já tinha mais de 100 milhões de visualizações em todas as plataformas. Porém, mais importante, dezenas de milhões de fãs eram capazes de descrever cada detalhe com os olhos fechados. A abertura: nenhuma palavra na tela.

Nada das logomarcas que esperávamos. *Star Wars* agora é famoso demais para se anunciar com meras logomarcas corporativas, e eternamente imersivo demais para quebrar a quarta parede. Começamos do nada. Apenas um surgimento muito, muito lento de 18 segundos após a escuridão de uma paisagem desértica silenciosa e assolada pelo vento, que mais tarde revelou ser um planêta chamado Jakku. (Faltam apenas 70 segundos para fazer o nosso queixo cair.) Em uma voz rouca e grave, depois revelada como sendo de Andy Serkis, mais conhecido como o Gollum de *O senhor dos anéis*, de Peter Jackson, nós ouvimos isto: "Houve um despertar. Sentiu?".

---

* Abraham Zapruder foi o cidadão que, em 22 de novembro de 1963, registrou com mais clareza o assassinato do presidente americano John Kennedy, em um filme amador que é considerado um dos mais estudados da história. [N. do T.]

Bum! No deserto, preenchendo a tela com uma batida retumbante orquestrada que deu um susto nos espectadores, surge o rosto agitado de John Boyega, o astro de 22 anos de *Ataque ao prédio* (2011), sucesso britânico surpresa de ficção científica. Boyega, na pele de um personagem chamado Finn, está em pânico, com a respiração acelerada e suando em um conhecido uniforme branco sufocante, embora não o tipo de armadura que a 501st já tenha feito. Ele se vira, olha em todas as direções, enquanto o chiado de conversa no rádio aumenta. A tela escurece.

Mesmo fãs casuais registram a cena instantaneamente: um stormtrooper em um planeta desértico. Exatamente o tipo de combinação de imagem e som que fomos treinados para esperar de *Star Wars* desde 1977, com uma diferença. Esse stormtrooper está literalmente com a cara enfiada na sua, como se dissesse: acorde!*

Nós com certeza acordamos um segundo depois, quando uma cabeça parecida com a de R2-D2 apareceu equilibrada em cima de uma bola de futebol laranja, rolando e bipando por aí, tremendo de agitação como uma versão robótica do Coelho Branco. Essa foi nossa primeira visão de BB-8.

Durante meses depois disso, os fãs acreditaram que BB-8 fosse criado por CGI. Na verdade, como foi provado de forma bem clara quando ele rolou pelo palco da Star Wars Celebration de 2015 em Anaheim, Califórnia, BB-8 era um robô esférico de controle remoto criado pela Sphero, uma start-up de tecnologia afiliada à Disney. Sua cabeça se mantém no topo o tempo todo graças a uma tecnologia magnética patenteada. *Star Wars* foi além do CGI, invadindo ciência de ponta do mundo real e tomando o que ela tinha de mais adorável a oferecer.

Os stormtroopers aparecem a seguir, vislumbrados através de clarões estroboscópicos. Mas esses não são os stormtroopers de seu pai. Os capacetes são mais ameaçadores. O tempo andou na galáxia muito, muito distante. Os troopers portam armamento avançado. Eles saem de uma espécie de transpor-

---

* Alguns fãs muito mal-informados argumentaram que Boyega, que é negro, não poderia ser um stormtrooper. Eles achavam que os stormtroopers da trilogia original e os clone troopers dos prólogos eram a mesma coisa, e que todos os stormtroopers tinham, portanto, que ser clones de Jango Fett, interpretado pelo ator maori Temuera Morrison. Essa premissa é completamente falsa. Clone troopers eram clones. Stormtroopers são recrutas. A baixa expectativa de vida dos clones, mencionada no *Episódio II*, implica que eles não conseguiriam sobreviver até o *Episódio IV*. Caso isso não tivesse ficado claro, *Rebels* dedicou um episódio inteiro à academia stormtrooper, onde havia crianças de todas as raças.

te e avançam uma rampa que assovia e solta fumaça. E se os stormtroopers atirarem bem agora?

Uma moça chamada Rey olha para trás (todo mundo está sendo perseguido nesse teaser) e dispara, montada em algo que parece um picolé gigante. Mas ele flutua, soa como um landspeeder, e seu destino é um acampamento no deserto à la Sergio Leone. Isso é um filme de *Star Wars*.

Daisy Ridley, que interpreta Rey, é o mais novo rosto do "trio de novos protagonistas" da Lucasfilm – ainda mais desconhecida do que Carrie Fisher era em 1976 e quase tão jovem quando seu nome foi anunciado. (Fisher tinha 19 anos de idade; Ridley, 21). Antes de *O despertar da Força*, ela apareceu em três séries de TV e um filme independente. Mas tem algo profundamente maduro, quase como se tivesse a Força, no olhar castanho-claro. A câmera ama Ridley, e a garota misteriosa de *Star Wars* se tornaria o novo assunto favorito da mídia britânica – caçada dentro da tela, caçada fora da tela.

Alguém que aparentemente não está sendo caçado, mas sim em uma missão com determinação ferrenha, é o piloto de X-wing Poe Dameron – o terceiro novo protagonista. Oscar Isaac, com 36 anos – um ano mais velho que Ford em 1977 – era previamente mais conhecido pelo papel principal em *Inside Llewyn Davis: balada de um homem comum* (2013), o filme de Joel e Ethan Coen elogiado pela crítica. Davis é um rebelde charmoso, de olhar triste, na pior, tentando ganhar um trocado, que se torna cada vez mais desiludido com um mundo que está literalmente lhe tirando alguma coisa. Quem melhor para interpretar a resposta do século 21 a Han Solo?

O lindamente dilapidado X-wing de Dameron, típico do universo usado, voando rente a um enorme lago em um mundo montanhoso, cede espaço para uma floresta escura e coberta de neve na qual uma figura de manto negro dá passos pesados adiante e liga um sabre de luz em formato de espada medieval, com um guarda-mão que cospe fogo.

O visual irregular, quase steampunk do sabre de luz cuspidor de fogo foi apresentado a Abrams como cortesia de um grande talento da Apple – sir Jony Ive, o guru de design da empresa de Cupertino.* Mas o guarda-mão foi invenção do

---

* Abrams devolveu o favor ao postar no Instagram no dia do lançamento do Apple Watch. "Por que de repente eu sinto essa necessidade desesperada de possuir um RELÓGIO? Maldita seja, Apple!", era o que estava escrito em um post-it, fotografado por Abrams no piso do que era claramente um corredor ao estilo imperial. O corredor se tornou quase tão discutido quanto o próprio relógio.

próprio Abrams. Para muitos, isso foi um passo longe demais na fantasia espacial. Os fãs reclamaram que um oponente cortaria bem na parte do cabo e seus dedos.

A resposta a isso veio de uma fonte inusitada: um programa de TV noturno. Stephen Colbert – que foi a uma daquelas exibições clandestinas para a panelinha de *Star Wars* em maio de 1977 quando criança, semanas antes do lançamento –, deu uma bronca na internet com uma explicação consistente com o universo de *Star Wars* do que ele chamou de "ménage à sabre".

Colbert insistiu, ao mesmo tempo fazendo uma piada e sendo canonicamente correto, para seus milhares de espectadores que todos os três feixes de luz saem de um único cristal como fonte. "Mesmo que alguém corte o metal, ele vai acertar o feixe", ele disse. "Qualquer padawan sabe disso." Sua audiência riu, e o mundo teve mais uma visão da mudança de marés que este filme traria.

Nossos poucos segundos com Kylo Ren (pois esse é o nome do vilão de guarda-mão) encerram a parte do trailer com apresentações frenéticas de pessoas. "O lado sombrio", entoa Serkis. E a tela escurece novamente.

"E a Luz."

Bum. O tema de John Williams e a *Millennium Falcon* aparecem em perfeita sincronia. A *Falcon* executa piruetas no planeta desértico, deixando caças TIE para trás, passando rente à superfície arenosa, e é possível sentir aquilo novamente – o "orgasmo psíquico gigantesco" do público de *A mão assassina*, a vibração das plateias de 1977 quando o destróier estelar passa por cima.

É possível sentir, e melhor ainda – porque esta é uma era em que os fãs refletem sobre si mesmos sem parar –, é possível ver. "Vídeos de reação", agora um gênero popular no YouTube, mostram fãs erguendo os braços involuntariamente nesse exato momento.

Votações online, uma atrás da outra, registraram uma grande maioria de participantes dando veredictos positivos. No fim de 2014, a frase "Estou tão empolgado que gostaria de poder viajar no tempo até dezembro de 2015" foi aprovada por 70% dos participantes de uma votação na CNET. E tudo isso, como se viu depois, foi realmente um pequeno aperitivo comparado ao verdadeiro trailer. Lançado na Celebration em Anaheim, a passos de distância da Disneylândia, no mesmo salão onde os fãs vaiaram os executivos da Disney por não terem revelado nada na D23 Expo em 2013, o trailer soltou uma onda de choque psíquico pelo mundo inteiro, que assistiu a tudo ao vivo. No dia seguinte, a Lucasfilm anunciou que ele fora visto 88 milhões de vezes.

Novamente, a abertura é uma imagem impressionante do mundo desértico de Jakku. O speeder de Rey passa voando pela silhueta gigantesca de um destróier estelar arruinado, cercado por caças rebeldes. Neste vasto panorama à la

Kurosawa, vemos o que aconteceu depois de todos aqueles anos, quando deixamos nossos heróis em Endor, no fim de *O retorno de Jedi*: uma batalha grande e importante entre o Império e a Rebelião, causando sérios danos a ambos os lados.

Na verdade, como os presentes à Celebration descobriram em uma exposição sobre *O despertar da Força*, para sua enorme surpresa, o Império e a Rebelião nem são mais chamados assim. Os dois lados em conflito agora têm os nomes de Primeira Ordem e Resistência. Marque outro ponto de revelação bem-sucedida para a brigada de sigilo da Lucasfilm: outro fato que nenhum blogueiro de cinema descobriu.

Os elementos desconhecidos são equilibrados por outros, velhos e reconfortantes: "a Força é poderosa na minha família", ouvimos Luke Skywalker dizer, em palavras que ecoam (mas não repetem) suas falas em *Jedi*. "Ela está com meu pai" – e aqui entra uma imagem da máscara semiderretida de Darth Vader, evidentemente recuperada da pira funerária. "Ela está comigo" – e a mão cibernética de Luke, completamente sem pele, se estica para consolar R2-D2. "Ela está com minha irmã" – um sabre de luz é passado de uma mão feminina misteriosa para outra mão feminina misteriosa. "Você tem esse poder também." Nenhum rosto é mostrado.

Mas o que realmente fez as lágrimas rolarem em Anaheim, e no mundo todo, veio depois da montagem de combate no meio do trailer, com Finn, Rey e Poe, juntamente com a capitã Phasma, uma stormtrooper cromada interpretada por Gwendoline Christie. Novamente, escuta-se antes de ver qualquer coisa. "Chewie", diz Harrison Ford. Corta para Chewbacca e Han, na mesma pose de uma famosa foto de publicidade de 1977. Desta vez, Han está desgrenhado, aparentando todos os 70 anos de Ford, mas há um sorriso e um notável brilho no olhar. Obviamente, os dois estão na *Millennium Falcon*.

"Estamos em casa", diz Han, com a voz cedendo um pouco. E não dá para afirmar se é Han dizendo aquilo, se é Ford, ou se é o mundo inteiro gritando ao mesmo tempo.

No dia seguinte, em um súbito pico da bolsa de valores, o valor de mercado da Disney cresceu em 2 bilhões de dólares.

E a corrida para arrancar mais detalhes do filme misterioso continuou, com a Lucasfilm ainda deixando os perseguidores para trás. Todos os perseguidores, na verdade, menos um.

Jason Ward, 35 anos, não combina exatamente com a imagem clássica do jornalista investigativo de chapéu e sobretudo. Completamente despretensioso em uma camisa xadrez, com a cabeça parcialmente careca e carregando uma mochila, ele é o Senhor Comum de uma convenção de quadrinhos. Ward bloga de sua casa em Long Beach, que está longe de se parecer com Hollywood; quando conversamos, os cachorros do vizinho estavam agitados, e a esposa, Amanda, estava prestes a dar à luz o segundo filho do casal. A principal pista de que havia algo diferente neste cenário doméstico: uma cabeça de camelo feita em gesso branco pendurada acima da mesa. Ward o chama de Furo McSpoiler.

Seu site, MakingStarWars.net, do qual Ward é o editor-chefe e Amanda é a administradora e colaboradora, também é bastante despretensioso. Jamais se imaginaria que esse é o site que está revelando furo atrás de furo sobre *O despertar da Força*, e cujas revelações sobre o roteiro e a arte conceitual estão sendo reproduzidas e citadas em publicações do mundo inteiro. Um monte dos furos (como os novos capacetes dos stormtroopers) foram confirmados no teaser e no trailer, tanto que Ward agora parece ser o principal repórter na corrida para revelar todo o resto.

A atenção deixa Ward nervoso. Ele não teve treinamento como jornalista; como Lucas, começou com foco na antropologia. Deu aulas de estudos americanos na Universidade Estadual da Califórnia. Considera que está escrevendo para os amigos, não para um enorme público online. Ele e Amanda começaram o site quando a primeira gravidez do casal foi encerrada súbita e tragicamente perto do nascimento. "O período após aquilo foi simplesmente sombrio, como você pode imaginar", diz Ward. "Eu precisava de alguma coisa para fazer, em vez de ficar deprimido. Eu precisava de determinação."

Ward se lembrou dos prólogos. Ele vinha acompanhando os spoilers sobre *Star Wars* na internet à medida que eram divulgados, naquela época de faroeste, antes de isso sequer ser conhecido como blogagem. Era um cenário maluco, um grande jogo em que havia tanto detalhes certos quanto errados. Todos os roteiros vazaram antes de os filmes serem lançados. Para ele, aquilo melhorava a experiência: "Eu achei que compreendia exatamente o que Lucas tentou fazer, tenha ele sido bem-sucedido ou não," diz Ward. "Eu sabia para onde ele tentava levar as coisas."

---

*   Na verdade, um número surpreendente de pessoas curte mais uma história se alguns dos detalhes forem revelados antecipadamente. Um estudo da Universidade de San Diego de 2011 ofereceu versões originais de histórias de suspense de autores como Agatha Christie para alguns participantes e versões com spoilers para outros. No todo, os leitores que tiveram contato com spoilers revelaram ter se divertido mais. "Assim que a pessoa sabe como a história se desenrola, ela fica mais à vontade para digerir a informação e pode se concentrar em compreender melhor a trama", diz Jonathan Leavitt, um dos autores do estudo. Em outras palavras, saber quem disse "eu sou seu pai" para quem, longe de fazer que evitemos asssistir a *Star War*s pela primeira vez, apenas nos intriga ainda mais.

Porém, como consequência da venda para a Disney, todos os sites de fãs estavam se pergutando se os novos filmes seguiriam as tramas dos livros do Universo Expandido ou não. Aquilo entediou Ward. "Eu pensei: 'Ok, se vamos ter um site de *Star Wars*, queremos dar furos.' Foi quando eu comecei a fuçar os grupos do Facebook relacionados ao Estúdios Pinewood, tentando conhecer gente que faria o filme."

Ele levou um ano fuçando até encontrar fontes que lhe fornecessem alguma coisa, mas sua insistência – e experiência com estudos etnográficos – rendeu frutos. Ward começou a receber storyboards em seu e-mail; integrantes da equipe de produção mostraram artes conceituais via Skype. Por tentativa e erro, ele decodificou os nomes falsos dados a cada personagem nos materiais de produção e montou as peças da história.

Quando eu peço para Ward descrever a trama inteira de *O despertar da Força* de acordo com o que sabia em maio de 2015, ele começa com a imagem que, como ele insiste há mais de um ano, será a cena de abertura: uma determinada arma, vista pela última vez na mão de Luke Skywalker quando foi cortada por Darth Vader na Cidade das Nuvens. Um objeto que, se Ward estiver certo, se tornará o maior MacGuffin de todos os tempos.

"Nós começamos com este sabre de luz girando no espaço. Ele pousa no deserto de Jakku. Vemos uma mão pegá-lo. Depois, há um corte, e vemos Finn descendo em naves de desembarque com Kylo Ren para tentar obter o sabre de luz de um personagem chamado o Vigário, interpretado por Max Von Sydow. Mas o Vigário contou para o pessoal da princesa Leia sobre o sabre, e Poe Dameron é despachado para recuperá-lo. Ele acabou de pôr as mãos no sabre quando a Primeira Ordem cai do céu. Ele enfia a arma em BB-8 e manda o droide correr..."

Ward continua nesse tom por quase uma hora, com uma história absurdamente detalhada, raramente vacilando. Eu hesito em relatar tudo, caro leitor, porque ele pode estar incrivelmente errado, e quero evitar que Ward fique corado, ou porque ele pode estar incrivelmente certo. No fim do segundo ato, ele chega à morte de um personagem popular. Ter contado o nome desse personagem, e a maneira como morre, não tornou Ward querido em certos cantos do universo de fãs de *Star Wars*. Ward recebeu e-mails furiosos de outros integrantes da produção, que não eram suas fontes, reclamando que ele estava se intrometendo no ganha-pão deles.

"Eu recebi ameaças de morte", diz ele. "'Você devia tomar cuidado na Celebration', esse tipo de coisa. Como se aquilo tivesse sido ideia minha – como se eu tivesse escrito aquilo!"

Evoluímos bastante da época de David Prowse e seus spoilers especulativos mencionados em um fanzine ocasional. Hoje em dia, spoilers de *Star Wars* são um negócio sério (literalmente, no caso de Ward – com a renda das propagandas em Making Star Wars, ele consegue arrumar dinheiro suficiente para não precisar mais dar aula). Spoilers de *Star Wars* podem dar a volta ao mundo em meio minuto, levados para todas as praias, pelas ondas do oceano da mídia social.

Mas é por isso que Ward diz que continua atuando – porque quer lutar contra os maus spoilers, aqueles baseados em meias verdades ou interpretações equivocadas de outros sites. Por exemplo, o vilão Kylo Ren – interpretado pelo esbelto e taciturno Adam Driver – tem sido descrito por outros caçadores de furos como um "aspirante a Sith", um obcecado aristocrata colecionador de objetos tais como o capacete de Vader. Ward acredita que a experiência do filme será muitíssimo melhor se a pessoa não menosprezar Kylo Ren dessa maneira.

Acima de tudo, Ward quer que todos saibam que o que ele viu está fantástico. "Talvez eu seja um justiceiro, mas estou tentando revelar furos com a melhor das intenções, assim como nossas fontes". Ouvir sua história aumentou minha confiança no filme – e, no entanto, havia algo sem graça a respeito daquilo tudo. Não era nada de errado com a narrativa; era mais a sensação que se teria ao escutar George Lucas explicando Wookiees em 1974, quando ninguém tinha visto um. A pessoa não compreende até ver *e* ouvir a respeito.

É por isso que Ward sugere que é impossível realmente estragar o filme. "*Star Wars*, mais do que qualquer filme comum, é o verdadeiro cinema", diz ele. "Tem a ver com a música, a imagem, o roteiro e a atuação, tudo em uma coisa só. Se a pessoa tirar alguma coisa, ela realmente não terá a experiência completa. Se tirarmos John Williams de qualquer cena de *Star Wars*, essa cena não é o que conhecemos."

Em 2015, era possível encontrar vários fãs radicais que tinham medo de que *Star Wars* não fosse o que eles conheciam. Romances encomendados depois da venda para a Disney enfrentaram um boicote online feito por fãs que insistiam que mais histórias do Universo Expandido fossem contadas como eles o conheciam. O primeiro romance pós-UE, um prólogo de *Star Wars: Rebels* chamado *Um novo amanhecer*, teve vendas relativamente decepcionantes. O próximo, *Tarkin*, ganhou destaque em grande parte por revelar o nome completo do Imperador, que inspirou amplo escárnio: Sheev Palpatine.

A própria série de animação *Rebels* recebia aplausos da crítica, especialmente após o encerramento da primeira temporada, que mostrou o retorno de dois personagens favoritos dos fãs: Ahsoka Tano e seu ex-mentor, Darth Vader. Porém, também não estava pondo fogo na audiência do canal Disney XD, com uma média de 1,5 milhão de espectadores por episódio, um pouco maior que a audiência de *Clone Wars*.

É verdade que há um notável otimismo entre os fãs, como resultado daqueles trailers. Mas, mesmo que 70% deles fossem a favor de viajar no tempo para a noite de estreia, como as pesquisas online sugeriram, ainda há uma minoria significativa que preferiria viver em um mundo sem *O despertar da Força* a arriscar prejudicar sua própria ideia mental de *Star Wars*. Está na hora de ouvirmos um integrante anônimo, porém representativo, dos 30%.

"Eles têm a chance de me ganhar para sempre", disse o fã de *Star Wars* de cabelos cor-de-rosa. "Ou vão me perder para sempre se lançarem uma porcaria que seja levemente medíocre."

Foi uma noite de março fresca e com brisa em Austin, Texas. Foi a calmaria antes da tempestade da South by Southwest Interactive, a conferência suprema de nerds da área de tecnologia. Eu fazia parte de uma galera que ia a pé em direção ao centro da cidade para uma das centenas de churrascarias da cidade. O fã de cabelos cor-de-rosa tentava explicar a intensidade das emoções que sentia sobre o que viria em dezembro.

– Então não há meio termo – disse eu.

– Não. O filme tem de ser no nível de *O Império contra-ataca*, e ponto final. Eles perdem ou ganham. Não vai ter essa história de "Tudo bem, vou ver *Episódio VIII* e torcer para que seja melhor". – Ele deu de ombros. – Mas, por outro lado, eu sou um daqueles fãs que preferia ter visto a série morrer com Lucas. Preferia tê-lo visto queimar o celuloide original do que vê-lo ir para a Disney.

O fã conta que a sua reação imediata ao trailer de 88 segundos foi um "Ai, merda". Meses depois, quando o questionei sobre o trailer, ele disse: "Esse cinema fede a Disney. Não tem nada a ver com a coisa antiga." Han e Chewie estavam "incluídos como um golpe de marketing, só para garantir que alguém vá assistir".

O fã de cabelos cor-de-rosa foi criado – literalmente, disse ele – pela trilogia original, que frequentemente chama de "meus pais". Os verdadeiros pais se divorciaram quando ele era pequeno, as brigas foram constantes, e o pai desapareceu de sua vida; como milhões de outros, ele encontrou refúgio na fantasia espacial.

– Eu me apaixonei por Darth Vader quando ele entrou pisando firme na base rebelde em Hoth – disse o fã de cabelos cor-de-rosa, que tinha 5 anos de idade na época. – Ele era simplesmente tão sombrio, aquele contraste preto e branco sensacional. Ele é simplesmente uma bola de merda gigante, imbatível, que vem rolando por um corredor completamente branco.

E eu pensei assim: "Não sei por quê, mas adoro o fato de ele estar destruindo esse ambiente de branco puro. Aquilo realmente simbolizava um monte de coisas que estava acontecendo na minha vida. Foi tipo, 'ei, outras pessoas se ferram também. Eu amo esse cara.' Fiquei realmente apaixonado dali em diante." Não há um dia desde então que esse fã de cabelos cor-de-rosa não tenha pensado em *Star Wars*.

O fã de cabelos cor-de-rosa não é um ávido colecionador de bonequinhos, nem integrante da Legião 501st, nem um grande leitor dos romances do Universo Expandido. Quando o entrevistei, ele não tinha visto *Rebels*, embora tivesse curtido um pouco de *Clone Wars*. Ele está mais para um tipo comum de fã, embora tivesse uma paixão assustadoramente intensa por tudo aquilo. Bebe água com cubos de gelo no formato da *Millennium Falcon* e usa calças de pijama de *Star Wars* em eventos de trajes passeio. Sonha em construir um vilarejo modular Ewok em árvores em um terreno na Califórnia e vender partes para os amigos. O fã de cabelos cor-de-rosa dobrou o valor da apólice de seguro de vida para que a namorada tenha dinheiro suficiente para armar uma pira funerária como a de Darth Vader, que está especificada em seu testamento.

Quando eles dormem à noite, o casal cumpre uma rotina adorável, ao estilo de *Os Waltons*: "Boa noite, Darth. Boa noite, Leia. Boa noite, R2. Boa noite, Chewie. Rawwrrr".

Agora cá está o fã de cabelos cor-de-rosa aos 30 anos de idade, diante do que considera a profanação feita pela Disney da única coisa que considerou sagrada todos esses anos. "É como se uma pata de rato gigantesca tivesse entrado no coração da igreja e agarrado o crucifixo", compara ele. "É como se meus pais tivessem revelado ser roedores." O fã de cabelos cor-de-rosa foi à Disneylândia e visitou nove lojas à procura de um brinquedo de *Star Wars* que não fosse baseado em personagens da Disney. Não conseguiu encontrar nenhum, e o fato o deixou enojado.

Na churrascaria, os amigos dele brincaram que o filme estaria cheio de referências escondidas engraçadas nas quais seria possível encontrar orelhas de rato. Talvez houvesse um triplo pôr do sol que lembraria ao Mickey, dissemos em tom de brincadeira.

O fã de cabelos cor-de-rosa não deu um sorriso. "Se isso acontecer", respondeu calmamente, em tom super sério, "procurem por mim em pontes".

Do lado de fora, passou um ciclotáxi, com uma figura de Darth Vader em tamanho real substituindo a traseira do assento do passageiro: uma bola de merda gigante, imbatível, que vem rolando por rua iluminada por postes. O lado sombrio e a luz.

Alguns dias depois, na South By Southwest, a revista *Fast Company* anunciou o resultado de uma pesquisa online para determinar "o maior momento nerd da história". Para a surpresa de todos, *Star Wars* tinha quebrado a internet – a própria coisa que tornara possível uma pesquisa assim.

A franquia conquistou nosso universo cultural. Em dezembro de 2015, descobriremos se ela consegue manter todo esse território - ou se causará um novo e ainda mais permanente rompimento entre os fãs, deliciando algum e destruindo o sagrado para outros.

Meu melhor palpite é que estamos prestes a vivenciar um despertar: um desabrochar de fãs de fantasia espacial como nunca antes. Mas não posso ter certeza. Jamais posso esquecer a lição mais importante da história: nada é para sempre. A mudança é constante. Impérios, mesmo aqueles mais poderosos com orelhas de rato, surgem e caem mais rápido do que qualquer um de seus habitantes esperam. O maior momento nerd na história nos ensinou isso.

Em 8 de março de 2015, um fã de cabelos brancos de *Star Wars* entrou na Midtown Comics na Times Square, Manhattan. Ele pegou três novos gibis feitos por sua velha editora favorita, a Marvel: *Star Wars*, *Darth Vader* e *Princess Leia*, nos quais leria a história aprovada pela Lucasfilm do que aconteceu entre o filme de 1977 e *O Império contra-ataca*. O fã de cabelos brancos parou para postar no Instagram com um balconista sorridente.

Talvez, atrás da expressão neutra de bancário de cidade do interior, ele também tenha considerado as consequências do que estava fazendo. Ao ser fotografado com as revistas em quadrinhos, o fã de cabelos brancos apareceria nas manchetes do mundo todo, e isso poderia aumentar as vendas. Ajudaria a aumentar o valor e o preço das ações de seu fundo de aposentadoria de 2 bilhões de dólares. A foto do Instagram poderia facilmente valer mais ou menos 1 milhão de dólares.

Mas o fã de cabelos brancos não pôde evitar seu Toque de Midas. Ele estava faminto, não por dinheiro, mas pela experiência que não teve a vida inteira: ver uma história de *Star Wars* se desenrolar sem nenhum conhecimento prévio dela. O fã de cabelos brancos poderia esperar até dezembro por *O despertar da Força*. Como respondeu para todo mundo que chegou perto para perguntar, ele não tinha visto o trailer. Ele estava se concentrando nos três roteiros de filmes experimentais que tinha escrito, e em breve teria que decidir qual filmar. Estava se concentrando em seu Museu de Artes Culturais, agora rebatizado como Museu de Artes Narrativas e sendo projetado para as margens dos lagos de Chicago. Havia uma briga com grupos que não gostavam de seu design futurista para o lugar, que seria descrito como uma junção entre a Space Mountain da Disney e Jabba, o Hutt.

Além disso, o fã de cabelos brancos também admitiu abertamente que a Disney e a Lucasfilm tinham descartado seu esboço para roteiro de *O despertar da Força*. Star Wars o tinha derrotado, o jogado contra a parede, e agora abandonava seu primeiro anfitrião. Não havia o que fazer além de assistir ao que viesse a seguir, como o resto de nós.

O fã de cabelos brancos saiu da loja segurando os gibis, parando apenas para dar mais um autógrafo e pagar seus 12 dólares, voltando em seguida para o carro, onde seu motorista estava pronto para levá-lo ao próximo evento.

AGRADECIMENTOS

Como os fãs mais nerds de *Star Wars* sabem, o nome completo original da Força – como foi escrito no penúltimo manuscrito crucial do filme original – é a Força dos Outros. Estou aqui para atestar que a Força dos Outros é real. Fui afetado por seu espírito positivo repetidas vezes durante o processo de escrever este livro. Eu a encontrei nas estrelas do firmamento de *Star Wars*; nos mais altos escalões do universo de fãs; na Lucasfilm, embora a Lucasfilm não tenha cooperado oficialmente com esse livro; nos amigos, velhos e novos.

A Força dos Outros se manifestou na generosidade, nos conselhos e em várias outras gentilezas. Foi encontrada em Consetta Parker, Steve Sansweet, Anne Neuman, Jenna Busch, Dustin Sandoval, Aaron Muszalski, Michael Rubin, Hal Barwood, Rodney e Darlene Fong, Chris Argyropoulos, Lynne Hale, Lynda Benoit, Anita Li, Charlotte Hill, Chris James, Pablo Hidalgo, Edward Summer, Dale Pollock, Alan Dean Foster, Alain Bloch, Michael Heilemann, Chris Lewicki, Liz Lee, Don Glut, Kyle Newman, Dan Madsen, James Arnold Taylor, Ed da Silva, Peter Hartlaub, Charley Lippincott, Manuelito Wheeler, George James Sr., Christian Gossett, Derryl dePriest, Anthony Daniels, Billy Dee Williams, Jeremy Bulloch, Cole Horton, Bryan Young, Lou Aronica, Paul Bateman, Audrey Cooper, Albin Johnson, Mark Fordham, Christine Erickson, Todd Evans, Chris Giunta, John Jackson Miller, Shelly Shapiro, Timothy Zahn, Mark Boudreaux, Bobak Ferdowsi, Sasha e Nick Sagan, Howard Kazanjian, Fred Roos, Tracy Duncan, Terry McGovern, Bill e Zach Wookey, Jennifer Porter, Josh Quittner, Jessica Bruder, Dale Maharidge, David Picker, Patrick Read Johnson, Daniel Terdiman, Cherry Zonkowski, Seth Rosenblatt, Bonnie Burton, Michael Barryte, Michael Kaminski, Patti McCarthy, Alan Ladd Jr. e Amanda Ladd Jones, Jack Sullivan, Matt Martin, Andrey Summers, Phil Tippett, Shanti Seigel, Walter Isaacson, Simon Pegg,

Ronald D. Moore, Mike Stackpole, Steve Silberman e Gary Kurtz. Juntamente com essa lista, gostaria de erguer um sabre de luz em saudação silenciosa aos vários funcionários de Lucas, do passado e do presente, que pediram para que seus nomes não fossem usados.

Eu também gostaria de agradecer a David Perry, porta-voz de George Walton Lucas Jr., o sr. Lucas é um homem brilhante e profundamente reservado cujas opiniões fortes sobre privacidade e biografias certamente tornariam impossível sua cooperação com um livro como este. Mas David foi gentil ao passar todos os pedidos de uma entrevista para a mesa do próprio Lucas. Mais do que isso: David e seu marido Alfredo se tornaram amigos queridos.

Este livro não existiria sem o estímulo inicial, a torcida e a energia de Kathryn Beaumont Murphy. Katherine Flynn, minha agente, ajudou a realizar um pouso seguro. Tim Bartlett é o motivo para o livro ter sido comprado pela Basic quando teve vários pretendentes, e ele sempre será meu não-fã favorito. Alex Littlefield foi um editor capaz e inteligente, cujas modificações aceleraram a obra para além da velocidade da luz. Agradeço também a paciência da gerente de projetos Rachel King e as correções da preparadora de textos Beth Wright. Obviamente, quaisquer erros que permaneçam são meus, e não deles.

Escrever um livro deste tamanho em menos de dois anos não teria sido possível sem o apoio e a tolerância de todos os meus amigos e colegas no Mashable, especialmente Lance Ulanoff, Emily Banks, Kate Sommers-Dawes e Jim Roberts. Em casa, minha família e meus amigos são numerosos demais para serem mencionados, e todos me deram seu apoio e foram tolerantes quando desapareci em minha caverna de escrita por semanas seguidas. Mas a medalha de ouro da sala do trono de Yavin, pelo apoio e pela tolerância, vai para Jessica Wolfe Taylor - uma fã de Star Trek para quem Star Wars era apenas razoável.

Finalmente, o autor gostaria de reconhecer que Mowgli é um padawan sábio para a idade que tem, e que suas frequentes tentativas de empurrar o laptop para fora do meu colo enquanto eu escrevia este livro foram simplesmente sua maneira de me fazer soltar a mente consciente e expandir os sentidos.

Que a Força dos Outros esteja com vocês, sempre.

CHRIS TAYLOR
BERKELEY
MARÇO DE 2015

NOTAS

Pág. 13 **"Quando eu ouvi o título"**: George James Sr., entrevista feita pelo autor, 3 de julho de 2013.

Pág. 15 **"Somos sabichões agora"**: Manuelito Wheeler, entrevista feita pelo autor, 3 de julho de 2013.

Pág. 16 **"Eu costumava simplesmente perguntar"**: Christine Erickson, entrevista feita pelo autor, 16 de setembro de 2013.

Pág. 16 **"Eu ouvi gente dizer"**: Natalia Kochan, entrevista feita por Daniel Terdiman da CNET, 4 de maio de 2013.

Pág. 19 **"Eu sei que está fora de ordem"**: Jamie Yamaguchi, entrevista feita por Daniel Terdiman da CNET, 4 de maio de 2013.

Pág. 19 **"Eu sei a grande revelação"**: Tami Fisher, entrevista feita por Daniel Terdiman da CNET, 4 de maio de 2013.

Pág. 22 **"Eu sou o pai"**: *Total Film Magazine*, abril de 2008.

Pág. 24 **"Foi quando eu me dei conta"**: Andrey Summers, entrevista feita pelo autor, 13 de fevereiro de 2014.

Pág. 24 **"Se você esbarrar com alguém"**: Andrey Summers, "The Complex and Terrifying Reality of *Star Wars* Fandom", *Jive*, 31 de maio de 2005.

Pág. 26 **"Os navajos devem ser"**: Anthony Daniels para o autor no corredor da *Star Wars* Celebration Europe II, 25 de julho de 2013.

Pág. 27 **"Nós a invocamos para ter força"**: Thomas Deel, entrevista feita pelo autor, 3 de julho de 2013.

Pág. 27 **"O bem estava tentando"**: Annette Bilgodui, entrevista feita pelo autor, 3 de julho de 2013.

Pág. 30 **"jamais tinha ouvido falar do livro de Verne"**: H. G. Wells, *Os primeiros Homens da Lua* (Francisco Alves, 1985), capítulo 3.

Pág. 30 **"mostre-me a cavorita!"**: Basil Davenport, *Inquiry into Science Fiction* (Nova York: Long-mans, Green, 1955), p. 7.

Pág. 31 **"naquele lugar logo atrás do morro"**: Michael Pye e Lynda Myles, *The Movie Brats: How the Film Generation Took Over Hollywood* (Nova York: Holt, Rinehart and Winston, 1979), p. 133.

Pág. 32 **"A ideia de um planeta Marte de fantasia imaginada por Arnold foi resgatada"**: Veja Richard A. Lupoff, *Master of Adventure: The Worlds of Edgar Rice Burroughs* (Lincoln: University of Nebraska Press, 2005), capítulo 3, para o argumento de que Barsoom descendia diretamente do livro de Arnold.

Pág. 33 **"vertigem dinâmica"**: Aljean Harmetz, "Burden of Dreams: George Lucas", *American Film*, junho de 1983.

Pág. 35 **"digamos, Buck?"**: Patrick Lucanio e Gary Coville, *Smokin' Rockets: The Romance of Technology in American Film, Radio, and Television, 1945--1962* (Jefferson, NC: McFarland, 2002), p. 35.

Pág. 39 **"Quando chegava em casa à noite"**: Kinnard, Crnkovich e Vitone, *Flash Gordon Serials*, p. 34.

Pág. 43 **"Ele é um cara dos bastidores"**: "Is George Lucas Returning to His Modesto Roots?", *Modesto Bee*, 4 de novembro de 2012.

Pág. 43 **"Um nerd, mas"**: Citações de moradores de Modesto retiradas de "For Many, Parade Is Drive Down Memory Lane", *Modesto Bee*, 7 de junho de 2013.

Pág. 44 **"impecavelmente educado e implacavelmente distante"**: Peter Bart, "Godfather, Starfather Eye New Galaxies", *Variety*, 27 de julho de 1998.

Pág. 44 **"a caçula"**: "George Lucas Talks to the *Bee*'s Marijke Rowland", entrevista em vídeo, 7 de junho de 2013, <www.modbee.com/2013/06/07/2752579/video-george-lucas-talks-to-the.html>.

Pág. 45 **"A vinícola Gallo"**: Ernest e Julio Gallo, com Bruce B. Henderson, *Ernest and Julio: Our Story* (Nova York: Times Books, 1994), p. 55.

Pág. 46 **"em todas as mesinhas de centro"**: Dale Pollock, *Skywalking: The Life and Films of George Lucas*, edição atualizada. (Nova York: Da Capo, 1999), p. 19.

Pág. 46 **"Eu gosto de dizer que *Star Wars*"**: Cole Horton, entrevista feita pelo autor e conversa na *Star Wars* Celebration Europe II, julho de 2013.

Pág. 47 **"não importa aonde vão"**: descrição de *Duck and Cover* e citação retirada de *Watch the Skies! Science Fiction, the 1950s and Us*, dirigido por Richard Schickel (Lorac Productions, 2005).

Pág. 47 **"'assustadora' e dito que estava sempre 'de olho'"**: Pollock, *Skywalking*, p. 15.

Pág. 48 **"30 mil dólares"**: John Baxter, *George Lucas: A Biography* (Nova York: HarperCollins, 1999).

Pág. 48 **"Eu estava no céu"**: Pollock, *Skywalking*, p. 21.

Pág. 48 **"O pai era severo"**: Patti McCarthy, entrevista feita pelo autor, 19 de abril de 2014.

Pág. 48 **"o menino detestava cortar grama"**: A história do cortador de grama está em Pollock, *Skywalking*, p. 20.

Pág. 49 **"Meu primeiro mentor foi meu pai"**: Lucas para Bill Moyers em *The Mythology of Star Wars*, PBS, 2000.

Pág. 49 **"apenas um único Deus, mas tantas religiões?"**: Editorial de Lucas na *Edutopia*, a revista da fundação educativa de George Lucas, 1º de julho de 2003.

Pág. 49 **"Eu gostava de construir coisas"**: Melece Casey, "George Lucas: Behind the Scenes with Modesto's Movie Mogul", *Stanislaus Magazine* (verão de 2013).

Pág. 49 **"imagens de 'soldados espaciais'"**: Samuel G. Freedman, "Taking a Lightsaber to Tired Old Teaching", *New York Times*, 31 de agosto de 2005.

Pág. 50 **"Era uma vez"**: manuscrito "Lenta Cutucada" de Patti McCarthy, Departamento de Estudos de Cinema, Universidade do Pacífico, Stockton, Califórnia.

Pág. 50 **"Ele estava entediado com a escola"**: McCarthy, entrevista feita pelo autor.

Pág. 50 **"Era muito importante para ele"**: Mel Cellini entrevistado em *The Unauthorized* Star Wars *Story* (Visual Entertainment, 1999).

Pág. 52 **"A EC Comics tinha tudo"**: Lucas, prefácio de *The EC Archives: Weird Science*, vol. 1 (York, PA: Gemstone, 2006).

Pág. 53 **"A *Mad* assumiu todos os grandes alvos"**: Lucas, prefácio de *Mad About* Star Wars, de Jonathan Bresman (Nova York: Del Rey, 2007).

Pág. 54 **"Edward Summer"**: Edward Summer, entrevista feita pelo autor, 24 de junho de 2013.

Pág. 55 **"Charley Lippincott"**: Charley Lippincott, entrevista feita pelo autor, 8 de julho de 2013.

Pág. 55 **"Howard Kazanjian"**: Howard Kazanjian, entrevista feita pelo autor, 10 de setembro de 2013.

Pág. 55 **"Don Glut"**: Don Glut, entrevista feita pelo autor, 9 de julho de 2013.

Pág. 56 **"O seriado original da Universal"**: J. W. Rinzler, *The Making of* Star Wars*: The Definitive Story Behind the Original Film: Based on the Lost Interviews from the Official Lucasfilm Archives* (Nova York: Ballantine Books, 2007), p. 93.

Pág. 56 **"O seriado era o 'verdadeiro evento de destaque'"**: Alan Arnold, *Once Upon a Galaxy: A Journal of the Making of* Star Wars (Nova York: Ballantine Books, 1980), p. 220.

Pág. 57 **"Lucas pegou um exemplar de 1955 de *Clássicos Ilustrados*"**: Summer, em Star Wars *Insider 141*, (julho de 2013), p. 26.

Pág. 58 **"Ele foi realmente atraído pelo filme"**: Cellini, entrevista em *The Unauthorized* Star Wars *Story*.

Pág. 58 **"ficar no quarto e desenhar"**: Randall Kleiser, em "George Lucas: Creating an Empire", *Biography*, Arts & Entertainment Network, 27 de janeiro de 2002.

Pág. 61 **"*Star Wars* era a última coisa"**: detalhes e citações de Albin Johnson em entrevista feita pelo autor, 11 de outubro de 2013.

Pág. 66 **"A grande invasão"**: Lucas no Torneio da Parada das Rosas, retirado do documentário *Star Wars: Star Warriors* (Los Angeles: Prometheus Entertainment para a Lucasfilm, 2007).

Pág. 67 **"Mark Fordham era um atirador de elite"**: detalhes e citações de Mark Fordham em entrevista feita pelo autor, 9 de outubro de 2013.

Pág. 68 **"Isso meio que reflete os filmes"**: Suzy Stelling, entrevista feita pelo autor, 27 de julho de 2013.

Pág. 69 **"Eu ouvi falar de caras que dizem"**: detalhes e citações de Ed da Silva em entrevista feita pelo autor, 21 de junho de 2013.

Pág. 71 **"Quando conheci Ainsworth"**: detalhes e citações de Andrew Ainsworth em entrevista feita pelo autor, 26 de abril e 2 de setembro de 2013.

Pág. 73 **"Uma pessoa que enxerga os eventos pela própria visão deturpada"**: citação do juiz da Alta Corte e outros detalhes da transcrição da transcrição [2008] EWHC 1878 (Ch) Caso Número: HC06C03813, Alta Corte de Justiça da Inglaterra e País de Gales (turma especializada).

Pág. 74 **"isso não impediu Muir de levar o caso à internet"**: Brian Muir, postagens no fórum therpf.com, 5 de dezembro de 2010, <www.therpf.com/f45/original-anh-stormtrooper-helmet-armor-just-facts-102219>.

Pág. 74 **"não importava"**: Brian Muir, troca de e-mails com o autor, 2 de setembro de 2013.

Pág. 78 **"dirigissem como carros"**: Dale Pollock, *Skywalking: The Life and Films of George Lucas*, edição atualizada. (Nova York: Da Capo, 1999), p. 154.

Pág. 78 **"carrinho estúpido"**: Pollock, *Skywalking*, p. 24.

Pág. 78 **"sempre matraqueando sobre uma história"**: "George Lucas – Allen Grant", vídeo no YouTube, 1:13, 13 de julho de 2012, <www.youtube.com/watch?v=KMxhdiVQv0w>.

Pág. 79 **"atrair os valentões locais"**: John Baxter, *George Lucas: A Biography* (Nova York: HarperCollins, 1999), p. 33.

Pág. 80 **"mais quieto e mais profundo"**: entrevista de Mel Cellini em *Unauthorized* Star Wars *Story*.

Pág. 80 **"Aquilo me deu esse ponto de vista sobre a vida":** "Oprah's Next Chapter", OWN, 22 de janeiro de 2012.

Pág. 81 **"muita mitologia em nossa sociedade":** John Seabrook, "Letter from Skywalker Ranch", *New Yorker*, 6 de janeiro de 1997.

Pág. 82 **"um 'eco' do filme de Lipsett":** Steve Silberman, "Life After Darth", *Wired* 13, número 5 (maio de 2005).

Pág. 83 **"Wexler disse que teria arrumado":** Michael Rubin, *Droidmaker: George Lucas and the Digital Revolution* (Gainesville, FL: Triad, 2006), p. 8.

Pág. 83 **"É mais fácil do que educação física":** Lucas, entrevista ao American Film Institute, 2004.

Pág. 83 **"Pelo amor de Deus, fique de olho nesse moleque":** Pollock, *Skywalking*, p. 35.

Pág. 83 **"milionário antes dos 30 anos":** Pollock, *Skywalking*, p. 38.

Pág. 84 **"Eu tinha essa ideia para fazer uma aventura espacial":** Kerry O'Quinn, *Starlog*, número 47 (junho de 1981).

Pág. 84 **"As instalações estavam lotadas":** Howard Kazanjian, entrevista feita pelo autor, 10 de setembro de 2013.

Pág. 84 **"barbudos e esquisitos":** Melece Casey, "George Lucas: Behind the Scenes with Modesto's Movie Mogul", *Stanislaus Magazine* (verão de 2013).

Pág. 85 **"Don Glut":** Don Glut, entrevista feita pelo autor, 9 de julho de 2013.

Pág. 86 **"só queria ficar dentro de casa e desenhar tropas estelares":** Randall Kleiser em "George Lucas: Creating an Empire", *Biography*, Arts & Entertainment Network, 27 de janeiro de 2002.

Pág. 87 **"dar muitas voltas em torno de todo mundo":** Pollock, *Skywalking*, p. 56.

Pág. 88 **"amigo do cara que fez o filme":** Walter Murch, entrevista no material extra do DVD da edição especial de *THX 1138*, dirigido por George Lucas (Warner Home Video, 2004).

Pág. 90 **"fascista demais":** Pollock, *Skywalking*, p. 61.

Pág. 90 **"levava desaforo":** Pollock, *Skywalking*, p. 63.

Pág. 90 **"Aquele maldito filme":** Kerry O'Quinn, "*Star Wars* Memories", *Starlog*, número 127 (fevereiro de 1988).

Pág. 92 **"erosbods e clinicbods":** "Trends: the Student Moviemakers", *Time* (fevereiro de 1968).

Pág. 92 **"não foi desse planeta":** Pollock, *Skywalking*, p. 69.

Pág. 92 **"É um filme de perseguição":** Charley Lippincott, entrevista feita pelo autor, 8 de julho de 2013.

Pág. 93 **"Por mais brega que isso soe":** Kerry O'Quinn, "The George Lucas Saga", *Starlog*, números 48-50 (julho-setembro de 1981).

Pág. 93   **"documentários vagabundos de bastidores"**: Pollock, *Skywalking*, p. 70.

Pág. 94   **"moleque asqueroso"**: Stephen Farber, "George Lucas: The Stinky Kid Hits the Big Time", *Film Quarterly*, primavera de 1974.

Pág. 95   **"George desobedeceu às regras"**: Kazanjian, entrevista feita pelo autor.

Pág. 95   **"Lucas foi capturado por câmeras de documentário"**: entrevistas para TV de Lucas e Francis Ford Coppola em "Indies", vídeo no YouTube, 2:05, 19 de dezembro de 2011, <www.youtube.com/watch?v=JhfY4L vpevI>.

Pág. 97   **"Deve haver alguma coisa independente"**: Cena deletada citada em J. W. Rinzler, *The Making of* Star Wars*: The Definitive Story Behind the Original Film: Based on the Lost Interviews from the Official Lucasfilm Archives* (Nova York: Ballantine Books, 2007), p. 18.

Pág. 97   **"Lucas temeu"**: Dale Pollock, *Skywalking: The Life and Films of George Lucas*, edição atualizada. (Nova York: Da Capo, 1999), p. 224.

Pág. 97   **"Sabendo que o filme foi feito"**: Pollock, *Skywalking*, p. 288-289.

Pág. 98   **"Quanto mais entrava em detalhes"**: Laurent Bouzereau, Star Wars*: The Annotated Scripts* (Nova York: Ballantine Books, 1997), p. 35.

Pág. 99   **"Quando eu tinha 12 anos"**: Jennifer E. Porter, "'I Am a Jedi': *Star Wars* Fandom, Religious Belief, and the 2001 Census", capítulo 6 em *Finding the Force of the "Star Wars" Franchise: Fans, Merchandise, & Critics*, editado por Matthew Wilhem Kapell e John Shelton Lawrence (Nova York: Peter Lang, 2006), p. 101.

Pág. 100   **"O tema que surge"**: Jennifer Porter, entrevista feita pelo autor, 6 de março de 2014.

Pág. 100   **"Em 1977, Frank Allnutt"**: Frank Allnutt, *The Force of "Star Wars"* (Van Nuys, CA: Bible Voice, 1977).

Pág. 101   **"Eu devorei aquele livro"**: Albin Johnson, entrevista feita pelo autor, 11 de outubro de 2013.

Pág. 101   **"tentando fazer a vontade de Deus"**: Pollock, *Skywalking*, p. 141.

Pág. 101   **"essa é uma maneira de descrever"**: Orville Schell, "George Lucas: 'I'm a Cynic Who Has Hope for the Human Race'", *New York Times*, 21 de março de 1999.

Pág. 102   **"Estamos tentando encorajar as pessoas"**: E-mail da Nova Zelândia citado em Porter, "I Am a Jedi", p. 97.

Pág. 102   **"Para um grupo ser incluído"**: Hugh McGaw em e-mails aos jornalistas australianos Bernhard O'Leary e John Stevenson, 9 de abril de 2001, <https://groups.google.com/forum/#!msg/aus.bicycle/fOAEYGAZGMU/ N_YklxE8P_EJ>.

Pág. 102 **"Cerca de 70 mil australianos"**: Os números do censo nesta seção saíram de Porter, "I Am a Jedi", e várias notícias na mídia.

Pág. 103 **"Em 2006, Jamie Reed, do Partido Trabalhista"**: Carole M. Cusack, *Invented Religions: Imagination, Fiction and Faith* (Farnham, Surrey, Reino Unido: Ashgate, 2010), p. 127.

Pág. 103 **"O *Daily Mail* não conseguiu resistir"**: "Jedi Knights Demand Britain's Fourth Largest 'Religion' Receives Recognition", *Daily Mail* (Londres), 16 de novembro de 2006, <www.dailymail.co.uk/news/article-416761/Jedi-Knights-demand-Britains-fourth-largest-religion-receives-recognition.html>.

Pág. 104 **"Na nossa dotrina [*sic*]"**: "Jedi Religion Founder Accuses Tesco of Discrimination over Rules on Hoods", *Guardian* (Londres), 18 de setembro de 2009.

Pág. 104 **"Todas as religiões são verdadeiras"**: Joseph Campbell em entrevista a Bill Moyers, *Joseph Campbell and the Power of Myth*, PBS, 1988.

Pág. 104 **"Houve uma disputa ideológica de poder"**: Jennifer Porter, entrevista feita pelo autor, 6 de março de 2014.

Pág. 105 **"Tudo isso é meio besteira"**: Alain Bloch, entrevista feita pelo autor, 11-12 de setembro de 2013.

Pág. 108 **"Eu estava apenas brincando"**: "10 Years Later, Star Wars Kid Speaks Out", *Macleans*, maio de 2013.

Pág. 110 **"O waxy.org ficou com remorso"**: Doações listadas em <http://waxy.org/2003/05/finding_the_sta/>.

Pág. 112 **"Isso certamente tem sido verdade na minha própria vida"**: Bouzereau, *Annotated Scripts*, p. 286.

Pág. 113 **"Aqui está algo que aprendi"**: Lucas, discurso na Academy of Achievement, 3 de julho de 2008, <http://vimeo.com/19153918>.

Pág. 117 **"Eu sangro na página"**: Larry Sturhan, "The Making of *American Graffiti*", *Filmmaker's Newsletter* (março de 1974).

Pág. 117 **"Cheques semanais de 150 dólares"**: O contrato de Lucas no *Hollywood Reporter*, 18 de setembro de 2013, <www.hollywoodreporter.com/heat-vision/early-george-lucas-contract-reveals-649370>.

Pág. 117 **"Você não sabe escrever."**: Lucas citando Francis Ford Coppola em uma entrevista com Jon Avnet, presidente do American Film Institute Board of Directors, 2004, <www.afi.com/members/features/lucas.aspx>.

Pág. 117 **"o roteiro estivesse até 70%"**: Paul Scanlon, "The Force Behind *Star Wars*", *Rolling Stone*, agosto de 1977.

Pág. 118 **"Mona Skager"**: J. W. Rinzler, *The Making of* Star Wars: *The Definitive Story Behind the Original Film: Based on the Lost Interviews from the Official Lucasfilm Archives* (Nova York: Ballantine Books, 2007), p. 2.

Pág. 118 **"Um filme japonês":** Marcus Hearn, *The Cinema of George Lucas* (Nova York: Harry N. Abrams, 2005).

Pág. 120 **"Foi tirada textualmente dos discursos de campanha de 1968 de Richard Nixon":** Lucas, comentário no material extra do DVD da edição especial de *THX 1138*, dirigido por George Lucas (Warner Home Video, 2004).

Pág. 121 **"É provavelmente a localidade mais linda":** Thomas Frouge, empreiteiro residente de Pittsburgh, citado em John Hart, "Saved by Grit and Grace: Wild Legacy of the Marin Headlands", *Bay Nature*, 1º de julho de 2003, <http://baynature.org/articles/saved-by-grit-and-grace/>.

Pág. 123 **"Foi o único filme que eu realmente gostei":** Dale Pollock, *Skywalking: The Life and Films of George Lucas*, edição atualizada. (Nova York: Da Capo, 1999), p. 92.

Pág. 124 **"Parece uma cena de ficção científica":** "The Stones at the Speedway", *Wall Street Journal*, 16 de novembro de 2010.

Pág. 124 **"É um tipo de terapia":** Sturhan, "Making of *American Graffiti*".

Pág. 124 **"Para filmes de baixo orçamento, aquilo era perfeito":** Gary Kurtz, entrevista feita pelo autor, 24 de abril de 2014.

Pág. 125 **"Nós estávamos com cabeças enormes":** Bill Wookey, entrevista feita pelo autor, 10 de abril de 2014.

Pág. 126 **"Provavelmente apenas citou o nome por bobagem":** Terry McGovern, entrevista feita pelo autor, 23 de março 2014.

Pág. 126 **"Ou é uma masturbação ou uma obra de arte":** Peter Biskind, *Como a geração sexo-drogas-e-rock'n'roll salvou Hollywood* (Intrínseca, 2009).

Pág. 127 **"Mas, quero dizer, aquilo dói":** Stephen Zito, "George Lucas Goes Far Out", *American Film*, abril de 1977.

Pág. 127 **"Algum talento, mas 'arte' demais":** "Goings on About Town", *New Yorker*, 7 de outubro de 1972.

Pág. 127 **"Nós precisamos do dinheiro":** Marc Norman, *What Happens Next: A History of American Screenwriting* (Nova York: Random House, 2008), p. 392.

Pág. 127 **"Porque é uma aventura bem franca":** Kurtz, entrevista feita pelo autor.

Pág. 128 **"eu simplesmente vou inventar o meu próprio":** Lucas, Francis Ford Coppola e Saul Zaentz em "A Long Time Ago: The Story of *Star Wars*", *BBC Omnibus*, temporada 33, episódio 10, 7 de julho de 1999.

Pág. 129 **"Em *Flash Gordon*, tudo o que você faz":** J. W. Rinzler, *The Making of Star Wars: The Definitive Story Behind the Original Film: Based on the Lost Interviews from the Official Lucasfilm Archives* (Nova York: Ballantine Books, 2007), p. 4.

Pág. 129 **"Por que não faz algo com emoção?":** Scanlon, "The Force Behind *Star Wars*".

Pág. 130 **"aqueles que conhecem George Lucas"**: Judy Stone, *San Francisco Chronicle*, 23 de maio de 1971.

Pág. 131 **"Eu ando maturando uma ideia"**: Rinzler, *Making of* Star Wars, p. 5.

Pág. 131 **"Você é capaz de imaginar quantas reuniões"**: David Picker, entrevista feita pelo autor, 7 de janeiro de 2014.

Pág. 131 **"A discussão sobre [o título]"**: Kurtz, entrevista feita pelo autor.

Pág. 131 **"O nome, antes de ser lançado"**: Patrick Read Johnson, entrevista feita pelo autor, 11 de setembro de 2013.

Pág. 132 **"aonde ninguém mais ousava ir"**: Lucas, entrevista com Gene Roddenberry Jr., em *Trek Nation*, dirigido por Scott Colthorp (Roddenberry Productions, 2010).

Pág. 133 **"Não era voltada para ação"**: Lucas, entrevista com Roddenberry Jr., em *Trek Nation*.

Pág. 133 **"Se eu fosse para um planeta estranho"**: Gene Roddenberry, "*Star Trek Still Has Many Fans*", *Associated Press*, 14 de março de 1972.

Pág. 133 **"Não tomar uma decisão"**: Rinzler, *Making of* Star Wars, p. 108.

Pág. 134 **"Um enorme império tecnológico"**: Anotações de Lucas citadas em Rinzler, *Making of* Star Wars, p. 17.

Pág. 134 **"um desenho grande, ousado, ao estilo Cinemascope"**: Kurtz, entrevista feita pelo autor.

Pág. 135 **"segundo filme"**: Documento em Rinzler, *Making of* Star Wars, p. 6.

Pág. 135 **"A maneira como resolvemos isso foi dizer"**: Kurtz, entrevista feita pelo autor.

Pág. 137 **"O set era muito louco, muito livre"**: McGovern, entrevista feita pelo autor.

Pág. 137 **"O filme me pareceu ótimo"**: *Starlog*, número 120 (julho de 1987), p. 42.

Pág. 138 **"Eu preciso do R2, D2"**: Pollock, *Skywalker*, p. 141.

Pág. 138 **"a preparar esse tratamento"**: Jean Valelly, "*The Empire Strikes Back*, and So Does George Lucas", *Rolling Stone*, 12 de junho de 1980.

Pág. 142 **"É maneiro"**: detalhes e citações de Hal Barwood retirados da entrevista feita pelo autor, 21 de maio de 2013.

Pág. 143 **"Os filmes de ficção científica estão mais ou menos"**: Edward Summer, entrevista feita pelo autor, 24 de junho de 2013.

Pág. 143 **"Se você tiver um pouco de paladar para humor maluco"**: "Screen: Wonderful Trip in Space; 'Forbidden Planet' Is Out of This World", *New York Times*, 4 de maio de 1956.

Pág. 144 **"Anthony Daniels, ao ver seu primeiro filme"**: Anthony Daniels no *Dermot O'Leary Show*, BBC Radio 2, 21 de março de 2009.

Pág. 145 **"Ver alguém realmente fazer aquilo":** citação de Lucas em *Standing on the Shoulders of Kubrick: The Legacy of* 2001, Blu-Ray (Los Angeles: Warner Brothers, 2001).

Pág. 145 **"o diretor chileno Alejandro Jodorowsky":** A história da tentativa de Jodorowsky de filmar *Duna* foi retirada de *Jodorowsky's* Dune, dirigido por Frank Pavich (Sony Pictures Classics, 2013).

Pág. 147 **"Os anos 1970 foram uma tempestade perfeita":** Summer, entrevista feita pelo autor.

Pág. 148 **"Eles são criaturas angelicais":** Barwood, entrevista feita pelo autor.

Pág. 151 **"Lucas começou rabiscando uma lista de nomes":** Lista de nomes e as duas primeiras páginas do tratamento retirados de J. W. Rinzler, *The Making of* Star Wars*: The Definitive Story Behind the Original Film: Based on the Lost Interviews from the Official Lucasfilm Archives* (Nova York: Ballantine Books, 2007), p. 8.

Pág. 153 **"completamente impossível de ser lançado":** John Baxter, *George Lucas: A Biography* (Nova York: HarperCollins, 1999), p. 138.

Pág. 153 **"O crítico da *Newsday*, Joseph Gelmis, adorou":** Baxter, *George Lucas*, p. 147.

Pág. 153 **"no qual oferece um rápido elogio":** Lucas, entrevista no material extra do DVD de *A fortaleza escondida* (Criterion Collection, 2001).

Pág. 154 **"O segundo tratamento de Lucas":** Texto do tratamento em scifi scripts.com, conferido com trechos em Laurent Bouzereau, Star Wars*: The Annotated Scripts* (Nova York: Ballantine Books, 1997), e Rinzler, *Making of* Star Wars.

Pág. 157 **"A Disney teria aceitado":** Rinzler, *Making of* Star Wars, p. 12.

Pág. 157 **"Eu entendi completamente":** Alan Ladd Jr., entrevista feita pelo autor, 26 de março de 2014.

Pág. 159 **"Estou explorando o inconsciente coletivo":** Rinzler, *Making of* Star Wars, p. 16.

Pág. 160 **"um pequeno país independente":** Rinzler, *Making of* Star Wars, p. 16.

Pág. 161 **"Eu pensei: 'bem, por que diabos'":** Charles Platt, *Dream Makers: Science Fiction and Fantasy Writers at Work: Profiles* (London: Xanadu, 1986), p. 74.

Pág. 161 **"*The Star Wars* é uma mistura":** entrevista de Lucas em *Chaplin* [Swedish Film Institute] (outono de 1973).

Pág. 162 **"o primeiro roteiro de *The Star Wars*":** Primeiro tratamento em scifi scripts.com, conferido com trechos em Bouzereau, "*Star Wars*", e Rinzler, *Making of* Star Wars.

Pág. 164 **"Era um universo que ninguém conseguia compreender":** Willard Huyck em Rinzler, *Making of* Star Wars, p. 25.

Pág. 164 **"Você bate com a cabeça na parede"**: Dale Pollock, *Skywalking: The Life and Films of George Lucas*, edição atualizada. (Nova York: Da Capo, 1999), p. 142.

Pág. 164 **"George se aproximou de mim"**: Hal Barwood, entrevista feita pelo autor, 21 de maio de 2013.

Pág. 165 **"A pessoa enlouquece escrevendo"**: Rinzler, *Making of* Star Wars, p. 26.

Pág. 165 **"pasta com relevos dourados"**: A pasta está em Rinzler, *Making of* Star Wars, p. 27.

Pág. 165 **"E no momento de maior desespero"**: Segundo tratamento em scifiscripts. com, verificado com trechos em Bouzereau, *"Star Wars"*, e Rinzler, *Making of* Star Wars.

Pág. 166 **"Isso não é verdade"**: Gary Kurtz, entrevista feita pelo autor, 24 de abril de 2014.

Pág. 169 **"o primeiro filme tipo *Flash Gordon* multimilionário"**: Lucas para a *Esquire*, citado em Brian J. Robb, *A Brief Guide to* Star Wars*: The Unauthorised Inside Story of George Lucas's Epic* (Londres: Constable & Robinson; Philadelphia: Running, 2012), e-book, capítulo 3.

Pág. 170 **"Aquele certamente foi um momento de achismo"**: Kurtz, entrevista feita pelo autor.

Pág. 170 **"A Star Wars Corporation deve ter"**: Documento jurídico citado em Rinzler, *Making of* Star Wars, p. 25.

Pág. 170 **"baboseira absoluta"**: Baxter, *George Lucas*, p. 165.

Pág. 171 **"Absolutamente não"**: Anthony Daniels, entrevista feita pelo autor, 25 de julho de 2013.

Pág. 171 **"sujeitinho desprezível"**: De acordo com Paul Bateman, substituto de McQuarrie, entrevista feita pelo autor, 30 de agosto de 2013.

Pág. 172 **"uniforme branco fascista"**: Do segundo tratamento, cena 18.

Pág. 172 **"Elas foram feitas como substitutos"**: Rinzler, *Making of* Star Wars", p. 32.

Pág. 173 **"O terceiro manuscrito ainda abria"**: O terceiro manuscrito no scifiscripts. com, verificado com trechos em in Bouzereau, *"Star Wars"*, e Rinzler, *Making of* Star Wars.

Pág. 177 **"*American Graffiti* realmente endireitou alguns deles"**: Rinzler, *Making of* Star Wars, p. 63.

Pág. 177 **"mais homem contra a máquina do que qualquer outra coisa"**: Scanlon, "The Force Behind *Star Wars*".

Pág. 177 **"toda a ideia de que *Star Wars* é uma coisa mitológica"**: Kurtz, entrevista feita pelo autor.

Pág. 178 **"*Star Wars* é uma espécie de compilação":** Stephen Zito, "George Lucas Goes Far Out", *American Film*, abril de 1977.

Pág. 178 **"Ela ficou razoavelmente calada sobre tudo aquilo":** Ladd, entrevista feita pelo autor.

Pág. 181 **"Ele age agora como":** Charley Lippincott, entrevista feita pelo autor, 8 de julho de 2013.

Pág. 182 **"Isso foi uma das primeiras coisas":** Entrevista com Jon Stewart, *Star Wars* Celebration V, 15 de agosto de 2010.

Pág. 182 **"Eu ri durante *Star Wars* inteiro":** Ken P., "An Interview with Mark Hamill", IGN.com, maio de 2004, <www.ign.com/articles/2004/02/03/an-interview -with-mark-hamill?page=2>.

Pág. 183 **"Esse é um poderoso aspecto":** Albin Johnson, entrevista feita pelo autor, 11 de outubro de 2013.

Pág. 183 **"Sean Goodwin olhou para elas":** Sean Goodwin e Anjan Gupta, entrevista feita pelo autor, 3 e 5 de abril de 2013.

Pág. 185 **"a Casa Branca respondeu":** <https://petitions.whitehouse.gov/response/isnt-petition-response-youre-looking>.

Pág. 187 **"Provavelmente foram eles os contratados":** Lucas, comentário no DVD de *Star Wars – Episódio II: O ataque dos clones* (Twentieth Century Fox, 2005).

Pág. 188 **"Você vai rir, você vai chorar":** "Hardware Wars: The Movie, the Legend, the Household Appliances", *Salon*, 21 de maio de 2002.

Pág. 189 **"Oscars especiais deveriam ser dados":** Carta de Lucas para a *Mad* citada em Jonathan Bresman, *Mad About* Star Wars (Nova York: Del Rey/Ballantine Books, 2007), p. 32; Roffman citado na p. 23.

Pág. 190 **"O filme deveria ter sido feito há muitos anos":** Roger Ebert, crítica de SOS: tem um louco solto no espaço, *Chicago Sun-Times*, 24 de junho de 1987, <www.rogerebert.com/reviews/spaceballs-1987>.

Pág. 190 **"Eu não consegui fazer uma obra séria":** Kevin Rubio citado em *Backyard Blockbusters*, dirigido por John E. Hudgens (Z-Team Productions, 2012).

Pág. 191 **"que mandou uma carta de aprovação para Nussbaum":** *George Lucas in Love*, dirigido por Joe Nussbaum (Mediatrip.com, 1999).

Pág. 192 **"Ele é tipo o cara mais malvado":** Jack Sullivan, entrevista feita pelo autor, 21 de abril de 2014.

Pág. 195 **"simplesmente o *Frango Robô* castrado":** Devin Faraci, "Seth Green, George Lucas, Pixar Piss on the Ashes of *Star Wars*", *Badass Digest*, 24 de agosto de 2012, <http://badassdigest.com/2012/08/24/seth-green-george -lucas- pixar-piss-on-the-ashes-of-star-wars/>.

Pág. 195 **"não achamos que fizesse sentido":** Seth Green, "Ask Me Anything", *Reddit*, 17 de setembro de 2013, <www.reddit.com/r/IAmA/comments/1ml9cw/seth_green_here_actorproducer_writer_director/ccaba64>.

Pág. 195 **"faria uma fusão mental Jedi de forma alguma":** Presidente Barack Obama, coletiva de imprensa na Casa Branca, 1º de março de 2013.

Pág. 199 **"Eu me soltei um pouco":** J. W. Rinzler, *The Making of* Star Wars*: The Definitive Story Behind the Original Film: Based on the Lost Interviews from the Official Lucasfilm Archives* (Nova York: Ballantine Books, 2007), p. 97.

Pág. 200 **"ficava muito contente se você surgisse com ideias":** McQuarrie na Star Wars *Insider*, número 50 (julho-agosto de 2000), p. 63.

Pág. 200 **"como bolhas em champanhe":** McQuarrie citado por Paul Bateman, entrevista feita pelo autor, 30 de agosto de 2013.

Pág. 200 **"Se eu tivesse cem pessoas":** Bateman, entrevista feita pelo autor.

Pág. 201 **"Nós realmente tivemos longas discussões":** Gary Kurtz, entrevista feita pelo autor, 24 de abril de 2014.

Pág. 201 **"Imediatamente, eu consegui ver que esse":** detalhes e citações de Burtt retirados de entrevista com Pablo Hidalgo, *Star Wars* Celebration Europe II, 26 de julho de 2013.

Pág. 202 **"George apenas me pediu para vir":** Fred Roos, entrevista feita pelo autor, 27 de fevereiro de 2013.

Pág. 204 **"Lucas ofereceu para Mifune":** Mika Mifune comentou em um programa de perguntas e respostas da TV japonesa chamado *Sekai Fushigi Hakken!*, citada em "How *Star Wars* Might Have Had a Different Darth Vader", <Kotaku.com>, 14 janeiro de 2013.

Pág. 204 **"Meu bom Deus, isso é ficção científica!":** Diários de Alec Guinness citado em Piers Paul Read, *Alec Guinness: The Authorized Biography* (Nova York: Simon & Schuster, 2011), p. 503-504.

Pág. 205 **"vinte horas por dia":** Rinzler, *Making of* Star Wars, p. 106.

Pág. 206 **"Pense nela como um disco voador":** Laurent Bouzereau, Star Wars*: The Annotated Scripts* (Nova York: Ballantine Books, 1997), p. 52.

Pág. 207 **"Estou tentando fazer objetos cinematográficos":** Rinzler, *Making of* Star Wars, p. 97

Pág. 208 **"cedendo a torto e a direito":** Rinzler, *Making of* Star Wars, p. 160.

Pág. 209 **"não havia muita gente ali":** Kurtz, entrevista feita pelo autor.

Pág. 210 **"'deprimido' e 'desesperadamente infeliz'":** Rinzler, *Making of* Star Wars, p. 160.

Pág. 210 **"como um segundo lar":** "George Lucas Praises British Film Industry at Windsor Castle Event", *Yahoo! News*, 5 de abril de 2013, <http://uk.

movies.yahoo.com/george-lucas-praises-british-film-industry-windsor
-castle-143700635.html>.

Pág. 210 **"Oitenta por cento da equipe"**: Carr citado em *The Making of* Star Wars: Return of the Jedi, ed. John Philip Peecher (Nova York: Ballantine Books, 1983), p. 12.

Pág. 211 **"Um pouco tarde"**: Diários de Guinness citados em Read, *Guinness*, p. 505.

Pág. 211 **"As mudanças nos diálogos foram cortesia"**: As contribuições de Huyck e Katz ao roteiro estão anotadas em Laurent Bouzereau, Star Wars: *The Annotated Scripts* (Nova York: Ballantine Books, 1997), p. 5-120.

Pág. 212 **"Não é o que eu quero que seja"**: Rinzler, *Making of* Star Wars, p. 190.

Pág. 212 **"George voltou de *Star Wars*"**: "Spielberg on Spielberg", Turner Classic Movies, 2007.

Pág. 213 **"Minha vida está desmoronando"**: Rinzler, *Making of* Star Wars, p. 218.

Pág. 213 **"É *aqui* que vocês estão filmando?"**: Rob Lowe, *Stories I Only Tell My Friends: An Autobiography* (Nova York: Henry Holt, 2011), p. 54.

Pág. 214 **"As originais eram um pouco"**: Phil Tippett, entrevista feita pelo autor, 11 de abril de 2014.

Pág. 215 **"Nem aplauso"**: História da exibição de *Star Wars* de acordo com Kurtz, entrevista feita pelo autor.

Pág. 215 **"Não foi exatamente o filme"**: Rinzler, *Making of* Star Wars, p. 224.

Pág. 215 **"é o *At Long Last Love*"**: Peter Biskind, *Como a geração sexo-drogas-e- -rock'n'roll salvou Hollywood: easy readers, raging bulls* (Intrínseca, 2009).

Pág. 216 **"É tipo um filme pipoca"**: Edward Summer, entrevista feita pelo autor, 24 de junho 2013.

Pág. 217 **"Trinta anos em Los Angeles"**: Citações e detalhes de Charley Lippin- cott, entrevista feita pelo autor, 8 de julho de 2013.

Pág. 218 **"Eu ouvi falar que você está fazendo um filme"**: Don Glut, entrevista feita pelo autor, 9 de julho de 2013.

Pág. 218 **"Eu realmente vejo um filme na minha cabeça"**: Alan Dean Foster, entrevista feita pelo autor, 26 de junho de 2013.

Pág. 221 **"Gary Meyer"**: História do Coronet citada em "*Star Wars* and the Coronet in 1977: An Oral History", *San Francisco Chronicle*, 27 de maio de 2013.

Pág. 226 **"*Star Wars*: passeio mágico"**: John Wasserman, *San Francisco Chronicle*, 25 de maio de 1977, p. 51.

Pág. 227 **"Se você conquista o público"**: Peter Biskind, *Como a geração sexo-drogas- -e-rock'n'roll salvou Hollywood: easy readers, raging bulls* (Intrínseca, 2009).

Pág. 228 **"graças a Deus"**: Allen Ginsberg citado por Steve Silberman, jornalista da *Wired*, que estava com ele naquele dia, para o autor.

Pág. 229 **"Rice viu-se na ILM":** Detalhes contados por Suzy Rice, entrevista feita pelo autor, 15 de maio de 2013.

Pág. 230 **"tambores de guerra ecoando nos céus":** Citado no roteiro, segundo Laurent Bouzereau, Star Wars: *The Annotated Scripts* (Nova York: Ballantine Books, 1997), p. 5.

Pág. 231 **"desistiu por medo":** Lucas citado no *Seattle Times*, maio de 1980.

Pág. 231 **"a Fox não me deixou":** Lucas, comentário no DVD de *Star Wars – Episódio IV: Uma nova esperança*, (Twentieth Century Fox, 2004).

Pág. 232 **"Nós brincávamos com a ideia de chamar o filme":** Gary Kurtz, entrevista feita pelo autor, 24 de abril de 2014.

Pág. 232 **"Que merda é essa de Força?":** De Palma citado em J. W. Rinzler, *The Making of* Star Wars: *The Definitive Story Behind the Original Film: Based on the Lost Interviews from the Official Lucasfilm Archives* (Nova York: Ballantine Books, 2007), p. 256.

Pág. 233 **"É um período de guerras civis na galáxia":** Texto de abertura em scifiscripts.com, verificado com trechos de Laurent Bouzereau, Star Wars: *The Annotated Scripts* (Nova York: Ballantine Books, 1997), and Rinzler, *Making of* Star Wars.

Pág. 235 **"Nós tínhamos sete ou oito hipóteses":** "The Den of Geek Interview: John Dykstra", *Den of Geek*, 2 de novembro de 2008, <www.denofgeek. us/movies/13733/the-den-of-geek-interview-john-dykstra>.

Pág. 236 **"maquete!":** Rinzler, *Making of* Star Wars, p. 275.

Pág. 239 **"tinha 7 anos na Filadélfia":** Philip Fierlinger, entrevista feita pelo autor, janeiro de 2013.

Pág. 239 **"Quando Vader saiu da escuridão":** Todd Evans, entrevista feita pelo autor, 17 de agosto de 2013.

Pág. 239 **"era um convite para vaiar":** Kurtz, entrevista feita pelo autor.

Pág. 240 **"meio que sabia":** Paul Scanlon, "The Wizard of *Star Wars*", *Rolling Stone*, 25 de agosto 1977.

Pág. 241 **"Nós vimos Carrie Fisher":** Hal Barwood, entrevista feita pelo autor, 21 de maio de 2013.

Pág. 241 **"Quando foi lançado":** Lucas, comentário do *Episódio IV*.

Pág. 242 **"Todo o impulso do filme":** Rinzler, *Making of* Star Wars, p. 300.

Pág. 242 **"*Star Wars* foi uma piada":** Jody Duncan, Star Wars *Mythmaking: Behind the Scenes of "Attack of the Clones"* (Nova York: Ballantine Books, 2002), p. 218.

Pág. 243 **"Nota dez pela criação":** Piers Paul Read, *Alec Guinness: The Authorized Biography* (Nova York: Simon & Schuster, 2011), p. 507.

Pág. 243 **"Você excluiu o público":** Biskind, *Como a geração sexo-drogas-e-rock'n'roll salvou Hollywood: easy readers, raging bulls* (Intrínseca, 2009).

Pág. 243 **"Quem é o herói?":** Don Glut, entrevista feita pelo autor, 9 de julho de 2013.

Pág. 248 **"Meu pai tinha um hábito maravilhoso":** Christian Gossett, entrevista feita pelo autor, 15 de agosto de 2013.

Pág. 249 **"velhos, jovens, crianças":** Al Levine citado no *San Francisco Chronicle*, 3 de junho de 1977.

Pág. 250 **"Eu era um fã de *Star Trek* primeiro":** Dan Madsen, entrevista feita pelo autor, 12 de agosto de 2013.

Pág. 250 **"Duas pessoas discutindo sobre":** Kerry O'Quinn, *Starlog*, número 7 (agosto de 1977).

Pág. 250 **"Uma charge publicada em um fanzine de *Star Trek*":** Charge de *Star Trek* publicada em "The Sehlat's Roar #5", *Spectrum*, número 34 (1977), citada em "*Star Trek* and *Star Wars*", *Fanlore*, 12 de janeiro de 2014, <http://fanlore.org/wiki/Star_Trek_and_Star_Wars>.

Pág. 251 **"Estamos criando uma política":** Craig Miller citado em *Hyper Space*, número 3 (1977).

Pág. 252 **"A palavra foi dada por George Lucas em pessoa":** Carta de Maureen Garrett citada em *Alderaan*, número 15 (1981).

Pág. 252 **"Eu realmente aprendi a tomar cuidado":** Charley Lippincott, entrevista feita pelo autor, 8 de julho de 2013.

Pág. 254 **"Oi, garoto, já ficou famoso?":** John Baxter, *George Lucas: A Biography* (Nova York: HarperCollins, 1999), p. 237.

Pág. 254 **"Nós estávamos desconsiderando as filas":** Gary Kurtz, entrevista feita pelo autor, 24 de abril de 2014.

Pág. 255 **"Essa pode ser a Twenty-First Century Fox":** "Off the Screen", *People*, 18 de julho de 1977.

Pág. 255 **"*Star Wars* foi como se eles tivessem achado ouro":** Alan Ladd Jr., entrevista feita pelo autor, 26 de março de 2014.

Pág. 257 **"Mande dinheiro":** Telegrama de Coppola em Dale Pollock, *Skywalking: The Life and Films of George Lucas*, edição atualizada. (Nova York: Da Capo, 1999), p. 186.

Pág. 257 **"cinema bobalhão":** Criado por Dennis Jakob, amigo de Coppola, citado em Peter Biskind, *Como a geração sexo-drogas-e-rock'n'roll salvou Hollywood: easy readers, raging bulls* (Intrínseca, 2009).

Pág. 258 **"reestabelecesse a alta aventura":** Janet Maslin, "How Old Movie Serials Inspired Lucas and Spielberg", *New York Times*, 7 de junho de 1981.

Pág. 259 **"Eu sou introvertido":** "Off the Screen".

Pág. 259 **"Eles não conhecem exatamente":** "Summer Blockbuster", Star Wars *Insider,* número 140 (maio-junho 2013), p. 51.

Pág. 259 **"mais do que qualquer outra coisa":** J. W. Rinzler, *The Making of* Star Wars*: The Definitive Story Behind the Original Film: Based on the Lost Interviews from the Official Lucasfilm Archives* (Nova York: Ballantine Books, 2007), p. 306.

Pág. 260 **"porque 'improvisou'":** Paul Scanlon, "The Force Behind *Star Wars*", *Rolling Stone,* agosto de 1977.

Pág. 264 **"refletiu Lucas":** J. W. Rinzler, *The Making of* Star Wars*: The Definitive Story Behind the Original Film: Based on the Lost Interviews from the Official Lucasfilm Archives* (Nova York: Ballantine Books, 2007), p. 224.

Pág. 264 **"Sansweet é sarcástico, amigável":** citações de Steve Sansweet retiradas da visita do autor e de Steve Sansweet, "Introducing... Steve Sansweet", *Star Wars Blog,* 2 de julho de 2012, <http://starwarsblog.starwars.com/ 2012/ 07/02/introducing-steve-sansweet>.

Pág. 267 **"Basicamente, eu gosto de fazer coisas":** citação e história de Cukor retirados de Stephen Farber, "George Lucas: The Stinky Kid Hits the Big Time", *Film Quarterly,* primavera de 1974.

Pág. 267 **"surgiram da ideia geral":** Claire Clouzot, "The Morning of the Magician", *Ecran,* 15 de setembro de 1977.

Pág. 268 **"50 dólares e um aperto de mão":** Mark Boudreaux, entrevista feita pelo autor, 22 de setembro de 2013.

Pág. 269 **"Ok, nós vendemos um pedaço de papelão":** Mark Boudreaux, entrevista feita pelo autor, 22 de setembro de 2013.

Pág. 269 **"Onde estão as armas?":** Steve Sansweet, Star Wars*: From Concept to Screen to Collectible* (São Francisco: Chronicle Books, 1992), p. 65.

Pág. 270 **"Se você fizer algo que eu não gostei":** Sansweet, Star Wars*: From Concept to Screen to Collectible,* p. 123.

Pág. 272 **"lembranças cafonas dos peregrinos":** Jennifer Porter, entrevista feita pelo autor, 6 de março de 2014.

Pág. 272 **"Cerca de 75% de nossos fãs":** Derryl dePriest, entrevista feita pelo autor, 4 de setembro de 2013.

Pág. 274 **"Eu disse para George":** Carrie Fisher, *Wishful Drinking,* Berkeley Repertory Theater, 28 de fevereiro de 2008.

Pág. 277 **"Nós costumávamos brincar de polícia e ladrão":** James Arnold Taylor, entrevista feita pelo autor, 18 de junho de 2013.

Pág. 278 **"Será uma história separada":** "The Day the Droids Invaded Hollywood", *Washington Post,* 4 de agosto de 1977.

Pág.279 **"Ou fazemos o acordo ou não fazemos o filme"**: Alan Ladd Jr., entrevista feita pelo autor, 26 de março de 2014.

Pág. 280 **"Eu quero que *Star Wars* seja"**: *Starlog*, número 9 (outubro de 1977).

Pág. 280 **"Mostraram que havia o dobro"**: Peter Biskind, *Como a geração sexo-drogas-e-rock'n'roll salvou Hollywood: easy readers, raging bulls* (Intrínseca, 2009).

Pág. 281 **"Nós estamos sendo eliminados das telas"**: Smith e Friedkin citados em Biskind, *Como a geração sexo-drogas-e-rock'n'roll salvou Hollywood: easy readers, raging bulls* (Intrínseca, 2009).

Pág. 282 **"A única coisa que o filme gerou"**: Steven Bach, *Final Cut: Dreams and Disaster in the Making of "Heaven's Gate"* (Nova York: New American Library, 1985), p. 68.

Pág. 283 **"um melodrama cheio de falatório"**: Roger Ebert, crítica de *O Abismo Negro, Chicago Sun-Times*, 1º de janeiro de 1979.

Pág. 284 **"Eu roubei de todo mundo"**: David McIntee, *Beautiful Monsters: The Unofficial and Unauthorized Guide to the* Alien *and* Predator *Movies* (Prestatyn, Denbighshire, Reino Unido: Telos, 2005), p. 19.

Pág. 284 **"Hollywood é como um bando de lemingues"**: Ladd, entrevista feita pelo autor.

Pág. 285 **"Eles queriam continuar na onda"**: Dan O'Bannon e David Giler citados em Tom Shone, *Blockbuster: How Hollywood Learned to Stop Worrying and Love the Summer* (New York: Simon & Schuster, 2004), p. 86.

Pág. 287 **"Era chamar a atenção para nossos poderes mentais"**: Barry Ira Geller, "The CIA, the Lord of Light Project, and Science Fiction Land", 2013, <lordoflight.com/cia.html>.

Pág. 288 **"o embaixador e jovem príncipe"**: *The Making of* Tron, dirigido por Robert Meyer Burnett (Buena Vista Home Entertainment, 2002).

Pág. 289 **"Eu disse para Dino"**: Charley Lippincott, entrevista feita pelo autor, 8 de julho de 2013.

Pág. 292 **"*Star Wars* foi divertido"**: Isaac Asimov, "Science Fiction Is More Than a Space Age Western", *Knight-Ridder Newspapers*, 17 de setembro de 1978.

Pág. 292 **"Glen Larceny"**: Harlan Ellison, *The City on the Edge of Forever: The Original Teleplay That Became the Classic* Star Trek *Episode* (Clarkston, GA: White Wolf, 1996), observação final número 1.

Pág. 292 **"O plágio mais descarado de todos os tempos"**: "Small Screen *Star Wars*", *Time*, 18 de setembro de 1978, p. 98.

Pág. 292 **"Os personagens têm mais dimensão psicológica"**: *Newsweek*, 11 de setembro de 1978.

Pág. 292 **"Fãs enraivecidos protestaram"**: "Boy Kills Self After TV Show Is Cancelled", Associated Press, 26 de agosto de 1979.

Pág. 293 **"levantava questões legítimas de fatos concretos"**: Twentieth Century Fox Film Corporation v. MCA, 715 F.2d 1327 (9ª Cir. 1983), <http://openjurist.org/715/f2d/1327/twentieth-century-fox-film-corporation--v-mca-inc>.

Pág. 294 **"Wookiees têm ninhadas"**: Star Wars *Insider,* número 141 (julho de 2013), p. 39.

Pág. 294 **"mas não podemos dizer isso"**: Citado por Lenny Ripps, ao ser entrevistado por Bonnie Burton e dito para o autor.

Pág. 294 **"Foi uma das coisas que aconteceram"**: David Itzkoff, "Tale from the Dark Side", *Maxim*, maio de 2002.

Pág. 295 **"O único som que eles emitem"**: "The Han Solo Comedy Hour", *Vanity Fair* (dezembro de 2008).

Pág. 296 **"No fim das contas, o especial não foi necessário"**: Gary Kurtz, entrevista feita pelo autor, 24 de abril de 2014.

Pág. 299 **"Eu criei Darth Vader"**: Vernon Scott, "The Real Darth Vader Is Unmasked", *Daily Chronicle (Londres)*, 5 de dezembro de 1977, p. 18.

Pág. 299 **"Encarei o que parecia"**: "May the Sequel Be with You", *San Francisco Examiner*, 24 de julho de 1978, p. 4.

Pág. 301 **Prowse não se lembrava do artigo:** David Prowse, entrevista feita pelo autor, 5 de setembro, 2013.

Pág. 301 **"'vagamente' se lembra de 'algo assim'"**: Gary Kurtz, entrevista feita pelo autor, 24 de abril de 2014.

Pág. 301 **"havia *inadvertidamente* vazado detalhes da história"**: J. W. Rinzler, *The Making of* Star Wars: Return of the Jedi*: The Definitive Story* (Nova York: Del Rey, 2013), p. 100, ênfase do autor.

Pág. 303 **"Em novembro de 1977, Lucas se reuniu"**: Conferência de enredo entre Lucas e Brackett citada em Rinzler, *Making of* Empire*: The Definitive Story* (Nova York: Del Rey, 2010), p. 23.

Pág. 305 **"Durante a pré-produção de *Império*"**: Howard Kazanjian, entrevista feita pelo autor, 10 de setembro de 2013.

Pág. 306 **"Eu me senti muito lisonjeado"**: Kershner em Rinzler, *Making of* Empire, p. 36.

Pág. 307 **"Acho que George tinha em mente"**: Kurtz, entrevista feita pelo autor.

Pág. 307 **"O que estamos fazendo aqui, realmente"**: Conferência de enredo de *Os caçadores da arca perdida* postada em <http://maddogmovies.com/almost/scripts/raidersstoryconference1978.pdf>.

Pág. 307 **"Contém algumas cenas intrigantes":** O primeiro tratamento de Brackett postado inteiramente em <starwarz.com>, verificado com trechos em Rinzler, *Making of* Empire.

Pág. 308 **"Eu gostava muito dela":** Rinzler, *Making of* Empire, p. 70.

Pág. 309 **"Achei mais fácil do que eu esperava":** Alan Arnold, *Once Upon a Galaxy: A Journal of the Making of* Empire Strikes Back (Nova York: Ballantine Books, 1980), p. 144.

Pág. 309 **"o diálogo do segundo manuscrito da sequência":** o segundo manuscrito de Lucas citado em Rinzler, *Making of* Empire, p. 49.

Pág. 310 **"Quando se está criando uma coisa":** Star Wars, *Definitive Edition Laserdisc* (Industrial Light & Magic, 1993).

Pág. 310 **"O problema de o herói":** Joseph Campbell, *O herói de mil faces* (Pensamento, 1995).

Pág. 311 **"De repente, Dagobah está cheio de":** Michael Kaminski, *The Secret History of* Star Wars*: The Art of Storytelling and the Making of a Modern Epic* (Kingston, Ontario: Legacy Books, 2008), e-book.

Pág. 311 **"a mão na cumbuca de *Star Wars*":** Don Glut, entrevista feita pelo autor, 9 de julho de 2013.

Pág. 313 **"Eu estava desesperado":** Dale Pollock, *Skywalking: The Life and Films of George Lucas*, edição atualizada (Nova York: Da Capo, 1999), p. 207.

Pág. 314 **"contestaram tudo no roteiro":** Ringler, *Making of* Empire, p. 65.

Pág. 316 **"Eu tentei controlar Kersh um pouco":** Kurtz, entrevista feita pelo autor.

Pág. 318 **"Após o sucesso de *Star Wars*":** Arnold, *Once Upon a Galaxy*, p. 247.

Pág. 318 **"Eu garanto que os três primeiros estão bem organizados":** Lucas na convenção Starlog Salutes *Star Wars*, 1987, como registrado na *Starlog* 127.

Pág. 318 **"Na verdade, George não tinha nem as ideias na mente":** Spielberg no documentário *Indiana Jones: Making the Trilogy* no DVD *Indiana Jones Trilogy*, 2003.

Pág. 318 **"Estou disposto a correr esse risco":** Arnold, *Once Upon a Galaxy*, p. 172.

Pág. 319 **"Eu o flagrei olhando":** Arnold, *Once Upon a Galaxy*, p. 162.

Pág. 320 **"FORD: Acho que eu deveria estar":** Arnold, *Once Upon a Galaxy*, p. 139.

Pág. 321 **"Mas muitos incidentes":** Fisher admitiu ter usado cocaína nas filmagens de *O Império contra-ataca* à *Associated Press* em 2010.

Pág. 321 **"WILLIAMS: Não me bata assim!":** Arnold, *Once Upon a Galaxy*, p. 143.

Pág. 322 **"precisava discutir para fazer outra tomada":** Phil Tippett, entrevista feita pelo autor, 11 de abril de 2014.

Pág. 322 **"Vocês estão arruinando meu filme":** Pollock, *Skywalking*, p. 218.

Pág. 323   **"Ele está mentindo":** Rinzler, *Making of* Empire, p. 305.

Pág. 323   **"O filme termina em um clima bem lúgubre":** John Brosnan, crítica de cinema no *Starburst*, número 23 (maio de 1980).

Pág. 324   **"Eu tirava meu projetor portátil de slides":** Rinzler, *Making of* Empire, p. 300.

Pág. 325   **"Tentar licenciar *Império*":** Sansweet, *From Concept to Screen*, p. 123.

Pág. 319   **"O que importa no momento":** Roger Angell, "The Current Cinema: Cheers and Whimpers", *New Yorker*, 26 de maio de 1980.

Pág. 325   **"*O Império contra-ataca* é tão pessoal quanto":** Vincent Canby, "*The Empire Strikes Back* Strikes a Bland Note", *New York Times*, 15 de junho de 1980.

Pág. 326   **"*O Império contra-ataca* é o único blockbuster":** Chuck Klosterman, *Sex, Drugs, and Cocoa Puffs: A Low Culture Manifesto* (Nova York: Scribner, 2003), p. 152.

Pág. 326   **"Se vocês fizeram isso":** Rinzler, *Making of* Empire, p. 334.

Pág. 326   **"Eles fizeram de novo":** David Prowse, *Straight from the Force's Mouth: A Career Most Extraordinary* (Croydon, Surrey, Reino Unido: Filament, 2005), citação no e-book de 19 de maio de 1980.

Pág. 329   **"Não é posse, é parentesco":** Anthony Daniels, entrevista feita pelo autor, 25 de julho de 2013.

Pág. 329   **"Aqui estamos nós, encenando":** Carrie Fisher, "Letter to Leia", *BullettMedia*, 4 de janeiro de 2013, <http://bullettmedia.com/article/character -study-carrie-fisher-makes-peace-with-princess-leia>.

Pág. 330   **"ninguém vai interpretar Lando":** Billy Dee Williams, entrevista feita pelo autor, 29 de março de 2013.

Pág. 330   **"É um personagem que gruda":** Jeremy Bulloch, entrevista feita pelo autor, 25 de julho de 2013.

Pág. 337   **"Eu não quero irritar muito seus leitores":** Kerry O'Quinn, "The George Lucas Saga", *Starlog*, números 48-50 (julho-setembro de 1981).

Pág. 340   **"conversas com o povo do marketing":** Gary Kurtz, entrevista feita pelo autor, 24 de abril de 2014.

Pág. 341   **"Eu tive que imaginar outras cem páginas":** J. W. Rinzler, *The Making of* Star Wars: Return of the Jedi: *The Definitive Story* (Nova York: Del Rey, 2013), p. 11.

Pág. 342   **"Eu disse 'ah, não'":** Hamill para a *Entertainment Weekly* no Festival de Cinema da Cidade do Cabo em 4 de maio de 2013.

Pág. 342   **"No próximo livro, eu quero que Luke beije a princesa":** J. W. Rinzler, *The Making of* Star Wars: *The Definitive Story Behind the Original Film:*

Based on the Lost Interviews from the Official Lucasfilm Archives (Nova York: Ballantine Books, 2007), p. 107.

Pág. 342 **"O romance acrescenta um *frisson* estranho":** Alan Dean Foster, entrevista feita pelo autor, 26 de junho de 2013.

Pág. 343 **"O blogueiro Michael Kaminski sugeriu":** Michael Kaminski, entrevista feita pelo autor, 7 de abril de 2014.

Pág. 343 **"Eu não queria ser um funcionário de Lucas":** Josef Krebs, "*The Empire Strikes Back* Director: Irvin Kershner", *Sound and Vision*, 30 de setembro de 2004.

Pág. 344 **"No topo estava David Lynch":** Rinzler, *Making of* Jedi, p. 41.

Pág. 344 **"Eu queria colocar aquilo para fora":** "The Forces Behind *Jedi*", *People*, 8 de agosto de 1983.

Pág. 344 **"O filme mais empolgante e grandioso":** "Secrecy Shrouds a *Star Wars* Serial", *New York Times*, 11 de julho de 1982.

Pág. 345 **"com Shakespeare na sala ao lado":** *The Making of* Star Wars: Return of the Jedi, editado por John Philip Peecher (Nova York: Ballantine Books, 1983).

Pág. 345 **"Os quatro conversaram sobre a história":** Conferência de enredo citada em Rinzler, *Making of* Jedi, p. 64.

Pág. 347 **"É como Hitler no leito de morte":** Foster, entrevista feita pelo autor.

Pág. 348 **"Eu sorrio muito":** "Secrecy Shrouds a *Star Wars* Serial".

Pág. 349 **"Você tem de perguntar a ela":** John Baxter, *George Lucas: A Biography* (Nova York: HarperCollins, 1999), p. 333.

Pág. 350 **"Por mais que eu tenha pensado que Lucas estava sendo acessível":** Dale Pollock, entrevista feita pelo autor, 16 de maio de 2013.

Pág. 350 **"A pessoa não pode ficar doente":** Rinzler, *Making of* Jedi, p. 260.

Pág. 350 **"Dá para saber o motivo do choro":** Rinzler, *Making of* Jedi, p. 260.

Pág. 350 **"Foi um caso de":** Retirado de uma entrevista de Lucas não publicada por Michael Rubin, autor de *Droidmaker: George Lucas and the Digital Revolution*.

Pág. 353 **"estavam praticamente todas as páginas":** Dale Pollock, entrevista feita pelo autor, 16 de maio de 2013.

Pág. 355 **"editora muito boa":** Peter Biskind, *Como a geração sexo-drogas-rock'n'roll salvou Hollywood* (Intrínseca, 2009).

Pág. 356 **"Acho que as pessoas às vezes esquecem":** Dale Pollock, *Skywalking: The Life and Films of George Lucas, edição atualizada* (Nova York: Da Capo, 1999), p. 240.

Pág. 357 **"um triângulo invertido":** Biskind, *Como a geração sexo-drogas-rock'n'roll salvou Hollywood* (Intrínseca, 2009).

Pág. 358 **"O divórcio meio que me destruiu":** *60 Minutes*, 28 de março de 1999.

Pág. 358 **"imediatamente elétrica"**: Stephen Larsen e Robin Larsen, *Joseph Campbell: A Fire in the Mind: The Authorized Biography* (Rochester, VT: Inner Traditions, 2002), p. 542.

Pág. 359 **"Funcionou"**: Larsen e Larsen, *Joseph Campbell*, p. 542.

Pág. 359 **"Sabe, eu achava que a verdadeira arte"**: Larsen e Larsen, *Joseph Campbell*, p. 543.

Pág. 359 **"Eu fiquei realmente empolgado"**: Joseph Campbell, *The Hero's Journey: Joseph Campbell on His Life and Work*, editado por Phil Cousineau (Boston: Element, 1999), p. 187.

Pág. 360 **"Traga-o para o Rancho"**: Larsen e Larsen, *Joseph Campbell*, p. 544.

Pág. 362 **"Eles disseram: 'muito obrigado, vocês fizeram'"**: Mark Boudreaux, entrevista feita pelo autor, 22 de setembro de 2013.

Pág. 363 **"cicatrizar algumas das feridas psicológicas"**: Gary Arnold, "Magical & Monstrous, the *Star Wars* Finale Is a Triumph", *Washington Post*, 22 de maio de 1983.

Pág. 364 **"O principal autor de discursos de Reagan, Anthony Dolan, diz que não houve"**: Frank Warner, "The Battle of the Evil Empire", *Morning Call* (Allentown, PA), 5 de março de 2000.

Pág. 364 **"táticas enganosas que usavam o perigo vermelho"**: Lou Cannon, "President Seeks Futuristic Defense Against Missiles", *Washington Post*, 24 de março de 1983.

Pág. 364 **"Edsel supersônico"**: Edward Kennedy, discurso no Fórum de Diplomas da Universidade Brown, 4 de junho de 1983, http://tedkennedy.org/ownwords/event/cold_war.

Pág. 365 **"Darth Vader nos Estados Unidos agora"**: Citação da TASS em "Soviet Critic Says Reagan like Darth Vader", *United Press International*, 13 de junho de 1983.

Pág. 365 **"*Star Wars*, meritíssimo, é uma fantasia"**: Lucasfilm Ltd. v. High Frontier, Tribunal Distrital de Washington, 26 de novembro de 1985.

Pág. 365 **"Eu certamente tive a impressão"**: Dan Madsen, entrevista feita pelo autor, 12 de agosto de 2013.

Pág. 366 **"Não foi um bom momento"**: Howard Roffman, "Interacting with *Star Wars*", TEDxSoMa, vídeo no YouTube, 12:40, 22 de janeiro de 2010, <www.youtube.com/watch?v=KAb1Dzkc8KU>.

Pág. 370 **"Faça a história funcionar como um faroeste de Sergio Leone"**: Transcrição publicada na Star Wars *Insider*, número 145 (dezembro de 2013), p. 20.

Pág. 370 **"A história do tio do primo em segundo grau de Chewbacca"**: Alan Dean Foster, entrevista feita pelo autor, 26 de junho de 2013.

Pág. 371   **"Não podemos fazer isso de qualquer maneira":** Lou Aronica, entrevista feita pelo autor, 15 de agosto de 2013.

Pág. 372   **"Nunca esquecerei o dia em que Lucy":** Howard Roffman, prefácio da edição de 20 anos de *Herdeiro do Império* de Timothy Zahn (Nova York: Ballantine Books, 2011), p. 1.

Pág. 372   **"A tiragem inicial de 70 mil exemplares":** Timothy Zahn, entrevista feita pelo autor, 16 de agosto de 2013.

Pág. 372   **"Eles não vieram até nós":** Aronica, entrevista feita pelo autor.

Pág. 373   **"Eu era um físico":** Zahn, entrevista feita pelo autor.

Pág. 376   **"Eles a puseram de lado":** Tracy Duncan, entrevista feita pelo autor, 28 de janeiro de 2014.

Pág. 377   **"Logo de início recebemos o sinal verde para matar qualquer um":** Shelly Shapiro, entrevista feita pelo autor, 24 de agosto de 2013.

Pág. 378   **"Foi uma orientação tipo":** Foster, entrevista feita pelo autor.

Pág. 381   **"Minha filha mais velha passou a noite inteira doente":** Material extra do DVD de *Star Wars – Episódio I: A ameaça fantasma* (Twentieth Century Fox, 2001).

Pág. 382   **"Para cada pessoa que ama *Episódio I*":** Laurent Bouzereau e Jody Duncan, *The Making of* Star Wars, Episode I: The Phantom Menace (Nova York: Del Rey, 1999), p. 149.

Pág. 382   **"Nunca dá para saber com essas coisas":** *The Beginning*, material extra do DVD de *Star Wars – Episódio I: A ameaça fantasma* (Twentieth Century Fox, 2001).

Pág. 383   **"Todo mundo estava com lágrimas nos olhos":** Marcus Hearn, *The Cinema of George Lucas* (Nova York: Harry N. Abrams, 2005), p. 174.

Pág. 384   **"Percebi que George":** Hearn, *Cinema*, p. 172.

Pág. 385   **"A grande coisa a respeito de Rick":** Hearn, *Cinema*, p. 201.

Pág. 385   **"Parte do motivo":** Coletiva de imprensa de Lucas transcrita por Sally Kline, em *George Lucas: Interviews*, ed. Sally Kline (Jackson: University Press of Mississippi, 1999), p. 181.

Pág. 385   **"Eu torcia para que aquilo me deixasse":** Lucas em *The Charlie Rose Show*, 9 de setembro de 2004.

Pág. 386   **"Lucas tenha começado a escrever":** Detalhes do tratamento de *Episódio I* retirados de Michael Kaminski, "The Beginning: A Look at the Rough Draft of *Episode I*", *The Secret History of* Star Wars, 10 de novembro de 2007, <http://secrethistoryofstarwars.com/thebeginning.html>.

Pág. 386   **"um radical dos 99%":** Bryan Curtis, "George Lucas Is Ready to Roll the Credits", *New York Times*, 17 de janeiro de 2012.

Pág. 386 **"Eu sou um patriota muito fervoroso":** Lucas para Charlie Rose, *CBS This Morning*, 21 de janeiro de 2012.

Pág. 392 **"Lucas diz que baseou essa nova versão alívio cômico":** De acordo com Terryl Whitlach, designer de criaturas da Lucasfilm, na DragonCon, Atlanta, 1º de julho de 1999, <http://dailydragon.dragoncon.org/dc1999 /jar-jars-mom-speaks/>.

Pág. 392 **"Stepin Fetchit rastafari":** Joe Morgenstern, "Our Inner Child Meets Young Darth", *Wall Street Journal*, 19 de maio de 1999.

Pág. 392 **"Como assim é possível pegar":** Entrevista de Lucas ao *Newsnight*, BBC 2, 14 de julho de 1999.

Pág. 395 **"Eu era capaz de agarrar as flechas":** O registro do jantar com Arthur Penn saiu do diário da jornalista Dale Maharidge, vencedora do Prêmio Pulitzer, cedido ao autor.

Pág. 397 **"Parece uma porta de tela":** "The Force is Still with Us", *Newsweek*, 19 de janeiro de 1997.

Pág. 398 **"Se tivesse o dinheiro":** *The Making of* Star Wars: Return of the Jedi, editado por John Philip Peecher (New York: Ballantine Books, 1983), p. 89.

Pág. 398 **"Achei a cena um momento muito viril":** *Making*, editado por Peecher, p. 89.

Pág. 398 **"O problema era criar um verdadeiro Jabba, o Hutt":** "Life After Darth", *Wired* 13, número 5 (maio de 2005).

Pág. 399 **"Aqueles animais se mexendo na verdade tiram a atenção":** Kurtz para Ken P., IGN.com, 11 de novembro de 2002, <www.ign.com/articles /2002/11/11/an-interview-with-gary-kurtz>.

Pág. 399 **"São uma merda":** Peter Hall, "Brilliant Effects Master Phil Tippett Sheds Some Light on George Lucas' *Star Wars*-Tinkering Mind", Movies.com, 1º de setembro de 2011, <www.movies.com/movie-news/phil-tippett-star -wars/4324>.

Pág. 401 **"Não vendemos muitas fitas VHS":** "Life After Darth".

Pág. 402 **"Será que um cineasta tem o direito":** "Is George Lucas Tampering with History?", *Chicago Tribune*, 19 de janeiro de 1997.

Pág. 402 **"As pessoas que alteram ou destroem obras de arte":** "The Greatest Speech Against the Special Edition Was from George Lucas", *Saving* Star Wars, 2010, <http://savestarwars.com/lucasspeechagainstspecialedition.html>.

Pág. 403 **"Para mim, ele realmente não existe mais":** "Lucas Talks as Original Trilogy Returns", *Associated Press*, 15 de setembro de 2004.

Pág. 403 **"Felizmente, o negativo de 1977":** Informação da Biblioteca do Congresso dada por Mike Mashon, diretor da Seção de Imagens em Movimento: Divisão de Som Gravado, Transmissão e Cinema da Biblioteca do Congresso, em e-mail para o autor, 3 de setembro de 2013.

Pág. 403 **"desapontado consigo mesmo"**: Spielberg citado na exibição do trigésimo aniversário de *Os caçadores da arca perdida*, Film.com, 14 de setembro de 2011.

Pág. 403 **"Eu pensei que não houvesse problema em refazer os filmes"**: "Dennis Muren: Interview", *Sci-Fi Online*, 16 de agosto de 2004, <www.sci-fi-online.com/Interview/04-08-16_DennisMuren.htm>.

Pág. 403 **"de todas as formas possíveis"**: *Hollywood Reporter*, 9 de fevereiro de 2012.

Pág. 403 **"Sinto muito que vocês:** "Lucas Talks as Original Trilogy Returns".

Pág. 404 **"um pouco disco demais"**: *Making*, editado por Peecher, p. 109.

Pág. 405 **"O sucesso daquele re-relançamento"**: "Life After Darth".

Pág. 405 **"pediram para o designer conceitual Iain McCaig"**: Iain McCaig, entrevista com Pablo Hidalgo, *Star Wars* Celebration Europe II, 27 de julho de 2013.

Pág. 406 **"apaixonadíssimo"**: "A Long Time Ago: The Story of *Star Wars*", *BBC Omnibus*, temporada 33, episódio 10, 7 de julho de 1999.

Pág. 406 **"Você quer fazer *Star Wars*?"**: *The Beginning*, material extra do DVD de *Star Wars – Episódio I: A ameaça fantasma* (Twentieth Century Fox, 2001).

Pág. 409 **"por 'Yoda'"**: Laurent Bouzereau e Jody Duncan, *The Making of* Star Wars, Episode I: The Phantom Menace (Nova York: Del Rey, 1999), p. 76.

Pág. 409 **"Isso não é real"**: McGregor em "A Long Time Ago: The Story of *Star Wars*", *BBC Omnibus*, temporada 33, episódio 10, 7 de julho de 1999.

Pág. 410 **"Achei que ele deveria assumir"**: *Eon Magazine*, setembro de 1999, <www.theforce.net/episode1/story/darabont_kasdan_on_helping_george_with_ep_i_ii_78815.asp>.

Pág. 410 **"escrever melhores diálogos"**: "Sky's the Limit", *Detroit Free Press*, 19 de maio de 2005.

Pág. 410 **"O filme será lançado"**: *The Beginning*, material extra do DVD de *Star Wars – Episódio I: A ameaça fantasma* (Twentieth Century Fox, 2001).

Pág. 411 **"Agora ele é tão venerado"**: "A Funny Thing Happened on the Way to Tosche Station: FFC Interviews Mark Hamill", *Film Freak Central*, 19 de março de 2013, <www.filmfreakcentral.net/ffc/2013/03/mark-hamill-interview.html>.

Pág. 412 **"É um filme ousado"**: Citações de Lucas e Ben Burtt retitadas de *The Beginning*.

Pág. 413 **"Chris Giunta se mudou de Maryland"**: Detalhes da história e citações de Chris Giunta, entrevista feita pelo autor, 29 de agosto de 2013.

Pág. 413 **"Todo mundo tinha motivações diferentes"**: Shanti Seigel, entrevista feita pelo autor, 23 de abril de 2014.

Pág. 414 **"Foi um pesadelo à noite"**: Todd Evans, entrevista feita pelo autor, 17 de agosto de 2013.

Pág. 421 **"acreditam que esses ponteiros**: "S.F. Gets Tough on Popular Laser Pointers", *San Francisco Chronicle*, 19 de maio de 1999.

Pág. 421 **"O trecho mais adorável da trilha"**: Joshua Kosman, "Inspired *Phantom Menace* Soundtrack Recalls Movie Moments", *San Francisco Chronicle*, 19 de maio de 1999.

Pág. 422 **"sobre o meu cadáver"**: David C. Robertson, *Brick by Brick: How Lego Rewrote the Rules of Innovation and Conquered the Global Toy Industry* (Nova York: Crown Business, 2013), p. 39.

Pág. 422 **"uma inundação de proporções bíblicas"**: Steve Sansweet, "*Star Wars*: 1,000 Collectibles", Harry N. Abrams, 2009, p. 17.

Pág. 424 **"Os atores são papéis de parede"**: Peter Travers, *Star Wars, Episode I: The Phantom Menace*, *Rolling Stone*, 19 de maio de 1999.

Pág. 424 **"O diálogo não é a questão"**: Roger Ebert, *Star Wars, Episode I: The Phantom Menace*, *Chicago Sun-Times*, 17 de maio de 1999.

Pág. 424 **"O instituto Gallup divulgou uma pesquisa sobre *A ameaça fantasma*"**: Comunicado à imprensa, Gallup, 25 de junho de 1999, <www.gallup.com/poll/3757/public-gives-latest-star-wars-installment-positive-rave-reviews.aspx>.

Pág. 424 **"É completamente à prova de críticas"**: Elvis Mitchell, *PBS Newshour*, 19 de maio de 1999.

Pág. 425 **"Mais ou menos com um quarto do roteiro feito"**: *Star Wars Insider*, número 45 (agosto, setembro 1999), p. 63.

Pág. 425 **"Começou na página um"**: Jody Duncan, Star Wars *Mythmaking: Behind the Scenes of* Attack of the Clones (Nova York: Ballantine Books, 2002), p. 13.

Pág. 426 **"A Grande Aventura de Jar Jar"**: Marcus Hearn, *The Cinema of George Lucas* (Nova York: Harry N. Abrams, 2005), p. 216.

Pág. 426 **"PADMÉ: Representante Binks"**: Trechos dos tratamentos do roteiro retirados de <http://starwarz.com/starkiller/episodeii>.

Pág. 427 **"Esse é mais parecido com um filme"**: Duncan, *Mythmaking*, p. 89.

Pág. 427 **"É isso?"**: Lew Irwin, "*Attack of the Clones* Attacked", *Hollywood*, 8 de agosto de 2001, <www.hollywood.com/news/brief/473238/attack-of-the-clones-attacked>.

Pág. 428 **"Sempre me preocupei que"**: Lucas, comentário no DVD de *Star Wars – Episódio III: A vingança dos Sith* (Twentieth Century Fox, 2005).

Pág. 430 **"No momento, não precisamos de um roteiro"**: *Star Wars Insider*, número 48 (fevereiro/março 2000), p. 11.

Pág. 430 **"O diálogo era, bem, eu não sabia"**: "Sky's the Limit", *Detroit Free Press*, 19 de maio de 2005.

Pág. 431 **"O roteiro faria Buster Crabbe"**: Michael Atkinson, "Reproductive Rites", *Village Voice*, 14 de maio de 2002.

Pág. 432 **"Foi uma maravilha ter sido pego de surpresa"**: Timothy Zahn, entrevista feita pelo autor, 16 de agosto de 2013.

Pág. 433 **"o emprego mais maneiro do mundo"**: *Wired*, agosto de 2008.

Pág. 433 **"Luke, obviamente, é um 1"**: Leland Chee na *Star Wars* Celebration Europe II, 26 de julho de 2013.

Pág. 434 **"o mais divertido de fazer"**: Gary Dretzka, "Lucas Strikes Back: *Star Wars* Creator Defends Jar Jar and Says Plot Rules His Universe", *San Francisco Chronicle*, 13 de maio de 2002.

Pág. 434 **"Andei pensando a respeito"**: J. W. Rinzler, *The Making of* Star Wars: Revenge of the Sith (Nova York: Del Rey, 2005), p. 31.

Pág. 435 **"desmontar o *Episódio III*"**: Rinzler, *Making of* Revenge, p. 36.

Pág. 435 **"se encurralado"**: Hearn, *Cinema*, p. 240.

Pág. 436 **"Todas as democracias se transformam"**: Jess Cagle, "Yoda Strikes Back!" *Time*, 29 de abril de 2002.

Pág. 437 **"Eu não achava que a situação"**: "Sith Invites Bush Comparisons", *Associated Press*, 16 de março de 2005.

Pág. 437 **"Fico sentado ali"**: Rinzler, *Making of* Revenge, p. 47.

Pág. 438 **"Steven confirmou que quase tudo"**: Rinzler, *Making of* Revenge, p. 188.

Pág. 439 **"curvas fechadas à direita"**: Rinzler, *Making of* Revenge, p. 204.

Pág. 440 **"Para ser bem honesto"**: Lucas na *Star Wars* Celebration III, 26 de abril de 2005.

Pág. 443 **"Veja a história de Chris Bartlett"**: Detalhes da história e citações de Chris Bartlett, entrevista feita pelo autor, 23 de agosto de 2013.

Pág. 445 **"do Clube de Montadores de R2"**: Detalhes da história e citações de Chris James, Grant McKinney e Gerard Fardardo, entrevista feita pelo autor, 15 de setembro 2013.

Pág. 446 **"Eles quebram o tempo todo"**: Bonnie Burton, entrevista feita pelo autor, 31 de janeiro de 2014.

Pág. 453 **"As pessoas estavam retornando"**: Kyle Newman, entrevista feita pelo autor, 14 de agosto de 2013.

Pág. 454 **"Você não estava lá no início!"**: "Change", *Spaced*, segunda temporada, episódio 2, dirigido por Edgar Wright, 2 de março de 2001.

Pág. 455   **"Sabemos que tivemos um autêntico intervalo":** Entrevista com Jon Stewart, *Star Wars* Celebration V, 15 de agosto de 2010.

Pág. 455   **"Foi um espetáculo magnífico":** Liz Lee, entrevista feita pelo autor, 14 de fevereiro de 2013.

Pág. 456   **"Nenhum dos meus três filhos viu":** Chris Giunta, entrevista feita pelo autor, 29 de agosto de 2013.

Pág. 456   **"Ordem do Machete":** Rod Hilton, "*Star Wars*: Machete Order", *Absolutely No Machete Juggling*, <http://static.nomachetejuggling.com/machete_order.html>, acessado em 1º de abril de 2014.

Pág. 456   **"Com a Ordem do Machete":** "Would George Lucas Approve of the *Star Wars* Machete Order?", *Den of Geek*, 3 de abril de 2012, <www.denofgeek.us/movies/star-wars/18992/would-george-lucas-approve-of-the-star-wars-machete-order>.

Pág. 457   **"Parte da diversão para mim":** J. W. Rinzler, *The Making of* Star Wars: Revenge of the Sith (Nova York: Del Rey, 2005), p. 84.

Pág. 457   **"Nós percebemos que existiam fãs":** "The Phantom Edit", *Salon*, 5 de novembro de 2001.

Pág. 457   **"demonstração bem-intencionada":** "The Phantom Edit".

Pág. 458   **"Os filmes funcionam em um nível emocional":** Emily Asher-Perrin, "Watching the *Star Wars* Prequels on Mute: An Experiment", Tor.com, 16 de janeiro de 2013.

Pág. 459   **"Eu não estou convencido de que George":** Matt Wild, "The Audience Strikes Back: Mike Stoklasa's Very Detailed (and Very Late) Takedowns of *Star Wars*", *A.V. Club Milwaukee*, 13 de abril de 2010, <http://archive.is/YgsWm>.

Pág. 461   **"Plinkett destrincha":** Michael Barryte, entrevista feita pelo autor, 12 de janeiro de 2014.

Pág. 464   **"Lidar com o ódio pelos prólogos":** Bryan Young, entrevista feita pelo autor, 5 de setembro de 2013.

Pág. 472   **"Nós passamos muitos anos escondidos":** "Lucas New Headquarters Give Bay Area Film a Lift", *New York Times*, 20 de julho de 2005.

Pág. 473   **"Grande parte de *Star Wars* acabou":** transcrição feita pelo autor da coletiva de imprensa de Lucas, 25 de junho de 2005.

Pág. 474   **"Se houvesse um jeito":** Dale Pollock, *Skywalking: The Life and Films of George Lucas, edição atualizada.* (Nova York: Da Capo, 1999), p. 178.

Pág. 474   **"*Deadwood* no espaço":** James Peaty, "Rick McCallum Interview: Dennis Potter, *Star Wars* TV series, George Lucas and Red Tails", *Den of Geek*, 3 de junho de 2012, <www.denofgeek.us/movies/rick-mccallum/21562/

rick-mccallum-interview-dennis-potter-star-wars-tv-series-george-lucas-red-tails>.

Pág. 475 **"Mas aí George vinha":** Fonte anônima da Lucasfilm.

Pág. 476 **"Nós estávamos construindo aquela série":** Fonte anônima da Lucasfilm.

Pág. 476 **"Podemos fazer melhor":** Fonte anônima da Lucasfilm.

Pág. 477 **"Depois da série de TV":** Richard Corliss, "A Conversation with George Lucas", *Time*, 14 de março de 2006.

Pág. 477 **"Eu falava muito de *Star Wars*":** Steve Heisler, "Dave Filoni", *A.V. Club*, 14 de agosto de 2008, <www.avclub.com/article/dave-filoni-14293>.

Pág. 478 **"Não", disse ele":** Dave Filoni, *Star Wars* Celebration Europe II, 26 de julho de 2013.

Pág. 478 **"Às vezes George escreve":** "The Force Lives On, as Do the Toys", *New York Times*, 1º de julho de 2008.

Pág. 479 **"Confuso de um jeito obsessivo-compulsivo":** Owen Gleiberman, *Entertainment Weekly*, 14 de agosto de 2008.

Pág. 479 **"Um filme tedioso que economiza":** Roger Ebert, *Chicago Sun-Times*, 14 de agosto de 2008.

Pág. 479 **"Nós não estávamos prontos para o horário nobre":** James Arnold Taylor, entrevista feita pelo autor, 18 de junho de 2013.

Pág. 481 **"Ele sempre quis estar lá para nos estimular":** Filoni na *Star Wars* Celebration Europe.

Pág. 482 **"nós precisamos de mais cem":** *Star Wars Insider*, número 140 (maio de 2013), p. 20.

Pág. 485 **"Estou me afastando":** "George Lucas Is Ready to Roll the Credits", *New York Times*, 17 de janeiro de 2012.

Pág. 485 **"Com a internet, a situação ficou":** "How Disney Bought Lucasfilm and Its Plans for *Star Wars*", *Bloomberg BusinessWeek*, 7 de março de 2013.

Pág. 486 **"nunca teve uma história":** David Kamp, "The Force Is Back", *Vanity Fair*, fevereiro de 1999.

Pág. 486 **"Deixei instruções bem explícitas":** Matthew Leyland, "George Lucas", *Total Film*, abril de 2008.

Pág. 486 **"*Star Wars* obviamente chegou de surpresa":** Entrevista com Jon Stewart, *Star Wars* Celebration V, 15 de agosto de 2010.

Pág. 487 **"uma bagunça e tanto":** Rob Smith, *Rogue Leaders: The Story of LucasArt*s (São Francisco: Chronicle Books, 2008), p. 176.

Pág. 488 **"acostumado a poder mudar de ideia":** Jason Schreier, "How LucasArts Fell Apart", *Kotaku*, 27 de setembro de 2013, <http://kotaku.com/how-lucasarts-fell-apart-1401731043>.

Pág. 488   **"a qualidade do nível de *Star Wars*"**: Walter Isaacson, *Steve Jobs* (Companhia das Letras, 2011).

Pág. 490   **"Olá, meninos, hoje é o dia de levar a namorada ao trabalho"**: Fonte anônima da Lucasfilm.

Pág. 491   **"Não estou pronto para encarar isso agora"**: "How Disney Bought Lucasfilm".

Pág. 492   **"ponderou sem parar"**: Citações de Lucas e Kennedy retiradas de "George Lucas & Kathleen Kennedy Discuss Disney and the Future of *Star Wars*", vídeo do YouTube, 30 de outubro de 2012, <www.youtube.com/watch?v=YyqlTi7lkhY>.

Pág. 492   **"me permitiria usar minhas habilidades"**: Kathleen Kennedy, *Star Wars* Celebration Europe II, 27 de julho de 2013.

Pág. 492   **"Tenho de fortalecer essa empresa"**: "How Disney Bought Lucasfilm".

Pág. 493   **"'Espere', disse Jett. 'Volte. O quê?'"**: "Jett Lucas Interview: *Star Wars* Episodes 7, 8 & 9, New Cast Rumours & J. J. Abrams", *Flicks and the City*, vídeo do YouTube, 13:02, 16 outubro de 2013, <www.youtube.com/watch?v=lnr18AUym-o>.

Pág. 494   **"Eu fiquei chocado com o número de pessoas"**: "Power Lawyers: How *Star Wars* Nerds Sold Lucasfilm to Disney", *Hollywood Reporter*, 31 de maio de 2013.

Pág. 494   **"A confiança se tornou importante"**: Iger para o produtor Brian Grazer, *Newsmaker Luncheon*, Los Angeles, 23 de janeiro de 2013.

Pág. 494   **"A verdade estava exposta pra quem quisesse ver"**: Podcast *Full of Sith*, episódio 6, 27 de janeiro de 2013.

Pág. 495   **"algo impublicável"**: "On the Brink of the Future", StarWars.com, 30 de outubro de 2013.

Pág. 495   **"Você acaba tendo de dizer"**: "How Disney Bought Lucasfilm".

Pág. 495   **"Achamos que, de uma perspectiva da narrativa"**: "How Disney Bought Lucasfilm".

Pág. 496   **"o mais estável de todos os estúdios"**: "George Lucas & Kathleen Kennedy Discuss Disney".

Pág. 498   **"a Disney fizera um vídeo"**: "Disney to Acquire Lucasfilm", vídeo do YouTube, 5:39, 30 de outubro de 2012, <www.youtube.com/watch?v=QIkqX5fG_tA.>

Pág. 502   **"Apenas algumas pessoas reconheceram o personagem"**: Ates Cetin, entrevista feita pelo autor, 26 de agosto de 2013.

Pág. 504   **"Chamaria um pouco mais de atenção"**: Paul French citado em "The Empire Strides Back for Starlight", *Magnet* (Austrália), 21 de março de 2012.

Pág. 505 **"Ele achou que era um bom presságio"**: Hal Barwood, entrevista feita pelo autor, 21 de maio de 2013.

Pág. 505 **"Torço para que caso o filme realize alguma coisa"**: Paul Scanlon, "The Force Behind *Star Wars*", *Rolling Stone*, agosto de 1977.

Pág. 505 **"Havia certas ideias latentes**: Kerry O'Quinn, *Starlog*, número 47 (junho de 1981).

Pág. 506 **"Todo o meu amor pelo espaço"**: Bobak Ferdowsi, GeekExchange.com, 28 de maio de 2013.

Pág. 507 **"Eu nunca me interessei"**: Will Wei, "Neil deGrasse Tyson Tells Us Why *Star Trek* Is So Much Better Than *Star Wars*", *Business Insider*, 14 de maio de 2013.

Pág. 507 **"Temos muito folclore de *Star Wars* embutido na empresa"**: Chris Lewicki, entrevista feita pelo autor, 11 de junho de 2013.

Pág. 508 **"Aquela foi uma forma muito bacana de acordar"**: Parazynski na transcrição da NASA da missão espacial STS-120, <http://spaceflight.nasa.gov/gallery/audio/shuttle/sts-120/transcript/fd12.txt>.

Pág. 508 **"A própria existência dessas descobertas"**: Citado em Charles Q. Choi, "Planet Like *Star Wars* Tatooine Discovered Orbiting 2 Suns", Space.com, 15 de setembro de 2011.

Pág. 511 **"integrantes da Fundação 'nos odiavam'"**: "3 Vie to Build Culture Center in the Presidio", *New York Times*, 15 de setembro de 2013.

Pág. 511 **"Além disso, a ideia"**: Lucas para a Fundação Presidio, gravado e transcrito pelo autor, 23 de setembro de 2013.

Pág. 513 **"Estamos apenas deixando"**: Porta-voz da Disney para o autor.

Pág. 514 **"Toda vez que considerarmos"**: "*Star Wars* Actor Richard LeParmentier Dies at 66", Thompson Reuters, 17 de abril de 2013.

Pág. 514 **"Não é fora do comum"**: Alan Horn, 17 de abril de 2013, transcrito pelo autor.

Pág. 516 **"Os designs de Ralph são uma parte tão real"**: Vídeo de bastidores exibido na *Star Wars* Celebration Europe II, 27 de julho de 2013.

Pág. 516 **"A imaginação move a inovação"**: Kathleen Kennedy, *Star Wars* Celebration Europe II.

Pág. 518 **"Ele escreveu mais da enciclopédia"**: Steve Sansweet, em aparição na Books Inc., Opera Plaza, São Francisco, 5 de outubro de 2010.

Pág. 518 **"Eu posso revelar com exclusividade"**: Pablo Hidalgo, gravado e transcrito pelo autor, 10 de agosto de 2013.

Pág. 521 **"É um ícone cultural complicado"**: *Access Hollywood*, 14 de junho de 2013.

ÍNDICE

1:42:08: A Man and His Car (filme), 88

6.18.67 (filme), 94

12 Bicycles (filme), 88

2001: uma odisseia no espaço (filme), 29, 141, 144-146, 148, 161, 173, 178, 212, 217, 226, 242, 314

2187 (filme), 81, 82, 86, 97

*Como a geração sexo-drogas-e-rock'n'roll salvou Hollywood: easy readers, raging bull*s (livro), 147

Conan, o bárbaro (filme), 280, 338, 361

Contatos imediatos do terceiro grau (filme), 149, 212, 231, 257, 258, 282, 307

A

Abrams, J. J., 454, 492, 497, 499, 506, 512, 516, 521, 522, 525, 528

Ainsworth, Andrew, 71-74

    fantasias de *Star Wars*, 71-74, 237

    histórico, 71-74

    processos com a Lucasfilm/Disney, 71-74

Aldrin, Buzz, 145

Alien: o oitavo passageiro (filme), 284-286, 467

Allnutt, Frank, 100, 112

Altamont, show em, 124

Amazing Stories, revista, 35

ameaça fantasma, A, Ver Episódio I: A ameaça fantasma

American Grafitti: loucuras de verão

    bilheterias, 158, 159

    comemoração do quadragésimo aniversário, 43, 44

    continuação (*E a festa acabou*), 279, 305, 382

    gênero/descrição, 133, 134, 136, 137, 227

    ideia/produção, 129-138, 172, 202, 203

    prévia/lançamentos, 138, 152, 153

American Zoetrope, 122, 123, 203, 258

Apocalypse Now

    custo, 127, 315

    Lucas e, 176, 354, 363

    produção, 90, 124-127, 133, 135, 138, 257, 279

Argo (filme), 287

Armstrong, Neil, 145, 505

Arndt, Michael, 493, 512

Arnold, Alan, 317-321

Arnold, Edwin Lester, 31, 32, 219

Aronica, Lou, 371-373, 376

As aventuras do jovem Indiana Jones, 384, 409, 426, 490

Asimov, Isaac, 54, 132, 159, 292, 496

Assassinatos na Rádio WBN, 385

AT-ATs, inspiração para, 309

ataque dos clones, O, Ver Episódio II: O ataque dos clones

Atkinson, Michael, 431

Austrália e Star Wars, 504

Avatar (filme), 236

Aventuras do Capitão Marvel, As (seriado), 55, 85

B

Baker, Kenny, 208

balconista, O (filme), 187

Bald, 51

Bank of America, empréstimos do, 279, 315, 316

Bantam, 371, 372, 375

Bantha Tracks, 365

Barbie, 270

Barks, Carl, 53, 509

Barry, John, 207, 282

Barryte, Michael, 461, 462

Bartlett, Chris, 443-445, 491

Barwood, Hal
    design de games, 338, 487
    histórico/Lucas e, 120, 142, 143, 312
    Home Free e, 142, 292
    Star Wars e, 161, 164, 170, 240, 241, 243, 505

Batalha de Endor, A (filme), 358

Bateman, Paul, 171, 200, 231

Batman, 51, 269, 289, 520

Bay, Jane, 259, 355

Beatles, Os, 52, 85, 89, 100, 277, 285, 314, 344

Bechtle, Nancy, 510, 511

Berg, Jeff, 134, 142, 156, 157

Bies, Don, 448, 450

Biskind, Peter, 147, 357

Blade Runner: o caçador de androides (filme), 18, 285, 286, 403, 467

Bloch, Alain, 105-112

blockbuster de verão, conceito/exemplos, 258, 281

Bloom, Jim, 347

Blue Harvest, 193, 194, 235

Boba Fett
    Star Wars Holiday Special e, 297, 331
    Ver também Bulloch, Jeremy.

Bond, James (filmes/livros), 29, 144, 161, 258, 260, 288, 348

Boudreaux, Mark, 268, 269, 362

Brackett, Leigh, 34, 35, 302-304, 307, 308, 310, 311, 313, 341, 343, 371, 387

Buck Rogers, 35, 36, 38-40, 118, 128, 212, 291, 292, 427, 465

Bulloch, Jeremy, 330-334

bullying virtual, 109, 110

buraco negro, O (filme), 283, 287, 361

Burning Man (festival em Nevada), 107

Burroughs, Edgar Rice, 32-35, 153, 161, 289

Burton, Bonnie, 446, 494

Burtt, Ben, 201, 202, 236, 237, 238, 242, 412, 449, 450, 512, 518

Bush, George W., 436, 437, 510

C

C-3PO (3PO), 18, 25, 26, 166-169, 171, 173, 174, 208, 236, 239, 240-444, 506, 507. *Ver também droides.*

caçadores da arca perdida, Os (filme), 308, 313, 318, 337, 339

Cameron, James, 236, 286, 383, 393

Caminhos mal traçados (filme), 95, 117, 118, 120-122

Campbell, Joseph, 16, 27, 49, 104, 177, 302, 310, 358-360, 427, 463, 520

Cannes, festival de cinema (1971), 130

cantina/cena da, 212, 214, 230, 244, 245, 294

Carauddo, Matthew, 106-108

Carpenter, John, 141, 145, 284

Carpenter, Michael, 333

Carroll, Diahann, 296

Cartoon Network, 193, 476-481, 515

casal Lucas, Marcia/George
acordo de divórcio, 355, 356
adoção de bebê, 337
casamento/lua de mel, 120, 121
dificuldades/divórcio, 90, 349, 350, 355, 356
férias no Havaí (1977), 253, 254, 257, 258
Indiana (cachorro), 121, 176
início da vida matrimonial/finanças, 121, 123, 125, 133, 159
Marcia trabalhando com Scorsese e, 159
na estreia (*Episódio IV*), 253
viagem ao Festival de Cannes (1971), 130, 133
vida simples e, 306

Castaneda, Carlos, 175

Cellini, Mel, 49-51, 58, 80

Centives (blog), 183, 185, 196

Cetin, Ates, 501-503

Chau, Micheline, 472

Chee, Leland, 433, 434, 494, 498, 517

Chewbacca
cão dos Lucas e, 176

Christensen, Hayden, 430, 438, 439, 456, 460, 465, 466

Chronicle (jornal), 226

Cidadão Kane (filme), 234, 430

Cinema of George Lucas, The (livro), 385

Clean Cut Cinema Club (CCCC), USC, 85

Clone Wars, The (filme), 449, 476, 478-480, 487

Clone Wars (série animada de TV), 24, 264, 478-482, 486, 491, 497, 502, 515, 517, 521, 535

Clones. Ver Episódio II: O ataque dos clones

Coca-Cola, 55, 270, 351

Cocks, Jay, 232, 233, 252

Código Jedi/Jedaísmo, 111
censo e, 102-104
visão geral, 102-104

colorização de filmes, 402

comboio do medo, O (filme), 216, 253, 259, 278, 281

Comic-Con, 20, 112, 190, 220, 273, 274, 301, 333, 496

computação gráfica (CGI), 24, 26, 148, 190, 350, 382-385, 392, 395, 396, 398, 399, 402, 404, 405, 410, 421, 455, 476, 479, 509, 516, 526

Coppola, Francis Ford
American Grafitti e, 135-138, 354
descrição, 90, 170
dinheiro/gasto e, 159, 257
família de, 130, 177
Lucas e, 49, 51, 94, 95, 117, 120,

124-130, 137, 138, 176, 257

Star Wars/filmes, séries e, 161, 416

Corman, Roger, 94, 124, 144, 284, 286, 369

Coronet, cinema em São Francisco

Episódio I, fãs acampados, 413-417

fechamento, 471

trilogia *Star Wars* e, 221, 222, 226, 227, 231, 236, 247, 249, 413-417, 422

Corrida silenciosa (filme), 147, 148, 171, 173, 236, 291, 292

Cosmos (série de TV), 507

Counting Down (site), 414, 415

Crabbe, Larry 'Buster', 39, 40, 55, 431

Crews, Tom, 61-63, 65. *Ver também Legião 501ˢᵗ.*

Cronkite, Walter, 160, 252-254

Crowder, Khari 'Krazy K', 415

D

Daily Show, The, 183

Daniels, Anthony, 26, 144, 171, 208, 210, 236, 240, 242, 329, 423, 444, 450, 491, 512. *Ver também C-3PO (3PO).*

Darabont, Frank, 409

Dark Horse Comics, 375, 377

Dark Star (filme/romantização), 145, 146, 218, 284

Darth Plagueis (romance), 467

Davies, Russell T., 475

De Laurentiis, Dino, 289, 344

Del Rey, Judy Lynn/Lester (livros de), 218, 221, 296, 370, 376

De Palma, Brian, 147, 232, 233, 243

DePriest, Derryl, 273

Deuses de Marte (livro), 33

Diário de Whills, 22, 152, 165, 166, 173, 176, 209, 451

Dick, Philip K., 147, 285

Disney

aquisição da Lucasfilm, 490-499

aquisição da Marvel/Pixar, 488, 489

Episódios VII-IX e, 492, 493, 495, 499, 514-517, 521

fantástico doutor Dolittle, O (filme/merchandising), 267

filmes de ficção científica, 282, 283, 287, 288

Hidalgo explicando *Star Wars* para a, 518-521

produção/data de lançamento de *Episódio VII*, 512, 513, 515

recusando os filmes de *Star Wars*, 157

Star Tours, 361, 490, 491

Star Wars 'Legends'/efeitos e, 517

Star Wars Weekend, 99, 272

Dolby Stereo (som), 214, 253, 255

Doyle, Arthur Conan, 33

Doze Condenados (amigos estudantes da USC), 88

Dreyfuss, Richard, 137

droides

Clube de Montadores de R2, 445-451

fãs dedicados aos, 443-451

Ver também C-3PO (3PO); R2-D2 (R2).

Duck and Cover (filme e exercícios), 47

Duna (filme), 145, 146, 155, 168, 284, 344

Duna (livro), 143, 144, 358

Duncan, Tracy, 376

Duvall, Robert, 122, 123, 125

Dykstra, John
conflito com Lucas, 205, 213, 278
descrição/personalidade, 173
Dykstraflex, sistema de câmeras,
205, 206, 235, 283
Galactica: astronave de combate, 291
Star Wars, 173, 205, 235

E
Easy Rider (filme), 122, 135
Ebert, Roger, 190, 283, 424, 479
EC Comics, 52, 53
edições especiais
cena de Jabba, o Hutt, e, 397-401
controvérsia e, 402-404
Episódio IV, 396-404
Episódio V, 404, 405
Episódio VI, 404, 405
ILM/CGI e, 396-399, 439
manipulações possíveis, 439, 440
efeitos especiais
Dykstraflex, sistema de câmeras, 292
exemplos de filmes, 141, 145, 146
filmes de ficção científica, 147
Egg Company, 306, 339
Eisner, Michael, 361, 488, 489
Elstree (estúdio em Londres), 70, 74,
201, 207, 208, 210, 278, 303, 317,
348
Emperor, The (filme), 92, 93, 136
enigma da pirâmide, O (filme), 382
Enron, 434
E o vento levou, 277, 303, 309
*Episódios de Star Wars. Ver Prólogos; Se-
quências; episódios específicos; filmes
de Star Wars.*
Episódio I: A ameaça fantasma
arrecadação, 425

desenvolvimento/análise do elenco, 405, 406
exibição especial para elenco e
equipe, 416, 417
fãs acampados/cinema Coronet,
413-417
filmagem/locações, 409-411
influências políticas, 386, 387
Lucas e, 117, 386-393, 409-413,
416, 425
notícias em 19 de maio de 1999, 421
questão das caricaturas raciais e, 392
recepção/críticas, 411, 412, 418,
424, 425
sabres de luz e, 106, 107, 248
Episódio II: O ataque dos clones
filmagem/Austrália, 425, 430
lançamento/reação, 431, 432
Lucas escrevendo/descrição de,
187, 425-431
sigilo, 426
Universo Expandido e, 433, 434
Episódio III: A vingança dos Sith
filmagem/Austrália, 438
influência da Guerra no Iraque,
436, 437
Lucas escrevendo/descrição de,
434-439
Episódio IV: Uma nova esperança
classificação indicativa, 240, 247
comemorações do décimo aniversário, 365, 366
críticas, 226, 227, 250-253
cultura à época do lançamento, 249
edição, 237, 241, 253
efeitos especiais, 173, 205, 206,
213, 235, 241, 242, 278, 283
exibição do copião, 215

fanfarra, 227, 228
filmagem, 70, 201, 207-212
ILM e, 205, 206, 213, 214, 235, 241, 242
importância dos dez primeiros minutos, 227, 233, 234, 238, 239, 240, 241
lançamento/sucesso, 247-256, 277
Lippincott, marketing/salvação, 217-221
loucura dos fãs, 259, 305
notícias em 25 de maio de 1977, 225, 226
perguntas não respondidas da história, 244, 245
primeira exibição pública, 227-229, 234-242
trilha sonora/disco, 230, 231, 234, 238, 277
Episódio V: O Império contra-ataca
descrições/fim, 322-326
filmagem/cronograma, 278, 315-317
ILM e, 313, 326
Lucas escrevendo, 302-305, 308-312
Lucas, preocupações/frustrações de, 315-319, 322
orçamento/empréstimos, 201, 278, 305, 315, 316
sucesso/arrecadação, 325, 326, 338
Episódio VI: O retorno de Jedi
desenvolvimento do enredo, 340, 341, 345-347
filmagens/sigilo, 347-349
ILM/efeitos especiais e, 350, 351, 363
Leia-Luke, relacionamento e, 341-343

Lucas escrevendo/trabalhando em, 341, 344-351
orçamento/empréstimos e, 338
sucesso/arrecadação, 353
Episódio VII
menções/possibilidades e, 274, 333, 369, 440, 455, 485-487, 492, 493, 499, 516, 518, 521, 522
produção/data de lançamento, 512, 513, 515
trailer/lançamento, 525-529, 534-537
Espaço: 1999 (série de TV), 206, 207, 278
Esquadrão Red Tails, 485
Essential Readers Guide to the Star Wars *Universe, The (Hidalgo)*, 518
Estrela da Morte
Casa Branca/petição e resposta, 183-186
descrições/em *Star Wars*, 98, 184, 199, 237, 244
O balconista e, 187
E.T.: o extraterrestre (filme/merchandising), 267, 353, 401, 403, 405, 492
Evans, Todd, 239, 414-418
Everett, Dave, 447, 448
Ewoks
origens/desenvolvimento, 341
telefilmes, 357, 358
exploração/indústria e *Star Wars*, 505-508

F
Factors Inc., 256
família da pesada, Uma, 109, 193, 235
Fanboys (filme), 453, 454

fantasia espacial
  descrição/primeiras obras, 29-40
  ficção espacial contra, 29, 30, 250, 259
  nomes para, 34
  Ver também obras específicas.
faroestes (filmes), 89, 178, 200
Fawcett, Farrah, 257, 282
Fellini, Federico, 128, 129, 289, 428
ficção científica
  cinema (dos anos 1960) e, 141-144
  descrição, 29, 30, 92
  efeitos de *Star Wars* nos filmes de, 280-293
  fantasia espacial contra, 29, 30, 250, 259
  Ver também obras específicas.
Fields, Verna, 90, 91, 137, 153
Fierlinger, Philip, 239
Film Director as Superstar, The (Gelmis), 153
filmes de Akira Kurosawa, Os (livro), 154
Filmmaker (documentário), 121
Filmmakers Newsletter, 164
Filoni, Dave, 477, 478, 480-482, 491, 497, 515, 516
Fisher, Carrie
  antes/depois de *Star Wars*, 202, 329
  dificuldades/*Star Wars* e, 274, 275
  Lucas e, 211, 212, 253, 274, 275
  sátira do *Frango Robô* e, 195
  Star Wars Holiday Special e, 296, 297
  Ver também Leia, Princesa.
Flash Gordon: Buck Rogers contra, 36, 38, 39
  direitos cinematográficos/Lucas e, 55, 56, 128, 129
  filme/TV, 55, 56, 289

Lucas e, 54-56, 128, 129, 160, 161, 177, 230, 302, 427, 511
racismo e sexismo, 37
seriados, 39, 40, 54, 217, 480
soldados espaciais e, 57
Star Wars e, 36, 37, 56, 57, 161, 162, 168, 169, 232, 427, 431
tira de jornal/descrição, 36-39, 54-57, 217
Fleming, Ian, 288
foguete da morte, O (romance de Fleming/filme), 288
Force of Star Wars, The (Allnutt), 100
Fordham, Mark/Crickette, 67, 68, 74
Ford, Harrison
  Blade Runner: o caçador de androides, 285
  diálogo retrabalhado, 319, 320
  histórico/descrição, 137, 203, 319
  incertezas sobre a continuação e, 304, 309, 341, 370
  Star Wars/Lucas e, 126, 203, 204, 211, 319, 320, 329, 398, 399, 411, 512
  Ver também Solo, Han.
Ford, John, 89, 242
Foreign Car Service, 78, 80
fortaleza escondida, A (filme), 127, 153-156, 162, 204, 233
Fosselius, Ernie, 188, 404
Foster, Alan Dean, 218, 219, 221, 228, 245, 261, 277, 278, 288, 308, 311, 342, 347, 369, 370, 374, 378
Frango Robô, 193-195, 294, 329, 332
Freeborn, Stuart, 212, 314, 504
Friedkin, William, 216, 253, 254, 259, 280, 281
Fundação Make-a-Wish, 112, 271
Fundação Presidio, 509-511

G

Galactica: astronave de combate (série de TV), 80, 290-292, 296, 475
Garrett, Maureen, 252
Geller, Barry, 286, 287
Gelmis, Joseph, 153
General Mills, 268, 362
George Lucas in Love (filme), 191
Giger, H. R., 146, 284
Gimme Shelter (documentário), 124
Gingrich, Newt, 386
Ginsberg, Allen, 228
Giunta, Chris e Beth, 413-418, 456
Glut, Don, 55, 85, 86, 218, 243, 311, 312, 361
Godard, Jean-Luc, 85, 87, 91, 217
Golden Gate Knights, 105, 106, 110, 112, 113
Goodwin, Sean, 183, 184, 196
Gossett, Christian, 248, 406
Great Movie Serials, The (livro), 55
Green, Seth, 193-195, 294
Griffin, Marcia. Ver Lucas, Marcia.
Grupo de Enredo da Lucasfilm, 516, 517
Guerra da Coreia, 482
Guerra dos Mundos
romance de Wells, 31, 57
transmissão de rádio, 39
Guerra do Vietnã/efeitos, 89, 133, 160, 177, 225, 269, 309, 363 . *Ver também* Apocalypse Now *(filme).*
Guinness, Sir Alec
histórico, 204
Star Wars e, 126, 204, 208, 210, 211, 243, 304, 347, 406, 411
Gupta, Anjan, 183

H

Hale, Jonathan, 409, 426, 430
Hamill, Mark
acidentes/problemas de saúde, 213
antes/depois de *Star Wars*, 203, 329
promovendo *Star Wars*, 220, 252, 305
sobre *Star Wars*/Lucas, 176, 182, 342, 411, 474
Star Wars e, 203, 209, 253, 254, 300, 323, 370, 493, 508, 512
Hanna-Barbera, 94
Han Solo at Star's End (livro), 518
Hardware Wars (filme), 188-190, 193, 404
Hasbro, 65, 269, 272-274, 422, 479, 512
Hearst, William Randolph, 36, 37
Heffner, Hugh, 247
Heinlein, Robert A., 143, 160
Hemion, Dwight, 293, 295
Henson, Jim, 303, 314, 340, 367
Herbert, Frank, 143, 358
herdeiro do Império, O (livro), 372-376
herói de mil faces, O (livro), 16, 177, 310, 358-360
Hidalgo, Pablo, 494-496, 517-521
Hilton, Rod, 456
Hobson, Mellody, 490, 509
Holocron, 376, 433, 434, 490, 494, 498, 517
Holst, Gustav, 230, 231
Home Free (ideia para o filme), 142, 147-149, 292
Homem-Aranha (gibis/filmes), 219, 489
homem de seis milhões de dólares, O (série de TV/merchandising), 177, 191, 255, 268, 290
Horn, Alan, 495, 513-515, 519

Hornbeck, William, 153
Howard, Ron, 137, 153
Hudson, Bob, 92, 93
Huyck, Willard
  American Grafitti: loucuras de verão e, 161, 199
  Lucas e, 211, 253, 254, 257, 367
  Star Wars e, 161, 164, 178, 211, 314

I
Iger, Bob, 489-495, 498, 510, 514, 518, 525, 526
Igreja da Cientologia, 97
ILM (Industrial Light and Magic)
  Disney e, 498
  filmes que não são de *Star Wars*, 339, 382, 383, 473
  quartel-general/mudança de endereço, 433, 471
Império contra-ataca, O (livro), 311. *Ver também* Episódio V: O Império contra-ataca.
Império do Sol (filme), 383
Império dos sonhos (documentário), 320
Indiana Jones (filmes), 258, 307, 318, 337, 367, 385
  Indiana Jones e o reino da caveira de cristal (filme), 400
  Indiana Jones e o templo da perdição (filme), 358
Izzard, Eddie, 192

J
Jackson, Samuel L., 406, 435, 444
Jade, Mara, (personagem), 371, 374-376, 379
James, Chris, 445-450
Japão e *Star Wars*, 503, 504

Jerry Maguire: a grande virada (filme), 401
Jobs, Steve/Laurene Powell, 488, 489, 499, 510
Jodorowsky, Alejandro, 145, 146, 284, 344
Johnson, Albin
  acidente/ferimentos, 61
  conhecendo Lucas, 66
  família (Beverly/Katie), 61, 62, 449
  histórico/*Star Wars*, 61-63, 100
  stormtroopers/fantasias, 62, 63, 183
  Ver também Legião 501ˢᵗ.
Johnston, Joe, 206, 309, 314, 331, 339, 340, 399
Jones, James Earl, 67, 238, 240, 300, 323
Joyce, James, 177, 359
Jurassic Park (filme), 381, 383, 492

K
Kaminski, Michael, 300, 311, 343
Kaplan, Mike, 217, 218
Kasdan, Lawrence
  histórico, 307, 313, 314
  Star Wars e, 98, 112, 345-347, 409, 410, 427, 512
Katz, Gloria
  American Grafitti: loucuras de verão e, 130, 135, 161, 199
  casal Lucas e, 253, 254, 257
  Star Wars e, 161, 164, 178, 211, 314
Katz, Stephen, 214
Kazanjian, Howard
  Coppola e, 94, 95
  Lucas/casal Lucas e, 84, 349
  Star Wars e, 55, 206, 305, 306, 340, 341, 344, 345

Kelly, Grace (princesa), 178, 215, 278

Kennedy, Kathleen, 23, 339, 492-497, 512, 513, 515, 516, 521, 522

Kennedy, Ted, 254, 364, 386

Kenner

certificados do Especial do Madrugador (Natal de 1977), 269, 277

merchandising de Star Wars, 268, 269, 272, 274, 277, 291, 296, 315, 324, 331, 351, 360-362, 366, 377, 443

Kershner, Irvin 'Kersh'

estilo de direção, 316-319, 320, 321

histórico, 306, 307, 319

Star Wars/Império e, 307, 311, 313-317, 319, 320, 343

King Features, 36, 54, 57, 128, 289

Kirby, Jack, 160, 287

Kleiser, Randall, 85-87, 306

Knight, Arthur, 84, 217

Knoll, John, 431, 508

Korty, John, 120, 121, 357

Krugman, Paul, 185

Kubrick, Stanley, 122, 141, 144, 145, 147, 242

Kurosawa, Akira, 88, 89, 122, 127, 144, 151, 153, 156, 204, 238, 481

Kurtz, Gary

American Grafitti: loucuras de verão e, 135-137, 153

Apocalypse Now e, 138, 176

histórico, 124, 125, 128, 131

Lucas e, 127, 128, 132, 216, 217, 313, 314

saindo de Star Wars, 340

Star Wars e, 55, 131, 132, 134, 135, 153, 169, 170, 176, 177, 200, 201, 204, 207, 209, 210, 212, 214, 215, 220, 230, 239, 240, 248, 254, 255, 278, 305-307, 314-319, 340, 399

Star Wars Holiday Special e, 294, 296

L

Labaredas do Inferno (filme), 46, 210

Ladd Company, 285, 516

Ladd Jr., Alan 'Laddie'

Amanda (filha), 256

Star Wars e, 157, 158, 176, 178, 212, 215, 242, 249, 255, 256, 258, 278, 509

Larson, Glen A., 290-292

Lasseter, John, 382, 488, 489

Legião 501st

descrição, 64-70

eventos/reconhecimento, 64-70, 473

Fordham/fantasia de Vader e, 67, 68, 74

Johnson/Crews e, 63-68, 74, 443, 449

Lego e Star Wars, 192, 266, 401, 422

Leia, Princesa

antecedentes da, 34

bonequinhos, 274

penteado/descrição, 239

Lensman (histórias/livros), 35, 161

LeParmentier, Richard, 513, 514

Lessig, Lawrence, 458

Letterman Digital Arts Center, 471

Levine, Al, 249

Lewis, Chris, 85

Lieutenant Gullivar Jones: His Vacation (Arnold), 31, 219

Lippincott, Charley

histórico/aposentadoria, 93, 217

outros filmes/trabalhos, 285, 289, 295

responsável pelo marketing de *Star Wars*, 217-222, 248, 250

responsável pelo merchandising de *Star Wars*, 268

sobre *THX*, 92

Star Wars (filmes), Lucas e, 55, 181, 189, 199, 200, 205, 207, 215, 217-222, 250, 252, 514

Lipsett, Arthur, 81, 82, 86, 97

Lisberger, Steve, 287, 288

Lloyd, Jake, 406, 411, 457, 464, 520

logo de *Star Wars*, 229, 230

Look at Life (filme), 86, 87, 156

Loomis, Bernie, 268, 269, 291

Looney Tunes: a turma do Pernalonga, 94

Los Angeles Times, 105, 221, 348

Lott, Trent, 386

Lucas, Amanda Em, 337, 351, 355

Lucas, Ann, 47

LucasArts/jogos, 142, 367, 444, 471, 487, 488, 515

Lucas Cultural Arts Museum (LCAM), 509

Lucas, Dorothy, 79

Lucas, Everest, 509

Lucas, Jett, 194, 396, 493, 497

Lucas, John, 312

Lucas Jr., George
após a trilogia, 357
aposentadoria, 485, 486
após o divórcio, 356, 357
aquisição da Lucasfilm pela Disney/contrato, 490-499
casamento com Hobson/filha, 509
colorização de filmes, 402
diabetes e, 89, 261, 270

droides em convenções e, 450

estilo de roteirista, 117, 118, 176, 177, 199, 473, 474

exploração espacial (real) e, 505, 506

férias na Europa com os filhos (1999), 421, 425

filosofia/crenças religiosas e, 97, 98, 100, 101, 112, 113

Flash Gordon e, 54-56, 128, 129, 160, 161, 177, 230, 302, 427

hospitalização durante *Star Wars*, 213

personalidade/descrições, 43-45, 95, 129, 259, 366

política, 363, 386, 387, 436, 437

relacionamento com Spielberg, 92, 191, 212, 213, 230, 232, 257, 258, 343, 344, 383, 438

revistas em quadrinhos e, 52, 53, 147, 160, 189

sobre planos pós-*Star Wars*, 473, 477, 485

Star Wars Holiday Special e, 293-297

Ver também casal Lucas, Marcia/ George; filmes específicos.

Lucas Jr., George, infância/educação
acidente de carro/efeitos, 79, 80, 90
brinquedos/construção de coisas e, 49, 50
câmeras e, 50, 79, 82
carta de alistamento/consequências, 89, 90
casa assombrada, 50, 51
como professor-assistente da USC, 91
Curso de Tecnólogo de Modesto, 81-83
delinquência juvenil e, 79

descrição/personalidade, 47, 50, 78, 79, 83

diagnóstico de diabetes/efeitos, 89

ensino fundamental, 47

ensino médio, 43, 79

estágio na Warner Brothers, 94

Flash Gordon e, 51, 55, 56, 84, 85

influências da guerra, 46, 47

nascimento, 46

primeira casa, 49

primeiro carro/cultura de carros, 77-79, 82

rancho da família, 49, 78

relacionamento com o pai, 47- 49, 78

revistas em quadrinhos/fantasias espaciais e, 51-58

soldados espaciais e, 49, 57, 58, 86

universidade, 58

USC/cinema e, 83-89

USC/graduação, 92, 93

velocidade/carros e, 40, 45, 49, 77-79

viagens à Disneylândia, 48

Lucas, Marcia

após o divórcio de George, 356, 357

histórico/personalidade, 90

sobre Lucas e soldados espaciais, 58, 90

Star Wars e, 208, 215, 232, 237, 355, 398

trabalho, 123, 137, 159, 215, 253

Ver também casal Lucas, Marcia/ George.

Lucas Sr., George

carreira/loja, 47, 48, 50, 83

como pai, 48, 49, 51, 78, 79, 83

descrição/personalidade, 47, 48

histórico, 46-48

trabalho/rotina de vida, 47

Lucas, Wendy, 43, 47, 48, 51, 79

Lucasfilm

começo, 121, 122, 134

processos e, 290-293, 305, 365, 457, 458

trabalho na trilogia seguinte, 367

Ver também filmes específicos.

Lynch, David, 344

M

Mad (revista), 53, 182, 189, 194

Madsen, Dan, 250, 365, 366, 423

Mann's Chinese Theatre, em Hollywood, 247, 248, 253, 254, 278, 281, 285, 286, 299

Manson, Charles, 143, 209

mão assassina, A (filme), 415, 417, 453, 529

Marginal Revolution (blog), 185, 187

Marin County, 15, 101, 120, 258, 259, 312, 356, 472, 511

Marquand, Richard, 344-349, 404, 497

Marshall, Frank, 492

Marte, loucura por, 31, 32

Marte, o portador da guerra (música), 230

Marvel Comics e *Star Wars*, 219, 361, 362, 371, 377

Mayer, Kevin, 495

Mayhew, Peter, 329, 333, 435, 508, 512

Maysles, Albert, 124

McCaig, Iain, 405, 406

McCallum, Rick

droides e, 450

Episódio I/fãs e, 384, 385, 402, 409, 410, 412, 417, 418, 456

Episódio II e, 425, 430

Episódio III e, 434, 435, 438

séries de TV após os filmes e, 474, 475, 486

sobre os prólogos, 460

McCarthy, Brian, 50, 494

McCarthy, Patti, 48

McClintock, Barbara, 358, 359

McDiarmid, Ian, 363, 404, 406, 438

McFarlane, Seth, 193, 194

McGovern, Terry, 125, 126, 137

McGregor, Ewan, 406, 409, 427, 466

McQuarrie, Ralph
 histórico/encontro com Lucas, 149
 livros de *Star Wars* e, 221
 outras obras, 291-293
 pinturas conceituais/personagens para *Star Wars*, 170-172, 175, 200, 291, 292, 312, 340, 370, 516
 Star Wars (filmes), 170-172, 175, 200, 201, 234, 236-238, 250, 278

Mercenários das galáxias (filme), 286

merchandising de *Star Wars*
 após a trilogia, 360-363, 366
 Black Falcon Ltd., 270, 279, 315
 bonequinhos, 267-269, 272, 273, 315, 361, 362
 brinquedos dos Ewok, 351
 brinquedos/jogos, 267-269, 274, 315, 351, 444
 camisetas/bótons, 252, 256
 Clone Wars, The (filme), 479
 descrição (após as estreias), 256, 257
 direitos e, 158, 170
 Disney e, 270
 Episódio I, 422, 423
 Episódio IV, 279, 324, 331
 Episódio VI, 351

itens feitos por fãs, 252, 271, 272

logo, 230

loja Supersnipe com Summer, 261

Lucas e, 261, 263, 264, 269, 270

regras de Lucas sobre, 269, 270

sucesso, 267, 269-271

Ver também empresas específicas.

Meyer, Gary, 221, 222

midi-chlorians, 98, 99, 379, 436, 462, 467

Mifune, Toshiro/Mika, 204

Milius, John, 88, 123, 124, 177, 280, 338

Miller, Craig, 251

Mitchell, Elvis, 424

Mitchell, Joni, 133, 296

Modesto
 cultura de passeios de carro, 78, 79
 descrição, 45, 46

Moebius, 146

Mollo, John, 201, 207, 238

Moore, Liz, 74

Moore, Ronald D., 475

Morrison, Temuera, 481

Moviola (máquina de editar filmes), 88, 91, 93, 121

Moyers, Bill, 49, 360, 509

Muir, Brian (filha), 74, 238

Mulholland, Declan, 397, 399

mundo perdido, O (livro), 33

Muppets, Os (programa de TV/filme), 182, 303, 314, 340

Murch, Walter
 descrição/histórico, 88, 120, 142
 outros trabalhos no cinema, 126, 137, 138, 201, 384
 pacto com Lucas, 94
 THX 1138 (filme) e, 90, 91, 118, 123, 125, 126, 199

Murdoch, Rupert, 80, 396
Muren, Dennis, 383, 396, 397, 403
My Life as Liz (pseudodocumentário da MTV), 455

N

Napper, AJ, 415, 416
Neeson, Liam, 106, 406
Nerdist (site), 112, 113, 513
Newman, Kyle, 453-455, 458, 462
Newsweek (revista), 127, 130, 292, 397, 424
New Yorker, 127, 325
New York, New York (filme), 90, 215, 247, 253, 259
New York Times, 109, 110, 143, 192, 325, 348, 372, 485, 511
Nichols, Mike J., 457, 458
Nimoy, Leonard, 288
Nixon, Richard, 15, 51, 120, 160, 225, 226, 363, 436, 437
No mundo de 2020 (filme), 92, 160
nova esperança, Uma. Ver Episódio IV: Uma nova esperança.
novela espacial, 34, 128, 131, 153, 164
novos deuses, Os (quadrinhos), 160, 302
Nunn, Terri, 202, 203
Nussbaum, Joe, 191

O

Obama, Barack/família, 185, 195, 445, 490, 506
O'Bannon, Dan, 145, 146, 284, 285
Once Upon a Galaxy (livro), 317
One of Our Dinosaurs is Missing (filme), 208
O'Quinn, Kerry, 250, 337, 338, 343
Ordem do Machete, 456, 457, 466

Oscar/indicações para *Star Wars*, 201, 237, 425
Oswalt, Patton, 513
outro lado da meia-noite, O (filme), 216, 222, 249
Oz, Frank, 314, 315, 382

P

Paramount, 127, 132, 251, 288, 339, 492, 497
Parazynski, Scott/Luke, 508
Parisi, Frank, 413-418
Park, Ray, 108, 411
Pegg, Simon, 454, 458, 486
Pemberton, Nick, 71, 74, 237
Penn, Arthur, 395
Pepsi, 18, 270, 422, 423, 479
Pequeno grande homem (filme), 395, 396
Picker, David, 130, 131, 135, 156
Pitching Lucas (filme), 191
Pixar, 479, 488-490, 493, 494, 498
planeta dos macacos, O (filme/continuações), 144, 145, 157, 228
Planeta proibido (filme), 58, 128, 143, 148, 283, 416
Plummer, John, 49, 51, 79, 81, 83, 89
poder do mito, O (PBS entrevista Campbell), 360
poderoso chefão, O (filmes), 80, 127, 130, 135, 136, 159, 176, 202, 279, 325
Pollock, Dale, 440
  acordo legal com Lucas , 348
  como biógrafo de Lucas, 48, 49, 97, 101, 348-350, 353-355
  desacordos com Lucas, 353-355
  episódios futuros e, 440
  histórico, 348, 353, 354
  Marcia e, 349, 354-356

Pollock, Tom, 218, 369

Pong (jogo do Atari), 287

ponte longe demais, Uma (filme), 216, 247

Porter, Jennifer, 99, 100, 104, 272

Prêmio Oficial de Filmes de Fã de *Star Wars*, 190

Presley, Elvis/Lisa Marie, 254, 293

princesa de Marte, Uma (livro), 32, 161

prólogos

    discussão sobre a qualidade, 453-468

    ideias para as *Guerras Clônicas* e, 362, 371, 372, 376, 432

    ILM e, 410, 411, 413, 430, 431

    momento apropriado/motivos, 381-386

    novelizações, 467

    orçamento, 385, 386, 393

    planos e roteiros de Lucas, 381, 385-389

    tecnologia e, 382, 383, 388, 455

    Ver também episódios específicos.

Prowse, David

    reclamações com a série *Star Wars*, 299-302, 326, 329, 347

    Star Wars e, 171, 238, 240

Puzo, Mario, 127, 170

Q

quadrinhos

    Era de Ouro dos, 51

    Ver também quadrinhos específicos.

R

R2-D2 (R2), 18, 19, 25, 73, 138, 151, 165, -167, 171, 174, 194, 202, 208, 211, 212, 236, 239, 241, 242, 256, 257, 266, 278, 292, 302, 360, 364, 366, 402, 435, 443, 445-451, 486, 491, 508, 535. *Ver também droides.*

ramo de ouro, O (livro), 159, 165, 177, 201, 360

Rancho Skywalker

    como centro dos filmes de Lucas, 339, 384

    descrição, 53, 312, 313, 349, 350, 353

    início/planos para, 312, 313

Raymond, Alex, 36-40, 54, 56, 57

Raza, Ghyslain, 108-110, 112-114

Reagan, Ronald, 220, 231, 361, 363-365

Relatos de poder (livro), 175

Remix (livro), 458

Rice, Suzy, 229, 230, 322, 324

Richie, Donald, 154, 155

Rinzler, J. W., 340, 342

Robbins, Matthew

    histórico/Lucas e, 90, 120, 395

    Home Free e, 142, 147, 292

    outros filmes/trabalhos, 149, 338

    Star Wars, 161, 240, 241, 243

Roddenberry, Gene, 133, 215, 250, 288, 292, 366, 479

Roddenberry Jr., Gene, 132

Rodrigues, Amy, 356

Rodrigues, Thomas, 349, 356

Roffman, Howard, 72, 189, 366, 367, 371, 372, 378, 478, 495

Rolling Stone (revista), 122, 229, 240, 260, 424, 505

Rolling Stones, 124, 285, 321

Ronstadt, Linda, 358

Roos, Fred, 202, 203, 238, 240, 509

Rose, Charlie, 386

Rotten Tomatoes (site), 431, 479

Rubio, Kevin, 190

S

sabres de luz

aulas e, 104-108

Casa Branca e, 185, 186

corrida de revezamento beneficente, 112-114

desenvolvimento do termo, 34

festival anual Burning Man em Nevada (2006), 107

NASA e, 508

Raza e, 108-110, 113, 114

YouTube, vídeos/competição, 105, 106, 108, 109

Sagan, Carl/Nick, 507

Salvatore, R. A., 378

samurai, filmes de, 29, 88, 89, 151, 178

San Francisco Chronicle (jornal), 130, 225, 421

San Francisco Examiner (jornal), 299, 302

Sansweet, Steve

coleção de *Star Wars*/Rancho Obi-Wan, 264-266, 270-272, 502

histórico, 264

Lucasfilm e, 66, 265, 518

merchandising e, 269, 270, 422, 423

Scanlon, Paul, 260

Scorsese, Martin, 89, 141, 147, 159, 215, 492

Scott, Ridley, 285

Scoundrels (livro), 373

Secret History of Star Wars, *The* (livro), 300

Seigel, Shanti, 413, 414, 416, 418

Semple, Lorenzo, 289

Senhor da Luz, O (livro), 286, 287

sequências de *Star Wars*

direitos e, 158, 170, 228, 257

ideias de roteiros de Lucas, 302-305

Lucas sobre, 260, 261, 318

primeiros nomes, 169, 170

Ver também episódios específicos.

sete samurais, Os (filme), 88, 127, 204, 286, 481

Shapiro, Shelly, 376-378

sindicato de diretores, 234, 304, 343, 344

Sisters of Perpetual Indulgence, 417

Skavicsek, Bill, 367

Skywalker, Luke

antecedentes de, 32

bonequinhos, 274

Skywalker Vineyards, 45

Skywalking (livro), 353-355

Smith, E. E. 'Doc', 35, 161

Smith, Kevin, 187

Solo, Han

polêmica do Han Atirou Primeiro!, 400, 401

Ver também Ford, Harrison.

sorteio de bonequinhos de *Star Wars*, 178

SOS: tem um louco solto no espaço (filme), 190

Spaced (comédia de TV), 454

Spectra, 371, 372, 376

Spiegelman, Art, 257

Spielberg, Steven

colorização/alteração digital de filmes, 402, 403

ficção científica, 141, 147

no Havaí com o casal Lucas, 257, 258

relacionamento com Lucas, 92, 191, 212, 213, 230, 232, 257, 258, 343, 344, 383, 438

sobre tecnologia de cinema, 383
Ver também filmes específicos.
Splinter of the Mind's Eye (livro), 308, 342, 370
Stackpole, Mike, 377
Starburst (revista), 324, 325
Starlog (revista), 84, 250, 279, 294, 337, 348, 366, 505
Star Trek
    convenções/fãs, 132
    descrição/comparação com *Star Wars*, 132, 133, 152, 164, 209, 215, 221, 226, 250, 251
    filmes, 288, 339
    NASA e, 506
    série de TV, 131
Star Wars
    Flash Gordon e, 36, 37, 56, 57, 161, 162, 168, 169, 232, 427, 431
    From the Adventures of Luke Skywalker (livro), 221
    ideias para, 125, 126, 128, 131
    influência das notícias, 159, 160
    Lucas escrevendo/reescrevendo, 151-156, 159, 160, 164, 165, 172-175
    Lucas sobre, 29, 33, 178, 181, 182, 187, 240, 241, 259-261, 279, 337, 338, 460, 465, 486
    manuscrito, 161-175, 178, 181, 199, 208, 211, 243
    mecânicas da narrativa/contos de fada e, 151, 172, 177, 323, 343, 505, 506
    memorando do contrato com a Twentieth Century Fox, 158, 170
    orçamento/custos e, 157, 158, 169,

170, 173, 176, 178, 179, 200, 201, 207, 208, 212
    ordem para assistir aos episódios, 456, 457, 466
    paródias e, 184, 188-196, 235, 251
    reações do elenco após os filmes (visão geral), 329, 330
    rejeição/aceitação dos estúdios, 157, 158
    relacionamento entre humor e, 181, 182, 183
    relacionamento Vader-Luke e, 299-303, 309-311, 323
    sessões repetidas, 248
    texto de abertura/edição, 231-234
    título e, 131, 135
    títulos/numeração dos episódios, 231, 232
    trabalho de equipe e, 199-204
    trilha sonora, 87, 230, 231
    visão geral do elenco, 202-204
Star Wars and Other Galactic Funk (disco), 277
Star Wars Celebration (convenção), 20, 423, 425, 440, 446, 448, 450, 455, 464, 465, 473, 477, 486, 503, 516
Star Wars Corporation, 159, 170, 215, 259, 492
Star Wars (filmes)
    após a trilogia, 251, 360-366
    classificação etária para adolescentes, 240
    como a história de Darth Vader, 299, 300, 388, 440
    créditos iniciais e, 234
    descrição, 29, 181, 412
    direito sobre o "lixo" e, 158, 257
    edições/versões de fãs, 457, 458

elementos cênicos/conceito de universo usado, 207-210, 467

fantasias espaciais/influências de gibis, 30-40, 51-58, 160, 161

fenômeno global/exemplos, 501-505

Ver também componentes específicos, episódios específicos, indivíduos específicos.

Star Wars Holiday Special (programa de TV), 293, 294, 297, 305, 357, 415

Star Wars Insider (revista do fã-clube da Lucasfilm), 423, 430, 482, 496

Star Wars Rebels (programa de TV), 24, 515, 516, 521, 535

Star Wars Underworld (programa de TV), 474-477, 486, 488, 515, 516

Stewart, Jon, 182, 455, 486, 505

Stoklasa, Mike, 458-461

Stone, Oliver, 395

stormtroopers

convenção da nomenclatura, 63

Ver também Legião 501ˢᵗ.

Sullivan, Jack, 192

Summer, Edward

Flash Gordon e, 54, 55

loja de quadrinhos (Supersnipe), 147, 215, 216, 261

Lucas e, 54, 55, 58, 143, 147, 215, 216, 259

Star Wars, 147, 215, 216, 219, 314

Superman (gibis/filmes), 51, 282

T

Tanen, Ned, 135, 138, 153, 157

Tartakovsky, Genndy, 476

Tatooine

batismo, 209

filmagem na Tunísia e, 207-210, 409, 503

NASA e, 508

Taylor, Chris

aulas de sabre de luz, 104-111

bonequinhos de *Star Wars* e, 272-274

corrida de revezamento beneficente, 112-114

Prowse e, 301, 302

qualidade dos prólogos e, 454, 464-467

Taylor, Gil, 210, 212

Taylor, James Arnold, 264, 277, 479

The Making of Return of the Jedi (livro), 301, 340

Thomas, Roy, 219

THX 1138 (filme)

atualização/tecnologia, 439

Buck Rogers e, 118

descrição, 29, 51, 90-92, 119, 122, 123, 141, 388

escrevendo a versão em longa-metragem, 117-120, 199

filmando a versão em longa-metragem, 123, 124

mudanças no título, 91

Murch e, 90, 91, 118, 123, 125, 199

prêmios, 92, 130

produzindo/editando a versão em curta-metragem, 92, 97

recepção, 91, 126, 127, 153

Warner Brothers e, 126, 127, 227

Time (revista), 46, 92, 101, 127, 190, 232, 252, 292, 364, 424, 436, 477

Times (lista de mais vendidos), 192, 372

Tio Patinhas (quadrinhos), 53
Tippett, Phil, 214, 322, 382, 399
Titanic (filme), 236, 393
Titleman, Carol, 311, 312
Tolkien, J. R. R., 33, 174
Tommy Tomorrow (quadrinhos), 52, 302
Torneio da Parada das Rosas (2007), 66, 68
Toys 'R' Us, 106, 268, 422
Toy Story (filmes), 488, 489, 493
Troops (filme), 190
Trumbull, Douglas, 141, 146-148, 173, 258
Tubarão (filme), 80, 166, 217, 230, 257-259, 277, 279
Tucker, Larry, 142, 147
Tunísia
    filmagem na, 207-210
Turner, Ted, 402
Turquia e *Star Wars*, 501, 502
Twain, Mark, 225, 283
Twentieth Century Fox
    Alemanha Ocidental/esquema de paraíso fiscal e, 216, 256
    fanfarra, 227, 228
    outros filmes/séries de TV, 145, 212, 293, 296
    Star Wars, 80, 157, 164, 170, 172, 200, 201, 204, 212, 214-216, 219, 221, 222, 227-229, 248, 249, 255, 256, 278-291, 293, 316, 338, 348, 396, 478
Tyson, Neil deGrasse, 507

U

United Artists, 130, 131, 134, 156, 221, 282, 493. *Ver também filmes específicos.*

Universal (Pictures), 38-40, 56, 57, 135, 138, 142, 147, 148, 152, 156, 157, 159, 166, 173, 214, 217, 253, 259, 290, 291, 293, 305, 306, 493. *Ver também filmes específicos.*
Universo Expandido, 331, 369-379, 382, 385, 396, 405, 406, 428, 433, 467, 486, 507, 516, 517. *Ver também componentes específicos, indivíduos específicos.*

V

Vader, Darth
    bonequinhos, 272, 273
    desenvolvimento do personagem, 238
    em paródias, 191, 192
    nome/pegadas no concreto, 278, 299
    reações a, 238, 239
    Star Wars como a história dele, 299, 300, 388, 440
Variety (revista), 44, 158, 221, 247, 381, 424
Vector Prime (livro), 378
Verne, Júlio, 30, 31, 250
Vilanch, Bruce, 295, 296
Village Voice (jornal), 431
Vinte mil léguas submarinas (filme), 50

W

Wall-E (filme), 479
Ward, Jim, 487, 488
Warner Brothers, 94, 117, 122, 124, 126, 127, 214, 227, 282, 396, 478, 513. *Ver também filmes específicos.*
Washington Post (jornal), 363, 364, 424
Weber, Charlie, 305, 316, 339

Weingeroff (joalheria), 257, 270

Weird Science (revista), 52

Weird Tales (revista), 34

Welch, Ken/Mitzie, 295, 296

Welles, Orson, 39, 146, 430

Wells, H. G., 30, 31, 250, 281

West End Games, 367, 375

Wexler, Haskell, 82, 83, 123, 124, 136

Wheeler, Manny, 14-16, 20, 21, 25-27, 463

Why Man Creates (filme), 94

Wiese, Michael, 188, 189

Williams, Billy Dee, 317, 321, 329, 330, 346

Williams, John, 87, 228, 230, 231, 238, 258, 265, 282, 404, 421, 422, 458, 467, 479, 512, 529

Williams, Robin, 416

Wilson, Lucy, 134

Wired (revista), 185, 398, 433

Wolfman Jack, 136, 137

Wookey, Bill, 125, 126, 175

Wookieepedia (site), 111, 184, 332, 333, 334, 428, 434, 438

Wookiees

som para, 201, 202. *Ver também Chewbacca; Star Wars Holiday Special.*

Y

Yoda

desenvolvimento, 314, 315

Young, Bryan, 301, 464-468

Young, Maggie, 270, 325

Young, Neil, 305

YouTube

paródias de *Star Wars*, 191, 192, 194, 195

Z

Zaentz, Saul, 128

Zahn, Timothy

herdeiro do Império, O (livro), 372-376

histórico/*Star Wars* e, 65, 236, 373, 374, 432, 462, 517

Zaifo-Vias e a Wookieepedia, 428

Zelazny, Roger, 286

Zemeckis, Roger, 147

TIPOGRAFIA:
Caslon [texto]
Trade Gothic [entretitulos]

PAPEL:
Pólen Soft 80g/m² [miolo]
Cartão Supremo 250g/m² [capa]
Couché fosco 115g/m² [caderno de imagens]

IMPRESSÃO:
Arvato Bertelsmann [outubro de 2015]